PAGES DE DOCTRINE

Œuvres (in) complètes

(VOL. 1)

Nicaise MEDE

PAGES DE DOCTRINE

Œuvres (in) complètes

(VOL. 1)

Préface de Michel BOUVIER

Sénégal
L'Harmattan

10 VDN, Sicap Amitié 3, Lotissement Cité Police, DAKAR

senharmattan@gmail.com
senlibrairie@gmail.com

ISBN : 978-2-336-46642-2
EAN : 9782336466422

SIGLES ET ABRÉVIATIONS

AAACA	Association des Autorités Anti-Corruption d'Afrique (AAACA)
AA-HJF	Association Africaine des Hautes Juridictions Francophones
ACBF	*African Capacity Building Foundation* (Fondation pour le renforcement des capacités en Afrique)
ACCIS	Assiette Commune Consolidée pour l'impôt sur les Sociétés (ACCIS).
ADN	Acide Désoxyribonucléique
AGOA	*African Growth and Opportunity Act*
ANAPROG	Analyse des Programmes d'Investissements Publics
APE	Agent Permanent de l'État
ASOSAI	*Asian Organization of Supreme Audit Institutions*
ATAF	*African Tax Administration Forum*
ATRN	*African Tax Research Network*
BAD	Banque Africaine de Développement
BCEAO	Banque Centrale des États de l'Afrique de l'Ouest
BEAC	Banque des États de l'Afrique Centrale
BEPS	*Base Erosion and Profit Shifting* ou encore Erosion de la Base d'Imposition et le Transfert de Bénéfices
BRICK	Brésil, Russie, Inde, Chine, et Corée du Sud
BRICM	Brésil, Russie, Inde, Chine et Mexique
BRICS	Brésil, Russie, Inde, Chine et Afrique du Sud
BRICSAM	Brésil, Russie, Inde, Chine et Afrique du Sud, Argentine, Mexique

CAEM	Conseil d'Assistance Economique Mutuelle
CAPAN	Cellule d'analyse des Politiques de Développement de l'Assemblée nationale
Car-GBAR	Cadre Stratégique de la Gestion Budgétaire Axée sur les Résultats
CDIJ	Centre de Documentation et d'Information Juridique
CDMT	Cadre de Dépense à Moyen Terme
CEA	Commission Economique des Nations Unies pour l'Afrique
CEDEAO	Communauté Economique des États de l'Afrique de l'Ouest
CEMAC	Communauté Economique et Monétaire des États de l'Afrique Centrale
CENA	Commission Electorale nationale Autonome
CEN-SAD	Communauté des États Sahélo-Sahariens
CENTIF	Cellule nationale de Traitement des Informations Financières
CERAF	Centre d'Études et de Recherche sur l'Administration et les Finances
CERIF	Centre d'Etude et de Recherche en Ingénierie Juridique et Financière
CGAF	Compte Général de l'Administration des Finances
CNDLP	Commission nationale pour le Développement et la Lutte contre la Pauvreté
CNSS	Caisse Nationale de Sécurité Sociale
CONAFIL	Commission nationale des Finances Locales
COUS	Centre des Œuvres Universitaires et Scolaires
CREFIAF	Conseil Régional de Formation des Institutions Supérieures de Contrôle des Finances publiques d'Afrique Francophone Subsaharienne

CREI	Cour de Répression à l'Enrichissement Illicite
CVCCEP	Commission de Vérification des Comptes et de Contrôle des Entreprises Publiques
DGDDI	Direction générale des Douanes et Droits Indirects
DGID	Direction générale des Impôts et des Domaines
DGI	Direction générale des Impôts
DLC	Direction de la Législation et du Contentieux
DLF	Directive Relative aux Lois de Finances
DNBE	Directive portant Nomenclature Budgétaire de l'État
DNMP	Direction nationale des Marchés Publics
DPAF	Directeurs de la Planification de l'Administration et des Finances
DPBEP	Document de Programmation Budgétaire et Economique Pluriannuelle
DPCE	Directive portant Plan Comptable de l'État
DPP	Direction de la Programmation et de la Prospective
DPPD	Document de Programmation Pluriannuelle des Dépenses
DRGCP	Directive portant Règlement Général sur la Comptabilité Publique
DSRP	Document de Stratégie de Réduction de la Pauvreté
DTOFE	Directive portant Tableau des Opérations Financières de l'État
EDSB	Enquête Démographique de Santé du Bénin
EITI	Initiative pour la Transparence des Industries Extractives
FARD	Front d'Action pour le Renouveau, la Démocratie et le Développement

FBR	Financement Basé sur les Résultats
FMI	Fonds Monétaire International
GAFAM	Google, Apple, Facebook, Amazon, Microsoft
GFP	Gestion des Finances publiques
GSM	*Global System for Mobile* Communications
IBP	*International Budget Partnership*
IDE	Investissements Directs Etrangers
IIAG	*Ibrahim Index of African Governance*
INSAE	Institut National de la Statistique et de l'Analyse Economique
INTOSAI	*International Organization of Supreme Audit Institutions*
IPC	Indice de Perception de la Corruption
IPRES	Institution de Prévoyance Retraire du Sénégal
IRDP	Institut de Recherche en Droit Public de Bordeaux
ISC	Institution Supérieure de Contrôle
ITT	Incapacité Temporaire de Travail
LEPI	Liste Electorale Permanente Informatisée
LOLF	Loi Organique relative aux Lois de Finances
MADEP	Mouvement Africain pour la Démocratie et le Panafricanisme
MAEP	Mécanisme Africain d'Évaluation par les Pairs
MAP	Millennium African Plan
NAD	Nouvelle Administration de Développement
NEPAD	Nouveau partenariat pour le développement de l'Afrique
NPI	Nouveaux pays industrialisés
NPM	*New Public Management*

OCDE	Organisation pour la Coopération et le Développement Economiques
ODD	Objectifs de Développement Durable
OFNAC	Office National de Lutte contre la Fraude et la Corruption
OHADA	Organisation pour l'Harmonisation en Afrique du Droit des Affaires
OLAF	l'Office européen de Lutte Anti-Fraude
OMD	Objectifs du Millénaire pour le Développement
ONFP	Office National de Formation professionnelle
ONG	Organisation Non Gouvernementale
ONUSIDA	Programme Commun des Nations Unies sur le VIH/Sida
OTR	Office Togolais des Recettes
PAIC	Projet d'Appui aux Institutions de Contrôle
PCE	Plan Comptable de l'État
PDB	Parti Démocratique du Bénin
PEFA	*Public Expenditure and Financial Accountability*
PERAC	*Public Expenditure Reform Adjustment Credit*
PERC	*Public Expenditure Reform Credit*
PIB	Produit Intérieur Brut
PIP	Programme d'Investissements Publics
PNUD	Programme des Nations Unis pour le Développement
PPBS	*Planning Programming Budgeting System*
PPEA	Programme Pluriannuel d'Appui au Secteur Eau et Assainissement
PPP	Partenariats Public Privé
PPTE	Initiative Pays Pauvre très Endetté
PRD	Parti du Renouveau Démocratique

PRPB	Parti de la Révolution Populaire du Bénin
PRSC	*Poverty Reduction Support Credit*
PSD	Parti Social Démocrate
PSE	Plan Sénégal Emergent
PUM	Programme Unique de Modernisation
RB	Renaissance du Bénin
RCB	Rationalisation des Choix Budgétaires
RDP	Revue de Droit Public et de la Science Politique en France et à l'Etranger
RFU	Registre Foncier Urbain
RGPH	Recensement Général de la Population et de l'Habitation
RHET	Répertoire des Hauts Emplois Techniques
RUND	Rassemblement pour l'Unité nationale et la Démocratie
SADC	Communauté pour le Développement de l'Afrique Australe
SBEE	Société Béninoise d'Energie Electrique
SIGFIP	Système Intégré de Gestion des Finances publiques
SIGMa	Système Intégré de Gestion de Matériel
SRCP	Stratégie de Croissance pour la Réduction de la Pauvreté
SYSCOA	Système Comptable Ouest Africain
TDL	Taxe de Développement Local
TIC	Technologie de l'Information et de la Communication
TOFE	Tableau des Opérations Financières de l'État
UBF	Union pour le Bénin du Futur
UE-ACP	Union Européenne, Afrique, Caraïbes, Pacifique

UEMOA	Union Économique et Monétaire Ouest Africaine
UMA	Union du Maghreb Arabe
UNACEB	Unité d'Analyse, de Contrôle et d'Évaluation du Budget de l'État
UNESCO	*United Nations Educational, Scientific and Cultural Organization* (Organisation des Nations Unies pour l'Éducation, la Science et la Culture)
ZLEC	Zone de Libre-Echange Continentale

SOMMAIRE

PROLOGUE

Quel peut être l'intérêt du présent recueil de travaux de recherche qui se sont étalés sur plusieurs décennies ? C'est, de prime abord, la question qu'on est tenté de se poser au vu de cette anthologie universitaire, par essence non exhaustive et qui fait plusieurs centaines de pages. Les justifications peuvent être de plusieurs ordres.

D'abord, il y a ce que les financiers appellent l'unité budgétaire. Une locution savante pour dire tout simplement que toutes les ressources et toutes les charges de l'État ne doivent être éparpillées dans des documents multiples et épars, mais inscrites dans la seule et unique loi de finances de l'année. C'est ce même souci qui sert de fondement à la publication du présent ouvrage : tous les articles ou presque de l'auteur sont contenus dans un ouvrage unique. De la diversité des sources, il a été fait une unité. Le tout-en-un.

Ensuite, de cette recherche d'unité découle le second intérêt de l'ouvrage. L'unité vise à rendre aisée l'accessibilité. La multiplicité des supports de publication (revues, mélanges, ouvrages collectifs) et la diversité des lieux de publication (Afrique de l'Ouest, Afrique centrale, Afrique australe, Europe, Amériques, etc.) rendent quelquefois malaisé l'accès à ces écrits dans les rayons des bibliothèques africaines. Les défaillances des systèmes d'abonnement aux revues scientifiques et l'absence de renouvellement des fonds documentaires desdites bibliothèques rendent l'accessibilité problématique et le travail du chercheur devient un éprouvant chemin de croix.

Enfin, la question de fond est celle de l'intelligibilité des œuvres publiées. Elles sont le fruit cristallisé de contributions apportées à des débats circonstanciels qui peuvent aussi être des débats de toujours, de tous les jours. Ce sont donc de petites traces sur le rocher. Traces qui sont les pièces d'un puzzle de la pensée globale de l'auteur, ce que les juristes appellent d'un barbarisme savant : la doctrine.

En effet, la production scientifique qui est ici étalée n'est que la sublimation du soliloque de William SHAKESPEARE : "*To be or not to be, that (should) be the question* ?" Une question existentielle de prime abord, mais qui, par extension, exprime l'évidence que l'universitaire est un "*homme de plume autant que de paroles*".[1] La raison d'être de

[1] E. DRAVASA, Cl. EMERI, J.-L. SEURIN, *Mélanges en l'honneur de Jacques ELLUL*, Paris, Presses Universitaires de France, 1983, Introduction, *passim.*

l'enseignant-chercheur et ce pour quoi il doit *être* (*to be*) selon la formule shakespearienne ou disparaître, est que nous sommes tout à la fois commis à la dissémination du savoir et astreint à la création de ce savoir. La vocation de l'universitaire est, *mutatis mutandis*, ce qu'Aimé CÉSAIRE appelait "*un ingénieur des âmes, (un) propagateur d'âmes, (un) multiplicateur d'âmes et à la limite (un) inventeur d'âmes*"[2].

Pour tout dire, l'ouvrage est consacré aux travaux universitaires publiés dans des revues scientifiques. Ces travaux figurent ici dans leurs versions intégrales. Les éditeurs de revues scientifiques ont souvent la manie d'expurger les articles proposés de tout ce qui ne sert pas les impératifs de rentabilité. La dictature de la performance économique et financière. Le souci de diffusion de la science doit s'accommoder de préoccupations de soutenabilité financière.

À ces productions universitaires s'ajoutent quelques publications significatives faites dans les journaux locaux et des insertions ou des *posts* faits sur ma page Facebook. À l'arrivée, l'ouvrage est pleinement le reflet de la production intellectuelle d'un *homme en situation dans le monde*.

Œuvres complètes dira-t-on alors ? Que non ! Les ouvrages universitaires que j'ai publiés ne sont ni récapitulés ni synthétisés ici. Ils constituent en eux-mêmes et individuellement des œuvres de doctrine. Le présent livre devient ainsi et logiquement mes œuvres… incomplètes !

Dakar, le 26 février 2024

---

[2] A. CESAIRE, "L'homme de culture et ses responsabilités" Revue *Présence Africaine* n° 24/25, Février-Mars 1959, pp. 116-122.

PRÉFACE

Nicaise Mede, chercheur et bâtisseur d'un nouveau modèle de gouvernance financière publique pour un monde hyper-fragile

Il est urgent, et même crucial compte tenu du contexte actuel, de concevoir une doctrine de la gouvernance financière publique appropriée aux sociétés contemporaines. Il y va, d'un point de vue économique comme d'un point de vue politique et social, de la qualité de vie des générations futures voire de la souveraineté de l'État. Or, c'est à cette tâche que le Professeur Nicaise MEDE s'est attelé depuis des années. Toutes ses recherches, nombreuses et variées et d'une très grande qualité, en sont la preuve.

Publiciste, il a très tôt compris que le droit public était particulièrement concerné par le changement de modèle économique qui s'est amorcé il y a maintenant une cinquantaine d'années et engendré un retrait de l'État accompagné d'une montée en puissance du secteur privé.

Il en a également immédiatement perçu l'impact sur le droit public financier et les institutions qui lui sont liées qui, du fait de leur grande proximité avec les enjeux et les mutations économiques, sont aux avant-postes de cette évolution. Il n'est rien de surprenant à cela, car ce qui fait l'originalité de cette discipline c'est sa multipolarité, sa multi-appartenance qui la met au cœur des grands problèmes qui se posent aux sociétés. Nicaise MEDE a aussi parfaitement identifié le fait que cette mutation se traduisait par une confrontation brutale de celle-ci avec une logique économique et une logique de gestion, porteuses d'une culture de la performance.

Depuis lors, l'ensemble des branches du droit public financier, le droit budgétaire, le droit de la comptabilité publique, le droit fiscal, se reconstruisent et épousent la rationalité d'une logique nourrie de normes le plus souvent produites par des institutions internationales et parfois en contradiction radicale avec l'ordre juridique national. Face à ce constat, le Professeur MEDE n'a pas adopté la voie la plus facile pour développer ses recherches en finances publiques.

Fin connaisseur des réformes budgétaires mises en œuvre un peu partout dans le monde, il ne se borne pas à en exposer les principes et les dispositifs pour ensuite en proposer l'application intégrale au Bénin ou ailleurs en Afrique. Il sait que chaque pays à ses particularités et que ce serait peine perdue que de transposer tel ou tel modèle de gouvernance financière publique sur un pays sans préalablement avoir réfléchi sur la pertinence d'une pareille démarche. Plutôt que d'emprunter cette attitude, Nicaise MEDE a très courageusement décidé de susciter la construction d'un modèle de gouvernance financière publique adapté à la culture africaine ou plutôt aux particularismes de tel ou tel État du continent africain. Il est aussi le mentor de toute une génération de jeunes chercheurs qui poursuivent dans le même sens. En témoignent les excellentes thèses produites sous sa direction.

Mais ce n'est pas tout.

Il a par ailleurs choisi la voie la moins simple pour effectuer ses recherches, celle de la pluridisciplinarité. Les finances publiques sont en effet plurielles et Nicaise se refuse à adopter une approche en silos, il n'en sépare pas les composantes et ses travaux en sont une parfaite illustration. Outre le droit budgétaire et comptable public, son regard est aussi celui du constitutionnaliste, du fiscaliste et mieux encore, du politiste. On l'a deviné, et c'est même un truisme que de l'écrire encore, il s'inscrit dans une démarche de type systémiste qui nécessite l'utilisation d'un large éventail de disciplines.

Plus encore.

Une lecture attentive des écrits de Nicaise MÉDÉ fait apparaître les évolutions de sa pensée. L'auteur n'est pas figé dans des certitudes absolues au regard de son objet d'étude. Il sait qu'il en est de la science des finances publiques comme de toutes les autres, c'est-à-dire qu'elle est, elle aussi, soumise au principe de falsifiabilité et donc parfaitement incertaine et provisoire dans ses hypothèses. Cela ne peut d'ailleurs donner que plus de force à la démarche scientifique dans ce domaine dans la mesure où cette forme de « scepticisme actif » peut s'avérer bien adaptée à l'évolution d'un pouvoir financier qui s'inscrit dans un environnement particulièrement instable aujourd'hui et le succès des décisions prises relève très largement de l'improbable.

Toutefois, s'il était fait une application triviale d'un tel principe d'incertitude, aucune recherche fondamentale ne pourrait plus s'envisager, la certitude de l'incertitude apparaissant tout à la fois stérilisante et contradictoire. Aussi il faut admettre le paradoxe, ce qui est le cas du Professeur MÉDÉ, et laisser jouer le principe contre lui-même, ce qui dans le domaine qui est ici le nôtre, conduit à accepter la nécessité d'un projet volontariste, c'est-à-dire la nécessité qu'il y a à poser un sens politique en référence à une éthique de la vie en société. Une telle attitude intellectuelle est pénétrée à la fois de relativisme-faillibiliste et de volontarisme.

Autrement dit, il convient de repenser la gouvernance financière publique dans le contexte général qui est maintenant le sien, on veut dire celui d'un monde en transition ponctué de crises successives de tous ordres, économiques, sociales, sanitaires, géopolitiques.

Il en résulte que l'univers financier public est fragilisé par les évolutions de son environnement et gravement menacé dans ses fondements. Cet environnement est déséquilibré par la mondialisation, la révolution numérique, la transition écologique, les inégalités sociales et territoriales, la pauvreté qui s'accroît, les problèmes géopolitiques liés à des conflits armés redoutables. Sans compter les nombreux autres chocs qui se sont succédé et accumulés depuis cinquante ans, depuis les chocs pétroliers de 1973 et 1979, engendrant un désordre économique et financier source là encore de problèmes de tous ordres. Il en résulte une multitude de défis qui, en s'accumulant, pèsent et vont peser toujours plus lourd sur les finances publiques. Et la menace d'une crise beaucoup plus terrible que celle que nous connaissons actuellement est à prendre au sérieux. Pour y répondre, des institutions financières publiques solides sont indispensables à la vitalité, à la réactivité et à l'efficacité de l'État.

Au final, il faudra beaucoup de sagesse et d'audace politique, mais aussi intellectuelle pour sortir de la situation dangereuse dans laquelle le monde se trouve aujourd'hui plongé. La gravité du contexte contemporain, l'incertitude qui pèse sur le futur de nos sociétés, oblige à entamer des réformes en profondeur. Or, dans un tel contexte, il est crucial que les États disposent d'un modèle de gouvernance financière publique opérationnel et efficace. L'œuvre du Professeur MÉDÉ participe pleinement à l'élaboration d'un tel modèle pour l'Afrique et au-delà. Aussi ne peut-on que l'en remercier.

Michel BOUVIER

DROIT BUDGÉTAIRE
&
COMPTABILITÉ PUBLIQUE

LA LOLF : SCÉNARIO POUR AUJOURD'HUI[1]

INTRODUCTION

"*Les mots boivent notre pensée avant que nous ayons eu le temps de la reconnaître*"[2] écrit Jean-Paul SARTRE. Pour le chantre et le concepteur de l'existentialisme, les mots peuvent avoir quelque chose d'enchanteur, une sorte d'existence désincarnée qui les prive ou les éloigne de leur support idéel : la pensée.

En l'occurrence, il ne s'agit point d'un mot, mais d'un acronyme, la LOLF. Celle-ci a investi le vocabulaire des spécialistes des finances publiques en Afrique de l'Ouest francophone dans le sillage de l'adoption des directives de 2009, formant le nouveau cadre harmonisé des finances publiques dans les pays membres de l'UEMOA. Le discours académique d'abord, ensuite les propos des élites politiques et enfin, le langage journalistique se sont emparés de la fièvre nouvelle. L'acronyme substantivé finit même par produire son propre épithète. La logique lolfienne, le discours lolfien et la démarche lolfique voient le jour. Évidemment, le texte et le contexte français post-2001[3] ont servi de détonateur et d'amplificateur d'une dynamique qui trouve son fondement dans une exigence de notre temps : la "*modernisation de l'État.*"[4] Et pourtant.

Les premières LOLFs ouest-africaines francophones remontent à la fin des années 1950. En application des dispositions constitutionnelles pertinentes, certains États de la zone UEMOA font voter des lois organiques relatives aux lois de finances[5] pour régir le domaine des finances publiques nationales. Cette première génération de LOLF était

---

[1] Publié dans N. MEDE (Dir.), *La LOLF dans tous ses états.* Actes du colloque national des 13 et 14 février 2015, Cotonou, Centre de Publications Universitaires, 2015, p. 17.

[2] J.-P. SARTRE, *Essai critique*, Paris, Gallimard, 1947, passim.

[3] D. CATTEAU, *La LOLF et la modernisation de la gestion publique. La performance, fondement d'un droit public financier rénové*, Paris, Dalloz, 2007.

[4] L. FABIUS, D. MIGAUD, *Rapport sur l'efficacité de la dépense publique et le contrôle parlementaire. Contrôler réellement, pour dépenser mieux et prélever moins*, Tomes I et II, Paris, La Découverte, 1999.

[5] Loi organique n°59-249 du 31 décembre 1959 relative aux lois de finances (Côte d'Ivoire) ; loi organique 86-026 du 26 septembre 1986 relative aux lois de finances (Bénin).

sans prétention. Elle signifiait tout simplement qu'un texte a été adopté selon une procédure particulière (celle des lois organiques) dans un domaine particulier prévu par la constitution, celui des finances publiques. Ici encore, la filiation avec l'ordonnance française de 1959 était établie.

L'année 2009 marque le début d'une ère nouvelle avec les directives de l'UEMOA qui dressent un nouveau cadre juridique, comptable et statistique des finances publiques dans les pays membres. Le temps des LOLFs de la deuxième génération s'ouvre. Le mot boit la pensée, ou plus exactement l'acronyme crée le raccourci qui valorise la démarche d'une gestion budgétaire orientée vers l'efficacité, l'efficience, l'économie et la reddition de comptes.[6] L'exercice de transposition amène le Bénin à voter et à promulguer la loi organique n°2013-14 du 27 septembre 2013 relative aux lois de finances. Dans son contenu, le texte reproduit fidèlement la directive communautaire dans sa lettre comme dans son fond. Ce qui paradoxalement lui confère sa pleine légalité et même sa légitimité.

L'office de la doctrine est d'expliquer, d'interpréter et, au besoin, d'apporter un regard critique sur les textes du droit positif. La juridiction constitutionnelle a certes fait l'examen du texte et délivré son *nihil obstat*. Cependant, la LOLF de 2013 ne peut recevoir le blanc-seing du chercheur sans passer au préalable par le crible de la raison juridique. On note ainsi que le glossaire qui introduit la substance de la LOLF est incomplet et ne comporte aucune référence à des notions importantes comme le déficit, l'équilibre, l'endettement, le rapport de performance, le projet de performance, la performance en elle-même, le virement de crédit, le transfert de crédit, etc. Par ailleurs, certaines incohérences

---

[6] OCDE, *La budgétisation axée sur la performance dans les pays de l'OCDE,* Paris, OCDE, 2007.

terminologiques[7], certaines imprécisions[8] ou légèretés du langage[9] mettent à rude épreuve la qualité rédactionnelle de la loi. D'autres aspects qui touchent au fond du texte sont à relever pour être corrigés.[10]

Au total, on peut affirmer que le texte de la LOLF est perfectible au même titre d'ailleurs que la directive communautaire UEMOA[11] dont elle se veut l'instrument juridique de transposition en droit positif béninois. La LOLF a, malgré tout, le mérite d'exister. Elle contient les grandes lignes d'une approche qui fait presque l'unanimité sur le plan mondial. La globalisation des échanges, l'ouverture des marchés et la concurrence entre les économies des États sont autant de facteurs qui ont rendu nécessaire et même impérative[12], la recherche de la performance déclinée sous tous ses aspects : performance administrative, performance des finances publiques, performance de l'économie publique, performance des ressources humaines publiques, performance de l'environnement des affaires, performance par la performance !

Relativement aux finances publiques, les notions fondamentales de la nouvelle gestion financière publique sont bien connues : budgétisation par programme, projet et rapport annuels de performance, comptabilité

---

[7] S'agissant des *budgets annexes*, le glossaire dispose : "Ils constituent des missions et sont spécialisés par programme". Alors que l'article 37 de la loi organique dispose : "Un budget annexe constitue un programme au sens de l'article 14." S'agissant du *contrôle financier*, le glossaire évoque le contrôle "*a priori* et *a posteriori*", mais la directive relative aux lois de finances ne parle que de contrôle "*a priori*" (art.69). Ce qui correspond bien à la pratique de la gestion budgétaire qui fait du contrôleur financier celui qui vise les actes d'engagement et les actes d'ordonnancement uniquement, lesquels sont des opérations effectuées avant le paiement, c'est-à-dire avant ou en cours de l'exécution d'une opération de dépense, mais pas après.

[8] S'agissant de la notion de *budget de l'État*, le glossaire emploie indifféremment les notions de recettes/dépenses et ressources/charges alors que les notions de ressources et de charges sont des mouvements de trésorerie tandis que les recettes/dépenses correspondent à des opérations définitives. Voir articles 9 et 35 de la Loi (n°2013-14 du 08 juillet 2013) et les articles 6 et 7 de la directive relative aux lois de finances ;

[9] "*Budget-programme*" : c'est l'expression employée par le glossaire mais tout financier sait que le langage courant (journalistique ou jargon administratif) de "*budget-programme*" est incorrect. La bonne appellation est "*budget de programme*", c'est-à-dire un budget composé de programmes budgétaires, unités de spécialisation des crédits. C'est ce qui sied à un texte normatif de cette valeur.

[10] Voir le mémorandum du CERAF en annexe.

[11] N. MÉDÉ, « Réflexion sur le cadre harmonisé des finances publiques dans l'espace UEMOA » Revue *Droit béninois,* n°3-2014, pp. 207 et suiv.

[12] J.-P. DUPRAT, « La dynamique des réformes budgétaires : globalisation des problèmes, unifications des outils et adaptation nationale des solutions » *Revue Française de Finances publiques*, n°98-2007, pp. 9 et suiv.

en mode de constatation des droits et obligations, autonomie, responsabilité et reddition des comptes des gestionnaires des finances publiques, justification des crédits au premier franc et sélection des moyens par choix alternatif. À ceci s'ajoute, sur un plan politique et institutionnel, un rééquilibrage imparfait des pouvoirs entre l'Assemblée nationale et le gouvernement. De nouvelles compétences sont conférées au parlement, notamment par la valorisation de la fonction de délibération *ex ante* des projets de loi de finances, en l'occurrence l'instauration d'un débat d'orientation budgétaire (art. 59, LOLF) ; mais aussi par une information continue sur les données de la gestion budgétaire courante (art. 93-2, LOLF).

Le grand défi est de pouvoir mettre ces dispositions législatives et réglementaires en œuvre, de manière sincère et systématique. On sait que la LOLF n'est ni une initiative gouvernementale ni celle du parlement. Le mouvement nous vient de la Commission de l'UEMOA, laquelle veut s'inscrire dans l'air du temps, sous l'effet des gentilles incitations des partenaires au développement. Le risque aujourd'hui est de développer une sorte de schizophrénie financière qui ferait de la LOLF un joli arsenal juridique, transcrite dans de jolies plaquettes de vulgarisation, mais à côté duquel se développe une pratique budgétaire, comptable et statistique fondamentalement étrangère à la norme et à l'esprit lolfiens. C'est le syndrome de la réception-neutralisation de la LOLF. Le scénario du gâchis.

C'est pour ne point se retrouver dans ce schéma de la LOLF-alibi que le colloque national a été organisé. Le thème en était "*La LOLF dans tous ses états*". Le but est de permettre un grand *brain-storming* entre cadres du Bénin, "*les Béninois parlent aux Béninois*", mais sous le regard de personnalités africaines et européennes très averties des questions de finances publiques. L'objectif est de parvenir à recenser les écueils et à tracer les conditions de ce qu'en management on appelle l'opérationnalisation, c'est-à-dire la traduction en actes, procédures et organes des principes et règles fixés par la LOLF.

Les sujets abordés vont de l'approche comparative avec les autres pays africains y compris anglophones (Panel 1) à la revue des outils et techniques de gestion budgétaire axée sur les résultats (Panel 2), enfin, à la montée en puissance des techniques managériales dans la gestion financière publique (Panel 3). Des spécialistes des ministères sectoriels ainsi que ceux des finances se sont épanchés sur toutes ces questions. Des planificateurs, des juristes, des économistes, des statisticiens et des experts en passation des marchés publics ont apporté leurs idées et confronté leurs thèses. Les grands chantiers de la gestion financière publique ont été revisités en rapport avec les défis actuels et futurs de recherche de la performance. Le souci premier a été de faire une évaluation *ex ante* de la LOLF en se posant les questions simples suivantes qui sont, selon Michel CROZIER[13], des questions évaluatives par excellence : comment faire pour que ça marche ? Dans quelle direction orienter les choses pour que tout ceci ait un sens ? Est-il encore besoin d'ajuster le dispositif de mise en œuvre et sur quels aspects ?

L'objectif général du colloque a été de contribuer à la modernisation de l'État. Une telle ambition ne peut limiter son champ à la seule question des finances publiques. La démarche holistique est la plus pertinente. Celle-ci implique que la modernisation de l'État prenne en compte les grandes dimensions de la fonction étatique que sont la gouvernance financière bien sûr, mais aussi la gouvernance administrative, la gouvernance politique et, pour mieux la mettre en exergue, la gouvernance du capital humain. On le dit assez souvent, la réforme des finances publiques peut et doit servir de levier à la modernisation de l'État.[14] L'"*instrument des instruments*"[15], l'argent, et les finances peuvent servir à modeler la gestion publique dans son ensemble, la culture managériale publique et les rapports au service public.

On lit dans le rapport général de la Conférence nationale des forces vives de 1990 ces quelques mots qui sont de la pure lapalissade : "*Nous n'avons pas les moyens d'administrer la société comme cela est la norme à Paris ou à Washington. Nos frères yorubas le disent : c'est la maison que l'on regarde avant de donner un nom à l'enfant. S'habiller à sa taille, se chausser à son pied, voilà la vraie sagesse*". Mieux qu'une sagesse, il s'agit d'un impératif de développement durable parce que soutenable et autocentré. La LOLF a épousé les grands thèmes de la gestion budgétaire axée sur les résultats. Il faut maintenant les accommoder à la sauce béninoise et ouest-africaine. Il faut les endogéniser en mettant les finances publiques au service de la rénovation de la gestion publique béninoise. La démarche est celle de la revue des questions de finances publiques analysées sous l'angle de la gouvernance financière

---

[13] Cité par J-L BŒUF, *L'évaluation des politiques publique*, Paris, La Documentation Française, 2001, p. 24.

[14] M. BOUVIER (dir.), *Réforme des finances publiques, démocratie et bonne gouvernance*, Paris, LGDJ, 2004.

[15] M. R. MONTECUCCULI, cité par J.-Cl. DUCROS, *Sociologie financière*, Paris, P.U.F., 1983, p. 444.

stricto sensu, d'une part (I) et d'autre part, les articulations des thématiques financières avec la rénovation de la gouvernance politique et administrative au Bénin (II).

I. DE LA NÉCESSAIRE RÉNOVATION DE LA GOUVERNANCE FINANCIÈRE

Perçue un moment comme un néologisme[16], la gouvernance est entrée dans le vocabulaire courant et est même devenue un principe de droit budgétaire communautaire : le principe de bonne gouvernance financière[17]. L'État moderne qui sert de vision à la réforme de l'État[18] en général, et à la réforme des finances publiques en particulier, ne peut faire l'économie de deux choses : la maîtrise de certaines techniques de gestion financière (A) et la promotion de l'autonomie des acteurs de la chaîne budgétaire, comme une vertu managériale et non comme une source de risques non calculés (B).

A. Les techniques financières novatrices, gages de la rénovation des finances publiques

Elles sont novatrices parce qu'elles apportent quelque chose de nouveau, parce qu'elles contribuent à donner un souffle nouveau à la gestion financière publique. Le recensement des moyens alternatifs de mise en œuvre des programmes (1) et la justification des crédits au premier franc (2) sont des techniques novatrices parce qu'elles sont, par essence, ce qui caractérise la gestion performancielle des finances publiques depuis les directives communautaires de 2009 jusqu'à la LOLF de 2013.

1°) Le recensement des moyens alternatifs de mise en œuvre des programmes

La budgétisation par programme et toute la thématique de la gestion axée sur les résultats reposent sur l'idée de sélection des moyens alternatifs de mise en œuvre des programmes. Le ministère en charge, et plus exactement la direction en charge de l'élaboration du programme d'investissement public (PIP), hébergeait un progiciel appelé

---

[16] N. MÉDÉ, « Contribution des juridictions financières à la bonne gouvernance des États africains » *in Cahiers de l'AA-HJF*, 11e publication, 2010, p. 181.

[17] Article 21, Règlement N° 01/2008/CM/UEMOA portant Règlement financier des Organes de l'Union Economique et Monétaire Ouest Africaine.

[18] « Le Bénin, …un pays bien gouverné, uni et de paix… » (Vision des Études Nationales de Perspectives à Long Terme, Bénin 2025, scénario Alafia).

ANAPROG. Cet applicatif informatique permettait de sélectionner les projets et programmes à inscrire dans la loi de finances de l'année en procédant par sélection, sur la base de la valeur ajoutée de chaque projet ou programme et en tenant compte des critères quantitatifs suivants : l'emploi, la rentabilité financière, l'aménagement du territoire, la promotion de matériaux locaux de construction, etc. La pondération de ces différents critères permet de faire l'option d'inscrire un projet ou un programme dans la loi de finances de l'année en espérant tirer le meilleur profit de sa mise en œuvre sur plusieurs plans. Cette démarche dite "*analyse multicritère*" préfigure le mode de gestion des moyens de mise en œuvre des programmes budgétaires dans un environnement lolfien.

En effet, l'un des facteurs de réussite des programmes budgétaires est la somme d'"*analyse hautement scientifique*"[19] qui les sous-tend. C'est la condition pour une optimisation de la relation objectif-moyens-résultats. La budgétisation par programme, c'est le rejet de ce qu'un certain Edgard FAURE appelait la "*litanie, liturgie, léthargie*". C'est, d'une certaine manière, le refus du "*recours excessif à la tradition, à l'empirisme, à la politique*"[20].

L'idée est qu'il faut évoluer vers des méthodes plus rationnelles au sens où l'entend le rationalisme classique, à savoir, "*la foi dans la raison, dans l'évidence et la démonstration*".[21] Un petit exercice basé sur la fiction permet de mieux fixer dans les esprits les développements précédents. Soit un programme "*Appui institutionnel aux universités nationales du Bénin*" inscrit au budget du ministère en charge de l'Enseignement supérieur. L'un des objectifs spécifiques du programme est "*Amélioration de la mobilité urbaine des étudiants de l'Université d'Abomey-Calavi*". Le résultat attendu des actions de mise en œuvre est l'"*amélioration de l'accès des étudiants au campus d'Abomey-Calavi*".

La première tâche serait un recensement systématique des moyens pouvant permettre d'atteindre le résultat escompté. On peut en dénombrer quatre sans prétendre à l'exhaustivité.

Primo, l'achat de nouveaux autocars pour renforcer le parc automobile du Centre des œuvres universitaires et scolaires (COUS) de Cotonou.

---

[19] W. BAUDRILLART, « Le budget de programme de l'équipement et du logement » *in Actualités Juridiques Droit Administratif*, 1973, p. 123.

[20] J-C DUCROS, « La rationalisation des choix budgétaires », *in Revue de Science Financière,* p. 629.

[21] A. LALANDE, *Vocabulaire technique et critique de la philosophie*, Paris, P.U.F. 1991 p. 889.

Les billets de ces autocars seraient vendus à des prix modiques et subventionnés. En conséquence, l'accès au campus par autocar serait plus facile pour les étudiants parce que moins coûteux que les taxis-motos et les taxis classiques. Mais le revers de la médaille comprend plusieurs facettes. Il faut d'abord considérer qu'il y a sur le campus d'Abomey-Calavi environ 70.000 étudiants. Si on part de l'idée que la moitié d'entre eux a son propre moyen de déplacement ou vit dans les alentours du campus, il reste environ 45.000 étudiants à transporter. Cela demande l'achat d'environ 350 autocars de 100 places pour transporter les cohortes du matin qui ont cours à 8h. Ensuite, se posent le problème du stationnement, l'aménagement d'une aire de garage de cette flotte impressionnante et l'inévitable encombrement de la circulation qu'une telle armada ne peut éviter de causer. Enfin, vient la question de la soutenabilité de la dépense en termes de parc automobile, de maintenance, de pièces de rechange, d'approvisionnement en carburant, de gestion du personnel affecté (chauffeurs, agents de contrôle des tickets, etc.).

Secundo, la détaxe sur les motocyclettes vendues aux étudiants. Cette détaxe existe déjà sur le matériel informatique importé. Elle pourrait être étendue aux motocyclettes et permettre leur achat hors droits de douane et hors TVA pour les étudiants, selon un système de contrôle et de certification à mettre en place. Cette solution a le mérite de la simplicité et de la liberté. Quoi de plus aisé pour un étudiant que de disposer de son propre moyen de déplacement et de pouvoir traverser, à toute heure, la ville de Cotonou pour aller au cours ou en revenir. Le problème est que, même détaxée, une motocyclette n'est pas à la portée de la bourse de tout étudiant. La dépense de consommation nominale *annuelle* par tête est de 227.064 FCFA selon les données fournies par le RGPH de 2011[22], c'est-à-dire, sensiblement, le prix d'une motocyclette. Le nombre de candidats à l'achat risque d'être largement inférieur à ce qu'il est utile d'avoir pour que le résultat attendu (amélioration de l'accès des étudiants au campus d'Abomey-Calavi) soit atteint.

Tertio, une subvention à accorder à la société qui assure le transport en commun dans la grande agglomération de Cotonou. Cette subvention permettrait de vendre des tickets à tarif réduit aux étudiants qui font le parcours qui dessert le campus universitaire d'Abomey-Calavi. L'argent frais servirait à renforcer les capacités de transport de la société (achat

[22]INSAE, EMICoV 2011, *Rapport préliminaire*, Cotonou, 2012, p. 37.

d'autocars, recrutement de personnel navigant, etc.) et d'augmenter le nombre de lignes desservies afin d'offrir un service amélioré aux usagers étudiants et non-étudiants.

Quarto, une série de mesures-actions qui sont du domaine du symbole parce qu'elles ne sont pas de nature à influencer en profondeur la question de la mobilité urbaine et ne pourront pas contribuer efficacement et durablement à obtenir le résultat attendu. On peut citer pêle-mêle, la subvention aux constructeurs de maisons des pourtours du campus universitaire d'Abomey-Calavi, la subvention au carburant acheté par les étudiants propriétaires de motocyclettes, le crédit-bail sur les motocyclettes vendues aux étudiants avec la garantie de l'État, etc.

Quatre séries de solutions possibles, quatre moyens alternatifs sur la base desquels il faut faire une sélection, faire un choix raisonné. C'est ici que commencent les calculs économiques avec en ligne de mire le résultat attendu. Quel est le moyen-action qui consomme le moins de crédit budgétaire tout en générant le plus d'*outputs* permettant d'approcher l'objectif spécifique et le résultat global attendu ? La réponse ne peut venir ni de la tradition ni des habitudes de budgétisation, mais de l'analyse scientifique. Les logiciels et les progiciels devraient être mis à contribution. L'ordinateur fournirait des tendances brutes à partir des données primaires intégrées dans la machine. C'est un peu le triomphe de la "*cybernétique financière*"[23], le dessaisissement des hommes au profit des machines. C'est le choix de la raison optimisée au lieu de l'arbitrage subjectif de l'homme politique.

Dans le contexte actuel du Bénin, ce choix de la raison optimisée va achopper sur une considération très triviale : la maîtrise du processus de la dépense budgétaire. C'est en engageant et en ordonnançant une dépense publique que le ministre-ordonnateur peut espérer le retour de l'ascenseur qui finance les caisses du parti et les campagnes électorales. Ce qui fragilise la solution numéro "*3*", celle de la subvention à la société de transport urbain de l'agglomération de Cotonou. La subvention pourrait prendre la forme d'abord d'un transfert de crédit à un programme budgétaire logé au sein du ministère en charge des Collectivités territoriales locales. Elle prendra ensuite la forme d'une dépense de transfert au profit de la commune de Cotonou, partenaire et co-contractant de la société de transport urbain. Ce processus tentaculaire est un processus non maîtrisé pour le ministre-ordonnateur. Il est sans

---

[23] M. BOUVIER, « Utopie technicienne et cybernétique financière publique », *in Revue Française de Finances publiques*, n°129-2015, p. V.

intérêt immédiat pour lui et pourrait être délaissé au profit de solution moins efficace (parce que ne permettant pas d'approcher le résultat attendu) et moins efficiente (parce que le rapport intérêt/coût serait moins probant). En toute hypothèse, la gestion budgétaire axée sur la performance est une gestion par la vertu autant qu'elle est une vertu de la gestion, comme le montre à suffisance l'exigence de justification des crédits au premier franc.

2°) La justification des crédits au premier franc

Justifier les crédits budgétaires dès le premier franc. L'expression n'apparaît nulle part dans le texte des directives portant cadre harmonisé des finances publiques dans les pays membres de l'UEMOA. Elle n'apparaît pas non plus dans la LOLF de 2013. Le mot justification est contenu dans la rédaction de l'article 46 de la directive n°06/2009 ainsi qu'à l'article 49 de la LOLF de 2013 et ne concerne que les crédits nouveaux.[24] Et pourtant les guides didactiques de l'UEMOA font une référence abondante à la justification des crédits au premier franc, en en faisant une des exigences découlant des réformes du cadre de gestion budgétaire de 2009.

À la vérité, il convient de dire que la justification des crédits est consubstantielle à la gestion budgétaire par la performance. Elle participe de l'esprit et des techniques opératoires du *program budgeting.* Sa prise en compte transparaît dans la LOLF de 2013 à travers la suppression de la distinction traditionnelle entre services votés et autorisations nouvelles. Les services votés, par définition, sont le "*minimum de dotation que le (gouvernement) juge indispensable pour poursuivre l'exécution des services publics dans les conditions qui ont été approuvées l'année précédente*"[25]. Les services votés sont presque renouvelés dans leur intégralité et font l'objet d'un vote unique par le parlement[26]. La méthode est inflationniste, car elle permet la reconduction des activités accompagnée d'un ajustement des coûts pour tenir compte de leur

[24] Article 49 de la LOLF de 2013. « …b) la justification de l'évolution des crédits par rapport aux dépenses effectives de l'année antérieure ; (…) d) par catégorie d'emploi, la répartition prévisionnelle des emplois rémunérés par l'État et la justification des variations par rapport à la situation existante ». Cet article fonde la justification des crédits sur les évolutions et les variations et non sur chaque inscription de dépense, quelle qu'elle soit.

[25] Art. 40, loi 86-021 du 26 septembre 1986 relative aux lois de finances.

[26] S. PAGNOU, *La gestion des finances publiques au Togo : un système à rénover*, Thèse droit, Lyon 3, 2010, p. 159.

variation (augmentation) d'année en année. Elle ne permet pas non plus une remise en cause, une évaluation et une analyse value for money de chaque activité et des crédits qui lui sont affectés. Avec la suppression des services votés, tous les crédits deviennent des autorisations nouvelles qui doivent suivre la procédure de l'examen, de la discussion et du vote par le parlement.

L'examen et la discussion, c'est d'abord les travaux de la commission budgétaire (commission des finances et des échanges siégeant ensemble avec la commission du plan) de l'Assemblée nationale. Les députés, les ministres concernés, les hauts fonctionnaires du ministère en charge des Finances et le citoyen, lorsqu'il est convié, échangent et font des propositions alternatives aux inscriptions budgétaires. Le but est de parvenir à une meilleure affectation des crédits par la prise en compte et l'arbitrage sur les intérêts en présence. Les séances plénières de l'Assemblée nationale vont poursuivre cet exercice de discussion, d'arbitrage suivi cette fois-ci d'un vote. Lors des discussions portant sur le projet de loi de finances gestion 2004, les députés ont, par exemple, adopté un amendement qui réduit de près de moitié les crédits budgétaires affectés au ministère des Finances et de l'Économie au titre de "*l'appui aux réformes institutionnelles*" et de "*l'appui institutionnel au ministère des Finances et de l'Économie*" pour l'inscrire au budget de l'Assemblée nationale au titre du financement des partis politiques.[27] Ceci montre que les débats autour des autorisations nouvelles sont une composante du jeu de pouvoir entre les institutions constitutionnelles. C'est le plus souvent un marchandage fondé sur des intérêts acquis ou convoités.

Cette pratique empirique va devoir changer. Le débat autour des autorisations nouvelles dans un environnement budgétaire *lolfien* a une autre dimension et présente d'autres exigences. Justifier les crédits, ce n'est pas seulement dire à quoi ils serviront. Justifier les crédits, ce n'est pas seulement dire qu'ils serviront à acheter des autocars pour les étudiants ; ce n'est pas suffisant de dire, non plus, qu'ils serviront à équiper le nouveau centre de formation en administration publique locale ; ce n'est pas suffisant enfin de dire qu'ils serviront à payer des primes à une catégorie (bruyante) d'agents permanents de l'État. La question principale qui se pose et qu'il faut poser est de savoir si l'achat des autocars est la meilleure option dans une perspective de rapport

---

[27] Voir journal béninois *Le Progrès,* n° 1293 du 19 décembre 2003, Cotonou, p. 3. Ce qui a inspiré le titre suivant à un journal local : "415 millions pour financer des riches" (voir journal béninois *Le Matinal* du 19 décembre 2003, Cotonou, p. 3).

intérêt/coût pour atteindre le même résultat. De même, il faut se demander si la mutualisation des moyens ne condamne pas le centre de formation en administration publique locale à fusionner avec des écoles existantes pour réaliser des économies d'échelle. Les primes payées motivent-elles davantage les agents permanents de l'État ou contribuent-elles à susciter d'autres revendications dans d'autres corps de métiers ?

Justifier les crédits, c'est leur donner une base rationnelle ; c'est les insérer dans une logique de rationalité financière. Ainsi, la justification des crédits ne peut s'opérer de façon judicieuse qu'en se conjuguant avec la technique de recensement des moyens alternatifs de mise en œuvre des programmes. Un crédit est justifié et donc peut être inscrit dans le projet de loi de finances lorsque la preuve est apportée que c'est le meilleur moyen de réaliser un résultat concourant lui-même à l'atteinte d'un objectif programmatique. Finis l'empirisme, la tradition, les habitudes et la léthargie. Il faut rationaliser, c'est-à-dire passer à des analyses économiques et à des évaluations *ex ante* pour donner des fondements scientifiques aux choix budgétaires qui sont faits.

Cette approche nouvelle implique que la justification des crédits soit amorcée dès la préparation du budget au niveau des ministères sectoriels. À la diligence des directeurs des ressources financières et du matériel (DRFM) appuyés par les directeurs de la programmation et de la prospective (DPP), les crédits budgétaires sollicités par les ministères doivent pouvoir être justifiés dans leur pertinence par rapport aux résultats et aux objectifs des programmes budgétaires du ministère. Les discussions budgétaires au ministère en charge des Finances devraient pouvoir porter sur la vérification des hypothèses et des conclusions ayant servi de base au choix des actions de mise en œuvre des programmes et à l'inscription des crédits budgétaires afférents. Le débat devra porter non seulement sur les montants des crédits, mais aussi et surtout sur le libellé des crédits budgétaires après le travail préalable de sélection des actions par choix alternatif.

Le changement de comportement attendu des acteurs de la chaîne budgétaire est important. Les habitudes ont la vie dure. Et la résistance au changement est une tendance naturelle chez les agents publics. Bien qu'en vigueur depuis les années 1999-2000, l'élaboration des budgets de programme n'a rien changé à la démarche de budgétisation axée sur la demande de moyens. Les ministères dépensiers présentent des propositions de dépenses, le ministère en charge des Finances fait des coupes sombres et des ajustements. Les ultimes arbitrages (politiques) sont faits en conseil des ministres. En quinze années d'apprentissage de l'élaboration des budgets de programme, le seul acquis est le budget de programme lui-même, finalisé et rendu au parlement comme document de travail. Les techniques et méthodes de rationalisation de la dépense publique, le "*dépenser mieux*", n'ont pas pu être établies dans la gestion courante des finances publiques nationales.

Il faut maintenant changer de bord et cela passe par la formation. Cela passe ensuite par l'élaboration des outils méthodologiques et techniques de travail. Cela passe enfin par la dotation en instruments d'analyse quantitative. La nouvelle gestion budgétaire se fera dans un environnement qui fait recours au *"calcul économique : recherche opérationnelle, analyse de coût-bénéfice, analyse des systèmes"*[28]. À ce titre, le ministère en charge des Finances restera un lieu de pouvoir, une citadelle de puissance, mais aussi un espace de responsabilité.

B. L'autonomie des acteurs et la responsabilité dans la réforme

La gestion budgétaire axée sur les résultats repose sur un postulat de confiance, et donc d'autonomie des acteurs financiers et principalement du responsable de programme. Ce socle de confiance implique un certain aménagement des procédures de la commande publique (1) et la sanction nécessaire qui doit accompagner la qualité de la performance après évaluation (2).

1°) La question de la commande publique en relation avec l'autonomie du responsable de programme

Le responsable de programme assume une responsabilité managériale. C'est lui qui prépare et présente le projet annuel de performance. C'est également lui qui élabore le rapport annuel de performance soumis à la juridiction financière pour le contrôle de la performance du programme.[29] Si l'on part du postulat de la Banque mondiale qui affirme que, s'agissant du budget de programme, "*la clé de ce type de budget est le programme*"[30], il devient évident que le responsable de programme est aussi la clé de la chaîne de préparation et d'exécution du programme. Il en est le concepteur, le maître d'œuvre et l'auto-évaluateur. Un tel niveau de responsabilité implique une dose conséquente d'autonomie :

---

[28] E. ANDREANI, « Une révolution budgétaire ? Le planning, programming budgeting system », *in Revue de Science Financière*, 1968, p. 203.

[29] Art. 53, LOLF 2013.

[30] Banque Mondiale, *Manuel de gestion des dépenses publiques,* Washington, 2000, p. 22.

autonomie sur la gestion des ressources humaines, autonomie sur la gestion des ressources financières et autonomie sur la programmation des activités de mise en œuvre du programme budgétaire.

Sur ce dernier point, il convient de signaler que la mise en œuvre des activités prévues pour l'atteinte des résultats et la réalisation des objectifs de programme nécessite l'achat de biens et services, c'est-à-dire la passation de marchés publics.

Ce qui est frappant, c'est que la passation des marchés publics fait l'objet d'une architecture institutionnelle et fonctionnelle qui échappe totalement à la maîtrise du responsable de programme. Les marchés publics, c'est d'abord une personne responsable au niveau du ministère (le secrétaire général), ensuite une cellule de contrôle, enfin une direction nationale des marchés publics[31]. L'autorité de régulation des marchés publics reçoit les recours en cas de contestation.

Sur cet ensemble à trois niveaux, le responsable de programme n'exerce pas une autorité directe. Il n'a pas prise sur le dispositif de pilotage de la commande publique. Il exprime des besoins et l'exécution se fait ailleurs, à un rythme qui n'est pas le sien. Son agenda à lui n'est pas l'agenda du staff qui gère les marchés publics.

La Déclaration de Paris sur l'efficacité de l'aide[32] manifeste la préoccupation des signataires "*qu'une augmentation significative de l'efficacité de l'aide est nécessaire pour soutenir les efforts déployés par les pays partenaires en vue de renforcer la gouvernance et d'améliorer les résultats obtenus sur le front du développement*". L'un des cinq principes retenus par la Déclaration est le principe de l'*Alignement* : Les pays donneurs s'alignent sur ces objectifs et s'appuient sur les systèmes locaux de passation des marchés publics. L'alignement permet un meilleur suivi des actions financées, y compris après la fin de la contribution extérieure. L'alignement permet aussi de favoriser la célérité des processus et la responsabilité des acteurs nationaux dans les procédures de passation des marchés publics. Plus on gagne du temps, mieux on consomme les crédits mis à disposition des pays bénéficiaires.

---

[31] Décret N°2004-563 du 1er Octobre 2004 portant attributions, composition et fonctionnement de la Direction nationale des Marchés Publics (DNMP).

[32] La Déclaration de Paris sur l'efficacité de l'aide est une charte rédigée en 2005 sous l'égide du Comité d'Aide au Développement de l'Organisation pour la Coopération et le Développement Economiques (OCDE). Elle a été approuvée symboliquement par les agences nationales d'aide au développement des pays riches et par les dirigeants des pays bénéficiaires.

L'UEMOA, pour sa part, a adopté une directive portant procédures de passation, d'exécution et de règlement des marchés publics et des délégations de service public. Le premier principe fixé par ladite directive est "*l'efficacité et l'économie du processus d'acquisition*"[33]. L'efficacité par l'atteinte de résultat dans les délais les meilleurs, l'économie en assurant un bon rapport qualité/prix. Que ce soit l'OCDE ou l'UEMOA, les préoccupations sont les mêmes : célérité, économie, durabilité.

Mais les décideurs politiques ne sont pas toujours sur la même trajectoire. Le conseil des ministres en sa session du 27 juillet 2015 a, du jour au lendemain, décidé d'"*instaurer l'avis de non-objection où sera désormais faite obligation à tout ministre sollicitant une réallocation de ressources portant sur un financement extérieur, de joindre l'avis de non-objection du bailleur*"[34]. L'intention affichée est de corriger les dysfonctionnements relevés dans l'affaire dite du PPEA II[35]. En pratique, il sera demandé à tout gestionnaire de projet ou programme sous financement extérieur de produire un document indiquant l'accord du bailleur de fonds chaque fois que des décaissements sont demandés. La même fièvre procédurale avait été notée lors de la crise sur les marchés publics du dossier dit de la Communauté des États sahélo-sahariens (CEN-SAD). Le gouvernement avait enjoint "*à tous les Ministres à l'effet de soumettre désormais à l'approbation du Conseil des ministres tous les marchés ainsi que toutes les demandes de recours à la procédure de gré à gré*"[36]. Une étape non prévue par le code des marchés publics, mais qui s'est imposée pour des raisons circonstancielles. Dans un cas comme dans l'autre, les prises de position et les nouvelles procédures de conclusion ou de gestion de la commande publique sont surtout circonstancielles. Elles s'estompent avec le temps et le droit constant finit par être restauré.

---

[33] Article 2, Directive n°04/2005/CM/UEMOA portant procédures de passation, d'exécution et de règlement des marchés publics et des délégations de service public dans l'UEMOA.

[34] Journal *La Nation* n°6288 du 28 juillet 2015, p. 3.

[35] Programme Pluriannuel d'appui au secteur Eau et Assainissement (PPEA-II) d'un montant de FCFA 40,5 milliards sous forme de dons sur la période 2013-2016, fruit de la coopération avec le royaume des Pays-Bas. Les rapports de deux cabinets d'audit ont révélé que 2,6 milliards correspondent à des dépenses non justifiées par l'unité de gestion du projet. (Journal *La Nation* n°6288 du 28 juillet 2015, p. 3).

[36] Communiqué du conseil extraordinaire des ministres du 3 juillet 2009 (Journal *La Nation* n°4776 du 6 juillet 2009, p. 7).

Ce qui est par contre manifeste et préjudiciable, c'est le dérèglement institutionnel et l'immixtion épisodique du politique sur un terrain auquel on a voulu restituer sa dimension prioritairement managériale. Le responsable de programme a des crédits budgétaires, des résultats à atteindre et des objectifs à réaliser. Il lui est assigné des indicateurs de performance et un agenda de réalisation. Il est évalué sur ses performances de programme comme un chef d'entreprise sur les performances de l'entreprise. Mais, à la différence du manager privé, il n'a pas la maîtrise de tous les leviers de commande du programme budgétaire dont il est le responsable : les marchés publics lui échappent et ultime complication, le politique peut décider à tout moment de changer la règle du jeu en cours d'exécution budgétaire.

En conséquence, le schéma de la responsabilité managériale du responsable de programme est un peu surfait. On ne peut lui en demander que dans la mesure où on lui en aura donné. Moins on lui donnera moins on pourra exiger de lui en termes de performance du programme.

2°) La sanction du responsable programme : un quatrième type de responsabilité

Le droit budgétaire et comptable connaît deux types classiques de responsabilité : la responsabilité du comptable et la responsabilité de l'ordonnateur.

Les comptes du comptable sont mis en état d'examen et soumis à la Chambre des comptes de la Cour suprême pour jugement. Le juge se prononce sur le respect des règles impératives du droit comptable et du droit budgétaire, la prise en compte de l'orthodoxie de la comptabilité publique. L'ordonnateur, quant à lui, peut être poursuivi pour la gamme des fautes de gestion prévues par l'article 80 de la directive n° 6/2009/CM/UEMOA relative aux lois de finances. Enfin, la LOLF de 2013 apporte sa caution normative aux dispositifs précédemment cités. L'article 98 recense les cas de figure dans lesquels la faute de gestion peut être caractérisée.

Le responsable de programme peut être concerné par la sanction des fautes de gestion au titre de la disposition qui vise "*toute personne appartenant au cabinet d'un membre du gouvernement*"[37]. Il peut tout autant être concerné parce que bénéficiaire éventuellement d'une délégation de pouvoir de l'ordonnateur principal du budget du ministère qu'est le ministre lui-même. Dans un cas comme dans l'autre, sa

[37] Article 96.1, LOLF 2013.

responsabilité de "*responsable de programme*" n'est pas *ès qualités* en cause. L'hypothèse dans laquelle le responsable de programme apparaît en lui-même face à la juridiction financière est lorsqu'il produit son rapport annuel de performance devant la Chambre des comptes de la Cour suprême.

La LOLF de 2013 valorise ainsi, dans la droite ligne de la directive n° 06/2009/CM/UEMOA[38], un quatrième niveau de responsabilité, à côté des responsabilités administrative, juridictionnelle et politique dans la chaîne d'exécution de la loi de finances : il s'agit de la responsabilité managériale.

Cette responsabilité s'inspire de mécanisme de responsabilité en vigueur dans le système de *corporate governance,* la gestion des entreprises privées. En fin d'exercice commercial, le directeur général ou l'administrateur général rend compte à son conseil d'administration ou à son assemblée générale du bilan de son action au cours des douze mois écoulés, des gains et des pertes, des contraintes et des atouts, etc. Sur cette base, les mandants sociaux décident de la conduite à tenir, des choix à faire, en un mot de la suite des évènements. Ils décident aussi du maintien ou non du directeur général dans ses fonctions. On ne change pas une équipe qui gagne, *a contrario…*

Le responsable de programme est dans une situation similaire, mais non identique à celle du directeur général d'une entreprise privée. Il produit ses résultats au regard des prévisions attendues de lui. La juridiction financière émet un "*avis*"[39] sur les rapports de performance. De la consistance de cet avis dépendra le sens et même la valeur de la responsabilité managériale du responsable de programme.

La juridiction financière peut dans une première hypothèse se contenter d'attester la vérité des chiffres contenus dans le rapport soumis à son avis. Elle procède à une sorte de certification du rapport, les résultats atteints, les crédits consommés et le niveau de réalisation des objectifs. Ce serait un avis sobre dans la droite ligne des audits de performance des années 2000[40]. La grille d'analyse élaborée par la Chambre des comptes à cet effet comportait quatre niveaux de vérification : informations pertinentes, informations compréhensibles, informations exactes, informations équilibrées, informations utiles.

---

[38] Article 51-2, Directive n°06/2009/CM/UEMOA.

[39] Article 91, *in fine*, LOLF 2013.

[40] I. C. DAVIES Conseil Inc., *Aide-mémoire de la Mission d'appui à la réforme budgétaire dans le cadre du PERAC*, Cotonou, Mai 2002, Annexe grille d'appréciation du budget-programme 2002 du ministère des Travaux publics et des Transports.

Dans une seconde hypothèse, le juge des comptes peut s'intéresser à apprécier la qualité de la dépense et examiner l'efficience de la consommation des crédits : le *ratio* entre les réalisations, et les ressources utilisées pour y parvenir, les choix techniques faits en cohérence avec les objectifs programmatiques, les délais de réalisation, etc. L'avis peut alors prendre l'allure d'une évaluation documentaire *ex post* et se conclure par un jugement de valeur sur la performance du responsable de programme.

Dans ce second schéma de contrôle de performance, toutes les conséquences doivent être tirées des travaux d'expertise du juge des comptes : soit qu'il s'agira de l'encourager (lettre de félicitations, prime spéciale, promotion, etc.) soit qu'il apparaîtra évident qu'une sanction punitive est utile et nécessaire à titre de rétribution, mais aussi à titre d'exemple pour l'avenir et pour les autres responsables de programme. Ce qui, en toute bonne logique, implique que la gouvernance administrative actuelle, celle qui concerne notamment la gestion de la carrière des fonctionnaires soit revisitée.

II. LA MUTATION DE LA GOUVERNANCE ADMINISTRATIVE ET POLITIQUE : UN PRÉREQUIS

L'ordre des choses, la léthargie et le *statu quo* ne peuvent servir de levain à la gouvernance lolfienne. Il faut que les choses changent ; il faut une mutation dans le cadrage administratif et politique des finances publiques. Cette mutation concerne la fonction exécutive dans l'État (A) ainsi que l'administration publique tout entière (B).

A. La fonction exécutive en mutation : l'architecture du gouvernement

Le gouvernement est la cheville ouvrière de la définition de la politique économique et financière de l'État et aussi de sa mise en œuvre. Dans la perspective de la gestion budgétaire par la performance, il doit subir une mue (2) tandis que l'État doit préciser son domaine (1).

1°) La clarification des missions de l'État

Le ministère en charge de la Réforme administrative a mis à son agenda une activité dite "*clarification des missions de l'État*" depuis une dizaine d'années. La coopération canadienne[41] et des consultants

[41] Projet d'Appui à la réforme administrative, Contribution maximale de l'Agence canadienne pour le développement international : 4 123 517 $.

nationaux ont assidument collaboré à l'activité de redéfinition et de clarification des missions de l'État.

Le processus a démarré en 2002 et s'est voulu très participatif. Le secteur privé et les acteurs de la société civile ont pris part aux débats et aux travaux du Comité de coordination de la réforme administrative. Les résultats des travaux approuvés par le conseil des ministres en octobre 2009[42] présentent trois catégories de mission : les missions à conserver (le domaine régalien de l'État), les missions à transférer (transfert de compétences aux collectivités territoriales locales) et les missions à partager (État, collectivités territoriales locales, secteur privé, les organisations de la société civile).

La conférence nationale de 1990 a opté pour un État de démocratie constitutionnelle pluraliste et une économie libérale. Ce choix de base a expliqué certaines décisions de politique publique comme les lois de décentralisation[43], la privatisation de nombreuses entreprises publiques, la libéralisation du paysage audiovisuel, etc. La clarification des missions de l'État vient s'insérer dans ce schéma d'ensemble de refondation de la République. Au terme de ses travaux, le ministère en charge de la Réforme administrative et institutionnelle a fait valider par le gouvernement sept missions concourant à fonder la raison d'être de l'État : la souveraineté (i), la planification et les finances (ii), l'équipement (iii), le soutien au développement économique (iv), l'action sociale et environnementale (v), l'éducation (vi) et l'administration (vii). Les missions sont déclinées en secteurs ou domaines d'intervention. La mission 'souveraineté' comprend les secteurs de la défense, de la sécurité, de la justice et des affaires étrangères. Les fonctions dégagées au sein de chaque secteur à l'intérieur des missions consistent à exécuter les activités d'élaboration de politique et de programmes, de contrôle et de coordination, de production de biens et prestations de services, de gestion des ressources et des unités administratives.

---

[42] Relevé n°36 des décisions du conseil des ministres du 28 octobre 2009, communication n°1361/09.

[43] Loi n° 97-028 du 15 janvier 1999 portant organisation de l'administration territoriale de la République du Bénin, loi n° 97-029 du 15 janvier 1999 portant organisation des communes en République du Bénin, loi n° 98-005 du 15 janvier 1999 portant organisation des communes à statut particulier, loi n° 98-006 du 9 mars 2000 portant régime électoral communal et municipal en République du Bénin, loi n° 98-007 du 15 janvier 1999 portant régime financier des communes, loi n° 2007-28 du 23 novembre 2007 fixant les règles particulières applicables aux élections des membres des conseillers communaux ou municipaux et des membres des conseils de villages ou de quartier de ville, loi n° 2009-17 b portant modalités de l'intercommunalité au Bénin.

Le document portant clarification des missions de l'État, et dont les grandes lignes viennent d'être présentées, n'a d'autre légitimité que celle que confère une délibération en conseil des ministres. Ce n'est pas une loi de l'État béninois, ce n'est pas non plus un acte réglementaire de mise en œuvre de la réforme et de la modernisation de l'État au Bénin. C'est un document de travail administratif, mais qui est bien suffisant en soi, pour éclairer et baliser la suite de nos développements sur les missions de la loi de finances.

Une mission budgétaire est un "*ensemble de programmes ou de dotations concourant à la mise en œuvre d'une même politique publique.*" Dans la nouvelle architecture de la loi de finances de l'année, la mission est un niveau de superposition. C'est une fédération de programmes présentant la cohérence nécessitée par leur contribution à l'atteinte d'objectifs plus généraux qui dépassent le cadre strict d'un programme. La mission budgétaire introduit dans la gestion budgétaire la perspective interministérielle qui permet la lisibilité et plus tard l'évaluation des programmes à l'aune des politiques publiques. De ce point de vue, les missions définies par le programme de réforme de l'État et adoptées par le gouvernement manquent de cette cohérence interne qui permet d'y inscrire des programmes budgétaires concourant à la mise en œuvre d'une politique publique. La mission 'Administration' par exemple contient les domaines de la fonction publique, du travail, mais aussi du budget (élaboration et exécution) alors que les actions de définition et de conduite de la politique de développement et de la politique financière relèvent de la mission 'Planification et finance'. Par ailleurs, l'habitat est inscrit à la mission 'Sociale et environnementale' tandis que l'urbanisme et les travaux publics sont du ressort de la mission 'Equipement'. C'est pourtant ce schéma qui est repris par le décret n° 2014-794 du 31 décembre 2014 portant nomenclature budgétaire de l'État au Bénin, notamment en son article 6.

La conception des missions budgétaires doit aller au-delà des missions de l'État telles qu'élaborées par le gouvernement. Pour trouver une base de travail plus pertinente, il convient de prendre en compte ce qu'offre la nomenclature fonctionnelle du budget telle que présentée dans la directive n° 08/2009/CM/UEMOA portant nomenclature budgétaire de l'État. Dix fonctions des administrations sont présentées et comportent les services généraux des administrations publiques (i), la défense (ii), l'ordre et la sécurité publics (iii), les affaires économiques (iv), la protection de l'environnement (v), le logement et les équipements collectifs (vi), la santé (vii), les loisirs, la culture et les cultes (viii), l'enseignement (ix), la protection sociale (x). On peut déplorer que ce tableau de fonctions présente encore l'inconvénient d'être trop administratif, trop rigide.

La notion de mission budgétaire comporte une dimension volontariste et exprime une orientation de l'action publique présente. En ce sens, on peut relever les orientations stratégiques de développement 2006-2011 définies par le Gouvernement.[44] Les préconisations sont les suivantes : "*Pour relever les défis et atteindre (les) objectifs d'accélération de croissance et de réduction de la pauvreté, le Gouvernement entend mettre en œuvre les* ***orientations stratégiques*** *ci-après : reconstruire une administration au service de l'intérêt général et du développement du secteur privé (i), assainir le cadre macroéconomique et maintenir sa stabilité (ii), promouvoir le renouveau économique par la mise en place d'un environnement économique et institutionnel de norme internationale et la diversification de la production, en particulier dans le monde rural (iii), développer les infrastructures de qualité, nécessaires à l'amélioration de la compétitivité et à l'accroissement des investissements privés (iv), renforcer le capital humain pour améliorer la productivité de l'économie nationale (v), assurer un développement équilibré et durable de l'espace national, notamment le développement à la base (vi)*". Chaque orientation stratégique a des implications interministérielles et vise l'atteinte d'objectifs généraux. Leur mise en œuvre passera par la conception de programmes budgétaires au niveau ministériel, la mise en œuvre et l'évaluation de ces programmes budgétaires qui épousent le format du gouvernement.

2°) Le format du gouvernement

Le président de la République "*nomme (...) les membres du Gouvernement ; il fixe leurs attributions et met fin à leurs fonctions*"[45]. Le chef de l'État tient de cette disposition constitutionnelle, le pouvoir de fixer le format du gouvernement et de déterminer le périmètre de l'action de chaque ministre. Sur cette base, et au fil des formations du gouvernement et des remaniements ministériels, le format du gouvernement se dilate, par scissiparité, ou se contracte par fusion de ministères, sans qu'on puisse toujours dire de façon certaine que ses variations correspondent à des nécessités de gestion de l'action publique. "*Toutes*

[44] Ministère du Développement, de l'Economie et des Finances, Orientations stratégiques de développement du Bénin 2006-2011, Le Bénin émergent.
[45] Article 54, constitution du 11 décembre 1990.

les luttes partisanes ne sont (...) pas uniquement des luttes pour des buts objectifs, mais elles sont aussi et surtout des rivalités pour contrôler la distribution des emplois", écrit Max WEBER[46]. La distribution des postes et par-delà des prébendes politiques semble expliquer le mouvement d'accordéon que l'on observe s'agissant de la taille du gouvernement béninois. Un poste, souvent éphémère, de Premier ministre, est même créé, d'abord en 1996, puis en 2011 et enfin en 2015.

L'une des conséquences de cette tradition de chamboulement du gouvernement est le chambardement des décrets portant attribution, organisation et fonctionnement des ministères chaque fois que le gouvernement est remanié. Un redéploiement du personnel et des compétences s'ensuit. Des directions techniques doivent être fusionnées où se scinder. Des cadres doivent changer de ministre de tutelle. Le puzzle doit être reconstruit pièce par pièce.

Or, la gestion budgétaire axée sur les résultats rend nécessaire une certaine constance de l'action. Le programme budgétaire est valable un an en vertu de la règle de l'annualité budgétaire. Mais, il s'inscrit dans un cadre pluriannuel retracé dans le document de programmation budgétaire et économique pluriannuel et le document de programmation pluriannuelle des dépenses.[47] Il exprime donc, et d'une certaine manière, une vocation à la pluriannualité. La stabilité de son architecture interne est un gage de la performance globale de son exécution.

Plus important encore est le rattachement administratif du programme. Il n'y a pas de programme interministériel. Chaque programme budgétaire est logé au sein d'un ministère. La nomenclature administrative se cumule avec celle programmatique. Le changement des attributions d'un ministère peut avoir comme conséquence le changement des contenus de certains programmes du ministère, soit par ajout soit par soustraction d'objectifs, d'activités et de crédits budgétaires. La recomposition de la cohérence de l'ensemble peut prendre plusieurs mois et, au pire, plus d'un an comme le montre le temps exagérément long pour la formation de certains cabinets ministériels ces dernières années.

L'exemple de l'Île Maurice peut être instructif à cet égard. La constitution du 12 mars 1968 (article 59-2) impose la limitation à

---

[46] Cité par J. LAGROYE, *Sociologie politique*, Paris, Presses de la Fondation Nationale de Science Politique Dalloz, 2002, p. 234.

[47] Article 49, LOLF 2013.

vingt-cinq du nombre de ministères[48]. Les périmètres des ministères peuvent varier, mais le plafonnement constitutionnel est déjà un élément de stabilité pour le management public et le management budgétaire de façon particulière. Et c'est ce que requiert la logique managériale pour assurer la performance des programmes. Le désordre institutionnel est source d'irresponsabilité pour les responsables de programmes. On ne peut tenir rigueur à quelqu'un de ses résultats médiocres si le programme dont il a la charge a été déstructuré en cours d'exécution budgétaire.

Le débat dépasse le strict cadre des finances publiques pour s'étaler sur les rivages du droit constitutionnel. Peut-on ou doit-on limiter le nombre de ministères au Bénin. La tradition nationale est loin d'un tel schéma. Elle épouse plutôt une certaine pratique de France où on dimensionne un ministère au goût et à la taille d'un homme. L'illustration par l'absurde est fournie par le Sénégal d'Abdoulaye WADE dont le fils est fait, du jour au lendemain, "*ministre d'État chargé de la Coopération internationale, de l'Aménagement du territoire, des Transports aériens et des Infrastructures*"[49]. Trois ministères en un que l'alternance politique de 2012 a tôt fait de remettre en place par saucissonnage.

L'inconstance du format du gouvernement a une implication sur la gestion des programmes, mais aussi sur l'application du plafond d'emplois rémunérés. Le plafond est fixé par ministère en termes de masses de crédits budgétaires. L'un des buts de cette technique est de permettre la maîtrise des coûts salariaux des administrations publiques[50]. Les bouleversements au niveau de la structure du gouvernement peuvent aussi avoir un effet sur les plafonds d'emplois rémunérés. Virements de crédits, transferts de crédits, décrets d'avance, les techniques ne manquent pas pour pallier la modification des dotations initiales. On ne peut cependant pas sous-estimer les distorsions prévisibles que ces

[48] Les États-Unis d'Amérique comptent aussi une quinzaine de secrétaires (ministres), mais un nombre variable d'agences gouvernementales. Suite aux élections législatives de septembre 2013, la Chancelière allemande a formé un gouvernement de treize ministres. Si on y ajoute le vice-chancelier et la Chancelière elle-même, l'exécutif allemand compte quinze membres. Le fédéralisme n'explique pas forcément ce nombre réduit puisque le gouvernement fédéral du Nigéria compte 38 ministres (avril 2010, 1er gouvernement de Goodluck Jonathan) et la République fédérative du Brésil a aussi 38 ministres (Dlima Roussef, 2014).

[49] http://www.jeuneafrique.com, consulté le 30 avril 2009 à 20 h 35.

[50] J. ABRAHAM et F. BRILLET, « Lolf : de l'esprit de la loi à l'émergence de nouveaux principes de GRH », *in* revue *Politique et management public*, vol. 26/2, 2008 pp. 15-30.

modifications peuvent avoir sur la cohérence de la loi de finances de l'année, dans sa rationalité interne et dans sa logique managériale et telle que pilotée par des hommes sélectionnés exprès pour cela.

B. La sélection des hommes

L'équation des ressources humaines est un facteur décisif dans la réussite de la réforme budgétaire. L'accent à mettre sur la performance humaine (1), mais aussi sur l'organisation et le fonctionnement des administrations publiques est au cœur de la problématique de la réforme (2).

1°) Les hauts emplois publics

La Conférence nationale de 1990 a déjà évoqué la question de la modernisation de l'État. Le rapport général parle d'"*une administration aux méthodes inadéquates, parce que nous multiplions et gardons des structures ou des services inutiles*". Ce diagnostic rapide a donné lieu à l'organisation de conférences nationales sectorielles, sous l'appellation d'états généraux. Les grands secteurs suivants ont été pris en compte : la justice[51], l'administration territoriale[52], l'éducation[53], l'administration publique[54]. En 2000, un document-cadre de réforme de l'administration est adopté et comporte six objectifs stratégiques prioritaires, à savoir : clarifier les missions de l'État (i), rationaliser et stabiliser les structures et l'organisation administratives (ii), promouvoir les nouvelles technologies de l'information et de la communication (iii), promouvoir et développer les ressources humaines (iv), promouvoir la bonne gouvernance (v), mettre en place une politique de décentralisation (vi).

L'objectif stratégique prioritaire 2 de ce document-cadre est repris dans le plan de réforme et de modernisation de l'administration publique béninoise dans une action d'opérationnalisation du Programme n°2 intitulée "*Rationalisation et stabilisation des structures et de l'organisation administrative.*"

La conjonction de ces deux documents a rendu nécessaire l'élaboration d'un répertoire des hauts emplois techniques (RHET) adopté en Conseil des ministres, le mercredi 28 février 2007.

---

[51] Les états généraux du secteur de la justice, novembre 1996.

[52] Les états généraux de l'administration territoriale, janvier 1993.

[53] Les états généraux de l'éducation, octobre 1990.

[54] Les états généraux de la fonction publique et de la modernisation administrative (décembre 1994) et l'atelier sur le diagnostic de l'environnement institutionnel du Bénin (octobre 1996).

Le RHET de la fonction publique béninoise est un outil de référence et d'aide à la gestion des ressources humaines et des emplois supérieurs de l'administration publique. Il regroupe et classifie, selon une méthode spécifique, tous les hauts emplois existants dans l'administration publique du Bénin et en décrit la raison d'être, les finalités, les missions, les attributions, les activités, les exigences et les compétences associées à chacun d'eux. Il est organisé suivant deux types de classification : la classification par secteur et la sous-classification par fonction.

Les critères retenus par le RHET et qui ont servi à la classification des emplois-types de l'administration publique sont reconnus universels, objectifs et neutres. Ils mettent l'accent sur le développement de la "*logique de compétence*" afin d'impulser la performance dans l'administration publique.

La procédure retenue pour la sélection puis la nomination comprend six étapes. Il s'agit de l'expression et le traitement du besoin (i), la manifestation d'intérêt et le recueil des candidatures (ii), la présélection des candidats (iii), la sélection des candidats (iv), la validation/approbation de la sélection par le ministre (v), l'approbation de la sélection par l'organe de suivi et la nomination des candidats retenus (vi). Cette approche qui est classique pour la dotation des hauts emplois au niveau international met l'accent sur les valeurs de transparence, de compétence et du principe essentiel de l'adéquation profil/poste[55].

L'idée de RHET vise à dissocier deux choses : les emplois "*politiques*" et les emplois techniques. Les premiers sont du ressort et à la discrétion des gouvernants, du gouvernement et de son chef en particulier. Les postes de directeur de cabinet, de conseillers techniques reposent sur la confiance entre leurs titulaires et les ministres ou autres chefs d'institutions de la République. Ce sont des emplois de proximité d'opinion et d'orientation politique qui se font et se défont au gré des remaniements ministériels et autres changements de présidents d'institutions constitutionnelles. Le prestige du poste n'a d'égale que la précarité qui le caractérise et le titulaire n'a de légitimité que celle qu'il tient de son *mentor*. Il est avant tout l'obligé de quelqu'un qu'il est venu servir, en servant la république.

L'emploi technique est autrement conçu. Il est placé à mi-chemin entre les hommes politiques et les usagers de l'administration publique.

---

[55] L'application du répertoire à certains corps de la fonction publique suscite des interrogations. Il s'agit des corps régis par un statut particulier, à savoir les magistrats, les militaires et les paramilitaires.

Le titulaire n'est pas concerné par une quelconque élection démocratique et tire sa légitimité du savoir, du savoir-faire et du savoir-être. Il est ou devrait être sélectionné selon des processus bureaucratiques ou méritocratiques, placés sous le signe de la compétence et de la performance. Entre les élus et le peuple, il y a la couche des technocrates. Ils font tourner la machine administrative et sont au service de la république et des politiques. Parce qu'ils ont pour eux la compétence technique, ils sont assurés de la pérennité dans l'emploi et leurs fauteuils ne valsent pas au gré des changements politiques. En contrepartie, ils doivent constamment faire preuve de performance et de bons rendements au travail, ce qui constitue leur contribution au développement de la nation. Pour les Nations-Unies, "*l'efficacité, la responsabilité, l'efficience et la transparence de l'administration publique aux niveaux national et international ont un rôle décisif à jouer dans la réalisation des objectifs convenus au plan international, notamment ceux énoncés dans la Déclaration du millénaire*"[56].

"*La principale 'industrie' des pays (africains) est actuellement l'Administration*", faisait remarquer le Français René DUMONT[57] dans les années 1960 pour s'en désoler. Elle était le premier débouché de la main-d'œuvre scolarisée mais faisait aussi office de service social. Un emploi de fonctionnaire est d'abord une sinécure à vie, où l'État-employeur n'est regardant ni sur la qualité du service, ni sur l'assiduité des agents, ni sur le rendement du travail. Les militants politiques, la famille, les frères ethniques et du clan, toute une faune trouvait dans l'administration un refuge et un gagne-pain facile. Ce schéma de la fonction publique ne laisse évidemment pas de place aux valeurs de compétence, de loyauté, d'impartialité, de rationalité et de neutralité.

Au niveau continental, l'Union africaine travaille dans le sens du renversement des valeurs courantes en adoptant le 31 janvier 2011 une Charte africaine de la fonction publique et de l'administration. Il s'agit pour l'organisation de coller aux idées dominantes dans le monde sur le nouveau management public, plus soucieux de performance et de qualité de l'action publique. "*Le professionnalisme et l'éthique dans le service public et l'administration*" sont élevés au rang de principe dans la Charte (article 3)[58]. À l'article 9 consacré au "*professionnalisme*", la

[56] Résolution 57/277 Administration et développement de l'Assemblée générale, 7 mars 2003.
[57] R. DUMONT, *L'Afrique noire est mal partie*, Paris, Seuil, 1962, *passim*.
[58] Union africaine, 31 janvier 2011.

Charte impose un devoir "*d'excellence et d'innovation.*" Peut-il y avoir excellence et innovation lorsque les ressources humaines publiques sont recrutées sur la base de critères autres que la compétence et l'éthique ? La question du capital humain, de sa formation et de son déploiement dans les services publics se pose ainsi dans toute son ampleur.

L'évidence aujourd'hui au Bénin est que le RHET a été relégué au magasin des inopportunités. Il a servi au recrutement compétitif du directeur du Centre de documentation et d'information juridique (CDIJ) du ministère en charge de la Justice et rien d'autre. Les hauts emplois publics sont gérés comme des cabinets ministériels avec une instabilité chronique et surtout une ignorance souveraine et délibérée de mettre l'homme qu'il faut à la place qu'il faut. Les conséquences sont énormes pour le management public. D'abord et sur le plan psychologique, le cadre hissé à un poste de responsabilité technique par la faveur du supérieur hiérarchique est dans un état d'esprit où il développe le syndrome de la fourmi : amasser et faire des réserves financières parce que les mauvais jours, les temps de vache maigre ne vont pas tarder à venir. Il faut faire vite et les "*affaires*" se multiplient. Ensuite, son rendement ne peut être bon, parce qu'il n'a pas le profil de la fonction et ne se soucie guère de l'acquérir. Convaincu qu'il est que le vent va tourner très bientôt et qu'il va devoir céder son fauteuil à quelqu'un d'autre. Enfin, les dépenses de formation et de renforcement de capacité sont des fonds perdus, car le *turn over* des ressources humaines est trop important et dépasse le niveau requis pour assurer la rotation du personnel et éviter les rentes de situation.

La gestion budgétaire axée sur les résultats, la mise en œuvre de la LOLF ont besoin que le RHET s'applique et devienne la norme en matière de gestion des ressources humaines publiques. En effet, il faut de la compétence pour concevoir un programme budgétaire. Il faut aussi de la compétence pour en assurer le suivi. Il faut enfin de stabilité dans l'emploi pour conduire l'évaluation des crédits affectés à la mise en œuvre d'une politique publique avec définition de résultats et identification des indicateurs de performance, en un mot d'un programme budgétaire. C'est ici que la logique financière rejoint et épouse la logique administrative. L'une s'enchaîne avec l'autre et l'une ne va pas sans l'autre. Le navire État sera d'autant plus moderne que les matelots affectés sur le pont, dans les cales et sur le gouvernail sauront, chacun en ce qui le concerne, faire ce qu'il faut au moment où il le faut, avec science et conscience, pour faire avancer cette gigantesque mécanique, *a priori* sans âme. Le RHET, c'est la première marche de l'escalier qui nous conduit vers un *program budgeting* réussi.

2°) Une nouvelle fonction publique pour une nouvelle gestion financière publique

La relation de causalité reste à établir entre la nouvelle fonction publique et la nouvelle gouvernance financière basée sur les résultats. Est-ce la première qui entraine et rend possible la seconde ou l'inverse ? Ou encore les deux dimensions de gouvernance (financière et administrative) doivent-elles être concomitantes ? À la vérité, l'une ne peut s'établir et se consolider sans l'autre. La gestion performancielle des finances publiques peut, certes, servir de levier à une nouvelle gestion des ressources humaines publiques mais elle ne peut être durable qu'en s'enracinant dans un système de management du capital humain public qui soit de la même nature, c'est-à-dire, orientée vers la performance.

La question de la performance dans l'administration publique fait débat[59]. Une certaine doctrine juge même la performance peu soluble dans le management de l'administration publique[60]. Le service public a des fins singulières qui sont toutes inspirées de l'intérêt général. Il est irréductible aux impératifs de profit et de rentabilité propres au *corporate governance,* à la gestion des entreprises privées. Il a ses ressorts propres et sa propre logique ainsi que ses modes particuliers d'intervention. On pourrait presque en conclure que le débat est clos sauf qu'il convient de nuancer.

La performance de l'administration publique telle que souhaitée et préconisée n'est pas assimilable à la performance demandée aux entreprises du monde des affaires, réunissant des capitaux privés. Pour l'école nord-américaine du management la raison d'être d'une firme privée est la réalisation et la maximisation du profit. La question n'est pas de savoir si elle est raisonnable ou pas raisonnable, si elle est soutenable ou non. Le point est de comprendre que la maximisation du profit correspond à une pratique des entreprises privées et qu'elle

---

[59] J. CHEVALLIER et D. LOCHAK, « Rationalité juridique et rationalité managériale dans l'administration publique », *Revue française d'administration publique*, n°24/1982, pp. 21-33.

[60] A. AMAR et L. BETHIER, « Le Nouveau Management Public : avantages et limites », *http://webs.unice.fr/recemap/contenurevue/Articles/Revue_Recemap13_Amar_Berthier.pdf*, consulté le 19 septembre 2015.

repose sur des théories économiques suffisamment élaborées[61]. Le jeu se fait sur les coûts variables dont l'hygiène au travail, la protection de l'environnement, l'optimisation fiscale par exemple, qui sont autant d'impératifs d'intérêt général pour l'administration publique. Soit.

Mais l'administration publique béninoise est à la fois outrancièrement procédurière, inutilement dispendieuse, rageusement inefficace et, par endroits, déstructurée. Pour le document-cadre de la réforme administrative, l'objectif est de mettre en place *"une administration transparente et responsable, ouverte aux valeurs positives de la société, occupant une place centrale dans le dispositif de régulation du développement humain durable"*[62]. Il s'agit en somme de promouvoir une administration de développement, une administration qui rend possible le développement, qui n'inhibe pas les initiatives prométhéennes des citoyens, une administration qui soutient la croissance économique et la création de valeur. Pour le système des Nations Unies, le développement se ramène assez simplement à *"l'ensemble des progrès économiques, sociaux et culturels auxquels aspirent les peuples"*[63]. Et qui dit progrès économique et social dit création de la richesse. L'administration publique peut-elle porter le développement par la création de richesse sans en méconnaître les ressorts essentiels ? En d'autres termes, peut-elle continuer à ignorer la performance tout en étant au service de la performance du secteur privé et de la société civile ? Il faut en prendre son parti que l'administration de développement doit aussi intégrer les valeurs de la performance. Elle se doit de faire preuve d'économie, de se soucier d'atteindre des résultats (efficacité) et de tenir compte des rapports résultats/coûts (efficience). Ce qui implique une organisation et un fonctionnement de l'administration publique qui exprime cette exigence de performance.

---

[61] Avis contraire de P. F. DRUCKER, *Management : Tasks, Responsibilities, Practices*, William Heinemann Ltd., 1974, chapitre 6. L'auteur écrit : "Si l'on demande à un homme d'affaires type de définir une entreprise, il répondra probablement que c'est une organisation qui doit faire du bénéfice. L'économiste type donnera probablement la même réponse. Cette réponse n'est pas seulement fausse (...) Le danger du concept de maximalisation du profit est qu'il transforme la notion de rentabilité en mythe. (...) Ce concept est responsable, en grande partie, de la croyance communément répandue qu'il existe une contradiction inhérente entre le profit et la capacité que peut avoir une entreprise d'apporter une contribution sociale."

[62] Ministère de la Fonction Publique du Travail et de la Réforme Administrative, *La réforme administrative au Bénin, Document-cadre*, Cotonou, 2000, p. 15.

[63] P. B. BOUTROS-GHALI, *L'interaction démocratie et développement*, Paris, UNESCO, 2002, p. 11.

Cependant, la performance ne peut être étendue à l'administration publique de façon indiscriminée. Tous les compartiments de l'administration publique ne peuvent être traités de la même façon, de manière linéaire. Il faut différencier. L'État a un domaine régalien et un domaine interventionniste, qui manifeste sa volonté de s'investir et d'investir dans des activités qui sont concurremment exécutées par des opérateurs privés commercial ou associatif. Les activités dites régaliennes sont le domaine réservé de la puissance publique. Elles sont l'expression de la souveraineté de la personne morale étatique. Comme le dit une certaine jurisprudence administrative française, ces activités qui relèvent de la compétence exclusive de l'État, ne peuvent être ni déléguées à des personnes privées ni mises en sous-traitance[64]. Au nombre desdites activités, on peut citer l'administration de la justice, la diplomatie, l'émission monétaire[65], et la sécurité intérieure (police) et extérieure (défense). Il y a des choses qui ont un coût certes, mais qui n'ont pas de prix : le *law enforcement* pour le respect des droits des citoyens (justice), le rayonnement du Bénin dans le monde et la recherche de la paix (diplomatie), la sûreté des personnes et la sécurité de leurs biens (police), l'intangibilité du territoire et la paix des citoyens (défense). L'argent dépensé dans ces différents secteurs peut ne pas avoir de résultat, ni d'effet, encore moins d'impact à court ou à moyen terme. Le retour sur investissement peut s'inscrire dans la durée. Il faut savoir donner du temps au temps.

En conséquence, on ne saurait légitimement inscrire les acteurs des secteurs visés dans un agenda *classique* de performance avec des cibles chiffrables et chiffrées, des indicateurs et la mesure de la performance. La sécurité n'est pas forcément mieux assurée quand les chiffres des gardes à vue sont multipliés par 200 % ! La justice n'est pas automatiquement mieux rendue quand la progression des condamnations monte à 150 %. Pas plus que la défense nationale ne saurait être garantie par une simple multiplication du nombre de généraux au sein de l'armée. Il faut rationaliser et faire des choix stratégiques et tactiques. Dans les secteurs visés, la maîtrise des coûts peut valablement tenir lieu de stratégie de la performance. Dépenser mieux, c'est savoir orienter ses dépenses mais aussi les sélectionner en faisant la balance intérêt/coût. La qualité de la dépense publique n'est certainement pas au rendez-vous

[64] France, Conseil d'État, 17 juin 1932, *Ville de Castelnaudary*.

[65] L'émission monétaire relève d'ailleurs de la compétence d'une organisation internationale qu'est la Banque centrale des États de l'Afrique de l'ouest (BCEAO).

lorsque le Bénin s'avise d'avoir deux ambassadeurs à Rome, l'un auprès de l'État de la cité du Vatican et l'autre auprès du gouvernement italien. La présence du Bénin dans le monde peut être réalisée à moindre coût.

À côté de son domaine régalien, l'État moderne en général et l'État du Bénin en particulier a développé des interventions dans des secteurs les plus divers. Ces espaces sont des domaines qui expriment ce que Maurice DUVERGER appelle "*l'interventionnisme économique et social de l'État*"[66]. On peut citer dans cette rubrique : la santé, l'éducation, le développement rural (agriculture, élevage, pêche), le sport, la culture, etc. Ce sont des secteurs en concurrence ou en connivence avec les initiatives privées. Les populations cibles sont les mêmes, les activités aussi. Pourquoi les méthodes de travail différeraient fondamentalement ? Pourquoi une infirmière de l'hôpital public soignerait, à égalité de salaire, un malade par heure alors que sa collègue du secteur privé en soigne deux ou trois ? Au-delà d'une simple question de revenus, c'est toute l'organisation du travail et la gestion des ressources humaines publiques qui est à refonder. Le dossier de l'avancement au mérite va dans ce sens. Il a été contesté par les syndicalistes parce que n'offrant pas, en l'état actuel des choses, des garanties contre l'arbitraire et l'abus de pouvoir[67]. Une autre initiative fait son chemin : le financement basé sur les résultats (FBR)[68]. Avec le soutien de la Banque mondiale, les services de santé sont conduits à améliorer leur rendement sur la base d'incitatifs financiers. Le programme concerne le secteur de la santé mais pourrait s'étendre rapidement à l'éducation nationale et au

---

66 M. DUVERGER, *Finances publiques*, Paris, PUF, 1956.

67 A. SESSOU ADROH, « Le nouveau système d'avancement au mérite face à la politisation de l'administration publique béninoise », *Mémoire de fin de formation*, ENAM/UAC, 2002.

68 L'approche FBR est bien une innovation dans le financement des programmes économiques ou sociaux.

Appliquée au secteur santé, elle introduit une démarche utile dans le management du système de santé en permettant l'atteinte de la performance *quantitative* (nombre de malades, quantité de soins, doses de médicaments, etc.) dans la prestation des soins de santé d'une part et d'autre part l'atteinte de la performance *qualitative* (satisfaction des malades et taux de fréquentation, qualité des soins, qualité de l'accueil des malades, etc.). Le FBR est en fait un moyen de rendre le système de santé plus à même de rencontrer les indicateurs de mesure des Objectifs du Millénaire pour le Développement dans un contexte où la ressource financière publique est rare et chère. La stratégie globale se résume à cette phrase : *Do more with less and achieve the goals*. La ressource financière distribuée par le programme joue un rôle d'appât, pour inciter les prestataires (centres de santé et autres formations sanitaires) à être plus performants sur le plan qualitatif et sur le plan quantitatif.

développement rural et au-delà. L'idée qui sert de trame au FBR est en parfaite congruence avec la gestion budgétaire par la performance.

Évidemment, le ministère des Finances est aussi concerné par la gestion par la performance. Bien que ministère régalien, il est aussi le ministère de l'argent et, à ce titre, doit adopter les bonnes pratiques en matière de gestion des deniers publics. Des exemples existent aujourd'hui qui prouvent que la rationalisation institutionnelle et méthodologique peut donner de bons résultats sur le plan des finances publiques. L'Ile Maurice, le Burundi et plus près de nous, le Togo, ont créé un office des recettes qui regroupe les personnels et les attributions des services des impôts et ceux des douanes. La plus grande innovation est l'autonomie du dispositif institutionnel, la sortie du personnel de son statut d'agent permanent de l'État. Les offices des recettes gèrent un personnel sous contrat, évalué sur ses résultats, payé en conséquence et au pire, licencié lorsque les résultats sont trop insuffisants. Les chiffres fournis par l'Office burundais des recettes (OBR) sont éloquents, quant à la pertinence des choix opérés : à la création de l'OBR en 2009, les recettes intérieures (impôts et douanes) de l'État étaient de 301,21 milliards de Francs burundais. En 2014, les chiffres sont de 655,58 milliards de Francs burundais, soit une progression de l'ordre de 117, 68 %. L'OBR participait à hauteur de 63 % au solde total des ressources budgétaires en 2009. Sa contribution est de 82 % en 2014[69].

S'agissant des dépenses, la performance prendrait les chemins des techniques managériales ci-dessus énumérées : justification au premier franc, recensement des moyens alternatifs de mise en œuvre des programmes, évaluation des résultats, etc.

La performance apparaît au bout de ces mécanismes. On en arrive bien aux "*3 E*" (efficacité, efficience, économie) en misant sur un système de pilotage qui inclut la définition d'objectifs, le ciblage des actions, la budgétisation, l'élaboration des indicateurs, le suivi des actions, la mesure de la performance et la sanction (positive et négative) des gestionnaires.

---

[69] Ch. RUVAKUBUSA, « Facteurs clés entrainant la chute de recettes en Afrique : cas du Burundi », communication présentée à *African Tax Research Network*, Congrès inaugural, 2-4 septembre 2015, Cape Town, Afrique du Sud, inédit.

CONCLUSION

Le colloque sur la LOLF de 2013 a été une occasion de jeter des regards croisés sur la nouvelle constitution financière du Bénin. Experts de formations différentes (juristes, comptables publics, économistes, planificateurs, etc.) et de profils professionnels différents : universitaires, praticiens des administrations publiques et des juridictions. Il a permis de jeter les bases d'une implémentation de la loi organique. Un colloque n'apporte pas de solutions clé en main aux thèmes en débat. Il cible les bonnes questions qui font un bon diagnostic et définit les points d'ancrage du *problem solving*. Des ateliers thématiques et des travaux de recherche opérationnelle apporteront des réponses qui serviront l'action au quotidien des administrations financières. Le colloque a montré le chemin et lancé le mouvement. Il a vécu !

L'AUTONOMIE FINANCIÈRE DES ASSEMBLÉES PARLEMENTAIRES EN AFRIQUE FRANCOPHONE[1]

INTRODUCTION

Signe de l'importance théorique et pratique acquise par la notion, un jugement administratif l'a présentée comme un des éléments de définition d'une assemblée parlementaire[2]. La locution d'autonomie financière, si couramment maniée, ne se prête cependant pas à une conceptualisation aisée et définitive. Le terme autonomie, pris *ut singuli,* fait partie, selon André de LAUBADÈRE, "*des mots dont le sens est relativement équivoque et en tout cas de contenu imprécis*"[3]. De façon spécifique, l'autonomie financière, lorsqu'on l'évoque, donne "*l'impression de s'aventurer dans les sables mouvants ou d'utiliser une formule caoutchouc*"[4].

La difficulté paraît ainsi bien réelle et découle *prima facie* de ce que l'étude de l'autonomie financière est transversale et concerne plusieurs disciplines juridiques. "*Notion envahissante*"[5] ainsi que l'écrit Jean-Claude MAITROT, l'autonomie financière s'applique tout à la fois aux collectivités territoriales, aux établissements publics, aux entreprises publiques, aux services personnalisés des organismes dépourvus de la personnalité morale, aux assemblées parlementaires. L'étendue du champ d'études ne dispense cependant pas d'un exercice de synthèse. La doctrine[6] s'y est essayée de diverses manières.

---

[1] Publié dans la *Revue Française de Finances publiques*, n°106, avril 2009, p. 271.

[2] T.A. PARIS, 12 juillet 1955, *Sieur Duhen*, *Rec.* p. 50. Ce jugement n'a pas pu faire jurisprudence. Voir C.E. 17 Mai 1957, *Simonet*, D.1957 p. 580, note B. JEANNEAU ; J.-M. AUBY, « Le contentieux des actes parlementaires et la loi organique du 17 Novembre 1958 », *A.J.D.A.*, 1959, p. 101, spéc. p. 103.

[3] A. de LAUBADÈRE, « La loi d'orientation de l'enseignement supérieur et l'autonomie des universités », *A.J.D.A.* 1969, p. 8.

[4] J.-C. MAITROT, *Recherches sur la notion d'autonomie financière en droit public*, Thèse, Paris I, 1972, p. 119.

[5] *Ibidem*, p. 119.

[6] Voir J.-C. MAITROT, Thèse précit., 311 pages ; V. DUSSART, *L'autonomie financière des pouvoirs publics constitutionnels*, Paris, CNRS Editions, 2000 ; L. DOMINGO, *Les actes internes du parlement, Etude sur l'autonomie parlementaire (France, Espagne, Italie)*, Thèse, Aix-en- Province, 2006 ; A. POTTEAU, *Recherches sur l'autonomie financière de l'Union européenne,* Paris, Dalloz, 2004 ; C. BONÉFANT, « L'autonomie financière et administrative des assemblées parlementaires

D'abord abordée sous l'angle de "*l'autonomie fiscale*"[7], la notion d'autonomie financière se ramène à la faculté de décision dont jouissent certaines personnes publiques s'agissant de la détermination et du recouvrement de leurs recettes. Cette conception s'applique principalement aux collectivités et organismes issus de la décentralisation territoriale ou de la décentralisation technique[8], dans la mesure où, pour les premières, il leur serait concédé une réelle capacité d'initiative[9], qu'inaugure la nouvelle rédaction de l'article 72-2 de la constitution française[10], "*Une institution bénéficiant de l'autonomie financière devrait pouvoir fixer librement des ressources*" conclut Vincent DUSSART[11].

L'autonomie financière peut ensuite être perçue sous l'angle de l'autonomie budgétaire, dès lors qu'on complète l'autonomie fiscale par le second volet des finances : les dépenses. Selon que cette autonomie

---

en France (1760-1960) », *Revue de Science Financière*, 1961, p. 293 ; J.-C. FORTIER, « La cinquième République et le principe de l'autonomie budgétaire des assemblées », *Rev. Adm.* n°193/1980, p. 585 ; E. KIENDREBEOGO, *L'autonomie financière de l'Assemblée nationale*, Mémoire de fin d'études, École Nationale des Régies financières, Burkina Faso, 2003 ; J-P. CAMBY, « L'autonomie des assemblées parlementaires », *R.D.P.,* 2003, p. 1227 ; M. MAY, « Le régime financier des assemblées parlementaires en France », *Revue Française d'Administration Publique*, n° 68/1993, p. 537 ; J.-M. AUBY, « Le contentieux des actes parlementaires et la loi organique du 17 août 1958 », *A.J.D.A.*, 1959, I, p. 101 ; *Revue Administration*, numéro 120-121, « Les assemblées parlementaires en France, l'organisation de leurs travaux et leurs supports administratifs », juin-septembre 1983 ; J.-P. DUPRAT, « L'évolution des conditions de travail parlementaire en France : 1945-1995 », *Les Petites Affiches*, n° 13, 1996, p.4 ; J.-M. NZOUANKEU, « L'administration de l'Assemblée nationale du Sénégal : la théorie et la pratique », *Revue Française d'Administration Publique*, n°68/1993, p. 589 ; L. PHILIP (dir.), *L'exercice du pouvoir financier du parlement : théorie, pratique et évolution*, Paris, Economica, 1996, 152 pages ; E. ZOLLER, « Les pouvoirs budgétaires du congrès des États-Unis », *Revue française de finances publiques*, n°68/2004, p. 267 ; D. BARANGER, « La tradition du contrôle budgétaire en Grande-Bretagne », *Revue française de finances publiques*, n°68/2004, p. 75.

[7] Expression de Michel LASCOMBE, préface à A. POTTEAU, thèse précitée, p. XII.

[8] Mais aussi aux institutions internationales dont les budgets sont alimentés par des prélèvements fiscaux : Union économique et monétaire de l'Afrique de l'Ouest, Communautés européennes. (Voir A. Potteau, thèse précitée, passim.).

[9] Voir en ce sens, Ph. AUBERGER, « La décision budgétaire au niveau communal », *Revue française de finances publiques,* n° 88, 2004, pp. 11 et suiv.

[10] La doctrine exprime une certaine retenue face aux conséquences en droit positif de la "part déterminante", en ce qu'elle pourrait conduire à un "pouvoir quasi-législatif dérivé", qui pourrait dégénérer en "une véritable boîte de Pandore" (M. BOUVIER, « De la réforme du pouvoir fiscal local à la nouvelle gouvernance financière publique », *Revue française de finances publiques*, n° 98/2007, p. 4).

[11] V. DUSSART, *op.cit.* p. 12.

budgétaire est accompagnée ou non de la personnalité morale, les caractérisations doctrinales varient. Dans la première hypothèse, celle du défaut de personnalité morale, les auteurs préfèrent les termes d'"*individualité financière*"[12] ou de "*personnalité financière*"[13], expressions d'un "*simple mécanisme administratif*"[14] dont la finalité est de pouvoir séparer et apprécier de façon immédiate les résultats d'une gestion. En ce sens, la technique du budget annexe constitue une illustration parfaite. Dans la seconde hypothèse, l'autonomie budgétaire s'affirme au moyen d'un budget autonome par identification et séparation de deux personnes juridiques et de deux patrimoines. Gaston JÈZE exprime ainsi cette option : "*l'affectation de recettes à l'ensemble des dépenses d'un service public, affectation générale et permanente, affectation accompagnée de séparation d'un patrimoine général*"[15].

L'autonomie fiscale et l'autonomie budgétaire n'épuisent cependant pas le domaine de l'autonomie financière. La comptabilité publique entendue comme "*l'ensemble des règles juridiques et techniques applicables à l'exécution, à la description et au contrôle des opérations financières des organismes publics*"[16] constitue le niveau trois d'intensité

---

[12] R. BONNARD, *Précis de droit public*, Paris, Sirey, 1939, p. 340. Pour cet auteur, l'individualité financière exclut la personnalité juridique qui s'attache par contre à la notion d'autonomie financière. Il précise que "parfois cette individualité financière est transformée en autonomie financière (…) il en est ainsi lorsque le budget de l'établissement n'est plus rattaché au budget général". Cette thèse ne semble pas être partagée par Gaston Jèze qui écrit : "Au point de vue juridique et financier, il faut distinguer entre la personnification d'un service et l'attribution à un service de l'individualité financière. La différence essentielle consiste en ce fait que seul le service personnifié a un patrimoine distinct de celui de l'État. Sans doute, le service doté de l'individualité financière a, comme le service personnifié, un budget, un ordonnateur, un payeur, des comptes. Il n'a pas de patrimoine propre ; ses recettes, ses dépenses sont des recettes et des dépenses de l'État". (G. JÈZE, *Les principes généraux du droit administratif,* Paris, Giard & Brière, 1909, p. 84). Le Conseil d'État français affirme pour sa part que l'autonomie financière est "... un fait inhérent à la personnalité morale" (Conseil d'État, Les établissements publics nationaux. Catégories et spécificités, N.E.D. 1985, n°4784, p.73). Loïc PHILIP conclut : "l'autonomie financière suppose d'abord l'autonomie juridique" (L. PHILIP, *Finances publiques*, Paris, Cujas, 5e édit. 1995, p. 294.).

[13] J. MOREAU, *Etude sur le régime financier des services industriels de l'État en France*, Thèse, Paris, 1937, pp. 19-21 ; L. TROTABAS & P. ISOART, *Manuel de droit public et administratif,* L.G.D.J., Paris, 1978, p. 153.

[14] L. MICHOUD, *La théorie de la personnalité morale et son application au droit français,* Paris, L.G.D.J., 1924, p. 384.

[15] G. JÈZE, *Les principes généraux du droit administratif, op. cit.*, p. 27.

[16] J. MAGNET, *Eléments de comptabilité publique*, L.G.D.J., Paris, 1994 p. 17.

de l'autonomie financière. La faculté et le pouvoir conférés à un organisme public de jouir d'un régime dérogatoire et exorbitant du droit commun financier, quant à l'exécution et au contrôle de ses opérations financières, s'analysent comme un degré de gradation élevée de l'autonomie financière.

Ce panorama phénoménologique de l'autonomie financière permet de mieux situer l'autonomie des assemblées parlementaires. Eugène PIERRE l'énonçait ainsi, à la fin du 19e siècle : "*L'indépendance des Chambres exige que chacune d'elles ait son budget propre, préparé par elle seule, voté souverainement et définitivement apuré par elle, sans aucune immixtion ni du ministère des Finances, ni de la Cour des comptes*"[17]. L'autonomie financière des assemblées se décline ainsi en un pouvoir de décision autonome sur la fixation des ressources et la sélection des charges mais aussi un pouvoir d'organisation et de sanction autonome en matière d'exécution et de contrôle des finances parlementaires. Cette réception du droit financier parlementaire se rattache, selon la doctrine, à la "*notion de séparation des pouvoirs*"[18]. Elle imprègne, selon des modalités diverses et des aménagements particuliers, le droit public financier des grandes démocraties libérales[19]. Elle est, selon l'expression de Vincent DUSSART, "*un principe commun aux démocraties occidentales*"[20] et pour maints autres auteurs *"une tradition[21], une coutume[22], un axiome[23], une constante historique"[24]*.

Autant de mots particulièrement expressifs de ce que l'autonomie financière des assemblées ne découle pas d'un raisonnement déductif

---

[17] E. PIERRE et J. POUDRA, *Traité pratique de droit parlementaire*, Cerf et fils/J. Baudry, Paris, 1875-1880, p. 1171, n° 1177.

[18] J.-P. DUPRAT, « L'évolution des conditions de travail parlementaire en France », article précit. p. 7.

[19] Voir V. DUSSART, *op. cit.* pp. 174 et suiv. ; L. DOMINGO, thèse précitée, pp. 199-219 ; V. TOCCANNE, « Les structures administratives des parlements, perspectives comparatives », *Revue Française d'Administration Publique*, n° 68/ 1993, p. 505 ; Secrétariat Général du Parlement européen, *Le budget des parlements ; son élaboration, son contrôle.* Dossiers de recherches et documentation n° 2, 08-1988 ; *European Center for Parliamentary Research and Documentation, Le budget des parlements : son élaboration, son contrôle*, Strasbourg, 1997, p. 34.

[20] V. DUSSART, *op. cit.* p. 174.

[21] V. DUSSART, *op. cit.* p. 174.

[22] M. MAY, article précité p. 546.

[23] Union Interparlementaire Internationale, citée par J.-C. FORTIER, article précité, p. 585.

[24] J-P. CAMBY, article précité, p. 1229.

absolu ; elle n'est pas la résultante d'une construction dialectique et logique. En définitive, elle paraît être le fruit de la sédimentation progressive d'usages et de comportements qui se rattachent *a posteriori* au "*respect de la séparation des pouvoirs*"[25], comme l'indique le Conseil constitutionnel français. L'autonomie financière des assemblées trouve dans ces usages et comportements, parfois multiséculaires, une source "*légitimatrice*"[26] de la règle de droit selon la typologie de Pierre AMSELEK : un support tiré de l'histoire, des mœurs, des rapports des forces sociales, de l'environnement naturel[27].

La décennie 1990 a connu l'émergence de nouveaux régimes démocratiques dans les pays non occidentaux[28], notamment en Afrique francophone[29]. L'autonomie financière des assemblées est érigée en principe de valeur constitutionnelle au Burkina Faso[30] et au Gabon[31] ;

[25] Conseil constitutionnel (français), 2001-448 DC du 25 Juillet 2001, *Loi organique relative aux lois de finances*, *Rec.* p. 99.

[26] P. AMSELEK distingue deux catégories de source du droit : les sources dites matérielles ou réelles, "ce qui leur confère valeur ou validité" (l'histoire, les mœurs, les rapports des forces sociales, l'environnement naturel, etc.) et les sources dites formelles qui désignent "les différents modes d'édiction (...) de formulation des normes juridiques". (P. AMSELEK, « Brèves réflexions sur la notion de sources du droit », *in Sources du droit, Archives de philosophie du droit*, T. 27, Paris, Sirey, 1982, pp. 252-254.

[27] *Ibidem,* p. 254.

[28] Sur la notion de pays "*non occidentaux*", il est intéressant de relever le critère non géographique proposé par J. NGUYÊN DUY TÂN (J. NGUYÊN DUY TÂN, « Le constitutionnalisme dans les États non occidentaux », *in Université Panthéon-Assas, Clé pour le siècle*, Paris, Dalloz, 2000, p. 185).

[29] Sur le renouveau démocratique en Afrique, voir M. KAMTO, « Les conférences nationales africaines ou la création révolutionnaire des constitutions », *in* D. DARBON et J. Du BOIS De GAUDUSSON (dir.) *La création du droit en Afrique,* Paris, Karthala, 1997, p. 177 ; J-J RAYNAL, « Conférence nationale, État de droit et démocratie, quelques réflexions à propos d'une occasion manquée », *in* D. DARBON et J. du BOIS de GAUDUSSON, *La création du droit en Afrique, op. ci.,t* p. 157 ; J-J RAYNAL, « Le renouveau démocratique béninois : modèle ou mirage ? » *in Afrique Contemporaine,* n° 160, 4e trimestre 1991 p. 17. ; A AMOR, « L'émergence démocratique dans les pays du tiers monde : le cas des États africains » *in* G. CONAC, *L'Afrique en transition vers le pluralisme politique,* Economica, 1993 ; F. AKINDES, « Les transitions démocratiques à l'épreuve des faits : réflexions à partir des expériences des pays d'Afrique noire francophone », *in Bilan des conférences nationales et autres processus de transition démocratique*, Paris, Pedone, 2001, p. 262.

[30] Article 93, Constitution du Burkina Faso.

[31] Article 46, Constitution du Gabon.

une loi la prévoie et l'organise au Bénin[32], et les règlements intérieurs des assemblées parlementaires en sont le fondement juridique au Niger, au Sénégal et aussi au Bénin[33]. Saisie d'un recours en appréciation de constitutionnalité, la Cour constitutionnelle du Gabon donna une interprétation particulièrement extensive de l'autonomie financière des assemblées parlementaires. Cette autonomie suppose, selon la Haute juridiction gabonaise "*que chacune (des) chambres dispose d'un budget spécial distinct du budget général de l'État et qu'elle en assure souverainement l'exécution et le contrôle à travers ses propres organes internes*"[34]. L'alignement sur les thèses les plus maximalistes des grandes démocraties occidentales est ainsi réalisé. Alors que, ici comme ailleurs, il paraît judicieux de rechercher le "*nécessaire et juste équilibre entre universalité, diversité, homogénéité et différence*"[35].

Il est, certes, un fait que le siècle présent est celui de la "*globalisation des problèmes*"[36] ; ce qui se traduit sur un plan financier par l'impératif de "*dépenser mieux* "[37] et celui d'améliorer les contrôles. Il est tout autant judicieux de penser les questions d'ingénierie financière des pays non occidentaux "*au plus près des réalités qui sont les leurs*"[38], si l'intention est de construire un "*espace financier public durable*"[39] dans ces pays. En d'autres termes, la réception de l'autonomie financière des assemblées parlementaires dans les systèmes juridiques africains

---

32 Article 1er, Loi 92-003 du 31 janvier 1992 portant Règlement financier de l'Assemblée nationale du Bénin.

33 Article 141, Règlement financier de l'Assemblée nationale du Bénin.

34 Cour constitutionnelle du Gabon, Décision n°2/CC du 17 mars 1999 *in* la *Revue du CERDIP*, vol.1, n°1, janv.- juin 2002, p. 157, obs. Jean Zech Ondoua.

35 H.G. ESPIELL, « Universalité des droits de l'homme et diversité culturelle », *Revue internationale en sciences sociales*, n° 158, déc. 1997 p. 591.

36 J.-P. DUPRAT, « La dynamique des réformes budgétaires : globalisation des problèmes, unification des outils et adaptation nationale des solutions », *Revue française de finances publiques*, n° 98, 2007 p. 9.

37 Assemblée nationale française, Groupe de travail sur l'efficacité de la dépense publique et le contrôle parlementaire, *Rapport : Contrôler réellement pour dépenser mieux et prélever moins*, Paris, Tome 1. 1999.

38 M. BOUVIER, « Nouvelle gouvernance financière publique durable et conduite de la réforme budgétaire dans les pays en développement », *Revue Française de Finances publiques*, n° 98,2007 p. 159. MONTESQUIEU exprimait une idée similaire, quoique plus générale (et donc pas spécifiquement en matière de finances publiques) lorsqu'il écrit : « elles (les lois) doivent être tellement propres au peuple pour lequel elles sont faites que c'est un grand hasard si celles d'une nation peut convenir à une autre ». (MONTESQUIEU, *D'Esprit des Lois*, I, 3.).

39 M. BOUVIER, article précité, p. 160.

francophones devrait se faire sous bénéfice d'inventaire. Elle doit pouvoir se construire autour de fondements sociologiques et économiques que sont : un "*état de pauvreté parfois extrême*"[40], les repères éthiques et de moralité publique qui se brouillent[41], la recherche de la performance pour accélérer le développement. D'où la question de fond : quelle autonomie financière pour les assemblées parlementaires africaines francophones ?

C'est par une méthodologie finaliste que devra prendre forme les fondements d'une nouvelle autonomie financière des assemblées parlementaires africaines francophones. Ces bases nouvelles devront se construire autour de deux principes du droit budgétaire : le principe de l'unité et le principe de bonne gestion financière. Le premier est une des composantes du "*principe de globalité*"[42] énoncé par Luc SAÏDJ. Il postule une exigence d'exhaustivité sur le plan matériel et d'unicité sur le plan formel ; deux aspects d'un même principe qui ont pour finalité d'introduire "*plus de clarté et plus de sincérité*"[43] dans les documents budgétaires, de faciliter le contrôle parlementaire, mais qui méritent aussi d'intégrer une exigence de cohérence globale de l'action publique (I). Quant au second, on le rangerait utilement dans la catégorie des principes de "*seconde génération*"[44] au même titre que la sincérité budgétaire. La bonne gestion financière est immanente à l'engagement des États africains francophones pour une bonne gouvernance publique, des politiques publiques transparentes, efficaces et efficientes, lesquelles par elles-mêmes, devraient informer au sens latin du mot,[45] les

[40] *Ibidem*, p.159.

[41] Un observateur relève « ...la succession vertigineuse de scandales qui finissent par se loger dans l'abîme du silence », ce qui atteste que « la corruption reste (...) un frein majeur au processus de développement des pays africains ». J. N. ENGELS, Préface à W. H. ADOUN et F. K. AWOUDO, *Bénin, une démocratie prisonnière de la corruption,* Cotonou, Friedrich Ebert Stiftung, 2008, 386 pages, spéc. pp. 9 et 10 ; voir aussi Transparency International, *Combattre la corruption : enjeux et perspectives,* Paris, Karthala, 2002 ; spécialement, G. BLUNDO et J-F MEDARD, « La corruption en Afrique francophone » *in Transparency International, op. cit.*, pp. 9 et suiv. ; G. BLUNDO et J.-P. OLIVIER de SARDAN, « La corruption quotidienne en Afrique de l'Ouest », *Politique Africaine*, n°83-2001, pp. 8 et suiv.

[42] L. SAÏDJ, *Finances publiques*, 4e éd, Paris, Dalloz, 2003, p. 245.

[43] G. ORSONI, « Principes et techniques budgétaires », *Documents d'études,* n°502, Paris, La Documentation française, 1992, p. 4.

[44]D. SIMON, « Le principe de 'bonne administration' ou la 'bonne gouvernance' concrète », *in Mélanges Jean Raux*, Paris, éd. Apogée, 2006, p.155.

[45] Du latin *informare,* « donner une forme ». (O. BLOCH et W. V. WARTBURG, *Dictionnaire étymologique de la langue française*, Paris, PUF, 1950.)

fondements nouveaux de l'autonomie financière des assemblées parlementaires africaines francophones (II).

I. AUTONOMIE FINANCIÈRE ET UNITÉ BUDGÉTAIRE

L'unité budgétaire est l'un des principes classiques du droit des finances publiques. Son contenu et ses implications sont bien cernés aussi bien par la doctrine que par la pratique des États qui l'ont adoptée. L'évocation de ce principe établi (A) autorise, sur le plan de la théorie du droit, une perception innovante de l'autonomie financière des assemblées parlementaire (B).

A. L'unité budgétaire, corollaire de l'unité de la personnalité juridique de l'État

Consacrée comme l'un des "*principes fondamentaux*"[46] du droit budgétaire par la jurisprudence constitutionnelle, l'unité budgétaire entretient un lien ontologique et logique avec l'unité de la personnalité juridique de l'État.

1°) De l'unité de la personnalité juridique de l'État

Les approches scolastiques de la notion d'État sont nombreuses depuis l'apparition du mot au tournant des 15e et 16e siècles en Europe[47] : Perçu du point de vue du droit international, l'État retrouve une sorte d'unité conceptuelle et heuristique. Il suppose la réunion de trois éléments : le territoire, la population et le pouvoir politique[48]. Les divergences apparaissent cependant sur le sens à donner à ces trois

---

[46] J.-P. CAMBY, « Le Conseil constitutionnel et les principes du droit budgétaire », *Revue française de finances publiques*, n° 51/1995 p. 53.

[47] "Une idée" selon G. BURDEAU, (G. BURDEAU, *L'État*, Paris, édit Seuil, 1970, *passim*) ; « le plus froid des monstres froids » pour NIETZSCHE (Cité par O. DUHAMEL et Y MÉNY, *Dictionnaire constitutionnel*, Paris ; PUF 1992 p. 412) ; un "appareil spécial de coercition" (LÉNINE, *L'État et la révolution*, Pékin, éditions en langues étrangères, 1970, p. 111.). Voir aussi N. MACHIAVEL, *Œuvres*, Paris, la Pléiade, 1962 ; J. BODIN, *La République*, Paris, Le livre de poche,1993 ; Th. HOBBES, *Le Léviathan*, Paris, Sirey, 1971 ; SPINOZA, *Œuvres complètes*, Paris, La Pléiade, 1954 ; J. LOCKE, *Deuxième traité du gouvernement civil,* Paris, Garnier Flammarion, 1985 ; MONTESQUIEU, *De l'esprit des lois*, Paris, Gallimard, 1995 ; J-J. ROUSSEAU, *Du contrat social*, Paris éd. Garnier frères, 1966.

[48] P. DAILLIER et A. PELLET, *Droit international public*, Paris, L.G.D.J., 7e édit. 2002, pp. 407 & suiv. ; J.-D. MOUTON, « La notion d'État et le droit international », *Droits*, 1992, pp. 45-58 ; Trilogie à laquelle une certaine doctrine allemande ajoute le *status culturalis*, la culture comme 4e élément (P. HABERLE, *L'État constitutionnel*, Paris, Economica, 2004, p. 26).

éléments : tantôt "*composantes de l'État*"[49], tantôt "*critères*"[50] ou "*conditions d'existence*"[51] ou tout simplement "*éléments constitutifs de l'État*"[52], l'évidence s'établit que la notion d'État est difficile à cerner dans ses multiples aspects. Les différentes suggestions ou approches se limitent à indiquer la conjonction des éléments qui engendrent l'État, qui rendent possible l'État au lieu d'une définition intrinsèque de l'État lui-même. Ce débat semble donc toujours ouvert et même insondable. Il ne nous préoccupera pas davantage dans le cadre de la présente étude.

La préoccupation ici est par contre de rappeler la spécificité de l'État, les traits qui le distinguent et le singularisent par rapport à d'autres concepts juridiques ou politiques. Pour Pierre Pactet, l'État se distingue par deux attributs idoines : la souveraineté et la personnalité juridique[53]. Affirmée dès la constitution française de 1791[54] et objet d'un attachement frileux de la part des nouveaux États indépendants d'Afrique[55], la souveraineté semble bien aujourd'hui "*en crise*"[56]. Ébranlé par les transferts de compétences aux instances régionales communautaires (Union Economique et Monétaire Ouest-Africaine, Union Européenne, etc.), l'exercice du principe de souveraineté contenu dans les textes constitutionnels "*implique la coaction*"[57], un partage de compétences consenti par la puissance étatique souveraine. En intégrant ces mutations

---

[49] Ch. DEBBASCH, *Droit constitutionnel et institutions publiques*, Paris, 4e éd. Economica, 2001, p. 19.

[50] Sur la "théorie des trois éléments" développée par les juristes allemands et français du début du 20e siècle, Ph. BRAUD, *Sociologie politique*, Paris, 8e éd. L.G.D.J., 2006 p. 129.

[51] G. BURDEAU, *Traité de science politique*, Tome II, Paris, L.G.D.J., 1980, p. 81 ; P. PACTET et F. MELIN-SOUCRAMANIEN, *Droit constitutionnel*, Paris 25e éd., Sirey, 2006, p. 37.

[52] D. TURPIN, *Droit constitutionnel*, Paris Quadrige / PUF, 2003, p. 33.

[53] P. Pactet, *op. cit.*, p. 38.

[54] « La souveraineté est une, indivisible et imprescriptible » Art. 1er, T. III, Constitution française du 3 septembre 1791.

[55] Souveraineté instrumentalisée par les "États sans base nationale" dans leurs relations internationales (P. LAVIGNE, « Valeur actuelle et prospective des concepts d'État et de nation dans la société mondiale », *in Mélanges Pierre-François Gonidec*, L.G.D.J., 1985, pp. 225-227), mais qui catalyse "une ossification (...) des différentes frontières des États africains" et contrarie le "destin fédéral" du continent prôné par Ch. ANTA DIOP (Ch. ANTA DIOP, *Les fondements économiques et culturels d'un État fédéral d'Afrique noire*, Paris, édit. Présence Africaine, 1974, pp. 33-34).

[56] A. HAQUET, *Le concept de souveraineté en droit constitutionnel français*, Paris, P.U.F., 2004, p. 9.

[57] *Ibidem* p. 296.

contemporaines de la notion, on peut continuer d'affirmer avec François Luchaire que "*l'État reste souverain*"[58] en son être, en sa personne tant au regard du droit interne que du droit international.

La personne de l'État, plus exactement la personnalité juridique de l'État, a été au début du siècle dernier au cœur d'une "*colossale querelle de la fiction et de la réalité*"[59]. Léon DUGUIT et Max WEBER se distinguent comme les porte-flambeaux des "*théories négatrices*"[60]. Se fondant sur une démarche d'inspiration sociologique, les thèses négatrices ne reconnaissent que la réalité concrète, celle qui peut être saisie par nos sens. Gaston JÈZE résume ce courant de pensée dans une figure allégorique, lorsqu'il écrit n'avoir "*jamais déjeuné avec une personne morale*"[61].

La perspective ici étant de droit positif, on admet volontiers avec Georges VEDEL que la querelle réalité-fiction de la personnalité morale est un "*faux problème*"[62]. L'exercice du pouvoir dans l'État est encadré par un ensemble de normes juridiques. Ces normes décrivent les autorités et les procédures par lesquelles l'État s'incarne et se manifeste ; elles "*établissent (l'État) dans sa personnalité de droit interne*"[63] et confèrent aux gouvernants leur destin de "*serviteurs*"[64].

Deux attributs essentiels accompagnent la personnalité morale conférée à l'État : l'unité et la continuité. La seconde tient au caractère de permanence de la puissance publique étatique ; elle est une exigence de sécurité, d'efficacité et vise à "*assurer la pérennité de la vie nationale*"[65]. La première exprime l'idée que l'État, personne publique, est le "*siège d'intérêts convergents*"[66].

---

[58] F. LUCHAIRE, « La souveraineté », *Revue Française du Droit Constitutionnel* n° 43, 2000, p. 461.

[59] J.-P. GRIDEL, « La personne morale en droit français », *Revue internationale de Droit comparé*, 1990, p. 495.

[60] J.-B. AUBY, *La notion de personne publique en droit administratif*, Thèse, Bordeaux, 1979 p. 14.

[61] G. JÈZE : *Principes Généraux de droit administratif*, Paris, 3e éd. Giard, 1926-1936, p. 25.

[62] G. VEDEL, *Droit administratif*, Paris, P.U.F., 1973, p. 633.

[63] J-P GRIDEL, art. précit. p. 497.

[64] B. CHANTEBOUT, *Droit Constitutionnel*, Paris, 23 éd. Sirey, 2006, p. 10.

[65] J. GICQUEL, « Sur la continuité de l'État », *in Mélanges Louis Dubouis,* Paris, Dalloz, 2002, p. 573.

[66] J-B AUBY, thèse précitée p. 67.

La première évidence, lorsqu'on observe les sociétés humaines, est l'existence d'individus, d'hommes et de femmes mus par les aspirations les plus diverses. L'émergence de l'État manifeste une dynamique d'intégration, tandis que sa personnification juridique selon Carré de MALBERG "*découle du fait même de l'organisation unifiante avec l'établissement de laquelle a coïncidé la naissance de sa première constitution*"[67], que celle-ci soit écrite ou non. Certes, les exigences contemporaines de performance et de rationalité font naître des paradigmes nouveaux orientés vers le renouveau du service public, la réforme et la modernisation de l'État. Ces orientations nouvelles visent à transformer "*l'organisation et le mode d'action de l'Administration*"[68] et, par extension, des pouvoirs publics. Ainsi, dans certains États unitaires, apparaissent de nouvelles collectivités territoriales aux pouvoirs élargis. Des "*lois de pays*" sont reconnues comme expression d'une autonomisation ethnique du pouvoir[69]. Le principe d'unité qui est de "*l'essence même de la personnalité juridique*"[70], selon Carré de MALBERG, paraît *a priori* ébranlé.

Cependant, il convient de noter que la diversité structurelle des États unitaires contemporains est rationalisée par une répartition de compétences[71] entre les niveaux étatiques et infra-étatiques. Les collectivités territoriales ont leurs domaines de compétence et l'État a les siens. Dans sa sphère (résiduelle ?), l'État reconstitue et soude l'unité juridique de la personne morale étatique. Au quotidien, ce principe d'unité retrouvé se manifeste par une diversité d'agents qui veulent et agissent pour l'État. Cette diversité sociologique et physique est saisie par le droit dans une perspective d'unité ; une unité juridique qui précède et induit une unité financière.

---

[67] R. CARRÉ de MALBERG, *Contribution à la théorie générale de l'État,* Paris, Sirey, 1920, Tome 1, p. 42.

[68] F. DREYFUS, « Les autorités administratives indépendantes : de l'intérêt général à celui des grands corps », *in Mélanges Jean-Claude Hélin*, Paris, Litec, 2004, p. 219.

[69] « Collectivité territoriale autonomique », selon A. DELCAMP et J. LOUGHLIN (dir.), *La décentralisation dans les États de l'Union européenne*, Paris, La Documentation Française, 2002, p. 19. C'est le statut de la Nouvelle-Calédonie, issue de la révision constitutionnelle du 20 juillet 1998.

[70] R. CARRÉ de MALBERG, *op. cit.*, p. 47.

[71] Une Réflexion sur le dépassement de notion de compétence-cadre et une tendance souhaitée vers le concept de "libertés" est suggérée pour tenir compte des mutations des méthodes du service public et le développement des techniques inspirées du management privé (voir R. HERTZOG, « Les personnes publiques n'ont pas de compétences », *in Mélanges Jean Waline*, Paris, Dalloz, 2002, p. 235).

2°) L'unité budgétaire, une notion dynamique et englobante

"*Il faut que le budget présente la liste de toutes les dépenses et de toutes les recettes. Il n'y a aucune raison pour soustraire une dépense quelconque du contrôle du parlement*"[72]. Cette exhortation de Gaston JÈZE au début du siècle dernier, se traduit en droit financier positif par plusieurs exigences dont la nécessité d'avoir "*un texte de loi unique*"et "*un compte unique*"[73]. C'est l'expression du principe d'unité budgétaire consacré par le droit financier communautaire ouest-africain[74] et transposé dans les droits nationaux des États. Les pratiques contraires à la règle de l'unité ont souvent été censurées par le juge financier. Aussi, la Chambre des comptes de la Cour suprême du Bénin a-t-elle fait observer l'illégalité de la pratique consistant à faire voter par le parlement une double loi sur les finances de l'État : la loi de finances de l'année et la loi portant programme d'investissements publics[75]. La loi de finances gestion 2000 inaugure le retour à une démarche plus orthodoxe avec la présentation d'une loi de finances unifiée en adéquation avec le principe d'unité budgétaire.

Le contexte actuel de refondation du droit des finances publiques et de "*crise des concepts financiers publics*"[76] n'affectent ni ne remettent en cause le principe de l'unité budgétaire. L'idée "*d'unicité*" et l'idée de "*totalité*"[77] qui lui sont sous-jacentes permettent "*d'assurer la clarté des comptes de l'État*"[78]. Aux origines du principe d'unité, il y a la grande dispersion des documents budgétaires et la fragmentation subséquente des autorisations parlementaires. La Constituante française de 1789, muée en Assemblée nationale législative, autorisait "*chaque dépense en tout domaine sans aucune cohérence d'ensemble*"[79]. Cette

---

72 G. JÈZE, *Cours élémentaire de science des finances*, 1912, p. 138.

73 J-P CAMBY, *La Réforme du budget de l'État*, Paris, L.G.D.J., 2002, pp. 41-42.

74 Article 19, directive n°05/97/CM/UEMOA relative aux lois de finances modifiée par la directive n° 02/99/CM/UEMOA « (…) toutes les recettes et toutes les dépenses sont imputées à un compte unique. »

75 « Cette pratique qui consiste à voter deux budgets est en marge de la loi organique (…) laquelle consacre l'unité budgétaire en article 22 » (Cour suprême du Bénin, Chambre des comptes, Rapport sur l'exécution des lois de finances pour l'année 1998, Déclaration générale de conformité, Cotonou, 1999, p. 53).

76 A. BARILARI & M. BOUVIER, *La nouvelle gouvernance financière de l'État*, Paris, L.G.D.J., 2004, p. 16.

77 L. SAÏDJ, *Finances publiques*, Paris, Dalloz, 4e éd. 2003, pp. 64-65.

78 L. PHILIP, *Dictionnaire encyclopédique de finances publiques*, Paris, Economica, 1991, p. 1227.

79 V. DUSSART, *op. cit.*, p. 33.

pratique de l'éclatement perdura sur plusieurs siècles et atteignit son apogée en 1951 en France, avec le vote d'une loi sur les recettes et de trente-trois lois sur les dépenses de l'État. Puis, advint l'ordonnance du 2 janvier 1959 qui amorça le "*retour à l'unité*"[80].

Le modèle centraliseur de l'administration de l'État a prévalu de longues années en Afrique. Conjurer les forces centrifuges et éviter la dispersion des efforts et des ressources, telles étaient les principales justifications de l'État fort et omniprésent. Le principe d'unité a un domaine large, celui défini au profit de la seule personne publique à compétence générale : l'État. La modernisation de l'État a rendu possible la création de collectivités territoriales décentralisées qui jouissent de l'autonomie financière au même titre que les organes de la décentralisation technique : les établissements publics. La prolifération des personnes publiques conduit fatalement à une dispersion des finances publiques. L'une des conséquences de cette évolution est que le "*principe d'unité ne s'applique qu'à l'intérieur de chaque budget public*"[81]. Les manuels de finances publiques continuent cependant de présenter certains mécanismes financiers et/ou organisationnels (budgets autonomes, budgets annexes, comptes spéciaux du trésor) comme des exceptions au principe d'unité[82]. Ceci paraît bien une contradiction logique et conduit à affirmer que "*l'unité ne peut comporter d'exceptions, à moins de cesser d'être l'unité*"[83].

Cette affirmation de Maurice DUVERGER mérite cependant d'être nuancée. Les budgets autonomes constituent, *a priori*, une réelle

---

[80] E. DOUAT & X. BADIN, *Finances publiques : finances communautaires, nationales, sociales et locales*, Paris, P.U.F., 3e édit. 2006, p. 225.

[81] L. PHILIP, « L'ordonnance organique du 02 janvier 1959 relative aux lois de finances », *La documentation française, Documents d'études,* n° 501, Paris, 2000, p. 21.

[82] E. ALLIX, *Traité élémentaire de science des finances et de législation financière française*, Paris, Arthur Rousseau, 3e édit. 1912, p. 71 ; L. PHILIP (dir.), *Dictionnaire encyclopédique de finances publiques*, Paris, Economica, 1991, p. 1585 ; P. M. GAUDEMET & J. MOLINIER, *Finances publiques*, Paris, Montchrestien, 7e édit. Tome 1, 1996, p. 278 ; R. MUZELLEC, *Finances publiques*, Paris, Sirey, 12e edit. 2002, p. 226 ; L. SAÏDJ, *Finances publiques*, Paris, Dalloz, 4e édit. 2003, p. 245 ; L. PHILIP, *Finances publiques*, Paris, Cujas, 3e édit 1989, p. 166 ; J.-B. TOULOUSE, J.-F. de LEUSSE, Y. ROLLAND, X. PILLOT, *Finances publiques et politiques publiques*, Préf. R. Barre, Paris, Economica, 1987, p. 48.

[83] M. DUVERGER, *Les finances publiques*, Paris, P.U.F., 1960, coll. *Que sais-je ?* n° 415 p. 89.

"*altération*"[84] du principe de l'unité budgétaire. Sur le plan strictement juridique, l'exception des budgets autonomes n'en est pas une et ne saurait en conséquence être présentée comme une atteinte à l'unité budgétaire. Il s'agit en effet de deux catégories de personnes juridiques, distinctes l'une de l'autre, ayant des organes délibérants et exécutifs différents. L'unité en l'occurrence s'applique de manière distributive : l'État d'une part, les établissements publics et les collectivités territoriales d'autre part. À chacun son budget et son unité budgétaire. Au surplus, d'un point de vue économique, l'unité absente de la loi de finances est par la suite réalisée dans la comptabilité nationale qui retrace les comptes de l'ensemble des personnes publiques.

S'agissant des budgets annexes et des comptes spéciaux du trésor, leur existence se justifie par le souci de connaître séparément les recettes et les dépenses afférentes à certains services ou à certaines activités. Les premiers concernent les opérations financières des services de l'État qui n'ont pas la personnalité morale et qui sont dans un rapport marchand de prestation contre rémunération[85]. Quant aux seconds, ce sont des comptes ouverts dans les livres du Trésor public[86]. Ni les premiers ni les seconds ne sont érigés en personne morale de droit public. Ce qui explique que le solde global des lois de finances intègre les trois soldes du budget général de l'État, des budgets annexes et des comptes spéciaux du trésor. Ce qui permet à Michel BOUVIER de tirer la conclusion qu'on est en présence d'un "*démembrement apparent*" de l'unité budgétaire puisque l'ensemble des comptes sont "*regroupés au sein de la même loi de finances*"[87]. La règle héritée du 18e siècle, celle d'"*un État, un budget*"[88] est ainsi sauvegardée !

---

[84] J.-C. MARTINEZ et P. DI MALTA, cité par G. GUILLAUME, *Les Vicissitudes du principe de l'unité budgétaire*, A.J.D.A., 1990, p. 500.

[85] Article 21, directive n°05 / 97/CM/ UEMOA relative aux lois de finances.

[86] P. DI MALTA en donne une définition de synthèse : « comptes ouverts dans les écritures du Trésor pour retracer des opérations de recettes et de dépenses effectuées, en dehors du budget général, par des services d'État qui ne sont dotés ni de la personnalité juridique, ni de l'autonomie financière et dont la gestion incombe, non à des administrations particulières, mais aux divers ministères intéressés » (P. Di MALTA, « Le régime juridique des comptes spéciaux du trésor » , *Revue française de finances publiques*, n°32/1990, p. 9).

[87] M. BOUVIER, M.C. ESCLASSAN & J.-P. LASSALE, *Finances publiques*, Paris, L.G.D.J. 8e éd., 2006 p. 249.

[88] E. DOUAT & X. BADIN, *op.cit.* p. 224.

B. L'unité budgétaire informe l'autonomie financière

Le troisième terme de l'articulation "*unité de la personnalité juridique de l'État-unité budgétaire*" est bien l'autonomie financière dont jouissent les assemblées parlementaires. La détermination du contenu de cette autonomie ne peut faire abstraction des implications logiques de la double unité précitée.

1°) L'unité budgétaire, une exigence de cohérence

L'unité budgétaire est d'abord une technique de présentation. Le budget, malgré son apparence "*mastodontique*"[89], doit dégager un solde unique qui résulte de "*deux additions et une soustraction*"[90] pour l'ensemble des comptes de l'État. Cette présentation analytique permet au contrôle parlementaire de s'exercer dans les meilleures conditions. Cependant, il convient de relever que ce solde chiffré traduit une orientation de politique budgétaire, laquelle est aussi une "*composante de la politique économique*"[91]. Au-delà d'une agrégation de chiffres, le budget traduit nettement des objectifs de nature économique et sociale. L'affirmation peut paraître hérésiarque au regard du postulat de neutralité budgétaire[92] cher à l'école classique des finances publiques. L'évidence aujourd'hui est que les néo-keynésiens autant que les néo-libéraux admettent la relation dialectique qu'entretient le budget de l'État avec l'économie[93].

Le budget traduit ensuite des objectifs de nature managériale. La recherche de la performance par exemple constitue un de ces

---

[89] P. LEROY-BEAULIEU, *Traité de la science des finances publiques*, Paris, Guillaumin et Alcan, 1906, Tome 2, *passim*.

[90] W. GILLES, « La présentation consolidée des finances publiques : quels enjeux ? » *in* M. BOUVIER (dir.) *Reforme des finances publiques, démocratie et bonne gouvernance*, Paris, L.G.D.J., 2004, p. 68.

[91] J. SPINDLER, « L'évolution des conceptions théoriques et des instruments de la politique budgétaire », *in Revue française de finances publiques*, n°46/1994 p. 39.

[92] « Les responsables ne cherchent pas à agir sur l'économie en utilisant les moyens financiers dont ils disposent. Les dépenses ne sont jamais effectuées avec l'intention de modifier les phénomènes économiques (…). De même, les ressources sont neutres », écrit L. PHILIP sur la neutralité des finances publiques classiques (L. PHILIP, *Finances publiques*, Paris, Cujas, 3e édit 1989, p. 30).

[93] Un ancien ministre français en charge du budget souligne que la LOLF fait de la dépense publique « non plus une décision juridique (…), mais une décision économique (cette dépense contribue à une politique publique et est efficace) ». (J.-F. COPÉ, préface à F. MORDACQ, *La LOLF : Un nouveau cadre budgétaire pour réformer l'État*, Paris, L.G.D.J., 2006, p. V).

"*standards*"[94] qui façonne la gestion budgétaire et d'une manière générale la gestion publique des États. Le budget de l'État, tirant avantage de son caractère structurant, astreint au moule de la performance des pans entiers de la gestion publique : gestion de la rémunération, organisation des services, modes de l'action publique.

Objectifs économiques, institutionnels, managériaux, on pourrait continuer la liste et inclure les objectifs de nature sociale, environnementale, etc. Le langage constitutionnel désigne cette juxtaposition d'objectifs par l'expression de "*politique de la Nation*" déterminée et conduite par le gouvernement[95]. Cette formulation est plus vaste que la simple politique de l'État, car elle engage *peu ou prou* les collectivités décentralisées, lesquelles sont invitées à respecter les "*orientations de la politique économique et sociale du gouvernement*"[96].

Le budget est, en définitive, un exposé chiffré de ressources et de charges, d'actions et de programmes, le tout soudé par des politiques publiques dont la cohérence est garantie par le gouvernement. Des espaces d'autonomie à l'intérieur du document budgétaire introduisent le risque de fausser cette cohérence essentielle, cette congruence entre les objectifs et les données chiffrées du budget de l'État.

De fait, l'autonomie financière des assemblées parlementaires s'exprime par la compétence conférée aux parlements d'élaborer leurs budgets. Ceux-ci statuent "*souverainement*"[97] sur les comptes prévisionnels de dépenses et de ressources pour l'année budgétaire. La préparation technique est faite par les services des assemblées sous la supervision des questeurs. L'éclairage et l'orientation des services relevant du gouvernement ne sont pas légalement requis. "*L'idée d'expertise*"[98] qui a pu fonder la création de la Commission commune

---

[94] M. BOUVIER, M.C. ESCLASSAN & J.-P. LASSALE*, Finances publiques*, 8e éd. Paris, LGDJ, 2006 p. 36.

[95] Art. 42 & 53, Constitution du Sénégal ; art. 61, Constitution du Niger ; art. 53, Constitution du Mali ; art. 36 & 61, Constitution du Burkina Faso ; article 54, Constitution du Bénin.

[96] « La commune exerce ses compétences en conformité avec les stratégies sectorielles, les réglementations et normes nationales en vigueur » Article 108, Loi n° 97-029 du 15 janvier 1999, portant organisation des communes en République du Bénin ; voir aussi Article 361, Loi n° 96-06 portant Code des collectivités locales du Sénégal ; « L'État assure la coordination des actions de développement et garantit la cohésion et la solidarité nationale » (Article 1er, Loi n° 96-07 portant transfert de compétences aux régions, aux communes et aux communautés rurales du Sénégal).

[97] Cour constitutionnelle du Gabon, Dec. N°2/CC du 17 mars 1999 précitée.

[98] M. MAY, article précité, p. 541.

en France n'est pas partagée par les textes africains. Ces textes n'organisent non plus, ni systématiquement ni expressément, un mécanisme de concertation assimilable aux conférences budgétaires qui réunissent autour du ministre en charge des Finances, les ministères dépensiers et les institutions de la République. Les orientations de politique budgétaire et le cadrage des dépenses faits par l'exécutif ne semblent pas engager le législatif. Celui-ci organise sa vie budgétaire en situation d'apesanteur face aux contraintes de conjoncture et aux choix de politique publique inspirés et impulsés par le gouvernement.

Les demandes de crédits, une fois fixées dans leur montant et adoptées par le parlement, sont, selon le droit béninois, "*transmis au ministre chargé des finances pour intégration au projet de budget de l'État*"[99]. Le juge constitutionnel gabonais ajoute qu'elles sont l'objet d'un "*budget spécial distinct du budget général de l'État*". Une ancienne rédaction des textes français précise que ces crédits sont "*inscrits pour ordre*"[100]. Les formulations différentes se rejoignent sur une idée commune, celle de "*l'impossibilité matérielle faite au gouvernement de discuter les demandes de fonds inscrites avant le vote de la loi de finances*"[101]. Il n'y a formellement d'arbitrage ni en amont ni en aval de la préparation du budget du parlement, de la demande de crédits par les élus nationaux. Ce qui n'est pas le cas des autres pouvoirs publics comme la Cour constitutionnelle du Bénin. Selon les mots de son Président, les "*difficultés liées à l'absence d'autonomie financière de la Cour constitutionnelle font que c'est à l'occasion des différentes activités qu'elle doit conduire que lui sont allouées les ressources financières dont elle exprime le besoin*"[102].

Les rubriques concernées par les finances parlementaires sont diverses. Il y a d'abord les indemnités parlementaires et leurs accessoires : pension de retraite, frais de mission, frais de transport, etc. Il y a ensuite les frais de personnel technique, la rémunération des fonctionnaires parlementaires. Enfin, viennent les moyens de travail qui se déclinent en moyens infrastructurels (bâtiments, entretien, etc.) et en équipements mobiliers (voiture, fourniture de bureau, etc.). Certes,

---

[99] Article 144, Règlement intérieur de l'Assemblée nationale du Bénin.

[100] Loi du 06 janvier 1950 portant codification des textes relatifs aux pouvoirs publics, *J.O.R.F.* du 07 janvier 1950.

[101] V. DUSSART, *op. cit.*, p. 220.

[102] Institut des Droits de l'Homme et de Promotion de la Démocratie, *Actes des Journées de réflexion sur la constitution du 11 décembre 1990*, Cotonou 7 et 8 août 2006, IDH, 2007, p. 54.

comme l'indiquait Marcel PRÉLOT au début du siècle dernier, "*l'étude des finances des assemblées parlementaires n'est pas particulièrement intéressante sous l'angle des finances publiques*"[103]. C'est-à-dire si l'on s'en tient aux enjeux strictement financiers. Aujourd'hui encore, les masses budgétaires concernées ne sont pas très significatives. Elles sont variables dans le temps et ne représentent au Bénin, pour la gestion budgétaire 2009, que 0,65 %[104] des crédits inscrits dans la loi de finances initiale.

Si l'enjeu n'est donc pas financier, il se pose cependant un double problème à la fois d'éthique et de cohérence de l'action publique étatique. Le problème éthique découle de la latitude qu'ont certains serviteurs de l'État, quoique représentants de la Nation, de bonifier leur univers existentiel sans la contrainte d'en référer à un organe tiers. La loi naturelle et humaine du *"quiconque a du pouvoir a tendance à en abuser"* trouve là une occasion de se manifester. Le train de vie des parlementaires ne reflète pas toujours l'univers souvent de pénurie dont ils sont la représentation politique.

Au surplus, et d'un point de vue de la cohérence de l'action financière publique, l'élaboration et l'exécution d'un même budget, le budget général de l'État, sont animées par des dynamiques divergentes et à l'occasion contradictoires. Au Bénin par exemple, la tendance au "*toujours plus*" a fait passer les crédits du parlement de 0,47 % à 0,69 % puis à 1,06 % du solde global de la loi de finances initiale, respectivement pour les gestions budgétaires de 1991[105], 2002[106] et 2007[107]. Pour la gestion budgétaire 2009, les crédits alloués au parlement sont en progression de 8,24 % alors que la Lettre de cadrage du Chef du gouvernement prescrivait une augmentation maximale de 6 % pour les crédits budgétaires des institutions et ministères dépensiers[108]. Sur la période récente, par contre, l'indice de développement humain du Programme des Nations Unies pour le Développement (PNUD) faisait

---

[103] M. PRÉLOT, « Les finances des chambres françaises », *in Politique*, 1963 p. 177.

[104] Loi n°2008-09 du 2 janvier 2009 portant loi de finances pour la gestion 2009 en République du Bénin.

[105] Loi n° 91-014 du 12 avril 1991 portant loi de finances pour la gestion 1991.

[106] Loi n° 2002-001 du 31 janvier 2002 portant loi de finances pour la gestion 2002.

[107] Loi n° 2006-24 du 28 décembre 2006 portant loi de finances pour la gestion 2007. Les chiffres de 2008 et 2009 sont respectivement de 0,72% (Loi n°2007-33 du 2 janvier 2008 portant loi de finances pour la gestion 2008) et 0,65% (Loi n°2008-09 du 2 janvier 2009 portant loi de finances pour la gestion 2009).

[108] Journal La Nation du jeudi 2 octobre 2008, p. 3.

passer le classement du Bénin du 150e rang en 1991[109] au 155e en 1997[110] et au 163e en 2004[111]. Soit une régression de 13 places sur les principaux points constitutifs de l'indice synthétique du PNUD : l'espérance de vie à la naissance, le taux d'alphabétisation et de scolarisation enfin le produit intérieur brut par habitant.

Selon les estimations des acteurs de la société civile, les crédits budgétaires de l'Assemblée nationale du Niger, votés par les parlementaires, sont passés de 1.250.00.000 francs en 1994 à 8.052.875.800 francs en 2009[112] après le vote, le 14 février 2009[113], d'une nouvelle loi portant indemnité parlementaire et malgré la fronde d'une "*Convergence citoyenne*" qui a jugé "*faramineux*"[114] les avantages financiers des élus de la nation. Selon le Rapport sur le développement humain 2008 du Programme des Nations Unies pour le Développement, 60,6 % des citoyens nigériens vivent en dessous du seuil de pauvreté avec moins d'un dollar par jour !

La question de la cohérence globale de l'action financière de l'État est ainsi posée dans toute son acuité. Le postulat en la matière est que le principe d'unité, principe formel, exigence de présentation, soit également l'extériorisation d'une idée plus fondamentale et plus dynamique : la nécessaire unité de la politique budgétaire de l'État, l'impérieuse unification des orientations de politique financière de l'État, le souhait d'une cohérence globale de la gestion financière des démembrements de l'État. Ceci, en guise de préalable à l'unité de régime juridique du budget.

---

109 PNUD, *Rapport mondial sur le développement humain*, Paris, Economica, 1991, p. 139.

110 PNUD, *Rapport mondial sur le développement humain*, Paris, Economica, 1999, p. 137.

111 PNUD, *Rapport mondial sur le développement humain*, Paris, Economica, 2006, p. 286.

112 *Journal Le Républicain* (Niger), 26 mars 2009.

113 Loi votée le 14 mars 2009 et abrogeant la loi n°93-05 du 27 mars 1993, relative à l'indemnité parlementaire. La loi de février 2009 a été jugée conforme par la Cour constitutionnelle nigérienne et promulguée par le Président de la République. Cette nouvelle loi vient donner une base juridique au nouveau système de rémunération des députés, système découlant d'une précédente loi de mai 2008 que la Cour constitutionnelle avait jugée non conforme à la constitution (Décision du 13 juin 2008), au motif qu'elle créait des charges budgétaires nouvelles sans indication des ressources de financement.

114 www.rfi.fr mise à jour 21 janvier 2009.

2°) L'unité budgétaire induit une unité de régime juridique

L'autonomie normative du parlement peut s'exprimer de diverses manières. Le parlement élabore et adopte son règlement intérieur[115], le statut du personnel parlementaire, etc. Le parlement peut aussi se donner un code de comptabilité publique qui le soumet à un régime dérogatoire pour l'exécution de son budget. Les organes chargés de l'exécution budgétaire mais aussi les mécanismes d'exécution et d'enregistrement des comptes peuvent être différents de ceux mis en vigueur par le ministre en charge des Finances. Les principales règles de la comptabilité publique n'auraient pas cours dans la gestion budgétaire des assemblées. La règle de séparation des ordonnateurs et des comptables serait superflue ; l'unité de caisse serait irrecevable ; le service fait serait accommodable mais pas indispensable ; le code des marchés publics serait revu et l'enregistrement comptable réaménagé, etc.

Ces différentes facettes de l'autonomie financière ont été soutenues par une certaine doctrine comme étant son corollaire nécessaire, les chambres devant être "*entièrement, absolument, maîtresses chez elles*" comme l'écrit Eugène PIERRE[116]. La mise en œuvre de cette autonomie est faite de manière très diversifiée dans les droits positifs nationaux en Afrique francophone. La diversité des solutions nationales a cependant une trame de fond, une justification commune qui est que l'autonomie financière des assemblées "*relève du respect de la séparation des pouvoirs*"[117], selon le Conseil constitutionnel français. L'affirmation a valeur et autorité de chose décidée. Elle n'en mérite pas moins une réflexion du point de vue de la théorie du droit.

La séparation des pouvoirs est un de ces dogmes fondateurs des démocraties libérales[118]. Ses origines historiques remontent à

---

[115] Soumis, il est vrai, au contrôle de constitutionnalité.

[116] E. PIERRE, *Traité de droit politique, électoral et parlementaire*, Paris, Librairies-imprimeries réunies, paragraphe 1181.

[117] DCC 2001-448 du 25 juillet 2001, *Loi organique relative aux lois de finances, Rec.* p. 99. ; voir aussi la référence à la séparation des pouvoirs contenue dans la décision du juge constitutionnel au Gabon (Dec. N°2/CC du 17 mars 1999 précitée).

[118] Un de ces dogmes instrumentalisés, quand on sait, par exemple, qu'après avoir érigé la propriété en "droit inviolable et sacré" en août 1789, les révolutionnaires français n'en décidèrent pas moins en octobre 1789, la nationalisation des biens du clergé. (Avec comme compensation la prise en charge par l'État du traitement du clergé et des frais du culte (J. TULARD, J.-F. FAYARD, A. FIERRO, *Histoire et dictionnaire de la Révolution française*, 1789-1799, Paris, Robert Laffont, 1987, p. 59). De même, les indépendantistes américains, lorsqu'ils proclamaient la liberté

l'Antiquité[119]. MONTESQUIEU lui a donné ses lettres de noblesse, la résonance politique et juridique qu'elle a acquise depuis le 16e siècle[120], bien que l'expression séparation des pouvoirs ne figure pas, *expressis verbis*, dans les écrits du baron de la Brède. Partant de la distinction de trois "*puissances*" dans l'État, il préconise pour chacune d'elles "*l'autonomie statutaire et la spécialisation fonctionnelle*"[121]. Un tel aménagement devrait permettre que le "*pouvoir arrête le pouvoir*", ce qui constituerait, selon lui, la bonne recette pour un "*gouvernement modéré*"[122]. Ce "*mystère de la trinité politique*"[123] comme l'écrit le Doyen DUGUIT, a traversé les siècles ; il est aujourd'hui bien "*consubstantielle à la démocratie*"[124] pluraliste en ce qu'il constitue une

---

comme une vérité "évidente en elle-même", feignaient à peine de ne pas voir que le premier d'entre eux, Georges Washington et bien d'autres exploitaient de riches terres agricoles avec comme main-d'œuvre du personnel non-libre ! Ce qui fait tirer la conclusion suivante à Bertrand de Jouvenel : « On use de termes très généraux à des fins relativement restreintes. » (B. de JOUVENEL, *Les débuts de l'État moderne : une histoire des idées politiques au 19e siècle*, Paris, Fayard, 1976, p. 4.).

119 Selon R. PELLOUX, les premières évocations de la séparation des pouvoirs remontent à l'Antiquité : Aristote en Grèce, Polybe à Rome puis le Moyen Âge avec Saint Thomas d'Aquin. (R. PELLOUX, « La notion de régime mixte » *in Mélanges Eisenmann*, Paris, pp. 99 et suiv.) ; puis vinrent Locke et Burlamaqui (J.-P. VALETTE, « Le pouvoir dans les 'Principes du droit politique de Jean-Jacques Burlamaqui' », *R.D.P.* 1994, pp. 1303-1327.), mais aussi Bolinbroque (E. FUSIER-HERMAN, *La séparation des pouvoirs d'après l'histoire et le droit constitutionnel comparé*, Paris, 1880, pp. 10 et suiv.) ; J.-L. SEURIN, « Les origines historiques de la séparation des pouvoirs », *in Mélanges Jean-Marie Auby*, Dalloz, Paris, 1992, pp. 651-668.

120 Ch. EISENMANN, « L'esprit des Lois et la séparation des pouvoirs », *in Mélanges R. carré de Malberg*, Paris, Sirey, 1933 ; M. TROPER, *La séparation des pouvoirs et l'histoire constitutionnelle française*, L.G.D.J., Paris, 1973 ; J.-C. COLLIARD, « Séparation des pouvoirs », *in* O. DUHAMEL et Y. MÉNY (dir.), *Dictionnaire constitutionnel*, Paris, P.U.F., 1992, p. 972 ; C.-M. PIMENTEL, « Le sanctuaire de la séparation des pouvoirs comme superstition juridique », *Pouvoirs*, n°102/2002, p. 119 ; A. PARIENTE (dir.), *La séparation des pouvoirs, Théorie contestée et pratique renouvelée*, Paris, Dalloz, 2007.

121 S. MILACIC, « De la séparation des pouvoirs à l'idée de contre-pouvoirs : Montesquieu revigoré par le néo-libéralisme », *in* A. PARIENTE (dir.), *La séparation des pouvoirs*, *op. cit.,*. p. 34.

122 MONTESQUIEU, *De l'esprit des lois*, livre XI, chap. VI.

123 L. DUGUIT, *Traité de droit constitutionnel*, 3e édit., Paris, 1928, Tome 2, p. 671.

124 J.-C. COLLIARD, « Séparation des pouvoirs », *in* O. DUHAMEL et Y. MÉNY (dir.), *Dictionnaire constitutionnel*, *op. cit.*, p. 972.

"*garantie structurelle des droits de l'homme*"[125]. Signe de cette pertinence juridique et politique, la séparation des pouvoirs est *valorisée* dans les "*jeunes États démocratiques*"[126] d'Europe de l'Est et d'Afrique. Le principe subit cependant une inflexion notable sur ses terres d'origine. Il perd de son sens originel avec l'émergence de la démocratie partisane, la naissance du "*fait majoritaire*" et la relation fusionnelle entre les gouvernements et leurs majorités parlementaires. En définitive, une évidence s'établit que "*c'est avec la montée en puissance des juridictions que ce principe se trouve actuellement valorisé*"[127]. Ce qui conduit Dmitri G. LAVROFF à distinguer non plus trois pouvoirs mais seulement deux : le pouvoir de statuer et le pouvoir de contrôler[128]. Cette typologie est nettement différente de celle qui veut qu'il ne subsiste qu'un pouvoir et une galaxie de contre-pouvoirs : l'opposition, les "*pouvoirs locaux*", les "*acteurs sociaux*"[129] et les mécanismes de démocratie directe.

Quoiqu'inscrite au patrimoine commun du constitutionnalisme moderne, la séparation des pouvoirs est rétive à toute conceptualisation définitive. Elle est un "*principe négatif*" écrit Michel TROPER[130]. Elle se singularise par "*l'indétermination de son contenu positif*"[131]. On ne peut inférer de la séparation des pouvoirs un catalogue de recettes juridiques ou politiques valable *urbi et orbi*. À preuve, la séparation des pouvoirs a servi de fondement à la théorie du ministre-juge en France[132]. La loi des 16-24 août 1790, dans sa "*défense itérative*" faite aux magistrats de l'ordre judiciaire de connaître du contentieux dans lequel le pouvoir exécutif et ses démembrements sont concernés, a

---

125 S. MILACIC, Préface à X. BOISSY, *La séparation des pouvoirs, œuvre jurisprudentielle : sur la construction de l'État de droit postcommuniste*, Bruxelles, Bruylant, 2003, p. 10.

126 Voir en ce sens X. BOISSY, *op. cit. Passim.*

127 J.-P. DUPRAT, « Pratique et remise en cause de la séparation des pouvoirs en Grande-Bretagne et aux États-Unis », *in* A. PARIENTE (dir.), *op. cit.,* p. 138.

128 D. G. LAVROFF, « Conclusion », *in* A. PARIENTE (dir.), *op. cit.,* pp. 139 et suiv.

129 S. MILACIC, « De la séparation des pouvoirs à l'idée de contre-pouvoirs », article précité.

130 M. TROPER, *La séparation des pouvoirs et l'histoire constitutionnelle française*, *op. cit.*, p. 15.

131 P. AVRIL, « La séparation des pouvoirs et la Ve République : le paradoxe de 1958 », *in* A. PARIENTE (dir.), *op. cit.*, p. 79.

132 « Conception française de la théorie de séparation des pouvoirs », selon la jurisprudence constitutionnelle française (Décision du 23 janvier 1987). Ce qui suggère qu'il y a une conception américaine, anglaise, africaine.

produit l'étincelle qui se cristallisera, au fil des siècles, dans l'ordre juridictionnel administratif en France[133], et dans maints pays de l'Afrique francophone[134]. À l'inverse, le principe de séparation des pouvoirs ne rend pas rédhibitoire la nomination par l'exécutif de magistrat du siège alors que le même principe a conduit au système électif de certains juges aux États-Unis[135].

Sans épouser le point de vue extrême qui n'y voit qu'une nouvelle "*superstition juridique*"[136], on peut, en guise de synthèse, convenir avec Georges VEDEL que la séparation des pouvoirs est un "*précepte d'art politique*"[137] dont la finalité est de réaliser "*l'antithèse du despotisme*"[138]. Incertain dans ces implications, variable dans ses réceptions en droits nationaux, le principe de séparation des pouvoirs confine à un existentialisme juridique. En droit, il ne peut fonder de manière irréfragable "*les privilèges*"[139] dont bénéficient les assemblées parlementaires africaines francophones en matière d'élaboration et d'exécution de leurs budgets.

Si la séparation des pouvoirs a servi de fondement principiel, la souveraineté parlementaire a, quant à elle, servi d'adjuvant historique à l'établissement de ces privilèges. Partant du fait que la souveraineté de la nation ne peut s'exprimer par elle-même, qu'elle doit recourir à l'intermédiation de porte-paroles, la théorie de la souveraineté parlementaire a établi une confusion entre les "*élus parlementaires*" et la "*souveraineté nationale*"[140]. Aujourd'hui, la souveraineté parlementaire

---

[133] B. EVEN, « Des conseils de préfecture aux tribunaux administratifs », *Revue Française de Droit Administratif,* mai-juin 2004, p. 475.

[134] K. MBAYE, « Historique de l'organisation des juridictions » *in* P-F GONIDEC (dir.), *Encyclopédie juridique de l'Afrique*, vol. 4, Dakar, Nouvelles Editions Africaines, 1982, pp. 32-33.

[135] M.-H. TRIBE, *American constitutional law*, New York, Foundation Press, 3e édit. 2000.

[136] C.-M. PIMENTEL, article précité, p. 119.

[137] G. VEDEL, *Manuel élémentaire de droit constitutionnel*, Paris, Dalloz, 2002, p. 157

[138] E. ZOLLER, *Droit constitutionnel*, Paris, P.U.F., 1998, p. 279.

[139] J-M. AUBY, « Le contentieux actes parlementaires… » article précité, p. 109.

[140] J. GICQUEL, *Droit constitutionnel et institutions politiques*, Paris, Montchrestien 19e éd. 2003 p. 191. Le juge anglais, évoquant la souveraineté du parlement de Westminister, écrit: "It is often said that it would be unconstitutional for the United Kingdom Parliament to do certain things (…) If Parliament chose to do any of them, the courts could not hold the Act of Parliament invalid". (Affaire Madzimbamuto *versus* LARNDER-BURKE, 1969 cité par A. BELHEUR, *La souveraineté parlementaire*, mémoire de DEA, Bordeaux 4, 2001-2002, p. 23.).

se dissipe sous le triple effet du développement de la justice constitutionnelle[141], de la dynamique d'"*affaiblissement*"[142], des assemblées parlementaires et de l'émergence d'un droit communautaire que le monisme juridique rend opposable dans les États[143].

Dès lors, on peut conclure que les privilèges des assemblées parlementaires en matière budgétaire perdent leurs fondements théoriques que sont la séparation des pouvoirs et la souveraineté parlementaire. La première par défaut de consistance, la seconde par évanescence historique. La règle de l'unité budgétaire peut alors déployer tous ses effets. Elle réaliserait l'unité de régime juridique de la loi de finances en matière de prévision, en matière d'exécution et en matière de contrôles des ressources et des charges de l'État. Ce qui constituerait une condition favorable à l'établissement d'une bonne gestion financière de l'État.

II. L'AUTONOMIE FINANCIÈRE DES ASSEMBLÉES RÉDUITE PAR LE PRINCIPE DE "*BONNE GESTION FINANCIÈRE*"

L'autonomie financière des assemblées est présentée comme une conséquence de la séparation des pouvoirs. En ce sens, elle s'exerce

[141] Contrôle de constitutionnalité "concret et diffus" dans les États anglo-saxons (États-Unis, Royaume-Uni, etc.) contrôle "abstrait et concentré" en Europe et en Afrique francophone. (Voir M. FROMONT, *La justice constitutionnelle dans le monde*, Paris, Dalloz, 1996).

[142] J-C MASCLET, *Le rôle du député et ses attaches institutionnelles sous la Vè République*, Paris, L.G.D.J., 1979, p. 1. Paul Craig de la St John's College, Oxford, affirme, que par la force des choses, « au Royaume-Uni, c'est (…) l'exécutif qui contrôle le corps et le processus législatifs » (P. CRAIG, « Pouvoir exécutif et pouvoir législatif au Royaume-Uni » *in Les Cahiers du Conseil constitutionnel*, n°19/2005, p.159). Christophe de Nantois note un double processus de "restriction et de filtrage" qui limite les initiatives parlementaires. (Ch. de NANTOIS, *Le député : une étude comparative, France Royaume-Uni, Allemagne.* Thèse Droit, Paris X- Nanterre, 2006, pp. 403 et suiv.).

[143] À propos du parlement britannique, exemple emblématique de la souveraineté parlementaire, la doctrine souligne l'ascendance du droit communautaire, mais aussi des principes généraux découlant du *rule of law*, sur les décisions du parlement. Lord Edward Coke écrit à ce propos: "When an Act of Parliament is against common right and reason, or repugnant or impossible to be performed, the common law will control it, and adjudge such Act to be void" (A. BELHEUR, mémoire précité, p. 27). Voir aussi E. CHEVALIER, « La déclinaison du principe de primauté dans les ordres communautaires : l'exemple de l'UEMOA », *Cahiers de droit européen,* 2006, p. 343.

vis-à-vis "*du gouvernement (et) de la juridiction financière*"[144]. Les comptes des assemblées parlementaires ne seraient pas, par principe, éligibles à la juridiction des Cours des comptes. Cette analyse et cette approche méritent d'être revues et corrigées à la lumière du principe de bonne gestion financière (B). Il convient, cependant et en préalable à l'exercice de redéfinition des bases conceptuelles de l'autonomie financière des assemblées, de convenir du sens de la notion de bonne gestion financière : principe juridique ou principe politique ? (A)

A. La bonne gouvernance financière : principe juridique ou principe politique ?

Le droit communautaire européen offre l'une des illustrations les plus explicites de l'introduction en droit positif du principe de bonne gouvernance financière (1). L'ordonnancement juridique africain francophone et certains droits nationaux commencent à exprimer la même exigence. (2)

1°) Le précédent du droit communautaire européen

L'Union européenne est l'une des plus anciennes organisations d'intégration régionale dans le monde. Elle est aussi l'une des plus ambitieuses puisqu'elle évolue progressivement de l'intégration économique vers une consolidation au niveau politique de ses acquis et de ses perspectives[145]. Le cadre institutionnel de l'Union européenne comprend le parlement, la commission, la Cour de justice et la Cour des comptes[146]. Les actions des organes ainsi présentés sont financées par "*l'intermédiaire du budget général des communautés européennes*"[147].

---

[144] P. JAN, *Les Assemblées parlementaires françaises*, Paris, La Documentation française, 2005, p. 52.

[145] « L'intégration économique ne se conçoit, à la longue, sans intégration politique » écrivait R. SCHUMAN (P. ROLLAND, *L'unité politique de l'Europe, histoire d'une idée*, Bruxelles, Bruylant, 2006, p. 605). Voir aussi L. BURGORGUE-LARSEN (dir.) *Traité établissant une constitution pour l'Europe, commentaire article par article*, Deux volumes, Bruxelles, Bruylant, 2005.

[146] Article 5 du Traité de l'Union Européenne. L'article mentionne également, parmi les institutions de l'Union, le Conseil de l'Europe, chargé de donner à l'Union, « les impulsions nécessaires à son développement et en définit les orientations politiques générales ». Structure non permanente, le Conseil est présenté comme un mécanisme qui « échappe à toute classification, ni institution, ni formellement organe, ni agence (…) il se place à un niveau supra-institutionnel » (D. BLANC, *L'Union Européenne*, Paris, Ellipses, 2006 p. 92).

[147] D. BLANC, *op. cit,*, p. 92. Certaines agences dont le Fonds européen de développement échappe à l'unité budgétaire et leurs comptes ne sont pas fondus dans le

Ce budget général définit un régime financier unique régi par le règlement financier. Celui-ci comportait originellement six règles budgétaires : l'unité, l'annualité, la spécialité, l'équilibre budgétaire et l'unité de compte[148]. Le droit institutionnel de l'Union a subi plusieurs modifications à l'issue de l'entrée en vigueur des Traités successifs de Maastricht, d'Amsterdam et de Nice[149]. Le Traité de Maastricht crée une disposition nouvelle (article 274) qui oblige la Commission à exécuter son budget "*conformément au principe de bonne gestion financière*". Le Traité d'Amsterdam reprend la même rédaction en ajoutant un nouvel alinéa : "*Les États membres coopèrent avec la commission pour faire en sorte que les crédits soient utilisés conformément au principe de la bonne gestion financière.*" (Article 274 nouveau). Le règlement financier subit subséquemment en 2002[150], une révision. L'article 27 dispose : "*Les crédits budgétaires sont utilisés conformément au principe de bonne gestion financière.*"

Le contenu de la bonne gestion financière se décline en trois sous principes : "*principe d'économie, d'efficience et d'efficacité*" (Article 27). Pour mieux fixer sa doctrine et lever les équivoques courants[151],

---

budget général des communautés européennes. (M. LECHANTRE & D. SCHAJER, *Le budget de l'Union Européenne*, Paris, La Documentation française, 2003, pp. 17 et suiv.

[148] D. STRASSER, *Les finances de l'Europe*, Paris, Fernand Nathan, 1984, pp. 41 et suiv.

[149] *Les Traités de Rome, Maastricht, Amsterdam et Nice, Textes comparés*, Paris, La Documentation française, 2002.

[150] Règlement n° 1605/2002 du Conseil, du 25 juin 2002, portant règlement financier applicable au budget général des Communautés européennes (Journal officiel des Communautés européennes, 16 septembre 2002) modifié par le règlement n° 1995/2006 du Conseil, du 13 décembre 2006 (Journal officiel de l'Union européenne, 30 décembre 2006).

[151] Précision utile, car la sémantique doctrinale est assez confuse à ce sujet. Christian Descheemaeker, se fondant sur les notions utilisées par la National Audit Office (NAO) britannique, écrit : "faire preuve d'économie (economy), c'est rendre minimum le coût des ressources utilisées ; faire preuve d'efficacité (efficiency), c'est rendre maximum les résultats compte tenu des ressources disponibles ; faire preuve d'effectivité (effectiveness), c'est atteindre les objectifs fixés". (C. DESCHEEMAEKER, Notes et Études Documentaires, La documentation française, N°4957, décembre 1992 p. 75) ; Bernard ABATE écrit de son côté : « Le rapport entre les ressources (inputs) employées et les produits (outputs) d'une administration détermine son efficience (efficiency). La mesure des résultats finaux d'une politique, de son impact sur la société (outcomes) détermine son efficacité (effectiveness) ». (B. ABATE, *La nouvelle gestion publique*, L.G.D.J. 2000, p. 109). Il ressort de cet échantillon de définition que le rapport du produit final à son coût, qui rappelle en un certain sens la notion de productivité propre aux sciences économiques, correspond à l'efficacité chez Christian

les textes précisent que le principe d'économie se rapporte principalement à l'idée du "*meilleur prix*" (Article 27-2). Les moyens des services doivent être procurés à temps, en quantité et qualité appropriées et en respectant le meilleur rapport qualité/prix. Le principe d'efficience implique que soit pris en compte "*le meilleur rapport entre les moyens mis en œuvre et les résultats obtenus*" (Article 27-2). Il rappelle deux notions voisines en économie et en gestion : la productivité du travail et la compétitivité des coûts. Le principe d'efficacité vise "*l'atteinte des objectifs spécifiques*" et "*l'obtention des résultats*". L'action financière communautaire doit être un jeu à somme nulle : aux ressources investies d'un côté doivent correspondre des réalisations de l'autre côté. Le principe de bonne gestion financière transcende les traditionnelles questions de recettes et de dépenses. Il embrasse le management public. Le règlement financier introduit certaines méthodes usuelles dans les *business school* et la gestion d'entreprise mais qui commencent à entrer également dans la sphère de gestion publique, en cette ère des budgets de performance[152]. Il en est ainsi de l'élaboration d'"*objectifs spécifiques, mesurables, réalisables, pertinents et datés*" (Article 27-3) ; ou encore de la définition des "*indicateurs de performance*". Enfin, des "*évaluations ex ante et ex post*" (Article 27-4) doivent encadrer le processus de prise de décision.

Au titre VIII du règlement financier intitulé "*contrôle externe et décharge*", la Cour des comptes est investie de la mission de "*vérification de la légalité et de la régularité des recettes et des dépenses et le contrôle de la bonne gestion financière*" (article 142-4). La Cour est ainsi chargée d'une double attribution, celle du contrôle externe et celle du contrôle *a posteriori* des finances des communautés européennes. Elle n'est cependant pas une juridiction et ne juge ni les comptables ni les ordonnateurs du budget général des Communautés européennes. Sa mission s'apparente plutôt au contrôle extra-juridictionnel exercé par les juridictions financières françaises et africaines francophones. Elle vérifie la régularité, la légalité et la bonne gestion

---

Descheemaeker et à l'efficience chez Bernard Abate, tandis que la traduction du mot anglais *efficiency* donne chez le premier efficacité et efficience chez le second.

[152] Voir en ce sens, M. SIMMONY, « La démarche de performance dans le cadre des finances publiques », *Revue française de finances publiques*, n° 98/2007, p. 25 ; Ph. ADHEMAR, « Quelques repères sur la mutation en cours des problématiques budgétaires, comptables et d'audit dans le secteur public », *Revue française de finances publiques*, n° 98/2007, p. 143.

des finances communautaires. Les sanctions sont, quant à elles, prononcées par la Cour de justice des communautés européennes.

Sur la base de cette distribution des rôles, la Cour conduit des missions d'inspection au terme desquelles, elle produit des rapports spéciaux. Dans son rapport n°10/98 relatif aux frais et indemnités des députés du Parlement européen[153], la Cour note que "*la régularité formelle des dépenses (...) est assurée*". Cependant, elle relève que les "*procédures ne permettent pas de garantir le respect du principe de bonne gestion financière.*"

À l'appui de son observation, la Cour stigmatise quelques pratiques peu orthodoxes au regard de l'efficience et de l'économie : elle relève la force peu probante de "*documents tels que billet d'avion, billet de train ou note d'hôtel admis en substitution de la signature des registres ou liste de présence*", étant entendu par ailleurs que la "*signature des registres de présence ne permet pas d'établir la participation effective des députés aux travaux du parlement.*" Dans le rapport spécial n° 01/2005 relatif à la gestion de l'Office européen de Lutte Anti-Fraude (OLAF)[154], la Cour dénonce l'absence de "*système de mesure de la charge réelle de travail des enquêteurs, ni du temps qu'ils consacrent à leurs enquêtes*", alors que l'existence d'un tel système de mesure aurait permis "*un meilleur ajustement de la charge de travail aux ressources disponibles*". Le rapport annuel sur les comptes du Centre européen pour le Développement de la Formation professionnelle[155], porte la critique sur le système d'information et les outils mis en place : dix-sept sites internet et intranet, technologies différentes, gestions dispersées des systèmes informatiques. La Cour en conclut en affirmant que ce mécanisme de gestion des systèmes d'information est source de "*risques techniques et de coûts excessifs*". Les mécanismes fiduciaires ont été le principal point de cristallisation des observations de la Cour dans son rapport annuel sur les comptes de l'Observatoire européen des Phénomènes racistes et xénophobes[156]. Les appels d'offres sont jugés peu explicites et comportent des risques quant à la qualité des produits et services à fournir. La Cour observe en conclusion que "*la méthode du ratio qualité/prix devrait être utilisée, car elle garantit que pour un prix donné les biens et services à acquérir sont de*

---

[153] *Journal officiel des Communautés européennes*, 3 août 1998.
[154] *Journal officiel de l'Union Européenne*, 18 août 2005.
[155] *Journal officiel de l'Union Européenne*, 19 décembre 2006.
[156] *Journal officiel de l'Union Européenne*, 19 décembre 2006.

qualité maximale". Ces différentes approches sont très larges et incluent tous les compartiments du management courant, dans ce qu'ils peuvent avoir comme conséquence réelle ou putative sur la gestion performante des deniers publics communautaires.

La jurisprudence financière européenne complète le contrôle extra-juridictionnel confié à la Cour des comptes. Dans son arrêt du 14 décembre 2000, le Tribunal de première instance des communautés européennes précise que "*le principe de bonne gestion financière ne doit pas être réduit à une définition purement comptable*"[157]. Il se distingue du contrôle de régularité et de légalité. La circonstance que les comptes sont bons au sens courant de l'expression, c'est-à-dire qu'il n'y ait ni dissipation ni diversion de fonds, ne suffit pas à satisfaire les exigences du principe de bonne gestion financière. Celui-ci doit "*inclure une préoccupation sur les conséquences pratiques des actes de gestion financière*"[158], en d'autres termes l'impact réel ou supposé de l'action ou de l'abstention en matière de maniement de fonds publics. Cette exigence qualitative est opposable non seulement à la gestion de la Commission des communautés européennes, mais aussi aux bénéficiaires de subventions communautaires. Ainsi, dans l'affaire du Forum des migrants de l'Union européenne contre la Commission des communautés européennes, le Tribunal de première instance des Communautés européennes rejette le recours introduit contre une décision de suspension du financement au profit du Forum des migrants, au motif que "*l'inscription au budget d'une dépense n'implique le versement de la somme prévue que si les conditions de réalisation de cette dépense sont remplies*"[159], en l'occurrence la qualité de la gestion financière du requérant.

Au total, la Cour des comptes autant que le juge financier communautaire sont les garants d'un souci général de performance financière que l'on peut retrouver également dans les droits nationaux français et africains francophones.

---

[157] Tribunal de première instance, 4e chambre, 14 décembre 2000, *Affaire T-105/99*, Recueil de jurisprudence, 2000, page II-04099.

[158] *Ibidem.*

[159] Tribunal de première instance, 4e chambre, 9 avril 2003, *Affaire T-217/01*, Recueil de jurisprudence, 2003, p. II-1563.

2°) Le principe de bonne gestion financière en droits positifs nationaux

La bonne gestion financière fait partie de cette catégorie grandissante de *"principe de seconde génération"*[160] dont la réception, en droits positifs des États subit des distorsions de nature sémantique. On la retrouve sous sa forme littérale dans la Loi fondamentale de la Finlande du 17 juillet 1919 en ce qu'elle mentionne un principe de *bonne gestion* (Article 71). Le projet de Traité instituant une Constitution pour l'Europe disposait plus explicitement que[161] "*le budget de l'Union est exécuté conformément au principe de bonne gestion financière*" (Article 52-6). Paul VALERY écrivait fort pertinemment qu'"*il y a des mots qui ont plus de valeur que de sens, qui chantent plus qu'ils ne parlent*"[162]. La bonne gestion financière a cette charge axiologique qui s'attache au contexte contemporain de modernisation de l'État et de la gestion publique. Les exigences de "*reddition de comptes*", de "*résultats*", de "*transparence*" contenues dans la Charte de fonctionnement du Gouvernement du Bénin (avril 2006)[163] reflètent et traduisent la même préoccupation et le même système de valeurs.

Pour autant, les mots sont plus que cinquantenaires. La référence au "*bon emploi des crédits, fonds et valeurs*"[164] remonte aux modifications successives de la loi de 1807 sur la Cour des comptes en France, notamment les réformes de 1936, 1967 et 1982.[165] L'expression est reprise, mot pour mot, par la Directive relative aux lois de finances de l'Union Économique et Monétaire ouest-africaine[166]. À côté du jugement des comptes des comptables publics, s'établit une seconde compétence des juridictions financières : le contrôle de la gestion.

---

[160] D. SIMON, « Le principe de 'bonne administration' ou la 'bonne gouvernance' », *article précité*, p. 156.

[161] Sur l'ensemble, voir F. FOURNIÉ, « Les aspects financiers de la Constitution européenne », *Revue trimestrielle de droit européen*, 2005, p. 375.

[162] Cité par M. MANKOU, « Du principe de bonne administration au droit à la bonne administration : contribution à une problématique de la bonne administration en droit communautaire », *Cahiers de l'IREDE*, n° 2-2002 p. 7.

[163] www.beninhuzu.org, novembre 2007.

[164] Code des juridictions financières (France), Article L. 111-3 ; Article 69, Directive n°05/97/CM/UEMOA relative aux lois de finances du 16 décembre 1997, modifiée par la directive n° 02/99/CM/UEMOA du 21 décembre 1999. (www.uemoa.int).

[165] J. MAGNET, *La Cour des comptes*, Paris, Berger-Levrault, 2001, pp. 128-129.

[166] Article 69, Directive n°05/97/CM/UEMOA relative aux lois de finances du 16 décembre 1997, modifiée par la directive n° 02/99/CM/UEMOA du 21 décembre 1999. (www.uemoa.int).

L'objet de ce contrôle est, selon Jacques MAGNET, "*l'examen de l'organisation et du fonctionnement des services, du nombre, du recrutement, de la qualité et de l'activité de leur personnel, du prix et de la qualité des prestations, fournitures ou travaux*"[167]. L'auteur conclut : "*une gestion régulière qui n'atteint pas les objectifs assignés n'est pas un bon emploi des deniers publics*"[168]. Les notions récurrentes de prix, d'objectifs, de qualité, etc., traduisent les mêmes préoccupations sous-jacentes aux termes d'économie, d'efficience et d'efficacité mis en évidence par le principe de bonne gestion financière. Sur ce fondement, la Cour des comptes française relève la "*sous-estimation des effectifs et (la) surestimation des coûts unitaires*" de la gestion des stages pour demandeurs d'emploi organisés par l'État[169]. Elle en appelle plus tard à "*une maîtrise plus grande des coûts, surtout salariaux, dont la croissance est incompatible avec l'évolution des ressources du groupe France Télévisions*"[170]. Le besoin d'adéquation des moyens avec les objectifs lui permet de noter que "*le réseau des établissements français à l'étranger reste (...) imparfaitement adapté à sa mission*"[171]. Plus généralement dans une démarche très keynésienne de suppléance de l'investissement public à l'insuffisance de l'investissement privé, la Cour recommande que "*l'augmentation de la dette est envisageable si elle finance des investissements productifs pour la croissance future ; à l'inverse, l'endettement ne devrait pas être utilisé pour financer des dépenses courantes, sous peine de conduire à une dégradation des finances publiques*"[172].

La même démarche conduit les juridictions financières ouest-africaines francophones à souligner les insuffisances dans la gestion des deniers publics. Dans son Rapport public 1994 (le seul à ce jour), la Chambre des comptes de la Cour suprême du Bénin relève, à propos des postes diplomatiques à l'étranger, des "*pratiques non conformes à l'orthodoxie financière (qui) ne sont pas de nature à soutenir les actions*

---

[167] J. MAGNET, *op. cit.* p. 131.
[168] *Ibidem,* p.132.
[169] Cour des comptes, *Rapport public 2002*, Paris, Ed. des Journaux Officiels 2003 pp. 136 et suiv.
[170] Cour des comptes, *Rapport public 2004*, Paris, Ed. des Journaux Officiels 2005 p. 309.
[171] Cour des comptes, *Rapport public 2003*, Paris, Ed. des Journaux Officiels 2004 pp. 83.
[172] Cour des comptes, *Rapport public annuel, février 2006*, Paris, La Documentation française, p. 15.

actuellement en cours dans le cadre de l'assainissement des finances publiques"[173]. Quant à la Cour des comptes du Sénégal, elle a organisé des "*investigations (...) limitées à l'exercice 1999 et au 1er semestre 2000*"[174] sur "*34 entités*"[175]. Des résultats de ces investigations, la Cour note qu'elle a eu "*connaissance d'agissements susceptibles d'être qualifiés de fautes de gestion*"[176]. Dans le détail, la Cour relève par exemple qu'"*une grande opacité entourait la gestion des frais généraux*" à la société SODIDA[177].

Toutes ces observations présentent la caractéristique de n'être point des décisions ayant autorité de chose jugée. Les Cours ne rendent pas, en l'occurrence, des arrêts opposables aux mis en cause. Elles exercent une compétence extra-juridictionnelle, dans le domaine précis du contrôle du bon emploi des crédits, fonds et valeurs.

Les nouvelles générations de juridictions financières marquent une évolution à cet égard. En application de l'article 68 du Traité de l'Union économique et monétaire ouest-africaine qui prescrit pour chaque État membre d'"*instituer une Cour des comptes nationale*", le Burkina Faso et le Sénégal ont créé et installé leurs Cours des comptes respectives[178]. Le Bénin a validé en décembre 2002 son projet de loi organique relative à la Cour des comptes et attend les modifications constitutionnelles nécessaires pour l'installation de la Haute Juridiction financière. La Côte d'Ivoire a fait le chemin inverse par l'article 102 de la constitution qui prévoit une Cour des comptes, mais dont la loi organique est toujours inexistante. Dans l'ensemble des pays ouest-africains francophones, les nouvelles orientations consacrent un net élargissement du domaine de compétence des juridictions financières. Au-delà du traditionnel jugement des comptes des comptables publics, les législations sénégalaises et du Burkina Faso prévoient le contrôle juridictionnel de

173 République du Bénin, Cour suprême, Chambre des comptes, *Rapport public 1994*, p. 24.
174 République du Sénégal, Cour des comptes, *Rapport public 1999-2000*, p. 52.
175 *Ibidem,* p. 53.
176 *Ibidem*, p. 55.
177 *Ibidem,* p. 121.
178 Loi organique n°99-70 du 17 février 1999 sur la Cour des comptes (Journal officiel de la République du Sénégal n°5845 du 20 février 1999) ; Décret n° 99-499 du 8 juin 1999 fixant les modalités d'application de la loi organique n° 99-70 ; Loi organique N°014-2000/AN du 16 mai 2000, portant composition, organisation, attributions et fonctionnement de la Cour des Comptes et procédure applicable devant elle (Journal officiel du Burkina Faso, N° 001 du 14 août 2001).

la gestion des ordonnateurs[179]. L'énumération des textes va au-delà de la catégorie des administrateurs et ordonnateurs *stricto sensu* pour englober un large éventail d'agents d'exécution des opérations financières. Ce qui conforte les dispositions de la directive communautaire n° 02/99/CM/UEMOA du 21 décembre 1999 modifiant la directive n°05/97/CM/UEMOA relative aux lois de finances du 16 décembre 1997. Cette modification crée un article 77 nouveau qui institue l'infraction dite "*faute de gestion*"[180], répondant logique qui sanctionne le "*contrôle de la gestion*".

Selon la loi sénégalaise, les contrôles dévolus à la Cour des comptes visent à "*favoriser l'utilisation régulière et efficiente des ressources et à promouvoir l'obligation de rendre compte et la transparence dans la gestion des finances publiques*"[181]. Le contrôle qualitatif de performance s'introduit dans les missions du juge financier. Ce contrôle de qualité ne se limite pas aux comptables publics mais s'étend aux ordonnateurs de recettes et de dépenses publiques, lesquels deviennent punissables de faits qualifiés de "*manipulation fiduciaire*"[182], d'"*état de gaspillage*"[183] ou d'"*avantages injustifiés*"[184] La jurisprudence de la Cour permet de mieux cerner les contours des notions employées. En effet, le fait d'avoir dépensé cinq millions de francs au titre des frais d'entretien et de réparation d'un seul véhicule de tourisme sur une courte période de huit mois a été retenu par la Cour comme constitutif d'un "*état de gaspillage*", dans la mesure où, avec une telle somme,

---

[179] Sur ce point, voir N. MÉDÉ, « L'UEMOA et le développement des cours des comptes en Afrique de l'ouest », *Revue française de finances publiques*, n° 90/2005, p. 259.

[180] Est punissable de faute de gestion, "toute personne appartenant au cabinet d'un membre du gouvernement, tout fonctionnaire ou agent d'un organisme public, tout représentant, administrateur ou agent d'organisme soumis à un titre quelconque au contrôle de la juridiction des comptes" (Art. 77, directive communautaire n° 02/99/ CM/UEMOA du 21 décembre 1999 modifiant la directive n°05/97/CM/UEMOA relative aux lois de finances du 16 décembre 1997) ; la faute de gestion est constituée lorsqu'il y a infraction aux "règles relatives à l'exécution des recettes et des dépenses des organismes publics ou à la gestion des biens leur appartenant", lorsqu'une personne, dans l'exercice de ses fonctions, "a procuré ou tenté de se procuré à elle-même ou à autrui un avantage injustifié, pécuniaire ou en nature", lorsqu'une personne "en méconnaissance de ses obligations, a porté préjudice à la collectivité publique" (Art. 77 précité).

[181] Article 4, Loi organique N° 99-70 précitée.

[182] Article 49-6, Loi organique N° 99-70 précitée.

[183] Article 49-7, Loi organique N° 99-70 précitée.

[184] Articles 49-14 et 51, Loi organique N° 99-70 précitée.

l'achat d'un véhicule neuf était possible[185]. Dans l'arrêt son arrêt du 30 mars 2006, la Cour condamne le prévenu à une amende pour avoir "*procuré des avantages injustifiés*" aux fournisseurs du programme sanitaire dont il était l'administrateur ; les faits mentionnent que l'administrateur condamné a acheté auprès de fournisseurs, deux produits qui sont payés "*quarante fois*" plus cher pour l'un et "*deux fois*" plus cher pour le second, si on fait la comparaison avec les prix courants du marché, à qualité égale[186]. Ce qui est une illustration du rapport coût/intérêt de la trilogie efficacité, efficience, économie.

Ainsi, la recherche de la performance financière, l'exigence de bon emploi des crédits, fonds et valeurs, en un mot, la bonne gestion financière, reçoivent une sanction juridictionnelle. Le non-respect du principe, en ses différentes facettes, est punissable. Le principe de bonne gestion financière émerge, à la faveur des nouvelles législations financières africaines francophones, à la vie juridique, au statut de règle de droit ; car, comme l'écrit le doyen CARBONNIER "*la spécificité du droit est d'être justiciable*"[187]. Elle est aussi d'être égale pour tous !

B. L'opposabilité du principe de bonne gestion financière aux assemblées parlementaires

L'opposabilité du principe de bonne gouvernance aux assemblées parlementaires pose un problème relativement simple : la gestion financière des parlements doit-elle être soumise au contrôle du juge ? (1) Et si cela devrait se faire, quelle est la pertinence des outils de contrôle par rapport à la spécificité de l'activité parlementaire ? (2)

1°) La gestion financière des assemblées justiciables de la Cour des comptes.

Le contenu de l'autonomie financière des assemblées est couramment étendu au contrôle des comptes du parlement français. Celui-ci établit et exécute son budget puis "*vérifie et apure ses propres comptes sans que ceux-ci soient en rien justiciables du contrôle de la Cour des comptes*"[188] française. La Cour a reconnu elle-même son incompétence

---

[185] Cour des comptes du Sénégal, Arrêt N° 03/2001 du 17 octobre 2001, *Président de la CVCCEP contre Adama SALL*, www.courdescomptes.sn

[186] Arrêt n°02/2006 du 30 mars 2006, Président de la CVCCEP/Ibrahim Diouf et Makhtar Camara *in Cour des comptes du Sénégal*, *Rapport public 2006*, pp. 193 et suiv.

[187] J. CARBONNIER, *Droit civil*, Tome1, Paris, P.U.F., 2004, p. 41.

[188] E. BLAMONT, *Techniques parlementaires*, Paris, P.U.F., 1958, p. 35.

en la matière dès 1832 : "*les comptes spéciaux des dépenses des deux chambres ont été produits à l'examen de la Cour et n'ont donné lieu à aucune observation, attendu qu'ils sont exclusivement placés sous la juridiction de ces deux corps de l'État*"[189]. La Cour affina sa position bien plus tard en alléguant le handicap logique qui est le sien : une institution qui tient sa légitimité d'une loi, ne peut contrôler des assemblées parlementaires ni le Président de la République qui tiennent leur légitimité de la constitution. En clair, un pouvoir public constitutionnel ne peut *ès qualités* être soumis au contrôle de la juridiction financière française créée par la loi de 1807. Edouard LAFERIERRE fit une brève allusion à l'exclusivité du contrôle endogène des comptes des assemblées parlementaires. Il en contesta le bien-fondé en mettant en exergue la relation entre l'unité de caisse de l'État et l'unité de régime juridique des deniers de l'État. Les comptes des assemblées "*sont en effet compris dans ceux du caissier central qui serait responsable (...) des erreurs qui y seraient reconnues*"[190], écrivait-il. Plus récemment, la Cour elle-même semble briser le dogme de l'immunité juridictionnelle des comptes des Assemblées et propose ses services. Selon les mots de son premier Président, "*La Cour des comptes, avec son indépendance et sa collégialité est prête à répondre à toute décision du parlement visant à lui confier le contrôle a posteriori des comptes des assemblées*"[191]. La sollicitation n'eut pas de suite et on peut encore aujourd'hui continuer d'affirmer que "*les budgets des assemblées (...) échappent à la loi de règlement*"[192] en France et, par hypothèse, dans ses anciennes possessions d'Afrique.

La gestion financière des parlements africains doit-elle être soumise au contrôle du juge ? Telle est la question posée en titre de ce paragraphe. L'interrogation recèle un point de légalité mais aussi une question de pertinence et d'opportunité. Sur le premier aspect, les fondements de ces privilèges juridictionnels des assemblées peuvent être contestés. D'abord, sur le point de la légitimité du juge financier,

---

[189] Cité par J.-Cl. FORTIER, « La cinquième République et le principe de l'autonomie budgétaire des Assemblées », *La Revue administrative* n° 193/ 1980 p. 555.

[190] E. LAFERRIERE, *Traité de la juridiction administrative*, Paris, Berger-Levrault 1896, p. 26.

[191] Discours du premier Président de la Cour des comptes française, M. P. ARPAILLANGE, à la rentrée solennelle de la cour en 1993 (V. DUSSART, *op. cit.*, p. 299).

[192] P. JAN, *Les assemblées parlementaires françaises*, Paris, La Documentation française, 2005, p. 53.

les Cours des comptes africains francophones ont une légitimité constitutionnelle. Elles font partie intégrante des pouvoirs publics dont la dénomination, les compétences et la composition sont fixées par les textes constitutionnels dans les mêmes conditions que les Cours constitutionnelles[193]. Certes, "*le critère tiré d'une mention constitutionnelle ne suffit (...) pas, à lui seul, à définir un pouvoir public*"[194]. Cependant, si on retient avec Vincent DUSSART que les institutions qui font l'objet de dispositions constitutionnelles "*réglementant leur organisation et leur activité*"[195] sont des pouvoirs publics, on admet ensuite volontiers que les Cours des comptes africaines en font partie. Sur la base de son statut de pouvoir public, la juridiction financière peut revendiquer un droit de regard, un droit d'exercer son pouvoir de contrôle sur les comptes et la gestion des assemblées parlementaires africaines francophones.

Au surplus, si, dans une perspective positiviste, on retient avec Carré de MALBERG[196] que la séparation des pouvoirs se ramène principalement à une séparation des fonctions dévolues à la puissance étatique, on peut concevoir que chaque organe exerce la plénitude des fonctions qui sont les siennes : le parlement vote la loi, le gouvernement administre et le juge contrôle. D'un point de vue financier, on dira que le parlement vote la loi de finances (y compris les crédits de la justice), le gouvernement exécute et le juge apure les comptes, y compris ceux du parlement. Enfin, et à l'appui de la thèse de l'extension des compétences de la justice financière, il est intéressant d'évoquer la définition de l'acte parlementaire proposée par Jean-Marie AUBY. Se fondant sur un

---

193 Chose très évidente au Sénégal : "Titre VIII, Du pouvoir judiciaire" (Constitution du Sénégal). Un peu moins au Burkina Faso, "Titre VIII, Du pouvoir judiciaire", (Constitution du Burkina Faso) où il est cité la Cour de cassation, le Conseil d'État, la Cour des comptes, mais le Conseil constitutionnel est créé au Titre XIV.

194 J.-P. CAMBY, « L'autonomie fonctionnelle des pouvoirs publics », *in* A. PARIENTE (dir), *La séparation des pouvoirs, op. cit.*, p.87.

195 V. DUSSART, *op. cit.*, p. 8.

196 « Un langage claire et précis est la condition de toute étude scientifique », écrit R. CARRÉ de MALBERG. Il faut donc employer séparément les trois termes pouvoirs, fonctions, organes pour désigner sans ambiguïté et respectivement la puissance de l'État, les diverses activités qu'elle comporte, les diverses autorités exerçant ces activités (…) Les fonctions étatiques sont, conformément à une tradition fort ancienne, ramenées par l'unanimité des auteurs à trois grandes sortes d'activités : la législation, l'administration, la justice. (R. CARRÉ de MALBERG, *Contribution à la théorie générale de l'État*, Paris, Dalloz, 2004, p. 260). Cette théorie des fonctions est partagée par Georges Burdeau (G. BURDEAU, *Traité de Science politique*, Tome II, Paris, L.G.D.J., 1980).

critère matériel, l'auteur reconnaît la qualité parlementaire aux "*actes qui se rattachent à l'exercice des fonctions proprement parlementaires des assemblées, c'est-à-dire, notamment le vote de la loi et le contrôle du gouvernement*"[197]. Cette approche présente l'avantage d'ouvrir au contrôle des juridictions les catégories d'actes parlementaires qui sont des actes de gestion, ainsi que le prévoit l'article 99 de la constitution du Bénin[198] et surtout la Résolution n°2/2003/AN/BIPRES portant règlement financier de l'Assemblée nationale du Burkina Faso. Ce texte dispose que "*le Trésorier de l'Assemblée nationale, en sa qualité de comptable public, reste soumis aux dispositions des lois et règlements régissant la comptabilité publique au Burkina Faso*". Il s'ensuit logiquement que le "*Trésorier de l'Assemblée nationale (...) est astreint au dépôt d'un compte de gestion au niveau de la Cour (des comptes) qui procède à un contrôle juridictionnel*"[199].

Ce préalable juridique traité, il convient ensuite de passer à la question de la pertinence du contrôle, second aspect de l'interrogation introductive du présent paragraphe. En effet, si le contrôle juridictionnel de la gestion financière des parlements africains francophones est recevable du point de vue de la théorie du droit, il est tout aussi intéressant d'évaluer sa recevabilité en tenant compte des pratiques et faits financiers, en un mot des mœurs financières des assemblées qui rendraient la démarche opportune et pertinente.

Se fondant sur les textes organisant l'endo-contrôle du parlement[200], les parlementaires du Bénin ont, depuis la renaissance de leur institution

---

[197] J.-M. AUBY, « Le contentieux des actes parlementaires », article précité, p. 101. Dans le même sens, la jurisprudence administrative française a opéré une différenciation entre les actes relatifs à l'exercice des fonctions judiciaires et les actes concernant l'organisation administrative et le statut de ses collaborateurs. (M. LONG, P. WEIL & G. BRAIBANT, *Les grands arrêts de la jurisprudence administrative*, Paris, Sirey, 1958 p. 456). L'extension de la démarche aux rapports entre le juge financier et les assemblées parlementaires autoriserait un apurement juridictionnel des comptes des parlements africains francophones. Ceux-ci entreraient alors de pleins pieds dans la dynamique de la gestion de la performance aux moyens des outils qui sont les siennes.

[198] Complété par l'article 179 du règlement intérieur de l'Assemblée nationale : « Le contrôle annuel de l'exécution du budget est effectué par une commission spéciale et temporaire de l'Assemblée nationale (…) L'apurement ultérieur des comptes est effectué par la Chambre des comptes de la Cour suprême ».

[199] E. KIENDREBEOGO, mémoire précité, p. 50. L'auteur affirme cependant que « Dans la pratique, un tel contrôle n'a jamais eu lieu ». p. 49.

[200] Article 99, *Constitution du Bénin* ; article 179, *Règlement intérieur* de l'Assemblée nationale (Bénin).

en février/avril 1991, mis en place des commissions spéciales, composées de députés et chargés d'apurer les comptes annuels de l'Assemblée nationale. La lecture des rapports desdites commissions permet de relever certains faits qui ne témoignent pas particulièrement d'une culture de gestion performante des deniers publics. Ainsi, il est fait état : de "*paiements par caisse effectués sans acquits libératoires*"[201] ; de l'octroi systématique d'avances de montants exorbitants aux fournisseurs, donnant l'impression que "*l'Assemblée nationale finance des fournisseurs qui achètent des produits pour les revendre à l'Assemblée nationale*"[202] *;* de la non-tenue d'une comptabilité matière[203] ; de la découverte d'"*importants virements financiers (...) faits à l'ordre d'individus sans justificatifs*"[204] ; de la situation de certains "*états de paiement (qui) indiquent que, pour le même travail effectué, des per diem ont été payés plusieurs fois à la même personne*"[205] ; des avances exceptionnelles qui ont été faites à des députés mais "*rien ne permet de*

---

[201] Assemblée nationale du Bénin, 4e législature, Commission spéciale et temporaire, chargée du contrôle de l'exécution du budget de l'Assemblée nationale, gestion 2003 : *Rapport*, Porto-Novo, Novembre 2006, p.13 ; Assemblée nationale du Bénin, 4e législature, Commission spéciale et temporaire, chargée du contrôle de l'exécution du budget de l'Assemblée nationale, gestion 2001 : *Rapport*, Porto-Novo, Novembre 2006, p. 12.

[202] Assemblée nationale du Bénin, 4e législature, Commission spéciale et temporaire, chargée du contrôle de l'exécution du budget de l'Assemblée nationale, gestion 1999 : *Rapport*, Porto-Novo, Novembre 2006, p. 10 ; Assemblée nationale du Bénin, 4e législature, Commission spéciale et temporaire, chargée du contrôle de l'exécution du budget de l'Assemblée nationale, gestion 2001 : *Rapport*, Porto-Novo, Novembre 2006, p. 13 ; Assemblée nationale du Bénin, 4e législature, Commission spéciale et temporaire, chargée du contrôle de l'exécution du budget de l'Assemblée nationale, gestion 2001 : *Rapport*, Porto-Novo, Novembre 2006, p. 12.

[203] Assemblée nationale du Bénin, 4e législature, Commission spéciale et temporaire, chargée du contrôle de l'exécution du budget de l'Assemblée nationale, gestion 1999 : *Rapport*, Porto-Novo, Novembre 2006, p. 10. Assemblée nationale du Bénin, 4e législature, Commission spéciale et temporaire, chargée du contrôle de l'exécution du budget de l'Assemblée nationale, gestion 2002 : *Rapport*, Porto-Novo, Novembre 2006, p. 10.

[204] Assemblée nationale du Bénin, 4e législature, Commission spéciale et temporaire, chargée du contrôle de l'exécution du budget de l'Assemblée nationale, gestion 2002 : *Rapport*, Porto-Novo, Novembre 2006, p. 9.

[205] Assemblée nationale du Bénin, 4e législature, Commission spéciale et temporaire, chargée du contrôle de l'exécution du budget de l'Assemblée nationale, gestion 2002 : *Rapport*, Porto-Novo, Novembre 2006, p. 9.

savoir si les remboursements ont été effectués par la suite"[206] ; de l'absence de pièces justificatives pour de nombreuses opérations de dépenses[207] ; des virements faits par le Trésor public sur le compte de l'Assemblée nationale ouvert dans les livres de la Banque Centrale des États de l'Afrique de l'Ouest (BCEAO) mais dont la commission ne retrouve "*aucune trace (...) dans les dotations de 2004*"[208].

Cette litanie de pratiques explique les propos peu élogieux formulés sur l'institution parlementaire par son président élu en mai 2007 : "*la gestion financière ne respectait aucune orthodoxie financière*"[209].

Si le respect de la légalité financière se révèle très problématique à l'Assemblée nationale, le souci du "*bon emploi*" des fonds et valeurs le paraît tout autant. Ainsi, il a été noté que, pour une "*dizaine de véhicules que compte le parlement, il y a vingt-six chauffeurs*"[210], soit un *ratio* de 2,5 chauffeurs par véhicule ! Or, le contrôle découlant de l'article 99 de la constitution du Bénin ne s'assimile pas à un jugement des comptes parlementaires (le questeur n'ayant pas la qualité de comptable public), ni à un contrôle du bon emploi. Elle n'offre pas à la juridiction financière l'occasion de vérifier ni de la régularité ni la performance des opérations financières de l'Assemblée nationale.

Au regard de cet état des lieux sommaire, l'idée de passer la gestion des assemblées parlementaires au moule des outils de la bonne gestion financière s'impose par sa pertinence.

---

[206] Assemblée nationale du Bénin, 4e législature, Commission spéciale et temporaire, chargée du contrôle de l'exécution du budget de l'Assemblée nationale, gestion 2002 : *Rapport*, Porto-Novo, Novembre 2006, p. 9.

[207] Assemblée nationale du Bénin, 4e législature, Commission spéciale et temporaire, chargée du contrôle de l'exécution du budget de l'Assemblée nationale, gestion 2001 : *Rapport*, Porto-Novo, Novembre 2006, p. 14 ; Assemblée nationale du Bénin, 4e législature, Commission spéciale et temporaire, chargée du contrôle de l'exécution du budget de l'Assemblée nationale, gestion 2003 : *Rapport*, Porto-Novo, Novembre 2006, p. 12 ; Assemblée nationale du Bénin, 4e législature, Commission spéciale et temporaire, chargée du contrôle de l'exécution du budget de l'Assemblée nationale, gestion 2002 : *Rapport*, Porto-Novo, Novembre 2006, p. 9.

[208] Assemblée nationale du Bénin, 4e législature, Commission spéciale et temporaire, chargée du contrôle de l'exécution du budget de l'Assemblée nationale, gestion 2004 : *Rapport*, Porto-Novo, Novembre 2006, p. 17.

[209] Intervention télévisée du Président de l'Assemblée nationale à l'occasion du bilan de ses 100 jours (*Journal La Nouvelle Tribune*, Cotonou, Bénin, n° 1286, 17 août 2007, p. 5).

[210] Intervention télévisée du Président de l'Assemblée nationale à l'occasion du bilan de ses 100 jours (*Journal Le Matinal*, Cotonou, Bénin, n°2665, 16 août 2007, p. 9).

2°) Les outils de la bonne gouvernance financière

Le Rapport sur le développement dans le monde, édition 1997 de la Banque Mondiale eut le mérite de poser pour la première fois l'importance des aspects de management dans la croissance économique des États. "*Sans un État efficace, il n'y a pas de développement économique et social durable*"[211]. Le concept de bonne gouvernance acquiert progressivement une importance majeure dans le classement des nations. À cheval sur la théorie de l'entreprise (corporate governance) et la théorie de l'État et des organisations internationales (public governance), la bonne gouvernance se prête mal à une définition univoque et définitive. Pour paraphraser Hans W. SINGER, on dirait que la bonne gouvernance ressemble à "*une girafe : difficile à définir mais facile à reconnaître*"[212].

Les indicateurs de gouvernance élaborés par l'Union européenne[213], la Banque Mondiale[214] et l'Organisation pour la Coopération et le Développement Economiques (OCDE)[215] sont très diversifiés[216] mais incluent deux constantes : la responsabilité et l'efficacité, ce qui établit fatalement la transition avec la notion de bonne gestion financière.

---

[211] Banque Mondiale, *Rapport sur le développement dans le monde*, Washington, 1997, p. III.

[212] Cité par M. VIOU, *Contribution au droit administratif du développement*, Thèse Nice, 1977, p. 2.

[213] Commissions des communautés européennes, *Gouvernance européenne, Livre Blanc*, BRUXELLES, 2001. Le chapitre II du Livre Blanc énonce les principes d'ouverture, de participation, de responsabilité, d'efficacité, de cohérence (p. 12). Voir aussi la présentation de synthèse faite par J. CANDELA CASTILLO (J. CANDELA CASTILLO « La bonne gouvernance comprise comme intégration des principes de légitimité, efficacité et justice », *Revue du droit de l'Union européenne,* n°2 /2005 p. 239). La bonne gouvernance comme conditionnalité pour le financement du développement est analysée par Babacar Gueye (B. GUEYE, « La bonne gouvernance dans le partenariat UE/ACP (Accord de Cotonou) », *Mélanges Jean Raux*, Paris, Edit. Apogée, 2006, p. 767.

[214] World Bank, *A decade of Measuring the quality of governance. Governance Matters,* 2006, Washington, 2006. Le rapport énumère en page 2 et 3 six indicateurs: *voice and accountability, political stability and absence of violence, government effectiveness, regulatory quality, rule of law, control of corruption.* La mesure des indicateurs et la comparabilité des résultats peut susciter des réserves légitimes.

[215] Cl. RADAELLI, *Governance 2010 : the implications for the NGOs*, Etude présentée au colloque "*Governance and NGO of the future*" Bruxelles, janv.2005, p. 32 ; *Colloque organisé par European policy Forum et le Comité Economique et Social européen.*

[216] Voir le tableau comparatif dans J. C. CASTILLO, article précité, p. 243.

Celle-ci, autant que la bonne gouvernance dont elle est une composante, suggère un objectif qualitatif. Atteindre cet horizon désiré implique l'acceptation d'un aménagement adéquat des mécanismes institutionnels et organisationnels. Le règlement financier applicable au budget général des Communautés européennes donne quelques indications à cet égard. Après avoir posé les principes d'efficacité, d'efficience et d'économie comme des exigences de bonne gestion financière, le règlement financier impose aux administrations dépensières de se fixer "*des objectifs spécifiques mesurables, réalisables, pertinents et datés*"[217]. Le niveau de réalisation des objectifs est mesuré au moyen d'"*indicateurs de performances établis par activités*"[218]. La même méthodologie est adoptée par les pays qui s'exercent à la budgétisation par programme. La réforme budgétaire française est axée autour du triptyque : programme, projet annuel de performance (définition des objectifs spécifiques) et rapport annuel de performance (mesure des réalisations à l'aide d'indicateurs de performance)[219]. En Afrique francophone, maints pays s'exercent à "*l'élaboration et à la mise en œuvre effective des budgets de programme*"[220], dans un contexte où le fondement juridique est souvent inexistant. La recherche de la performance par l'adoption du *program budgeting* s'accompagne de l'utilisation des outils communs de cette technique budgétaire : programmes, rapport de performance, audit de performance[221].

Au 19e siècle, Chief justice Marshall développa une logique qui ne manque pas de pertinence avec le thème aujourd'hui sous étude. Les dispositions contenues dans une constitution n'ont qu'une valeur platonique s'il n'existe un mécanisme qui en garantisse le respect[222]. Ce

---

217 Article 27-3 du règlement n° 1605/2002 (25 juin 2002) modifié par le règlement n°1995/2006 du 13 décembre 2006 précité

218 *Ibidem.*

219 Articles 7 et 51 de la LOLF française. M. BOUVIER, « La gestion de la performance », *Revue française de finances publiques* n° 91/2005 p. 31.

220 A. PARIENTE et A. S. COULIBALY, « Programmes et mesure de la performance en France et dans les pays africains », *Revue française de finances publiques*, n° 98/2007, p. 36.

221 N. MÉDÉ, « La nouvelle gestion budgétaire : l'expérience au Bénin des budgets de programme ». Revue électronique *Afrilex,* n° 4, décembre 2004, p. 56 (*http://afrilex.u-bordeaux.fr*).

222 « Les compétences du pouvoir législatif sont définies et limitée ; et c'est pour que ces limites ne soient pas ignorées ou oubliées que la constitution est écrite. À quoi servirait-il que ces pouvoirs soient limités et que ces limites soient écrites, si lesdites limites pouvaient, à tout moment, être outrepassées par ceux qu'elles ont pour objet

raisonnement contribua à établir la légitimité et l'effectivité du contrôle de la constitutionnalité des lois dans les régimes de démocraties pluralistes. Elle peut être étendue, *mutatis mutandis*, à la justice financière rénovée dans le contexte actuel de gestion de la performance.

Les juridictions financières évoluent vers un "*nouveau rôle*"[223] qui comprend l'évaluation de la performance des programmes et de la responsabilité de gestion du responsable de programme[224]. Les nouvelles attributions de la Cour des comptes française traduisent cette orientation : d'abord le rapport préliminaire qui doit mettre "*en perspective les résultats budgétaires et non-budgétaires*"[225], ensuite le rapport sur les résultats et la gestion budgétaire[226], puis le rapport sur les comptes (la certification des comptes)[227], enfin les missions d'assistance ponctuelle[228]. La même dynamique anime les institutions supérieures de contrôle des finances publiques en Afrique francophone. L'"*audit de performance des programmes*" a fait son apparition dans les activités du juge financier au Bénin[229]. Le juge des comptes réalise son audit de performance sur la base des "*rapports d'exécution des budgets de programme*" produits par les ministères. La grille d'analyse élaborée à cet effet comporte quatre niveaux de vérification : informations pertinentes, informations compréhensibles, informations exactes, informations équilibrées, informations utiles. Le rapport d'audit de la Chambre des comptes permet de savoir si, par rapport aux programmes "*le niveau de réalisation des objectifs est satisfaisant*"[230].

En cela, les audits de performance s'apparentent *a priori* à des contrôles de l'exécution, dans la mesure où étymologiquement "*le contrôle a pour finalité première le respect d'un ensemble de normes*

---

de restreindre ? » (E. ZOLLER, *Grands arrêts de la Cour suprême des États-Unis,* Paris, P.U.F., 2000, p. 101).

[223] J.-R. ALVENTOSA, « Le nouveau rôle de la Cour des comptes », *Revue française de finances publiques*, n°91/2005, p. 99.

[224] F. DELAFOSE, « Le rôle de la Cour des comptes », *Revue française de finances publiques,* n° 92/2005, pp. 77 et suiv.

[225] J. RAPHAËL ALVENTOSA, article précité, p.105 ; Articles 48 et 58-3 de la loi organique du 1er août 2001 relative aux lois de finances (France).

[226] Article 58-4, loi organique du 1er août 2001 relative aux lois de finances (France).

[227] *Ibidem*, article 58-5.

[228] *Ibidem*, article 58-6.

[229] N. MÉDÉ, « La nouvelle gestion budgétaire », article précité, p. 80.

[230] I. C. DAVIES Conseil Inc., *Aide-mémoire de la Mission d'appui à la réforme budgétaire dans le cadre du PERAC*, Cotonou, Mai 2002, Annexe grille d'appréciation du budget-programme 2002 du ministère des travaux publics et des transports.

de référence"[231], en l'occurrence les objectifs des budgets de programme. Cependant, l'appréciation de l'atteinte des objectifs ne peut faire abstraction de la mise en balance des moyens qui sont respectivement les troisièmes et quatrièmes niveaux de la grille d'analyse de la juridiction financière au Bénin. L'audit de performance rejoint alors, sur le plan des finalités, une certaine conception de l'évaluation retracée par l'INTOSAI[232] et le décret français de 1998[233].

On déduit de cette démarche que le respect strict de la légalité n'épuise pas en effet le domaine de la bonne gouvernance financière. Il est tout autant intéressant de savoir combien coûte un député ! Les méthodes de travail parlementaires ne sont-elles pas dispendieuses, génératrices de surcoûts injustifiables ? La rationalisation du travail au parlement ne permettrait-elle pas de faire des économies de trésorerie ? Toutes les charges parlementaires se justifient-elles ? Autant de questions qui paraissent opportunes et pertinentes dans le nouveau contexte où il est de plus en plus demandé aux fonctionnaires en général et aux gestionnaires de programme en particulier de justifier leurs dépenses au "*premier franc*"[234]. Car le fait économique, "*en tant que relation entre les fins et les moyens rares à usage alternatif*"[235], devient un point de cristallisation des attentions et des énergies dans les pays africains où, selon le Programme des Nations Unies pour le

---

[231] J.-P. DUPRAT, « L'évolution des contrôles au ministère des Finances », Communication aux Journées d'Etudes "Finances-Université" de Bordeaux sur le thème, *La fonction de contrôle externe des administrations économiques et financières*, Bordeaux, mars 1993, LyCoFac, p. 14.

[232] International Organization of Supreme Audit Institutions (INTOSAI) « Définition de l'évaluation de programme : l'évaluation de programme consiste dans l'utilisation de méthodes de recherche systématiques pour constater et apprécier les effets directs et indirects d'une politique ou d'une action publics par rapport aux objectifs fixés ou implicites et aux moyens mis en œuvre » (www.intosai.ccomptes.fr).

[233] L'évaluation d'une politique publique a pour objet d'apprécier "l'efficacité de cette politique en comparant ses résultats aux objectifs assignés et aux moyens mis en œuvre" (Article 1er, Décret n° 98-1048 du 18 novembre 1998 relatif à l'évaluation des politiques publiques.)

[234] "*Au premier euro*", O. GARIAZZE, « La LOLF et l'équilibre des pouvoirs », *Revue française de finances publiques*, n°94, 2006, p. 81.

[235] L. ROBBINS donne cette définition classique de l'économie « *science qui étudie le comportement humain en tant que relation entre les fins et les moyens rares à usage alternatif* », cité par G. ABRAHAM-FROIS, *Economie politique,* Paris, 7e édit. Economica, 2001 p. XIII.

Développement, "*plus de deux personnes sur trois (sont) privées d'accès à l'eau salubre*"[236].

CONCLUSION

Au terme de cette réflexion, on s'autorisera une digression dans le temps, pour rappeler ces "*maximes fécondes*" d'un grand esprit juridique du 16e siècle. "*Les lois ne sont pas de purs actes de puissance ; ce sont des actes de sagesse, de justice et de raison. Le législateur (...) ne doit point perdre de vue que les lois sont faites pour les hommes, et non les hommes pour les lois ; qu'elles doivent être adaptées au caractère, aux habitudes, à la situation du peuple pour lequel elles sont faites*"[237]. On peut déduire de ces propos que l'alignement sur la thèse maximaliste de l'autonomie financière des assemblées parlementaires pèche par défaut de prise en compte de l'environnement financier, économique, social et tout simplement existentiel des populations africaines francophones concernées. Il faut donc innover, fonder une nouvelle autonomie financière à partir de trois constats.

D'abord, le socle juridique sur lequel est bâti le régime extensif de l'autonomie financière des assemblées parlementaires africaines francophones n'est pas inébranlable. Il ne résiste point à une démarche contradictoire et ne peut donc fonder, de manière irréfragable les choix de droit positif. D'autres solutions sont envisageables et peuvent s'accommoder tout autant de la séparation des pouvoirs et du souci de garantir "*l'indépendance du pouvoir législatif à l'égard du pouvoir exécutif*"[238].

Ensuite, il est périlleux de méconnaître le contexte où la science du droit est censée déployer tous ses effets. Les statistiques placent l'Afrique au premier rang de la croissance démocratique[239]. Les Objectifs du Millénaire pour le Développement (OMD, 2015) sont raisonnablement ambitieux, mais les évaluations à mi-parcours ne sont pas particu-lièrement encourageantes. Le Rapport d'évaluation de l'année 2008

---

236 PNUD, *Rapport mondial sur le développement humain*, Paris, Economica, 2006, p. 7.

237 PORTALIS, *Discours préliminaire du premier projet de code civil*, Préface de M. MASSENET, BÈGLES, réédit. Confluences, 1999, p. 16.

238 J. ZEH ONDOUA, « Observations sous Décision Conseil constitutionnel du Gabon, n° 2/CC » précité, p. 161.

239 2,1 de taux moyen croissance pour l'Afrique, 1,1 pour l'Asie, -0,1 pour l'Europe, 1,3 pour l'Amérique Latine et 0,9 pour l'Amérique du Nord (Fonds des Nations Unies pour la Population, *État de la Population mondiale 2007,* New York, 2007, pp. 90 à 93).

souligne que "*peu de progrès ont été enregistrés dans la lutte contre l'extrême pauvreté en Afrique subsaharienne*"[240]. Malgré les initiatives constantes des politiques, la pauvreté restera une donnée récurrente des choix de politique publique africaine sur de nombreuses décennies. Ce contexte requiert une discipline financière plus forte et moins de privilèges que ne s'autoriseraient des pays à économie moins marquée par une pénurie envahissante et handicapante.

Enfin, sur un plan historique, la revendication des droits financiers a précédé celle des droits proprement législatifs. Ainsi que l'écrit Joseph BARTHÉLEMY, "*c'est le besoin de protéger la nation contre les exactions financières des rois qui a donné naissance aux parlements*"[241]. Les peuples ont voulu de parlements élus pour s'offrir les outils institutionnels d'une gouvernance financière orthodoxe, transparente et démocratique. L'ironie serait que lesdits parlements, notamment les assemblées parlementaires africaines francophones, se révèlent les derniers sanctuaires de la mal-gouvernance financière ! Le risque n'est pas que pure vue de l'esprit ; lorsqu'en effet, par-dessus la classe politique, notamment les parties politiques, les populations s'organisent en une coalition dénommée "*Convergence citoyenne*" pour dénoncer dans la rue et sur le parvis de l'Assemblée nationale du Niger "*le pillage des deniers publics*"[242] et scander "*À bas les députés gloutons*"[243], on se convainc aisément qu'il y péril en la demeure.

Vincent DUSSART écrivait que "*l'autonomie financière se mesure plus qu'elle ne se définit*"[244]. Alexander KREHER renchérit par une expression imagée, lorsqu'il parle de "*spectrum of financial autonomy*"[245]. L'autonomie financière se révèle un concept générique recouvrant des réalités contrastées et des choix dictés par des considérations tantôt objectives tantôt subjectives. Ainsi, en suivant cette démarche personnalisée et sur la base des prolégomènes ci-devant énoncés,

---

240 PNUD, *Rapport sur les Objectifs du Millénaire pour le Développement, 2008*, Washington.
241 J. BARTHÉLEMY et P. DUEZ, *Traité de droit constitutionnel*, Paris, Dalloz, 1933, p. 791.
242 www.ipsinternational.org, mise à jour 4 avril 2009.
243 Journal *Le Républicain* (Niger), 26 mars 2009.
244 V. DUSSART, « L'autonomie financière des Agences européennes », *in* J.-F. COUZINET (dir.) *Les Agences de l'Union européenne. Recherche sur les organismes communautaires décentralisés,* Toulouse, Presses de l'Université des Sciences Sociales de Toulouse, 2002, p. 97.
245 A. KREHER, cité par A. POTTEAU, Thèse précitée, p. 39.

l'Afrique francophone pourra se dessiner sa propre autonomie financière parlementaire, dans le respect de quelques prédicats simples : la cohérence de l'action financière de l'État et la reddition de compte. Ceci paraît la condition pour édifier, dans les pays sous étude, des espaces financiers durables et équitables, qui prennent en compte la nécessaire autonomie fonctionnelle des assemblées parlementaires et la non moins nécessaire bonne gouvernance dans les affaires publiques.

LA NOUVELLE GESTION BUDGÉTAIRE : L'EXPÉRIENCE AU BÉNIN DES BUDGETS DE PROGRAMME[1]

INTRODUCTION

La problématique de l'efficacité[2] de l'action publique et la recherche de la performance sont aujourd'hui des constantes de la réflexion des pouvoirs publics aussi bien dans le tiers-monde que dans les pays développés. Elles ont rendu possible, en France, l'élaboration d'une nouvelle "*constitution financière*" en 2001[3]. En Afrique, cette réflexion est d'une acuité particulière et imprègne les travaux des chercheurs depuis plus d'un demi-siècle. Le paradoxe de "*l'État total*"[4] et de "*l'État mou*"[5] exprime la contradiction d'une administration publique toute puissante mais superbement inopérante dans sa fonction prométhéenne de pourvoyeuse de bien-être.

---

[1] Publié dans *la Revue électronique Afrilex* n°4, 2004 http://afrilex.u-bordeaux.fr.

[2] Prise en son sens littéraire : « *Efficacité : caractère de ce qui est efficace* » ; « *efficace : qui produit l'effet qu'on en attend* » (Dictionnaire de la langue française *Le Petit Robert,* Paris 1993).

[3] L. PHILIP, « L'ordonnance organique du 2 janvier 1959 relative aux lois de finances modifiée par la loi organique du 1er août 2001 », *Documents d'Études* n°5.01, Paris, La Documentation Française, 2001 ; La loi organique relative aux lois de finances, *Revue Française de Finances publiques* n°76/2001 ; Michel BOUVIER, *La loi organique du 1er août 2001 relative aux lois de finances*, A.J.D.A. 2001, p. 876. Au-delà des initiatives nationales, on assiste à une multilatéralisation de la réflexion à travers les travaux de certaines institutions internationales ; voir *Revue de l'OCDE sur la gestion budgétaire*, volume 1- n°4, 2002 ; Banque Mondiale, *Manuel de gestion des dépenses publiques*, 2000.

[4] « L'État africain est un État total ; du point de vue de son rôle, il a vocation à la totalité. C'est un État à tout faire (…) que ce soit dans le domaine social, économique ou politique » (G. PAMBOU-TCHIVOUNDA *Essai sur l'État africain post colonial*, Paris, L.G.D.J. 1982 p. 39.) Cette thèse est fortement remise en cause depuis les années 1980 par le repli des États sur leurs compétences régaliennes ; voir en ce sens J. ALIBERT, « Panorama de la situation des privatisations en Afrique », *in Revue Juridique et Politique-Indépendance et Coopération* n°02/2002 p. 163.

[5] « Absence générale de discipline sociale, (…) carences législatives, particulièrement en ce qui concerne la mise en œuvre et le respect de la loi : absence d'obéissance aux règlements et directives édictés par l'autorité, fréquentes collusions entre cette autorité, les individus puissants et les groupes de personnes dont elle devrait contrôler les actes, et enfin, tendance (…) à résister au contrôle de l'autorité publique et à ses voies et moyens » (G. MYRDAL, « L'État mou dans les pays sous- développés », *in Revue Tiers Monde,* Tome X, n° 37 janvier-mars 1969 p. 8).

Décliné sur le mode financier et budgétaire au Bénin, le syndrome de l'*État mou* se manifeste à travers la contre-performance de la dépense publique. De 1990 à 2001, la masse des crédits budgétaires (fonctionnement et investissement) est passée de 130,629 milliards[6] à 414,063 milliards[7] de francs CFA, soit un taux de croissance sur douze ans de l'ordre de 317 %. Au cours de la même période, la valeur de l'indice de développement humain (IDH)[8] se bonifiait dans des proportions moindres et passait de 0,114 en 1990[9] à 0,42 en 2000 mais à 0,40 en 2001, tandis que le rang mondial du Bénin régressait, passant de la 150e en 1990 à la 159e place en 2001[10].

Il est, certes, peu judicieux d'induire une relation de cause à effet directe et exclusive entre la dépense publique et les contre-performances économiques et sociales. La conjonction de facteurs divers[11], dans une dynamique systémique, semble certainement fournir une explication plus rationnelle. Au nombre de ces facteurs, on ne peut occulter la politique économique et budgétaire de l'État ; ce que reconnaît d'ailleurs le gouvernement lorsqu'il affirme dans le Document de Stratégie de Réduction de la Pauvreté (DSRP) qu'après "*plus d'une décennie d'ajustement (...) le phénomène de pauvreté persiste et s'aggrave dans*

[6] Soit 77,426 milliards inscrits dans la loi de finances gestion 1990 et 53,204 milliards autorisés par la loi portant programme d'investissement public pour l'année 1990.

[7] Voir loi de finances gestion 2001, regroupant dépenses ordinaires et crédits d'investissements publics, anciennement séparés.

[8] L'IDH est un outil synthétique de mesure du développement humain qu'utilise le Programme des Nations Unies pour le Développement (PNUD). L'IDH chiffre le niveau moyen atteint par chaque pays sous trois aspects essentiels : l'espérance de vie à la naissance, le taux d'alphabétisation et de scolarisation enfin le produit intérieur brut par habitant.

[9] PNUD, *Rapport mondial sur le développement humain*, 1990, p. 17.

[10] PNUD, *Rapport mondial sur le développement humain,* 2001 & 2002.

[11] La dimension culturelle du développement est privilégiée par certains auteurs comme Axelle KABOU qui écrit « ...quand bien même l'Afrique disposerait actuellement de milliards de dollars, le développement ne s'y amorcerait quand même pas, car rien n'y a été fait depuis les indépendances pour favoriser l'émergence d'une vision nouvelle de soi et du monde extérieur ». (A. KABOU, *Et si l'Afrique refusait le développement,* Paris, L'Harmattan, 1991, p. 22.)

le monde rural"[12]. Il n'y a ainsi pas eu une solution de continuité entre la décennie de crise profonde des années 1970[13] et la période récente.

Dès lors, il y a lieu de se soucier de la performance de l'action financière de l'État. Le gouvernement en prit conscience et mit en route, en 2000, une réforme globale des finances publiques dans le cadre d'un nouveau mécanisme de prêt de la Banque Mondiale : le Crédit d'Ajustement pour la Réforme des Dépenses publiques[14], dont l'accord a été signé le 19 avril 2001. Les grands volets de la réforme budgétaire sont : *d'abord* le passage de *l'approche projet* à *l'approche programme* dans l'exécution du budget de l'État, par une application orthodoxe de la règle de l'unité budgétaire ; ceci devrait se traduire par l'inscription de toutes les contributions financières extérieures au budget de l'État et l'exécution des dépenses publiques selon les seules procédures nationales ; *ensuite* l'amélioration des procédures d'exécution (déconcentration de l'ordonnancement)[15], de suivi (informatisation de la chaîne des opérations)[16] et de contrôle budgétaires par l'allègement des contrôles *a priori* et le renforcement du contrôle externe du juge des comptes ; *enfin* et surtout, l'introduction d'une gestion budgétaire axée sur les résultats au moyen de l'élaboration de budget de programme.

---

[12] Commission nationale pour le Développement et la Lutte contre la Pauvreté, Secrétariat permanent, *Document de Stratégie de Réduction de la Pauvreté au Bénin, 2003-2005*, Cotonou, CNDLP, décembre 2002, p. 2.

[13] J-P LACHAUD note à ce sujet : « Les ajustements sur le marché du travail en termes de chômage, de réduction de l'emploi moderne (...) d'informalisation du travail et de diminution des salaires réels, ont accentué l'incidence de la pauvreté et de l'exclusion sociale » (J-P LACHAUD, « Pauvreté et marché du travail au Bénin : quelques éléments d'analyse », *Université Montesquieu-Bordeaux IV*, Centre d'Economie du Développement, Document de travail N° 6, sans date.)

[14] En anglais, *Public Expenditure Reform Ajustment Credit* (PERAC). La Banque Mondiale a introduit ce nouveau mécanisme de financement en expérience pilote au Bénin et en Jordanie, notamment pour la composante fongibilité des ressources publiques intérieures et extérieures.

[15] Décret n° 2000-601 du 29 novembre 2000, portant réforme des procédures d'exécution du budget général de l'État.

[16] Le Système Intégré de Gestion des Finances publiques (SIGFIP) est un applicatif informatique destiné à gérer les opérations financières (recettes et dépenses) du budget général de l'État et des comptes spéciaux du trésor, en engagement, en ordonnancement et en paiement. Il rappelle en un certain sens le progiciel ACCORD en France (application coordonnée de comptabilisation, d'ordonnancement et de règlement de la dépense de l'État) prévu pour appuyer la réforme budgétaire (voir Arrêté du 25 avril 2003, Ministre délégué au budget, Journal officiel de la République Française, 20 juin 2003, p. 10351).

Limité en 2001 à cinq ministères[17], le budget de programme est préparé et exécuté par treize ministères[18] qui totalisent environ 311,315 milliards de francs CFA de crédit budgétaire, soit 57,06 % du total des crédits inscrits dans la loi de finances, gestion 2004[19].

L'idée d'une gestion budgétaire par programme ou *program budgeting* n'est pas nouvelle ; elle rappelle le *Planning Programming Budgeting System* (PPBS) américain[20], la Rationalisation des Choix Budgétaires (RCB)[21] puis la réforme introduite par la loi organique du 1er août 2001 en France[22], notamment en son article 7. Elle découle d'un souci global de réforme et de modernisation de l'État[23] qui doit se traduire par l'abandon de la trilogie "*litanie, liturgie, léthargie*" d'Edgard FAURE pour un ancrage dans la nécessaire "*efficacité, comparabilité, durabilité*"[24].

La faisabilité même des budgets de programme dans les pays en développement est, certes, l'objet d'un débat qui porte sur certains

---

[17] Ministère des Travaux Publics et des Transports, ministère du Développement Rural, ministère de la Santé Publique, ministère de l'Éducation nationale, ministère de l'Environnement de l'Habitat et de l'Urbanisme.

[18] Ministère des Mines, de l'Energie et de l'Hydraulique, ministère de l'Industrie, du Commerce et de la Promotion de l'Emploi, ministère des Finances et de l'Economie, ministère de la Justice, de la Législation et des Droits de l'Homme, ministère de la Famille, de la Protection Sociale et de la Solidarité. S'ajoutent à cette liste deux nouveaux ministères issus de l'éclatement en trois, de l'ancien Ministère de l'Éducation nationale (ministère des enseignements primaires et secondaires, ministère de l'enseignement technique et de la formation professionnelle, ministère de l'enseignement supérieur et de la recherche scientifique).

[19] Loi n° 2003-23 du 26 décembre 2003 portant loi de finances pour la gestion 2004.

[20] E. ANDREANI, « Une révolution budgétaire ? Le planning, programming, budgeting system », *in Revue de Science Financière*, 1968 p. 193 ; J.C. STRICK, *Canadian public finance,* Toronto, Holt, 1973 pp. 45 à 53 ; D. G. HARTLE, *The expenditure budget process in the government of Canada,* Toronto, Canadian Tax Foundation, 1978, pp. 59 à 85.

[21] J-C DUCOS, « La rationalisation des choix budgétaires », *in Revue de Science Financière*, 1969 p. 617 ; R. POINSARD, « Les budgets de programme quinze ans après », *in Revue Economie et Prévision*, 1985 n°5 p. 23 ; H. STROHL, B. GOURNAY, G. CAPDEBOSCQ, « Les budgets de programme », *in Revue Française de Finances publiques*, n°26/1989 p. 111 ; W. BAUDRILLART, « Le budget de programme de l'équipement et du logement » *in Actualités Juridiques Droit Administratif*, 1973 p. 116.

[22] Voir référence bibliographique, *supra* note n° 2.

[23] Composante n° 6 sur les neufs décrits par le programme d'action du gouvernement, 2001-2006. (Voir *infra* note n° 62).

[24] Laurent FABIUS, ministre de l'Economie, des Finances et de l'Industrie (France), Intervention au Sénat, projet de loi portant réforme de l'ordonnance de 1959, jeudi 28 juin 2001.

prérequis techniques et politiques. On évoque l'insuffisance des ressources humaines qualifiées chargées de conduire les analyses, la difficulté à collecter des indicateurs précis et fiables ou l'absence de stabilité politique pour une programmation à long terme[25].

À ces difficultés, essentiellement d'ordre méthodologique, s'ajoute l'absence de théorie économique ou financière pouvant servir de référentiel à des politiques économiques ou budgétaires dans les pays les plus pauvres[26]. De ce point de vue, le budget de programme ne peut être présenté comme un sésame qui apportera la solution définitive aux problématiques budgétaires et économiques des États. La Banque Mondiale elle-même le présente comme une technique possible parmi tant d'autres[27], tandis que la doctrine n'a de cesse de dire qu'il n'y a plus de "*certitude*", de "*recettes*"[28] financières ou budgétaires pouvant être administrées *erga omnes* aux contextes particuliers de tous les pays.

Il faut cependant admettre que le *statu quo*, c'est-à-dire la complaisance dans ce qu'un auteur ouest-africain a appelé la "*pagaille financière*"[29] n'est pas porteuse d'avenir en termes de rencontre des "*3 E*" (efficacité, efficience, économie) en matière de gestion publique. La réforme au Bénin est, ainsi et avant tout, un choix de "*rationalisation*"[30] inspiré par les partenaires au développement et assumé par le gouvernement.

Cette réforme se met ainsi en place dans un contexte juridique, administratif et culturel à adapter ou à parfaire. Sur le plan juridique, le

---

[25] Banque Mondiale, *Manuel de gestion des dépenses publiques*, *op. cit.*, p. 23. (www.worldbank.org/wbi/publicfinance/documents/africa/gestion.pdf mise à jour février 2004).

[26] "Ce que je trouve le plus frustrant, c'est que la théorie économique ne nous donne aucune indication sur les moyens d'enclencher un cercle vertueux de développement dans les régions les plus pauvres du monde", écrit Raghuram RAJAN, Conseiller économique et directeur du département des études du Fonds Monétaire International (*in Bulletin du FMI*, volume 32, numéro 22, décembre 2003, p. 361).

[27] Voir Banque Mondiale, *Manuel de gestion des dépenses publiques*, *op. cit.*, pp. 21 à 22 : le manuel présente sans indiquer le *« bon »* choix : le budget par objectif, le budget de programme et le système de budget base zéro.

[28] M. BOUVIER, « Repenser et reconstruire les finances publiques de demain », Colloque pour les 20 ans de la Revue Française de Finances publiques : *in Revue Française de Finances publiques* N° 87/2004, p. 295.

[29] S. YONABA, « La difficile intégration des règles budgétaires et comptables des États membres de l'Union économique et monétaire ouest-africaine (U.E.M.O.A.) », *in Revue Française de Finances publiques* N° 79/2002 p. 231.

[30] Ministère des Finances et de l'Economie, Budget général de l'État pour la gestion 2001, *Rapport de présentation* p. 2.

texte national de référence en matière budgétaire (la loi organique de 1986 relative aux lois de finances) n'a été ni modifié ni abrogé[31]. Celle-ci est, dans son esprit et dans sa lettre, le fondement juridique des budgets classiques dits budgets de "*moyens*". Il s'ensuit que les budgets de programme n'ont pas de valeur juridique et sont de simples documents de travail pour les administrations et des annexes explicatives pour les parlementaires.

Sur le plan administratif, malgré la création en 2002 d'une Direction générale de la Réforme et de la Modernisation administratives au ministère en charge de la Fonction publique, la recherche de la performance que traduisent les objectifs des programmes n'est toujours pas appuyée par un mécanisme de motivation des agents publics sur la base des résultats de leur action[32], ni par une refonte de l'organisation administrative qui situe mieux les niveaux de responsabilité et la description des postes dans l'administration publique étatique[33].

Sur le plan culturel, la force d'inertie des habitudes, du rapport au travail et à la chose publique entrave l'éclosion de cette "*mutation culturelle*"[34] qui servirait bien d'adjuvant à la réception définitive et optimale de la gestion budgétaire par programme.

---

[31] Loi organique 86-021 du 26 septembre 1986 relative aux lois de finances (Bénin) ; celle-ci reprend les grands concepts du droit financier français, notamment ceux de l'ordonnance du 2 janvier 1959 (voir G. ALAYE, « Réflexions sur la loi organique béninoise relative aux lois de finances », *in Revue Béninoise de Sciences Juridiques et administratives (R.B.S.J.A.)*, n° 008, mai 1987, p. 41.

[32] La loi n° 98-035 du 15 septembre 1998, qui institue un mécanisme de rémunération au mérite par "*appréciation des performances*" dans la fonction publique au Bénin n'a pas été promulguée à cause de l'hostilité des syndicats de travailleurs. En sens contraire, la loi organique relative aux lois de finances en France devra entraîner une modification des modalités de rémunération, intégrer l'emploi (et non le grade) et la performance (voir Assemblée nationale française, N° 1021, *Rapport d'information sur la mise en œuvre de la loi organique,* n°2001-692 du 1er août 2001 relative aux lois de finances, juillet 2003 pp. 29 et 30.).

[33] La Direction générale de la Réforme et de la Modernisation administratives (D.G.R.M.A.) au ministère de la Fonction Publique, du Travail et de la Réforme Administrative du Bénin a initié plusieurs chantiers depuis les années 1990 : une étude sur la clarification des missions de l'État, une étude sur la description des postes et une étude sur le canevas type de manuel de procédures des ministères.

[34] J-P DUPRAT, M. SIMMONY, M. TUBUL, *Les fonds structurels européens en région*, Paris, L.G.D.J. 2003 p. 120.

La réforme a, malgré tout, le mérite d'exister et d'être conduite avec une certaine assurance[35]. S'inspirant de l'existentialisme sartrien, elle se met en place, s'auto-évalue périodiquement, identifie les insuffisances et dysfonctionnements, recherche l'adaptation et l'ajustement[36]. Elle est une réforme dynamique qui suggère une interrogation principale, celle des modalités de réception au Bénin de l'instrument nouveau de performance financière qu'est le budget de programme. En d'autres termes, il s'agit d'analyser l'effet induit du *program budgeting* sur le droit public en général et le droit financier en particulier. Comment s'accommode la nouvelle logique du budget de programme avec les classiques règles du droit budgétaire ? L'adaptation et la recherche de congruence se font-elles du premier aux seconds ou des seconds au premier ? Par ailleurs, l'architecture des pouvoirs publics constitutionnels subit-elle des glissements de compétence et un nouvel équilibre des pouvoirs ? Quels sont ou quels devraient être le contenu et les exigences de la nouvelle donne fonctionnelle des organes de l'État ? Autant de centres d'intérêt qui, du point de vue du droit des finances publiques perçu *de lege lata* mais aussi *de lege ferenda*, se structurent autour de l'infléchissement de certains principes du droit budgétaire (I) et du renouveau des institutions de contrôle au Bénin (II).

---

[35] La mission de préparation du PERC (*Public Expenditure Reform Credit*) devenu PERAC écrivait « Les responsables de la préparation budgétaire ont bien internalisé la logique complexe du budget de programme et ont su réaliser en quelques mois un travail complet et remarquable, largement cohérent avec le budget traditionnel *(...)* L'internalisation se révèle également par la capacité des différents acteurs à identifier les lacunes que présentent encore les budgets de programme et à identifier les domaines où des actions de renforcement des capacités se révèlent nécessaires » *(in* Banque Mondiale, Banque Africaine de Développement, *Union Européenne, Mission de préparation du PERC,* Aide-mémoire, Cotonou 23 novembre - 7 décembre 1999, p. 2.

[36] Plusieurs missions de la Banque Mondiale ont séjourné au Bénin pour le suivi et l'évaluation du PERAC : Banque Mondiale, *Mission de Supervision du PERAC,* Aide-mémoire, Cotonou 8-26 juillet 2002, 71 pages ; Ian C. DAVIES, *Mission d'appui à la réforme budgétaire dans le cadre du PERAC,* Cotonou mai 2002, 72 pages ; Ian C. DAVIES, *Appui à la Chambre des comptes, aux cellules de suivi-évaluation et l'Equipe Technique d'Appui à la Réforme Budgétaire dans le cadre du PERAC,* Rapport de mission, Cotonou, février 2003, 33 pages. Par ailleurs, une Equipe Technique d'Appui à la Réforme Budgétaire (ETARB) est à l'œuvre au ministère des Finances et de l'Economie ; elle se penche surtout sur les questions de méthodologie de la réforme et d'appui aux ministères sectoriels.

I. L'INFLEXION DE CERTAINS PRINCIPES DU DROIT BUDGÉTAIRE

D'un point de vue historique, les principes du droit budgétaire sont issus d'un processus de sédimentation progressive en France, de la Restauration à la Monarchie de Juillet et au-delà. Ils se fondent sur un double souci de "*gestion claire et honnête des comptes publics*" et de "*contrôle plus efficace du parlement sur l'action gouvernementale*"[37]. S'il paraît judicieux d'affirmer que la multiplicité des exceptions et aménagements aux principes en a "*ébranlé parfois la solidité*"[38], il est tout aussi vrai que les principes budgétaires ont "*fait preuve d'une réelle constance*"[39] parce qu'ils sont l'expression de la tradition libérale et démocratique dont se réclament les États africains issus de la décolonisation française. L'unité, l'annualité, la spécialité, l'universalité et l'équilibre sont consacrés par les textes fondamentaux du droit financier au Bénin, que sont la loi organique 86-021 du 26 septembre 1986[40] et la directive communautaire relative aux lois de finances[41]. La nouvelle approche budgétaire ne remet pas en cause formellement les règles et techniques en vigueur, mais elle induit un double infléchissement de l'annualité et de la spécialité.

A. L'inflexion de l'annualité budgétaire

Historiquement apparu le premier, le principe de l'annualité est aussi celui qui est le mieux partagé par les grands systèmes de droit contemporain et les systèmes de droit apparentés. Il s'énonce ainsi : "*La loi de finances de l'année prévoit et autorise, pour chaque année civile, l'ensemble des ressources et des charges de l'État*"[42]. Le budget est ainsi un acte d'autorisation annuelle (élément juridique de la définition) et un acte de prévision annuelle d'un point de vue "*comptable et financier*"[43]. La prévision budgétaire est cependant en train de connaître une inflexion notable dans le contexte nouveau d'une gestion budgétaire

---

[37] G. ORSONI, *Principes et techniques budgétaires*, Paris, La Documentation Française, documents d'études n° 5-02, 1982, p. 2.

[38] M. BOUVIER, M-C ESCLASSAN, J-P LASSALE, *Finances publiques*, Paris, LGDJ, 2002, p. 241.

[39] M. BOUVIER, Editorial, *Revue Française de Finances publiques* N° 51, 1995, p. 3.

[40] Voir *supra* note n° 30.

[41] Directive n°05/97/CM/UEMOA du 16 décembre 1997, modifiée par la Directive 02/99/CM/UEMOA du 21 décembre 1999.

[42] Directive n° 05/97 précitée, article 4 ; loi organique 86-021 précitée, article 2.

[43] L. PHILIP, *Finances publiques,* Paris, CUJAS, 1989, p. 162.

axée sur les résultats, avec la montée en puissance des instruments de la pluriannualité.

1°) La dynamique pluriannuelle des budgets de programme

Un des mérites présumés des budgets de programme est qu'ils sont d'essence rationnelle et tranchent de ce fait avec le marchandage et le jeu de pouvoir à courte vue propre aux budgets de "*moyens*". Un examen succinct de ceux-ci, en droit financier béninois et en droit comparé permet de mieux fonder le changement de paradigme que sont le *program budgeting* et sa dynamique pluriannuelle.

a°) Le déficit de perspective dans la logique empirique des budgets de "moyens"

La préparation budgétaire au Bénin, dans la bonne logique du budget classique, commence par l'élaboration de la lettre de cadrage du Chef du gouvernement, laquelle indique les niveaux *maxima* autorisés pour la progression des dépenses publiques par rapport à la gestion budgétaire en cours. Les ministères dits dépensiers et les institutions publiques expriment ensuite leurs besoins de financement. La synthèse des données agrégées est effectuée par les services du ministère en charge des Finances ; puis celui-ci convie les parties (ministères et institutions) aux séances de la conférence budgétaire pour des discussions qui peuvent déboucher sur des annulations totales ou partielles de crédit ou des confirmations de crédit. Les résultats de la conférence budgétaire sont mis en forme et transmis au conseil des ministres pour les ultimes arbitrages avant la transmission du projet de loi de finances au parlement. La trame principale de la procédure est faite de négociation, de compromis, de jeu d'influence. Le budget de "*moyens*" paraît un long fleuve tranquille, qui "*met l'accent sur la permanence, la continuité des services publics*", lesquels sollicitent des moyens "*du fait même de leur existence et indépendamment, dans une certaine mesure du moins, des tâches à accomplir*"[44].

On ne saurait, certes, opposer de manière très abrupte budget de "*moyens*" et budget de programme. Le budget de programme requiert des moyens et il y a aussi des objectifs dans les budgets de "*moyens*"[45].

---

[44] J. EDMOND-GRANGE, *Le budget fonctionnel en France,* Paris, L.G.D.J., 1993, p. 212.

[45] Voir en ce sens A. DUPAS, *Budget de programme et parlement,* conférence à l'ENA, Paris, 25 mai 1977, cité par H. STROHL, B. GOURNAY, G. CAPDEBOSCQ, article précité, p. 122.

Cependant, il convient de noter que les objectifs des budgets de "*moyens*" ne reçoivent pas systématiquement l'onction de la science ; ils ne sont pas la résultante d'un processus intégré d'analyse fondé sur une méthodologie rationnelle. Les objectifs sont ici des choix de politique dont la justification tient plus du plaidoyer que de la démonstration[46] et où, assez souvent, le clientélisme[47] le dispute au corporatisme[48]. Cet état du droit et des faits a conduit un auteur français, dans un contexte similaire à écrire que le budget "*classique*" dans son processus d'élaboration fait un "*recours excessif à la tradition, à l'empirisme, à la politique*"[49] et qu'en définitive, il n'est pas "*un acte rationnel*"[50], au sens où l'entend le rationalisme classique, à savoir, "*la foi dans la raison, dans l'évidence et la démonstration*"[51].

Cet empirisme explique que le budget de "*moyens*" puisse s'accommoder du principe de l'annualité. Les aménagements que subit ce principe concernent les opérations d'investissement pour lesquels le cadre annuel est techniquement et financièrement contraignant. La technique des autorisations de programmes permet ainsi de pallier les

---

[46] Voir en ce sens E. ANDREANI, article précité, p. 210.

[47] Le rapport de la commission budgétaire (commission des finances et des échanges et commission du plan) de l'Assemblée nationale du Bénin sur le projet de loi de finances gestion 2004, offre une illustration de la litanie liturgique des recommandations faites à l'exécutif : « mise à la disposition de la commune de Bopa d'un bâtiment devant abriter la gendarmerie », « délocaliser la prison civile de Cotonou », « assurer au cours de l'exercice 2004, l'octroi de véhicules neufs aux quatre vingt trois (83) députés », « la construction d'internats séparés pour les filles », « assurer une participation honorable de notre équipe nationale à la Coupe d'Afrique des nations 2004 » ! (*in* Assemblée nationale du Bénin, *Rapport de la commission budgétaire sur le projet de loi de finances gestion* 2004, Chapitre IV, 3.2).

[48] Les parlementaires au Bénin ont, par exemple, adopté un amendement au projet de loi de finances gestion 2004 qui réduit de près de moitié les crédits budgétaires affectés au ministère des finances et de l'économie au titre de "*l'appui aux réformes institutionnelles*" et de "*l'appui institutionnel au ministère des Finances et de l'Economie*" (c'est-à-dire les crédits destinés à asseoir la *rationalisation* des méthodes et politiques budgétaires!) pour l'inscrire au budget de l'Assemblée nationale au titre du financement des partis politiques ! (Voir journal *Le Progrès,* n° 1293 du 19 décembre 2003, Cotonou, p. 3.) Ce qui a inspiré le titre suivant à un journal local : "*415 millions pour financer des riches*" (voir journal *Le Matinal* du 19 décembre 2003, Cotonou, p. 3.).

[49] J.-C. DUCROS, article précité, p. 629.

[50] J.-C DUCROS, article précité, p. 629.

[51] A. LALANDE, *Vocabulaire technique et critique de la philosophie*, Paris, P.U.F., 1991 p. 889.

dysfonctionnements d'une logique budgétaire historiquement axée sur le court terme.

Ce déficit de perspective et de prospective explique et justifie les tendances pour une approche budgétaire par programme.

b°) La rationalisation de la prévision budgétaire dans une logique pluriannuelle

Le budget de programme s'est illustré aux États-Unis avec le Planning Programming Budgeting System (PPBS) et en France par la Rationalisation des Choix Budgétaires : RCB. Mis en œuvre dans des contextes institutionnels, juridiques et administratifs qui diffèrent des États-Unis à la France puis au Bénin, le budget de programme comporte, cependant, des constantes méthodologiques qui, à l'épreuve, s'apparentent à ce que Max WEBER appelait des *idealtyp.* Ces constantes s'articulent autour des étapes suivantes : la détermination des objectifs, le recensement des moyens alternatifs de mise en œuvre, l'inscription au budget et l'évaluation. La détermination des objectifs doit distinguer les objectifs politiques qui sont l'occasion ultime où peuvent s'exercer "*l'arbitraire politique*"[52] et les objectifs de programme qui sont l'expression de la rationalité scientifique.

La sélection des moyens de mise en œuvre se fonde quant à elle sur une *analyse économique ;* elle met en balance des facteurs quantitatifs pour aboutir à un rapport coût-bénéfice optimisé. Les calculs et leurs résultats sont faits sur des bases objectives et pense-t-on "*après des analyses hautement scientifiques*"[53]. La relation objectif-moyens-résultat se mue en déterminisme scientifique. Les résultats ne seront conformes aux objectifs que dans la mesure où les moyens de mise en œuvre auront respecté les prévisions, sous réserve des ajustements dictés par l'interprétation des indicateurs servant à la mesure du progrès. L'exigence de cohérence de la chaîne est un critère d'efficacité. Il en découle que la programmation, entendue au double sens de sélection des meilleures voies pour atteindre les objectifs et énoncé des programmes de dépenses, devient une tâche "*beaucoup plus contraignante*"[54].

En effet, ainsi que l'indique la Banque Mondiale, "*la clé de ce type de budget est le programme*"[55], lequel se décline en objectifs de moyen

---

[52] E. ANDREANI, article précité, p. 193.
[53] W. BAUDRILLART, article précité, p. 123.
[54] W. BAUDRILLART, article précité, p. 117.
[55] Banque Mondiale, *Manuel de gestion des dépenses publiques, op. cit.*, p. 22.

terme. L'objectif programmatique s'étale sur plusieurs années, sous réserve d'ajustements annuels au regard des données fournies par les indicateurs de performance. La prévision budgétaire couvre l'échéance temporelle de réalisation du programme, échéance délibérément asymétrique du cadre annuel de la loi de finances. La budgétisation est ensuite envisagée pour "*respecter la contrainte juridique de l'annualité*"[56].

On en déduit que si la loi de finances reste un acte d'autorisation conformément aux dispositions légales en vigueur, la *prévision* budgétaire, elle, s'effectue à un autre niveau et au moyen d'instruments nouveaux.

1°) Les instruments de la prévision pluriannuelle

Les contraintes liées à une application sans discernement du principe de l'annualité expliquent l'aménagement de divers mécanismes d'assouplissement. Ceux-ci ont un fondement légal[57] ou découlent de la pratique gouvernementale[58], dans un système qui est celui du budget de "*moyens*". Le *program budgeting* reprend et amplifie le mouvement par la consolidation des instruments politiques et des instruments proprement financiers de la pluriannualité.

a°) Les instruments politiques de la pluriannualité

La prospective est un exercice original et inédit au Bénin. Elle a pris forme avec l'appui du Programme des Nations Unies pour le Développement (PNUD)[59] et a abouti à l'élaboration d'un document de synthèse : *Bénin 2025, le Baobab*.

Partant du constat que le "*Bénin manque de leadership visionnaire*"[60] la méthodologie prospective conduisit à tracer la vision du Bénin pour l'an 2025 : *un pays bien gouverné, le grenier de la sous-région, un pays*

---

[56] W. BAUDRILLART, article précité, p. 119.

[57] Les autorisations de programme, les reports de crédit et les crédits évaluatifs (loi organique 86-021 relative aux lois de finances, directive n° 05/97 relative aux lois de finances). Voir aussi, J.-L. PAIN, « Les techniques de pluriannualité en France », *Revue Française de Finances publiques*, N°38/1992, p. 53.

[58] Les plans pluriannuels à incidence budgétaire notamment *Le plan d'orientation stratégique 1998-2002* (ministère du Plan, de la Restructuration Economique et de la Promotion de l'Emploi, Cotonou, juillet 1998).

[59] Projet *Futurs Africains* initié et financé par le PNUD et visant l'élaboration d'études nationales de perspectives à long terme dans 19 pays africains.

[60] PNUD, Projet BEN/96/001- PRCIG/CTP-NLTPS, ministère du Plan, *Études Nationales de Perspectives à Long Terme, Bénin 2025 : le Baobab*, rapport de synthèse, Cotonou, octobre 1998, p.88.

de services, prospère et de rayonnement culturel[61]. Cette idée du Bénin, une certaine idée pourrait-on dire, projetée dans un quart de siècle sera réalité grâce à la réalisation de six objectifs fondamentaux : (i) un pays uni et démocratique, (ii) un pays attractif aux investissements et carrefour des échanges commerciaux, (iii) un pays gros exportateur de produits agricoles, (iv) un havre de paix et un pays d'excellence, (v) un pays convergent, de diffusion artistique et culturelle, de tolérance et de solidarité, (vi) un pays à écosystème consolidé.

La méthodologie des études de perspectives à long terme intègre l'identification des aspirations des populations puis leur synthèse et leur rationalisation par une équipe technique de pilotage, qu'on a voulu délibérément indépendante des pouvoirs publics constitutionnels. Le gouvernement a solennellement adopté et endossé ce premier document de prospective nationale[62]. Désignée plus communément sous l'appellation "*Le Baobab*", la synthèse de la stratégie prospective pour l'horizon 2025 peut être qualifiée de référentiel d'orientation des décideurs politiques au même titre que le Document de Stratégie de Réduction de la Pauvreté (DSRP) et le Programme d'Action du Gouvernement (PAG).

Le PAG est un contrat de confiance qui regroupe en un document de synthèse les promesses électorales du Président de la République augmentées d'autres propositions émanant de candidats malheureux après le scrutin présidentiel de mars 2001. Il contient neuf (09) domaines[63] de concentration de l'action de l'exécutif, déclinés en objectifs et en actions de réalisation sur le quinquennat présidentiel 2001-2006. Les ministres y trouvent le cahier des charges programmatiques de leurs fonctions.

Le DSRP quant à lui, traduit un changement de paradigme en matière d'approche des questions de développement. Il succède au Document-cadre de politique économique qui accompagnait la signature des

---

[61] PNUD, Projet BEN/96/001- PRCIG/CTP-NLTPS, ministère du Plan, *Études Nationales de Perspectives à Long Termes* précitées, pp. 89-90.

[62] Voir journal *La Nation* des 23 & 24 août 2001 (Bénin).

[63] Consolidation de la démocratie et protection des droits de l'homme(i), Mobilisation des ressources de l'État et du secteur privé pour un développement durable (ii), Développement de l'Economie, promotion de l'emploi et garantie du minimum social commun (iii), Mise en place d'un système éducatif en vue de son adéquation avec les besoins de l'emploi(iv), Promotion des activités sportives et de la culture nationale (v), Mise en œuvre de la réforme administrative (vi), Mise en œuvre du programme spécial de la ville de Porto-Novo (vii), Protection de l'environnement et sauvegarde des ressources naturelles (viii), Consolidation de l'unité nationale (ix).

Programmes d'Austement Structurel (PAS) et dont la critique retenait la part belle faite aux indicateurs macro-économiques et macro-financiers, au détriment des indicateurs sociaux et de sauvegarde de l'environnement.[64] Le DSRP couvre la période triennale 2003-2005 et vise "*une stabilité macro-économique à moyen terme soutenue par une accélération et une redistribution judicieuse de la croissance, notamment en milieu rural.*"[65]

Trois documents, trois échéances temporelles (25 ans, 5 ans et 3 ans) et surtout trois objectifs globaux dont la synergie est à rechercher dans les mécanismes opérationnels de finances publiques.

b°) Les instruments financiers de la pluriannualité

Ils s'illustrent par les documents portant budget de programme et les cadres de dépenses à moyen terme.

Les cadres de dépense à moyen terme (CDMT) s'inscrivent dans un processus intégré de planification globale promu par la Banque Mondiale et l'Organisation de Coopération et de Développement Economiques (OCDE) pour sortir des contraintes de la prévision budgétaire annuelle. Les CDMT permettent "*une visibilité des recettes et des dépenses sur une période de trois ans.*"[66]

D'abord limitée au Bénin à cinq ministères sur la période 2001-2003, l'élaboration des CDMT a été étendue à tous les ministères pour accompagner la mise en œuvre du Document de Stratégie de Réduction de la Pauvreté. Sur un plan méthodologique, l'élaboration des CDMT intègre les étapes suivantes : l'élaboration d'un cadrage macro-économique comportant une prévision pluriannuelle de ressources, une énonciation des priorités nationales et des domaines stratégiques du ministère, la définition des objectifs budgétaires à moyen terme, une prévision pluriannuelle des dépenses[67].

---

[64] Sur l'ensemble de la problématique, voir CNUCED : *De l'ajustement à la réduction de la pauvreté : qu'y a-t-il de nouveau ?* Genève, 2002, 72 pages. Et aussi l'ancien économiste principal de la Banque Mondiale et prix Nobel d'économie, J. E. STIGLITZ, La grande désillusion, Paris, FAYARD, 2002, 324 pages.

[65] Commission nationale pour le Développement et la Lutte contre la Pauvreté, Secrétariat permanent, *Document de Stratégie de Réduction de la Pauvreté au Bénin, 2003-2005*, Cotonou, CNDLP, décembre 2002, pp. 2 & 3.

[66] C. SINZOGAN : *Évaluation de la pertinence des indicateurs de performance dans le cadre de la réforme des dépenses publiques,* Cotonou, Cellule d'Analyse de Politique Economique, *Document de travail* N°02/2001, Cotonou, p. 17.

[67] Banque Mondiale, *Manuel de gestion des dépenses publiques, op. cit.,* pp. 77-84.

Le budget de programme, quant à lui, est un document de planification et de programmation à moyen terme. Les premiers budgets de programme ont été élaborés en 2001 et couvrent la période 2001-2003. Ils sont présentés comme des "*programmes de dépenses pluriannuels, prenant en compte les stratégies, les ressources et les activités*"[68], sur une période de trois ans, avec des exercices d'actualisation et d'ajustement des prévisions et des réalisations effectués annuellement.

Au cœur de la démarche d'élaboration et de présentation des budgets de programme, il y a le *cadre logique*[69] qui présente, dans un tableau synoptique, l'objectif sectoriel du programme, les objectifs spécifiques, les résultats attendus et les activités à mettre en œuvre. L'évaluation et le suivi de l'ensemble du dispositif sont assurés par des outils de mesure de la performance : les indicateurs d'impact, les indicateurs d'effet, les indicateurs de résultat et les indicateurs d'activités.

Les budgets de programme souffrent aujourd'hui d'une insuffisance principale, celle de leur méthodologie d'élaboration. Le refus de l'empirisme, de l'arbitraire politique et de la tradition requiert des analyses scientifiques qui fondent les programmes sur des bases objectives et rationnelles. On note ainsi que le *program budgeting* n'a été rendu possible aux États-Unis que grâce aux "*progrès du calcul économique : recherche opérationnelle analyse de coût-bénéfice, analyse des systèmes*"[70] et qu'en raison de cela le budget de programme eût été difficilement concevable "*à l'époque du boulier*"[71].

Au Bénin, en guise d'analyse, les budgets de programme actuels renvoient aux travaux préliminaires des études nationales de perspectives à long terme[72], aux stratégies sectorielles des ministères et aux cadres de dépenses à moyen terme.

---

[68] Ministère de l'agriculture, de l'élevage et de la pêche, *Budget de Programme gestion 2003,* Cotonou, octobre 2002, p. 3. Ce document est l'actualisation annuelle du budget de programme initial 2001-2003.

[69] Le cadre logique, en anglais *« logical framework »* a été mis au point en 1969 aux États-Unis par les experts de la *Practical Concepts Inc.* pour le compte de l'Agence Américaine pour le Développement International. (USAID) ; elle a été adoptée par de nombreux organismes d'aide au développement : GTZ allemande, NORAD norvégienne, ACDI canadienne, etc.

[70] E. ANDREANI, article précité, p. 203.

[71] J-C DUCROS, article précité, p. 618.

[72] Exercice de réflexion stratégique sur le futur, les études nationales de perspectives à long terme ont été conduites en cinq phases selon la méthode et les outils de la prospective : l'identification de la problématique (phase1), la construction de la base

La Direction générale du budget (ministère des Finances et de l'Économie) ne dispose pas d'un logiciel de modélisation macro-financière qui lui permette une analyse plus fine des budgets de programme. Elle essaie de s'approprier un logiciel générique, le *Microsoft Project, version 2002* pour, sur un plan élémentaire, normaliser les bases de calcul entre ses services et les ministères impliqués dans la réforme. Dès lors, on peut dire que les budgets de programme autant que les cadres de dépenses à moyen terme ne reposent "*pas encore sur des modèles macro-économiques dont la pertinence dans la détermination des projections n'est plus à démontrer*"[73].

À l'épreuve, la présentation des objectifs des budgets de programme se résume à un exposé d'une à deux pages sur le "*diagnostic du programme*" suivi de l'affectation de moyens aux activités de mise en œuvre. Une étude réalisée au ministère en charge de l'Agriculture[74] a montré la persistance des mécanismes traditionnels d'affectation de ressources et d'arbitrage budgétaire dans un ministère qui fut l'un des premiers en 2001 à adopter la réforme.

Après trois années d'expérimentation, la rationalité intrinsèque du *program budgeting* gagnerait en progrès sur les techniques d'élaboration

---

de l'étude (phase2), la construction des scénarios et de la vision du futur (phase3), la formulation des stratégies de développement (phase 4), l'opérationnalisation des stratégies (phase 5 en cours) ; voir aussi PNUD-FUTURS AFRICAINS, *Guide méthodologique d'un exercice NLTPS*, Abidjan, PNUD, Janvier 1993.

[73] C. SINZOGAN : « Évaluation de la pertinence des indicateurs de performance dans le cadre de la réforme des dépenses publiques », document précité, p. 19. Il existe cependant, dans certaines administrations économiques et financières de l'Etat plusieurs systèmes de modélisation macro-économique ou macro-financière. Les modèles utilisés sont principalement le MAPES (Modèle d'analyse macro-économique, politique et sociale, par la Direction Générale des Programmes et de la Prospective du Ministère en charge du plan)., le MOSARE (Modèle de simulation et d'analyse des réformes économiques, utilisé par la Direction Générale des Affaires Economique du Ministère des finances et de l'économie), et le MCEG (Modèle Calculable d'Equilibre Général, utilisé par l'Institut National de la Statistique et de l'Analyse Économique). Ces modèles sont conçus pour les besoins propres de simulation et de projection des administrations utilisatrices.

[74] W. LAWANI, *La mise en œuvre du budget programme dans les ministères sectoriels : cas du ministère de l'agriculture, de l'élevage et de la pêche*, mémoire de fin de formation, cycle 1, École Nationale d'Administration et de Magistrature, Cotonou, décembre 2003, pp. 40 & 41.

des programmes[75] afin de conférer à la règle de spécialité des crédits un surcroît de pertinence.

B. La nécessaire inflexion de la règle de spécialité des crédits

Benjamin CONSTANT la présentait comme un instrument essentiel du contrôle parlementaire et donc de l'équilibre des pouvoirs. Sans elle, la représentation nationale "*ne connaîtr(ait) jamais l'emploi des deniers publics*"[76]. La logique perceptible est celle du régime parlementaire du début du siècle dernier, soucieux de la défense des prérogatives des assemblées. Elle ne prend qu'imparfaitement en compte la nouvelle exigence de responsabilisation des acteurs de la gestion budgétaire. La nouvelle approche suggère, pour chaque programme, l'identification d'un responsable et des ressources affectées ; ce qui induit l'aménagement d'une double spécialité : une spécialité "*institutionnelle*" et une spécialité financière.

1°) Une spécialité "*institutionnelle*" à construire

L'efficacité de l'action administrative s'accommode mal d'une organisation administrative où la différentiation des niveaux politique et administratif est incertaine et où le ponce-pilatisme[77] paraît traduire le degré zéro de la responsabilité. L'appréciation du "*ça a marché*" ou du "*ça n'a pas marché*" qui est, selon Michel CROZIER[78], le premier niveau de l'évaluation, emporte aussi l'identification du "*premier responsable*" : le chef, le décideur. Or, dans la mesure où les crédits budgétaires continuent d'être affectés à des structures administratives, comme on le verra plus loin, une solution de transition aurait été

---

75 Exercice nouveau et innovant qui requiert une accoutumance progressive ; l'Assemblée nationale française a ainsi noté des insuffisances dans l'élaboration des programmes de certains ministères (voir Assemblée nationale française, *Note d'étape sur la mise en œuvre de la réforme organique,* 15 janvier 2004 (www.assemblee-nationale.fr/12/budget/loi-organique.asp mise à jour février 2004, pp. 6, 7 et 8).

76 B. CONSTANT, *Intervention à la Chambre des députés*, 30 juin 1920, cité par G. ORSONI, *op. cit*., p. 28.

77 G. PAMBOU TCHIVOUNDA écrit à ce sujet « De par le comportement de ses agents, il n'est pas exagéré de soutenir que l'État africain est le prototype de l'irresponsabilité institutionnalisée » (*Essai sur l'État africain postcolonial, op. cit* . p. 69 ; J-C GAUTRON relève aussi « un appauvrissement du dynamisme administratif et une dilution du sens des responsabilités », *in Les institutions administratives des États d'Afrique noire : L'organisation des services de la présidence et la coordination interministérielle,* Paris, Economica, 1979, p. 17.

78 Cité par J-L BŒUF, *L'évaluation des politiques publique,* Paris, La Documentation Française, 2001, p. 24.

d'ajuster les programmes sur l'architecture administrative existante pour pouvoir réaliser l'unité dialectique chef-objectifs-moyens. Au lieu de cela, le contexte institutionnel des budgets de programme présente une double inadéquation, entre les structures de programme et les structures administratives, d'une part et d'autre part, entre les structures de programme et les structures de projet.

a°) L'inadéquation structure administrative-structure de programme

Sur le plan administratif et organisationnel, les programmes ne coïncident pas avec des unités administratives de mise en œuvre. Il n'y a pas d'unité de direction dans l'exécution des programmes. Les flux de l'autorité administrative entrecroisent ceux de la gestion de programme sans les épouser. Le budget de programme du ministère en charge de l'Agriculture par exemple, comporte cinq programmes dont le programme "*appui à l'amélioration de la production agricole*". Ce programme comporte neuf composantes, dont cinq sont pilotées par des directions techniques du ministère, deux par des services déconcentrés, et les deux autres par des établissements publics sous tutelle du ministère.

Il en est ainsi également des vingt-trois activités prévues au programme n°1 du budget de programme 2002-2004 du Ministère en charge de l'Environnement. Elles sont réparties entre une direction technique du ministère, deux établissements publics sous tutelle et une agence de coopération bilatérale entre le Bénin et le Royaume des Pays-Bas.

L'approche programme manque aussi de rencontrer une attente et un besoin important : la synergie au niveau des organes d'un ministère et au niveau interministériel. Situation que compliquent les structures dites de "*projet*", lesquelles sont le plus souvent financées sur ressources extérieures et dès lors pilotées par les donateurs bilatéraux ou multilatéraux.

b°) L'inadéquation structure de programme-structure de projet

Les projets de développement sont des conjonctions de ressources et de dispositif organisationnel destiné à produire sous contrainte de temps, un produit spécifié. Ils conjuguent des "*moyens locaux et extérieurs*"[79] et sont, par excellence, "*une manifestation de la présence*

79 RIAKA, *Le développement de A à Z, Dictionnaire critique*, Madagascar, SME, 1995, p. 133 ; voir aussi B. GAUDIN, « Les projets de développement et les facteurs

étrangère"[80] pour soutenir les efforts nationaux de développement. Certains de ces projets exécutent des composantes de programmes inscrits dans les budgets de programme des ministères. Ainsi, le volet investissement du programme n°1 "*Appui à l'amélioration de la productivité agricole*" au ministère en charge de l'Agriculture met à contribution une double dizaine de projets sur les trente-trois bailleurs de fonds extérieurs recensés pour apporter un financement à ce ministère pour la gestion budgétaire 2003[81].

Cette situation qui se retrouve dans presque tous les ministères et qui est la conséquence de la rareté des ressources dans un pays pauvre, a plusieurs conséquences. D'abord, l'accord de principe pour participer au financement des programmes est lié aux résultats du système d'évaluation *ex ante* du partenaire extérieur. Ensuite, le mécanisme de suivi des performances établi par le partenaire détermine le décaissement des tranches périodiques d'exécution du programme. Enfin, les choix méthodologiques de mise en œuvre peuvent également échapper au ministère bénéficiaire.

Dans un tel contexte, la mise en œuvre des programmes subit l'aléa de son financement extérieur. Elle produit surtout la rupture de la dynamique unitaire qui devrait logiquement permettre une bonne lisibilité des niveaux de responsabilité et fragilise l'*autorité* du ministre de tutelle au sens que le droit administratif donne à ce mot : un pouvoir d'instruction et un pouvoir disciplinaire. Situation que n'arrange pas le mode d'affectation des crédits budgétaires.

2°) Une spécialité financière imparfaite

Elle trouve son fondement juridique dans la loi organique 86-021 relative aux lois de finances et dans la directive communautaire relative aux lois de finances. Les dispositions issues de ces deux textes posent *de lege lata* la question de l'adéquation nécessaire entre les prescriptions du droit financier et l'approche managériale qui est celle des budgets de programme.

---

socio-culturels en milieu rural africain *», in La culture clé du développement,* Paris, L'Harmattan, 1994, p. 34.

[80] *Ibidem.*

[81] Ministère de l'Agriculture de l'Elevage et de la Pêche, *Budget de programme gestion 2003,* Cotonou, MAEP, octobre 2002, pp. 21-22.

a°) L'affectation classique des crédits par service

Les crédits ouverts dans les lois de finances "*sont affectés à un service ou un ensemble de services. Ils sont spécialisés par chapitre groupant les dépenses selon leur nature ou leur destination*"[82]. Cette disposition de rédaction identique en droit communautaire et en droit national, véritable réplique de l'article 7 de l'ordonnance française n°59-02 du 2 janvier 1959, est appuyée par une nomenclature budgétaire[83] qui distingue les sections (ministère et institutions), les titres (nature économique de la dépense), les chapitres (type d'unité administrative) enfin les articles, paragraphes et les lignes. La pratique budgétaire à travers la rédaction des lois de finances reste ainsi exclusivement influencée par la tradition des budgets de "*moyens*".

Le programme manque ainsi d'être placé au cœur du système d'affectation des ressources. On est loin de l'article 7 de la nouvelle loi organique française relative aux lois de finances, laquelle dispose que "*les crédits sont spécialisés par programme ou par dotation*".

Au total, le programme n'a pas encore une existence légale et ne peut être inclus dans le bloc de légalité financière. Il n'est qu'un document de travail, qui ne nous rapproche pas vraiment de la nouvelle démarche qu'on veut managériale.

b°) L'approche managériale de la spécialité

Les insuffisances du mécanisme actuel d'affectation des crédits budgétaires trouvent une première solution dans l'élaboration de tableaux de correspondance ; ceux-ci permettent de relier une dépense et son programme de rattachement et de reconstituer ainsi le puzzle des programmes à partir des crédits épars. On pourrait à la limite conclure que l'ajout d'un code supplémentaire à la nomenclature budgétaire comblerait l'écart entre les exigences du droit budgétaire et les besoins de la gestion par programme, ainsi que le suggèrent les experts de la Banque Mondiale[84]. Mais il faut bien se convaincre qu'il s'agit, en l'occurrence, d'un palliatif et non d'une vraie solution à la question de

---

[82] Article 52, loi organique 86-021 du 26 septembre 1986 relative aux lois de finances ; article 9, directive n°05/97/CM/UEMOA du 16 décembre 1997 relative aux lois de finances.

[83] Directive n° 04/98/CM/UEMOA du 22 décembre 1998 portant nomenclature budgétaire de l'État ; Décret n° 99-458 du 22 septembre 1999 portant nouvelle nomenclature budgétaire de l'État adaptée aux normes de l'UEMOA.

[84] Banque Mondiale, *Mission de supervision du PERAC*, Aide-mémoire, Cotonou 8-26 juillet 2002, p.55.

l'affectation des crédits budgétaires dans un système de gestion budgétaire axée sur les résultats.

Le code supplémentaire permettrait une meilleure lisibilité des budgets au regard des finalités, mais manque de situer la gestion budgétaire dans le paradigme nouveau de gestion publique que traduisent les budgets de programme. Il est intéressant de noter que le droit financier en France, après avoir fait l'expérience de la rationalisation des choix budgétaires et ses budgets de programme avec les résultats que l'on sait[85], dans un environnement juridique qui est celui de l'ordonnance du 2 janvier 1959 portant loi organique relative aux lois de finances, fait une réelle révolution en mettant le programme au cœur des affectations de crédits budgétaires. La nouvelle nomenclature budgétaire de l'État[86] pour 2006 distingue ainsi 45 missions du budget de l'État (32 missions du budget général et 13 missions des budgets annexes et des comptes spéciaux du trésor) et 149 programmes (dont 126 pour le budget général et 23 pour les budgets annexes et les comptes spéciaux du trésor) qui succèderont aux 848 chapitres budgétaires actuels. Dans la logique de la loi organique du 1er août 2001, l'orientation est celle d'une "*présentation politique du budget par missions et une budgétisation par programmes*"[87].

Dans l'état actuel des choses au Bénin, la fragmentation institutionnelle des structures de pilotage des programmes, ajoutée à la dispersion des crédits budgétaires ne favorisent pas la dynamique unitaire nécessaire au cycle de vie d'un programme et à l'appréciation des performances. Le droit budgétaire autant que le droit administratif doit intégrer la logique "*un acteur responsable de ses moyens et de ses résultats*"[88] si l'État veut rendre possible "*la responsabilité, l'efficacité, l'efficience dans la gestion des affaires publiques*"[89] comme le préconisent les

---

[85] R. POINSARD, « Les budgets de programme quinze ans après », article précité.

[86] « La nouvelle architecture du budget de l'État », *Conférence de presse du ministre délégué au budget et à la réforme budgétaire*, 21 janvier 2004 (www.moderfie.minefi.gouv.fr).

[87] Ministère de l'Economie, des Finances et de l'Industrie, *Rapport sur la préparation de la mise en œuvre de la loi organique n°2001-692 du 1er août relative aux lois de finance,* Paris, Mai 2003. (www.moderfie.gouv.fr/avancee/index_mobil.html mise à jour février 2004).

[88] B. ABATE, *La nouvelle gestion publique*, Paris, L.G.D.J. 2000, p. 60.

[89] PNUD, ministère du Plan, « Études Nationales de Perspectives à long Terme », Rapport précité p. 73.

Les experts de la Banque Mondiale ont aussi relevé dans le contexte juridique et technique actuel la même difficulté à « atteindre le pouvoir d'autonomie de gestion ou du cadre de gestion permettant une responsabilité effective en matière de résultats »

scénarios de la gouvernance d'ici à l'an 2025 et comme s'y préparent le juge des comptes et le législateur lui-même.

II. LE RENOUVEAU DES INSTITUTIONS DE CONTRÔLE

Si on le compare à ses voisins immédiats, le Bénin, au cours des quinze dernières années, a fait des progrès importants pour asseoir un véritable État de droit. Le fonctionnement des institutions démocratiques paraît normal et régulier ; de 1990 à ce jour, le pays a connu deux alternances politiques à l'issue d'élections tumultueuses par moments, mais dont les résultats ont été validés par les organes constitutionnellement compétents et acceptés par les forces politiques en compétition[90]. Ces avancées démocratiques confortent les organes de contrôle dans leur mission et dans leur statut.

Il est vrai que, *a contrario* des thèses de Montesquieu sur la séparation et surtout l'équilibre des pouvoirs, les tendances contemporaines et universelles sont à l'accroissement des compétences de l'exécutif au détriment du législatif ; elles semblent ainsi conduire à l'émergence de "*monarchie républicaine*"[91] selon l'expression de Maurice DUVERGER.

Ces tendances lourdes se manifestent également au Bénin mais méritent d'être nuancées dans le contexte de la nouvelle gestion budgétaire qui induit un renouveau des compétences des organes de contrôle politique (le parlement) et juridictionnel : la Chambre des comptes de la Cour suprême.

A. L'extension des compétences de contrôle du parlement

L'ordonnancement des pouvoirs publics constitutionnels présente une distribution des compétences qui confère au parlement une double mission : le vote de la loi et le contrôle de l'action du gouvernement[92]. La technique du *program budgeting* conforte ce choix constitutionnel sur le "*qui fait quoi*" de l'action publique, mais devrait apporter des développements nouveaux sur le "*comment*" du contrôle exercé par la représentation nationale.

(*in* Banque Mondiale, *Mission de supervision du PERAC,* Cotonou 8-26 juillet 2002, p. 26).

[90] Voir E. ADJOVI, *Une élection libre en Afrique : la présidentielle du Bénin (1996),* Paris, Karthala, 1998 ; S. BOLLE, *Le nouveau régime constitutionnel du Bénin : essai sur la construction d'une démocratie africaine par la constitution,* Thèse de droit, Montpellier, 1997, 807 pages.

[91] M. DUVERGER, *La monarchie républicaine, Paris,* Robert Laffont, 1974.

[92] Article 79, constitution du 11 décembre 1990 (Bénin).

1°) De la faiblesse du pouvoir de décision à la valorisation du contrôle

Le parlement vote la loi, consent l'impôt[93] et contrôle l'action du gouvernement. Les deux premières attributions font l'objet d'un encadrement qui laisse peu de place à l'initiative et à la décision du législateur. En matière de contrôle, par contre, le contexte offre aux élus de la nation un regain de pouvoir grâce à la nouvelle gestion budgétaire axée sur les résultats.

a°) L'encadrement actuel des compétences budgétaires du parlement

Inspirés du concept de parlementarisme rationalisé [94]du droit public français, les pouvoirs du parlement du Bénin en matière budgétaire subissent une double limitation[95], par la technique de l'amendement gagé et par l'habilitation constitutionnelle du Président de la République à mettre en vigueur par ordonnance les textes portant loi de finances de l'année.

En effet, les amendements aux projets de loi de finances de l'année, émanés des parlementaires doivent être assortis de propositions de recettes ou d'économies concomitantes lorsque ces amendements bouleversent l'équilibre financier du projet gouvernemental[96]. Par ailleurs, le Président de la République peut mettre en vigueur par ordonnance, le projet de loi de finances de l'année, lorsqu'il entend vaincre l'hostilité ou la lenteur des parlementaires[97], ou en cas de circonstances

[93] Article 96, constitution du 11 décembre 1990 (Bénin).

[94] Mécanisme « orthopédique » selon Marcel PRELOT et qui « s'analyse comme un ensemble de règles juridiques destinées à préserver la stabilité et l'autorité du gouvernement en l'absence d'une majorité parlementaire constante » (O. DUHAMEL et Y. MENY, *Dictionnaire constitutionnel*, Paris, P.U.F., 1992 p. 696).

[95] Situation similaire pour le parlement français en raison des articles 42 (ordonnance du 2 janvier 1959) et 40 de la constitution de 1958 (voir C. GOUX, « La recevabilité financière des amendements : l'occasion d'un équilibre des pouvoirs », *in Revue Française de Finances publiques* n° 26, 1989, p. 71).

[96] Article 107, constitution du 11 décembre 1990 (Bénin).

[97] Article 110, constitution du 11 décembre 1990 (Bénin).

exceptionnelles[98] ou enfin en application d'une loi d'habilitation[99] dûment votée par la représentation nationale.

Il s'ensuit que le parlement ne recouvre une réelle liberté d'initiative et de manœuvre en matière budgétaire que dans l'exercice de son pourvoir de contrôle par les commissions d'enquête, les questions écrites et orales et le vote de la loi de règlement.

Il est vrai que ni la fréquence (nombre de contrôle) ni la portée (conséquence sur la gestion publique) de ces contrôles ne reflètent encore l'optique d'un parlement évaluateur de la gestion publique.

b°) La problématique du parlement évaluateur

Le parlement est investi d'une fonction constitutionnelle de contrôle de l'action du gouvernement ; en ce sens, l'évaluation ne ressortit pas à une compétence parlementaire, car elle est "*d'une logique foncièrement différente de celle du contrôle*"[100]. L'évaluation a, en effet, une histoire et cette histoire est avant tout anglo-saxonne[101]. Sa réception en droit et en pratique francophones est assez récente. L'évaluation a ses "*spécificités méthodologiques*"[102] qui n'autorisent pas une trop rapide assimilation à la notion de contrôle.

Ni le règlement intérieur de l'Assemblée nationale ni les dispositions constitutionnelles ne mentionnent explicitement le mot évaluation. Il faut cependant reconnaître avec PORTALIS que "*les lois sont faites pour les hommes et non les hommes pour les lois*"[103], et que l'office de celles-ci "*est de fixer par de grandes vues, les maximes générales du*

---

[98] Article 68, constitution du 11 décembre 1990, inspiré de l'article 16 de la constitution française de 1958. Cet article servit de base juridique à la prise des ordonnances n° 94-001 et 94-002 du 1er août 1994, portant respectivement loi de finances pour la gestion 1994 et loi de programme d'investissements publics pour la gestion 1994.

[99] Article 102, *constitution du 11 décembre 1990* (Bénin).

[100] C. BRAUD, « L'évaluation des lois et des politiques publiques », *in Les petites affiches,* n° 95/1996 p. 7.

[101] Voir en ce sens A. DELCAMP, J. L BERGEL et A. DUPAS, *Contrôle parlementaire et évaluation*, Paris, La Documentation Française, 1995.

[102] J-P DUPRAT, « Le Parlement évaluateur », *in Revue internationale de Droit Comparé,* 1998 p. 558 ;
J. CHEVALIER écrit dans le même sens « entendu au sens strict, l'évaluation implique le respect d'un certain nombre de conditions d'ordre méthodologique » (« L'évaluation législative : un enjeu politique », *in* A. DELCAMP, J.L BERGEL et A. DUPAS, *Contrôle parlementaire et évaluation op. cit.*, p. 13).

[103] J.-E-M. PORTALIS, *Discours préliminaire au premier projet de Code civil,* préface de Michel Massenet, Bègles, Confluences, 1999, p. 16.

droit" à charge pour les magistrats et les jurisconsultes "*pénétrés de l'esprit général des lois, à en diriger l'application*" aux circonstances changeantes de l'existence humaine[104]. La prise en compte des circonstances de notre temps a conduit le Conseil constitutionnel français à admettre la légalité constitutionnelle de certains organes de l'évaluation parlementaire[105] en France au motif que ceux-ci interviennent au titre de l'information de la représentation nationale[106], réservant ainsi aux assemblées elles-mêmes, l'exercice de la fonction de contrôle. Il s'en déduit un "*rattachement de l'évaluation parlementaire à la fonction de contrôle*"[107], ce qui évidemment n'équivaut pas à une assimilation pure et simple de l'une à l'autre.

L'Assemblée nationale du Bénin s'efforce, *mutatis mutandis*, à ce nouvel exercice en se dotant de moyens institutionnels de mise en œuvre.

2°) Les outils institutionnels de l'évaluation parlementaire

L'Assemblée nationale s'est dotée de deux structures d'appui que sont : la Cellule d'Analyse des Politiques de Développement de l'Assemblée nationale (CAPAN) et l'Unité d'Analyse, de Contrôle et d'Évaluation du Budget de l'État : UNACEB. Les missions de ces entités nouvelles incluent l'appui à l'évaluation parlementaire, une activité pérenne qui nécessite sa traduction dans le statut juridique desdites entités.

a°) Les missions des structures d'appui

Partant d'un diagnostic qui conclut à "*l'inefficacité du contrôle parlementaire de l'action du gouvernement*"[108] la création de la CAPAN et de l'UNACEB vise la constitution d'un *brain-trust* dont la

---

[104] *Ibidem*, p. 19.

[105] L'Office parlementaire d'évaluation des choix scientifiques et technologiques, l'Office parlementaire d'évaluation de la législation, l'Office parlementaire d'évaluation des politiques publiques. Sur l'ensemble, voir J.Y. FABERON, « Choix scientifiques et décisions parlementaires », *Actualités Juridiques Droit Administratif*, 1983 p. 514 ; C. BRAUD, « L'évaluation des lois et des politiques publiques », *article précité*.

[106] Décision 82-142 DC ; le Conseil constitutionnel admet d'une manière générale, la création "*d'organismes qui (...) fourniront des informations et des suggestions, dès lors qu'en aucun cas leur avis n'aura force obligatoire*" (*in* L. FAVOREU, *Recueil de jurisprudence constitutionnelle*, Paris, LITEC, 1994, p. 129).

[107] J.-P. DUPRAT, « Le parlement évaluateur », article précité, p. 556.

[108] Protocole d'Accord entre l'Assemblée nationale de la République du Bénin et le Programme des Nations Unies pour le Développement (PNUD) pour l'installation d'une Unité d'Analyse, de Contrôle et d'Évaluation du Budget de l'État à l'Assemblée nationale, Porto-Novo, 18 janvier 2001, Document de projet annexé, p. 3.

raison d'être est de permettre aux élus "*d'acquérir les compétences et les outils nécessaires à l'accomplissement des tâches qui leur sont assignées par la constitution*"[109], de rendre possible "*l'analyse de politique de développement*"[110], d'une manière générale et de façon plus spécifique de "*procéder à l'évaluation de l'impact économique, financier et social des lois de finances initiales, des lois de finances rectificatives, des lois de règlement (...) et de tout autre loi*"[111].

L'énonciation des missions induit la conduite d'une série d'activités de mise en œuvre dont l'une des plus importantes est l'accès aux données de base produites et détenues par les services relevant du gouvernement. Il est prévu à ce titre la création d'un centre de documentation spécialisé dans les questions budgétaires et la mise à contribution des modèles d'analyse et de simulation macro-économiques et macro-financières[112], pour permettre, au-delà de la collecte primaire de données, une analyse suffisamment pertinente et fiable.

La formation des parlementaires sur les questions budgétaires est également à l'ordre du jour et connaît un début d'exécution avec l'examen de la loi de finances, gestion 2004[113].

L'ensemble des activités conduites ou programmées par les structures d'appui à l'Assemblée sont d'une utilité et d'un intérêt certains. Leur pérennisation est cependant tributaire de la question de leurs statuts juridiques.

b°) La question du statut juridique

Créée par décision du Président de l'Assemblée nationale, la CAPAN est définie comme "*un projet initié*"[114] par une fondation étrangère. Son

---

[109] Accord de don n°53 entre l'Assemblée nationale du Bénin et la Fondation pour le renforcement des capacités en Afrique (ACBF) relatif au financement de la Cellule d'Analyse des Politiques de Développement de l'Assemblée nationale (CAPAN), Porto-Novo, 1er février 2001, annexe 2, p. 25.

[110] Accord de don n°53 précité, annexe 2, p. 25.

[111] Protocole d'Accord entre l'Assemblée nationale et le Programme des Nations Unies pour le Développement précité, Document de projet annexé, p. 6.

[112] Comme le MOSARE, l'ECOBEN, l'ECOMAC (voir Protocole d'Accord entre l'Assemblée nationale et le Programme des Nations Unies pour le Développement précité, Document de projet annexé, p. 6).

[113] Voir l'article « Assemblée nationale : les députés à l'école du budget » *in* journal *La Nation* quotidien de service public paraissant à Cotonou (Bénin), édition du 24 octobre 2003, p. 3.

[114] Article 2, Décision n°00-661/AN/PT du 29 décembre 2000, signée du Président de l'Assemblée nationale du Bénin.

financement est assuré par "*des organismes internationaux et l'Assemblée nationale (...) sur quatre ans, pour compter de l'année 2002*"[115]. Cette présentation fort laconique (la décision tient en quatre articles) ne renseigne pas sur la forme juridique de l'organisme ni sur ses relations fonctionnelles ou hiérarchiques avec les structures administratives de l'Assemblée nationale. Elle n'identifie pas non plus la CAPAN par rapport aux catégories de personnes morales de droit public ou de droit privé, ni au regard de la contexture de l'appareil législatif telle que prévue par la constitution et le règlement intérieur de l'Assemblée nationale : les commissions permanentes, les sous-commissions, les commissions spéciales ou temporaires ou le secrétariat général administratif du parlement[116].

L'UNACEB, quant à elle, est présentée comme une "*unité directement rattachée au secrétariat général administratif*"[117] de l'Assemblée nationale et son personnel est payé sur les crédits budgétaires de cette instance parlementaire. Ses moyens de fonctionnement (hors salaire) sont, par contre, pris en charge par le partenaire financier, en l'occurrence le Programme des Nations Unies pour le Développement (PNUD). L'UNACEB entretient des relations fonctionnelles avec les commissions permanentes de l'Assemblée nationale et son comité de pilotage, instance suprême de décision, regroupe certains présidents de commissions parlementaires ainsi que le représentant du principal pourvoyeur de ressources, le PNUD.

À l'analyse, l'UNACEB et la CAPAN s'apparentent à ces organismes *ad hoc* que la sémantique particulière du droit et de l'économie du développement appelle *projet*[118], c'est-à-dire une conjonction de ressources (financières, matérielles et humaines), une mission assortie d'une échéance temporelle de réalisation.

Cet état de choses traduit l'entrée hésitante de l'Assemblée nationale dans la logique budgétaire par programme. Celle-ci aurait pu conduire à la définition d'un programme de renforcement des capacités d'études

---

[115] Article 3, Décision n°00-661/AN/PT précitée.

[116] Article 29 et 30, Règlement intérieur de l'Assemblée nationale du Bénin.

[117] Protocole d'Accord entre l'Assemblée nationale et le Programme des Nations Unies pour le Développement précité, Document de projet annexé, p. 11.

[118] Voir RIAKA, *op. cit.*, p. 133. Tout projet a un cycle de vie qui tient en trois (3) phases : la formulation/planification, l'exécution et l'évaluation (D. BRINKERHOFF, *La gestion efficace des projets de développement : un guide à l'évaluation et l'exécution,* Connecticut (USA), KUMARIAN Press, 1991, pp. 3 & 4. ; J. A. KING Jr *Les projets de développement économique et leur évaluation,* Paris, DUNOD, 1969).

et d'évaluation de l'Assemblée, ensuite à la création d'un dispositif rattaché organiquement au secrétariat général administratif[119], enfin à l'affectation de crédits au sous-chapitre budgétaire correspondant au sein du budget du parlement, crédits provenant autant des ressources ordinaires du budget général de l'État que de contributions extérieures, par recours à la procédure des fonds de concours ou l'ouverture d'un compte d'affectation spéciale.

Ce choix présenterait l'avantage d'assurer la soutenabilité financière[120] de l'évaluation parlementaire, de nationaliser la structure de mise en œuvre (actuellement empreinte de redondance des missions[121], de divergence de méthodologie et de surcoût en frais généraux) et enfin de donner une réelle légitimité parlementaire à ces structures.

La pérennité de l'évaluation parlementaire semble être à ce prix, pour accompagner le renouveau de la juridiction des comptes et son audit des programmes.

B. Le renouveau de la juridiction des comptes

Un auteur averti des questions africaines a noté une plus grande disposition des pouvoirs africains à l'égard des organes de contrôle financier.[122] On peut alors s'étonner que la Chambre des comptes de la Cour suprême du Bénin, créée dans les années 1960[123], ait connu une si longue période d'hibernation. La succession des régimes d'exception[124]

---

[119] Le Secrétariat général administratif comprend actuellement deux directions : la Direction des services législatifs et la Direction de la questure (article 136 du règlement intérieur de l'Assemblée nationale).

[120] La grille de salaire du personnel de la CAPAN, fixée sur la base des standards du bailleur de fonds (ACBF) correspond au 1/10e voire au 1/15e du salaire payé au personnel salarié du secrétariat général administratif, à égalité de compétence et de niveau de responsabilité.

[121] Toutes les missions dévolues à l'UNACEB sont également partagées par la CAPAN, celle-ci ayant un domaine de compétence plus large incluant l'analyse des politiques de développement d'une manière générale, la rédaction et l'analyse de proposition de lois, la promotion d'échanges d'expérience avec les parlements étrangers.

[122] J-M BRETON, *Le contrôle d'État sur le continent africain,* Paris, L.G.D.J. 1978.

[123] Ordonnance n°21/PR du 26 avril 1966 portant composition, organisation, fonctionnement et attribution de la Cour suprême (*Journal officiel de République du Dahomey*, N° 11 du 1er juin 1966, p. 392).

[124] Voir en ce sens M. AHANHANZO-GLELE, *Naissance d'un État noir. L'évolution politique et constitutionnelle du Dahomey de la colonisation à nos jours,* Paris, L.G.D.J. 1969.

ajoutée aux choix idéologiques des années 1970-1980[125], expliquent, dans une certaine mesure, cet état de fait. Le premier rapport du juge des comptes sur l'exécution de la loi de finances et la déclaration générale de conformité qui lui est associée concerne la gestion budgétaire 1998 ! Depuis lors, la Chambre des comptes s'efforce, avec l'appui et la pression des partenaires au développement, d'être au rendez de ses missions originelles auxquelles s'ajoute l'audit de performance, dans un environnement méthodologique qui reste à construire.

1°) De l'apurement des comptes à l'audit de performance

Investi d'une mission traditionnelle d'apurement juridictionnel des comptes publics[126], le juge des comptes a progressivement étendu son domaine de compétence pour s'autoriser aujourd'hui à faire l'audit des budgets de programme.

a°) Le contrôle de gestion, premier pas vers l'audit de performance

La tradition héritée du droit français confère à la juridiction des comptes, une double attribution de contrôle de régularité et de conformité d'une part, et d'autre part, de sanction des comptables publics[127].

La Chambre des comptes de la Cour suprême connaît depuis la décennie 1990, une renaissance dans l'accomplissement de ses compétences : apurement juridictionnel des comptes publics, appui au contrôle politique de l'exécution des lois de finances. Sa tâche de contrôle de régularité s'exécute concurremment avec les missions de cinq autres organismes de contrôle interne placés sous l'autorité du pouvoir exécutif[128]. La redondance des missions de ceux-ci semble

---

[125] Voir Th. HOLO, *Etude d'un régime militaire : le cas du Dahomey (Bénin) : 1972-1977*, Thèse droit, Paris, 1979.

[126] Voir chapitre 5, ordonnance n°21/PR précité.

[127] Voir en ce sens J. MAGNET, *La Cour des comptes, les institutions associées et les chambres régionales des comptes*, Paris, Berger-Levrault, 2001 ; C. DESCHEEMAEKER, *La Cour des comptes,* Paris, La Documentation Française 1998 ; G. DUCHER, *La Cour des comptes, juge d'appel,* Paris, Berger-Levrault 1994 ; R. PELLET, *La Cour des comptes*, Paris, La Découverte 1998 ; J. RAYNAUD, *La Cour des comptes*, collection "*Que sais-je* ?", Paris, PUF 1998.

[128] Décret n° 97-177 du 21 avril 1997 portant réorganisation des organes de contrôle et d'inspection de l'administration publique. L'article 4 du décret énumère les organes à compétence nationale : l'Inspection générale des Finances, l'Inspection générale des Affaires administratives, Inspection Générale des Services et Emplois Publics, Inspection générale des Services Judiciaires, l'Inspection générale d'État.

entraîner l'inefficacité collective de leur action et l'émergence de structures *ad hoc* comme la Cellule de moralisation de la vie publique ou l'équipe du conseiller technique chargé du contrôle de l'évolution des projets de développement, toutes deux intégrées au cabinet civil du Président de la République.

Conformément aux orientations du droit communautaire et aux tendances internationales décrites dans la Déclaration de Lima sur les lignes directrices du contrôle des finances publiques adoptées par l'Organisation internationale des Institutions Supérieures de Contrôle des Finances publiques (INTOSAI) en octobre 1977[129], la Chambre des comptes s'autorise à vérifier le "*bon emploi des crédits, fonds et valeurs*"[130], c'est-à-dire à apprécier la qualité de la gestion au-delà du simple examen de régularité ; ce qui nous rapproche de l'audit de performance.

b°) L'audit de performance des programmes

Il est prévu par le "*Protocole d'engagement à l'égard de la Banque Mondiale dans le cadre du PERC*" signé par le gouvernement du Bénin en vue de la réalisation par le juge des comptes d'audits de performance sur les budgets de programme des ministères. Cette mission nouvelle peut se rattacher à la vérification du bon emploi des crédits, fonds et valeurs prévue par le droit communautaire mais aussi à l'habilitation du juge des comptes à réaliser "*toutes enquêtes et études se rapportant à l'utilisation des crédits et l'emploi des deniers publics*"[131], inscrite dans l'ordonnance n° 21/PR.

Ratione materiae, la Chambre des comptes est fondée à exercer l'audit de performance. Sur les modalités de l'exercice de ladite compétence, une autre question de légalité se pose. En effet, l'ordonnance relative à la Cour suprême définit en trois articles les attributions de la juridiction financière. Celle-ci exerce un "*pouvoir juridictionnel*" et un "*pouvoir de contrôle administratif*"[132] ; elle apporte son appui à

---

[129] International Organization of Supreme Audit Institutions (INTOSAI) ; le but du contrôle présenté à la section 1ère de la Déclaration est de signaler les atteintes aux principes de la conformité aux lois, de l'efficience, de l'efficacité et de l'économie de la gestion financière (www.intosai.org/2_LIMADf.html mise à jour février 2004).

[130] Article 69, Directive n°05/97/CM/UEMOA relative aux lois de finances.

[131] Articles 38, Ordonnance n°21/PR du 26 avril 1966 précitée.

[132] *Ibidem*, article 36.

l'exécution du contrôle politique par l'élaboration de la déclaration générale de conformité[133].

S'agissant des études et enquêtes, l'ordonnance dispose que la juridiction "*peut être chargée de ...*"[134]. Littéralement et sur le fond, le juge des comptes ne *se charge pas* ; *il est chargé de*.... Le passage d'une forme verbale active à une forme verbale passive, reprise par l'article 112 de la constitution de 1990[135], est assez révélateur dans la rédaction des trois articles sur les attributions du juge financier. L'idée sous-jacente est que l'exécution des audits de performance n'est pas une compétence générale et originaire de la juridiction financière. Les audits ne peuvent s'exécuter qu'à la demande de l'un des deux autres pouvoirs publics constitutionnels : le gouvernement ou l'Assemblée nationale. La signature du "*Protocole d'engagement...*" par le ministre en charge des finances au nom de l'État du Bénin conjure le risque d'un vice de forme et donne un mandat général mais limité dans le temps, à la juridiction des comptes.

Sur le fond, il demeure une incertitude sur la catégorisation du travail (audit ou évaluation) accompli par le juge des comptes ; ce qui nous introduit dans les contraintes méthodologiques de la mission de celui-ci.

2°) Les contraintes méthodologiques de la nouvelle mission du juge des comptes

La nouvelle gestion budgétaire a sa rationalité interne, ses exigences de méthode et de démarche. Elle est de ce "*nouveau savoir*", de cette "*nouvelle discipline*"[136] qui s'élabore et se met en place par sa normalisation sémantique et par la conception de ses instruments méthodologiques.

---

[133] *Ibidem*, article 37.

[134] Article 38, ordonnance n°21/PR du 26 avril 1966 précitée.

[135] L'Assemblée nationale est « assistée de la Chambre des comptes de la Cour suprême, qu'elle charge de toutes enquêtes et études se rapportant à l'exécution des recettes et des dépenses publiques, ou à la gestion de la trésorerie nationale, des collectivités territoriales, des administrations ou institutions relevant de l'État ou soumises à son contrôle » (*Constitution du 11 décembre 1990*, article 112).

[136] B. ABATE, *La nouvelle gestion publique op. cit.*, p. 34.

a°) La question sémantique

"*Une science, écrit Bertrand de JOUVENEL, c'est d'abord une langue bien faite*"[137]. Le débat scientifique se fonde sur des postulats sémantiques qui rendent intelligibles et comparables les thèses en présence. Une signification généralement admise des termes et des concepts paraît une exigence importante pour toute science. En cela, le *program budgeting* en est encore à "*inventer ses concepts*"[138].

Le PPBS américain a produit les premiers mots-clés : objectif, programme, résultat, mesure de progrès[139], termes usuels mais pris dans un sens particulier, et qui deviennent "*incompréhensible (s) si l'on garde à ces mots leur acception traditionnelle*"[140]. Il s'y ajoute aujourd'hui les notions d'efficacité, d'économie et d'efficience avec des différences[141], et par moments des contradictions[142] que les seuls aléas de traduction ne

---

137 B. de JOUVENEL, *Les débuts de l'État moderne une histoire des idées politiques au 19e siècle*, Paris, FAYARD, 1976 p. 2.

138 B. ABATE, *La nouvelle gestion publique op. cit.*, p. 36.

139 Voir l'américain S. M. GREENHOUSSE, « The PPBS : Rationale language and idea-relationship », *in Public Administration Revue (USA)*, décembre 1966, cité par E. ANDREANI, « une révolution budgétaire » article précité, p. 194.

140 E. ANDREANI, article précité, p. 194.

141 C. DESCHEEMAEKER prévient de sa « perplexité » *et ajoute :* « faire preuve d'économie (economy) c'est rendre minimum le coût des ressources utilisées ; faire preuve d'efficacité (efficiency) c'est rendre maximum les résultats compte tenu des ressources disponibles ; faire preuve d'effectivité (effectiveness) c'est atteindre les objectifs fixés ». *(In note et Études Documentaires,* Paris, La Documentation française N°4957 décembre 1992 p. 75) ; Bernard ABATE écrit de son côté : « le rapport entre les ressources (inputs) employées et les produits (outputs) d'une administration détermine son efficience (efficiency). La mesure des résultats finaux d'une politique, de son impact sur la société (outcomes) détermine son efficacité (effectiveness) ». (*in* B. ABATE, *La nouvelle gestion publique*, *op. cit.,* p. 109) ; pour la Commission de l'Union Européenne, « l'efficacité compare ce qui a été fait et ce qui était initialement prévu ; autrement dit elle compare les réalisations, résultats et/ou impacts réels et ceux qui étaient escomptés ou estimés. L'efficience représente le ratio entre les réalisations, résultats et/ou impacts et les ressources (notamment les moyens financiers) utilisées pour y parvenir ». (*in* J-L BŒUF, *L'évaluation des politiques publiques*, *op. cit.* p. 34). Il ressort de cet échantillon de définition que le rapport du produit final à son coût, qui rappelle en un certain sens, la notion de productivité propre aux sciences économiques, correspond à l'efficacité chez Christian DESCHEEMAEKER et à l'efficience chez Bernard ABATE, tandis que la traduction du mot anglais *efficiency* donne chez le premier efficacité et efficience chez le second.

142 Selon l'Agence Canadienne de Développement International (ACDI), l'efficience porte sur « la mesure du rapport existant entre la quantité et la qualité des résultats obtenus et les ressources et moyens mis en œuvre pour les obtenir » ; l'efficacité permet « d'établir si les résultats prévus ont été obtenus ou non, c'est-à-dire d'évaluer

suffisent pas à expliquer de manière satisfaisante. L'incertitude de la frontière entre le contrôle, l'audit, l'évaluation et l'inspection a été l'objet de maints développements[143]. Selon l'Organisation de Coopération et de Développement Économiques (OCDE), "*il y a beaucoup de confusion concernant le sens de certains termes liés à la gestion et la budgétisation centrées sur les résultats*"[144]. D'où l'intérêt d'un glossaire qui fixe pour cette organisation une communion lexicale.

S'agissant de la performance enfin, le Canadien Pierre VOYER admet qu'elle est un concept "*difficile à définir de façon précise*"[145] et qu'elle doit "*être précisée chaque fois que l'on veut l'utiliser*"[146].

L'univers terminologique du *program budgeting* est ainsi teinté de relativisme nourri par les divergences scolastiques. Le Programme des Nations Unies pour le Développement (PNUD) conclut au caractère évolutif de l'outil de travail[147] qu'est la gestion basée sur les résultats, tant en ce qui concerne les concepts maniés que les méthodes employées.

La question sémantique évoquée ici n'interpelle pas que le juge financier. Elle est une problématique transversale qui concerne l'ensemble des acteurs de la gestion budgétaire par programme, à savoir l'administration, les chercheurs et bien sûr les juridictions.

La Chambre des comptes a cependant un rôle important à jouer dans la codification nécessaire des concepts, car elle a en charge le contrôle

---

le degré de réalisation du but du projet, et surtout de production des extrants » (*in* Agence Canadienne de Développement International, Division de l'Évaluation, *Guide d'utilisation de la méthode du cadre logique dans la gestion et l'évaluation des projets de coopération de l'ACDI,* Canada, Mars 1981, pp. 128 &134.

143 P. SADRAN, « Contrôle et évaluation », communication aux Journées d'études "*Finances-Université*" de Bordeaux, 25 mars 1993, éd. LyCoFac 1994, p. 47 ; Dans le cadre de l'Organisation des Nations Unies, voir *Trousse d'outils des administrateurs de programme pour le suivi et l'évaluation,juin 2001* (www.unfpa.org/monitoring/toolkit/french/outils1glossaire.pdf mise à jour février 2004) ; en France les travaux du Comité de coordination des inspections au ministère français de l'agriculture et de la pêche (www.educagri.fr/infoprat/evaliea/1_1origines.htm mise à jour février 2004).

144 *In* glossaire de l'OCDE, www.ocde.org/dataoecd_60.PDF.pdf mise à jour février 2004.

145 P. VOYER, *Tableau de bord de gestion et indicateurs de performance*, Québec, Presses de l'Université du Québec, 1999, p. 84.

146 A. SAUCIER, cité par Pierre VOYER, *op. cit.*, p. 84.

147 Voir Bureau d'évaluation du Programme des Nations Unies pour le Développement, *Guide pour les évaluateurs d'effet* (http://stone.undp.org/undpweb/eo/evalnet/docstore3/yellowbook/documents/OC-guidelines/FR-Guidel mise à jour février 2004).

et l'évaluation des programmes dans leurs différentes composantes, notamment méthodologique. La notion de contrôle sous-entend, comme on l'a dit, une norme de référence et la jurisprudence financière, signe de son renouveau, pourra utilement servir d'outil d'harmonisation des méthodes et des concepts dans le contexte actuel d'émergence d'un nouveau savoir.

b°) La quête d'un "*nouveau savoir*"

Ici encore, la clarification des concepts et l'unification des méthodes interpellent la Chambre des comptes en tant qu'organe indépendant de contrôle de l'exécution des budgets de programme, parce que le nouveau contexte la désigne principalement comme "*un lieu d'expertise, un réservoir de compétences exceptionnel*"[148], au service de la rationalisation de la gestion budgétaire.

En effet, les budgets de programme sont présentés selon la grille du cadre logique ; celle-ci énonce les indicateurs objectivement vérifiables permettant d'apprécier l'atteinte des objectifs initiaux au niveau des finalités, des buts, des extrants et des intrants. L'audit de la performance des ministères par rapport à leurs budgets de programme repose fondamentalement sur l'examen desdits indicateurs.

La construction des indicateurs et des programmes est, en elle-même, un exercice qui requiert une expertise particulière[149]. Si la réforme budgétaire en France n'a pas hésité à solliciter des consultants du secteur privé[150], la réforme au Bénin est pensée et conduite principalement par l'administration publique avec l'appui périodique

---

148 B. CIEUTAT, « La Cour des comptes et la réforme », *Revue Française de Finances publiques*, N°76, 2001, p. 120.

149 En France par exemple, le ministre de la Fonction Publique, de la Réforme de l'État et de la Décentralisation à dû recourir en septembre 1999 à l'expertise du Comité Central d'Enquête sur le Coût et le rendement des services publics pour avoir des « propositions et des recommandations concrètes » relative à « la mise en place d'indicateurs de résultats dans trois ministères, Rapport d'enquête, juin 2001. La Documentation Française ».

150 Le cabinet *Cap Gemini Ernst & Young* appuie le volet comptabilité publique, l'agence *Publicis* suit les aspects communication de la réforme, le cabinet *Boston Consulting Group* assiste la conduite globale de la réforme et le cabinet *Accenture* ensemble avec les entreprises *IBM* et *PeopleSoft* collaborent au système d'information ACCORD. (Sénat, n° 388, *Rapport d'information sur l'état d'avancement de la mise en œuvre de la loi organique du 1er août 2001 relative aux lois de finances,* juillet 2003, p. 15).

des experts mis à disposition par la Banque Mondiale[151]. Il en découle un certain déficit de savoir-faire en matière d'élaboration d'outils de la réforme budgétaire au sein des ministères concernés. Une étude indépendante a ainsi noté, au niveau de ces ministères, des "*difficultés cruciales dans la conception de bons indicateurs de performance*"[152].

Au-delà de l'élaboration des indicateurs, une double difficulté existe. En premier lieu, on note une certaine faiblesse de la capacité de collecte et de traitement des données quantitatives et qualitatives. Le système d'information statistique présente des insuffisances au niveau des ressources (humaines et matérielles) et de la méthodologie[153]. La conséquence en est que "*la fiabilité des données est incertaine*"[154] et ne permet pas de disposer d'un tableau de bord optimisé.

En second lieu, il y a l'interprétation des données agrégées. Cette étape commande et éclaire les choix des décideurs politiques. Un exercice purement heuristique de croisement des données a été réalisé par un centre de recherche national. L'étude, conduite selon la méthode dite de *l'analyse en composante principale,* a permis d'examiner les "*relations entre plusieurs variables quantitatives*"[155], de croiser plusieurs indicateurs. Aucun exercice similaire n'est mené par les structures de pilotage de la réforme au niveau des ministères.

Le juge des comptes, pour sa part, réalise son audit de performance sur la base des "*rapports d'exécution des budgets de programme*" produits par les ministères. La grille d'analyse élaborée à cet effet comporte quatre niveaux de vérification : informations pertinentes, informations compréhensibles, informations exactes, informations équilibrées, informations utiles. Le rapport d'audit de la Chambre des

[151] Voir *supra* note n° 35.

[152] C. SINZOGAN, *Évaluation de la pertinence des indicateurs de performance dans le cadre de la réforme des dépenses publiques*, *op. cit.*, p. 9.

[153] Voir en ce sens W. LAWANI, *La mise en œuvre du budget programme dans les ministères sectoriels : cas du ministère de l'agriculture, de l'élevage et de la pêche,* mémoire précité, p. 43.

[154] I. C. DAVIES Conseil Inc., *Aide-mémoire de la Mission d'appui à la réforme budgétaire dans le cadre du PERAC*, Cotonou, Mai 2002, p. 5.

[155] C. SINZOGAN, *Évaluation de la pertinence des indicateurs de performance dans le cadre de la réforme des dépenses publiques,* document précité, pp. 42 et suivantes.

comptes permet de savoir si, par rapport aux programmes, "*le niveau de réalisation des objectifs est satisfaisant*"[156].

En cela, les audits de performance s'apparentent *a priori* à des contrôles de l'exécution, dans la mesure où étymologiquement "*le contrôle a pour finalité première le respect d'un ensemble de normes de référence*"[157], en l'occurrence les objectifs des budgets programme. Cependant, l'appréciation de l'atteinte des extrants (objectifs) ne peut faire abstraction de la mise en balance des intrants, c'est-à-dire des moyens qui sont respectivement les troisièmes et quatrièmes niveaux de la grille du cadre logique. L'audit de performance se confondrait alors, sur le plan des finalités avec une certaine conception de l'évaluation retracée par l'INTOSAI[158] et le décret français de 1998[159].

Par contre, l'audit des programmes exécuté par le juge des comptes au Bénin, parce qu'il s'abstient de formuler des jugements de valeur, paraît en deçà de la conception nord-américaine d'un processus d'évaluation, lequel doit apporter la réponse à la question "*ça a marché*" ou "*ça n'a pas marché*", mais aussi doit donner un sens aux interrogations "*est-ce que c'est efficace, à quoi ça sert, est-ce que ça a un sens ?*"[160] C'est en s'adonnant entièrement à cet exercice particulier

---

[156] I. C. DAVIES Conseil Inc. Aide-mémoire précité, Mai 2002, Annexe grille d'appréciation du budget-programme 2002 du ministère des Travaux publics et des Transports.

[157] J.-P. DUPRAT, « L'évolution des contrôles au ministère des Finances », communication aux Journées d'Etudes "*Finances-Université*" de Bordeaux sur le thème, *La fonction de contrôle externe des administrations économiques et financières*, Bordeaux, mars 1993, LyCoFac, p. 14

[158] *International Organization of Supreme Audit Institutions* (INTOSAI) « Définition de l'évaluation de programme : l'évaluation de programme consiste dans l'utilisation de méthodes de recherche systématiques pour constater et apprécier les effets directs et indirects d'une politique ou d'une action publiques par rapport aux objectifs fixés ou implicites et aux moyens mis en œuvre » (www.intosai.ccomptes.fr mise à jour février 2004).

[159] L'évaluation d'une politique publique a pour objet d'apprécier « l'efficacité de cette politique en comparant ses résultats aux objectifs assignés et aux moyens mis en œuvre » (Article 1er, Décret n° 98-1048 du 18 novembre 1998 relatif à l'évaluation des politiques publiques.)

[160] M. CROZIER « L'échec de l'évaluation en France tient au modèle jacobin », article publié en extrait par J.-L BŒUF, *L'évaluation des politiques publiques*, *op. cit.*, pp. 24 et 25 ; dans le même sens, voir les travaux du Comité de coordination des inspections au ministère français de l'Agriculture et de la Pêche « L'évaluation consiste à comparer les objectifs, la mise en œuvre et les résultats d'une politique, d'un programme, d'un dispositif, d'un projet, et à formuler un jugement sur celui-ci. » (www.educagri.fr/infoprat/evaliea/1_1origines.htm mise à jour février 2004).

que le juge des comptes au Bénin pourra utilement se parer des attributs du véritable renouveau de sa fonction.

CONCLUSION

Les professions de foi itératives en faveur de la réforme budgétaire rassurent sur l'engagement des pouvoirs publics à s'inscrire définitivement dans le nouveau paradigme de la recherche, de l'efficacité, de l'efficience et de l'économie. Le discours sur l'état de la nation prononcé par le Président de la République devant le parlement en janvier 2004, conforte cette idée. La réforme subit cependant la contrainte d'un encadrement juridique à adapter. Le droit communautaire autant que la législation nationale reste empreints de la logique budgétaire classique.

La réforme doit aussi intégrer la dynamique nouvelle de la décentralisation de l'administration territoriale. Les lois de décentralisation ont rendu possibles les élections locales de décembre 2002. Un total de soixante-dix-sept communes s'administre librement grâce à des organes élus. Le domaine de compétence des communes est large et comprend : le développement local, les infrastructures, l'équipement, les transports, l'enseignement, la santé, l'action culturelle, etc.[161]. L'exercice desdites compétences implique un transfert de ressources du budget général de l'État vers les budgets communaux. La loi de finances gestion 2004 autorise, en son article 43 le transfert aux communes des ressources et des charges "*lorsqu'elles se rapportent à leurs attributions*". Une part importante des opérations financières des personnes publiques va ainsi échapper à l'ÉTAT[162] et donc à la budgétisation par programme dans la mesure où la loi portant régime financier des communes est totalement muette sur la question des programmes et qu'aucun des premiers budgets des communes n'est assorti de budget de programme.

Ceci donne la dimension des défis prochains que la réforme budgétaire doit relever : d'abord, régler la question cruciale de son fondement juridique au niveau national et au niveau communautaire, ensuite réaliser l'intégration verticale de la nouvelle approche budgétaire par l'implication des communes, enfin refonder le socle de la gestion

---

[161] Voir chapitre III, Loi n°97-029 du 15 janvier 1999 portant organisation des communes en République du Bénin.

[162] Les collectivités locales françaises assurent, par exemple, environ 80% des dépenses civiles d'équipement (R. MUZELLEC, *Finances publiques*, Paris, Sirey, 2002 p. 87).

publique (gestion des carrières, gestion de la rémunération, procédures et structures administratives) pour l'arrimer au train de la réforme.

Les études nationales de perspectives à long terme ont relevé, pour le regretter, l'absence d'un "*leadership visionnaire*" au Bénin. La nouvelle gestion budgétaire offre l'opportunité, pour les gouvernants, de s'inscrire dans le moyen et le long terme de façon rationnelle et ordonnée. À moins que l'engagement officiel des acteurs nationaux ne cache en réalité un théâtre d'ombres destiné à séduire, le temps d'un accord de prêt, les milieux de la finance internationale pour mobiliser des ressources financières additionnelles !

CONTRIBUTION DES JURIDICTIONS FINANCIÈRES À LA BONNE GOUVERNANCE DES ÉTATS AFRICAINS[1]

INTRODUCTION

Les juridictions financières africaines sont apparues au cours de la décennie 1960, la décennie des indépendances. Qu'elles prissent la forme de Chambre des comptes ou de Chambre administrative exerçant des compétences financières ou encore plus récemment de Cour des comptes, la juridiction financière a, de tout temps, été une composante du paysage juridictionnel des États africains francophones. À ce titre, elle est à la fois actrice et sujet de la gouvernance publique dans les États sous étude.

La notion de gouvernance est l'un de ces néologismes induits par la mondialisation. Certains l'affublent d'une charge axiologique, assimilant ainsi la gouvernance au triomphe des idées libérales sur l'État minimum et la dérégulation dans le secteur public. L'origine anglo-saxonne du mot (*governance*) a la même racine que le mot français gouvernement, entendu au sens premier de l'organe exécutif de l'État. Le mot gouvernance va au-delà de ce sens de droit public et de science politique, puisque les premiers à avoir recours à son usage sont les spécialistes des sciences de gestion à travers la *corporate governance* ou gouvernance d'entreprise. Le mot va émigrer en droit et en management publics (*public governance*) et sera aussi reçu par des organismes internationaux. De manière synthétique, on peut dire que la gouvernance désigne la façon dont le pouvoir est organisé et exercé au sein d'une organisation. *A priori*, seuls les faits peuvent renseigner sur la qualité de la gouvernance. Tout jugement de valeur doit dériver d'une évaluation situationnelle qui conclura à une bonne ou à une mauvaise gouvernance.

Dès 1997, la Banque Mondiale mit l'accent sur l'importance des mécanismes de gestion publique comme facteur non négligeable de la croissance et du développement dans les pays pauvres. "*Sans un État efficace, il n'y a pas de développement économique et social durable*"[2]. Elle établira plus tard, six indicateurs de mesure de la gouvernance dans

---

[1] Publié dans les *Cahiers de l'AA-HJF* (Association Africaine des Hautes Juridictions Francophones), 11e publication, décembre 2010.

[2] Banque Mondiale, *Rapport sur le développement dans le monde*, Washington, 1997, p. 3.

les pays, à savoir : *voice and accountability, political stability and absence of violence, government effectiveness, regulatory quality, rule of law, control of corruption*[3]. Le Livre blanc sur la gouvernance européenne publié par la Commission de l'Union européenne ainsi que l'Organisation pour la Coopération et le Développement Economiques (OCDE)[4] retiennent comme immanents à la gouvernance vertueuse les principes d'ouverture, de participation, de responsabilité, d'efficacité, de cohérence.[5] Le Programme des Nations Unies pour le Développement (PNUD) fixe des caractères à la gouvernance démocratique. Celle-ci devrait réunir les valeurs de participation des citoyens, de respect des principes démocratiques (droits de l'homme, corruption, intégration du genre, etc.), d'implémentation d'institutions démocratiques (responsabilité et transparence) et d'évaluation du *process* démocratique[6].

De la diversité des applications particulières, on peut cependant retenir un *substratum* commun aux perceptions de la gouvernance et surtout de la bonne gouvernance. Celle-ci doit rendre possible la reddition des comptes, la transparence dans la gestion publique (lutte contre la corruption) et l'atteinte des résultats.

Les juridictions financières ont comme mission traditionnelle d'être le garant de la transparence et de la reddition de compte dans la gestion des opérations financières des personnes publiques. Mission traditionnelle et même originelle qui découle des textes fondateurs des institutions supérieures de contrôle des finances publiques à l'orée de la décennie 1960, et même au précédent français de 1867 qui a inspiré les législations des États africains francophones. Cette mission première est placée sous le signe de l'appui de la juridiction financière à la régularité de la gestion financière (I). Le contrôle du "*bon emploi*" des fonds et valeurs fut pendant longtemps une compétence extra-juridictionnelle. À la faveur des législations récentes, ce contrôle, centré sur la notion de "*faute de gestion*" tend à inclure la qualité dans l'appréciation et le contrôle des opérations financières des personnes publiques, opérations soumises au contrôle de la juridiction financière. Cette évolution tend

---

[3] World Bank, *A decade of Measuring the quality of governance. Governance Matters,* 2006, Washington, 2006.

[4] Cl. RADAELLI, *Governance 2010 : the implications for the NGOs*, Etude présentée au colloque, *Governance and NGO of the future*, Bruxelles, janv. 2005, p. 32 ; Colloque organisé par European policy Forum et le Comité Economique et Social européen.

[5] Commissions des communautés européennes, *Gouvernance européenne, Livre Blanc*, Bruxelles, 2001, p. 12.

[6] http://www.undp.org/french/focusareas/governance.shtml

fatalement à faire de l'appui de la juridiction financière à la performance des finances publiques (II), le volet second d'une dialectique du contrôle total.

I. L'APPUI DE LA JURIDICTION FINANCIÈRE À LA RÉGULARITÉ DE LA GESTION DES FINANCES PUBLIQUES

La notion de régularité a pour racine le mot règle. La gestion financière publique est encadrée par un tissu de règles qui en font à la fois la grandeur et la lourdeur. Ces règles de nature juridique et comptable (A) sont le socle de la régularité des opérations financières des personnes publiques, dont la juridiction financière est la garante. (B)

A. Les finances publiques, un tissu de règles

Le statut du gestionnaire des finances publiques a été quelquefois comparé à celui de ce que le Code civil dénomme la gestion d'affaires. L'agent public commis aux opérations de finances publiques n'est pas propriétaire des fonds et valeurs qu'il manipule ou administre. Le denier public appartient à une personne publique ou est administré par une personne publique. Celle-ci est une personne morale, une institution dont le destin survit et surpasse la fugacité des destinées particulières des individualités qui ordonnancent ou paient ses recettes et ses dépenses. Dans cette logique, une opération financière sur denier public est moins un acte de volonté qu'un acte de raison. Elle est enserrée dans un tissu de règles qui l'objectivisent et la rendent conforme à la légalité, c'est-à-dire aux normes juridiques en vigueur.

Ce tissu de règles, cet encadrement juridique des opérations financières, ce fondement de la légalité financière se décline en une hiérarchie de règles qui épousent la hiérarchie même du droit positif.

Au sommet, nous avons la constitution, la norme suprême, pour parodier Hans KELSEN. Que ce soit au Bénin, au Niger, au Sénégal ou encore au Burkina Faso et ailleurs, la rédaction des textes constitutionnels, inspirée au demeurant du texte français de 1958, consacre des passages importants à la gestion financière : la notion de douzième provisoire, le régime juridique de l'amendement budgétaire en matière financière, les compétences respectives de l'exécutif et du législatif en matière budgétaire, etc.

La matrice de la légalité financière reste cependant la loi organique relative aux lois de finances. Elle constitue une originalité des systèmes financiers hérités de la tradition française. La valeur axiale de l'acronyme

LOLF est attestée par l'expression "*constitution financière*" qu'on lui applique. C'est à la fois la charte et le code de référence du gestionnaire de deniers publics.

En dessous de la LOLF se situent les lois de finances : loi de finances de l'année, loi de finances rectificative et loi de règlement. La censure juridictionnelle des "*cavaliers budgétaires*" permet de concentrer les dispositions normatives de nature financière dans les lois de finances. L'importance de la loi de finances de l'année découle de ce qu'elle est le premier acte d'autorisation des ressources et charges de l'État. Confectionnée dans le respect des principes de spécialité des crédits, de l'unité et de l'universalité budgétaires, la loi de finances offre l'occasion aux contrôles administratif, politique et juridictionnel de vérifier le respect de l'orthodoxie financière par les acteurs de la chaîne de l'exécution budgétaire.

Enfin vient la grande variété des actes réglementaires : règlement général sur la comptabilité publique, nomenclature budgétaire, TOFE, etc. Les actes administratifs d'exécution de la loi de finances (décret de répartition, arrêté de répartition, décret d'avances, etc.) complètent cet édifice de règles qui balisent le champ de la légalité financière, et délimitent le domaine de contrôle de la juridiction financière.

B. La juridiction financière, garante de l'application des règles

La garantie de la normativité financière est assurée par la juridiction financière au moyen de deux types de contrôle : d'abord un contrôle juridictionnel qui s'exerce à l'égard des comptables publics (comptables patents ou comptables de fait) et qui sanctionne un déficit de caisse ou un manquant en deniers ou en valeurs, une recette non recouvrée, une dépense irrégulièrement payée, l'indemnisation d'un tiers ou d'un autre organisme public par la faute du comptable public (Article 29, Directive n°07/CM/UEMOA du 26 juin 2009 portant Règlement général sur la comptabilité publique). En langage jurisprudentiel, si le Bénin en est au compteur zéro dans la production d'arrêt sur les comptables publics, le Sénégal et le Burkina Faso ont un palmarès qui s'enrichit d'année en année depuis l'année 2000. Les juges financiers de Ouagadougou ont ainsi délivré l'arrêt définitif n°05/09/CC/CCOE du 28 décembre 2009 portant décharge de Moussa DAMA, receveur général du Trésor public burkinabè ainsi que l'arrêt définitif n°04/09/CC/CCOE du 10 décembre 2009 portant décharge de Noélie FRANCELINE ZONGO-NONGANA, agent comptable central du Trésor public burkinabè. Les rapports publics de la Cour des comptes du Sénégal rendent compte, depuis la première édition 1999-2000, de décisions relatives non seulement à l'apurement juridictionnel des comptes des comptables publics, mais aussi à la gestion des ordonnateurs des institutions de l'État autres que leurs chefs, des cabinets ministériels hormis les ministres[7] des collectivités territoriales, des établissements publics, des sociétés nationales, des sociétés d'économie mixte et des organismes bénéficiant de concours financier de la puissance publique[8].

Cet apurement en la forme juridictionnelle des opérations financières des personnes publiques s'enrichit du contrôle extra- juridictionnel qui est retracé dans les rapports annuels, les rapports thématiques et les rapports sur l'exécution des lois de finances. Dans son unique édition de 1994, le Rapport annuel de la Chambre des comptes du Bénin relève pour le déplorer, la pratique de la formulation "*autres budgets*", ce qui ne correspond à aucune des catégories de présentation de la loi de finances de l'année, normalement sériée en budget général de l'État, comptes spéciaux du trésor et budgets annexes. La juridiction financière s'offrit également l'occasion de dénoncer la violation de la règle du produit brut par certaines administrations fiscales (prélèvement à la source sur les produits des amendes fiscales) ainsi que la gestion financière peu orthodoxe des représentations diplomatiques du Bénin.

Le rapport annuel 2008 de la Cour des comptes du Burkina Faso comporte quelques morceaux choisis d'appel au respect des règles en matière d'opérations financières des personnes publiques. Ainsi, la Cour pourfend ainsi l'inexistence de traces des ressources provenant des financements extérieurs dans les comptes produits par le comptable principal de l'État et adressés au juge financier, ceci en violation du principe de l'unité budgétaire. La Cour dénonce aussi, de façon plus originale s'agissant d'un pouvoir public constitutionnel, la pratique des paiements en numéraires portant sur de fortes sommes ainsi que les paiements sans pièces justificatives qui ont cours à la Cour constitutionnelle.

Cette croisade contre l'*informalisation* de la gestion financière publique et cet engagement en faveur d'un l'État de droit financier constituent une contribution à la bonne gouvernance financière dans les pays africains francophones. Mais la régularité financière ne se suffit

---

[7] Cour des comptes du Sénégal, Arrêt N°03/2000 du 21 novembre 2000, Président de la CVCCEP contre Ndiassé MBENGUE).

[8] Cour des comptes du Sénégal, Arrêt N° 03/2001 du 17 octobre 2001, CVCCEP contre Adama SALL.

plus à elle seule ; elle postule son enrichissement par la recherche de la performance financière.

II. L'APPUI DE LA JURIDICTION FINANCIÈRE À LA PERFORMANCE DES FINANCES PUBLIQUES

Notre ère est celle de la recherche de la performance des finances publiques. Toute la logique qui sous-tend la rationalisation de la gestion financière publique repose sur le souci de mettre celle-ci sous le signe de la qualité managériale (A). La juridiction financière apporte sa contribution appréciable à cette œuvre (B) salutaire pour des économies marquées par la rareté des ressources.

A. Le fondement juridique du contrôle de performance

La performance financière peut se ramener à la prise en compte par les acteurs de la chaîne financière de la théorie des *3 "E"* : efficacité, efficience, économie[9]. Ce souci de qualité dans la gestion financière publique peut aussi se rattacher à une formulation des législations financières africaines francophones : le contrôle du "*bon emploi des crédits, fonds et valeurs*". Formulation toujours en vigueur mais n'induisant qu'un contrôle extra-juridictionnel de la part du juge financier.

Les nouvelles juridictions financières africaines francophones donnent une dimension plus contraignante au contrôle de la performance financière en prévoyant des infractions reliées au déficit d'efficacité, d'efficience ou d'économie. Sous le label générique de *"faute de gestion*", les droits nationaux des États prévoient et sanctionnent des faits et actes qui sont contraires à la gestion financière en bon père de famille. L'article 80 de la Directive communautaire de 2009, relative aux lois de finances, conforte ces orientations nationales dont les plus anciennes (Sénégal et Burkina Faso) datent du début de la décennie 2000. Les notions de *"gaspillage*" ou "*d'avantages injustifiés*" font leur apparition comme base légale d'une infraction en matière de finances publiques. Les atteintes à la réglementation en matière de passation de marchés publics sont aussi visées.

Un pas est ainsi franchi dans le sens d'une meilleure gouvernance financière. Car le propre de l'argent public sous les cieux africains francophones (et peut-être ailleurs aussi) est d'être dépensé sans compter. On a dénoncé la gabegie, le manque de perspective, la gestion

[9] Auxquelles il faut ajouter l'Environnement et l'Ethique pour faire cinq *"E*" selon certains analystes.

hasardeuse des finances publiques pour finir par enclencher un processus de rationalisation dont les outils, tels que définis par la Directive n°06/2009/CM/UEMOA relative aux lois de finances, s'énoncent : programmes budgétaires, indicateurs de performance, mesure de la performance, etc.

Les techniques managériales sortent renforcées de cette nouvelle approche de la gestion budgétaire publique, avec comme souci constant de tirer le meilleur profit de la dépense et de la recette publiques ; en un mot de s'inscrire dans une dynamique qualitative de gestion des finances publiques. Le juge financier y apporte sa contribution.

B. Quelques applications jurisprudentielles du contrôle de performance

Forte de sa mission rénovée de justicier de la performance financière, la juridiction des comptes va prendre quelques décisions épiques qui dénotent de son engagement à se faire le garant de la bonne gouvernance financière dans les pays africains francophones. On peut citer à cet égard quelques arrêts d'anthologie à la fois de mouture récente et ancienne :

D'abord, l'arrêt n°02/2006 du 30 mars 2006, Ibrahim DIOUF et Makhtar CAMARA, la Cour des comptes du Sénégal condamne le prévenu à une amende pour avoir "*procuré des avantages injustifiés*" aux fournisseurs du programme sanitaire dont il était l'administrateur ; les faits mentionnent que l'administrateur condamné a acheté auprès de fournisseurs, deux produits qui sont payés "*quarante fois*" plus chers pour l'un et "*deux fois*" plus chers pour le second, si on fait la comparaison avec les prix courants du marché, à qualité égale[10].

Ensuite dans un second arrêt n°03/2001 de la même Cour des comptes sénégalaise, le juge constate que l'administrateur des crédits d'un établissement public a dépensé cinq millions de francs au titre des frais d'entretien et de réparation d'un seul véhicule de tourisme sur une courte période de huit mois alors qu'avec une telle somme, l'achat d'un véhicule neuf était possible. Le juge conclut que les faits de l'espèce sont constitutifs d'un "*état de gaspillage*"[11] et qu'une amende était due.

Enfin, la Chambre des comptes de la Cour suprême de Côte d'Ivoire a rendu un arrêt définitif qui condamne le maire de la commune de X à

---

[10] Arrêt n°02/2006 du 30 mars 2006, Président de la CVCCEP/Ibrahim Diouf et Makhtar Camara *in* Cour des comptes du Sénégal, *Rapport public* 2006, pp. 193 et suiv.

[11] Cour des comptes du Sénégal, Arrêt N° 03/2001 du 17 octobre 2001, Président de la CVCCEP contre Adama SALL, www.courdescomptes.sn

payer une amende pour faute de gestion parce que les faits établissent que les trois véhicules de tourisme de la mairie ont totalisé une consommation de carburant de 44.500 litres d'essence sur neuf mois, soit 54 litres par véhicule et par jour, soit enfin un trajet quotidien moyen de 900 km !

Ce type de contrôle de la performance ancre la juridiction financière à l'avant-garde de la gouvernance de qualité, notamment par la sanction juridictionnelle qui est prononcée et par l'autorité de chose jugée qui s'attache auxdits arrêts. Cette démarche complète et approfondit le traditionnel contrôle extra-juridictionnel auquel se livre la juridiction financière lors des inspections des collectivités publiques. Ces inspections, dont les résultats sont étalés dans les rapports annuels et les rapports thématiques, dressent la litanie infinie de la gabegie, des incohérences des politiques publiques, des redondances de l'action avec leurs conséquences sur les deniers publics, des conflits d'intérêts et des abus de droit. Tous ces faits et actes souvent cités finissent en recommandations aux collectivités publiques avec comme sanction ultime celle de prendre les populations à témoin. C'est le temps du contrôle platonique qui, heureusement, se double aujourd'hui d'un contrôle juridictionnel de la performance des services publics.

CONCLUSION

La juridiction financière apporte ou commence à apporter une contribution à la bonne gouvernance financière dans les pays africains francophones. Cette contribution est d'autant plus appréciable qu'au-delà de la pédagogie de masse à laquelle elle se livrait au moyen des rapports annuels et leurs recommandations, les juridictions financières se font réellement juges, prennent des arrêts exécutoires et s'imposent de plus en plus comme de véritables garants de la légalité et de la performance des finances publiques.

Cependant, l'évidence s'établit qu'une hirondelle ne fait pas le printemps. Le développement de la bonne gouvernance financière requiert une approche systémique des questions qui lui sont sous-jacentes : questions économiques, questions politiques, questions administratives, questions culturelles, etc. En ce sens, la bonne gouvernance sera totale et totalisante ou elle ne sera pas !

L'UEMOA ET LE DÉVELOPPEMENT DES COURS DES COMPTES EN AFRIQUE DE L'OUEST FRANCOPHONE[1]

INTRODUCTION

La dynamique d'intégration régionale qui se généralise dans le monde se manifeste en Afrique de l'Ouest francophone par la création de l'Union Economique et Monétaire ouest-africaine : UEMOA[2]. Celle-ci naquit dans un contexte de crise monétaire[3] et économique. La plupart des pays membres ont connu, au cours de la décennie 1985-1995, des situations d'illiquidité de leurs Trésors publics, conséquence de la baisse de leurs recettes d'exportation[4] ou révélatrices d'une mauvaise gestion des finances des États[5]. Après des efforts drastiques d'assainissement des finances publiques, les pays de l'union commencent à afficher des soldes primaires budgétaires équilibrés. Si les charges de souveraineté sont couvertes sur ressources ordinaires, l'équilibre des soldes des lois de finances reste largement tributaire des concours extérieurs mobilisés dans le cadre de la coopération internationale pour le développement[6].

---

[1] Publié dans *La Revue Française de Finances publiques,* n°90, mai 2005.

[2] Huit pays membres (Bénin, Burkina Faso, Côte d'Ivoire, Guinée Bisau, Mali, Niger, Sénégal, Togo), 70 millions de citoyens-consommateurs, soit plus de 30% de la population totale de l'Afrique, 3.509.125 km2 de superficie.

[3] Le Traité créant l'UEMOA a été signé le 10 janvier 1994 à Dakar (Sénégal) et le franc de la Communauté Financière Africaine (franc CFA) changeait de parité le 12 janvier 1994. Un (1) Franc français s'échange à 100 francs CFA au lieu de 50 francs CFA auparavant.

[4] La Caisse de Stabilisation et de Soutien aux Prix des Produits Agricoles (Côte d'Ivoire) passait d'une situation d'excédent de 315 milliards de FCFA en 1985 à un déficit de -53 milliards F CFA en 1987 sous l'effet conjugué de la baisse des cours des produits de base et de la baisse du cours du dollar américain (*Jeune Afrique Economie*, N°131, mai 1990, p. 110).

[5] Alors que les recettes ordinaires de l'État du Bénin n'excédaient guère les 2,3 milliards de FCFA par mois, les salaires et traitements mensuels des fonctionnaires représentaient un crédit de 2,7 milliards de FCFA en 1990 (*Jeune Afrique Economie*, N° 131, mai 1990, p. 136).

[6] La Commission de l'UEMOA estimait à 4,1% et 5,3% du PIB, le déficit global hors dons dans l'Union, respectivement en 2001 et 2002 ; quant au déficit budgétaire global, il est estimé à 1,5% et 2,8% du PIB respectivement en 2001 et 2002 (UEMOA, La Commission, *Rapport semestriel d'exécution de la surveillance multilatérale*, Ouagadougou, décembre 2002.

La politique d'intégration de l'UEMOA s'articule autour de deux grands axes : d'un côté, l'intégration par les politiques et notamment par les politiques budgétaires se traduisant par l'énonciation d'indicateurs[7] de convergence financière au respect desquels les États membres sont astreints ; de l'autre, l'intégration par les règles et notamment les règles financières : la "*fédéralisation du droit financier*"[8] s'illustre par une série de directives adoptées par la Commission de l'UEMOA.

Définir des politiques et édicter des règles en matière budgétaire seraient d'un effet incertain sans un dispositif institutionnel qui en garantisse la mise en œuvre et le respect. Dans cette optique, le Traité institutif de l'UEMOA prescrit d'*« instituer une Cour des comptes nationale»*[9] dont les procédures offrent les « *garanties de transparence et d'indépendance requises*» dans le but d'"*assurer la fiabilité des données budgétaires nécessaires à l'organisation de la surveillance multilatérale des politiques budgétaires*"[10].

Cette orientation traduit l'importance prise par la notion d'*accountability*[11] en finances publiques. La responsabilité et l'obligation de reddition des comptes ou de la gestion qu'elle impose sont également le *credo* de l'Organisation internationale des Institutions Supérieures de Contrôle des Finances publiques : INTOSAI[12].

Dans sa Déclaration de Lima sur les lignes directrices du contrôle des finances publiques (1977), l'INTOSAI estimait "*indispensable (...) que*

---

http://www.uemoa.int/Publication/Rapport_surveillance/RappDec2002.pdf).

7 *Ratio* masse salariale sur recettes fiscales, ratio investissements publics financés sur ressources internes rapportés aux recettes fiscales, *ratio* solde primaire de base sur recettes fiscales, variation des arriérés de paiement extérieur, variation des arriérés de paiement intérieur, taux d'inflation.

8 J.-P DUPRAT, « La formation et l'évolution du droit financier en Afrique francophone subsaharienne », *in* D. DARBON et J. du BOIS de GAUDUSSON, *La création du droit en Afrique*, Paris, Karthala, 1987 p. 471.

9 Article 68 du Traité de l'UEMOA. Voir aussi J. MAGNET, *La Cour des comptes, les institutions associées et les chambres régionales des comptes*, Paris, Berger-Levrault, 2001 ; Ch. DESCHEEMAEKER, *La Cour des comptes,* Paris, La Documentation Française, 1998 ; G. DUCHER, *La Cour des comptes, juge d'appel*, Paris, Berger-Levrault, 1994 ; R. PELLET, *La Cour des comptes*, Paris, La Découverte 1998 ; J. RAYNAUD, La *Cour des comptes,* Paris, PUF, coll. "*Que sais-je ?",* 1998.

10 Article 68, Traité de l'UEMOA.

11 Terminologie nouvelle, mais concept ancien qui rappelle l'article 15 de la Déclaration des Droits de l'Homme et du Citoyen de 1789.

12 International Organization of Supreme Audit Institutions. (http://www.intosai.org/2_STATUf.html).

chaque État possède une institution supérieure de contrôle des finances publiques dont l'indépendance est garantie par un texte de loi"[13].

Les Chambres des comptes des Cours suprêmes ouest-africaines ont exercé ou exercent encore, selon les pays, ce mandat d'institution supérieure de contrôle des finances publiques. L'effectivité et l'intensité de leurs activités de contrôle sont variables d'un pays à l'autre. Alors que le premier jugement de comptes au Bénin n'a eu lieu qu'en 1994 sur les comptes de l'exercice 1991[14], les Chambres des comptes du Sénégal et de la Côte d'Ivoire ont eu une activité juridictionnelle et extra-juridictionnelle plutôt remarquable[15].

Le Traité de l'UEMOA fait le choix d'amorcer le renouveau des institutions supérieures de contrôle des finances publiques. Les réformes constitutionnelles, législatives et réglementaires induites par cette orientation communautaire sont achevées au Sénégal, au Burkina Faso et en Guinée-Bissau. En appui à la dynamique réformatrice, la Commission de l'UEMOA a produit plusieurs directives, qu'un auteur a, à juste titre, appelé le "*code général des finances publiques et de la comptabilité publique*"[16] dans les pays membres ; ces directives servent de matrice à l'*aggiornamento* du droit financier des États. Ce sont : la directive relative aux lois de finances (DLF)[17], la directive relative à la nomenclature budgétaire de l'État (DNBE)[18], la directive portant plan comptable de

---

[13] http://www.intosai.org/2_LIMADf.html

[14] Le Directeur du Trésor et de la Comptabilité Publique du Bénin, comptable principal du budget de l'État a déposé le 30 septembre 1994 les documents financiers et pièces justificatives complémentaires au titre de la reddition des comptes de gestion de l'exercice 1991. (Cour Suprême, Chambre des comptes, *Rapport public 1994*, Cotonou, 1994, pp. 21 & 22.) Ni le comptable principal du budget de l'Etat, ni les comptables secondaires (comptables publics des collectivités territoriales et des établissements publics) n'ont souscrit, avant cette date, à l'obligation légale de reddition de comptes auprès de la juridiction financière.

[15] Voir YORO BOCAR SY, « La jurisprudence de la Cour suprême du Sénégal et droit financier » *in* G. CONAC (dir.) *Les Cours suprêmes en Afrique*, Paris, Economica, 1989, volume II, pp. 237 et suiv. ; Christiane DJE-BI-DJE, « Les attributions juridictionnelles de la Chambre des comptes de la Cour suprême de Côte d'Ivoire » *in* Gérard CONAC (dir.), *Les Cours Suprêmes en Afrique*, *op. cit*., pp. 234 et 235.

[16] S. YONABA, « La difficile intégration des règles budgétaires et comptables des États membres de l'Union économique et monétaire ouest-africaine (UEMOA) », *in RFFP*, n° 79/2002 p. 225.

[17] Directive N° 05/97/CM/UEMOA, modifiée par la Directive N° 02/99/CM/UEMOA (http://www.uemoa.int/actes/directive5_97_cm.doc).

[18] Directive N° 04/98/CM/UEMOA (http://www.uemoa.int/actes/directive4_98_cm.doc).

l'État (DPCE)[19], la directive portant règlement général sur la comptabilité publique DRGCP)[20], la directive portant tableau des opérations financières de l'État (DTOFE)[21] et la directive portant adoption du code de transparence dans la gestion des finances publiques au sein de l'UEMOA[22]. La conjonction des facteurs régionaux et internationaux conduit aujourd'hui à l'institutionnalisation progressive et irréversible d'une Cour des comptes dans chaque pays membre de l'UEMOA.

À l'orée de la refondation annoncée des systèmes de contrôle des finances publiques, il paraît judicieux de s'interroger sur la meilleure stratégie pour faire des juridictions financières de la nouvelle génération des instruments performants pour asseoir une gouvernance financière transparente et efficace dans les États membres de l'UEMOA. Que juge le juge des comptes ? Quelle pourrait être idéalement la nature juridique de ses décisions ? Quels rapports entretient-il avec les autres pouvoirs publics juridictionnels ou non ? Quels moyens humains, matériels et organisationnels paraissent utiles à son activité ?

Il s'agit, en définitive, de constater et d'apprécier l'élargissement du domaine de compétence du juge des comptes (I) ainsi que l'insertion hésitante de celui-ci dans l'ordonnancement institutionnel des pouvoirs publics (II).

I. UN DOMAINE DE COMPÉTENCE LARGE DU JUGE DES COMPTES

À la différence de certains exemples étrangers et notamment français, la matière financière est soumise à l'unicité de juridiction en Afrique de l'Ouest francophone. Les ordonnateurs de recettes et de dépenses publiques autant que les comptables publics sont justiciables de la Cour des comptes, en plus des attributions extra- juridictionnelles que celle-ci exerce.

---

[19] Directive N°05/98/CM/UEMOA (http://www.uemoa.int/actes/directive5_98_cm.doc).
[20] Directive N°06/97/CM/UEMOA (http://www.uemoa.int/actes/directive6_97_cm.doc).
[21] Directive N° 06/98/CM/UEMOA, modifiée par la Directive N° 06/99/CM/UEMOA (http://www.uemoa.int/actes/directive6_98_cm.doc).
[22] Directive N°02/2000/CM/UEMOA (http://www.uemoa.int/actes/2000/DIR_02_2000.htm).

A. La Cour des comptes juge des comptes des comptables publics et des actes des ordonnateurs

Étymologiquement dérivé de la contraction des mots "*contre*" et "*rôle*", ce qui signifie un feuillet ou un registre tenu à l'effet d'en vérifier un autre[23], le contrôle notamment en finances publiques se fonde sur le souci de sincérité et le besoin de transparence. Il s'exerce à la fois sur les comptables publics et sur les ordonnateurs.

1°) Le traditionnel contrôle des comptes des comptables publics

Les institutions supérieures de contrôle des finances publiques dans les pays membres de l'UEMOA appartiennent à la famille[24] de celles qui exercent une véritable compétence juridictionnelle, c'est-à-dire un double pouvoir de contrôle de la réalité et de la régularité des comptes, mais aussi de l'appréciation de la responsabilité personnelle et pécuniaire des comptables[25]. "*Les Cours et Chambres des comptes nationales se sont exercées à ce contrôle juridictionnel avec des performances nuancées selon les pays*"[26].

Le Burkina Faso et le Sénégal offrent deux exemples de législations postérieures à l'adoption des directives communautaires et censées les mettre en œuvre[27]. L'option faite est celle d'une Cour des comptes exerçant une fonction juridictionnelle.

La Cour est juge de droit commun des comptes des comptables publics[28]. Les comptables publics comprennent deux catégories : les comptables principaux justiciables devant la Cour des comptes et les

---

[23] Wemo-DJUNGA, *Contrôle externe des finances publiques*, type latin, Bruxelles, Bruylant, 1993, p. 18.

[24] Sur la distinction des grandes familles, voir J. MAGNET, « Classification des institutions supérieures de contrôle financier », *in RFFP*, n°36, 1991 p. 12.

[25] Selon l'exemple français exposé par J. MAGNET, *La Cour des comptes op. cit.* ; voir aussi M. BOUVIER, *Finances publiques*, Paris, LGDJ, 2000 pp. 402 à 420.

[26] Sur le bilan des Cours et Chambres des comptes voir J.-P. DUPRAT, « L'activité des Cours et Chambres des comptes africaines », *in* G. CONAC (dir.), *Les Cours Suprêmes en Afrique*, *op. cit.* Volume II, p. 116.

[27] Loi organique n°99-70 du 17 février 1999 sur la Cour des comptes (Journal officiel de la République du Sénégal n°5845 du 20 février 1999) ; Décret n° 99-499 du 8 juin 1999 fixant les modalités d'application de la loi organique n°99-70 ; Loi organique N°014-2000/AN du 16 mai 2000, portant composition, organisation, attributions et fonctionnement de la Cour des Comptes et procédure applicable devant elle (Journal officiel du Burkina Faso, N°001 du 14 août 2001).

[28] Loi organique n°99-70, art. 2 (Sénégal) ; Loi organique n°014-2000, art.9 (Burkina Faso).

comptables secondaires dont les comptes sont arrêtés et apurés par les premiers et sous réserve du droit d'évocation de la Cour[29].

La catégorie des comptables publics comptait 497 personnes en 2000 au Sénégal, soit 12 comptables de l'État, 433 comptables des collectivités locales et 52 comptables des établissements publics[30].

La spécificité de la juridiction des comptes, celle d'être une instance sans demandeur, est consacrée par les textes. En application du vieil adage "*le compte saisit de juge*", à la clôture de chaque gestion, les comptables publics présentent leur compte de gestion au juge des comptes dans les délais prescrits[31]. Passé ces délais, ils encourent des amendes de retard[32]. La règle a véritablement du mal à s'appliquer en matière de sanction des retards en raison d'une tradition de non-reddition des comptes perceptible dans les États membres[33].

Le respect des droits de la défense se traduit, notamment, par la règle du double arrêt : la Cour rend d'abord un arrêt provisoire qui est communiqué au comptable public. Celui-ci dispose d'un délai d'un mois[34] ou de deux mois[35] selon le pays, pour apporter, en cas de besoin, les explications et justifications demandées par la Cour.

À l'expiration de ces délais, la Cour rend un arrêt définitif de décharge ou de débet[36]. Les débets sont mis en recouvrement à la diligence du ministre chargé des finances, lequel élabore chaque année un rapport récapitulatif des recouvrements ; ce rapport est adressé au Président de République, au Premier ministre et au Président de la Cour des comptes[37]. La décharge ou le quitus administratifs prononcés par les comptables supérieurs sur les comptes des comptables secondaires produisent les mêmes effets que les arrêts de la Cour et sont exécutoires.

---

[29] Loi organique n°99-70, art. 25 et 34 ; Décret n°99-499, art. 20, (Sénégal) ; Loi organique n°014-2000, art. 14, (Burkina Faso).

[30] Cour des Comptes, *Rapport public 1999-2000*, Dakar, décembre 2001, p. 10.

[31] Soit dans les cinq (5) mois suivants, selon le droit sénégalais.

[32] Loi organique n° 99-70 précitée, art. 34 *in fine* (Sénégal) ; Loi organique n° 014-2000 précitée, art.66 (Burkina Faso).

[33] Voir les commentaires du premier Président de la Cour des comptes du Sénégal, *infra* note n° 123.

[34] Décret n°99-499, art. 22 (Sénégal).

[35] Loi organique n°014-2000, art.50 (Burkina Faso).

[36] Décret 99-499 art. 23, (Sénégal) ; Loi organique n°014-2000, art. 54 & 55 (Burkina Faso).

[37] Loi organique n°99-70, art. 33 *in fine* (Sénégal).

Les débets administratifs, par contre, sont toujours provisoires, sous réserve de l'arrêt confirmatif de débet prononcé par la Cour après examen du dossier et des pièces justificatives transmises par le comptable principal[38]. Les arrêts définitifs affectant le patrimoine du comptable public (amende, débet) sont revêtus de la formule exécutoire. Le comptable public peut en obtenir la remise gracieuse ou la décharge par arrêté motivé du ministre chargé des finances, sur avis du président de la Cour des comptes[39]. La décharge de responsabilité doit être motivée par un cas de force majeure que la jurisprudence civile et administrative définit, de façon classique, comme un événement extérieur, imprévisible et irrésistible.

Les arrêts définitifs de la Cour ne sont susceptibles d'aucun recours, sauf la révision (pour erreur, omission, faux ou double emploi)[40] ou la cassation, soit devant le Conseil d'État[41], ou devant une formation spéciale de la Cour[42].

Les comptables de fait sont justiciables devant la Cour et encourent les mêmes sanctions que les comptables patents sans préjudice des poursuites pénales pour usurpation de fonction et l'amende pour immixtion dans les fonctions d'un comptable public[43]. Les règles de procédure sont à double détente : le juge des comptes prononce d'abord un arrêt déclaratif de gestion de fait échelonné en un arrêt provisoire suivi d'un arrêt définitif ; puis il se penche sur l'apurement juridictionnel du compte de gestion selon le droit commun de la procédure de jugement de la comptabilité patente avec un arrêt provisoire et un arrêt définitif[44].

En pratique, après plus d'une décennie d'inactivité, la Chambre des comptes devenue Cour des comptes du Sénégal a eu à examiner 108 comptes couvrant les gestions des années antérieures (1987 à 1996*)* des

[38] Loi organique n°99-70, art. 34 (Sénégal).
[39] Décret n°99-499, art. 23 *in fine* (Sénégal).
[40] Loi organique n°99-70, art. 33 (Sénégal) ; Loi organique n°014-2000, art. 98 (Burkina Faso).
[41] Loi organique n°99-70, art. 33 (Sénégal).
[42] Loi organique n°014-2000, art.97 (Burkina Faso) ; solution similaire à l'exemple de la *Corte dei Conti* (Cour des comptes) italienne (voir Ch. DESCHEEMAEKER, « Aperçu sur les Cours des comptes étrangères », article précité, pp. 176-178).
[43] Loi organique N° 99-70, art.25 *in fine* (Sénégal).
[44] Décret n°99-499, section II, (Sénégal) ; Loi organique n°014-2000, paragraphe 3 (Burkina Faso).

12 comptables principaux de l'État ; elle a rendu au cours de ses audiences 24 arrêts de quitus et 10 arrêts de décharge[45].

Le rôle du comptable public, quoiqu'important dans la chaîne financière (maniement des fonds et contrôle des ordonnateurs), ne constitue pas le levier décisif dans la perspective de l'instauration d'une gouvernance financière orthodoxe et performante. Le comptable public peut être requis ou être amené à s'exécuter sur ordonnance de paiement.

On mesure dès lors l'intérêt de la soumission des ordonnateurs à la juridiction de la Cour des comptes.

2°) Le contrôle de la gestion : la Cour des comptes, juge des ordonnateurs

Le glissement du concept de contrôle des comptes des comptables publics vers celui plus large de contrôle des finances publiques est nettement perceptible aussi bien dans les documents officiels de l'INTOSAI que ceux de l'UEMOA. La tradition anglo-saxonne de contrôle et de vérification (apurement des comptes et contrôle de la gestion)[46] des opérations financières publiques se retrouve et imprègne *mutatis mutandis* les directives de l'UEMOA et le droit financier des pays membres.

Les textes de l'UEMOA distinguent deux niveaux : d'abord la catégorie des membres du gouvernement, ensuite celle des autres administrateurs et ordonnateurs chargés de la gestion des biens, deniers et valeurs appartenant ou confiés aux organismes publics, c'est-à-dire "*à l'État, aux établissements publics nationaux ou locaux, aux collectivités territoriales ainsi que les services et organismes que la loi assujettit au régime juridique de comptabilité publique*"[47].

La responsabilité des premiers est engagée et mise en jeu selon les règles spécifiques prévues par la législation des États[48].

Les seconds encourent une responsabilité de droit commun qui peut être mise en jeu devant les tribunaux judiciaires. Ils sont aussi justiciables de la Cour des comptes pour *« fautes de gestion »*[49].

---

[45] Cour des Comptes, *Rapport Public 1999 et 2000*, Dakar, décembre 2001 p. 27.

[46] Don DRACH, « *Le General Accounting Office des États-Unis* » *in RFFP*, n° 36, 1991, p. 71 ; Sir John BOURN, « La reddition des comptes au Parlement du Royaume-Uni », *in RFFP*, n° 36, 1991, p. 95.

[47] DRGCP, art. 1er.

[48] DRGCP, art. 11-1 ; DLF, art.76-1.

[49] DRGCP, art. 11-2 ; DLF, art.76-2 et 77.

Les éléments matériel et moral de la faute de gestion sont énoncés en une formulation aussi générale que générique : les personnes qui se sont procurées ou ont tenté de se procurer à elles-mêmes ou à autrui un avantage injustifié, pécuniaire ou en nature, ou encore toute personne qui, en méconnaissance de ses obligations, a porté préjudice à la collectivité publique[50]. Les modalités d'exécution de ces prescriptions communautaires sont laissées à la discrétion des législations des États membres.

La loi sénégalaise rend justiciables de la Cour des comptes les ordonnateurs des grandes institutions de l'État, autres que leurs chefs (Président de la République, Président du Sénat, Président de l'Assemblée nationale, Premier ministre), des cabinets ministériels hormis les ministres, des collectivités territoriales, des établissements publics, des sociétés nationales, des sociétés d'économie mixte et des organismes bénéficiant de concours financier de la puissance publique[51]. La rédaction de la loi est si large qu'on peut dire que la compétence *ratione personae* de la Cour s'étend aux comptables pour leur comportement personnel et aux autres agents civils et militaires impliqués dans des opérations financières des personnes publiques.

Les éléments matériels constitutifs d'actes ou de faits punissables sont d'abord une série de règles de forme que les comptables publics peuvent faire corriger dans l'exercice normal de leur rôle de contrôleur des actes d'ordonnancement. Ensuite, les textes visent, dans une formulation parfois exorcistique[52], "*l'infraction à la réglementation des marchés publics*", *« l'état de gaspillage »*[53], le fait de s'attribuer un « *avantage injustifié, pécuniaire ou en nature* » au préjudice du Trésor public, etc. Le déclenchement de l'instance n'est pas ouvert *erga omnes* à tout citoyen. La Cour peut s'auto-saisir à la diligence de son Président ou examiner une requête émanée du ministère public près la Cour ou de personnalités investies d'un mandat politique[54].

La solution choisie traduit le souci de conciliation d'une double exigence contradictoire : la nécessaire soumission des administrateurs

---

[50] DLF, art. 77-3.

[51] Loi organique n°99-70, art. 48 (Sénégal).

[52] Loi organique n°014-2000 précitée, art.79 et 80 (Burkina Faso) ; Loi organique n°99-70 précisée art. 49 (Sénégal).

[53] Cour des comptes du Sénégal, Arrêt N° 03/2001 du 17 octobre 2001, CVCCEP contre Adama SALL.

[54] Loi organique n°014-2000 précitée, art.83 (Burkina Faso).

au droit et la conjuration du syndrome d'un gouvernement des juges financiers.

Le rôle du ministère public est décisif en droit sénégalais. Après l'instruction conduite par un conseiller rapporteur, c'est à lui de décider de classer sans suite pour insuffisance de charge ou de requérir par renvoi du dossier devant la chambre. La loi au Burkina Faso fait par contre du magistrat rapporteur le maître de la procédure jusqu'à l'ouverture des audiences de jugement.

La Cour rend un arrêt qui se résout en une amende ; les arrêts de la Cour sont exécutoires et ne sont susceptibles d'aucun recours, sauf la révision ou la cassation dans les mêmes conditions que les arrêts de débet prononcés à l'encontre des comptables publics.

Les amendes infligées par la Cour ont le même régime juridique que les arrêts de débet infligés aux comptables publics, notamment en matière de *« recouvrement, de poursuite et de remise »*[55].

La compétence du juge des comptes sur les ordonnateurs ne se limite, cependant, pas à constater et à sanctionner les fautes de gestion ; elle consiste aussi et surtout à faire des recommandations et suggérer des améliorations de la gestion, du cadre juridique, institutionnel et économique, en un mot à exercer une attribution extra-juridictionnelle.

B. Le juge financier, conseil en gestion

Elles sont l'expression du rôle d'apporteur d'expertise que joue aussi la Cour au profit de l'exécutif, du parlement ou, plus généralement, pour éclairer l'opinion publique.

1°) Le contrôle des organismes publics autres que l'État et les collectivités territoriales

Sous le chapeau général du contrôle juridictionnel, le droit communautaire range indifféremment, "*la vérification des comptes et de la gestion des entreprises publiques*, le *contrôle (des) institutions de la sécurité sociale placées sous le contrôle de l'État, le contrôle sur les organismes qui bénéficient du concours financier de l'État ou d'une autre personne morale soumise à son contrôle*"[56].

La position retenue par les droits internes des États est plus nuancée. La Cour a, certes, une compétence juridictionnelle sur les comptables et les ordonnateurs de recettes et de dépenses publiques des organismes

---

[55] Article 71 *in fine,* loi organique 014-2000 précitée (Burkina Faso).
[56] Article 69, Directive n°05/97/CM/UEMOA relative aux lois de finances.

susvisés ; cependant, sa juridiction est fortement imprégnée du principe de légalité des délits et des peines inspirées du droit pénal.

Ainsi donc, en dehors des cas "*d'infraction*" ou de "*tentative d'infraction*"[57] définis par les textes financiers, le contrôle du juge est extra-juridictionnel et vise l'appréciation de « *la réalisation des objectifs assignés, l'adéquation des moyens utilisés, les coûts des biens et services produits, les prix pratiqués et les résultats financiers* »[58] selon les dispositions du droit sénégalais ; ou encore l'appréciation « *sur les résultats financiers et la qualité de la gestion* » au Burkina Faso[59].

Alors qu'ailleurs le mécanisme de vérification de la Cour s'apparente ordinairement à un contrôle par sondage[60], la loi au Burkina Faso oblige les dirigeants des entreprises publiques à transmettre à la Cour, les états financiers de synthèse et le rapport des commissaires aux comptes, dans les quatre mois suivant la clôture de l'exercice[61].

Les procédures de contrôle et de vérification se concluent par l'émission d'avis et de recommandations par voie de référé ou de note du président de chambre adressés aux ministres intéressés ou aux autorités de tutelle[62] et sans préjudice des poursuites pénales que la Cour peut déclencher devant les juridictions répressives[63].

Les partis politiques concourent à « *l'expression du suffrage* »[64], selon les dispositions des lois constitutionnelles. En cela, ils jouent un rôle d'intérêt public qui justifie les concours financiers que la puissance publique leur accorde. En contrepartie, ils sont tenus de transmettre à la juridiction financière « *leur rapport financier dans le premier trimestre*

---

[57] Ainsi, la Cour des comptes du Sénégal a jugé que la tentative n'est pas prévue comme fait punissable par la loi relative à la juridiction financière et « qu'il y a lieu, par conséquent, de ne pas retenir (…) ce chef de prévention » (Cour des comptes du Sénégal, Arrêt n° 3/2000 du 21 novembre 2000, Président de la CVCCEP contre Ndiassé MBENGUE).

[58]Article 67, loi organique n°99-70 précitée (Sénégal).

[59] Art. 113, loi organique n° 014-2000 précitée (Burkina Faso).

[60] Article 43, loi n°90-07 du 26 juin 1990 relative à l'organisation et au contrôle des entreprises du secteur parapublic (Journal officiel de la République du Sénégal, 07 juillet 1999).

[61] Article 110, loi organique n° 014-2000 précitée (Burkina Faso).

[62] Article 109 à 123, loi organique N° 014-2000 précitée (Burkina Faso).

[63] Article 117, loi organique N° 014-2000 précitée (Burkina Faso).

[64] Article 4, constitution du Sénégal ; article 13, constitution de juin 1991 au Burkina Faso ; article 5, constitution du 11 décembre 1990 au Bénin.

de l'année »[65] pour « *vérification* »[66]. Les textes ne précisent pas si le rapport doit être accompagné de pièces justificatives des débours ou si la vérification peut se faire sur place. Les suites pouvant découler de la vérification sont également passées sous silence, ce qui donne à cette disposition légale des allures de clause de style, dans un domaine où le patrimoine des partis peut être suspecté d'avoir sa source dans l'exécution des lois de finances.

2°) L'appui au contrôle politique : le contrôle de l'exécution des lois de finances

La Cour des comptes apporte une expertise dans le processus de contrôle des activités d'exécution budgétaire sur une année. La directive communautaire relative aux lois de finances prévoit en son article 37, que le projet de loi de règlement est accompagné "*d'un rapport du juge des comptes et de la déclaration générale de conformité.*" Ni le contenu, ni les modalités de ces deux documents ne sont explicités. La loi sénégalaise précise que le contrôle politique consiste *à "déterminer et analyser les résultats des opérations financières de l'État et à en examiner la régularité et la sincérité*"[67], c'est-à-dire à "*analyser les mouvements financiers au regard des règles budgétaires et celles relatives à l'exécution des recettes et des dépenses*"[68].

La Déclaration générale de conformité et le Rapport sur l'exécution de la loi de finances sont adoptés en audience plénière de la Cour et transmis aux Présidents de l'Assemblée nationale et du Sénat. Le ministre des Finances en reçoit ampliation « *pour information* »[69]. Si la question du délai de production de ce rapport n'est pas abordée dans les textes nationaux, la directive communautaire prescrit, par contre, que le projet de loi de règlement est déposé au parlement au plus tard à la fin de l'année qui suit l'exécution du budget et que "*les projets de loi de finances initiale à venir ne pourraient être soumis au parlement tant que le projet de loi de règlement en cause n'aura pas été déposé*"[70]. Ceci oblige les États à produire annuellement une loi de règlement au même titre que la loi de finances de l'année.

---

[65] Article 126, loi organique 014-2000 précitée (Burkina Faso).
[66] *Ibidem.*
[67] Article 36, Décret n°99-499 du 08 juin 1999 fixant les modalités d'application de la loi organique n°99-70 du 17 février 1999 sur la Cour des comptes (Sénégal).
[68] *Ibidem,* art. 37.
[69] *Ibidem,* art.38 et 39.
[70] Directive n°05/97/CM/UEMOA, art. 44.

Au Sénégal, après près d'une décennie d'état d'hibernation, la Cour des comptes a renoué avec la légalité en élaborant au cours des exercices 1999 et 2000, une série de 9 rapports sur l'exécution des lois de finances accompagnés de 9 déclarations générales de conformité annexés aux projets de loi de règlement de 9 années couvrant la période 1987/1988 à 1996. Le parlement a été en mesure de voter les lois de règlement des périodes considérées en janvier 2000[71].

Quoiqu'utile à l'exercice du contrôle politique par le parlement, la production de rapport sur les projets de loi de règlement et la déclaration générale de conformité subit des contraintes de délai. Le vote d'une nouvelle loi de finances se passe, en pratique, sans avoir fait le point de l'exécution du budget de l'année précédente. L'état actuel des pratiques, les documents en possession des élus sont, dans le meilleur des cas, vieux de deux ans et présentent de ce fait un intérêt limité pour les enjeux et les choix à l'ordre du jour. Ils donnent cependant des indications pour l'activité ultérieure de contrôle de la gestion des services, c'est-à-dire du "*bon emploi des crédits, fonds et valeurs*"[72], selon une disposition des textes français.

La loi de finances de l'année est l'expression financière de la politique du Gouvernement, déterminée et conduite par le Président de la République, dans cet espace géographique de l'Afrique de l'Ouest où le régime présidentiel est choisi par tous. L'appréciation de cette politique n'est sûrement pas de la compétence des juges, au risque de prêter le flanc au syndrome du gouvernement des juges. L'évaluation par contre de l'adéquation des moyens aux fins peut être faite par la juridiction financière[73] exerçant en l'occurrence une attribution non juridictionnelle.

Si cette orientation du contrôle des finances publiques n'a pas de tout temps été la mieux partagée[74], elle s'impose cependant aujourd'hui comme une évidence. La richesse sémantique qui désigne cette option est un indicateur de son universalité. Selon les milieux et les moments, on

---

[71] Cour des Comptes, *Rapport public 1999 et 2000*, Dakar, décembre 2001, p. 27.

[72] Code des Juridictions financières (France), art. L.111-3.

[73] Jacques MAGNET parle à ce propos de « l'examen de l'organisation et du fonctionnement des services, du nombre, du recrutement, de la qualité et de l'activité de leur personnel, du prix et de la qualité des prestations, fournitures ou travaux, et la comparaison des moyens ainsi utilisés et les résultats » *in* J. MAGNET, *La Cour des comptes, op. cit.*, p. 131

[74] Voir en ce sens B. GOURNAY, « Les tendances actuelles du contrôle des finances publiques », *in Revue Française d'Administration Publique,* n° 27/1983 p. 6.

entend parler de bon emploi, de bonne gestion, d'efficacité, d'efficience, de gouvernance financière, de performance, de rationalisation, etc.[75]

Les textes communautaires confèrent aux juridictions des comptes la compétence de *« s'assure (r) du bon emploi des crédits, fonds et valeurs »* gérés par les services de l'État[76].

La traduction concrète de cette compétence de la Cour est d'abord le rapport produit à l'occasion de l'inspection des organismes. Le rapport final d'inspection peut proposer des redressements et même des sanctions sur les faits et actes constatés[77] ; ensuite vient le rapport public annuel de la Cour des comptes qui présente, *« les principales observations qu'elle a faites dans l'année »*[78] et dans laquelle elle peut « *suggérer toutes réformes jugées nécessaires* »[79].

Par ailleurs, le droit communautaire préconise, pour la comptabilité de l'État, la tenue d'une comptabilité administrative, d'une comptabilité générale et patrimoniale, d'une comptabilité analytique et d'une comptabilité des matières[80]. La clé de passage des comptes descriptifs du plan comptable de l'État au coût des services et au surcoût par rapport à une norme devra être déterminée. Une tâche que pourrait utilement exécuter les Cours des comptes en tirant avantage de leur statut d'institutions qui tiennent leur légitimité de la Constitution des États.

II. L'INSERTION HÉSITANTE DES COURS DES COMPTES DANS L'ORDONNANCEMENT DES POUVOIRS PUBLICS

Inspirées par le droit communautaire et mises en place par les États membres, les Cours des comptes sont des institutions nouvelles. Leur création doit régler la question de leurs rapports aux autres pouvoirs publics.

---

[75] Sur l'ensemble voir B. ABATE, *La nouvelle gestion publique*, Paris, L.G.D.J. 2000 ; Ch. DESCHEEMAEKER, « Contrôle des comptes et contrôle de la gestion » *in Notes et Études Documentaires, n°* 4957 décembre 1992, La Documentation Française, p. 75.

[76] Article 69, Directive n°05/97/CM/UEMOA relative aux lois de finances.

[77] Loi n°99-70 précitée, art. 67 et 73 (Sénégal) ; loi 014-2000 précitée, art.115 *in fine* Burkina Faso).

[78] Article 3, loi organique 99-70 précité (Sénégal).

[79] Loi 014-2000 précitée, art. 128 *in fine* (Burkina Faso).

[80] Article 87, Directive n°06/97/CM/UEMOA portant règlement général sur la comptabilité publique.

A. La naissance du quatrième pôle des ordres juridictionnels

Les revendications pour un État de droit, au cours de la décennie 1990, ont provoqué les premières scissions des Cours suprêmes en Afrique[81], avec la naissance des Cours constitutionnelles, suivies, par scissiparité, des juridictions administratives, des juridictions judiciaires et des juridictions des comptes.

1°) La problématique de la fonction juridictionnelle exercée par les Cours des comptes

Le juge des comptes est jugé de droit commun pour apprécier la légalité comptable des comptes produits par les comptables publics. Il exerce une juridiction pleine et entière sur les comptes et sur les comptables[82], ce qui n'est pas une originalité.

Mais, ainsi que nous l'avons déjà expliqué, la nouveauté introduite par le droit communautaire[83] et reprise par les droits nationaux[84] est de rendre les ordonnateurs justiciables de la Cour des comptes. Or, la nature des fonctions des ordonnateurs les place au carrefour de plusieurs légalités : légalité des comptes, légalité administrative, légalité pénale et même légalité constitutionnelle. Autant de types de légalité relevant d'autant d'ordres de juridiction, ce qui augmente le risque de contrariétés jurisprudentielles. La rédaction de la loi française du 5 janvier 1988 (article 87) en offre une illustration en droit comparé. Les Chambres régionales des comptes s'assurent "*de l'emploi régulier des crédits, fonds et valeurs*", ce qui les conduit, au-delà des comptables, à apprécier la légalité du fait générateur de l'obligation de payer, c'est-à-dire, des actes des ordonnateurs. On a pu ainsi déduire de cette évolution que "*le contrôle de régularité suppose aussi l'exercice d'un contrôle général de la légalité, que le juge administratif ne semble pas contester*"[85].

---

[81] Voir G. CONAC (dir.), *Les Cours Suprêmes en Afrique, op. cit.,* Volume I, pp. 73-155.

[82] Sur la querelle française entre le Conseil d'État et la Cour de comptes sur le jugement des comptables publics voir J. MAGNET, « Que juge le juge des comptes ? » *in RFFP,* n°28/1989.

[83] Art 11, Directive n°06/97/CM/UEMOA portant règlement général sur la comptabilité publique.

[84] Article 48, loi n°99-70 précitée (Sénégal) ; Article 79, loi n°014-2000, précitée (Burkina Faso).

[85] J.-P. DUPRAT : « L'évolution des contrôles au ministère des finances » *in* Journées d'études "*Finances-Université*" Bordeaux, 25 mars 1993 : *La fonction de contrôle externe des administrations économiques et financières,* Bordeaux, LyCoFac 1994,

Ainsi, l'ordonnateur qui "*n'aura pas fait appel à la concurrence dans les conditions prévues par les textes en vigueur*"[86], sera sanctionné par le juge des comptes après que celui-ci aura apprécié la régularité de la procédure administrative ayant conduit à l'attribution du marché public.

Plus délicatement, l'"*avantage injustifié*" en droit sénégalais[87], lorsqu'il se rapporte aux dirigeants de sociétés nationales, est, dans son esprit, assimilable aux dispositions de l'article 891 du droit commercial qui incrimine l'abus de biens sociaux[88]. La Cour des comptes devra, à partir des faits de l'espèce, caractériser l'infraction et prononcer les sanctions (amende) contre leurs auteurs, dans la mesure où ceux-ci ressortissent *ratione personae* à sa compétence. Les co-auteurs et complices, qui ne sont pas éligibles à la juridiction de la Cour, seront attraits devant le juge pénal. *A priori*, la concordance des décisions ne peut être présumée de façon irréfragable, et "*il est fâcheux que des juges puissent apparaître d'opinions différentes et même opposées sur les mêmes questions*"[89].

Dans l'affaire Papa Amath SANÉ[90] par exemple, la Cour a rejeté l'exception de la défense tendant à dessaisir le juge financier au motif que la même affaire était en instruction devant le juge pénal. Au regard de l'importance des sommes en jeu (environ un demi-milliard de francs CFA), il est envisageable que l'infraction soit qualifiée de crime par la juridiction pénale. Le cas échéant, la prescription quadriennale du juge financier sera portée au quintuple ; pourront être versés au dossier de l'instruction et de la répression des faits qui sont déclarés forclos par la Cour des comptes. Les peines seraient évidemment à l'avenant ; la règle *non bis in idem* ne conduirait pas à ignorer la saisine ni le verdict de la juridiction financière. Mais la vocation rétributive et dissuasive de la sanction serait, en toute hypothèse, mieux servie par la décision du juge pénal.

---

p. 38. Voir aussi, E. DOUAT. *La Chambre régionale des comptes et l'ordre judiciaire administratif*, Thèse 1991, Université de Bordeaux I.

86 Article 49, loi n°99-70 précitée, point A.6.C (Sénégal).

87 *Ibidem.*

88 Article 891 de l'Acte Uniforme sur les Sociétés Commerciales et les Groupements d'Intérêt Economique. (Organisation pour l'Harmonisation du Droit des Affaires en Afrique, Traité et actes uniformes commentés et annotés, Poitiers, Juriscope, 2002)

89 J. MAGNET, « Observations sur les attributions de contrôle budgétaire des chambres régionales des comptes », *in RFFP*, n° 13/1986 p. 238.

90 Arrêt n° 01/2001 du 19 septembre 2001, Président de la République contre Papa Amath SANÉ. (Sénégal).

Certes, les textes suggèrent des règles de bonne conduite, et surtout, de bonne collaboration entre juridiction en aménageant des mécanismes de dessaisissement d'office de la Cour[91]. Aucun mécanisme de concertation institutionnelle n'étant prévu[92], il est à craindre cependant que le corporatisme l'emporte malgré tout, au grand dommage de la justice et des justiciables.

Par ailleurs, il convient de souligner que certaines législations ont aménagé un recours en cassation devant la juridiction administrative, contre les arrêts rendus par les Cours des comptes. Le droit n'est pas une science exacte et les revirements de jurisprudence sont habituels au sein d'un même ordre de juridiction. Dire le droit suppose l'interprétation de la règle juridique applicable aux faits de l'instance. Cette interprétation peut évidemment diverger dans le temps et aussi selon les catégories de juge en présence. La rédaction presque rituelle des arrêts de cassation commence par ce début de phrase : "*c'est par une inexacte interprétation des dispositions applicables au jugement ...*"[93]. Une telle formulation n'est évidemment pas de nature à conforter, dans son autorité, un ordre juridictionnel naissant, lorsque la mauvaise interprétation est relevée par une haute juridiction relevant d'un autre ordre juridictionnel. Les Cours des comptes, dans l'espace UEMOA, en paraîtraient des organes sous tutelle.

On peut dire, à partir de cet état de subversion potentielle ou avérée de l'ordonnancement juridique et surtout jurisprudentiel, que le choix de faire exercer par les Cours des comptes ouest-africaines une fonction juridictionnelle pose problème, alors que cette option est contestée sur sa terre d'origine[94]. Les meilleurs défenseurs de la compétence juridictionnelle de la Cour finissent, d'ailleurs, par convenir du besoin d'*« amendement de la juridiction des comptes »*[95].

---

[91] Voir art. 94, loi n° 014-2000 précitée (Burkina Faso).

[92] Un tribunal des conflits par exemple.

[93] Voir CE 20 novembre 1981, ministre du Budget c/Rispail et autres, Rec. p. 434.

[94] Nicolas BAVEREZ, auditeur à la Cour des comptes constate la faillite des missions de la Cour et préconise la transformation de la Cour des comptes en une autorité administrative indépendante (N. BAVEREZ, *« La Cour des comptes : juridiction introuvable ? »* D. 1992. Chron. 179).

[95] J. MAGNET et E. HEMAR, « Défense, illustration et amendement de la juridiction des comptes », *in RFFP*, 1993, p. 44 ; J. MAGNET écrit aussi « les débets sont remis dans des proportions telles que la responsabilité des comptables devient illusoire et la juridiction des comptes qui la sanctionne une formalité vide de substance » (J. MAGNET, *La Cour des comptes, op. cit.*, p. 194).

Au demeurant, les amendes infligées par les juridictions financières africaines paraissent bien symboliques au regard de l'importance financière des fautes relevées[96]. La Cour des comptes en Afrique de l'Ouest gagnerait à être fondamentalement « *un lieu d'expertise, un réservoir de compétence exceptionnel* »[97], comme semble être le dessein originel de l'UEMOA sur le sujet.

Au total, le monisme juridictionnel, sous la forme d'une Cour suprême multicamérale, offrait l'avantage de régler, en interne, les questions de divergences de nature jurisprudentielle et de ne point offrir au citoyen l'image de la contradiction. Les Cours des comptes constituent certes un signal fort dans la quête souhaitée de la régularité et de la performance dans la gestion des finances publiques. Celles-ci courent, cependant, le risque de devoir gérer des situations conflictuelles avec les autres ordres de juridiction, dans un contexte où elles doivent avant tout se trouver les moyens de leur statut et de leurs objectifs.

2°) L'affectation des ressources adéquates

La bonne question est celle de la disponibilité des ressources humaines[98], mais aussi celle de l'adéquation de celles-ci aux besoins d'une justice financière. La nature du contrôle exercé nécessite une formation appropriée qui ne coïncide pas avec les programmes de formation des magistrats des autres ordres de juridiction. Le contenu des formations reçues dans les Écoles Nationales d'Administration et de Magistrature des États membres de l'UEMOA est aujourd'hui en deçà des besoins en ressources humaines des juridictions financières[99]. Certes, le recours à des "*rapporteurs particuliers*" et à "*l'assistance d'experts*"[100] pour pallier le déficit de savoir-faire est envisagé. Mais on

---

[96] Arrêt N° 1/2000 du 3 octobre 2000, Président de la république contre Moussa Demba SALL ; Arrêt N° 03/2001 du 17 octobre 2001, Président de la CVCCEP contre Adama SALL.

[97] B. CIEUTAT, « La Cour des comptes et la réforme », *in RFFP*, N°76, 2001, p. 120.

[98] Les juridictions du Burkina Faso, tous ordres confondus, ont accueilli 20 nouveaux magistrats, frais émoulus de l'École Nationale d'Administration et de Magistrature en 2002 (Journal *SIDWAYA,* 06 novembre 2002, Ouagadougou, Burkina Faso). Le Sénégal a prévu la mise à disposition de la Cour des comptes de soixante magistrats (art. 4, Décret n° 99-499 précité).

[99] André CHANDERNAGOR fait remarquer le besoin de compléter la formation initiale des magistrats de la Cour des comptes en France, après les nationalisations de 1982 (journal *Le Monde* 29 juin 1990 p. 1.)

[100] Article 23 loi n° 99-70 du 17 février 1999 précitée (Sénégal).

ne peut durablement fonder l'existence et la performance d'une institution pérenne sur de la sous-traitance externe.

Les programmes des concours de recrutement de magistrats, pour la Cour des comptes du Sénégal, préfigurent une prise de conscience des exigences de profil de la magistrature financière. Le décret n° 99-965 fixant les conditions, modalités et programmes des concours de recrutement des magistrats de la Cour des comptes énonce en annexe 39 thèmes d'évaluation des candidats repartis en deux grandes rubriques : finances et gestion publique d'une part, finances et gestion privée d'autre part.

La Commission de l'UEMOA, pour sa part, a fait établir le diagnostic, pays par pays, du niveau de mise en œuvre de ses directives et des contraintes locales existantes. La question récurrente des ressources humaines a conduit la Commission à définir un programme de formation qui va au-delà des seuls besoins des juridictions financières.

La Côte d'Ivoire a pu s'enorgueillir un moment d'avoir accru les ressources de fonctionnement de la Chambre des comptes et même d'avoir fait de celle-ci la chambre la mieux pourvue au sein de la Cour suprême[101]. Mais, ici comme en d'autres domaines, les hautes juridictions ne peuvent se soustraire à la répartition de la pénurie. Les engagements signés et assumés par les États les conduisent à privilégier des secteurs autres que la justice. De sorte qu'on peut dire que les Cours des comptes de l'espace UEMOA, installées ou promises à l'installation, ont ou auront à régler au mieux la question de leurs ressources, condition importante pour mieux assumer leur rang de magistrature indépendante.

B. L'indépendance des Cours des comptes

On s'accorde en général à dire que la notion d'indépendance est consubstantielle à celle de justice[102]. Dans sa Déclaration dite de Lima, l'INTOSAI préconise l'instauration d'institutions supérieures de contrôle

[101] Ch. DJE-BI-DJE, « Les attributions juridictionnelles de la Chambre des comptes de la Cour Suprême de Côte d'Ivoire », article précité, p. 216.

[102] Voir S. MATTHIAS, « Impartialité du juge et perception publique », *in* la *Voix de l'Intégration Juridique et Judiciaire Africaine*, *Bulletin de l'Association ouest-africaine des Hautes Juridictions Francophones*, n°001/2001 p. 201 ; Voir aussi R. HERTZOG, « Réflexions sur l'indépendance des organes publics », *in Revue Française d'Administration Publique* n°90/1999. L'auteur affirme que « la Justice est par excellence, le domaine où l'indépendance des personnes ou des institutions est proclamée et garantie » pp. 218-219.

des finances publiques "*dont l'indépendance est garantie*"[103]. Si, sur un plan juridique, on peut dire que les États membres de l'UEMOA offrent, sur les critères de l'indépendance préconisée, des législations assez convaincantes, il convient, dans une approche systémique, de mettre en évidence les interrelations entre le droit, les phénomènes de nature sociopolitique et le contexte économique qui peuvent fragiliser les données du droit.

1°) L'indépendance du point de vue du droit

D'un point de vue strictement juridique, les Cours des comptes ouest-africaines jouissent de garanties appréciables d'indépendance au double plan organique et fonctionnel.

En effet, l'éclatement des Cours suprêmes a entraîné ou entraîne des révisions constitutionnelles[104] aboutissant à la création de nouveaux ordres de juridiction : judiciaire, administratif et des comptes. Les Cours des comptes acquièrent ainsi une légitimité constitutionnelle, car elles tiennent leur existence et leur mandat de la loi fondamentale des États[105]. Les conditions de recrutement[106], de nomination[107] ainsi que la

---

[103] Ce thème de l'INTOSAI est repris par l'EUROSAI dans sa Déclaration de Lisbonne, Juin 1998 : « la capacité d'action indépendante est une garantie essentielle du bon fonctionnement d'une institution supérieure de contrôle » et à l'issue de son 4e Congrès tenu à Paris (Juin 1999), les participants réaffirment leur « attachement à l'indépendance, condition indispensable d'un contrôle efficace de la bonne gestion des fonds publics », *in Revue Française d'Administration Publique,* n°90/1999 p. 301.

[104] Loi n° 90-02 du 22 janvier 1999 portant révision de la constitution (Journal officiel de la République du Sénégal, n°5842 du 30 janvier 1999) ; Article 102 de la Constitution du 23 juillet 2000 en Côte d'Ivoire ; Avant projet de loi portant révision de la Constitution du 11 décembre 1990 au Bénin en ses articles 52, 53, 56, 99, 112, 125, 127, 128, 131 et 135.

[105] Fondement constitutionnel dont ne bénéficient pas toutes les institutions supérieures de contrôle des finances publiques, notamment 34 institutions supérieures de contrôle sur les 113 objets d'une enquête de l'INTOSAI (in Etude sur l'indépendance des institutions supérieures de contrôle des finances publiques, Rapport final du groupe de travail *ad hoc*, p. 5 ; http://www.intosai.org/2_Indep_F.pdf).

[106] Loi organique N° 99-73 du 17 février 1999 portant statut des magistrats de la Cour des comptes (journal officiel de la République du Sénégal, N° 5848 du 6 mars 1999)

[107] Articles 7 et 20, loi organique N°014-2000 précitée (Burkina Faso) ; Le premier Président ainsi que le Commissaire du droit (ministère public) ainsi que le président de commission de vérification des comptes et de contrôle des entreprises publiques (qui est une des trois chambres permanentes de la Cour) sont nommés à la discrétion du Président de la République, art. 29, loi organique N° 99-73 précitée (Sénégal).

carrière (rémunération, avancement, mutation, sanction)[108] des magistrats des Cours des comptes bénéficient des garanties, quoique formelles, offertes par les Conseils supérieurs de la magistrature et même d'une structure *ad hoc* comme le Conseil supérieur de la Cour des comptes au Sénégal[109].

Les Cours des comptes établissent leurs prévisions de crédits budgétaires mais les dotations prévisionnelles sont soumises aux arbitrages budgétaires de l'exécutif, au même titre que les autres pouvoirs publics : Cour constitutionnelle, Conseil économique et social, Autorité de régularisation des médias, Hautes juridictions administrative et judiciaire, etc.[110] Les Présidents des Cours des comptes sont les ordonnateurs principaux de leurs crédits budgétaires[111], ce qui leur confère une latitude certaine pour conduire les aspects fonctionnels de leurs institutions.

En matière de contrôle extra-juridictionnel, l'initiative appartient aux Cours des comptes[112]. Celles-ci sont compétentes pour établir *proprio motu* leur programme de vérification[113]. Elles instruisent par leurs membres les dossiers ; les organes contrôlés ont l'obligation, sous peine d'amende[114], de collaborer à la réalisation des investigations : production de pièces, vérification sur site, etc. Le secret professionnel

[108] Loi organique N° 99-73 précitée (Sénégal) ; art. 20 et 22, loi organique N°014-2000 précitée (Burkina Faso).

[109] Chapitre 4, loi organique N°99-73 précitée (Sénégal).

[110] Article 26, loi organique N°014-2000 précitée (Burkina Faso) ; Article 10, loi N°99-70 précitée (Sénégal) ; selon l'enquête précitée de l'INTOSAI, le budget de 77 des institutions supérieures de contrôle est approuvé par le parlement, mais seulement 69 ISC ont la possibilité de défendre leur budget devant les députés.

[111] Article 26 *in fine*, loi organique N°014-2000 précitée (Burkina Faso) ; Article 10, loi 99-70 précitée (Sénégal) ; 81 des institutions supérieures de contrôle objet de l'enquête estiment qu'elles gèrent leur budget une fois qu'il est approuve (voir enquête INTOSAI précitée).

[112] Exception notoire du Burkina Faso où la loi oblige les entreprises publiques à transmettre à la Cour leurs états financiers de synthèse de l'année ; article 110, loi organique N° 014-2000 précitée, Burkina Faso).

[113] Articles 9 et 20, loi N°99-70 précitée (Sénégal) ; article 8 du décret N°92-1559 du 6 novembre 1992 fixant les règles de fonctionnement de la commission de vérification des comptes et de contrôle des entreprises publiques du Sénégal. L'enquête précitée de l'INTOSAI révèle que 103 institutions supérieures de contrôle sur les 113 jouissent de cette autonomie.

[114] Article 30 al.2, loi n°99-70 précitée (Sénégal).

n'est pas opposable à la Cour[115], y compris lorsque la sécurité intérieure et extérieure de l'État est en cause.

Examinées sous l'angle de l'indépendance et de la fonctionnalité formelles, les Cours des comptes ouest-africaines réalisent des performances appréciables selon l'enquête de l'INTOSAI[116]. Des progrès restent à faire dans nombre de pays à travers le monde et l'INTOSAI, au terme de son enquête, conclut *« qu'un nombre considérable d'institutions supérieures de contrôle ne sont pas vraiment en mesure de remplir leur mandat d'une manière qui satisfasse aux exigences de la Déclaration de Lima sur les lignes directrices du contrôle des finances publiques ».*

Les institutions ouest-africaines peuvent se féliciter d'avoir des textes juridiques conformes pour l'essentiel, aux canons internationaux de la grande famille des institutions supérieures de contrôle. Cette honorabilité *a priori* se nuance lorsqu'on se situe dans une perspective systémique, en faisant de la règle de droit une norme soluble dans la culture nationale des États.

2°) De l'approche juridique à l'étude systémique

Depuis "*L'État néo-patrimonial*"[117] de Jean-François MEDARD, les études sur le phénomène de l'accumulation en Afrique ont beaucoup essaimé. Les nouvelles dynamiques démocratiques et les alternances politiques subséquentes des années 1990 n'ont pas véritablement enrayé la "*rent-seeking* des élites"[118] politiques ouest-africaines. Les Cours des comptes émergent dans cet environnement de culture politique fortement imprégnée de prévarication. Garantes *a priori* et par vocation de la qualité de la gouvernance financière dans les États, mais partie prenante à la vie institutionnelle nationale, elles sont à la croisée

---

[115] Article 16 loi organique N°014-2000 précitée (Burkina Faso) ; Article 30 al.1er, loi N°99-70 précitée (Sénégal).

[116] L'INTOSAI définit huit conditions essentielles à une vérification adéquate du secteur public : le cadre légal ou constitutionnel approprié, l'indépendance du chef et des membres de l'ISC, le mandat suffisamment large, l'accès à l'information, le droit et l'obligation de diffuser les résultats des travaux, la liberté programmatique, l'existence de mécanisme de suivi des recommandations, enfin, l'indépendance financière, administrative et de gestion (INTOSAI, Etude précitée, pp.19 et 20).

[117] « L'État néo-patrimonial », *in* J.-F. MÉDARD (dir.), *États d'Afrique,* Paris, Karthala, 1991.

[118] Th. BIERSCHENK, J.-P. CHAUVEAU et J.-P. OLIVIER de SARDAN (dir.), *Courtiers en développement, les villages africains en quête de projets*, Paris, Karthala 2000, p. 6.

des chemins : soit elles informent (au sens latin du terme) le système en le rendant plus transparent et plus performant, soit le système les informe et les dénature.

En 2000, soit dix années après la première Conférence nationale du continent (février 1990, au Bénin), a été dressé le bilan de ces États généraux bien africains[119]. Plusieurs alternances démocratiques ont eu lieu au Bénin, au Mali et au Sénégal, tandis que dans les autres pays ouest-africains, les pouvoirs en place ont dû faire la concession de se faire légitimer par des élections disputées.

Les équipes multidisciplinaires qui se sont penchées sur ce bilan décennal concluent à une vaste opération cosmétique. L'alternance, là où elle a eu lieu, s'est faite sans alternative.

Le *spoils system* a substitué les anciens exclus de la gestion des affaires publiques aux prévaricateurs vaincus[120]. Le "*eat and let eat system*", décrit dès les années 1970 par le Nigérian Chinua ACHEBE[121], se manifeste par un maillage des rouages économiques et financiers et un mécanisme de parrainage clientéliste qui soude la totalité du système[122].

Les Cours des comptes doivent se frayer un chemin au travers de la muraille. De façon révélatrice, certaines rédactions des textes nationaux, augurent de lendemains faits surtout d'impunité et d'arrangements de toutes sortes. Ainsi, sont justiciables devant la Cour des comptes, les ordonnateurs et autres agents qui se seront rendus coupables d'un "*état de gaspillage*" ou d'"*infraction à la réglementation des marchés*", sauf s'ils peuvent "*exciper d'un ordre écrit préalablement donné, à la suite d'un rapport particulier à chaque affaire, par leur supérieur hiérarchique, dont la responsabilité se substituerait à la leur ou par le ministre compétent ou le Premier ministre ou le Président de la République*"[123].

---

[119] Organisation internationale de la Francophonie, *Bilan des Conférences Nationales et autres processus de transition démocratique*, Paris, PEDONE, 2001.

[120] F. AKINDES, « Les transitions démocratiques à l'épreuve des faits : réflexion à partir des expériences des pays d'Afrique noire francophone », *in* Organisation internationale de la Francophonie, *Bilan des Conférences Nationales et autres processus de transition démocratique*, *op. cit.*, pp. 261-262.

[121] Ch. ACHEBE, *A man of the people*, New York, Anchor Books editions, 1966.

[122] Pour une vue d'ensemble, voir *Transparency* International, *combattre la corruption : enjeux et perspectives,* Paris, Karthala, 2002.

[123] Article 49 et 50, loi n°99-70 du 17 février 1999 précitée (Sénégal) ; article 82 loi organique n°014-2000 précitée, (Burkina Faso). Dans l'affaire Ndiassé MBENGUE, la Cour a pu noter que le sieur MBENGUE, poursuivi pour imputation irrégulière de dépense, c'est-à-dire d'avoir imputé certaines opérations « au titre de dépenses

On peut craindre que le parapluie du parrain réussisse à mettre beaucoup d'ordonnateurs et même de comptables à l'abri des procédures de la Cour des comptes. On comprend, dès lors, qu'un premier Président de juridiction financière en soit amené à manifester publiquement ses états d'âme[124] et à s'interroger sur les pouvoirs réels de son institution.

Il a été souligné, à propos des Cours constitutionnelles, la "*difficulté d'être*"[125]qui est la leur, dès lors que leur raison d'être s'oriente vers la soumission au droit du pouvoir politique et la sanction des violations de la loi constitutionnelle. Cet état de choses semble traduire un esprit et une pratique des institutions fondés sur la préséance du politique sur le judiciaire[126] et sur l'étrangeté de l'idée qu'un juge puisse contrarier sur l'essentiel le pouvoir politique.

Un auteur avait cru déceler la plus grande réceptivité des pouvoirs africains à la démarche du contrôle des finances publiques[127]. L'affirmation mérite d'être nuancée en distinguant d'une part le contrôle externe et le contrôle interne, celui-ci ne présentant pas de risques majeurs pour le pouvoir politique ; d'autre part, en séparant le contrôle externe de nature juridictionnelle du contrôle externe extra-juridictionnel.

---

d'investissement alors qu'il s'agit en réalité de frais de fonctionnement », s'est exécuté sur « autorisation du ministre de tutelle » et « qu'il y a lieu d'écarter par conséquent ce chef de prévention ». (Cour des comptes du Sénégal, Arrêt N°03/2000 du 21 novembre 2000, Président de la CVCCEP contre Ndiassé MBENGUE).

124 À la 4e réunion annuelle des responsables des Cours des comptes des pays membres de l'UEMOA (22 – 25 avril 2002), le président de la Cour des comptes du Sénégal a déploré « l'absence quasi-générale de contrôle efficace et donc de sanction" et s'est interrogé : "pourquoi les juges financiers n'infligent-ils pas aux comptables principaux les amendes pour retard dans la production de leurs comptes de gestion ? Pourquoi ces juges financiers sont-ils d'ailleurs moins bien considérés au sein de l'institution judiciaire classique ? » (Journal *L'Hebdomadaire du Burkina* n°162, 26 avril -02 mai 2002, Ouagadougou, Burkina Faso)

125 F. MODERNE, « Les juridictions constitutionnelles en Afrique », *in* G. CONAC (dir.) *Les Cours Suprêmes en Afrique, op. cit.* Volume II, p. 22.

126 Esprit et pratique qu'exprime bien la phrase du Général de GAULLE : « Mais s'il doit être évidemment entendu que l'autorité indivisible de l'État est confiée tout entière au Président par le peuple qui l'a élu, qu'il n'en existe aucune autre, ni ministérielle, ni civile, ni militaire, ni judiciaire qui ne soit conférée et maintenue par lui… » *in Revue de Droit Public,* 1964, p. 136 ; voir commentaires de G. BERLIA, « La conférence de presse du Président de la République du 31 janvier 1964 », *in Revue de Droit Public*, 1964, p. 127.

127 J.-M BRETON, *Le contrôle d'État sur le continent africain, op. cit.* Le contrôle se justifie par « a recherche de l'efficacité appréhendée à partir des objectifs supérieurs du développement socio-économique en tant que composante essentielle de la problématique du fonctionnement de l'État. » p. 276.

En effet, compte tenu du contexte, c'est sur le contrôle extra-juridictionnel que les Cours des comptes ouest-africaines ont le plus de chance de déployer la plénitude de leur compétence. Ne se posant plus en contre-pouvoir mais en conseil, en pédagogue indiquant les conditions de possibilité d'une gouvernance financière performante et légaliste, d'une optimisation des ressources disponibles, d'un suivi efficient des programmes et plans de développement, les Cours des comptes rempliraient amplement le champ de leur *« vocation première »*[128], selon le mot d'un premier Président de Cour des comptes et selon les conclusions auxquelles sont parvenus, à la pratique, les juges financiers du Sénégal[129].

À défaut de pouvoir véritablement s'affirmer comme des juridictions (ce qui n'est d'ailleurs pas une option universelle[130]) les Cours des comptes ouest-africaines gagneraient en crédit et en utilité relative, à développer leur rôle de pédagogue, de conseil et d'expertise.

En effet, le champ ouvert par l'évolution du contrôle des finances publiques est vaste et requiert, non une dispersion mais une concentration des moyens humains et matériels disponibles. Le contrôle indépendant de la qualité de la gestion est aujourd'hui le complément naturel du classique contrôle de la régularité et de la sincérité des comptes des comptables publics et de la régularité des opérations des ordonnateurs.

---

[128] M. BECK, premier Président de la Cour des comptes française, s'adressant au ministre des finances : « La vocation première de notre juridiction n'est-elle pas de vous aider, par ses contrôles ou ses propositions, dans l'accomplissement de votre difficile mission ? » cité par J.-P DUPRAT, « L'évolution des contrôles au ministère des finances », article précité, p. 11.

[129] Après 14 contrôles exécutés sur des entreprises publiques, la Cour des comptes écrit dans son Rapport public 1999 et 2000 : « Les conclusions transmises pendant l'année ont été intégralement approuvées par le Président de la République. On relève notamment, parmi les mesures proposées, le remplacement du directeur général de La Poste et celui du Coud, décisions qui ont été effectives rapidement » *in* Cour des comptes, *Rapport public 1999 et 2000,* Dakar, décembre 2001, p. 38.

[130] Sur les pays ayant opté pour le contrôle non juridictionnel, notamment la *Bundesrechnungshof* allemande, voir J. MAGNET, « Classification des institutions supérieures de contrôle des finances publiques *», in RFFP*, n° 36, 1981, p. 9 ; Ch. DESCHEEMAEKER, « Aperçu sur les Cours des comptes étrangères », *in Notes et études documentaires* n° 4957 décembre 1992, Paris, La Documentation Française, p. 173.

Il intègre la théorie anglo-saxonne des "3 *E*"[131] (*economy, effectiveness, efficiency*) et peut aller jusqu'à "*l'évaluation d'une politique publique*"[132].

Or, si on estime que l'évaluation d'une politique publique "*a pour objet d'apprécier (...) l'efficacité de cette politique en comparant ses résultats aux objectifs assignés et aux moyens mis en œuvre*"[133], on conviendra aisément que l'opportunité est offerte aux Cours des comptes ouest-africaines de rencontrer cette attente et ce besoin dans la perspective de mieux mesurer l'impact et l'intérêt des nombreux projets et programmes de développement et d'accompagner la nécessaire réforme de l'État.

CONCLUSION

"*L'Ancien Régime avait succombé à la crise financière*" écrit Jacques MAGNET[134]. L'auteur explique ensuite que les circonstances de la naissance, puis de la consolidation de la Cour des comptes en France, au 19e siècle, étaient liées à la volonté "*d'en éviter le retour*"[135]. À quelque deux siècles près, les États ouest-africains sont en train de réécrire l'histoire sous la double impulsion de contraintes économiques et financières, mais aussi, pour se donner les moyens institutionnels d'une surveillance multilatérale.

L'UEMOA a suscité et rendu possible la création des Cours des comptes comme la renaissance démocratique a provoqué la prolifération de Cours constitutionnelles dans les années 1990. Dans quelle mesure les juridictionnelles constitutionnelles ont-elles assis ou contribué à asseoir des États de droit ? Il est peu aisé de donner une réponse définitive. Ce qui paraît évident, c'est que le fonctionnement des institutions publiques ne conforte pas les espoirs suscités.

On peut craindre que les juridictions financières naissantes connaissent le même sort que les juridictions constitutionnelles. La revendication

---

[131] La bonne gestion financière qui lui est sous-jacente est érigée au rang de principe de droit budgétaire en droit communautaire européen. L'article 2 du règlement financier pose le principe de bonne gestion financière et notamment d'économie, et de rapport coût/efficacité (J. RIDEAU, *Droit institutionnel de l'Union et des communautés européennes, op. cit.*, p. 666).

[132] Ch. DESCHEEMAEKER, *La Cour des comptes*, Paris, La Documentation Française, 1998, p. 61.

[133] Article 1er Décret n° 98-1048 du 18 novembre 1998 relatif à l'évaluation des politiques publiques en France.

[134] J. MAGNET, *La Cour des comptes, op.cit.*, p. 37.

[135] *Ibidem*, p. 37.

d'un statut juridictionnel serait l'une des principales raisons si les nouvelles Cours des comptes devaient dégénérer en institutions-fossiles, dans le contexte africain actuel, qui exige une gouvernance financière plus orthodoxe et plus performante.

GOUVERNABILITE FINANCIÈRE DES ÉTATS AFRICAINS FRANCOPHONES ET NOUVEAUX TERRITOIRES DE RECHERCHE[1]

INTRODUCTION

L'État, c'est "*le pouvoir institutionnalisé*" écrit Georges BURDEAU[2]. La dissociation entre l'individu charnel au destin fugace d'avec l'organe qu'il incarne et qui le sublime en même temps qu'il lui survit, telle est la dialectique de la naissance de la puissance publique étatique, mais aussi de l'apparition de la notion de denier public.

Le denier public, par nature ou par destination est au cœur de l'étude des finances publiques. Paul Marie GAUDEMET en fait même un élément de définition de la science et de l'activité de finances publiques. En tout état de cause, les finances publiques sont une dimension importante et la clé du bon fonctionnement et de l'autonomie de la volonté des États. Pour Jean-Baptiste COLBERT, contrôleur général français du 17e siècle, les finances publiques, en raison de leur transversalité, sont "*la plus importante et la plus essentielle partie*"[3]. Le doyen HAURIOU renchérit en affirmant que les finances publiques sont "*l'élément le plus important de la chose publique*"[4].

Le Talon d'Achille des pays africains francophones, c'est leurs finances publiques telles qu'elles transparaissent dans les lois des finances de ces États. La part des recettes propres, dégagées par l'impôt et les revenus du domaine est certes la plus importante. Elle n'est cependant pas suffisante. Selon les données statistiques disponibles, le solde prévisionnel de la loi de finances de la Côte d'Ivoire pour l'année 2015 s'établit à 5014,3 milliards de francs CFA. Dans sa structuration, le budget 2015 repose pour 80,3 % sur les ressources nationales et 19,7 % sur les ressources externes dont 298,1 milliards d'appuis

---

[1] Communication présentée au colloque organisé par le Centre de Recherche et d'Étude sur le Droit et les Finances publiques (CREDFiP) de l'Université Alassanie Ouattara de Bouaké (Côte d'Ivoire) sur le thème " Les nouvelles frontières du droit". Bouaké les 2, 3, & 4 décembre 2021. Inédit.

[2] G. BURDEAU, *L'État*, Paris, Seuil, 1970, p. 31.

[3] Cité par G. MONDARY, *Petite histoire des finances publiques*, 2010, p. 41, en ligne : http://www.gipilab.org., consulté le 26 août 2014.

[4] M. HAURIOU, *Précis de droit administratif et de droit public général*, 4e éd., Paris, Librairie de la Société du recueil général des lois et des arrêts, 1900, p. 739.

budgétaires attendus des partenaires au développement[5]. Le Sénégal affiche, pour 2016, un budget de 3022,398 milliards de francs dont "*437 milliards de la coopération internationale*"[6]. En application du programme "*Gabon émergent*" le gouvernement a fait voter une loi de finances de 3.188,7 milliards de francs Cfa pour l'année 2015. Les dépenses d'investissement inscrites dans ladite loi de finances s'élèvent à 693,5 milliards de francs Cfa dont 256,9 milliards de francs Cfa (soit 37 %) au titre des "*projets bénéficiant de financements extérieurs*"[7]. La tendance au recours à des sources de financement extérieur est perceptible dans d'autres pays africains francophones[8].

Les besoins de financement des Trésors publics sont couverts par les sources classiques que sont les bons et obligations du Trésor émis sur le marché financier régional d'Abidjan ou de la CEMAC. Les titres publics ont représenté des sommes importantes au cours des dernières années, soit 3.023,9 milliards de FCFA au sein de l'UEMOA en 2012. L'importance des besoins en infrastructures et donc en investissements publics a conduit au recours de plus en plus fréquents aux *eurobonds*. Le Sénégal, le Gabon, la Côte d'Ivoire, le Cameroun ont réalisé des opérations d'emprunt sur le marché financier international au cours de ces dernières années[9].

Cependant, la source traditionnelle parce que concessionnelle des financements pour l'Afrique est constituée par les mécanismes financiers qui font intervenir les institutions de Brettons Wood, les banques et fonds de développement (Fonds européen de développement, Fonds koweïtien, etc.) et la coopération bilatérale (Agence française de développement, *United States Agency for International Development*, Agence canadienne pour le développement international, etc.). Le jargon diplomatique et financier les désigne sous diverses appellations : bailleurs de fonds, partenaires au développement, partenaires techniques et financiers, etc.

Selon M. Seydou GUEYE, ministre sénégalais en charge du budget, le souci de réaliser une part substantielle des recettes budgétaires en

---

[5] http://www.gouv.ci/actualite consulté le 30 novembre 2015.

[6] http://www.lequotidien.sn/ consulté le 21 novembre 2015.

[7] http://www.legabonemergent.com/ consulté le 21 novembre 2015.

[8] G. DUFRÉNOT et ALII, *Politique budgétaire et dette dans les pays de l'UEMOA*, Paris, Economica, 2007.

[9] Pour toute l'Afrique subsaharienne, le volume des eurobonds était de 10,5 milliards de dollars au 30 septembre 2015 (http://www.agenceecofin.com/gestion-publique/ consulté le 30 novembre 2015).

recette interne fait partie de la stratégie de "*conquête de notre souveraineté budgétaire*"[10]. Il faut en effet se rendre à l'évidence que "*dans le monde où nous vivons, la disposition des moyens financiers conditionne l'activité des hommes et des États et coïncide avec l'indépendance et la puissance, du moins au plan matériel*"[11]. Le "*syndrome grec*" donne en version originale et actualisée, les grands traits de la relation entre les deniers publics disponibles et l'indépendance des États. De référendums en élections générales, de changements de gouvernement en remaniements ministériels, la nation grecque n'a pas réussi à infléchir la volonté des créanciers de l'État grec à mettre ses finances publiques sous contrôle[12].

Souveraineté, indépendance, puissance des États, les mots sont évocateurs du lien qui existe entre les deniers publics et le libre-arbitre des États. La dialectique de l'État capable et de l'État limité se trouve là. L'État est jugé capable s'il peut entreprendre et mener à bien les projets et programmes qu'il a identifiés, formulés et programmés : construire le second canal de Suez, édifier le barrage hydroélectrique dit Inga II ou encore investir substantiellement dans la recherche scientifique, acheter le cacao, le coton, ou le café à un prix subventionné, bonifier les prêts aux agriculteurs, etc. En revanche, l'État apparaît limité lorsque ses initiatives de politique publique et surtout ses investissements publics doivent passer par le filtre de ses partenaires au développement et recevoir leur *nihil obstat* avant de passer à la phase opérationnelle de mise en œuvre.

Se pencher sur la question de la gouvernabilité financière des États africains francophones, c'est focaliser le corset de contraintes subtiles mais efficaces qui font des principes majeurs de notre droit public un véritable théâtre des ombres. La souveraineté nationale, la souveraineté internationale, les libertés, les droits fondamentaux sont des mots qui illuminent l'imaginaire des peuples pour les replonger aussitôt dans une réalité plus prosaïque où l'État et la nation baignent dans un tissu de relations asymétriques avec les puissances étrangères. Le domaine des finances publiques est une excellente plateforme d'observation des

---

[10] http://www.lequotidien.sn/ consulté le 21 novembre 2015.

[11] L. TROTABAS et J. M. COTTERET, *Droit budgétaire et comptabilité publique*, 5e éd., Paris, Dalloz, 1995, p. 11.

[12] G. MÉLISSAROPOULOS, *Nom de Zeus: la crise grecque vue de l'Olympe,* Paris, M'édite, 2015.

relations de puissance et des pressions des puissants qui révèlent au grand jour la condition d'État limité.

La phénoménologie de l'État limité s'apprécie à deux niveaux : au niveau des recettes de l'État et au niveau des dépenses. Du point de vue des recettes, l'encadrement étranger se veut au service de l'optimisation des rentrées fiscales et non fiscales. S'agissant des dépenses, le souci affiché est de rendre possible une gestion budgétaire performante. Ce qui donne un panorama à double lecture pour l'État limité : la pression par les recettes (I) et la pression par les dépenses (II)

I. L'ÉTAT LIMITÉ ET LES CONTRAINTES À L'OPTIMISATION DES RECETTES

Faire couler d'importantes ressources dans un tonneau des Danaïdes est un investissement à fonds perdu. En ces temps de sérieux budgétaire généralisé, il paraît logique que les bailleurs de fonds se soucient aussi de la question de l'optimisation des recettes internes (A). Cependant, et aussi paradoxal que cela puisse paraître, l'optimisation des recettes intérieures ne bénéficie pas de la coopération internationale nécessaire pour vaincre la déperdition des recettes par l'évasion fiscale (B)

A. L'optimisation des recettes internes

Que faites-vous de vos recettes ? Comment en disposez-vous ? Il ne viendrait sûrement pas à l'idée d'une institution internationale ou d'une ONG quelconque de défense des droits des citoyens, de demander au président des États-Unis d'Amérique des clarifications ou des inflexions sur la gestion financière de la plus puissante démocratie du monde. *A contrario*, de simples fonctionnaires internationaux se disent bien fondés à requérir des efforts de gouvernance fiscale à des États comme le Burkina Faso, le Népal ou le Costa-Rica. Signe que la question de la gouvernabilité financière des États est fortement indexée sur leur capacité à pouvoir être autonome du point de vue des recettes publiques. Un proverbe *bariba* du Bénin dit "*la main qui demande reste toujours en bas*".

Les recettes des pays pauvres, notamment des pays africains francophones sont sous haute surveillance de la part de leurs partenaires au développement. Les pays donateurs s'efforcent de se tenir au courant des flux financiers internes et surtout de ce que les recettes attendues des exportations de ressources naturelles sont reversées au Trésor public. La pratique des comptes hors budget, des recettes publiques non enregistrées dans les statistiques officielles, en un mot, la gestion patrimoniale des richesses nationales a occasionné des préjudices financiers énormes aux États africains francophones. Le pétrole camerounais, les minerais du Katanga, et bien d'autres ressources du sous-sol africain sont exploités au profit des oligarchies gouvernantes, sans que la majorité des citoyens puissent en tirer un profit équitable[13].

C'est pour remédier, dans une certaine mesure, à ce paradoxe de terres riches et de populations pauvres, que la communauté internationale et notamment des ONGs comme *Global Witness* and *Publish What You Pay*, ont poussé à la création d'un système de normalisation de la collecte et de la gestion des revenus tirés des ressources naturelles. L'idée a été émise en septembre 2002 au sommet mondial sur le développement durable à Johannesburg. L'Initiative pour la Transparence des Industries Extractives (EITI) a été finalement créée à la conférence de Londres le 17 juin 2003. Cette conférence réunissait environ 140 délégations d'officiels gouvernementaux, de représentants d'organisations non gouvernementales et de délégués de compagnies minières ou pétrolières. La conférence se mit d'accord sur douze principes[14] qui

---

[13] R. DUSSEY, *L'Afrique malade de ses hommes politiques*, Paris, Jean Picollec, 2008.

[14] Nous partageons la même conviction que l'exploitation prudente des richesses en ressources naturelles devrait constituer un moteur important pour la croissance économique durable qui contribue au développement durable et à la réduction de la pauvreté, mais qui, faute d'une bonne gestion, peut avoir des répercussions défavorables sur le plan économique et social(i) ; Nous affirmons que la gestion des richesses en ressources naturelles au profit des citoyens d'un pays relève de la compétence des gouvernements souverains, qui s'en chargent dans l'intérêt de leur développement national (ii) ; Nous reconnaissons que les avantages de l'extraction des ressources se manifestent sous la forme de flux de recettes s'étalant sur un grand nombre d'années et peuvent dépendre fortement des prix (iii) ; Nous reconnaissons que la compréhension du public des recettes et des dépenses des gouvernements dans la durée est susceptible de contribuer au débat public et de faciliter le choix d'options appropriées et réalistes favorisant le développement durable (iv) ; Nous soulignons l'importance, pour les gouvernements et les entreprises extractives, d'assurer la transparence, ainsi que la nécessité de renforcer la gestion des finances publiques et faire respecter l'obligation de rendre des comptes (v) ; Nous reconnaissons qu'il convient de situer les efforts pour parvenir à une plus grande transparence dans un contexte de respect des contrats et des lois (vi) ; Nous reconnaissons que la transparence financière est un moyen susceptible de contribuer à l'amélioration du climat pour l'investissement direct intérieur et étranger (vii) ; Nous croyons au principe et à la pratique de la responsabilité du gouvernement devant tous les citoyens en ce qui concerne l'intendance des flux de recettes et des dépenses publiques (viii) ; Nous nous engageons à encourager le respect de hauts niveaux de transparence et de responsabilité dans la vie publique, le fonctionnement de l'État et le monde du

doivent gouverner la gestion des revenus des industries extractives. Une Norme EITI est créée qui permet de mesurer et de classer les pays en tenant compte du niveau de transparence dans la gouvernance publique d'une manière générale, et la gouvernance des revenus tirés des ressources naturelles de façon spécifique. La Norme EITI comporte trois niveaux qui correspondent à trois statuts : le statut du pays qui souhaite appliquer l'EITI, pays candidat à la candidature. Il doit en conséquence prendre un certain nombre de mesures[15] avant de déposer sa candidature. Suite à ces mesures, intervient la demande de candidature officielle adressée au conseil d'administration de EITI. Si le conseil d'administration conclut que les étapes ont été correctement franchies, le pays acquiert le statut de "*pays candidat*" à l'ITIE. Pour passer au statut de "*pays conforme*" le "*pays candidat*" doit se soumettre et passer avec succès, dans un délai de deux ans et demi, une évaluation qualifiée de validation.[16] L'évaluation est faite sous la supervision du conseil d'administration et du secrétariat international par un validateur

---

commerce (ix) Nous croyons à la nécessité d'une approche cohérente et réalisable de la divulgation des paiements et des recettes, cette approche devant être simple à adopter et à mettre en application (x) ; Nous sommes d'avis que la divulgation des paiements dans un pays donné devrait impliquer toutes les entreprises extractives présentes dans ce pays-là (xi) ; Lorsqu'il s'agit de trouver des solutions, nous considérons que toutes les parties prenantes, les gouvernements et leurs agences, les entreprises extractives, les sociétés de service, les organisations multilatérales, les organisations financières, les investisseurs et les organisations non gouvernementales – ont des contributions importantes et pertinentes à apporter (xii).

[15] Le gouvernement doit émettre une déclaration publique, sans équivoque, de son intention d'implémenter l'ITIE (i), le gouvernement doit nommer un cadre supérieur charger de mener le processus d'implémentation (ii), le gouvernement doit s'engager à travailler avec la société civile et les entreprises, et mettre sur pied un groupe multipartite pour superviser l'implémentation de l'ITIE (iii), le groupe multipartite doit élaborer et suivre un plan de travail, dûment chiffré et respectant les échéances de validation et de rapport fixées par le Conseil d'administration de l'ITIE (iv).

[16] L'ITIE exige une surveillance efficace par le groupe multipartite (i) l'ITIE exige la publication dans les délais des rapports de l'ITIE (ii), l'ITIE exige des rapports qui incluent des informations contextuelles sur les industries extractives (iii), l'ITIE exige l'élaboration de rapports intelligibles qui incluent la divulgation complète par le gouvernement des bénéfices issus des industries extractives, et de tous paiements matériels faits au gouvernement par les entreprises pétrolières, gazières et minières (iv) l'ITIE exige un processus d'assurance crédible appliquant les normes internationales (v), l'ITIE exige des rapports qui sont intelligibles, activement promus, publiquement accessibles, et qui contribuent au débat public (vi), l'ITIE exige que le groupe multipartite prenne les mesures nécessaires sur la base des leçons apprises et analyse le résultat et l'impact de implémentation de l'ITIE (vii).

indépendant. Le statut de "*pays conforme*" est valable cinq ans et doit être renouvelé après de nouvelles évaluations.

L'EITI est fondée sur le volontariat de l'État qui soumet de son plein gré son dossier pour devenir "*État candidat*". Au-delà des formes, il faut bien déceler la pression diffuse des bailleurs de fonds qui n'hésitent pas à faire du respect de ce mécanisme une conditionnalité de leurs concours financiers aux États.

D'une manière générale, ce qu'on appelle les missions conjointes du Fonds monétaire international et de la Banque Mondiale (quelquefois aussi de la Banque africaine de développement) fait la revue des portefeuilles des États. Ce sont des missions de police financière qui évaluent la qualité de la gestion financière des États. Les revues conjointes FMI-Banque mondiale permettent de suivre la prise en compte des éléments de diagnostic contenu dans les rapports PEFA. Il n'est ensuite pas étonnant de voir circuler les projets de loi de finances entre les capitales africaines et le siège des institutions financières de Bretton Woods pour recevoir le *quitus* des représentants de la communauté financière internationale avant de passer à la phase constitutionnelle du vote par les délégataires de la souveraineté nationale, les députés et sénateurs aux parlements. Sans que cela soit suffisant pour garantir la sécurisation des ressources financières nationales face à l'hémorragie des capitaux.

B. La fuite des capitaux

Selon un rapport conjoint d'une ONG américaine *Global Financial Integrity* et la Banque africaine de développement (BAD), l'Afrique a perdu entre 1.200 et 1.400 milliards de dollars entre 1980 et 2009, soit l'équivalent de son produit intérieur brut actuel[17]. Ces chiffres correspondent à des flux financiers illicites, c'est-à-dire l'"*argent qui est gagné, transféré ou utilisé illégalement*"[18]. Un autre rapport de la Commission économique des Nations-Unies pour l'Afrique estime supérieurs à 900 milliards de dollars les flux financiers illicites en Afrique sur la période 1970-2008[19].

---

[17] African Development Bank & Global Financial Integrity, *Illicit financial flows and the problem of Net Resource Transfers from Africa: 1980-2009,* Join report, may 2013.

[18] Nations Unies, Commission économique pour l'Afrique, *Financement novateur et transformation économique en Afrique,* Addis-Abeba, mars 2015, p. 40.

[19] African Development Bank & Global Financial Integrity, *op. cit.*

Pour l'*Africa progress panel*, l'Afrique perd en moyenne 50 millions de dollars en flux financiers illégaux chaque année. Cette somme représente 5,7 % du PIB de l'Afrique subsaharienne. Ces taux sont de 3,5 % en Afrique du nord et au Moyen-Orient, 4,1 % en Asie et 4,5 % en Europe centrale et orientale, 3,5 % en Europe de l'Ouest et en Amérique du Nord[20]. L'Afrique subsaharienne se retrouve ainsi en première place des régions du monde qui souffre de la fuite des capitaux. Selon Raymond BAKER, président de *Global Financial Integrity* "*l'Afrique est le créancier net du reste du monde depuis des décennies*"[21]. Pour Kofi ANNAN, "*l'Afrique affiche une croissance insolente (et) un nombre trop élevé de nos concitoyens ne parvient pas à s'extraire de la pauvreté*"[22]. Le paradoxe est tout entier dans cet état de choses.

Les analyses montrent par ailleurs que l'étiologie du phénomène a quelque chose qui bouscule les idées reçues. Selon les estimations, la corruption sous toutes ses formes ne représente que 3 % des flux illicites de capitaux. Viennent ensuite les activités criminelles (trafic de drogue, contrebande) pour 30 % à 35 %. Au haut du podium se placent les transactions commerciales des multinationales avec 60 % à 65 % des flux de capitaux illicites[23]. Les déclinaisons de ces transactions commerciales internationales comprennent "*la surfacturation ou la sous-facturation des marchés, les prix de transfert et les recours aux centres bancaires et financiers extraterritoriaux et les paradis fiscaux*"[24]. Les compagnies multinationales sont ainsi indexées comme étant au cœur du siphonnage des ressources financières du continent africain. "*Les pays en voie de développement perdent trois fois plus dans les paradis fiscaux que les aides qu'ils reçoivent*", déclare Mélanie WARD de l'ONG *Enough Food for Everyone IF* et de *ActionAid*[25]. Le mal se nourrit de l'absence ou de l'insuffisance de compétence au sud. Pour l'Organisation de Coopération et de développement Economiques (OCDE) les "*pays pauvres disposent d'une expertise technique limitée*

[20] African Development Bank & Global Financial Integrity, *op. cit.*

[21] Cité par M. TAFIRENYIKA, « Finance: ces capitaux qui fuient l'Afrique », *in* http://www.un.org/africarenewal/fr consulté le 30 novembre 2015.

[22] Africa progress panel *Rapport sur le progrès en Afrique 2014, Agriculture, pêche et capitaux. Comment financer les révolutions verte et bleue de l'Afrique*, Genève, 2014, p. 11.

[23] Voir Masimba TAFIRENYIKA, article précité.

[24] *Ibidem.*

[25] *Ibidem.*

pour évaluer les risques des prix de transfert ainsi que pour négocier des ajustements avec les multinationales"[26].

Le mal court toujours et les économies développées ont aussi commencé à en sentir les dommages. Ainsi, au sommet du Groupe des huit (G8) à Lough Erne (17 et 18 juin 2013) en Irlande du Nord. En dix points, le sommet appelle à la révision des lois sur l'évasion fiscale et la fuite des capitaux. Le sursaut de Lough Erne est consécutif à la crise financière de 2008. Les regards sont aujourd'hui tournés vers ailleurs, vers le syndrome du terrorisme. Comme l'écrit le philosophe français Luc FERRY, les hommes politiques ont une fâcheuse tendance à ne gérer que l'urgence[27]. La question des paradis fiscaux n'est plus à la une de l'actualité. Mais les experts africains soutiennent que les dysfonctionnements dans l'allocation des ressources sont soutenus par les "*systèmes commerciaux et financiers internationaux*"[28]. La gouvernance du monde et la gouvernance des relations économiques internationales sont interpellées.

Selon Raymond BAKER, "*Pour chaque pays qui perd de l'argent de manière illicite, il y a un autre pays qui reçoit cet argent. Ces sorties sont facilitées par l'opacité financière constatée dans les économies occidentales avancées et les paradis fiscaux. L'application des mesures de transparence en vue de restreindre le secret des paradis fiscaux et les opérations des sociétés-écrans anonymes est cruciale si l'on veut freiner les flux illicites*"[29]. Il est peu logique de profiter d'un système et d'en entreprendre le démantèlement. Une étude de l'Organisation pour la coopération et le développement économiques montre que, face à l'initiative sur l'échange d'information sur les juridictions fiscales de l'OCDE, 27 des 34 pays membres sont jugés "*non conformes*" ou seulement "*peu conformes*" aux recommandations sur la transparence des bénéficiaires effectifs des sociétés formulées par le Groupe d'action financière, l'organisme normatif international de lutte contre le

---

[26] *Ibidem.*

[27] L. FERRY, *Comment peut-on être ministre ? Essai sur la gouvernabilité des démocraties*, Paris, Plon, 2005.

[28] Voir Masimba TAFIRENYIKA, article précité.

[29] http://www.afdb.org/fr/news-and-events/article/new-afdb-gfi-joint-report-africa-a-net-creditor-to-the-rest-of-the-world-11856/

blanchiment de capitaux. L'étude constate aussi qu'aucun pays membre n'est "*entièrement conforme*"[30].

Et lorsque la Commission économique des Nations Unies pour l'Afrique (CEA) lance le slogan "*identification, blocage, réappropriation*" pour mettre fin à l'hémorragie des capitaux, on doit se dire qu'il s'agit d'une gageure pour trouver des ressources additionnelles à consacrer au financement des dépenses publiques.

II. L'ÉTAT LIMITÉ ET LA PRESSION POUR LA QUALITÉ DES DÉPENSES PUBLIQUES

Les dépenses publiques souveraines sont celles que l'État choisit de faire. Elles correspondent aux priorités qu'il définit et traduisent ce qui est ou est perçu comme ses propres intérêts. Mais la dépendance financière des États africains francophones les place dans une situation où ils subissent les conditionnalités des partenaires techniques et financiers (A) et doivent se plier à une évaluation constante de leurs performances financières (B). Dans un cas comme dans l'autre leur autonomie de décision et d'action est mise à mal.

A. La décision financière publique : un domaine de compétence partagée

Les deux puissances économiques régionales que sont la Côte d'Ivoire et le Cameroun sont toutes deux admises à bénéficier de l'Initiative Pays pauvre très endetté (PPTE). Ils peuvent en conséquence bénéficier de l'allègement de leurs dettes et améliorer ainsi leurs agrégats financiers, comme l'ensemble des autres pays africains francophones.

Mais le préalable au bénéfice de l'Initiative PPTE est l'élaboration d'un document de stratégie de réduction de la pauvreté (DSRP). Le DSRP conditionne aussi l'éligibilité des pays aux prêts concessionnels de la banque mondiale et du FMI. Il est un instrument de programmation à moyen terme, de rationalisation des allocations budgétaires et d'harmonisation des interventions des différents bailleurs de fonds. L'élaboration des DSRP suit une approche très participative et très rationnelle : mobilisation de la société civile, des acteurs économiques, des services de l'État et des administrations locales, diagnostic de la pauvreté, analyse des déterminants de la pauvreté, évaluation de

[30] Africa progress panel *Rapport sur le progrès en Afrique 2014, Agriculture, pêche et capitaux. Comment financer les révolutions verte et bleue de l'Afrique*, Genève, 2014, p. 136.

l'impact des programmes publics, mécanisme de suivi-évaluation. En pratique, l'élaboration d'un DSRP suit les grandes étapes suivantes : atelier de lancement (i), mise en place d'un secrétariat et de groupes thématiques (ii), rédaction d'un document provisoire et soumission du *draft* auprès de la Banque mondiale et du FMI (iii), corrections et ajustements (iv), avis final des autorités de la Banque mondiale et du FMI. Le DSRP réhabilite dans les pays l'État régulateur et les méthodes de planification nationale souple.

Les DSRP sont réputés être des initiatives des États reflétant la volonté des pays. Cependant, la place des institutions de Bretton Woods dans le processus d'élaboration n'est pas négligeable. Ils sont présents aux grands moments de la procédure et se rendent utiles à "*aider les pays à concevoir des cadres macro-économiques réalistes, mais souples, liés aux stratégies et budgets nationaux (i), aligner plus étroitement ses opérations et travaux sur les programmes sur les cycles nationaux de préparation des DSRP et du budget (ii), renforcer la gestion des dépenses publiques pour en maximiser l'impact sur la réduction de la pauvreté (iii) s'efforcer, en concertation avec les autres bailleurs de fonds, de mieux coordonner l'assistance, afin de la rendre plus efficace et de rationaliser les concours apportés à l'appui de la mise en œuvre des DSRP*[31]". En tout état de cause la Banque mondiale et le FMI donnent en fin de parcours "*un avis consultatif conjoint*"[32] qui clôture le cycle de l'élaboration du DSRP. Ces formulations sont extraites des documents officiels de la Banque mondiale et du FMI. Elles sont soumises à l'onctuosité diplomatique qui convient à la rédaction de textes imputables aux hautes autorités financières internationales.

Pour certains auteurs, moins diplomatiques, il faut dénoncer "*la place centrale du FMI et de la Banque mondiale, leur poids dans les processus*" du DSRP. On parlerait même de mise sous tutelle des États, tant la présence des experts du FMI est déterminante dans les choix qui sont faits. Il en découle deux grandes conséquences sur le plan de la stratégie nationale de développement. D'abord, la concentration des ressources sur les axes définis comme pro-pauvres : la santé, l'enseignement primaire, la formation professionnelle, etc., selon cette logique, la recherche scientifique ne peut être une priorité. Or, la préparation de l'avenir et l'endogénisation des techniques passent par une recherche-action dynamique. Ensuite, les infrastructures lourdes

---

[31] https://www.imf.org/external
[32] https://www.imf.org/external

comme le barrage de la Renaissance (Éthiopie) ne peuvent être réalisées que grâce à des mécanismes de financement alternatifs, malgré l'impact décisif que ce projet est censé produire sur la vie des citoyens y compris les plus pauvres. Enfin plane sur les États et les élites nationales, une culture de la sujétion.

La pensée libre, la réflexion autonome et les initiatives originales tendent à se tarir. Les idées et les doctrines changeantes de la banque mondiale et du FMI supplantent et brident les travaux des auteurs locaux. Cette hégémonie de la pensée et des idées nous a fait connaître les Programmes d'ajustement structurel, ensuite les DSRP et enfin, les OMD et les ODD. Joseph STIGLITZ, prix Nobel d'économie et ancien économiste principal de la banque mondiale a mis en évidence la vanité d'une pensée économique conforme au "*Consensus de Washington*" mais vécue comme un diktat par les pays de mise en œuvre[33].

B. La décision financière publique en mode de liberté surveillée

En droit pénal la liberté surveillée est la condition de celui qui est libre de ses mouvements, mais dont la vie au quotidien est placée sous le contrôle de délégués à la liberté surveillée. Il en est de même de la situation de pays demandeur de l'aide et de l'assistance des bailleurs de fonds internationaux. L'aide n'est pas la charité et le prêteur ou le donateur exerce un droit de regard officiel ou officieux sur les performances du bénéficiaire. Les manifestations institutionnelles de cet œil du bailleur sont nombreuses. Une revue exhaustive ne sera pas nécessaire. L'illustration prendra en compte quelques mécanismes emblématiques comme le PEFA, *l'Open budget initiative*, ou encore la grille d'évaluation du *Millennium Challenge Corporation* des États-Unis d'Amérique.

Le système d'évaluation PEFA (Évaluation des dépenses publiques et responsabilité financière ou *Public Expenditure and Financial Accountability*) vise la promotion des principes de l'Approche renforcée (*Strengthened approch*) dont le but est de soutenir les réformes de la gestion des finances publiques. Durant la première phase du programme PEFA, un groupe d'experts de la Banque mondiale, du FMI et le Secrétariat du PEFA, supervisé par le Comité directeur du PEFA, ont développé "*l'approche renforcée de soutien à la réforme de la Gestion des Finances publiques*" (GFP) et "*le Cadre de mesure de la*

---

[33] J. COUSSY, « tats africains, programmes d'ajustement et consensus de Washington », *in* revue *L'Économie politique, n°32/*2006, p. 29.

performance de la GFP". Cette approche tend à intégrer les meilleures pratiques qui sont en cours dans certains autres pays. La méthodologie PEFA se traduit par la réalisation d'évaluations dont le but est de fournir à diverses instances (institutions internationales, chercheurs, pays concernés, etc.) un état des lieux du système des finances publiques d'un pays à un moment donné. Le diagnostic ainsi réalisé permet une comparaison dans le temps (*trackingprogress over time*), pour le même pays en saisissant l'évolution des indicateurs. Ainsi, le rapport d'évaluation PEFA du Niger (mars 2013) rappelle, pour chaque rubrique d'évaluation, la notation donnée par l'évaluation de 2008 et indique celle de 2012. Le rapport indique, par exemple, qu'en ce qui concerne le respect des règles en matière d'exécution budgétaire, "*un progrès important a été accompli depuis le dernier PEFA. Les lois de règlement 2004 et 2005 montraient que les procédures prévues par la LOLF n'étaient pas respectées. Le PEFA 2008 notait déjà que depuis 2007, les procédures étaient mieux suivies (en 2012) des règles claires existent et sont respectées*"[34].

La grille d'évaluation du PEFA s'inspire du Code de transparence budgétaire du FMI, des seize indicateurs de suivi des dépenses des pays pauvres très endettés, et d'autres normes internationales. Elle comporte 28+3 indicateurs détaillés en 74 dimensions. Le rapport d'évaluation fournit une notation de A à D sur chacun des indicateurs. Chaque évaluation PEFA est réalisée par une équipe de consultants indépendants, nationaux et internationaux, spécialistes des questions de finances publiques mais aussi de disciplines connexes : marchés, publics, contrôle interne, cycle budgétaire, etc., Ils sont recrutés le plus souvent par les deux principaux bailleurs du PEFA que sont la Banque mondiale et l'Union européenne.

Le programme de partenariat du PEFA a été créé en décembre 2001. Les membres actuels du partenariat sont la Banque Mondiale, la Commission européenne, le ministère britannique du Développement international, le Secrétariat d'État suisse aux Affaires économiques, le ministère français des Affaires étrangères, le ministère norvégien des Affaires étrangères, et le Fonds monétaire international.

L'*Open budget initiative* ou Initiative sur le budget ouvert est un programme global de recherche et de plaidoyer pour la promotion de l'accès du public à l'information budgétaire et l'adoption de système

[34] Fonds monétaire international, République du Niger, *Évaluation des dépenses publiques et responsabilité financière (PEFA)*, mars 2013, Washington, D.C., p. 90.

favorisant la reddition de compte. Ce programme a été lancé par Partenariat budgétaire international (*International budget partnership*, IBP). L'IBP est convaincu que les budgets ouverts peuvent permettre au public de juger si les responsables de leur gouvernement font bon usage des fonds publics. L'Initiative sur le budget ouvert comprend la publication de l'Enquête sur le budget ouvert (*Open budget survey*) qui fournit des données et une analyse compréhensible sur les questions relatives à l'accès du public à l'information budgétaire et les opportunités offertes aux citoyens de participer au processus budgétaire. L'enquête se veut indépendante et est réalisée à partir de la collaboration de partenaires de la société civile dans environ 102 pays. L'Enquête mesure trois aspects de la gestion des finances publiques dans les pays : la transparence budgétaire (*budget transparency*), la participation budgétaire (*budget participation*) et le contrôle budgétaire (*budget oversight*). La première Enquête sur le budget ouvert a été publiée en 2006 et suit une publication biennale.

Dans le but de permettre la comparaison et mesurer l'engagement des pays pour la transparence, l'IBP créa l'Indice sur le budget ouvert (*Open budget index*, OBI). L'indice classe les pays sur la base de l'information qu'ils rendent disponible au public tout au long de la procédure budgétaire. Un score composite est calculé pour chaque pays, où 100 représente le score le plus élevé possible. En moyenne, l'Afrique subsaharienne a obtenu un score de 31 sur l'IBO de 2012, ce qui est inférieur à la moyenne de 43 pour toutes les régions. Le regroupement du Moyen-Orient et de l'Afrique du Nord, obtient une note moyenne de 18[35].

Les résultats de l'évaluation ou le classement des pays demandeurs d'aide et d'appui budgétaire, que ce soit pour le PEFA, le *Millennium Challenge Corporation*, l'Initiative sur le budget ouvert, *African Growth and Opportunity Act* (AGOA), ont des conséquences sur leur éligibilité ou sur la continuation ou l'importance des concours financiers reçus des principaux bailleurs de fonds. La souveraineté a ses limites qui sont celles de la capacité d'autofinancement des États. C'est le syndrome de l'État limité.

---

[35] http://www.cabri-sbo.org/fr/ressources/blog/748-indice-sur-le-budget-ouvert-2012-ou-en-est-l-afrique

CONCLUSION

"*Savoir se libérer n'est rien ; l'ardu, c'est savoir être libre*" écrit André GIDE[36]. L'euphorie enivrante des années 1960, année des indépendances, nous a assoupis sur des décennies. Nous nous réveillons en plein 21e siècle avec la gueule de bois. Le temps du *self government* ne nous a pas permis de donner une consistance économique et financière aux attributs de l'État : drapeau, hymne national. Le temps de nous ceindre est arrivé. Ainsi que ledit Aimé CÉSAIRE "*la vraie question est que nous sommes pauvres et qu'il dépend de nous d'être riches*"[37].

---

[36] A. GIDE, *L'immoraliste,* Paris, Mercure de France, 1921.
[37] A. CÉSAIRE, *La tragédie du roi Christophe,* Acte II, scène 4.

FAUTE DE GESTION ET GESTION DE LA FAUTE EN AFRIQUE DE L'OUEST FRANCOPHONE : COMMENT PRÉSERVER LA SÉCURITÉ JURIDIQUE DES JUSTICIABLES1

INTRODUCTION

La question de la qualité de la dépense publique parcourt toute la littérature juridique et programmatique des États membres de l'Union Economique et Monétaire Ouest-Africaine (UEMOA). Elle est, ici comme ailleurs, une dimension de la réponse à l'après-crise sanitaire dans le "*contexte d'incertitude et d'inquiétude actuels*"[2]. Une Directive communautaire tout entière est consacrée à la gouvernance qualitative en la déclinant sous tous ses angles : légalité des procédures, information du citoyen-contribuable-électeur, contrôle institutionnel *(parlement, juridiction financière*), souci de performance. La Directive communautaire portant Code de transparence a été transposé dans l'ensemble des pays membres, soit au moyen d'une loi organique (Côte d'Ivoire) soit par le vote de lois ordinaires.

La Directive relative aux lois de finances est encore plus explicite. Elle recense une série d'actes et d'omissions qui sont constitutives de faute de gestion[3]. Les lois nationales relatives aux lois des finances ainsi que les lois organiques relatives aux Cours des comptes nationales, reprennent cette énumération de la directive communautaire, l'amplifient ou l'endogénisent dans des environnements économiques et sociaux diversifiés.

La dimension normative est confortée par une précaution institutionnelle qui s'est traduite par la généralisation des Cours des comptes dans les pays membres. À l'exclusion notoire du Mali, qui égrène les crises comme un chapelet mahométan, les autres pays membres de l'UEMOA ont créé, installé et rendu fonctionnelles leurs juridictions financières. Celles-ci appartiennent à un modèle *sui generis* qu'on

---

[1] Publié dans *La Revue Française de Finances publiques,* n°157/ 2022, p. 3.

[2] M. BOUVIER, Editorial, « Vers un ordre politique des autonomies relatives : une question de méthode », *in Revue Française de Finances publiques*, n°154-Mai 2021, p. V.

[3] Article 80, Directive n°06/2009/CM/UEMOA relative aux lois de finances au sein de l'UEMOA.

pourrait qualifier de modèle inclusif[4]. En effet, les acteurs de la chaîne financière, qu'ils soient comptables, ordonnateurs, gestionnaires de crédit ou contrôleur financier, sont tous justiciables de la même Cour en ses différentes chambres.

Certes, l'intention première du jurislateur communautaire, en prescrivant la création de Cour des comptes nationale dans chaque État membre, n'était pas de faire du prosélytisme sur le bon usage des fonds et valeurs publics. Selon les termes de l'article 68 du Traité institutif de l'UEMOA, la création d'une Cour des comptes nationale doit offrir les "*garanties de transparence et d'indépendance requises*" dans le but d'"*assurer la fiabilité des données budgétaires nécessaires à l'organisation de la surveillance multilatérale des politiques budgétaires*". En d'autres termes, pour l'UEMOA, la question des Cours des comptes se situe au niveau de la méthodologie d'agrégation des données macro-économiques et macro-financières qui fondent la dynamique de la convergence des politiques en vue de soutenir la monnaie commune et le marché unique en chantier. L'indépendance de l'organe qu'est la Cour des comptes doit servir les besoins de la fiabilité des données budgétaires et comptables collectées.

Hasardeuse serait, cependant, la conclusion qui conduirait à dire que la sanction de la régularité et de la qualité des opérations financières publiques est superfétatoire. Les textes fondateurs des juridictions financières des pays membres de l'UEMOA contiennent, tous, une référence à la faute de gestion comme "*infraction*"[5] dans l'ordonnancement juridique des États. Si on considère les deux pôles de l'éventail, on note que la loi au Burkina Faso ne prévoit que *cinq* petits alinéas pour donner une base légale à la faute de gestion[6] ; tandis qu'à l'autre extrême du spectre, le Sénégal consacre à la faute de gestion *vingt-huit* alinéas regroupés en trois grandes rubriques : les fautes de gestion en matière de dépenses, les fautes de gestion en matière de recettes, les fautes de gestion de manière générale[7]. Entre ces deux pôles, la

---

[4] Par opposition au modèle distributif français qui distingue une Cour des comptes et une Cour de discipline budgétaire et financière.

[5] Article 80, Loi organique n°014-2000/AN portant composition, attributions, organisation, fonctionnement de la Cour des comptes et procédures applicables devant elle au Burkina Faso.

[6] Article 80, Loi organique n°014-2000/AN précitée (Burkina Faso).

[7] Article 57, Loi organique n°2012-23 du 27 décembre 2012 sur la Cour des comptes au Sénégal.

Directive communautaire fait un peu plus et un peu moins en restant dans une moyenne inférieure de *huit* alinéas[8].

De façon exégétique, définir la faute de gestion n'a pas été une préoccupation majeure des législateurs nationaux. La Côte d'Ivoire déroge à cette négligence largement partagée en disposant, dans sa loi organique, que sont constitutifs de faute de gestion "*toute atteinte aux lois et règlements régissant les finances publiques ou toute atteinte à toute loi et à un règlement particulier régissant les autres organismes sous contrôle de la Cour des comptes*"[9]. La violation de la loi financière est ainsi le premier critère de caractérisation de la faute de gestion. Viennent ensuite des formulations dont "*l'élasticité*"[10] confine à un véritable existentialisme juridique pour cerner le contenu et les éléments constitutifs d'une faute de gestion. Or, pour un mécanisme répressif, la prévisibilité et la stabilité de la règle juridique autant que l'intelligibilité et la clarté de celle-ci deviennent des exigences de sécurité juridique selon les grands postulats d'un État de droit démocratique. Il devient, dès lors, intéressant, d'une part, de procéder à un exercice de systématisation de l'élément légal de la faute de gestion dans le but de cerner les risques d'insécurité qui menacent le justiciable (I) ; d'autre part, d'illustrer la démarche du juge dans son rôle de serviteur et de garant de la légalité financière mais aussi de l'État de droit dans les États membres de l'UEMOA (II).

I. LES FAUTES DE GESTION : ESSAI DE PHÉNOMÉNOLOGIE

En mettant bout à bout les énonciations découlant de la Directive communautaire et les lois nationales on en arrive à une typologie des fautes de gestion qui distingue les atteintes à la régularité des opérations financières publiques, sans préjudice financier pour les collectivités publiques (A). Celle-ci présente l'avantage de se fonder sur des données factuelles et circonscrites. Quant aux fautes de gestion qui visent à la

[8] Article 80, Directive n°06/2009/CM/UEMOA relative aux lois de finances au sein de l'UEMOA.

[9] Article 89, Loi organique n°2015-494 du 7 juillet 2015 déterminant les attributions, la composition, l'organisation, et le fonctionnement de la Cour des comptes de Côte d'Ivoire.

[10] A. MANSARE, « La faute de gestion en droit public financier guinéen », *in* N. MEDE et M. DEBENE, *Les finances publiques entre globalisation et dynamiques locales, Mélanges en l'honneur de Diarra Eloi et Yonaba Salifou*, Dakar, L'Harmattan, 2021, p. 358.

fois la violation de la loi et le préjudice financier public, ils se traduisent par des manquements à l'exigence de performance des finances publiques et peuvent parfois apparaître comme des manières de tirer des plans sur la comète (B).

A. La violation de la loi sans préjudice financier public

La régularité s'entend de ce qui est prévu par les lois en vigueur, au sens le plus large. La régularité financière inclut la prise en compte des règlements et directives de l'UEMOA d'une part, et d'autre part des textes nationaux des États que sont les constitutions, les lois et règlements, la jurisprudence des cours et tribunaux. En ce sens, sanctionner les manquements à la légalité, c'est faire la promotion l'État de droit.

La Directive communautaire relative aux lois de finances donne le ton en ciblant dans les deux premiers alinéas de l'article 98 traitant de la faute de gestion les cas de "*violation des règles relatives à l'exécution des recettes et des dépenses*" des organismes publics, ainsi que la "*violation des règles relatives à la gestion des biens appartenant*" aux organismes publics[11]. Cette dernière précision a son intérêt, car si, la Caisse nationale de sécurité sociale (CNSS) du Bénin est un organisme public il n'en est pas de même de l'Institution de Prévoyance Retraite du Sénégal (IPRES). Celle-ci est "*une institution de prévoyance sociale de droit privé créée par des organisations syndicales et financées, outre des dons et legs, par les cotisations des membres, le revenu des placements de fonds*". Elle ne bénéficie pas non plus "*du concours financier de l'État*". Dès lors, selon la Cour des comptes de Dakar, le Président directeur général et le Directeur général de l'IPRES ne sont pas justiciables de ladite Cour[12].

En définitive, entrent dans la catégorie des organismes publics, l'État, les collectivités territoriales locales et les établissements publics pour les opérations sur deniers publics mais aussi la comptabilité des matières. Cette formulation générique annonce des spécifications plus précises sur la gestion financière de personnes publiques et la gestion du patrimoine des organismes publics. En effet, sont également visés au titre de la faute de gestion, l'"*imputation irrégulière d'une dépense*"[13], ou

[11] Article 80, Directive n°06/2009/CM/UEMOA portant lois de finances au sein de l'UEMOA.

[12] Cour des comptes du Sénégal, Arrêt n°02/17 du 09 mai 2017, affaire Président du CVCCEP c/ M. D., ancien Président du Conseil d'administration de l'Institution de prévoyance retraire du Sénégal (IPRES).

[13] Article 57-2, Loi organique n°2012-23 du 27 décembre 2012 (Sénégal).

le fait de "*passer outre*" un refus de visa[14], ou encore l'usurpation de compétence consistant en un "*engagement de dépenses sans délégation de pouvoir ou de signature*"[15].

La passation des marchés publics est d'abord une succession d'opérations administratives devant se conclure par un acte juridique, le contrat, duquel doit résulter pour l'État une obligation financière[16]. L'incidence financière a suscité l'introduction des marchés publics dans le domaine d'application de la faute de gestion. Le Niger procède par une évocation très générale en un alinéa unique qui édicte : "*le non-respect des règles relatives au Code des marchés publics*" constitue une faute de gestion[17]. Le Sénégal est plus expansif et consacre neuf points à préciser la faute de gestion en matière de marchés publics. Sont visés pêle-mêle l'absence de "*concurrence dans les conditions prévues par les textes en vigueur*"[18], la "*publicité insuffisante*"[19], le fractionnement des "*dépenses en vue de se soustraire au mode de passation normalement applicable*"[20], l'absence de "*planification et de publicité annuelle*"[21] ou la contractualisation avec une personne exclue de la commande publique[22].

La présentation succincte ci-dessus des grands thèmes des lois nationales sur la faute de gestion est centrée sur les points de régularité telle que les textes en disposent. Elle est descriptive, certes, mais présente l'intérêt de toujours inscrire la démarche du juge des comptes dans une perspective constative. De la même manière qu'il lit la ligne de compte présentée par le comptable public pour prendre sa décision, de même lorsqu'il doit juger des questions de faute de gestion en leur dimension contrôle de la régularité des opérations financières publiques, il constate, sur la base de données factuelles, la régularité ou la faute, hors toute appréciation de préjudices financiers subis par les personnes publiques.

---

[14] Article 57-4, Loi organique n°2012-23 du 27 décembre 2012 (Sénégal).

[15] Article 57-5, Loi organique n°2012-23 du 27 décembre 2012 (Sénégal).

[16] Voir C. M-E BOKA, *Le principe de transparence dans les procédures concurrentielles de passation des marchés publics en Côte d'Ivoire*, Thèse droit, Université Alassane Ouattara de Bouaké, 2021.

[17] Article 75, alinéa 6, Loi organique n°2020-035 du 30 juillet 2020 (Niger).

[18] Article 57, point 7-c, Loi organique n° 2012-23 (Sénégal).

[19] Article 57, point 7-b, Loi organique n° 2012-23 (Sénégal).

[20] Article 57, point 7-f, Loi organique n° 2012-23 (Sénégal).

[21] Article 57, point 7-h, Loi organique n° 2012-23 (Sénégal).

[22] Article 57, point 7-g, Loi organique n° 2012-23 (Sénégal).

Il en est autrement, lorsqu'au-delà de la régularité, le juge des comptes doit apprécier la performance dans la gestion des finances publiques.

B. La faute de gestion comme déficit de performance et préjudice financier

Retenons, Brevitatis causa, que la performance en finances publiques est la prise en compte des trois "*E*", c'est-à-dire de l'efficacité, de l'efficience et de l'économie[23]. Elle fait appel à une approche qualitative dans la gestion des finances publiques, aussi bien en recettes, en dépenses qu'en conservation des fonds et valeurs.

La Directive communautaire relative aux lois de finances apporte une première illustration de l'approche par la qualité des opérations financières publiques : "*le fait, pour toute personne dans l'exercice de ses fonctions, d'octroyer ou de tenter d'octroyer à elle-même ou à autrui un avantage injustifié, pécuniaire ou en nature*"[24]. Les mots-clés sont ici l'"*avantage injustifié*". De l'analyse exégétique, on retient que le mot "*avantage*" pour le dictionnaire Le Robert, c'est "*ce qui est utile, profitable*", ce qui peut procurer une utilité quelconque, la situation de laquelle on peut être amené à tirer un profit. Ce profit doit ensuite être "*injustifié*", ce qui, toujours pour Le Robert, signifie que l'acte ou l'abstention n'est pas "*autorisé*", n'est pas "*légitime*".

Sur ces fondements, les cas de figure pouvant tomber sous le coup de l'article 98-4 de la Directive communautaire forment un spectre très large. Cela peut aller de la simple utilisation du stylo et de la feuille du service pour écrire une lettre à son épouse jusqu'à l'utilisation du véhicule de l'État pour transporter du ciment sur le chantier de la belle-famille ou encore le placement de fonds publics en dépôt à terme rémunéré en son nom personnel et non au nom de la personne publique propriétaire.

L'éventail des situations justiciables de la faute de gestion au titre de l'avantage injustifié est ainsi très large. En termes allégoriques, on pourrait dire que les mailles du filet sont très serrées. Si ce filet était jeté dans les eaux de la lagune Ébrié (Abidjan), il ratisserait large, du menu fretin comme des gros calibres. Il faudra ensuite au pêcheur, en

---

[23] Ce à quoi les esprits sensibles au développement durable et aux valeurs ajoutent un 4e et un 5e "*E*" : l'environnement et l'éthique. Mais les finances publiques ne sont plus concernées par cette conception extensive de la performance.

[24] Article 98, 4e tiret, Directive n°06/2009/CM/UEMOA portant lois de finances au sein de l'UEMOA. On retrouve la même formulation dans les textes du Bénin et du Togo.

l'occurrence la Cour des comptes, se donner à l'exercice de tri : qui doit être jugé, qui pourra être relaxé et qui mérite d'être sanctionné. Et c'est ici que la sélection des justiciables prête le flanc au risque d'arbitraire et à l'insécurité juridique. Et pour cause !

Pour les observateurs de la vie publique, de Dakar à Niamey, de Ouagadougou à Lomé et ailleurs, les institutions juridictionnelles d'une manière générale, et singulièrement les organes de contrôle sont "*inféodés à l'exécutif avec un sentiment que leurs rapports font l'objet d'une exploitation politicienne*"[25]. On en déduit que selon que vous serez composant ou opposant, les jugements de cour vous déclareront blancs ou noirs !

Le droit n'est certes pas une science exacte et dire le droit, pour un juge, c'est conclure à une vérité que le philosophe Leibnitz disait largement contingente. L'office du juge est de tendre vers une vérité asymptotique. Il ne peut dire la Vérité. Et dans cet exercice de grande délicatesse, il importe que l'arsenal normatif de l'État préserve le garant de la légalité d'une trop grande aptitude à la vadrouille et à l'opportunisme. C'est pour tenir compte de cela, pour la qualité de la loi, notamment lorsqu'une sanction est édictée, qu'il importe que le législateur en amont fasse une rédaction des textes qui soient les plus précis possible. La prévisibilité par la clarté de la loi devient un rempart contre les tentations du large, celles qui tendent à faire du métier du juge, un instrument de politique conjoncturelle, l'instrument des gouvernants pour assagir ceux qui incarnent l'altérité (et l'adversité ?) politique. Vue sous cet angle, la formulation de l'article 98 de la Directive communautaire relative aux lois de finances est des plus malencontreuse. Dans la mesure où, au lieu de desserrer les mailles du filet, elle les restreint et laisse ensuite à la merci de l'humain la sélection opportuniste (peut-être) des justiciables et des coupables. L'article 98 fonctionne un peu comme un objet juridique non identifié, qui, lorsqu'il est manipulé, peut s'abattre sur n'importe qui manie les deniers publics, surtout s'il n'appartient pas à la "*bonne*" chapelle politique.

Alors que la plupart des législations nationales ne font que reproduire les quelques lignes de la Directive communautaire, le Sénégal et le Niger se trouvent être très prolixes dans l'énonciation des fautes de gestion. En disposant qu'est constitutif de faute de gestion "*le fait de s'être livré, dans l'exercice de ses fonctions, à des faits caractérisés créant un état de gaspillage*", le législateur sénégalais a mentionné trois

---

[25] https://www.osiwa.org/fr/newsroom/ consulté le 19 juin 2021.

cas dans lesquels l'état de gaspillage est réputé constitué. Mais l'énumération n'est pas exhaustive et la porte reste ouverte à d'autres cas de figure à la diligence et à la discrétion du juge financier. En effet, le texte commence l'énumération par "s*ont* notamment *considérés comme réalisant un état de gaspillage*" ; l'adverbe "*notamment*" signifiant ici "*entre autres*", on en déduit que l'énumération de l'article 57 de la loi organique n° 2012-23 du 27 décembre 2012 au Sénégal reste ouverte à d'autres situations au-delà des spécifications de ladite loi. La chasse semble donc ouverte, pour déceler les actes de gestion qui renferment des préjudices financiers occasionnés aux personnes publiques.

Au demeurant, que peut-on entendre par gaspillage. Pour le dictionnaire Larousse, c'est l'action de "*dépenser inutilement, follement*" ; Le Robert ajoute qu'il s'agit de "*dissiper son bien imprudemment et en plusieurs choses vaines et inutiles*". L'idée commune à ses présentations littéraires est le sentiment de perversité chez l'auteur du gaspillage. Le gaspillage est teinté ici d'anormalité du geste qui dénote une déviance sociale manifeste. Mais le sens commun donne un contenu plus inclusif du gaspillage et du gaspilleur. Changer son lave-linge au lieu de le réparer est du gaspillage. On fait du gaspillage lorsqu'on jette la nourriture restante parce que la réchauffer le lendemain ne donnera plus la même qualité de goût. Éteindre son téléviseur avec la télécommande sans disjoncter le système de mise en marche occasionne un gaspillage d'énergie. Le gaspillage n'est donc pas forcément un phénomène propre aux marginaux. Il est au cœur du mode de production capitaliste des 20e et 21e siècles. La production de masse doit être accompagnée d'une consommation de masse. Gaspiller cesse alors d'être un vice mais plutôt une vertu économique individuelle. Celle qui rend possible la croissance de la production de biens et services marchands[26].

En tenant compte de toutes ces considérations, l'appréciation du gaspillage peut passer du jugement de fait au jugement de valeur et de valeurs. Ce changement de paradigme axiologique ne facilite pas la tâche du juge financier. Son appréciation pourrait être teintée d'une

---

[26] La parabole du cycliste tueur de civilisation et de croissance est là : un cycliste n'achète pas de voiture, ne fait pas de prêt automobile et ne souscrit pas d'assurance automobile. Il tue donc l'industrie automobile, les banques et les compagnies d'assurance. Il n'achète pas de carburant et ne nécessite pas un garage pour l'entretien de son véhicule. Il contribue ainsi à tuer l'industrie pétrolière et les réseaux de maintenance et de pièces de rechange, avec au bout du rouleau des millions d'emplois supprimés (S. LATOUCHE, *Sortir de la société de consommation*, Paris, Éditions Les Liens qui libèrent, 2010).

grande subjectivité, d'un parti pris de société qui, en l'occurrence, donnerait une charge polémique *a priori* à la décision de justice.

II. LE JUGE TIRAILLÉ ENTRE LES RÈGLES ET LES VALEURS

Le juge procède traditionnellement à un raisonnement syllogistique simple : *d'abord* la prescription légale, *ensuite* les faits de l'espèce, *enfin* la sentence finale. Cet exercice est fait par le juge financier ouest-africain francophone lorsqu'il est saisi ou se saisit des questions de faute de gestion. La rédaction des textes en matière de contrôle de la performance financière l'expose à des écueils (A) surtout que sa décision est affranchie de tout recours en contrôle de l'application de la loi (B)

A. Le juge financier entre audace et *self restraint*

L'office du juge du fond, celui qui connaît de "*la lave brûlante des faits de la vie au quotidien*"[27], est l'une des plus belles illustrations du raisonnement syllogistique. La loi, *lato sensu*, y tient lieu de majeure ; les faits présumés fautifs sont la mineure ; la sentence du juge constitue la conclusion. Cette démarche du juge a permis de donner un visage à la faute de gestion en Afrique de l'Ouest francophone depuis la deuxième moitié du siècle passé.

Certes, la moisson est très peu fournie et la jurisprudence financière dans cet espace géographique est bien aussi rare que la pluie dans le désert du Sahara. La lanterne rouge est portée par le Bénin et le Mali qui ne peuvent se prévaloir, à ce jour, d'aucune décision sur la faute de gestion. Le Niger suit avec un seul arrêt tandis que le Sénégal et la Côte d'Ivoire tiennent le haut du pavé, depuis les années 1980. Si les juges financiers de Dakar ont développé une productivité appréciable sur le contrôle des ordonnateurs des dépenses publiques, la période allant de 2004 à 2013 a été malheureusement un temps de grande léthargie. La Chambre de Discipline Financière de la Cour des comptes a cessé de fonctionner au cours de cette période "*faute de composition légale*"[28].

---

[27] P. DRAI, « Allocution d'ouverture », *in La Cour de cassation et la constitution de la République*, Actes du colloque des 9 et 10 décembre 1994, Aix-Marseille, Presses universitaires d'Aix-Marseille, 1995, p. 8.

[28] Cour des comptes du Sénégal, Arrêt n° 01/17 du 4 mars 2017, affaire Président de la CVCCEP c/ Ndèye Khouda Kholle et El Hadj Sylla, Sur le délai de jugement, 2e considérant.

Somme toute, si on focalise le bilan des juridictions financières sur un demi-siècle, on se rend compte que les aurores ont été d'une grande audace. La notion de qualité de la dépense publique est appréciée au plus près des conditions de gestion des deniers publics. Le juge s'invite à cerner l'efficience d'une commande publique et conclut à la faute de "*l'avantage injustifié*" dès lors qu'il est prouvé que l'ordonnateur a acheté auprès de fournisseurs, deux produits qui sont payés "*quarante fois*" plus chers pour l'un et "*deux fois*" plus chers pour le second, si on fait la comparaison avec les prix courants du marché, à qualité égale[29].

La qualité de la dépense publique est toujours en cause lorsqu'il est établi que l'administrateur des crédits d'un établissement public présente des frais de maintenance d'un seul véhicule de tourisme sur une courte période de huit mois alors qu'avec lesdits frais cumulés, l'achat d'un véhicule neuf était possible. Le juge conclut alors que les faits de l'espèce sont constitutifs d'un "*état de gaspillage*"[30]. De la même manière, monsieur le maire commet une faute de gestion lorsque les faits prouvent que les trois véhicules de tourisme de la mairie ont totalisé une consommation de carburant de 44.500 litres d'essence sur neuf mois, soit 54 litres par véhicule et par jour, soit un trajet quotidien moyen de 900 km ![31]

De ce tableau d'illustration de la faute de gestion devant le juge financier, il ressort que la majeure du raisonnement syllogistique demeure la loi mais accompagnée ou enrichie d'une certaine normalité dans le management des affaires publiques : la gestion en bon père de famille, la gestion qui intègre des *ratios* prudentiels et exclut les actes anormaux de gestion qui sont source de préjudice financier pour les personnes publiques. Le juge financier se fait juge de l'opportunité de la dépense publique en lieu et place de l'ordonnateur. La base légale s'y prête largement dans la mesure où l'"*avantage injustifié*" ou l'"*état de gaspillage*" sont des expressions très ductiles, adaptables à mille et une situations particulières. Elles confinent à un véritable existentialisme juridique qui amplifie le rôle du juge au détriment de la prévisibilité de

---

[29] Cour des comptes du Sénégal, Arrêt n°02/2006 du 30. Mars 2006, Président de la CVCCEP c/ Ibrahim Diouf et Makhtar Camara *in Rapport public 2006*, pp. 193 et suiv.

[30] Cour des comptes du Sénégal, Arrêt N° 03/2001 du 17 octobre 2001, *Président de la CVCCEP contre Adama SALL* (sur l'ensemble voir N. MEDE, « Contribution des juridictions financières à la bonne gouvernance des États africains » *in Les Cahiers de l'AA-HJF*, 11e publication, 2010, p. 193).

[31] Faits jugés en Côte d'Ivoire (N. MEDE, « Contribution des juridictions financières à la bonne gouvernance des États africains » article précité, p.193).

la règle de droit. L'insécurité juridique s'infiltre par ces canaux et instille dans l'État de droit les germes d'une justice partiale parce que pouvant être dite à la tête du client.

En somme, il apparaît que l'évaluation qualitative de la gestion financière des organismes publics réserve une dose de subjectivité qui peut dégénérer en un instrument de règlement de compte sur le terrain politique. Question d'hypothèse, mais aussi question d'opportunisme.

Ceci expliquant peut-être cela, le juge financier semble orienter, ces dernières années, son contrôle vers des données plus objectives et des jugements de fait basés sur des dispositions légales. L'appréciation de la qualité de la dépense et du préjudice financier sont fondées sur des règles explicites contenues dans les lois et règlements en vigueur[32]. Ainsi, le "*paiement en nature*" d'une commande publique est punissable parce que contraire au principe de l'universalité budgétaire, à la règle du produit brut de l'article 38 de la loi n° 2012-09 du 26 mars 2012, portant loi organique relative aux lois de finances au Niger[33]. De même "*l'avantage injustifié*" est consommé en raison de ce que l'ordonnateur en situation administrative de détachement a cumulé son salaire de directeur général avec son salaire de professeur des lycées et collèges, en violation des dispositions de l'article 71 de la loi n°61-33 du 15 juin 1961 portant statut général des fonctionnaires au Sénégal[34]. Constitue aussi un "*avantage injustifié*" l'octroi au directeur général par son conseil d'administration de 1.000 litres d'indemnité de carburant au lieu des 350 litres autorisés par le Décret n°2008-695 du 30 juin 2008 au

[32] Démarche similaire en Afrique centrale francophone aussi. Doit ainsi répondre d'une faute de gestion, le délégué du gouvernement auprès de la communauté urbaine de *Limbé*, qui s'octroie un avantage non prévu par la loi en faisant prendre en charge les frais de gardiennage de sa résidence privée par son employeur pour un montant de 36.622.000 Francs CFA (A. ONGBA SEDENA, « La distinction entre la faute de gestion et le détournement de deniers publics en droit camerounais », *in Revue Africaine des Sciences Juridiques*, n°1/2014, p. 265).

[33] « Article 32 : Il est fait recette du montant intégral des produits, sans contraction entre les recettes et les dépenses. L'ensemble des recettes assurant l'exécution de l'ensemble des dépenses, toutes les dépenses et toutes les recettes sont imputées au budget général » (loi n° 2012-09 du 26 mars 2012, portant loi organique relative aux lois de finances au Niger).

[34] Cour des comptes du Sénégal, Arrêt n°02/2020 du 23 juillet 2020, Affaire ministère public c/ Monsieur S. D., ancien directeur général de l'Office National de Formation professionnelle (ONFP).

Sénégal[35]. L'enrichissement sans cause est caractérisé et "*l'avantage injustifié*" est constitué par la circonstance que l'immeuble objet de la transaction financière a été payé mais la livraison (remise des clés) n'a point été effectuée, en violation de l'article L 124 de la loi n°2009-23 du 8 juillet 2009 portant Code de la construction au Sénégal[36].

Au total, un *judicial self restraint* semble se dessiner lorsque le juge financier lui-même s'oriente vers une évaluation de la qualité des opérations financières publiques en s'éloignant d'un trop grand subjectivisme pour se fonder sur les prescriptions expresses de la loi. Ceci est d'autant plus heureux que les recours contre les décisions des Cours des comptes constituent une garantie plutôt hypothétique contre de potentiels arbitraires venant des juges financiers.

B. Des voies de recours hypothétiques

La question du double degré de juridiction a fait débat au Bénin à propos des procédures devant la Cour de Répression des Infractions Economiques et du Terrorisme (CRIET). L'opposition politique et une partie de la doctrine[37] estima que le Pacte international relatif aux droits civils et politiques est violé par l'État du Bénin. L'article 14-5 dudit Pacte dispose, en effet : "*Toute personne déclarée coupable d'une infraction a le droit de faire examiner par une juridiction supérieure la déclaration de culpabilité et la condamnation, conformément à la loi.*" En guise de correctif, le gouvernement fit instaurer au sein de ladite Cour une chambre de jugement et une chambre d'appel[38].

Sur le fond, le double degré de juridiction est une composante du *due process of law*, du procès équitable. Le principe permet au justiciable de faire apprécier les faits d'abord auprès de premiers juges, ensuite auprès de juges d'un niveau supérieur, censés plus expérimentés. Le

---

[35] Décret n°2008-695 du 30 juin 2008 portant règlementation de l'acquisition, de l'attribution et de l'utilisation des véhicules administratifs et fixant les conditions dans lesquelles des indemnités compensatrices peuvent être allouées.

[36] Cour des comptes du Sénégal, Arrêt n° 01/2020 du 16 janvier 2020, Affaire ministère public c/ Monsieur Ndongo DIAO, ancien Directeur général de l'Autorité de régulation des télécommunications et des postes (ARTP).

[37] Voir E. C. DOSSA, « La Cour de Répression des Infractions Économiques et du Terrorisme (CRIET) », *in KAS African Law Study Library – Librairie Africaine d'Études Juridiques*, 6-2019, p. 516.

[38] Loi n°2020-07 modifiant et complétant la loi n°2001-37 du 27 août 2002 portant organisation judiciaire en République du Bénin, telle que modifiée par la loi n°2018-13 du 2 juillet 2018 relative à la Cour de répression des infractions économiques et du terrorisme.

nœud dans toute affaire qui pourrait conduire à une sanction, c'est la qualification juridique des faits. Quand est-ce qu'il y a "*gaspillage*", à partir de quand peut-on parler de "*laxisme*" dans le recouvrement d'une créance publique ? La réponse ne découle pas absolument d'un jugement de fait. Elle est la résultante d'une appréciation qui réserve une part importante à la subjectivité, à la projection de la personnalité des magistrats dans leurs verdicts, aux circonstances, aux présupposés conjoncturelles. Ce faisceau de considérations joue comme un prisme déformant que vient corriger, si peu que ce soit, le double degré de juridiction, l'implication de juges de niveau supérieur et plus anciens dans le processus de jugement.

Le procès financier, lorsqu'il concerne les fautes de gestion, a une grande similitude avec le procès pénal. Il constate et apprécie une "*infraction*"[39] financière et punit de peines afflictives pour le patrimoine des justiciables : l'amende. Sur ces prolégomènes, il était pertinent, pour une bonne administration de la justice, de l'entourer des mêmes précautions procédurières que le procès pénal, notamment en ce qui concerne la faute de gestion. Or, *de lege lata*, l'organisation et le fonctionnement des juridictions financières ouest-africaines francophones ne présentent que trois modalités de recours contre les arrêts définitifs des Cours des comptes : le recours restreint, l'endo-recours et le recours néant.

Le recours restreint est celui du Sénégal et du Togo. Selon les dispositions des lois organiques, les arrêts de la Cour des comptes ne sont pas susceptibles d'appel[40]. Ils peuvent donner lieu à un recours en cassation[41] devant la Cour suprême (juges administratif et judiciaire

[39] « Article 96 : Les infractions définies à l'article 80 ci-dessus ne peuvent plus faire l'objet de poursuites devant la cour après l'expiration d'un délai de six ans révolus à compter du jour où elles ont été décelées (Loi organique n°014-2000/AN portant composition, attributions, organisation, fonctionnement de la cour des comptes du Burkina Faso). Voir aussi l'article 57, loi organique n° 2012-23 du 27 décembre 2012 abrogeant et remplaçant la loi organique n° 99-70 du 17 février 1999 sur la Cour des comptes du Sénégal.

[40] Article 75, loi organique n° 2012-23 du 27 décembre 2012 abrogeant et remplaçant la loi organique n° 99-70 du 17 février 1999 sur la Cour des comptes (Sénégal).

[41] Article 76, loi organique n° 2012-23 du 27 décembre 2012 abrogeant et remplaçant la loi organique n° 99-70 du 17 février 1999 sur la Cour des comptes (Sénégal). Article 87, Loi organique n° 98-014 du 10 juillet 1998 portant organisation et fonctionnement de la Cour des comptes (Togo).

suprêmes) et un recours en révision ou en rectification d'erreurs matérielles devant la Cour des comptes elle-même[42].

L'endo-recours est la situation juridique et institutionnelle des juridictions financières qui admettent que les justiciables puissent interjeter appel, mais ces recours en appel sont reçus et jugés par les instances de la Cour des comptes elle-même. N'interviennent ici ni des instances inférieures (Cour régionale des comptes inexistants), ni des instances extérieures comme la Cour suprême. Le pourvoi en cassation (avec ou sans renvoi) est jugé par les chambres réunies[43] de la Cour des comptes[44]. Tandis que le recours en révision est renvoyé devant la chambre qui a rendu la première décision[45].

Le recours néant est incarné par le Bénin. La loi dispose que "*les décisions de la Cour des comptes ne sont susceptibles d'aucun recours. Elles s'imposent au pouvoir exécutif, au pouvoir législatif ainsi qu'à toutes les juridictions*"[46]. Certes, la loi portant organisation judiciaire au Bénin prévoit des chambres des comptes au sein des Cours d'appel de l'ordre judiciaire et administratif. Les chambres des comptes ont compétence limitée à la gestion financière des collectivités locales territoriales et des établissements publics locaux[47]. En dehors des recours qui peuvent être intentés devant la Cour des comptes contre les décisions des chambres régionales des comptes, les arrêts de la Cour des comptes ne sont susceptibles ni de recours en cassation, ni de recours en révision. La Cour des comptes se retrouve dans la même

[42] Article 77, loi organique n° 2012-23 du 27 décembre 2012 abrogeant et remplaçant la loi organique n° 99-70 du 17 février 1999 sur la Cour des comptes (Sénégal). Article 86, Loi organique n°98-014 du 10 juillet 1998 portant organisation et fonctionnement de la Cour des comptes (Togo).

[43] Article 104, Loi organique n°2020-035 du 30 juillet 2020 précitée (Niger) ; article 112 et 113, Loi organique n°2015-494 du 7 juillet 2015 précitée (Côte d'Ivoire).

[44] Avec une nuance au Burkina Faso. Le Premier Président accompagné de deux membres des autres chambres de la Cour juge le dossier de cassation. Lorsque la cassation est prononcée l'affaire est renvoyée devant les chambres réunies qui statuent définitivement (Article 97, Loi organique n°014-2000/AN précitée, Burkina Faso).

[45] *Ibidem.*

[46] Article 2, al.3 Loi organique n°2020-38 du 11 février 2021 sur la Cour des comptes (Bénin).

[47] Article 68, Loi n°2001-37 du 27 août 2002 portant organisation judiciaire en République du Bénin Modifiée par la loi n°2016-15 du 28 juillet 2016.

situation juridique que la Cour constitutionnelle, avec toutefois cette nuance que celle-ci admet la révision pour erreur matérielle[48].

Ce rapide panorama de la portée des décisions des juridictions financières permet d'évaluer l'importance de la préoccupation liée au pouvoir des Cours des comptes en matière de jugement des fautes de gestion. Ce pouvoir est presque souverain. Lorsque les appréciations d'"*avantage injustifié*" ou de "*gaspillage*" ou de "*laxisme*" sont faites par les juges financiers, les chances de faire réévaluer les faits et les qualifications juridiques par des instances à la fois extérieures et supérieures sont nulles. Alors que le fond des affaires financières se rapproche, par essence, des affaires habituellement connues par les juridictions pénales, les garanties pour un double examen des affaires prennent des chemins divergents. Hélas !

CONCLUSION

Il est heureux de constater que la jurisprudence des Cours des comptes de l'Afrique de l'Ouest francophone marque une tendance récente à privilégier une démarche consistant à punir des faits qui sont en eux-mêmes des violations de la loi plutôt que des appréciations subjectives sur la qualité de la dépense publique. En effet, que dire lorsque le juge doit trancher le cas de deux cavaliers qui traversent le désert du Sahara, l'un avec deux gourdes de breuvage et le deuxième avec une seule gourde telle que prescrit par la loi. Les deux gourdes sont remplies d'eau de puits de l'oasis de *Kawar* (Niger). Tandis que la gourde unique a fait le plein d'une bière bien raffinée. Un breuvage est un breuvage même si les breuvages n'ont pas le même prix. Le premier cavalier est évidemment et formellement condamnable. Quant au deuxième, même si le préjudice financier pour la collectivité publique qui rembourse les frais est évident, son cas laisse le juge financier perplexe parce qu'en amont, le législateur aura manqué de cette clarté et de cette précision, fondements de la prévisibilité qui définit la sécurité juridique.

---

[48] Erreur matérielle que la Cour constitutionnelle définit comme « une simple erreur de plume ou de dactylographie, d'orthographe d'un nom, de terminologie ou d'une omission dans la décision (Décision DCC 03-166 du 11 novembre 2003, Maitre Florentin Feliho, *Recueil 2003,* p. 673).

FINANCES PUBLIQUES ET PAUVRETÉ EN AFRIQUE FRANCOPHONE[1]

INTRODUCTION

La conjonction de coordination *'et'* nous plonge dans une mise en balance de termes dont la définition n'est pas particulièrement aisée. Opérations sur deniers publics[2], opérations financières des personnes publiques[3] ou instrument de l'interventionnisme de l'État[4], les angles d'études et de définition sont variés. Il n'est pas dans nos propos de mettre un point final à la controverse. Pour les besoins de notre présentation, on n'entendra, par convention, les finances publiques que comme l'action financière des organismes publics. Une conception opératoire qui nous permet de mieux adresser la question suivante, celle de la pauvreté, c'est-à-dire de l'efficacité des politiques publiques dans leur effet sur la pauvreté. Qu'est-ce alors que la pauvreté ? Le premier réflexe est celui du recours aux indicateurs de revenus des citoyens.

Pour le système des Nations-Unies, un pauvre est l'individu qui ne réunit que 1,25 dollar par jour pour vivre[5]. Revenu du travail ou, plus exceptionnellement, allocation sociale (impôt négatif)[6], la pauvreté

---

[1] Publié dans N. MEDE, « Finances publiques et pauvreté en Afrique de l'Ouest francophone », *in* Droit administratif : convergence ou concurrence des disciplines juridiques, *Mélanges en l'honneur de Demba Sy,* Toulouse, Presses Universitaires de Toulouse 1 Capitole, 2020, Tome 2, p. 219.

[2] P. M. GAUDEMET et J. MOLINIER, *Finances publiques*, Paris, Montchrestien, 1997, p. 22.

[3] L. PHILIP, *Finances publiques*, Paris, Cujas, 1989, p. 15.

[4] M. DUVERGER, *Finances publiques*, Paris, PUF, 1956.

[5] http://donnees.banquemondiale.org/actualites/classification-des-pays-2013 consulté le 7 février 2013.

[6] Les mécanismes de ce modèle social de l'Ile Maurice sont d'abord une retraite universelle sans cotisation obligatoire. Ensuite vient l'allocation versée aux personnes isolées, dans l'incapacité de travailler et disposant de faibles ressources. Selon les analystes, la retraite universelle de base va à 22 % des bénéficiaires de cette allocation qui ne sont pas pauvres et 39 % des versements de cette retraite vont aux 20 % de la population les plus riches. Quant à l'aide sociale, elle « est régie par les dispositions de la loi sur l'aide sociale du 26 février 1983 (Social Aid Act 1983) et se traduit par une indemnité versée à des personnes isolées, dans l'incapacité de travailler et disposant de faibles ressources. Bien que l'aide sociale représente un volume budgétaire environ dix fois inférieur à celui de la retraite de base non contributive, soit de l'ordre de 0,2 % du PIB, les partenaires techniques et financiers ont alerté les

monétaire exprime un pouvoir d'achat, une capacité de consommation dans une économie libérale hédonistique. Selon le rapport d'évaluation des Objectifs du millénaire pour le développement (OMD), l'Afrique subsaharienne a réduit ses niveaux de pauvreté de 56,5 % à 48,4 % seulement entre 1990 et 2010, soit une diminution de 8,1 pour cent, qui reste bien en dessous de la cible de l'OMD fixée à 28,25 pour cent[7]. Le niveau moyen de la croissance économique dans la région Afrique a contribué aux efforts de réduction de la pauvreté en général. Cependant, l'intensité de la pauvreté demeure élevée sur le continent ; "*l'augmentation des inégalités de revenus sur le continent et l'interaction entre la croissance, la pauvreté et l'inégalité ne font qu'aggraver la situation*"[8].

Dans les pays en développement, la pauvreté monétaire traduit surtout la faiblesse de la productivité économique, la faible valeur ajoutée du travail. Dans les pays africains francophones où l'emploi salarié ne représente qu'environ 5,5 % du marché du travail[9], la pauvreté monétaire reflète la situation de l'armée des travailleurs indépendants que sont les cultivateurs ruraux, les artisans urbains (soudeurs, coiffeurs, couturières, soudeurs, tailleurs, mécaniciens, vulcanisateurs, etc.) et toute l'économie de la débrouille : cireurs de chaussures, conducteurs de taxi-moto, etc.

Vu sous cet angle, les rapports des finances publiques avec la pauvreté apparaissent subliminaux. La dimension monétaire, comme l'appellation l'indique, ne cible que l'aspect monétaire des choses. Alors que le "*bien-être*" ou encore l'ensemble des "*progrès économiques, sociaux et culturels auxquels aspirent les peuples*" et qui est, selon l'UNESCO[10],

---

autorités sur la faible efficacité du dispositif en termes de lutte contre la pauvreté et de réduction des inégalités, dans la mesure où d'une part, 71,7% des bénéficiaires de l'aide sociale vivent au-dessus du seuil de pauvreté relative, défini comme la moitié du revenu médian par habitant, et que d'autre part, en évaluant le seuil de pauvreté sur la base des enquêtes sur les conditions de vie des ménages à Maurice, seuls 5,2 % des familles pauvres ont accès à l'aide sociale ». (E. BOR, *Réforme budgétaire et gestion axée sur les résultats en Afrique subsaharienne : l'exemple de Maurice*, Thèse droit, Paris 1, Panthéon Sorbonne 2015, pp. 471-474).

[7] Commission économique pour l'Afrique, Union africaine, Groupe de la Banque africaine de développement et Programme des Nations Unies pour le développement, *Rapport OMD 2015 : Évaluation des progrès réalisés en Afrique pour atteindre les objectifs du Millénaire pour le développement*, Addis-Abeba, 2015, p. 3.

[8] *Ibid.* pp. 4-5.

[9] Institut National de la Statistique et de l'Analyse Economique, *Troisième recensement général de la population et de l'habitation, 2002, Synthèse des analyses en bref*, Cotonou, octobre 2003.

[10] Boutros BOUTROS-GHALI, *L'interaction démocratie et développement*, Paris, UNESCO, 2002, p. 11.

la finalité de la civilisation et du développement, implique un raisonnement en faisceaux de facteurs. Le revenu monétaire doit s'articuler et être mitigé avec l'accès aux services sociaux de base : eau potable, santé, éducation.

Dans son rapport sur le développement dans le monde, édition 1997[11], la Banque Mondiale exprime une légère inflexion de ses options par rapport aux canons du *Washington consensus*. Elle préconise que l'État consacre "*les capacités dont il dispose à l'exécution des missions qu'il peut et doit assumer*"[12]. Au nombre de ces missions, cinq sont "*au cœur de la fonction de l'État*"[13] et parmi ces cinq il faut citer l'"*investissement dans les services sociaux de base et les infrastructures*"[14]. État, Investissements publics, deniers publics, les liens entre les finances publiques et la pauvreté deviennent plus évidents lorsqu'on adopte l'approche globalisante de la question du bien-être des populations au-delà des seuls aspects monétaires.

Au cœur de la problématique des finances publiques, il y a la loi de finances de l'année. Celle-ci se présente comme une pompe à la fois aspirante (recettes) et foulante (dépenses) dont il convient maintenant de mesurer les effets sur les indicateurs de pauvreté en examinant successivement l'efficacité du système fiscal dans sa fonction de pourvoyeuse de recettes (I) et la performance de la dépense publique (II).

I. LA POMPE ASPIRANTE ET LA LUTTE CONTRE LA PAUVRETÉ : EFFICACITÉ ET TRANSPARENCE DES RECETTES

Pour financer les services sociaux de base et les infrastructures, il faut de l'argent qui peut provenir des recettes fiscales (A) mais aussi des revenus tirés de l'exploitation des richesses fossiles dans les pays qui sont de grands producteurs d'hydrocarbures et de richesses minières (B).

A. La mise à contribution du système fiscal

Selon les statistiques fournies par les rapports de la surveillance multilatérale, les taux de pression fiscale en Afrique francophone sont encore faibles. En 2014, ils ont été de l'ordre de 6,2 % en Guinée-

[11] Banque mondiale, *Rapport sur le développement dans le monde, L'État dans un monde en mutation*, Washington, Banque mondiale, 1997.

[12] *Ibid*, p. 3.

[13] *Ibid,* p. 4.

[14] *Ibid,* p. 4.

Bissau, 16,0 % au Burkina Faso et 15,6 % en Côte d'Ivoire[15]. La pression fiscale exprime le *ratio* entre le montant total des recettes fiscales recouvrées et le produit intérieur brut. Ce *ratio* est de 45,0 % en France, de 48,6 % au Danemark, de 24,3 % en Corée du Sud et de 25,4 % aux États-Unis pour l'année 2013[16]. La conclusion est qu'en Afrique francophone, la part de la production nationale consacrée au financement des buts d'intérêt général est doublement faible : une faiblesse relative et une faiblesse absolue.

La faiblesse absolue tient au rendement net de l'impôt dans les pays sous étude. L'impôt se définit comme une contribution, un apport tiré des revenus, une part de la dépense ou de la richesse acquise, le capital. Si le revenu est lui-même faible et si la circulation des biens et services met en jeu des masses monétaires tout aussi faibles, la conséquence logique est que les rentrées fiscales sont minces de façon absolue.

En effet, le revenu moyen par tête d'habitant est calculé à 700 $ US au Burkina Faso, à 890 $ US au Bénin, à 9.720 $ US au Gabon et à 2.720 $ US au Congo[17]. Par ailleurs, l'indice de pauvreté absolu de la Banque mondiale établi à 1,25 $ US par jour et porté à 1,90 $ US en 2015 concerne un pourcentage important de la population africaine francophone. La pauvreté monétaire concerne 50,3 % des populations au Niger, 38,0 % au Sénégal, 54,2 % au Togo, 38,4 % au Tchad en 2011[18]. Dans ces pays, la gestion de la pénurie absorbe le quotidien des gouvernants dans un enchaînement vicieux qui se résume à ceci : revenus faibles impliquent rendements fiscaux faibles et pour parachever le cycle, faiblesse de la contribution de l'État aux actions prométhéennes de croissance économique et de développement.

La faiblesse relative de la part de la production nationale consacrée au financement des buts d'intérêt général tient au phénomène de l'évasion fiscale sous toutes ses formes. L'évasion fiscale mesure l'écart entre l'efficacité des procédures fiscales et les réalisations des services fiscaux. C'est un indicateur du taux de déperdition. Les facteurs de cette déperdition sont nombreux : optimisation fiscale des grandes compagnies multinationales (prix de transfert et autres), sous-

---

[15] UEMOA, *Rapport semestriel d'exécution de la surveillance multilatérale,* décembre 2014.

[16] http://www.challenges.fr/economie/ consulté le 04 janvier 2016.

[17] http://donnees.banquemondiale.org/indicateur/ consulté le 04 janvier 2016.

[18] http://donnees.banquemondiale.org/indicateur/SI.POV.DDAY consulté le 4 janvier 2016.

administration fiscale, corruption, fuite des capitaux et importance du secteur informel. Selon les statistiques de l'Organisation internationale de la francophonie (OIF), le secteur informel représente plus de 50 % de la valeur ajoutée globale du PIB des pays africains à faible revenu, plus de 80 % de l'emploi total et plus de 90 % des emplois nouvellement créés dans ces pays[19]. Ce secteur informel est producteur de biens et de services qui échappent aux services administratifs et fiscaux. Le faible taux de bancarisation (13,52 % selon la BCEAO)[20] des États ajoute au phénomène de l'évasion fiscale. Ces phénomènes divers sont des menaces objectives et subjectives au bon rendement de la fiscalité intérieure mais aussi de la fiscalité de porte. Ils apportent leur part de causalité dans la compréhension de la dialectique de la pauvreté.

Les finances publiques se veulent au service du développement des États. Elles sont censées apporter plus de ressources pour le financement de la croissance pour la réduction de la pauvreté. Les axes d'intervention sont nombreux et comportent un volet institutionnel/organisationnel et un volet juridique centré sur le droit matériel des impôts.

S'agissant des aspects institutionnel/organisationnel, les administrations fiscales de nombreux États se sont mis à faire de la gestion axée sur les résultats. Cela se traduit par un intéressement des agents sur la base des performances réalisées. Plus les rentrées fiscales sont abondantes par rapport aux prévisions, plus l'agent ou les agents concernés voient leur rémunération augmenter. Pour le Directeur général des impôts du Sénégal, "*la planification stratégique, la gestion axée sur les résultats et le contrat de performance vont accompagner le processus de modernisation des finances publiques sénégalaises*"[21]. Le mécanisme a l'avantage de corriger un droit de la fonction publique qui inhibe les initiatives et traite tous les acteurs sur le même pied d'égalité, les personnes méritantes comme celles qui le sont moins.

Une autre innovation qui contribue à améliorer les recettes fiscales est la fusion des administrations fiscales et douanières et leur autonomisation institutionnelle sous la forme d'offices employant du personnel sous contrat, hors du cadre de la fonction publique. Il en est ainsi de

---

[19] A. A. MBAYE, *Secteur informel, emplois et transformation structurelle Recommandations opérationnelles pour une politique efficace envers le secteur informel*, Paris, OIF, 2014, p. 3.

[20] BCEAO, *Note d'information*, 4e trimestre 2014, n° 40.

[21] *Revue I & D (Impôt et Domaine)*, Dakar, numéros 04-05 Octobre et Novembre 2008.

l'Office togolais des recettes (OTR) créé en 2012. L'idée sous-jacente est la mise en œuvre d'une approche managériale dans la gestion des recettes publiques. L'office créé est administré par un directeur recruté sur concours. Le personnel de gestion est placé sous son autorité avec un pouvoir d'instruction et de sanction inconditionné. La rémunération comporte une part fixe et une part variable indexée sur le rendement. Le directeur et son personnel sont liés par un agenda de performance et sont évalués à échéance régulière. L'exemple vient du Burundi, du Rwanda et de l'Ile Maurice. Selon les statistiques fournies par l'Office burundais des revenus (OBR) à sa création en 2009, les recettes intérieures (impôts et douanes) de l'État étaient de 301,21 milliards de Francs burundais. En 2014, les chiffres sont de 655,58 milliards de Francs burundais soit une progression de l'ordre de 117, 68 %. L'OBR participait à hauteur de 63 % au solde total des ressources budgétaires en 2009. Sa contribution passe à 82 % en 2014[22].

La source principale de déperdition de recettes douanières est la sous-estimation de la base imposable des marchandises importées. Les valeurs déclarées sont inférieures aux prix CAF (coût assurance fret) facturés par les fournisseurs. Pour corriger cette distorsion l'expertise de sociétés privées de contrôle et de vérification des valeurs en douane a été requise dans de nombreux pays. L'objectif principal est de lutter contre l'évasion fiscale et la corruption des administrations douanières. Le mode opératoire est la délégation, pour une période transitoire, à une entreprise privée de l'inspection des marchandises avant embarquement ou à destination. Il s'agit aussi de fournir aux douanes des informations sur l'assiette : valeur, espèce, quantités. La rémunération est faite aux sociétés privées d'inspection en pourcentage de la valeur FOB (*free on board*) des marchandises inspectées[23]. La tendance aujourd'hui est de clôturer la page de la collaboration avec les entreprises privées prestataires de service d'inspection pour aller vers un renforcement des capacités des administrations douanières elles-mêmes. La raison est que "*le recours aux sociétés d'inspection a atteint ses limites*"[24].

---

[22] Ch. RUVAKUBUSA, « Facteurs clés entrainant la chute de recettes en Afrique : cas du Burundi », communication présentée à African Tax Research Network, *Congrès inaugural, 2-4 septembre 2015*, Cape Town, Afrique du Sud, inédit.

[23] A.-M. GEOURJON, *De la pratique à la théorie et inversement : l'exemple des programmes de vérification des importations,* Fondation pour les Études et Recherches Internationales (FERDI), Clermont-Ferrand, 2013.

[24] Quotidien nigérien de service public *Le Sahel.* Consulté en ligne sur http://www.lesahel.org le 04 janvier 2016.

En ce qui concerne le volet juridique, c'est-à-dire le droit matériel de l'impôt, la tendance est à la création d'impôts synthétiques. L'intérêt est double. D'abord, grâce à ce type d'impôt, la gestion de la fiscalité est plus aisée chez les contribuables. À la multiplicité d'impôts se substitue un impôt unique dont le paiement met le contribuable à jour sur plusieurs niveaux d'impôt. Ceci est particulièrement profitable pour les artisans et les entreprises opérant à la lisière de l'informel. La simplicité et la commodité de l'impôt synthétique sont un facteur incitatif pour les professionnels qui ont de l'administration fiscale une perception qui est celle d'une jungle paperassière et tracassière. Ensuite et enfin, la création des impôts synthétiques réduit le coût administratif de gestion des services fiscaux. Ils permettent de faire des économies sur les ressources humaines et sur les fournitures de bureau. Économies utiles et nécessaires qui pourraient être redéployées dans la sécurisation des revenus tirés de l'exploitation des ressources fossiles.

B. La sécurisation des revenus tirés de l'exploitation des ressources fossiles

Le "*syndrome hollandais*" (*dutch disease*) décrit un phénomène économique qui naît de l'exploitation et de l'exportation de ressources naturelles abondantes. Les rentrées de devises provoquent un surenchérissement de la devise nationale et donc un manque de compétitivité à l'exportation des produits manufacturés locaux. La désindustrialisation suit comme conséquence logique.

Ce qui se passe en Afrique francophone est sensiblement différent du mécanisme du "*syndrome hollandais*". Il s'agit de la juxtaposition de deux extrêmes : l'extrême pauvreté ambiante et l'extrême richesse censée provenir de l'exploitation de faramineuses ressources du sous-sol. Le paradoxe a fait l'objet d'un exercice de modélisation en science et littérature politiques. On a parlé de néo-patrimonialisme[25] et les anglophones d'Afrique ont évoqué le *eat and let eat system*[26].

Le débat en finances publiques est de savoir comment sécuriser les recettes pétrolières, gazières, minières, etc. Il s'agit du phosphate togolais, du pétrole ivoirien, de l'uranium nigérien, du diamant centrafricain et de toutes ces matières premières qui ont déclenché, à l'orée de la décennie 2000, le *rush* des économies émergentes et à

[25] D. C. BACH et M. GAZIBO (dir), *L'État néopatrimonial, Genèse et trajectoires contemporaines*, Ottawa, Presses de l'Université d'Ottawa, 2011, 392 pages.
[26] Ch. ACHEBE, *A man of the people*, New York, Anchor Books editions, 1966.

croissance forte. La réponse a pris la forme d'une veille démocratique organisée par la société civile dans les différents pays exportateurs de matières premières : le mouvement *Y'en a marre* (Sénégal), la coalition *Publiez ce que vous payez* (Congo), la *Corruption Watch* (Afrique du Sud), *le Black Monday Movement* (Ouganda), le réseau *Social watch* (financé par l'Organisation internationale du Travail et le ministère fédéral allemand de la Coopération économique et du Développement)[27] et ses démembrements dans les États. Le harcèlement médiatique, moral et politique de la société civile constitue un premier rempart contre la déferlante des pots-de-vin, des détournements de deniers publics et des trafics d'influence imputables à l'oligarchie des gouvernants corrompus.

À cette dynamique nationale, s'ajoutent certains mécanismes internationaux qui ont acquis une réputation certaine et une fiabilité des données qui peuvent conditionner les concours financiers de certains grands bailleurs de fonds comme l'Union européenne ou les institutions de *Bretton Woods.* Au premier plan de ces mécanismes internationaux figure l'Initiative pour la transparence des industries extractives (The Extractive Industries Transparency Initiative, EITI ou ITIE en français). L'objectif de l'EITI est de rompre le cercle vicieux de l'abondance de ressources qui génère la corruption, la guerre des exclus et la pauvreté. Le système EITI fonctionne sur la base du volontariat. Une Norme EITI est créée et permet de mesurer et de classer les pays en tenant compte du niveau de transparence dans la gouvernance publique d'une manière générale, et dans la gouvernance des revenus tirés des ressources naturelles de façon spécifique. La Norme EITI comporte trois niveaux qui correspondent à trois statuts : le statut du pays qui souhaite appliquer l'EITI, pays candidat à la candidature. Il doit en conséquence prendre un certain nombre de mesures[28] avant de déposer sa candidature. Suite à ces mesures, intervient la demande de candidature officielle adressée au conseil d'administration d'EITI. Si le conseil d'administration conclut que les étapes ont été correctement franchies, le pays acquiert le statut de "*pays candidat*" à l'ITIE. Pour passer au statut de

[27] http://www.socialwatch.org/fr

[28] Le gouvernement doit émettre une déclaration publique, sans équivoque, de son intention d'implémenter l'ITIE (i), le gouvernement doit nommer un cadre supérieur charger de mener le processus d'implémentation (ii), le gouvernement doit s'engager à travailler avec la société civile et les entreprises, et mettre sur pied un groupe multipartite pour superviser l'implémentation de l'ITIE (iii), le groupe multipartite doit élaborer et suivre un plan de travail, dûment chiffré et respectant les échéances de validation et de rapport fixées par le Conseil d'administration de l'ITIE (iv).

"*pays conforme*", le "*pays candidat*" doit se soumettre et passer avec succès, dans un délai de deux ans et demi, une évaluation qualifiée de validation[29]. L'évaluation est faite sous la supervision du conseil d'administration et du secrétariat international par un validateur indépendant. Le statut de "*pays conforme*" est valable cinq ans et doit être renouvelé après de nouvelles évaluations.

Pour les "*pays conformes*"[30] les avantages à tirer de ce statut sont d'abord le renforcement de la légitimité des gouvernants grâce à une plus grande transparence dans la gestion des deniers publics, notamment des énormes ressources tirées de l'exploitation des richesses naturelles. Le surcroit de légitimité réduit les risques de guerre et de corruption. Ensuite, vient un renforcement de l'attractivité du pays pour les investisseurs. Des procédures claires, une bonne reddition de comptes sont des facteurs qui favorisent les investissements directs étrangers. Enfin, la société civile et les populations ont le sentiment d'être réellement des citoyens parce qu'ils sont informés sur la richesse nationale et son utilisation.

En deuxième lieu des mécanismes internationaux de dissuasion en matière de préservation des deniers publics, vient *Transparency international*. Cette organisation non gouvernementale basée en Allemagne, mais avec des relais au niveau des États, publie chaque année un indice de perception de la corruption (IPC) qui renseigne sur la nature et le niveau de déperdition des recettes publiques dans un pays. Des questions méthodologiques ont été soulevées pour limiter la portée de l'IPC. Il est par contre évident que cet indice a une influence suffisante sur les décideurs de la finance internationale et que les bons

[29] L'ITIE exige une surveillance efficace par le groupe multipartite (i) l'ITIE exige la publication dans les délais des rapports de l'ITIE (ii), l'ITIE exige des rapports qui incluent des informations contextuelles sur les industries extractives (iii), l'ITIE exige l'élaboration de rapports intelligibles qui incluent la divulgation complète par le gouvernement des bénéfice issus des industries extractives, et de tous paiements matériels fait au gouvernement par les entreprises pétrolières, gazières et minières (iv) l'ITIE exige un processus d'assurance crédible appliquant les normes internationales (v), l'ITIE exige des rapports qui sont intelligibles, activement promus, publiquement accessibles, et qui contribuent au débat public (vi), l'ITIE exige que le groupe multipartite prenne les mesures nécessaires sur la base des leçons apprises et analyse le résultat et l'impact de l'implémentation de l'ITIE (vii).

[30] Quelques "*pays conformes*" en Afrique francophone : Burkina Faso, Côte d'Ivoire, Niger, Mali, Tchad. La République centrafricaine a été suspendue en 2010 suite à une évaluation non concluante.

ou les mauvais classements ne sont pas toujours accueillis avec des haussements d'épaules.

En dernier lieu, viennent d'autres associations à but non lucratif comme *Global integrity* aux États-Unis ou la Fondation Mo Ibrahim basée à Londres. À l'aide d'études thématiques sur la corruption, de plateforme d'information en temps réel, de prix décernés ou d'assistance accordée aux activistes de la société civile, ces ONGs transnationales contribuent à forger une gouvernance de service public, vertueuse parce que fondée sur l'idée que l'argent public doit servir aux fins d'intérêt général. D'une certaine manière, il s'agit de restituer à l'impôt et ses dérivés leur nature première de prélèvement obligatoire destiné à faire face à une dépense publique à la fois efficace et efficiente.

II. LA POMPE FOULANTE ET LA LUTTE CONTRE LA PAUVRETÉ : EFFICACITÉ ET EFFICIENCE DE LA DÉPENSE PUBLIQUE

L'efficacité met en jeu les résultats atteints en lien avec les objectifs initiaux de la dépense publique. L'efficience mesure le *ratio* entre le coût de revient des résultats atteints par rapport à une norme ou un standard. Efficacité et efficience sont des éléments d'appréciation de la performance de la dépense publique. Cette performance sera examinée de manière globale (A) puis de façon spécifique en ciblant les dépenses pro-pauvres (B).

A. La performance globale des dépenses publiques : la chaîne vertueuse économie, efficacité, efficience

Le propre de l'argent public, est trop souvent d'être dépensé sans compter. L'habitude s'est en effet installée et on semble considérer, à tort ou à raison que la dilapidation des deniers publics n'est pas un vice, encore moins une faute de gestion. Alors prolifèrent dans les pays africains francophones les situations les plus scabreuses : fonds déboursés en plusieurs tranches pour la réalisation d'un complexe polytechnique mais le jour de l'inauguration, en guise d'infrastructure, il n'y a qu'un terrain vague ; pont construit avec du fer à béton sous calibré et qui s'effondre dès la première pluie ; cartons de vaccins commandés et livrés remplis pour moitié d'ampoules et pour moitié de sable marin, le tout emballé dans du plastique certifié d'origine du fournisseur.

Ce sont là autant d'exemples d'investissements et de dépenses publics à fonds perdu. Il faut recommencer et toujours recommencer. Il n'est pas étonnant que dans ces conditions la croissance économique ne se conjugue point avec la réduction de la pauvreté.

La perspective nouvelle qui s'ouvre est celle de la prise en compte de la notion de performance dans la gestion financière publique. La performance est saisie dans sa triple dimension de recherche de résultat, d'efficience et d'économie. Il est intéressant de relever que de ce point de vue, la sanction de la gestion des ordonnateurs de dépenses publiques a pris en compte l'aspect qualité de la dépense publique. De façon assez révélatrice, les autorités ayant le pouvoir de décision en la matière peuvent être sanctionnées pour des cas de manquement non seulement à la légalité financière mais aussi en cas d'atteinte aux exigences de performance. En guise d'exemple, l'arrêt n° 02/2006 du 30 mars 2006, Ibrahim DIOUF et Makhtar CAMARA, de la Cour des comptes du Sénégal. Celle-ci condamne le prévenu à une amende pour avoir "*procuré des avantages injustifiés*" aux fournisseurs du programme sanitaire dont il était l'administrateur ; les faits mentionnent que l'administrateur condamné a acheté auprès de fournisseurs, deux produits qui sont payés "*quarante fois*" plus chers pour l'un et "*deux fois*" plus chers pour le second, si on fait la comparaison avec les prix courants du marché, à qualité égale[31].

Dans un autre arrêt n° 03/2001 de la même Cour des comptes sénégalaise, le juge constate que l'administrateur des crédits d'un établissement public a dépensé cinq millions de francs au titre des frais d'entretien et de réparation d'un seul véhicule de tourisme sur une courte période de huit mois alors qu'avec une telle somme, l'achat d'un véhicule neuf était possible. Le juge conclut que les faits de l'espèce sont constitutifs d'un "*état de gaspillage*"[32], et qu'une amende était due.

D'une manière générale, tout le fondement de la nouvelle gouvernance financière publique est centré sur la notion de performance. Les contrôles administratifs et juridictionnels "*évaluent l'efficacité, l'économie et l'efficience*"[33] des opérations financières des personnes publiques. En amont du contrôle, l'articulation de la chaîne des dépenses publiques permet de mettre en valeur les préoccupations de performance de la gestion financière publique. D'abord, l'élaboration du programme

---

[31] Arrêt n°02/2006 du 30 mars 2006, Président de la CVCCEP/Ibrahim DIOUF et Makhtar CAMARA *in* Cour des comptes du Sénégal, *Rapport public 2006*, pp. 193 et suiv.

[32] Cour des comptes du Sénégal, Arrêt N° 03/2001 du 17 octobre 2001, *Président de la CVCCEP contre Adama Sall*, www.courdescomptes.sn

[33] Article 13 *in fine*, Directive n°06/2009/CM/UEMOA portant lois de finances au sein de l'UEMOA et article 17-3 directive n°01/11-UEAC-190-CM-22 du 19 décembre 2011 relative aux lois de finances au sein de la CEMAC.

budgétaire associe la description d'objectifs, l'identification d'activités de mise en œuvre, la sélection des indicateurs de mesure de la performance, et l'affectation de crédits budgétaires. Il existe une traçabilité évidente entre les masses budgétaires à dépenser et des objectifs de politique publique quantifiés. Le responsable de programme établit, à travers son projet annuel de performance, les cibles de son action au cours des douze mois de l'exécution budgétaire.

Ensuite, en fin d'année, et en application du principe de l'annualité budgétaire, un bilan de l'action, des moyens mis en œuvre, des résultats atteints, les contraintes et les perspectives[34] est élaboré. C'est le rapport annuel de performance. Enfin, ce rapport est soumis à l'évaluation des corps de contrôle.

L'exercice est de pure technique administrative publique. Ce sont des méthodes nouvelles de gestion. C'est l'émergence d'un nouveau management public. Cependant, au-delà des aspects de technique de gestion, c'est une approche nouvelle qui est en train de naître. C'est une révolution culturelle qui surgit du fond d'un demi-siècle de gouvernance publique. Il faut se réinventer et remettre la notion de performance au goût du jour. Les défis du continent sont immenses. Il faut, selon les experts, injecter annuellement "*400 milliards de dollars par année pour rendre résilients et écologiques les investissements à long terme des pays en développement*"[35]. En Afrique, il faudrait une croissance de l'ordre de 16 % l'an pour espérer vaincre réellement la pauvreté. Quant aux Objectifs de développement durable, ils nécessiteront des apports d'argent frais de plusieurs dizaines de milliards par an pour pouvoir atteindre les 17 objectifs et les 169 cibles d'ici 2030[36]. L'évocation de ces différents chiffres indique que les enjeux sont importants et qu'il ne sied plus de gaspiller de l'argent, de dépenser sans compter, de ne point se soucier ni de résultat ni d'efficience.

La nouvelle gouvernance financière publique est, dans la globalité, une réponse à la question de la pauvreté. Mieux l'argent est dépensé, plus son impact économique et social est visible, et plus les indicateurs de pauvreté s'améliorent. Ce à quoi contribue, de façon spécifique la catégorie des dépenses dites pro-pauvres.

---

[34] Articles 46-1 et 50, directive UEMOA relative aux lois de finances ; articles 45-6 et 50-3, directive CEMAC relative aux lois de finances.

[35]http://newsroom.unfccc.int/fr consulté le 17 octobre 2015.

[36] World Bank Group, African Development Bank & ALII, *From Billions to Trillions: MDB Contributions to Financing for Development*, 2015.

B. La performance spécifique : les dépenses pro-pauvres

La lutte contre la pauvreté est devenue un des thèmes de concentration du "*nouveau consensus de Washington*". On parle de croissance pro-pauvre, ce qui peut signifier deux choses : une première approche dite *"relative*" considère la croissance pro-pauvre comme celle qui bénéficie aux plus pauvres, celle dont les plus pauvres tirent le plus de bénéfice. Il en découle une réduction des inégalités de revenu en faveur des pauvres[37]. La seconde approche dite "*absolue*" considère qu'une croissance est pro-pauvre si elle conduit à une réduction de l'incidence de la pauvreté[38]. Dans un cas comme dans l'autre, la croissance et la réduction de la pauvreté vont de pair. Il n'y a pas de réduction de pauvreté sans croissance économique. Au demeurant, le choix pour l'une ou l'autre option peut conduire à des paradoxes[39].

Sur le plan des politiques publiques, les institutions de *Bretton Woods* ont mis en scelle, depuis l'année 1999, l'élaboration de document de stratégie de réduction de la pauvreté (DSRP). Ces documents sont obligatoires dans les pays qui ont un programme avec le FMI et la Banque mondiale, notamment en matière d'annulation de la dette. Les DSRP définissent des axes de concentration des crédits budgétaires qui sont des manifestations d'un volontarisme financier pour adresser les questions de pauvreté. La croissance pro-pauvre implique des dépenses pro-pauvres.

Les dépenses pro-pauvres peuvent être de différentes sortes : elles sont des dépenses fiscales ou des systèmes de taxation sélective qui épargnent les revenus et/ou la dépense des couches sociales les plus vulnérables. Le but est d'arriver à augmenter les revenus des pauvres

---

37 S. KLASEN, "In Search of the Holy Grail, how to Achieve Pro-Poor Growth?" *in* KRAKOWSKI (ed.), *Attacking Poverty: What makes growth pro-poor*? Baden-Baden, Nomos Verlaggesellschaft, 2003.

38 Le document final portant adoption des Objectifs de développement durable (2015) est intitulé "*Transformer notre monde : le programme 2030 pour le développement durable*". Pour le secrétaire général des nations Unies, il s'agit « d'une feuille de route pour éradiquer la pauvreté mondiale, construire une vie digne pour tous et ne laisser personne de côté. » (http://www.un.org/sustainabledevelopment/fr consulté le 05 janvier 2015). La croissance économique doit être volontairement orientée vers la lutte contre la pauvreté.

39 Elle conduit alors à un paradoxe : préférer une plus faible croissance (au motif de la priorité accordée à la réduction des inégalités) à une croissance plus forte, certes plus inégalitaire, mais où le revenu des pauvres augmenterait plus rapidement. La seconde approche amène quant à elle à considérer une croissance très inégalitaire comme pro-pauvre (Agence française de développement, Lettre des économistes, n°9, juin 2005, p. 2).

en réduisant les prélèvements fiscaux qui les concernent. Il peut s'agir aussi de la mise en place de mécanismes de micro-finance accessibles aux plus modestes des citoyens.

Cette modalité peut se conjuguer avec des actions plus hardies en faveur des pauvres, notamment des dépenses publiques pour améliorer les services sociaux de base : la construction de salles de classe et de centres de santé, l'aménagement de pistes de desserte rurale, la lutte contre les maladies épidémiques (Sida, Ebola, etc.). Le développement du capital humain est aussi un facteur de réduction de la pauvreté dans la mesure où la bonification des compétences et du savoir-faire des citoyens leur donne plus d'aptitude pour améliorer leurs conditions par un emploi plus gratifiant.

Les politiques de réforme foncière et l'amélioration des infrastructures en milieu rural contribuent aussi à réduire la pauvreté. Une bonne redistribution de la terre, des systèmes d'irrigation performants, l'accès aux intrants agricoles et l'accès au marché favorisent l'enrichissement des travailleurs en milieu paysan, et donc la réduction de la pauvreté.

Certaines applications informatiques permettent de tirer de la classification économique et administrative des dépenses budgétaires, une sommation des dépenses pro-pauvres et leur niveau d'exécution dans les comptes de gestion des comptables principaux du Trésor public. On peut déduire de ces additions des *ratios* qui montrent l'engagement des pays à rester dans la logique de la cible n°1 de l'objectif n°1 des Objectifs du millénaire pour le développement (réduire de moitié d'ici 2015 la proportion de la population dont le revenu est inférieur à un dollar par jour) et qui demeure le premier objectif des Objectifs de développement durable à savoir "*Mettre fin à la pauvreté sous toutes ses formes et partout*."

CONCLUSION

Pour le Secrétaire général des Nations Unies, les Objectifs du millénaire pour le développement sont "*un programme pour les gens et la planète*"[40]. L'homme est au cœur des préoccupations et l'avenir de la planète Terre aussi. Ceci implique des politiques plus volontaristes orientées vers les plus pauvres. Les pouvoirs publics seront sollicités et la dépense publique avec. Les finances publiques sont dès lors une dimension importante de la réalisation des ODD d'ici à 2030.

---

[40] www.jeuneafrique.com/... /adoption-des-odd-un-programme-pour-les-ge...28 sept. 2015 - Adoption des ODD *:* « Un programme pour les gens et la planète », selon Ban KI-MOON, 28 septembre 2015 à 16 h 40.

LES FINANCEMENTS INNOVANTS OU LES DÉFIS DE FINANCEMENT DU PSE[1]

INTRODUCTION

L'homogénéité de ce qu'on appelle le Tiers Monde a été largement fissurée à la fin de 20e siècle. Depuis la seconde guerre mondiale, on avait pris l'habitude d'assimiler le Tiers Monde aux pays pauvres, aux pays sous-développés par opposition aux nations industrialisées/ développées du nord. Le groupe du Tiers Monde s'est fragmenté avec l'apparition de catégories nouvelles comme les Nouveaux Pays industrialisés (NPI) ou les pays émergents.[2] Il est, en effet, devenu incongru, voire faux de continuer à ranger dans la même cohorte, des économies comme celles de la Guinée-Bissau, du Népal, d'une part, du Qatar, du Brésil ou de la Corée du Sud d'autre part.

Ces réussites fulgurantes ont tôt fait de susciter des émules sur le continent africain avec l'élaboration et la mise en œuvre de plan d'émergence. On peut citer, à ce titre, le Gabon émergent, le Bénin émergent et pour ce qui nous concerne, le Plan Sénégal émergent (PSE) dont la vision est : "*Un Sénégal émergent en 2035 avec une société solidaire dans un État de droit*".

Il existe donc un phénomène de mode sur la question de l'émergence. Ce qui rend malaisé de cerner la notion sans *a priori* et sans cette connotation politique qui n'est évidemment pas un facteur de clarification. Les sciences du chiffre et des technologies de l'information distinguent l'émergence triviale et l'émergence innovatrice[3]. Si on veut rester au

---

[1] MEDE N., « Les financements innovants ou les défis de financement du PSE », *Actes du colloque international sur La mobilisation des ressources publiques dans le financement du Plan Sénégal Emergent (PSE),* Dakar, 29-30 novembre 2018, Centre d'Études et de Recherches sur l'Ingénierie Juridique et Financière (CERIF).

[2] A. GALLEZ, J- L. TROUPIN, « La stratégie des nouveaux pays industriels d'Asie. Fondements et limites », *in Revue Tiers Monde*, 1981, pp. 523-556. On compte dans cette catégorie des pays comme : Il s'agit de la Corée du Sud, de Singapour, de Hong Kong et de Taïwan. D'autres pays asiatiques sont en train de les suivre : la Chine, l'Inde, la Malaisie, l'Indonésie, les Philippines, le Vietnam et la Thaïlande.

[3] Dans l'émergence triviale, rien de nouveau ne se passe vraiment : le chaos s'efface, mais pour laisser la place à une structure pauvre, répétitive, sans contenu véritable. Le second type – l'émergence innovatrice – ressemble à une création, c'est lui qui pose problème et constitue ce mystère qui défie les sciences de la complexité.

plus près du sens originel du terme on pourrait dire qu'il y a émergence lorsque quelque chose "*apparaît au-dessus de la surface d'un milieu quelconque*". Mais notre perspective est plutôt de science sociale et plus exactement de science économique et financière. De ce point de vue, on peut dire que la notion d'émergence a reçu sa consécration scientifique et politique lorsqu'en 2001, la banque d'affaires Goldman SACHS relève l'important potentiel, en matière de croissance économique, de quatre pays, que sont le Brésil, la Russie, l'Inde et la Chine. Ce sont les *BRIC*. Pour le Centre d'Études Prospectives et d'Informations Internationales l'émergence se définit selon trois critères relatifs au niveau de richesse nationale, à une participation croissante aux échanges internationaux de produits manufacturés et à l'attraction exercée sur les flux internationaux de capitaux[4].

Plus récemment, Philippe HUGON de l'*Institut des Relations Internationales et Stratégiques* de Paris, fait une synthèse des thèses en présence et propose les critères suivants pour être un pays émergent : (i) le taux de croissance économique, (ii) la taille de la population, (iii) la diversification de la production, (iv) l'importance des exportations et des importations (taux d'ouverture), (v) l'intégration au monde financier international, (vi) le rôle stratégique de l'État pour le développement (vii) les investissements dans la Recherche et le Développement, (viii) la capacité de protéger le territoire[5].

Cette énumération à la Prévert permet, selon les combinaisons, de varier l'acronyme des BRIC pour avoir aussi les BRICS (avec l'introduction de l'Afrique du Sud) ou les BRICM (avec le Mexique), ou encore les BRICK (avec la Corée du Sud) ou enfin les BRICSAM (avec l'Afrique du Sud, l'Argentine, et le Mexique).

La constante de ces constructions est que l'émergence porte en elle une volonté assumée de bâtir une puissance économique qui devrait rendre possible ce qu'il convient d'appeler le développement, c'est-à-dire, pour reprendre la formule du Panel international de l'Organisation des Nations Unies pour l'Éducation, la Science et la Culture (UNESCO)[6],

---

(https://www.futura-sciences.com/sciences/dossiers/mathematiques-quest-ce-emergence-676/).

[4] M. MBALOULA, « La problématique de l'émergence économique des pays en voie de développement », *in Revue Congolaise de Gestion,* 2011/2 Numéro 14, p. 111.

[5] Cité par Marcel MBALOULA, article précité, p. 112.

[6] Sur la vingtaine de membres que compte le Panel, on peut citer Kéba MBAYE (Sénégal), Nadine GORDIMER (Afrique du Sud Prix Nobel de littérature, 1991), Robert BADINTER (France), Alexei VASSILIEV (Fédération de Russie).

"l'ensemble des progrès économiques, sociaux et culturels auxquels aspirent les peuples"[7].

L'exemple des BRICS inspire un grand nombre de pays africains dont le Sénégal. Ces pays, dont principalement ceux de l'Union économique et monétaire de l'Afrique de l'Ouest (UEMOA) sont embarqués dans des programmes ambitieux de rattrapage des retards en matière d'infrastructures : investissements en capital et investissements structurants. La Banque africaine de développement les estime à environ 100 milliards de dollars par an et pour toute l'Afrique.

Or, tout au long du 20e siècle, les économies des pays en développement ont été soutenues par l'aide publique au développement. Cette forme de contribution extérieure est de moins en moins fiable alors que depuis la crise financière de 2008, les pays donateurs font également face à des ajustements budgétaires[8]. Selon les chiffres du Comité d'aide au développement, la moyenne de l'aide publique au développement s'établit autour de 0,3-0,4 % pour un objectif optimum fixé à 0,7 % du PIB des pays développés[9]. Quelques pays atteignent ce seuil de 0,7 % (Danemark, Luxembourg, Norvège, Suède) mais leurs efforts sont noyés dans le peu d'empressement que manifestent les grands contributeurs comme les États-Unis, la France ou l'Allemagne[10].

Quant aux financements privés, les investissements directs étrangers (IDE), ils connaissent une croissance, notamment avec les interventions des pays émergents dans l'approvisionnement en matières premières et en énergie fossile[11]. Mais les besoins restent globalement importants et la Conférence d'Addis-Abeba sur le financement du développement (13-16 juillet 2015) a mis en exergue l'importance de la mobilisation des ressources intérieures. Il convient donc de voir au-delà des financements traditionnels (aide publique au développement et investissements directs étrangers).

En octobre 2014, la Commission des Nations Unies pour l'Afrique (CEA), en partenariat avec la Commission de l'Union africaine et la

[7] Boutros BOUTROS-GHALI, *L'interaction démocratie et développement*, Paris, UNESCO, 2002, p. 11.

[8] PH. BEZES et P. Le LIDEC, « La politique d'ajustement budgétaire en France (2007-2012). Institutions et stratégies d'évitement du blâme », *in Revue internationale des Sciences administratives* 2015/3 (Vol. 81), pp. 523 à 547.

[9] A. HAMDOK, *Financements novateurs et transformation économique en Afrique, Commission économique pour l'Afrique*, Addis-Abeba, 2015, p. 4.

[10] *Idem*, p. 4.

[11] *Idem*, p. 4.

Banque africaine de développement, a organisé son 9e Forum sur le développement de l'Afrique sur le thème : « Financements novateurs et transformation économique en Afrique ». Cinq sous-thèmes ont été passés en revue sous le label générique de financements novateurs : (i) la mobilisation des ressources intérieures (ii) les flux financiers illicites, (iii) le capital-investissement, (iv) le financement de la lutte contre les changements climatiques, (v) les nouvelles formes de partenariat.

Pour les besoins du présent article, à défaut de faire le tour d'horizon de tous ces centres d'intérêt, il sera fait une synthèse autour de deux pôles à savoir : l'optimisation des prélèvements obligatoires (I) et la dynamisation des financements par le marché (II).

I. L'OPTIMISATION DES PRÉLÈVEMENTS OBLIGATOIRES

Les prélèvements obligatoires sont composés des impositions de toute nature d'une part, et des cotisations sociales d'autre part. Les premières sont constantes depuis toujours. Les secondes, quant à elles, sont une nouvelle source de financement à optimiser au service de la croissance pour le développement.

A. Les prélèvements fiscaux

Le potentiel fiscal en Afrique est peu exploité. L'UEMOA a fixé à 20 % comme objectif pour le taux de pression fiscale dans les États membres mais peu d'États sont à ce niveau de prélèvement. La moyenne au sein de l'Union est de 15,3 % en 2017. Le Sénégal s'en sort avec une pression fiscale de 15 % (2017) contre 20,6 % pour le Togo[12].

D'une manière générale et pour toute l'Afrique, la publication en 2017 des *Recettes publiques en Afrique* par l'OCDE[13] renseigne que le taux pression fiscale est jugé faible (19,1 %) en comparaison avec des pays ayant la même structure économique et le même niveau de développement (22,3 % en Amérique latine). La question fiscale est donc la question de l'augmentation des revenus fiscaux, de l'accroissement des recettes tirées de l'impôt. L'optimisation fiscale, c'est cela.

Certaines circonstances semblent aller dans le sens de l'optimisation des recettes publiques. Selon une étude réalisée sur l'Afrique de

---

[12] UEMOA, *Rapport semestriel d'exécution de la surveillance multilatérale*, Juin 2018, p. 84.

[13] OCDE/ATAF/CUA, *Statistiques des recettes publiques en Afrique*, http://oe.cd/revenue-statistics-in-africa-2017.

l'Ouest, "*une pénétration de 100 % du mobile money équivaudrait à réduire de moitié le manque à gagner fiscal*"[14] dans la zone. La monnaie électronique fonctionne ainsi comme un piège qui permet la traçabilité du chiffre d'affaires de l'économie informelle, laquelle serait à l'origine d'un manque à gagner fiscal de 10 % du PIB dans les États africains[15]. Elle joue le rôle de levier d'élargissement de l'assiette fiscale.

Les pays africains prélèvent chaque année plus de 527,3 milliards de dollars d'impôts par rapport aux 73,7 milliards de dollars que la région reçoit d'apports privés et aux 51,4 milliards de dollars de l'aide publique au développement. Ces montants indiquent qu'il y aurait d'énormes possibilités de recettes fiscales.

Enfin la dimension technologique du management des administrations fiscales érite d'être évoquée. Selon le rapport *Paying Tax* de 2017[16], il faut 908 heures (37j) pour réaliser ses obligations fiscales au Nigéria, 630 heures (26j) au Cameroun, 124 heures (5j) au Rwanda et 82 heures (3,5j) à Djibouti. La gestion du temps est liée à la gestion de la paperasserie. Elle a un coût pour l'administration fiscale et génère des surcoûts pour les contribuables. Selon une étude réalisée en Afrique australe, l'utilisation des plateformes électroniques a permis d'améliorer la mobilisation des recettes fiscales et diminué de 22,4 % le coût du respect des obligations fiscales par les entreprises[17].

S'agissant des GAFAM *(Google, Amazon, Facebook, Apple, Microsoft*), l'impôt qu'ils acquittent représente environ 10 % de leurs bénéfices dans l'OCDE, alors que la moyenne est plutôt de 20 % pour les autres entreprises en Europe. Aucune étude comparable n'a été faite sur le manque à gagner fiscal occasionné par ces compagnies de la nouvelle économie sur leur marché africain. On présume que, ici aussi, le *gap* serait important. Un besoin d'optimisation s'impose pour compléter les revenus tirés des prélèvements sociaux.

---

[14] Afrique des idées, mobilisation des recettes fiscales dans l'UEMOA L'obstacle de l'informel, le levier du mobile-money 24 juillet 2017 (http://www.lafriquedesidees.org).

[15] *Ibidem*.

[16] 11e édition du rapport réalisé avec le cabinet PwC en partenariat avec la Banque Mondiale. Ce rapport couvre 190 pays et constitue dans le domaine de la fiscalité ce que *Doing Business* est dans le domaine de l'environnement des affaires.

[17] Au Bénin, cela correspond au Fonds National des Retraites du Bénin (FNRB), à la Caisse Nationale de Sécurité Sociale (CNSS) et récemment l'Agence Nationale de l'Assurance Maladie (ANAM).

B. Les prélèvements sociaux

La question de l'assurance sociale a conduit à la création, dès les indépendances des années 1960, à des organismes de sécurité sociale dans les pays membres de l'UEMOA. Il y a dans ces pays le guichet de l'assurance maladie/retraite des fonctionnaires, le guichet des agents du secteur privé formel et enfin le guichet naissant de la sécurité sociale des travailleurs du secteur informel et des paysans, soit plus de 90 % de la population active des États.

Les avoirs des caisses de retraite africaines augmentent à un rythme impressionnant. En Afrique du Sud, par exemple, ils sont passés de 166 milliards de dollars en 2007 à 277 milliards de dollars en 2011 ; au Nigéria, de 3 milliards de dollars en 2008 à 14 milliards de dollars en 2010 ; en Namibie, ils sont estimés à 16,3 milliards de dollars namibiens, soit 1,84 milliard de dollars des États-Unis. Au Kenya, il est estimé que les actifs des caisses de retraite représentent 397 milliards de shillings, soit 4,56 milliards de dollars des États-Unis.

La Caisse nationale de sécurité sociale du Bénin a une trésorerie nette de l'ordre de 300 milliards FCFA. Et le Sénégal beaucoup plus ! Les gestionnaires de ces fonds de retraite ont tendance à faire des placements financiers à court ou moyen terme et d'augmenter ainsi la trésorerie de leur organisme. Les cotisations d'aujourd'hui servant à payer les cotisants d'hier selon le système de la répartition, il n'est pas sans intérêts de fructifier les recettes du présent pour augmenter les chances de liquidités à l'avenir et pour payer à l'avenir les actifs cotisants actuels.

Cependant, et d'un point de vue opérationnel, il est tout aussi utile et même recommandé de tirer profit de ces énormes masses financières pour soutenir des programmes structurants dans les États. L'idée serait, selon certains auteurs, de créer des fonds souverains nationaux ou régionaux à partir de la trésorerie des caisses de sécurité sociale. Ce qui constituerait une source additionnelle nouvelle pour le financement du développement, une sources intérieure stable et fiable, en appoint aux financements tirés des marchés financiers.

II. LA DYNAMISATION DES FINANCEMENTS PAR LE MARCHÉ

Le marché financier peut servir à financer les États au moyen des bons et obligations des Trésors publics. Il sert principalement à financer l'économie en organisant l'offre et la demande de produits financiers tels que les actions et les obligations. Il convient aujourd'hui, à travers des produits novateurs (A), d'accompagner la croissance tendancielle des marchés financiers régionaux (B).

A. Les produits financiers novateurs : les obligations de la diaspora

Les ressources tirées de la diaspora africaine peuvent être considérées comme des ressources intérieures. Elles proviennent des nationaux non résidents. Les sommes concernées sont considérables. Pour l'ensemble de l'Afrique les transferts de la diaspora sont passés à 60 milliards de dollars en 2012. La Banque mondiale estime que durant la prochaine décennie, les rapatriements de fonds de la diaspora africaine pourraient aller jusqu'à 200 milliards de dollars.

Au Nigéria, un emprunt ciblant la diaspora a été couronné de succès puisqu'il a permis de lever 300 millions de dollars dans la seule journée du lundi 19 juin 2017[18]. Selon Abraham NWANKWO, le Directeur du *Department Management Office*, l'institution chargée de piloter cette opération, cet emprunt obligataire s'est soldé par un taux de souscription de 130 %. Les bonds ont été souscrits à un taux d'intérêt de 5,625 %, pour une durée de cinq ans. Ce produit financier a été placé sur le marché américain, la diaspora nigériane étant très nombreuse dans ce pays.[19]

Fort de ce succès, le gouvernement du Nigéria se propose de lancer un autre emprunt obligataire de 3 milliards de dollars au cours de l'année 2019, pour financer les secteurs du transport, de l'énergie, de mines et de l'agriculture[20].

D'un point de vue quantitatif, la diaspora sénégalaise est en 4e position sur le plan continental à égalité avec le Ghana pour le montant des transferts. Les Sénégalais de la diaspora ont fait des transferts d'un montant de 2,2 milliards de dollars pour leur pays d'origine, soit 1,201 milliard 201 millions de francs CFA en 2017[21]. Le potentiel de mobilisation de cette manne est important. Il convient alors de la canaliser et de l'orienter vers des investissements productifs.

---

[18] www.agenceecofin.com 12 février 2019.

[19] https://www.forbesafrique.com/Le-Nigeria-leve-300-millions-de-dollars-grace-au-%C2%A0diaspora-bond%C2%A0_a8261.html (Le Nigeria lève 300 millions de dollars grâce au « diaspora bond » par OJU BABAYARO le 1er juillet 2017).

[20] www.agenceecofin.com 12 février 2019.

[21] https://www.coupsfrancs.com/la-diaspora-senegalaise-est-la-plus-utile-dafrique-francophone/ 2 mai 2018.

En effet, le travailleur immigré n'est pas naturellement porté vers les investissements à forte valeur ajoutée et présentant un réel potentiel d'effet d'entraînement. L'attrait de la consommation et surtout des projets non économiques est très fort. En guise d'exemple, on cite volontiers la diaspora malienne de la ville de Kayes. Ces Maliens de l'étranger investissent plus dans les mosquées que dans l'irrigation et la modernisation de la production agricole.

L'intérêt de canaliser les transferts de fonds est là. Il consiste à mettre à la disposition des migrants des produits financiers dotés d'un retour sur investissement pour la collectivité mais aussi pour les souscripteurs eux-mêmes.

B. Le marché financier régional

Le Sénégal n'a pas encore sa propre bourse des valeurs mobilières. La Bourse régionale des valeurs mobilières à Abidjan est commune aux États membres de l'UEMOA.

Sur un plan général, la capitalisation boursière en Afrique est passée de 300 milliards de dollars en 1996 à 1.200 milliards de dollars en 2007, 39 pays ayant émis des bons du Trésor et 27 pays ayant offert des obligations du Trésor. Avec plus de 700 bons du Trésor pour une valeur de 206 milliards de dollars émis par les pays africains en date de décembre 2011, l'émergence d'un respectable marché des obligations est en marche.

Le marché africain des placements privés se monte à environ 30 milliards de dollars. Les transactions des fonds d'investissement privés dans la région se montaient à 1,5 milliard de dollars en 2011.

Les performances des bourses sont alimentées par la bonne santé financière du secteur bancaire. Les recettes bancaires sont estimées à environ 60 milliards de dollars, et le secteur bancaire est extrêmement liquide. En outre, plus d'une dizaine de pays africains ont établi des fonds d'investissement souverains.

Il convient de ne pas oublier les réserves de change des banques centrales. L'Afrique détient plus de 400 milliards de dollars de réserves internationales dans ses banques centrales. Il est vrai que, dans le cadre des accords monétaires signés avec la France, pour les pays de la zone FCFA les comptes d'opérations ouverts par la BCEAO et la BEAC auprès du Trésor public français reçoivent une partie (50 %) de leurs réserves de change en contrepartie de la convertibilité de la monnaie.

Tous ces éléments indiquent que les ressources qui pourraient appuyer les programmes et projets visant le développement de l'Afrique existent sur le continent, et *a fortiori* au Sénégal, si des instruments appropriés sont mis en place. Étant donné ces possibilités de sources de financement pour le développement, et les performances encourageantes obtenues jusqu'à présent dans les cas où elles ont été utilisées, on peut être raisonnablement optimiste quant à la possibilité que l'Afrique réduise, durant la décennie à venir, une part importante de son déficit d'infrastructures.

CONCLUSION

La question des financements novateurs est avant tout une question d'imagination pour tirer profit des ressources flottantes et les orienter vers des investissements porteurs. Quelques orientations viennent d'être décrites. Mais le chantier de l'innovation financière reste ouvert. Il doit pouvoir s'enrichir de la créativité des résidents et des non-résidents pour extraire de l'intérieur du continent africain le capital financier qui doit financer son émergence, au Sénégal et ailleurs sur le continent.

LE PROGRAMME BUDGÉTAIRE[1]

INTRODUCTION

La question sémantique est essentielle à caractériser une science. La diversité des significations rend compte, non d'un état de crise essentielle, mais de la pluralité des approches scientifiques si ce n'est des sciences tout court. Un auteur a pu écrire qu'une science, c'est d'abord "*une langue bien faite*"[2], une relation du signifiant au signifié qui paraîtrait hermétique au profane mais très intelligible au spécialiste. La science des finances publiques reflète aussi, par ses outils sémantiques, le besoin d'un exercice de discernement centré sur les mots, les notions, les concepts. Le programme budgétaire appartient à ces outils émergents dont le destin est d'abord lié à la gestion performancielle des finances publiques.

Le basculement constaté de la science des finances publiques vers les sciences du management devrait aussi se lire dans la récupération des notions du premier par les secondes. Si une "*dilution de l'identité*"[3] est relevée, il y a que cette crise devrait aussi être actée dans la récupération des mots appartenant au domaine des finances publiques. La réalité, cependant, est que le programme budgétaire ne fait pas recette pour les spécialistes de l'économie et de la gestion. Il n'est pas un objet d'intérêt pour la recherche ni pour l'enseignement. Des ouvrages de référence bien que *post LOLF* n'offrent aucune entrée sur la rubrique programme[4] ou sur le programme budgétaire[5]. Ni les

---

[1] Publié dans MEDE N. « Le programme budgétaire », *in* N. MEDE et M. DEBENE, *Les finances publiques entre globalisation et dynamiques locales, Mélanges en l'honneur d'Eloi Diarra et de Salifou Yonaba,* Dakar, L'Harmattan, 2021, p. 43.

[2] B. de JOUVENEL, *Les débuts de l'État moderne, une histoire des idées politiques au 19e siècle*, Paris, Fayard, 1976, p. 2.

[3] G. ORSONI, « Les finances publiques à la recherche de leur identité », *in Revue Française de Finances publiques*, n°133-2016, p. 11.

[4] R. CONT, *Encyclopedia of quantitative finance*, England, John Wiley and sons Ltd, 2010 ; J.-M. PROST, *Dico du financier*, Paris Dunod, 2009 ; Bl. SOUSI-ROUBI, *Lexique de la banque et des marchés financiers*, Paris, Dunod, 2009 ; J.-Ph. ZANCO *Lexique d'économie et de droit*, Paris, Ellipses, 2018. Aucun de ces ouvrages ne comporte une entrée sur le mot 'programme' encore moins au 'programme budgétaire'.

[5] Il y a des références au 'program trading' (J. Peyrard, *Dictionnaire de finance*, Paris Vuibert, 1999, p. 175 ; P. Newman-Murray MILGATE et J. EATWELL, *The new Palgrave dictionary of money and finance*, vol.3, London, The MacMillan Press

manuels courants en économie et gestion[6], ni ceux consacrés à l'économie des finances publiques[7] ne réservent de paragraphes à l'étude des programmes budgétaires, comme catégorie heuristique d'importance. "*Le Dictionnaire de science économique*[8] *de Alain BEITONE ainsi que le Lexique d'économie*[9] *de Ahmed SILEM*" font une impasse totale sur le terme sous étude. Le grand guide du management de projet[10] propose en revanche une définition des mots projet et programme. Pour l'auteur, "*un projet se définit comme une démarche spécifique, qui permet de structurer méthodiquement une réalité à venir (...) Concevoir un ordinateur, un nouveau lave-linge, une télévision, un logiciel, un service de transport, etc., sont des projets industriels.*

limited, 1992, p. 214 ; E. BANKS, The Palgrave MacMillan *Dictionary of Finance, Investment and Banking*, New York, Palgrave MacMillan, 2010, p. 406 ; J. ANTOINE, M.-Cl. CAPIAU-HUART, *Dictionnaire des marchés financiers*, Bruxelles, De Boeck, 2015, p.447), au 'programme asset management' ou au 'programme de veille' (G. BLANDINE, *Dictionnaire de la gestion collective*, Québec, SEFI éditions, 2004, 265), au 'programme d'activités', au 'programme d'évaluation', au 'programme de démarrage rapide' (J.-M. CICILE, *Dictionnaire bancaire, économique et financier,* Paris, éditions Revue banque, 2008, p. 535), mais rien sur le programme budgétaire. On aura remarqué que même sur les terres d'origine du *program budgeting* les ouvrages ne traitent pas systématiquement de cette question.

[6] Le livre d'Olivier Blanchard et Daniel Cohen traite du '*programme de stabilisation'* (O. BLANCHARD, D. COHEN, *Macroéconomie*, 7e édition, Paris, Pearson, 2017, p. 502) ; le 'programme budgétaire' ne transparaît ni dans le livre de Dennis C. Mueller (D. C. MUELLER et ALII, Choix publics. Analyse économique des décisions publiques, Bruxelles, De Boeck, 2010. Le livre traite de de la taille de l'État et des performances économiques en page 611, de la compétition politique et performance macro-économique en page 497), ni dans celui Joseph Stiglitz et Alii (J. STIGLITZ et ALII, *Economie du secteur public*, Bruxelles, De Boeck, 2018. On y parle plutôt de 'programmes contingents de bien-être' en page 535 ; de '*programmes gagnants et perdants'* en page 20 ; de '*program for international students assessment*' en page 469), ni dans l'ouvrage de Moktar Lakehal (M. LAKEHAL, *Le grand livre de l'économie et des principaux faits de société*, Paris, Eyrolles, 2012. En page 583, l'auteur présente ce que c'est le 'programme d'action prioritaire' ou PAP).

[7] Gervasio SEMEDO parle bien de la 'loi de finances' (p. 12), de 'l'impôt' (p. 43), de la 'théorie du supply side et l'ambiguïté micro-économique des effets désincitatifs de l'impôt' (p. 293), de la 'politique budgétaire' (p. 395) *in* G. Semedo, *Economie des finances publiques*, 2e édition, Paris, Ellipses, 2010. Quant à Florence Huart, elle traite des '*soldes budgétaires'* (p.149), de '*l'endettement public'* (p. 207), des '*prélèvements obligatoires'* (p. 95) et de bien d'autres choses sans que transparaissent le mot 'programme' (FL. Huart, *Economie des finances publiques*, Paris, Dunod, 2012).

[8] A. BEITONE, *Dictionnaire de science économique*, 5e édition, Paris, Armand Colin, 2016.

[9] Ah. SILEM (*dir.) Lexique d'économie*, 15e édition, Paris, Dalloz, 2018.

[10] S. BELLUT, *Le grand guide du management de projet*, Paris, Afnor éditions, 2018.

Lorsque les activités sont complexes et d'envergure, qu'elles nécessitent des planifications et des ressources importantes, quelquefois à l'international, il est fréquent d'appeler l'ensemble un 'programme'. Celui-ci est alors découpé en plusieurs projets, confiés chacun à un chef de projet"[11]. La perspective propre au management des organisations est ainsi cernée : le programme comme ensemble de projets, le projet lui-même comme une marche structurée vers un résultat. Le parallèle avec le programme budgétaire devient perceptible sans que l'un épouse le périmètre de l'autre.

La science juridique se donne, en effet, le monopole de l'évocation et de l'énoncé du programme budgétaire. Le *Lexique des termes juridiques*[12] et le *Dictionnaire du vocabulaire juridique 2020*[13] comportent, tous deux, des entrées sur le programme budgétaire.

La doctrine pour sa part, est plus que laconique sur le sujet. Lorsqu'on fait le tour d'horizon des ouvrages disponibles, on découvre qu'il y a tantôt une impasse regrettable sur l'évolution juridique et conceptuelle datée de 2009[14], tantôt une prise en compte insuffisante de cette même évolution[15]. La doctrine non-africaine ne semble pas

---

[11] *Idem*, pp. 2 et 3.

[12] S. GUINCHARD, Th. DEBARD, *Lexique des termes juridiques*, 26 éditions, Dalloz, 2018. « Le programme est une division de la mission regroupant tous les crédits budgétaires destinés à mettre en œuvre une action publique (ou un ensemble cohérent d'actions) relevant d'un même ministère » (p. 859).

[13] R. CABRILLAC (dir.), *Dictionnaire du vocabulaire juridique 2020*, 11e édition, Paris, LexisNexis, 2020. « Un programme regroupe les crédits destinés à mettre en œuvre une action ou un ensemble cohérent d'actions relevant d'un même ministère et auquel sont associés des objectifs précis (...) et faisant l'objet d'une évaluation » (p. 426).

[14] Théophile Ahoua N'DOLI parle du principe de spécialité des crédits en Côte d'Ivoire en disant que les crédits sont « spécialisés par chapitre regroupant les crédits selon leur nature ou selon leur destination. » L'auteur fait fi de la Loi organique n° 2014-336 du 5 juin 2014 relative aux lois de finances qui fait entrer en droit positif ivoirien la gestion budgétaire axée sur la performance (Th. Ahoua N'DOLI, *Manuel de finances publiques*, Abidjan L'Harmattan, 2015, p.62). Quant à Mahady DIALLO il ne parle que des autorisations de programme de la loi de finances. Ici aussi, l'auteur semble méconnaître la Loi organique n° 2011-15 du 8 juillet 2011 relative aux lois de finances abrogée par la Loi organique n°2020-07 du 26 février 2020 relative aux lois de finances (M. DIALLO, *La comptabilité publique des États africains francophones : pratiques postcoloniales et grandes misères actuelles*, Dakar, Les Nouvelles Editions Africaines du Sénégal, 2015, pp. 504-505).

[15] A. DIOUKHANÉ informe que la Directive de 2009 apporte une série d'innovations. La première consiste pour le budget général, à fixer le plafond des crédits par programme et par dotation ». L'ouvrage ne comporte rien sur la spécialité des crédits

accorder, non plus, une grande importance ni de grands développements à ce qui est, tout de même, le mécanisme axial, le cœur du réacteur dans la nouvelle gestion budgétaire par la performance[16]. Le *Dictionnaire encyclopédique de finances publiques* de 2017 lui consacre une quinzaine de lignes (une demi-page) sous la plume de Jean Luc ALBERT, en faisant un rapide rappel des dispositions législatives en vigueur[17].

Ce qui semble plutôt attirer l'attention des auteurs, c'est la dimension institutionnelle de la réforme budgétaire à travers le responsable de programme. Quel positionnement dans la chaîne budgétaire, quelle responsabilité pour ce nouveau venu et quelles relations fonctionnelles devront s'établir entre lui et les acteurs classiques ?[18] Pour autant, il faut en convenir et le dire, que le programme budgétaire mérite mieux que ces allusions au détour d'un thème ou ces développements elliptiques.

L'évocation du mot ou des mots, leur passage au langage courant remonte à la décennie 1960 avec la naissance du PPBS américain : le *Planning Programming Budgeting System*[19]. Les années 2000 vont donner les lettres de noblesse et le surcroit de crédit à ce que la Banque Mondiale appelle "*la clé de ce type de budget*"[20] le budget de programme,

---

et sur les programmes budgétaires (A. DIOUKHNÉ, *Les finances publiques dans l'UEMOA : le budget du Sénégal*, Dakar, L'Harmattan, 2015, p. 112).

[16] M. BOUVIER en parle dans ses développements relatifs à la nouvelle nomenclature du budget (M. BOUVIER, M.-C. ESCLASSAN, J.-P. LASSALE, *Finances publiques*, 6e édition, Paris, LGDJ, 2002, p.295) et Jean Luc Albert dans la rubrique réservée au vote de la loi de finances (J.-L. ALBERT, *Finances publiques*, 6e édition, Paris, Dalloz 2009, pp. 333 et suiv.).

[17] G. ORSONI, (dir) *Finances publiques, Dictionnaire encyclopédique*, 2e édition, Paris, Economica, 2017, p. 713.

[18] G. M. PEKASSA NDAM, « La dialectique du responsable de programme en finances publiques camerounaises : recherche sur les nouveaux acteurs budgétaires », *in* N. Médé, *Les nouveaux chantiers de finances publiques en Afrique, Mélanges en l'honneur de Michel Bouvier*, Dakar, L'Harmattan, p. 333. A. BARILARI, « Réflexions sur la gouvernance des programmes LOLF » *in Revue Française de Finances publiques,* n°157-2016, p. 215. L. HA-THI, « Des rapports entre responsabilités managériales et politique. Analyse théorique autour du statut des responsables de programme », *Jurisdoctoria*, www.jurisdoctoria.net, 2019, p. 1-26.

[19] Voir N. MÉDÉ, « La nouvelle gestion budgétaire : l'expérience des budgets de programme au Bénin », *Revue électronique Afrilex*, n°4, 2004. Voir aussi W. AARON. « Sauver l'analyse de politique du PPBS » *in Politiques et management public*, vol. 9, n° 4, 1991. pp. 75-98.

[20] Banque Mondiale, *Manuel de gestion des dépenses publiques*, 2000, p. 22.

grâce à la mise en place de cadres juridiques rénovés de gestion budgétaire axée sur la performance en Afrique francophone[21].

Pour cerner la notion[22] actuelle de programme budgétaire, la perspective positiviste qui est la nôtre nous conduit à d'abord interroger les normes juridiques de référence en finances publiques. Selon les termes des directives communautaires relatives aux finances publiques, "*un programme regroupe les crédits*"[23]. La formulation est très explicite, *prima facie*, d'autant qu'elle est corroborée par la prise en compte du contexte et des commentaires autorisés[24]. Le programme budgétaire est, de façon solennelle, un regroupement de crédits. De la même manière qu'un échangeur routier est une superposition de routes, un programme est un ensemble de crédits budgétaires. Ce qui finit de fixer sa nature juridique (I) de laquelle découle un régime juridique qui fonde son originalité et son opérationnalité (II).

I. LE PROGRAMME BUDGÉTAIRE : UN PAQUET DE CRÉDITS

Le programme est, par essence, un paquet de crédits (A) qui présente le caractère d'être orienté vers la mise d'une politique publique (B).

A. Des crédits budgétaires par essence

La définition classique de la loi de finances est qu'elle est un document qui "*prévoit et autorise, pour chaque année civile, l'ensemble des ressources et des charges de l'État*"[25]. La loi de finances est ainsi, par nature, un document financier dont le contenu doit refléter les

---

[21] Voir N. MÉDÉ, « L'Afrique saisie par la fièvre de la performance », *in Revue Française de Finances publiques*, n° 135-2016, p. 349.

[22] Partant de la prise de position qu'une 'notion' est une construction qui repose sur une réalité sous-jacente. Elle n'est pas seulement une vue de l'esprit comme le terme de '*concept*' en droit (Voir G. TUSSEAU, (dir.), *Les notions juridiques, Collection Études juridiques*, Paris, Économica, 2009).

[23] Article 12, al.3, Directive n°06/2009/CM/UEMOA du 19 juin 2009 portant loi de finances au sein de l'UEMOA ; article 12 al.3 Directive n°01/11-UEAC-190-CM-22 du 19 décembre 2011 relative aux lois de finances au sein de la CEMAC.

[24] Les Commissions de l'UEMOA et de la CEMAC ont produit des Guides didactiques sur les Directives de 2009 au sein de l'UEMOA et de 2011 au sein de la CEMAC.

[25] Article 5 Directive n°06/2009/CM/UEMOA portant loi de finances au sein de l'UEMOA ; la formulation est un peu différente au sein de la Communauté Économique des États de l'Afrique Centrale : les lois de finances ont pour objet de déterminer les recettes et dépenses de l'État, de définir les conditions de l'équilibre budgétaire et financier (article 42, Directive n°01/11-UEAC-190-CM-22 du 19 décembre 2011 relative aux lois de finances au sein de la CEMAC).

questions de recettes et de dépenses et de façon plus extensive les questions liées aux ressources et aux charges. L'idée est si prégnante que, pour la préserver de tout parasitage, de toute tentative de resquille, l'arme du "*cavalier budgétaire*" est utilisée par le juge de la loi pour censurer les dispositions de la loi de finances qui ne sont pas financières. La question s'est posée devant la Cour constitutionnelle du Bénin à l'occasion du vote de la loi de finances gestion 1994, notamment sur le point traitant de la "*revalorisation du point d'indice et (...) la réintégration des 438 agents occasionnels*" de l'État. Les dispositions y afférentes et qui se retrouvaient dans la loi de finances auraient dû, selon le Gouvernement être "*déclarées d'office irrecevables par le Président de l'Assemblée nationale et ce en vertu de l'article 104 de la constitution*"[26]. L'exception de cavalier budgétaire est donc l'arme de dissuasion efficace pour préserver la nature financière de la loi de finances et expurger, en amont, les dispositions qui jurent avec ce socle classique et orthodoxe des finances publiques.

C'est donc logiquement que le programme se conçoit par son essence financière, c'est-à-dire un ensemble de crédits. Le ministère lui-même devient un ensemble de programmes budgétaires prévus et autorisés par la loi de finances. Pour le ministre en charge des finances, les ministères dépensiers, dans une perspective *lolfienne*, sont, avant tout, des paquets de programmes. La vision de droit administratif anciennement dominante voit, dans tout ministère, un enchevêtrement d'organes et de structures administratives : directions centrales, directions techniques, services de contrôle et d'appui. C'est à travers ce prisme administratif que se présentait et s'exécutait la loi de finances de l'année. À l'inverse, la vision performancielle des finances publiques voit, dans chaque ministère, des programmes, une manière de dire des paquets de crédits. Ce qui fait la différence avec la perspective économique ou des sciences de gestion sur la notion de programme.

En effet, pour les sciences du management, le programme est une activité, plus exactement, un ensemble d'activités, tendues vers la réalisation d'un objectif. Selon les documents officiels du gouvernement du Bénin le "*Programme 'Bénin révélé' se décline à travers des réformes, des projets phares et des projets sectoriels planifiés sur la période (2016-2021). Il sera l'instrument unique de pilotage de l'action*

[26] Cour constitutionnelle du Bénin, Décision DCC 30-94 du 1er octobre 1994, *Ahouandjinou Anselme et autres, Recueil* 1994, p. 138.

gouvernementale"[27]. Le programme *'Bénin révélé'* repose sur un panel de 45 projets phares, complétés par 95 projets sectoriels.

Dans le même sens, la Présidence de la République de Côte d'Ivoire affiche ses "*Programmes sociaux*" déclinés en projets opérationnels : construction de 13.475 salles de classe au préscolaire et primaire, construction et équipement de 816 collèges, 59 lycées généraux et techniques, connexion de 200.000 ménages par an au réseau électrique jusqu'en 2020 production de 250.000 logements sociaux et économiques dans les 5 prochaines années[28].

Pour sa part, le "*Plan Sénégal Emergent*" contient des programmes dont : le programme zéro **bidonville** : construction de 100.000 nouveaux logements sociaux subventionnés dans toutes les communes y compris les communes rurales de plus de dix mille habitants ; le programme **zéro déchet** : prise en charge de la promotion de l'investissement dans la collecte et le traitement des déchets solides en milieu urbain afin de rendre nos villes propres et saines ; et l**e programme Villes créatives** : placer la créativité et les industries culturelles au cœur de la Cité[29].

Dans les exemples ci-dessus mentionnés, que ce soit en Côte d'Ivoire, au Sénégal ou au Bénin, la constante est l'existence d'activités structurées orientées vers l'atteinte d'objectifs de court, moyen et long terme : la construction de routes et le bitumage d'autres axes routiers permettra, à court terme, la facilitation de l'écoulement de la production des ruraux vers les centres urbains ainsi que les exportations hors des frontières nationales. À moyen terme, ces investissements devraient se traduire par une augmentation du niveau de revenus et du pouvoir d'achat des populations rurales. À long terme, c'est l'émergence de toute l'économie nationale qui est attendue.

Perçu en ce sens managérial ou économique, le programme est bien un ensemble d'activités, structuré en projets et orienté vers l'atteinte d'un but[30]. En cela, il se rapproche d'une autre catégorie de programme : les lois de programme (ou loi de programmation). En effet, celles-ci sont examinées et adoptées en dehors du cadre juridique fixé par la loi organique relative aux lois de finances. Elles ne sont pas des lois de finances mais déterminent, sur un segment de temps donné,

---

[27] https://presidence.bj/home/benin-revele/decouvrir-benin-revele/

[28] https://www.presidence.ci/programmes-sociaux/

[29] http://www.presidence.sn/pse/vision

[30] S. BELLUT, *Le grand guide du management de projet*, *op. cit.*, pp. 2 et 3.

les actions que le gouvernement entend initier et conduire en vue d'atteindre un objectif qu'il s'est fixé. À titre illustratif, la loi de Programmation Militaire[31] pour la période 2016-2020 en Côte d'Ivoire. Celle-ci énonce des activités importantes devant déboucher sur une amélioration substantielle du climat sécuritaire après la guerre civile ouverte consécutive à l'élection présidentielle de 2010[32].

Au demeurant, si le programme managérial ou le programme des lois de programme est d'abord une addition d'activités orientée vers un but, il n'en demeure pas moins que l'exécution des activités a un coût dont le financement peut passer par la loi de finances de l'année ou tout mécanisme de partenariat public privé. Le programme managérial a donc une dimension financière de même que le programme budgétaire n'est pas seulement une addition de crédits. Ce sont aussi des activités et des objectifs.

B. Des crédits orientés vers un but

La vie publique est dominée par le politique qui informe (au sens latin du terme*)* la société et occupe les devants de la scène médiatique. Le champ politique n'est pas l'endroit où, par excellence, un lien étroit est établi entre le discours, l'action et des objectifs mesurables. La vie politique est plutôt le lieu où on "*apprend à plaider avec art la cause du mensonge, à ébranler à force de philosophie tous les principes de la vertu, à colorer de sophismes subtils ses passions et ses préjugés*"[33]. Le programme politique se ressent de ce halo général qui entoure la chose

---

[31] Le mot 'programme' ressort plus explicitement dans le texte français portant Loi de programme pour l'outre-mer (La loi n° 2003-660 du 21 juillet 2003 de programme pour l'outre-mer, est un texte législatif français qui entend promouvoir le développement économique des territoires d'outre-mer et l'investissement dans l'immobilier pour les particuliers (*Journal Officiel de la République Française* n° 167 du 22 juillet 2003, p. 12320).

[32] La loi de programmation militaire devrait permettre de mettre en place une nouvelle et unique chaîne de commandement. Ensuite, deux opérations de départs volontaires et le retrait des effectifs de 3.157 soldats (991 en 2017 et 2.166 en 2018). Un Bureau d'Accompagnement et de Reconversion des Militaires devra être créé pour aider les partants à mieux s'insérer dans leur nouvelle vie professionnelle et sociale. Enfin, la Loi vise a favorisé la réforme de l'enseignement militaire et la création de nouvelles institutions de formation. De manière générale, l'amélioration des conditions de travail et de vie des militaires à travers la réalisation d'infrastructures et l'acquisition de matériels et équipements
(http://www.gouv.ci/_actualite-article.php?recordID=9374&d=1)

[33] Jean-Jacques ROUSSEAU, cité par TH. GUÉNOLÉ, *Petit guide du mensonge en politique*, Paris, First Document, 2014, p. 10.

politique. Il ne procède pas d'une intention sincère et n'engage que celui qui y croit.

Le programme budgétaire est autrement conçu et est placé sous le sceau du principe de sincérité. Il est une masse de crédits qui présente le caractère fondamental d'être orienté vers l'atteinte d'objectifs. Selon les termes des Directives communautaires relatives aux lois de finances (UEMOA et CEMAC), les crédits des programmes sont "*destinés à mettre en œuvre une action ou un ensemble cohérent d'actions représentatif d'une politique publique clairement définie dans une perspective de moyen terme*"[34]. Ils ne sont pas affectés à un ensemble de services publics pour les nourrir de moyens. Les finances publiques cessent d'être perçues essentiellement comme les pourvoyeuses de ressources au profit du droit administratif institutionnel : les organes de l'action administrative. Le programme budgétaire est un des instruments de la chaîne de programmation.

En effet, le contenu du programme budgétaire est annoncé d'abord dans le Document de Programmation Budgétaire et Economique Pluriannuelle (DPBEP) et ensuite dans le Document de Programmation Pluriannuelle des Dépenses (DPPD).

Le DPBEP est un document de cadrage macro-économique et macro-financier soumis à l'examen du parlement lors du débat d'orientation budgétaire. Il donne, sur un horizon de moyen terme, les conditions de la soutenabilité des finances publiques compte tenu des éléments de conjonctures (tendances de l'économie mondiale, tendances lourdes et faits porteurs pour les finances publiques) et en lien avec les objectifs programmatiques du gouvernement[35]. Dès lors, l'architecture des DPBEP est assez succinct et tient sur une centaine de pages articulées autour de (i) l'évolution et les perspectives économiques, (ii) la gestion des finances publiques, (iii) les orientations et perspectives budgétaires et (iv) la situation financière des organismes publics[36].

---

[34] Article 12, al.3, Directive n°06/2009/CM/UEMOA du 19 juin 2009 portant loi de finances au sein de l'UEMOA ; article 12 al.3 Directive n°01/11-UEAC-190-CM-22 du 19 décembre 2011 relative aux lois de finances au sein de la CEMAC.

[35] Th. C. NAGNONHOU, « En prélude à l'étude de la loi de finances 2021 : Les députés débattent des options budgétaires du gouvernement » *in* journal *La Nation* n°…… du 30 juin 2020. Le débat d'orientation budgétaire a eu lieu le lundi 29 juin 2020.

[36] Ministère des finances et du budget (Sénégal), *Document de Programmation budgétaire et économique pluriannuelle (DPBEP) 2021-2023*, Dakar, juin 2020, 85 pages. Le DPBEP de Côte d'Ivoire 2020-2022 comprend 114 pages subdivisées

En tant qu'il est un document de cadrage qui fait un état des lieux rapide, fixe selon des scénarios l'horizon des finances publiques en termes de bornes inférieures et de bornes supérieures, le DPBEP ne manque pas d'intérêt pour les collectivités territoriales locales. Il pourrait devenir un instrument de rationalisation des finances locales comme cela est préconisé dans la commune de Thiès au Sénégal[37].

Le Document de Programmation Pluriannuelle des Dépenses (DPPD), quant à lui, va au-delà de l'exercice de cadrage. D'abord, parce qu'il n'y a pas un seul DPPD mais plutôt autant de DPPD qu'il y a de ministères. Ensuite, le DPPD soumis au débat d'orientation budgétaire est un document provisoire[38]. Enfin, chaque DPPD ministériel établit le contexte dans lequel œuvre le ministère ; il rappelle les missions du ministère et les principaux objectifs associés à ce département ministériel. Il récapitule les principaux documents encadrant l'action du ministère (plan stratégique définissant la vision, les orientations stratégiques, les axes stratégiques, le plan d'action). Il réalise enfin l'analyse des forces et faiblesses, des opportunités et des menaces (Analyse SWOT) du secteur de concentration du ministère.

En pratique, cela donne une architecture assez simple au DPPD avec quatre grands chapitres : (i) la présentation générale du ministère, (ii) le contexte de l'action ministérielle, (iii) les orientations stratégiques du secteur, (iv) la programmation triennale des crédits, les annexes étant consacrés aux Projets annuels de Performance des programmes[39]. On

comme suit : (i) évolution macroéconomique 2016-2022, (ii) évolution des finances publiques 2016-2022, (iii) situation financière des organismes publics et collectivités territoriales (iv) programmation budgétaire 2020-2022 (Secrétariat d'État auprès du Premier ministre chargé du budget et du portefeuille de l'État, Document de Programmation Budgétaire et Economique Pluriannuelle 2020-2022, Abidjan, juin 2019).

[37] « Les élus locaux de la région de Thiès ont participé jeudi à l'atelier de partage axé sur la sensibilisation des élus sur l'importance de la tenue des débats d'orientation budgétaire dans leurs collectivités respectives » (https://www.sendeveloppementlocal.com/Thies-les-elus-locaux-partagent-sur-les debats-d-orientation-budgetaire_a4215.html consulté le 04 juillet 2020).

[38] La Directive n°06/2009/CM/UEMOA du 19 juin 2009 portant loi de finances au sein de l'UEMOA dispose que le DBPED et le DPPD sont publiés et soumis à un débat d'orientation budgétaire au Parlement au plus tard à la fin du deuxième trimestre de l'année (article 57).

[39] Ministère de l'Élevage et des Productions Animales (Sénégal), Document de Programmation Pluriannuelle des Dépenses (DPPD) 2020-2022, Dakar, septembre 2019. Au lieu d'un DPPD par ministère, le Mali fait l'option d'un seul DPPD élaboré par le ministère des finances avec une subdivision intérieure par ministère selon le

déduit de cette présentation du DPPD qu'à ce stade, les travaux effectués sont principalement de nature managériale : quelles sont notre vision et notre mission, où en sommes-nous, où voulons-nous aller et comment ? C'est cette dernière question qui définit le programme budgétaire et délimite son périmètre en tant qu'il est "*une action ou un ensemble cohérent d'actions représentatif d'une politique publique clairement définie*"[40]. La contexture du programme reflète cette dimension managériale en mettant en avant et en première ligne les notions de résultat et d'objectifs.

La dimension juridique suit cet état de fait et organise l'adoption et la sanction des activités, résultats et objectifs contenus dans les programmes.

II. LE PROGRAMME BUDGÉTAIRE : VERS UNE JURIDISATION LOGIQUE

Il est de l'essence de la règle juridique d'être sanctionnée. En cela le programme budgétaire en tant qu'unité contraignante de la loi de finances de l'année se doit d'être logiquement justiciable (A) devant le juge des finances publiques dans sa nouvelle dimension et ses compétences élargies (B).

A. Le programme comme unité juridiquement contraignante de la loi de finances

"*Les crédits sont spécialisés par programme.*" Ainsi en disposent les directives communautaires de l'UEMOA[41] et de la CEMAC[42]. La

---

plan identique suivant : (i) Mission ministère/ institution, (ii) Contraintes et défis, (iii) Evolution d'indicateurs socio-économiques finaux non imputables à un programme particulier, (iv) Programmation des dépenses sur la période t+1 à t+3 par catégorie économique en ressources et en dépenses par programme, (v) Commentaires sur les liens entre l'évolution de l'allocation intra-ministérielle des ressources et la stratégie du secteur ou du ministère, voir ministère de l'Economie et des Finances (Mali), *Annexe à la Loi de finances 2020, Document de Programmation Pluriannuelle des Dépenses et Projets Annuels de Performance (DPPD-PAP 2020 – 2022)*, Bamako, janvier 2020. (http://www.finances.gouv.ml/sites/default/files/DPPD-PAP%202020-2022_v_01-01-2020.pdf consulté le 04 juillet 2020).

[40] Article 12, al.3, Directive n°06/2009/CM/UEMOA du 19 juin 2009 portant loi de finances au sein de l'UEMOA ; article 12 al.3 Directive n°01/11-UEAC-190-CM-22 du 19 décembre 2011 relative aux lois de finances au sein de la CEMAC.

[41] Article 12 *in fine,* Directive n°06/2009/CM/UEMOA du 19 juin 2009 portant loi de finances au sein de l'UEMOA.

[42] Article 19, Directive n°01/11-UEAC-190-CM-22 du 19 décembre 2011 relative aux lois de finances au sein de la CEMAC.

bonne vieille règle de la spécialité des crédits trouve ici non seulement un fondement légal mais aussi un regain de légitimité. La spécialité des crédits est d'abord une conquête démocratique qui trouve son origine dans le régime parlementaire français du début du 20e siècle. Pour Benjamin CONSTANT, elle est un instrument essentiel du contrôle parlementaire et donc de l'équilibre des pouvoirs. Sans elle, poursuit-il, la représentation nationale "*ne connaîtr(ait) jamais l'emploi des deniers publics*"[43]. La spécialité des crédits s'est imposée dans le droit financier et a résisté à l'assaut de la managérialisation des finances publiques et de la globalisation des crédits. Son périmètre subit cependant une inflexion certaine.

Ainsi, en lieu et place de la multitude des chapitres budgétaires, les nouvelles générations de loi de finances de l'année ne comportent qu'une demi-dizaine de programmes par ministères. Au titre de l'année 2020, la loi de finances du Bénin contient 27 programmes au lieu des 2.266 chapitres budgétaires disséminés dans la loi de finances de l'année 2016[44], soit une réduction de plus de 8.000 % ! Quant au Sénégal et pour la loi de finances 2020, on est passé à dix (10) dotations, cent vingt-deux (122) programmes et sept (07) comptes spéciaux du Trésor[45]. Pour chaque ministère le nombre de programme varie entre deux et neuf[46]. Tandis que la Côte d'Ivoire exécute une loi de finances 2020 qui contient 35 dotations et 149 programmes[47].

Dans la logique de la réforme des finances publiques en cours au sein de l'UEMOA et de la CEMAC[48], les nouveaux niveaux de

[43] B. CONSTANT, *Intervention à la Chambre des députés*, 30 juin 1920, cité par G. ORSONI, *Principes et techniques budgétaires*, Paris, La Documentation Française, documents d'études n° 5-02, 1982, p. 28.

[44] *Cf.* Loi n°2015-41 du 29 décembre 2015 portant loi de finances pour la gestion 2016 et la liste des programmes, annexe II-1-2, pages 24, 25, 26 et 27 du décret n°794 du 32 décembre 2014 portant nomenclature budgétaire de l'État.

[45] Loi n°2019-17 du 20 décembre 2019 (Sénégal).

[46] *Ibidem.*

[47] Loi n°2019-1080 du 18 décembre 2019 portant budget de l'État pour 2020 (Côte d'Ivoire).

[48] Cette dynamique nouvelle est bien décrite par l'exposé des motifs du projet de loi de finances pour 2020 au Sénégal devenu Loi n°2019-17 du 20 décembre 2019 portant loi de finances pour 2020 (Dans le budget-programme, les crédits sont regroupés autour d'un dénominateur commun qui est la politique publique, abstraction faite des services qui l'exécutent. Concrètement, il s'agit : a- d'abord de commencer par identifier une politique que doit mener l'État (exemples : la promotion et la valorisation des industries culturelles et créatives ; l'accès à l'eau potable ; l'éducation de base des jeunes et des adultes ; l'éducation surveillée et la protection judiciaire du

spécialisation des crédits sont donc la dotation et le programme. En d'autres termes, pour les ministères, le programme est la nouvelle unité *juridiquement* contraignante de la loi de finances de l'année. Ce qui emporte pour le programme budgétaire, trois implications majeures : *primo*, la présentation du projet de loi de finances doit se faire par programme et par dotation en ce qui concerne la répartition des crédits. Le budget est un état analytique qui présente les dépenses selon une nomenclature consacrée. La directive n° 08/2009/CM/UEMOA portant nomenclature budgétaire de l'État prévoit que les dépenses de l'État sont présentées par programme (programme budgétaire à l'intérieur des ministères)[49] ; pour le jurislateur communautaire, la présentation par programme devient une exigence de légalité formelle du projet de loi de finances de l'année. Pendant quelques années de transition, notamment au Bénin, entre les années 2000 et 2009, la pratique a consisté à élaborer des tableaux de correspondance dans un budget conçu et spécialisé par chapitre. Les tableaux de correspondance permettaient de relier une dépense et son programme de rattachement et de reconstituer ainsi le

---

mineur). C'est cette politique publique qui représente le programme budgétaire ; b- ensuite, d'évaluer tous les moyens qui sont nécessaires à la bonne exécution de la politique publique, quelle que soit leur nature économique (dépenses de personnel, d'acquisitions de biens et services, d'investissement ou de transferts) ; c- enfin, de structurer ces moyens, c'est-à-dire ces crédits budgétaires, autour de grandes actions à mener par les services chargés de mettre en œuvre la politique publique, lesdites actions étant elles-mêmes détaillées en activités, chaque activité faisant l'objet d'un chiffrage très précis en termes de coûts. En d'autres termes, lorsqu'on agrège les coûts des activités, on reconstitue celui des actions, et si l'on fait le cumul du montant des actions, on retombe sur l'enveloppe budgétaire qui est allouée au programme. Le premier intérêt, et il est aisé de s'en rendre compte, c'est que le budget-programme améliore la lisibilité de l'action de l'État : le citoyen perçoit mieux à quoi servent les crédits budgétaires, il sait à quelles fins est dépensé l'argent public (son argent). Mais le second intérêt, c'est que le budget-programme ne se contente pas de modifier le mode de présentation des crédits : il change aussi la manière de les utiliser. En effet, à chaque programme doivent être associés : - des objectifs précis, arrêtés en fonction de finalités d'intérêt général ; - ainsi que des résultats attendus. Ces résultats sont mesurés par des indicateurs vérifiables de manière objective et font l'objet d'évaluations régulières. On reconnaît là, la logique de performance qui se trouve au cœur de la gestion axée sur les résultats : c'est exactement le paradigme qui sous-tend le présent projet de loi de finances).

[49] Mais aussi selon les classifications administrative (services ou groupe de services), fonctionnelle (services généraux, affaires économiques, santé éducation, etc.) et économique (rémunération, intérêts, dons, prestations sociales, etc). Voir aussi, pour la CEMAC, la Directive n°04/2011-UEAC-190-CM-22 du 19 décembre 2011 relative à la nomenclature budgétaire de l'État.

puzzle des programmes à partir des crédits répartis par chapitre[50]. Pour la Banque Mondiale, l'ajout d'un code supplémentaire à la nomenclature budgétaire comblerait l'écart entre les exigences du droit budgétaire et les besoins de la gestion par programme[51]. Ce palliatif traduit les balbutiements d'une entrée des États dans le *program budgeting.* Il n'est juridiquement et comptablement plus de mise aujourd'hui.

Secundo, l'examen et le vote du projet de loi de finances de l'année se font par programme et par dotation. Le programme est conçu comme un package d'activités, d'objectifs et de crédits sur lequel les parlementaires opinent par vote lors de l'adoption du projet de loi de finances de l'année.

Tertio, le programme est l'unité d'exécution de la loi de finances. Les crédits votés par le parlement sont spécialisés par programme et par dotation. Seul ce vote par programme et par dotation a une valeur juridique opposable, sous le contrôle du corps des contrôleurs financiers. À l'intérieur des programmes, le gouvernement est libre de faire les ajustements à sa guise, dans le respect de la règle de fongibilité asymétrique des crédits budgétaires. À l'inverse, la spécialisation des crédits interdit des mouvements de crédit d'un programme vers un autre programme, d'une dotation vers une autre dotation, sauf pour les dérogations et les aménagements que la loi elle-même prévoit.

Quarto, les corps de contrôle administratifs et juridictionnels veillent au respect de la consommation des crédits par programme. Aucune activité relevant d'un autre programme ou d'une autre dotation ne peut être financée par les crédits qui ne lui sont pas initialement affectés dans la loi de finances. Pour qu'elle ne reste pas une clause de style, la nature contraignante de la spécialité par programme est contrôlée par le comptable public responsable des paiements ; par le contrôleur financier ou contrôleur budgétaire selon les pays, lequel appose son visa sur les engagements juridiques de la dépense et les actes d'ordonnancement ; par le juge des comptes lors de l'examen du projet de loi de règlement.

Les garde-fous mis au respect de la spécialisation par programme sont donc importants. Il ne peut y être dérogé que dans le respect des

---

[50] Voir N. MÉDÉ, « La nouvelle gestion budgétaire : l'expérience au Bénin des budgets de programme » *in Revue électronique Afrilex,* n° 4, décembre 2004, p. 56 (http://afrilex.u-bordeaux4.fr).

[51] Banque Mondiale, *Mission de supervision du PERAC*, Aide-mémoire, Cotonou 8-26 juillet 2002, p. 55.

règles de forme et de fond prescrites par la loi pour effectuer les virements et transferts de crédit. Sous le contrôle du juge financier.

B. Le juge financier, juge de la reddition de compte

L'idée que la Cour des comptes est juge des comptables publics a fait long feu. La compétence *ratione personae* des juridictions financières est aujourd'hui très large et inclut les ordonnateurs des opérations financières publiques mais aussi les bénéficiaires de concours financiers publics[52].

Pour sa part, l'Union économique et monétaire ouest-africaine (UEMOA) a résolu de faire "*instituer une Cour des comptes nationale*"[53] dans chaque État membre. Pour l'UEMOA, les procédures desdites Cours nationales doivent offrir les "*garanties de transparence et d'indépendance requises*" dans le but d'"*assurer la fiabilité des données budgétaires nécessaires à l'organisation de la surveillance multilatérale des politiques budgétaires*"[54]. Cette orientation traduit l'importance prise par la notion d'*accountability*[55] en finances publiques. La responsabilité et l'obligation de reddition des comptes ou de la gestion qu'elle impose sont également le *credo* de l'Organisation internationale des Institutions Supérieures de Contrôle des Finances publiques : INTOSAI.[56]

Certes, la dynamique managériale qui imprègne la réforme des finances publiques fait émerger des outils de liberté dans la gestion des fonds publics. Si l'intérêt général doit toujours être le motif d'une dépense publique, il n'en demeure pas moins que le responsable de programme jouit d'un libre-arbitre dans le choix du moment et de l'objet de l'utilisation des crédits budgétaires. C'est la règle de la fongibilité asymétrique des crédits inscrits aux programmes budgétaires et consacrée par le jurislateur communautaire[57] et par la législation des

---

[52] N. MÉDÉ, « L'UEMOA et le développement des cours des comptes en Afrique de l'ouest francophone » *in Revue Française de Finances publiques*, n° 90, mai 2005, p. 259.
[53] Article 68 du Traité de l'UEMOA.
[54] *Ibidem.*
[55] Terminologie anglosaxonne qu'on voudrait faire correspondre avec l'obligation de rendre compte qui incombe à tout agent public (H. DUMEZ, « De l'obligation de rendre des comptes ou accountability », *in Annales des Mines - Gérer et comprendre* 2008/1 (N° 91), pages 4 à 8.
[56] International Organization of Supreme Audit Institutions. (http://www.intosai.org/2_STATUf.html).
[57] Article 15, Directive n°06/2009/CM/UEMOA du 19 juin 2009 portant loi de finances au sein de l'UEMOA.

États[58]. C'est le niveau méta-juridique de la gestion des finances publiques. Les fondamentaux du droit public restent cependant intangibles. Il en est ainsi de la prise en compte de l'intérêt général et de l'observance des règles de procédures dans l'exécution de la loi de finances de l'année. Au-delà s'ouvre l'espace du droit contraignant et ses contraintes de contrôle par le juge financier.

En effet, lorsqu'on parle d'unité contraignante, on évoque le caractère opposable de la répartition et de l'utilisation des crédits affectés par programme. La reddition des comptes se choisit comme unité d'appréciation le programme budgétaire. La judiciarisation de cette reddition de comptes est opérée par les textes communautaires qui donnent compétence à la Cour des comptes des États de "*donner son avis sur (...) les rapports annuels de performance. Cet avis est accompagné de recommandations sur les améliorations souhaitables.*"[59]

On peut épiloguer sur la portée juridique du contrôle exercé par le juge financier sur les rapports annuels de performance des programmes. La Cour ne donne-t-elle pas qu'un avis ? Un avis n'a pas la valeur d'un arrêt de la Cour revêtu de l'autorité de la chose jugée. L'exercice d'une compétence extra-juridictionnelle ne confère pas les attributs et le poids d'une activité juridictionnelle normale. Du moment où il n'y a pas jugement, les responsables de programmes et leurs autorités de tutelle peuvent se dire que l'exercice est sans enjeu pour eux. Ce qui constitue une vérité en demi-teinte.

De fait, la gamme des sanctions auxquelles est assujetti le responsable de programme est aussi diverse que son propre statut. En tant que rouage administratif il est passible des sanctions disciplinaires qui peuvent aller jusqu'à la radiation de la fonction publique. Le responsable de programme est aussi un citoyen justiciable des cours et tribunaux de la République pour des faits et abstentions qui peuvent lui être imputables et qui sont punissables par les lois. La Cour des comptes vient en troisième position qui est un échelon supplémentaire pour l'*accountability* du responsable de programme. Elle donne son avis sur les rapports annuels de performance. Mais elle peut aussi se saisir

[58] République du Bénin, Loi organique n° 2013-14 du 27 septembre 2013 relative aux lois de finances, art. 18 ; République du Mali, Loi n° 2013-028 du 11 juillet 2013 relative aux lois de finances, art. 14 ; République du Niger, Loi organique n° 2012-09 du 26 mars 2012 relative aux lois de finances, art. 16.

[59] Article 51 et 75 Directive n°06/2009/CM/UEMOA du 19 juin 2009 portant loi de finances au sein de l'UEMOA.

d'office de situations constitutives de fautes de gestion prévues et punies par les articles 80 et 75 respectivement de la Directive UEMOA et de la Directive CEMAC relatives aux lois de finances.

En somme, il convient de distinguer les compétences d'accompagnement qu'exercent les Cours des comptes à l'occasion de l'élaboration et du vote de la loi de règlement, d'une part, et les compétences propres des juridictions financières lorsqu'elles apprécient la qualité de l'exécution des programmes budgétaires, notamment des fautes de gestion que cette exécution peut révéler, d'autre part. Le programme budgétaire, en tant qu'unité contraignante, est ainsi assorti de sanction. Ce qui finit de lui donner une valeur juridique comme norme positive en vigueur et comme norme opposable.

CONCLUSION

Le programme budgétaire fait son chemin dans les pays membres de l'UEMOA et de la CEMAC. L'accoutumance à son élaboration est une réalité certaine dans les États membres, notamment ceux qui s'exercent aux budgets de programmes depuis la décennie 1990. Ce que l'avenir prochain nous réserve ce sont des programmes budgétaires qui soient à la fois unité de vote, unité d'exécution et unité de contrôle de l'exécution des lois de finances. Le programme budgétaire aura alors émergé pleinement à la vie juridique et plus seulement des techniques managériales.

LES FINANCES PUBLIQUES EN AFRIQUE SUBSAHARIENNE FRANCOPHONE[1]

INTRODUCTION

L'Afrique subsaharienne francophone présente des signes de grande diversité (treize États[2], 6.529.742 km^{2}[3], plusieurs zones agro-écologiques allant du désert saharien à la luxuriance des paysages de l'Afrique équatoriale) mais peut être aussi perçue sous l'angle d'une dynamique d'unité, d'harmonisation et de recherche de cohérence. L'Afrique subsaharienne francophone c'est une langue officielle commune, le français[4], une zone monétaire unique (la Zone franc), deux monnaies[5], deux espaces d'intégration économique ayant pour objectif la réalisation de deux marchés communs respectivement dans les pays membres de l'Union économique et monétaire de l'Afrique de l'Ouest (UEMOA) et la Communauté économique et monétaire des États de l'Afrique centrale (CEMAC).

En guise d'instrument devant permettre la réalisation du dessein de marchés communs régionaux, l'UEMOA et la CEMAC mettent en œuvre une politique d'harmonisation des normes financières et un pacte de convergence des politiques budgétaires et économiques. Il s'ensuit que les cadres budgétaires et comptables nationaux ainsi que le périmètre des finances publiques sont surdéterminés par la normativité et les politiques communautaires.

[1] Publié dans N. MEDE, « Les finances publiques en Afrique subsaharienne francophone » *in Dictionnaire encyclopédique des finances publiques,* Paris Economica, 2017.

[2] Bénin, Burkina Faso, Côte d'Ivoire, Guinée-Bissau, Mali, Niger, Sénégal, Togo, Cameroun, Congo, Tchad, Gabon, Guinée équatoriale, Centrafrique.

[3] CEMAC : 3.020.142 km^{2} ; UEMOA : 3 509 600 km^{2}.

[4] À l'exception de la Guinée-Bissau (lusophone) et de la Guinée équatoriale (hispanophone).

[5] Le franc de la Communauté financière africaine dont l'institut d'émission est la Banque centrale des États de l'Afrique de l'Ouest, et le franc de la Coopération Financière en Afrique centrale, émis par la Banque des États de l'Afrique Centrale.

I. LA FÉDÉRALISATION DES NORMES FINANCIÈRES, COMPTABLES ET STATISTIQUES

Les organes communautaires sont habilités à prendre des actes qui peuvent être des règlements, des directives, des décisions, des recommandations ou des avis (art. 43, Traité UEMOA ; art. 41, Traité CEMAC). Respectivement en 2009 et en 2011, l'UEMOA et la CEMAC ont adopté, chacune, une série de directives que l'une et l'autre appellent le "*cadre harmonisé des finances publiques*". Ces directives couvrent les domaines juridique, comptable et statistique. Il s'agit des directives portant Code de transparence dans la gestion des finances publiques, des directives relatives aux lois de finances, des directives portant règlement général sur la comptabilité publique, des directives portant nomenclature budgétaire de l'État, des directives portant plan comptable de l'État, des directives portant tableau des opérations financières de l'État (TOFE) pour les pays membres de l'UEMOA et pour ceux de la CEMAC.

Les finances locales et la fiscalité font l'objet de directives séparées.

Ces différentes directives font l'objet de transposition nationale dans les États membres. Les lois organiques relatives aux lois de finances appliquent les directives relatives aux lois de finances dans l'espace UEMOA[6] et dans les pays membres de la CEMAC[7] ; tandis que des décrets sont pris pour appliquer les directives relatives à la comptabilité publique, au TOFE, à la nomenclature budgétaire et au plan comptable de l'État.

La cohérence entre les directives et les textes nationaux de mise en œuvre, plus exactement la conformité des seconds par rapport aux premières est assurée par les juridictions communautaires. Pour la Cour de justice de l'UEMOA, "*la primauté bénéficie à toutes les normes communautaires, (...) et s'exerce à l'encontre de toutes les normes nationales, administrative, législative, juridictionnelle et même constitutionnelle*"[8]. Au sein de la CEMAC, les actes additionnels, les règlements, les directives et les décisions se doivent d'être "*appliqués dans chaque État membre nonobstant toute législation nationale contraire, antérieure ou postérieure*" (art. 44, Traité).

---

[6] Sénégal : Loi organique n° 2011-15 du 8 juillet 2011 relative aux lois de finances.

[7] Tchad : Loi Organique relative aux Lois des Finances adoptée par l'Assemblée nationale le 03 janvier 2014 et promulguée par le Président de la République le 18 Février 2014.

[8] Cour de justice de l'UEMOA, Avis n°001/2003 du 18 mars 2003, *Recueil*, p. 470.

II. LE SCHÉMA BUDGÉTAIRE ET COMPTABLE

La dimension juridique reste importante dans le schéma budgétaire et comptable. La préparation et l'exécution des lois de finances (loi de finances de l'année, loi de finances rectificatives et loi de règlement) sont régies par les principes et règles impératives sous le double contrôle de la juridiction constitutionnelle et du juge des comptes. Ces règles et principes sont : l'annualité, l'unité, l'universalité, la spécialité, la sincérité, l'équilibre, la séparation des fonctions d'ordonnateur et de comptable, le service fait.

L'équilibre de la loi de finances est un principe de valeur constitutionnelle[9]. Cependant, il convient de souligner que le principe d'équilibre contenu dans les textes constitutionnels est un équilibre prévisionnel. L'équilibre d'exécution, celui qui intéresse les marchés financiers, les économistes et les *rating agencies* est imposé par les Pactes de convergence, de stabilité et de croissance respectifs de l'UEMOA et de la CEMAC sous l'intitulé *"Ratio du solde budgétaire de base rapporté au PIB nominal"*. Ce *ratio* doit être supérieur ou égal à zéro. L'équilibre visé ici est un équilibre à *minima.* Il ne s'agit ni de l'équilibre globale (au-dessous de la ligne) de la loi de finances de l'année, ni de l'équilibre des comptes publics mêlant les soldes de l'État, des collectivités territoriales locales, des établissements publics et des organismes de sécurité sociale.

III. LE PÉRIMÈTRE DES FINANCES PUBLIQUES

Le domaine des finances publiques inclut les finances des personnes publiques que sont l'État, les collectivités territoriales locales et les établissements publics. Ces différentes personnes morales de droit public sont soumises aux règles et principes du droit budgétaire et de la comptabilité publique ainsi qu'aux contrôles administratifs, politiques et juridictionnels prévus par la loi.

Les organismes de sécurité sociale sont également des personnes morales de droit public. Ils manient des deniers publics et sont assujettis aux règles de la comptabilité publique et aux procédures contraignantes des marchés publics. Pour autant, leur étude relève du droit social et ne ressortit pas au domaine des finances publiques. Les finances des organismes de sécurité sociale ne sont pas en crise. Elles sont même surliquides pour des raisons structurelles : les jeunes inactifs (moins de

[9] Art. 114, constitution du Niger ; art. 48, constitution du Gabon.

15 ans) sont environ 35 % tandis que les actifs constituent 61 % de la population et les plus de 64 ans n'en constituent que moins de 4 % pour une moyenne mondiale de 8,3 %[10].

CONCLUSION

Les finances publiques de l'Afrique subsaharienne francophone (CEMAC/UEMOA) ne constituent pas un modèle alternatif aux finances publiques en France. Elles sont plutôt une adaptation de l'exemple français aux environnements alternatifs de pays qui ont une longue histoire partagée avec la France.

[10] http://www.statistiques-mondiales.com.

LA JURIDICTION FINANCIÈRE D'HIER À DEMAIN ET… APRÈS DEMAIN1

INTRODUCTION

Le cinquantenaire des États africains francophones épouse le cinquantenaire des juridictions financières dans lesdits États. En effet, les textes constitutionnels des jeunes républiques indépendantes en 1960 se mettaient au goût du jour en matière d'aménagement des pouvoirs publics : un organe exécutif, un organe législatif et un organe juridictionnel. Ce dernier prenait la forme de tribunaux et cours d'appel, avec comme parachèvement de l'édifice, une Cour suprême divisée en plusieurs chambres : la chambre administrative, la chambre des comptes, la chambre judiciaire et la chambre constitutionnelle. À quelques nuances nationales près[2], cette configuration fut la constante du droit positif dans les pays membres de l'Union Économique et Monétaire ouest-africaine (UEMOA). La vie de la juridiction financière en Afrique francophone et plus précisément dans l'espace UEMOA, peut être décrite comme un drame en trois actes.

Le premier acte a correspondu avec le temps des institutions cosmétiques, des effets de mode pour servir l'image internationale des jeunes États indépendants[3]. C'était le temps des contre-pouvoirs ectoplasmiques et inopérants. L'idéologie et la pratique dominante tenaient de la "*sacralisation du pouvoir*"[4] selon l'expression de Maurice KAMTO, sacralisation qui elle-même procéderait d'une identité africaine très portée vers ce que la doctrine anglo-africaine appelle le *grassroots authoritarism*. Cet environnement politique a donné lieu à des mécanismes juridictionnels financiers aux fortunes diverses. La plupart des États sont restés des territoires de non-droit financier, avec quelques règles financières, certes, mais surtout sans justice financière opérationnelle, et donc, sans sanction de la règle de droit. Dans ce

---

[1] Publié dans *la Revue Béninoise des Sciences juridiques et administratives*, n° 24, 2011.

[2] Au Sénégal, la Chambre administrative de la Cour suprême (2e section) a fait office de juge des comptes jusqu'à la création de la 3e section en 1964.

[3] G. CONAC, « Le juge constitutionnel en Afrique, censeur ou pédagogue ? » *in* G. CONAC (dir.) *Les Cours suprêmes en Afrique*, Paris, Economica, 1989, Volume II, p.vi.

[4] M. KAMTO, *Pouvoir et droit en Afrique noire*, L.G.D.J, 1987, *passim*.

paysage de vide juridictionnel financier, la Côte d'Ivoire a, cependant, offert une image plutôt laudative. La Chambre des comptes de la Cour suprême ivoirienne a, en effet, développé une intense activité jurisprudentielle[5]. De 1960 à 1989, environ trois cents (300) arrêts (provisoires et définitifs) ont été rendus par la Chambre des comptes de la Cour suprême ; soit une productivité annuelle de dix (10) arrêts. Au nombre de ceux-ci, vingt-sept (27) ont concerné la qualité de la dépense publique. Cet activisme juridictionnel n'aura que peu amorti la conjonction des facteurs qui, à la fin de la décennie 1980, précipita l'économie et les finances publiques de l'Afrique de l'Ouest francophone dans un état de déliquescence qui servira de terreau au renouveau démocratique[6].

L'acte second de la vie des juridictions financières africaines s'amorce ainsi dans le sillage des mutations politiques. La date emblématique fut l'année 1994, année de création de l'UEMOA dont le Traité, en son article 68, prescrit aux États membres "*d'instituer une Cour des comptes nationale*". Sur les huit pays membres de l'UEMOA, six se sont conformés à l'exigence du droit communautaire et ont créé dans leurs ordonnancements juridique et institutionnel, une Cour des comptes, organiquement et fonctionnellement séparée des ordres juridictionnels judiciaires, administratifs et constitutionnels[7]. La monnaie commune (le franc CFA) mais aussi l'engagement commun de bâtir un espace économique régional intégré et prospère militent en faveur d'un mécanisme institutionnel qui garantisse la régularité des opérations financières publiques dans les États, mais aussi la fiabilité et la comparabilité des agrégats qui nourrissent les critères de convergence dans la zone UEMOA. Il s'agit, en définitive, de pouvoir mettre les finances publiques au service d'une monnaie et d'une économie forte, en les créditant d'une charge de rationalité et de régularité. Ce qui constitue un pas important vers la sortie de l'informalisation des finances publiques ouest-africaines et donc d'un État de non-droit financier. L'acte second des finances publiques en Afrique est ainsi marqué par l'avènement de l'ère de recherche de la rationalité. Un pas

---

[5] Ch. DJE-BI-DJE, « Les attributions juridictionnelles de la Chambre des comptes de la Cour suprême de Côte d'Ivoire » *in* G. CONAC (dir.), *Les Cours Suprêmes en Afrique*, Paris, Economica, 1989, volume II, p. 234.

[6] J-J. RAYNAL, « Le renouveau démocratique béninois : modèle ou mirage ? » *in Afrique Contemporaine,* n° 160, 4e trimestre 1991.

[7] Burkina Faso, Côte d'Ivoire, Guinée-Bissau, Niger , Sénégal , Togo à l'exception du Bénin et du Mali.

en avant est franchi et ce pas se confirme et s'amplifie avec l'adoption des directives financières de 2009 par l'UEMOA. Longtemps véhiculée au sein des instances de l'Organisation pour la Coopération et le Développement Economique (OCDE), la gestion de la performance fait son entrée en droit communautaire ouest-africain et imprime de nouvelles inflexions aux mécanismes de gestion des finances publiques dans les pays membres de l'UEMOA.

Les finances publiques du 21e siècle prennent ainsi naissance et avec elles, le troisième acte de la vie de la juridiction financière africaine : une vie de juge, d'expert et de conseil. Perçu comme un achèvement, le destin actuel des Cours des comptes ouest-africaines conforte la dynamique d'autonomie du droit financier (I), mais aussi postule un besoin de fédéralisation du code des juridictions financières ouest-africaines (II).

I. LA DYNAMIQUE D'AUTONOMIE DU DROIT FINANCIER

Le droit des finances publiques s'autonomise ; et cette autonomie se manifeste au double plan matériel et organisationnel.

A. L'autonomie du point de vue matériel

La querelle doctrinale allumée par Louis TROTABAS est loin d'avoir trouvé son épilogue. La thèse de l'autonomie du droit fiscal se fonde sur quelques postulats simples : il est "*régie par des règles propres*"[8] qui en font une branche du droit public, lequel légitime les prérogatives de puissance publique dont est revêtu l'exercice des droits du fisc[9]. On en déduit selon Louis TROTABAS que le droit public et le droit privé sont "*séparés*"[10] ce qui éveille et suscite les propos désobligeants de ceux qui ne voient là qu'une véritable "*tarte à la crème*"[11].

Mais l'autonomie du droit fiscal pouvait aussi s'apprécier par rapport, non seulement au droit privé mais également au droit public,

---

[8] L. TROTABAS, J.-M. COTTERET, *Droit fiscal*, Paris, Dalloz, 8e éd., 1997, p. 10.
[9] *Ibidem*, p. 12.
[10] L. TROTABAS, J.-M. COTTERET, *op. cit.* p. 12. L'auteur reconnaît cependant que cette séparation ne préjuge pas ''des rapports étroits'' (pp. 12-13) existant entre le droit fiscal et le droit privé. Mais la finalité de cette séparation est, selon Paul Marie Gaudemet, de permettre au droit fiscal et surtout au législateur fiscal de « se dégager des servitudes que risquait de faire peser sur lui le droit privé » (P.M. GAUDEMET, J. MOLINIER, *Finances publiques*, Tome 2, Fiscalité 6e éd., Paris, Montchrestien 1997, p. 90).
[11] M. COZIAN, « Propos désobligeants sur une » tarte à la crème : l'autonomie et le réalisme du droit fiscal » *in J.C.P.*, II, 13394, 1981.

ce qui conduirait à circonscrire un "*droit fiscal totalement autonome*"[12]. La controverse en droit public semble persister. Au fondement de cette persistance sur l'autonomie du droit fiscal, il y a quelques constantes découlant du régime juridique de l'impôt : d'abord, le droit fiscal est un "*droit de superposition*"[13] dans la mesure où les rapports juridiques qu'il constate sont des rapports régis par d'autres droits (domicile, propriété, héritage, etc.) ; ensuite, le droit fiscal se donne toute latitude pour s'affranchir des contenus que ces rapports juridiques ont dans les disciplines de droit privé ou de droit public ; enfin, le juge fiscal tire toutes les conséquences de cette appréhension des faits au travers du droit fiscal. Cependant, le juge fiscal est, avant tout, un juge administratif ou un juge judiciaire, ce qui fragilise la thèse de l'autonomie, car le contentieux fiscal à la différence du contentieux administratif n'a pas encore son propre juge. Le doyen VEDEL peut ainsi présager le "*temps de la synthèse, celui du rapprochement, de la conciliation et des liaisons*"[14] sur le champ d'affrontement doctrinal qu'est l'autonomie du droit fiscal.

Le droit financier (entendu au sens de droit budgétaire et de droit de la comptabilité publique) ne semble pas souffrir des pesanteurs qui fragilisent l'autonomie du droit fiscal. En effet, le droit financier n'est pas un droit de superposition. Il trouve son origine dans le souci et même l'impératif de normativer les activités financières des personnes publiques, d'asseoir le règne du droit dans les flux financiers des collectivités publiques.

Le socle juridique de cette normativité financière, ce sont les lois constitutionnelles des États membres de l'UEMOA ; ce sont aussi les lois organiques relatives aux lois de finances ainsi que les règlements généraux sur la comptabilité publique inspirés tous deux par les directives communautaires en la matière[15]. L'activité financière des agents publics est encadrée par les règles de fond et de procédure que ces deux textes définissent. Certes, la qualité de certains agents publics les place dans une position de dédoublement fonctionnel. Le statut et

---

[12] M. BOUVIER, *Introduction au droit fiscal général et à la théorie de l'impôt*, Paris, L.G.D.J. 6è éd. 2004, p. 177.

[13] J. M. MAUBLANC, « Caractères généraux du droit fiscal », *in* L. PHILIP (dir.) *Dictionnaire encyclopédique de finances publiques,* Paris, Economica, 1991, p. 674.

[14] G. VEDEL, cité par M. BOUVIER *op. cit.* p. 178.

[15] Directive n°06/2009/CM/UEMOA du 26 juin 2009 relative aux lois de finances ; Directive n°06/2009/CM/UEMOA du 26 juin 2009 portant règlement général sur la comptabilité publique.

les compétences des administrateurs de recettes et de dépenses, des ordonnateurs de recettes et de dépenses et des gestionnaires de crédit relève à la fois du droit financier, du droit administratif et quelques fois du droit constitutionnel. L'ordonnancement juridique qui en découle, dénote moins une architecture de superposition de droits qu'une juxtaposition de régimes juridiques encadrant la concurrence des activités multiples exécutées par certaines catégories d'agents publics. Le régime de la responsabilité des administrateurs, des ordonnateurs et des gestionnaires de crédit est une bonne illustration de la diversité des filières d'encadrement juridique de l'activité de ces agents publics. Cette responsabilité peut être appréhendée du point de vue du droit constitutionnel (haute trahison, forfaiture, etc.), du droit administratif (faute de service, faute personnelle), du droit financier (faute de gestion, état de gaspillage) et du droit pénal d'une manière générale.

Les évolutions récentes du droit de la responsabilité financière des agents publics confortent la thèse de l'autonomie croissante de cette responsabilité en droit positif des États membres de l'UEMOA. Cette autonomie s'apprécie au double plan de la définition des éléments constitutifs de l'infraction financière et de l'autonomie des poursuites. Du point de vue de la définition de l'infraction financière, c'est-à-dire du manquement à l'obligation sanctionnée de faire ou de ne pas faire prévue par la loi financière, les textes prévoient une série d'incriminations spécifiques, dont l'originalité est de ne point se ramener à de pâles reprises d'incriminations organisées par d'autres branches du droit. On cite, à titre illustratif, l'infraction de "*faute de gestion*"[16], l'infraction "*d'état de gaspillage*"[17], "*l'inexécution totale ou partielle ou l'exécution tardive d'une décision de justice*" ayant entraîné la condamnation d'une personne morale[18].

L'idée directrice qui fonde ces incriminations spécifiques se trouve dans les missions régaliennes de la juridiction financière, telles qu'elles découlent des textes législatifs des États membres de l'UEMOA : "*la sauvegarde du patrimoine public et le contrôle de la sécurité des finances publiques ; l'amélioration des méthodes et techniques de*

[16] Art. 77, Ordonnance n° 2010- 17 du 15 avril 2010 (Niger) ; Art. 2, Loi organique n° 014-2000 (Burkina Faso).

[17] Art. 49, Loi organique n°99- 70 (Sénégal).

[18] Art. 49, Loi organique n°99- 70 (Sénégal), Art. 77, Ordonnance n° 2010- 17 du 15 avril 2010 (Niger).

gestion ; la rationalisation de l'action administrative"[19]. Il faut dépenser moins, dépenser mieux et optimiser les prélèvements. Ces quelques postulats de la nouvelle gestion publique s'établissent graduellement dans un univers où les notions d'efficacité et d'efficience sont souvent perçues comme autonomiques de la gestion publique. Ainsi que le dit un homme d'État, "*trop longtemps, on a considéré que le propre de l'argent public était d'être dépensé sans compter*"[20]. Rompre avec cet état de choses, cette culture du laxisme en matière financière explique et légitime le système de *double peine* applicable aux infractions financières. En effet, et du point de vue des poursuites, la juridiction financière jouit d'une réelle autonomie pour apprécier et sanctionner les infractions à la loi financière dont elle a connaissance. La règle *non bis in idem* n'est pas opposable à la juridiction financière. "*Les poursuites devant la Cour ne font pas obstacle à l'exercice de l'action pénale et de l'action disciplinaire*" selon les droits positifs sénégalais[21] et burkinabè[22], tandis que la loi nigérienne précise que la Cour n'annule pas ses procédures à elle dans les "*cas de poursuites pénales concomitantes*"[23]. Ce qui constitue les prémices de l'autonomie organisationnelle des juridictions financières ouest-africaines.

B. L'autonomie d'un point de vue organisationnel et institutionnel

La question organisationnelle et institutionnelle de la juridiction financière en Afrique de l'Ouest francophone est caractérisée par la montée en puissance du principe d'autonomie. L'autonomie est un critère qualitatif mais c'est aussi la révélation d'un statut. L'Organisation internationale des Institutions Supérieures de Contrôle (INTOSAI) fait de l'autonomie et de son corollaire, l'indépendance, le révélateur de la crédibilité d'une juridiction financière[24].

---

[19] Art. 3, Loi organique n°99- 70 (Sénégal) ; Art. 3, Loi organique n° 014-2000 précité (Burkina Faso).

[20] *Documents parlementaires* n° 2001-28 octobre 2009, Assemblée nationale (française), Projet de loi portant réforme des juridictions financières, exposé des motifs, p. 4.

[21] Art. 66, Loi organique n°99- 70 (Sénégal).

[22] Art. 94, Loi organique n° 014- 2000 précité (Burkina Faso).

[23] Art. 85, Ordonnance n° 2010-17 précitée, (Niger).

[24] Ce thème de l'INTOSAI est repris par l'EUROSAI dans sa Déclaration de Lisbonne, Juin 1998, « la capacité d'action indépendante est une garantie essentielle du bon fonctionnement d'une institution supérieure de contrôle » et à l'issue de son 4e Congrès tenu à Paris (Juin 1999), les participants réaffirment leur « attachement à

La prise en compte de ce principe d'autonomie prend les chemins les plus divers dans les pays membres de l'UEMOA. La première tendance est celle de l'autonomie institutionnelle qui se manifeste par la création de Cours des comptes dans les États, en lieu et place des Chambres des comptes des Cours suprêmes à compétence à la fois administrative, judiciaire, et financière. Cette pratique qui tient de la "*noyade*" par la cohabitation de plusieurs catégories de juges au sein d'un même organe juridictionnel, présente le double avantage de minimiser les coûts de structures (ce qui ne constitue guère une moindre préoccupation dans des pays réputés pauvres) et de régler à l'interne la question à la fois pertinente et récurrente du dialogue des juges. Autant d'attentes comblées, qui pèsent dans la balance mais qui ne sont aucunement de nature à contrebalancer la tendance contemporaine à l'autonomisation de la juridiction financière par la création de Cours nationales des comptes. En effet, le profil du magistrat financier n'est pas le même que celui du juge administratif ou du juge judiciaire. Le premier valorise le savoir et le savoir-faire en finances publiques, en comptabilité et en gestion ; ce qui, dans les offres de formation des magistrats de l'ordre judiciaire ou administratif, constitue, au mieux des matières résiduelles, au pire, des matières inexistantes.

D'une manière générale, si on focalise la finalité de la justice financière (régularité et efficience des opérations financières des personnes publiques) ainsi que son mode opératoire, on dirait, pour paraphraser les mots de l'arrêt Blanco, qu'elle a ses règles spéciales, que ces règles ne se ramènent, de façon absolue, ni aux principes établis en droit judiciaire privé ni aux règles tendant à asseoir le principe de la soumission de l'administration au droit. Pour l'UEMOA, la création de Cours des comptes nationales répond à un souci "*d'assurer la fiabilité des données budgétaires nécessaires à l'organisation de la surveillance multilatérale*"[25]. À la régularité et à l'efficience s'ajoute ainsi la fiabilité des données retraçant les opérations financières des personnes publiques. En pratique, la quasi-totalité des États membres de l'UEMOA a créé une cour des comptes nationale et réalisé par ce fait l'autonomie horizontale de la juridiction financière.

Cette autonomie horizontale devra se consolider par une intégration verticale de la justice financière. La notion d'ordre de juridiction

l'indépendance, condition indispensable d'un contrôle efficace de la bonne gestion des fonds publics », *in Revue Française d'Administration Publique* n°90/1999 p. 301.

[25] Article 68, Traité de l'UEMOA.

contenue dans les textes constitutionnels, fait l'objet d'une interprétation plutôt surprenante par une certaine jurisprudence constitutionnelle [25]. La doctrine, de façon plus orthodoxe, conçoit un ordre de juridiction comme une "*hiérarchie complète de tribunaux soumis à une cour suprême*"[26], c'est-à-dire une architecture hiérarchisée de cours et tribunaux locaux qui culminent dans une instance nationale et faitière de cassation. La question n'a pas encore reçu une réponse uniforme dans les pays membres de l'UEMOA. On peut, tout de même, mentionner que la loi d'organisation judiciaire du Bénin crée, au sein des Cours d'appel, des Chambres locales des comptes [26] dédiées au contrôle de proximité de la gestion financière publique. Cette innovation semble aujourd'hui compromise par la marche irrésistible vers la création de Cours, chambres et tribunaux des comptes, pour peu que la soutenabilité financière et surtout humaine de cette projection soit effective.

Les ressources humaines adéquates sont en effet la clé de la performance de la juridiction financière. Le profil de magistrat financier, dans ce qu'il a de spécifique, a été précédemment mis en exergue. Les conséquences de droit qui en découlent ont été suffisamment prises en compte en droit positif sénégalais. D'abord par la création d'un Conseil supérieur de la cour des comptes en substitution au Conseil supérieur de la magistrature. Ensuite des mécanismes de sélection et de formation des futurs magistrats financiers qui ne sont autres que le cursus habituel des Écoles Nationales de Magistrature. La magistrature financière a sa propre école avec ou sans murs. Enfin, l'articulation entre l'école et le Conseil Supérieur de la Cour des comptes fait que les questions de recrutement, de nomination, des carrières (rémunération, avancement, mutation, sanction) des magistrats financiers sont toutes placées sous le signe de l'autonomie de la juridiction financière. Cet exemple sénégalais a vocation à devenir contagieux dans les autres États membres de l'UEMOA ; car le lien ombilical entre les magistrats financiers et les autres magistrats est encore très présent au Niger et au Burkina Faso. Le principe d'autonomie qui nous sert de ligne directrice commande

---

[25] « Considérant que les tribunaux d'instance à compétence exclusive en matière pénale (…) constituent un ordre de juridiction… » (Conseil constitutionnel français, 27 novembre 1959, RATP, *in* L. FAVOREU, L. PHILIP, *Les grandes décisions du Conseil constitutionnel,* Paris, 14e édit. Dalloz 2007, pp. 55 et suiv.).

[26] M. MOREAU, cité par L. FAVOREU, L. PHILIP, *Les grandes décisions du Conseil constitutionnel,* Paris, 14e édit. Dalloz 2007, p. 70.

[26] Chapitre 4, Loi organique n°99-70 du 17 février 1999 sur la Cour des comptes (Journal officiel de la République du Sénégal n°5845 du 20 février 1999).

cette orientation qui pourrait être confortée par une harmonisation au niveau communautaire du Code de la juridiction financière.

II. L'EXIGENCE D'UNE FÉDÉRALISATION DU CODE DES JURIDICTIONS FINANCIÈRES

Le régime de la fédéralisation, qu'on appelle en droit communautaire l'harmonisation, connaît un domaine de prédilection, celui du droit financier. La décennie 1990 a connu la production des directives constituant le cadre harmonisé des finances publiques dans les pays membres de l'UEMOA. Cet encadrement communautaire du droit et de certaines techniques financières ne prend pas en compte le régime juridique des juridictions financières, alors que la pertinence d'une telle orientation paraît évidente du point de vue de la logique normative (A) mais aussi en tenant des dimensions nouvelles que prennent les techniques de contrôle. (B).

A. La complétude du cadre harmonisé : une exigence de logique normative

L'exercice de production de directives relevant du cadre harmonisé des finances publiques dans les États membres de l'UEMOA remonte aux années 1997 et 1999. Une refonte globale des textes a été opérée en 2009, pour se mettre dans la dynamique de ce qui est considéré comme une orientation internationale : la gestion budgétaire axée sur les résultats. Les deux directives matricielles sont la directive relative aux lois finances et la directive portant règlement général sur la comptabilité publique. Elles tracent toutes deux le cadre général de la normativité en matière de préparation et d'exécution des lois de finances. Selon les textes fondateurs de l'UEMOA une directive est une norme-cadre [27] qui inspire, oriente et balise les normes nationales de transposition. Elle oblige les États quant aux résultats à atteindre. À la différence des règlements, elles ne sont pas d'application immédiate dans les États membres. Par essence, elles se doivent d'être concises et viser des généralités. Or la pratique au sein des instances de l'UEMOA est plutôt hétérodoxe. Les directives sont très détaillées, ce qui fait des normes nationales de transposition, des répliques à peine ajustées des directives communautaires. La conséquence d'une telle articulation juridique est que la norme référentielle, la directive, acquiert un surcroît d'importance et d'intérêt dans l'ingénierie juridique des États membres.

---

[27] Articles 42 & 43 du Traité de l'UEMOA.

Les deux directives principales du cadre harmonisé des finances publiques fixent "*les règles relatives au contenu, à la présentation à l'élaboration, à la l'adoption, à l'exécution et au contrôle des lois de finances*"[28] d'une part et d'autre part, énoncent les "*règles fondamentales régissant l'exécution des budgets publics, la comptabilité, le contrôle des opérations financières, la gestion des derniers, valeurs et des biens appartenant ou confiés à l'État et à ses établissements publics à caractère administratif*"[29]. Le champ couvert par les directives relatives aux lois finance et à la comptabilité publique est vaste. Il couvre l'essentiel des domaines des finances publiques : définition des notions (loi des finances, ressources et charges de l'État, crédit, programme, budget, etc.), présentation des principes (sincérité, universalité, etc.) présentation et vote de la loi de finances de l'année et de la loi de règlement, régime de la responsabilité en matière d'exécution des budgets publics. Quelques dispositions éparses concernent la juridiction financière. Ainsi l'article 84 de la directive n°-06/2009 prévoit que la "*remise gracieuse suite à un arrêt de débet est soumise à un avis conforme de la Cour des comptes*". La Cour des comptes "*émet un avis sur les rapports de performance*"[30] et doit juger les comptes de gestion à elle transmis dans un "*délai de cinq ans*". Au-delà, le comptable public "*est déchargé d'office de sa gestion*"[31] Les comptables principaux produisent leurs comptes de gestion et les transmettent à la Cour des comptes "*au plus tard le 30 juin de l'exercice suivant celui au titre duquel il est établi*"[32]. Tandis que la Cour des comptes de l'UEMOA peut suppléer, une Cour des comptes nationale inexistante ou défaillante[33]. La directive relative aux lois de finances, précise, enfin, les hypothèses de "*faute de gestion sanctionnable par la Cour des comptes*"[34]. Ces évocations sommaires, partielles et même elliptiques du rôle de la juridiction financière contrastent avec le caractère axial de sa fonction dans le contexte naissant de la gestion budgétaire axée sur les résultats.

Le Code de transparence dans la gestion des finances publiques au sein de l'UEMOA, commence par un acte de foi : "*l'argent public*

---

[28] Article 1er, Directive n°- 06/2009 précitée.

[29] Article 1er, Directive n°- 07/2009 précitée.

[30] Article 75, Directive n°- 06/2009 précitée.

[31] *Ibidem*, article 75.

[32] Article 97, Directive n°- 07/2009 précitée.

[33] Le texte parle de cas échéant sans précision. Article 85, Directive n°-07/2009 précitée.

[34] Article 80, Directive n°- 06/2009 précitée.

est au cœur de l'État de droit et de la démocratie"[35]. La Cour des comptes, quant à elle, assure le "*contrôle externe*" des "*finances publiques et des politiques qu'elles soutiennent*"[36] en "*toute indépendance du pouvoir exécutif*"[37]. Le Traité institutif de l'UEMOA ajoute que les Cours des comptes nationales ont pour mission de garantir la "*fiabilité*"[38] des agrégats financiers qui nourrissent les critères de convergence de l'Union.

Au total, la juridiction financière est au cœur du dispositif de contrôle, de fiabilisation et d'information sur les finances, c'est-à-dire sur "*l'argument des arguments*"[39], sur un des leviers de la modernisation de l'État en Afrique. Elle mérite bien une directive portant Code harmonisé des juridictions financières. En effet, dans les États membres de l'UEMOA, des questions essentielles font encore l'objet de législations divergentes selon les pays. Il en est ainsi de la reconnaissance de la spécificité du magistrat financier, du point de vue de son profil académique comme du point de vue de la structuration de son corps de métier à travers la création d'un Conseil supérieur de la magistrature financière. On peut aussi relever la codification hétéroclite des chefs d'inculpation en matière de gestion de deniers publics. La disparité des dispositions législatives fait de certains faits et actes des infractions au droit des finances publiques au Sénégal mais pas au Niger ou au Burkina-Faso et inversement. Ce qui est punissable dans un État ne l'est pas forcément dans un autre et l'harmonisation jurisprudentielle est incertaine voire impossible dans un espace juridique censé être régi par un cadre harmonisé de finances publiques ! Enfin, certains mécanismes processuels ou d'attribution de compétence exorbitante méritent une solution communautaire qui mette en exergue les valeurs d'indépendance et de professionnalisme dont le droit communautaire crédite la juridiction financière : d'abord le recours en cassation des arrêts de la Cour des comptes devant le juge administratif suprême (exemple sénégalais mais contre-exemple du Niger et du Burkina-Faso), ensuite la remise gracieuse des débets et des amendes prononcés par arrêt du juge des finances publiques[40].

---

[35] Préambule de la Directive n° 01/2009/CM/UEMOA portant code de transparence dans la gestion des finances publiques au sein de l'UEMOA.

[36] Annexe, point 5.6, Directive n° 01/2009 précitée.

[38] Article 68, Traité de l'UEMOA.

[39] M. R. MONTECUCCULI cité par J.-Cl. DUCROS, *Sociologie financière*, PUF, Paris, 1983, p. 444.

[40] Article 84, Directive n°- 06/2009 précitée.

Certes, on ne peut légitimement déléguer à une instance communautaire le pouvoir de fixer les termes de l'organisation et des missions d'un organe constitutionnel, en l'occurrence la juridiction financière. Ce à quoi on peut objecter qu'il s'agit moins de brider une compétence constitutionnelle que de fixer les règles *a minima* s'agissant des attributions et du mode d'exercice des missions dévolues aux Cours des comptes nationaux dans les États membres de l'UEMOA. Et si l'on redoute des chevauchements de règles, ces chevauchements existent déjà en matière de régime juridique des lois de finances entre les textes constitutionnels nationaux et les Directives portant cadre harmonisé des finances publiques. L'apocalypse normative n'est pas pour autant au rendez-vous !

L'édifice du cadre harmonisé des finances publiques gagnerait à être parachevé par un dispositif normatif communautaire de sanctions, d'informations du citoyen, de fiabilisation des agrégats macro-financiers. Ce sera un premier pas vers l'harmonisation des méthodes et techniques.

B. Du normatif au méthodologique : le niveau 2 de l'harmonisation

Le cadre harmonisé des finances publiques est un ensemble de documents orientés principalement vers la normativité juridique et comptable. Le plan comptable de l'État, la comptabilité publique, le TOFE, les lois de finances et la nomenclature budgétaire tracent les deux berges du long fleuve du droit et des techniques de finances publiques, tels que les États en feront la réception en droits nationaux. La mission d'harmonisation de l'UEMOA aurait pu trouver son épilogue et son accomplissement dans les six directives du cadre harmonisé des finances publiques si, depuis juin 2009, l'option n'était faite de se conformer aux orientations internationales initiées et impulsées par l'Organisation pour la Coopération et le Développement Economique (OCDE)[41] : la gestion axée sur les résultats. Le Bénin y fait ses premiers pas depuis 2005, avec l'adoption du cadre de réforme de la gestion budgétaire axée sur les résultats. La réforme opère la mutation du "*mode de gestion budgétaire d'une logique de moyens à une logique d'objectifs et de résultats*"[42]. Le programme budgétaire dans sa conception comme dans sa mise en œuvre "*responsabilise*

---

[41] OCDE, *La budgétisation axée sur la performance*, Paris, OCDE, 2007.

[42] Décret n° 2005-789 du 29 décembre 2005 portant approbation du cadre de réforme de la gestion budgétaire axée sur les résultats (Car- GBAR).

davantage les ministères"[43] et par-delà les gestionnaires de programme. La responsabilisation de ceux-ci emporte comme conséquence logique l'allègement des contrôles *a priori* traditionnellement exercés sur les dépenses publiques[44]. Le glissement vers l'approche managériale des finances publiques a pour conséquence le recours aux outils et techniques de management, d'économétrie, d'analyse des systèmes et de coût-bénéfice, de recherche économique opérationnelle, etc. La budgétisation par programme est, en elle-même, une grande consommatrice d'outils de gestion et même d'informatique de gestion les plus divers : conception de l'architecture-type des programmes, élaboration et méthode d'administration des actions au sein d'un programme, méthodologie d'élaboration de la comptabilité patrimoniale d'une personne publique comme l'État, outils et portée de la mesure de performance des programmes[45].

Au regard de l'importance du chantier de refondation de la gestion financière publique en mode axé sur les résultats, le cadre harmonisé de juin 2009 paraît bien n'être que le premier linéament d'une réforme d'envergure. La mise en œuvre passe d'abord par le cadre juridique national en termes de transposition dans les droits positifs des États[46]. Elle passe ensuite par le travail de conception et de création managériales qui ont pris cinq années à la LOLF française (2001-2006) pour entrer en vigueur. Enfin, commencera le travail itératif d'adéquation entre les ressources humaines disponibles et les compétences et aptitudes fonctionnelles découlant de l'entrée du régime de gestion budgétaire axée sur les résultats. Une œuvre en trois temps, une œuvre de grande ampleur qui servira de levier à la réforme et à la modernisation de l'État en Afrique. Par sa dimension et en raison de cette dimension, l'opérationnalisation du cadre harmonisé des finances publiques ne peut qu'échapper à toute démarche solitaire des huit pays membres de l'UEMOA. La conjonction des efforts et la mutualisation

[43] *Ibidem.*

[44] *Ibidem.*

[45] Par exemple, en France, après l'entrée en vigueur de la LOLF de 2001, le cabinet *Cap Gemini Ernst & Young* appuie le volet comptabilité publique, l'agence *Publicis* suit les aspects communication de la réforme, le cabinet *Boston Consulting Group* assiste la conduite globale de la réforme et le cabinet *Accenture* ensemble avec les entreprises *IBM* et *PeopleSoft* collaborent au système d'information ACCORD. (Sénat, n° 388, *Rapport d'information sur l'état d'avancement de la mise en œuvre de la loi organique du 1er août 2001 relative aux lois de finances,* juillet 2003, p. 15).

[46] La Commission a d'ailleurs élaboré un calendrier indicatif de transposition des directives dans les États membres.

des moyens paraissent les voies les mieux indiquées ; ceci pour plusieurs raisons.

Primo, les outils et techniques de mise en œuvre de la budgétisation par programme ont une forte valeur ajoutée en savoirs et savoir-faire et donc en coûts financiers induits. Les économies faibles ou fragilisées de l'espace UEMOA auraient sûrement beaucoup de mal à en supporter les charges financières. Et c'est en raison de cela que Michel BOUVIER invitait fort opportunément à penser les finances des pays en développement "*au plus près des réalités qui sont les leurs*"[27] [48]. En d'autres termes, il faut penser l'ingénierie financière ouest-africaine en mode de technologie approprié. Cela devrait se traduire concrètement par la mise en balance des pratiques universellement admises et du contexte humain, économique et financier des États engagés dans le cadre harmonisé pour trouver le point d'équilibre qui prend en compte les finalités de la gestion budgétaire axée sur les résultats d'une part et d'autre part les contraintes multiformes que vivent les États au quotidien. Le dénombrement et la valorisation de l'actif matériel et immatériel de l'État (comptabilité patrimoniale) ou encore l'évaluation orthodoxe des actions inscrites dans les programmes budgétaires par le renseignement des indicateurs (et quels indicateurs ?), pour ne citer que ces deux rubriques, sont des activités qui ne sont ni financièrement soutenables dans la durée (financement sur recettes permanentes) ni humainement durables. La leçon qu'on tire de l'expérience des cellules de suivi-évaluation des budgets de programmes au Bénin est qu'elles sont des unités contre-performances, paralysées qu'elles sont par la rareté des ressources humaines et par l'insuffisance des moyens de fonctionnement[49]. Face à la gestion de la pénurie, la conjonction des

[48] M. BOUVIER, « Nouvelle gouvernance financière publique durable et conduite de la réforme budgétaire dans les pays en développement » *in Revue Française de Finances publiques* n° 98/2007 p. 159.

[49] S.K. LOUSSIN, *Contribution à l'amélioration des performances dans la gestion du budget programme au ministère de la communication et des technologies de l'information et de la communication,* mémoire de fin de formation, École nationale d'administration et de magistrature, Cotonou, août 2008 ; E.M. DANNOUDO, *Les budgets de programmes au Bénin : l'expérience du ministère de l'environnement, de l'habitat et de l'urbanisme*, mémoire de fin de formation, École nationale d'administration et de magistrature, Cotonou, 2004 ; J. TONOUKOUEN, *Contribution à l'amélioration du système de suivi-évaluation du budget-programme au ministère de l'économie et des finances*, mémoire de fin de formation, École nationale d'administration et de magistrature, Cotonou, janvier 2008 ; B. H. AHOWESSO, *Contribution à l'amélioration de la mise en œuvre du budget-programme au Bénin : cas du*

efforts au niveau communautaire devient une issue de sortie de la quadrature du cercle ; surtout lorsque l'on veut être imaginatif et assurer une congruence entre l'outil et le contexte en vue de garantir la pérennité de la démarche.

Secundo, les espaces d'échanges ont été rares entre les pays qui se sont inscrits dans l'élaboration des budgets de programmes depuis les années 1998-1999. Le Mali, le Burkina-Faso et le Bénin ont fait l'exercice des programmes budgétaires sans au préalable s'en donner une base juridique par modification de leurs lois organiques relatives aux lois de finances. La naissance en 2009 du cadre harmonisé des finances publiques crée une dynamique d'harmonisation du référentiel législatif de la budgétisation par programme. Devrait logiquement s'en suivre, le cadre méthodologique harmonisé qui permettra la comparabilité des agrégats au sein de l'espace UEMOA. De la multiplicité des assistances techniques (américaine, canadienne, belge, française, etc.) aux pays ouest-africains francophones a résulté une multiplicité de méthodes dans l'élaboration, le suivi et l'évaluation des budgets de programmes. La fédéralisation des techniques autorisera le développement d'une culture communautaire estampillée UEMOA dans la gestion budgétaire axée sur les résultats. Cette culture communautaire sera le levain de la fiabilité et la comparabilité des budgets de programmes des États membres

CONCLUSION

Les pays membres de l'UEMOA et à travers eux, l'ensemble de l'Afrique vit cette ère nouvelle qu'on dit être celle de la revitalisation des institutions de contrôle externe des finances publiques. Phénomène concomitant du renouveau démocratique perceptible dans les États, la reddition des comptes participe de l'efficacité de l'État et contribue à l'atteinte des objectifs de développement. En d'autres termes, la démocratie politique devra s'accompagner d'une démocratie économique et surtout d'une démocratie financière. Celle-ci s'entend de l'optimisation des ressources financières publiques par une affectation aux buts d'intérêt général qui sont ceux des personnes publiques, sous le contrôle et la sanction de la juridiction financière.

---

ministère de la communication et des technologies de l'information et de la communication, mémoire de fin de formation, École nationale d'administration et de magistrature, Cotonou, 2009.

RÉFLEXION SUR L'AUTORITÉ DE LA CHOSE JUGÉE AU FINANCIER1

INTRODUCTION

Les Latins la désignaient sous un aphorisme peu évocateur. C'était le *res judicata pro veritate habetur*[2]. L'autorité de la chose jugée s'est hissée, au fil des ans, au rang de *"source de la légalité"*[3] et même de principe de valeur constitutionnelle selon la jurisprudence constitutionnelle du Bénin[4].

L'autorité de la chose jugée figure *expressis verbis* dans les Codes civils des États africains francophones d'Afrique de l'Ouest, héritiers du droit français et du Code napoléon de 1804. La formule de l'article 1351 du Code civil français, selon laquelle "*l'autorité de la chose jugée n'a lieu qu'à l'égard de ce qui a fait l'objet du jugement*", est aussi une formulation du droit positif ouest-africain francophone.

L'autorité de la chose jugée se fonde également sur certaines dispositions législatives ou constitutionnelles qui régissent le contentieux administratif ou la valeur des décisions prises par les juridictions constitutionnelles. Ainsi, l'article 124 de la constitution du Bénin dispose : "*Les décisions de la Cour constitutionnelle (...) s'imposent aux pouvoirs publics et à toutes les autorités civiles, militaires et juridictionnelles*". De rédaction similaire ou identique, les textes constitutionnels du Togo (art. 106), du Mali (art. 94) ou du Cameroun (art. 50) fondent le principe de l'autorité de la chose jugée.

En droit positif béninois, la loi organique sur la Cour constitutionnelle édicte que ses décisions "*doivent (...) être exécutées avec la diligence*

---

[1] Publié dans N. MEDE, « Réflexions sur l'autorité de la chose jugée au financier en droit positif africain francophone », *in Mélanges en l'honneur de Jean-Pierre LASSALE Gabriel MONTAGNIER et Luc SAÏDJ : Figure lyonnaises des finances publiques,* Paris, L'Harmattan, 2012.

[2] La chose jugée est tenue pour vérité.

[3] M. LONG et ALII, *Grands arrêts de la jurisprudence administrative*, 16e édit. Paris, Dalloz, 2007, p.84.

[4] « ... en violation du principe de l'autorité de chose jugée consacré par l'article 124 de la constitution » (DCC 03-010 du 19 février 2003, *Président du Conseil économique et social*, Recueil 2003 p. 52).

nécessaire"[5]. Le Règlement intérieur de la Cour complète que "*lorsque la Cour constitutionnelle constate la non-conformité à la constitution d'une loi, d'une ordonnance ou d'un acte règlementaire, l'autorité concernée est appelée à se conformer à la situation juridique résultant de cette décision*"[6] (Art. 43). De cet état du droit, la Cour en tire la règle que ses décisions doivent recevoir une exécution diligente et qu'un délai de "*plus de deux ans est condamnable au titre de l'article 124 de la constitution*"[7]. L'inexécution des décisions peut même donner lieu à une injonction, la Cour intimant à l'autorité administrative de s'exécuter "*dans les meilleurs délais*"[8].

La certitude de l'existence d'une base légale et même constitutionnelle n'en règle pas pour autant et de façon unanime les questions relatives à la définition, à l'étendue et à la finalité de l'autorité de la chose jugée. Les débats doctrinaux[9] sont intenses et la production jurisprudentielle aussi. Un auteur a pu parler de notion fonctionnelle[10] pour rendre compte de l'adaptation de la règle aux mutations du service public de la justice.

La chose jugée est l'émanation d'une justice elle-même faillible. Elle ne saurait être tenue pour une vérité absolue. Se référant à LEIBNIZ, Jean-Pierre DINTILHAC confirme le postulat qu'il n'est de "*vérités que par nécessité et celles-ci sont donc, de ce fait, nécessairement contingentes*"[11]. La chose jugée a pour le juge, une valeur instrumentale.

---

[5] Article 34, loi 91-009 du 04 mars 1991 portant loi organique sur la Cour constitutionnelle, modifiée par la loi du 31 mars 2001.

[6] Article 43, Règlement intérieur de la Cour constitutionnelle du Bénin.

[7] Décision DCC03-146 du 30 octobre 2003, Paraïso PAULIN, Rec. 2003, p. 597.

[8] Décision DCC 07-039 du 23 mars 2007, Sé N'Bourou OUOROU BOUN et ALII.

[9] A. ANDRIOT-LEBOEUF, « Du principe de l'autorité de chose jugée au pénal sur le civil », *Revue de la recherche juridique, Droit prospectif*, 2000 n°3, p. 1205 ; P. HEBRAUD, *L'autorité de la chose jugée au criminel sur le civil,* Thèse, Sirey, 1929 ; J. NORMAND, « La chose jugée, l'étendue de la chose jugée au regard des motifs et du dispositif », *Bulletin d'information de la Cour de cassation*, hors série, n°3, p. 13 ; R. PERROT, « Chose jugée », *Revue Procédures*, n°3, 2009 p. 13 ; J-F. RENNUCI, « Le réexamen d'une décision de justice définitive dans l'intérêt des droits de l'homme », *Dalloz*, 2000, n°44, p. 655 ; J-H ROBERT, « L'autorité de la chose jugée au pénal sur le civil », *Revue Procédures*, août 2007, p. 42 ; D. TOMASIN, *Essai sur l'autorité de la chose jugée en matière civil*, Thèse, Toulouse, LGDJ, 1975 ; J-P DINTILHAC, « La vérite de la chose jugée », *Cour de cassation Rapport annuel*, 2004 ; N. FRICERO, « Le fabuleux destin de l'autorité de la chose jugée », *in Mélanges J-F Burgelin*, Paris, Dalloz, 2008.

[10] N. FRICERO, *op. cit.* p. 200.

[11] J-P DINTILHAC, *op. cit.*

Ainsi, et parce que le procès doit avoir un terme, "*le principe de l'autorité de la chose jugée est général et absolu et s'attache même aux décisions erronées*"[12]. Par son étendue, l'autorité de la chose jugée se recommande non seulement du dispositif mais également des motifs qui en "*constituent le soutien nécessaire*"[13]. Elle fait obstacle à ce qu'une partie puisse présenter une demande nouvelle sur un fondement juridique différent[14] ou engager une nouvelle action parce que de nouveaux éléments de preuve ont été découverts[15].

Sur le plan institutionnel, c'est-à-dire des relations entre juridictions, la maxime selon laquelle le criminel tient le civil en l'état[16] reste la règle, nonobstant l'émergence des juridictions communautaires qui créent un espace nouveau de coordination et d'arrimage jurisprudentiel. Que ce soit pour la Cour de justice et d'arbitrage de l'OHADA ou la Cour de justice de la Communauté économique des États de l'Afrique de l'ouest (CEDEAO), les arrêts ont force obligatoire puisqu'ils sont définitifs.

Ce bref panorama de la notion d'autorité de la chose jugée permet d'en apprécier la permanence par rapport aux différentes branches du droit, mais aussi sa volatilité dans le temps. Cependant, certaines constantes sont perceptibles et rendent compte de l'unité dynamique de la notion. Guillaume DELVOLVÉ en fait une synthèse en trois temps : "*ce qui a été jugé ne peut être de nouveau, ce qui a été jugé ne peut être contredit, ce qui a été jugé doit être exécuté*"[17]. Cette triple assertion

---

[12] 3e Civ. 4 mars 1998, pourvoi n°96 11-399, *Bull.* n° 158.

[13] Conseil const. français, Décision 62-18 L, du 16 janv. 1962. *Rec.* 31 ; CE 28 décembre 2001, Syndicat CNT des PTE de Paris, *Rec.* 673. En sens contraire, la Cour de cassation française estime que les "motifs d'une décision, constituent-ils le soutien du dispositif, n'ont pas l'autorité de la chose jugée (2e Civ. 12 février 2004, *Bull.* n°56). Solution conforme à la rédaction des articles 480 et 482 du nouveau Code de procédure civile en France.

[14] Cour constitutionnelle du Bénin DCC
2e Civ. 4 mars 2004, Bull. n°84.

[15] 2e Civ. 10 décembre 1998, Bull. n°235.

[16] Art. 4 alinéa 2, Code de procédure pénale français ; Art. 5, Code de procédure pénale du Bénin Ordonnance n°25 PR/MJL du 07 août 1967) ; Cette règle posée depuis l'arrêt Quertier rendu par la chambre civile de la Cour de cassation française le 7 mars 1855 est aujourd'hui partiellement remis la cause par la loi du 10 juillet 2000 relative à la responsabilité au titre des délits non intentionnels en France. Pour une application jurisprudentielle, voir 2e Civ. 13 septembre 2003, *Bull.* n°263.

[17] G. DELVOLVÉ, *Encyclopédie juridique Dalloz, répertoire de contentieux adm.*, tome 1, V[e] *chose jugée*, mise à jour avril 2008.

permet d'assurer la stabilité des situations juridiques établies et de rencontrer un objectif d'économie procédurale.

Rapportée à la juridiction financière, la notion d'autorité de la chose jugée suscite un double intérêt : d'abord sur le plan constitutionnel avec le renouveau des Cours des comptes dans les pays membres de l'Union économique et monétaire ouest-africain (UEMOA)[18]. Cette renaissance et ce regain d'intérêt s'expliquent par l'engagement commun des États à garantir au moyen d'une justice financière autonome, la régularité et la fiabilité des opérations financières des personnes publiques. La nouvelle génération de Cour des comptes est chose effective dans les pays membres et chacun a enrichi son paysage institutionnel d'une juridiction financière appelée Cour des comptes. La Haute juridiction financière vient s'agréger à un univers juridictionnel où cohabitent Cour (ou Conseil) constitutionnel et Cour suprême. Ce qui, sur un plan processuel, pose la question des rapports entre les ordres juridictionnels et plus particulièrement les rapports entre le juge administratif et le juge financier.

La justice financière a connu les mêmes vicissitudes historiques que la justice administrative en France. "*À la fortune des contextes de l'histoire*"[19] elle passe graduellement et avec des chocs en retour, de la justice retenue à la justice déléguée au profit de la Cour des comptes[20]. Cette évolution n'emporte pas pour autant l'exercice par la Cour des comptes de la plénitude de son pouvoir d'appréciation et de décision. La Cour des comptes subit une sorte de souveraineté limitée. Pour le Doyen VEDEL, parler d'un ordre juridictionnel financier ne peut qu'être un abus de langage. La Cour des comptes ressortit à l'ordre juridictionnel administratif[21] ce qui fonde et légitime le recours en cassation des décisions de la Cour des comptes devant le Conseil d'État français. La justice financière se présente comme une justice croupion et une part non négligeable de la jurisprudence produite en cette matière est étrangement l'œuvre du juge administratif[22].

---

[18] Article 68, Traité de l'UEMOA, les États membres ont l'obligation d'instituer une Cour des comptes nationale.

[19] G. VEDEL, « La loi des 16-24 août 1790 : Texte ? Prétexte ? Contexte ? » *Revue Française de Droit Administratif*, 1990 p. 711.

[20] J. MAGNET, *La Cour des comptes*, Paris, Berger-Levrault, 5e édit. 2001, pp. 36 à 39.

[21] G. VEDEL, *Droit administratif*, Paris, PUF, 1973.

[22] F. J FABRE, *Les grands arrêts de la jurisprudence financière*, Paris, Dalloz, 4e édit. 1996. Voir l'index des arrêts, pages 519 à 533.

Les textes fondateurs du droit financier en Afrique de l'Ouest francophone reprennent ce mécanisme du droit français par la tutelle que le juge administratif exerce sur la juridiction financière au moyen du recours en cassation. De sorte qu'il n'existe pas, à proprement parler, une autorité de la chose jugée au financier mais plutôt une autorité de la chose jugée administrative appliquée au droit financier. Or, le texte, le contexte et le prétexte de cet ordre des choses est aujourd'hui historiquement suranné et logiquement aporétique pour une double raison : d'abord la déconcentration de la juridiction financière crée, ici en Afrique et ailleurs, la gradation hiérarchique utile à la consolidation d'un ordre juridictionnel autonome : un premier échelon de jugement au niveau local, puis un échelon central, national qui s'arroge les fonctions d'appel et de cassation. Le droit positif béninois connaît, au sein des cours d'appel, les chambres des comptes faisant office de juge financier de premier degré depuis la loi n° 2004-20 du 17 août 2007 portant règles de procédures applicables devant les formations juridictionnelles de la Cour suprême. Ensuite, l'adoption du cadre harmonisé des finances publiques de l'Union économique et monétaire ouest-africaine en mars 2009, crée une dynamique nouvelle qui ancre résolument l'épistémologie de la science financière dans un espace fondamentalement étranger au droit administratif général. La légalité financière s'autonomise et s'enrichit des notions de performance et de résultat. L'idée réductrice d'une juridiction financière, appendice de la juridiction administrative et du contentieux administratif ne correspond plus ni aux enjeux du contentieux financier nouveau, ni à la polyvalence des fonctions de la juridiction financière aujourd'hui.

Si la méthodologie finaliste consiste à focaliser un but et à construire une logique juridique en fonction d'un précepte téléologique, on pourra dire qu'elle est ici tout à fait pertinente pour orienter la recherche vers l'élaboration d'un espace juridictionnel financier autonome, c'est-à-dire, l'éclosion d'une véritable autorité de la chose jugée au financier en lieu et place de l'autorité de chose jugée administrative appliquée au droit financier.

Cette autorité de la chose jugée a été et reste malmenée aussi bien par la juridiction administrative que le pouvoir exécutif. Il convient de démonter les mécanismes de ce bridage et qui suggèrent un nécessaire réforme (I). Cette revue de *lege lata* clarifiera des données de la question et permettra de construire, de *lege ferenda*, le cadre d'une autorité restaurée de la chose jugée au financier, pour tenir compte des impératifs nouveaux de la gouvernance financière en Afrique de l'Ouest francophone. (II)

I. L'AUTORITÉ DE LA CHOSE JUGÉE AU FINANCIER : LA NÉCESSAIRE RÉFORME

"*Juridiction introuvable*" ?[23] La question a été posée au sujet de la Cour des comptes française au cours de la décennie 1990, au regard de certains aspects de la procédure, notamment sur le respect des implications du *due process of law* en ce qu'il exige le respect du contradictoire. La juridiction financière suscite aussi des interrogations au regard de la double emprise qu'exercent la juridiction administrative (A) et le pouvoir exécutif sur la Cour des comptes (B).

A. L'emprise de la juridiction administrative

C'est le second ordre juridictionnel en droit positif et la marque distinctive française en matière d'organisation juridictionnelle. Fruit de l'histoire particulière et du contexte particulier de la révolution française, la dualité de juridiction, qui légitime la juridiction administrative[24], est aujourd'hui partagée par les États ouest-africains francophones ; lesquels organisent, à l'instar de l'exemple français, une voie de recours extraordinaire contre les arrêts de la Cour des comptes : le pourvoi en cassation devant le Conseil d'État[25].

1°) Le précédent français

La censure exercée sur les arrêts de la Cour des comptes est congénitale à cette juridiction. La loi du 16 septembre 1807 qui créa la Cour prévoyait en son article 17 que des pourvois pouvaient être formés devant le Conseil d'État pour violation des formes ou de la loi[26]. L'idée

---

[23] N. BAVEREZ, *La Cour des comptes : juridiction introuvable ?* Dalloz, 1990 chr. p. 173.

[24] B. EVEN, « Des conseils de préfecture aux tribunaux administratifs », *Revue Française de Droit Administratif,* mai-juin 2004, p. 475.

[25] J. MAGNET, *La Cour des comptes, les institutions associées et les chambres régionales des comptes*, Paris, Berger-Levrault, 2001 ; Ch. DESCHEEMAEKER, *La Cour des comptes,* Paris, La Documentation Française, 1998 ; G. DUCHER, *La Cour des comptes, juge d'appel*, Paris, Berger-Levrault, 1994 ; R. PELLET, *La Cour des comptes*, Paris, La Découverte 1998; J. RAYNAUD, La *Cour des comptes,* Paris, PUF, coll. "Que sais-je ?", 1998.

[26] « Les arrêts de la Cour contre les comptables sont exécutoires ; et dans le cas où le comptable se croirait fondé à attaquer un arrêt pour violation des formes ou de la loi, il se pourvoira, dans les trois mois pour tout délai, à compter de la notification de l'arrêt, au Conseil d'État, conformément au règlement sur le contentieux. Le ministre

d'un recours devant le Conseil d'État, à une époque où la justice était retenue pour la Haute juridiction administrative, a paru attentatoire au principe de séparation des pouvoirs.

Au cours de la première moitié du 19e siècle, la constitution de 1848 s'efforce, dès lors, de rétablir les grands principes républicains en orientant le recours en cassation contre les arrêts de la Cour des comptes, cette fois devant le Tribunal des conflits, juridiction hybride[27]. De 1852 à 1872, une période transitoire et presque probatoire s'instaure. Elle va perdurer jusqu'aujourd'hui. En effet, le décret du 25 janvier 1852 supprime le Tribunal des conflits, ce qui, sur le plan juridictionnel, rétablit la compétence du Conseil d'État sur les pourvois en cassation formés contre les arrêts de la Cour des comptes. La restauration du Tribunal des conflits par la loi du 24 mai 1872, ne mentionne aucune compétence financière au profit de celui-ci, notamment en matière de cassation des arrêts de la Cour des comptes. Le provisoire se fait durable et la compétence financière du Conseil d'État s'établit dans le temps. Elle est confirmée successivement par la loi n°67-483 du 22 juin 1967 relative à la Cour des comptes[28] et par la loi n° 94-1040 du 2 décembre 1994 portant Code des juridictions financières[29].

Cet état du droit révèle "*un rapport de subordination entre la Cour des comptes et le Conseil d'État*"[30]. Certains auteurs ont d'ailleurs assimilé la Cour des comptes à une juridiction administrative spéciale[31] avant que le Conseil constitutionnel, dans ses décisions du 18 juillet

---

des finances et tout autre ministre pour ce qui concerne son département pourront faire dans le même délai, leur rapport à l'Empereur et lui proposer le renvoi au Conseil d'État de leur demande en cassation des arrêtés qu'ils croiront devoir être cassés pour violation des formes ou de la loi ».

27 « Les recours pour incompétence et excès de pouvoir contre les arrêts de la Cour des comptes seront portés devant la juridiction des conflits » (Art. 90).

28 Et son décret d'application n°68-827 du 20 septembre 1968.

29 Les dispositions de nature organique ont fait l'objet de la loi organique n°94-1132 du 27 décembre 1994. Celles de nature réglementaire ont été adoptées par les décrets n°2000-337 et n°2000-338 du 14 avril 2000.

30 J-C CABANNE, « Le recours en cassation contre les arrêts de la Cour des comptes », *La Revue du Trésor*, 1979, p. 259.

31 G. VEDEL, *Droit administratif*, Paris, PUF, 1973. L'auteur désigne sous le terme générique de juge administratif le Conseil d'État et la Cour des comptes (pp. 481-482). Voir aussi A. de LAUBADÈRE *Traité de droit administratif*, Paris, LGDJ, 1973, tome 1, p. 466 ; De même M. WALINE, *Droit administratif*, Paris, Sirey, 1963, p. 155.

1961[32] et surtout celle du 20 juillet 1977[33], n'apporte une clarification qui conforte, par déduction, l'idée que la Cour des comptes est un ordre de juridiction au sens de l'article 34 de la Constitution française.

Sur un plan opérationnel, on ne peut honnêtement parler des rapports entre la Cour des comptes et le Conseil d'État français comme révélant une "*tutelle véritablement étouffante*"[34]. Gilbert ORSONI note qu'entre 1807 et l'année 2000, il y eut en tout 57 recours en cassation dont 19 annulations[35]. Les statistiques les plus récentes montrent que le contentieux relatif à la comptabilité publique a connu 12 et 22 décisions rendues par le Conseil d'État, sur un total de 9.929 et 10.270 respectivement pour les années 2007 et 2008.[36] Au cours de la même période, la production de la Cour des comptes a été de 347 arrêts en 2007, de 390 en 2008 et de 147 en 2009[37]. L'éloquence de ces chiffres exprime *a priori* une qualité plutôt sereine des rapports inter-juridictionnels. On en déduit que la Cour des comptes "*semble jouir d'une présomption quasi irréfragable de confiance*"[38]. La qualité des relations entre les deux Hautes juridictions est marquée au sceau de la communauté de culture et de formation servie par l'École Nationale d'Administration de France. Car les deux cours sont alimentées en

---

[32] Décisions 61-14 L, « Organisation judiciaire » et 61-15 L, « IHEOM » du 18 juillet 1961, *Rec*,, p. 38. Commentant ces décisions, Marcel WALINE écrit que « l'ordre de juridiction se définit comme une catégorie de juridiction composée selon un même type et chargée d'une même compétence matérielle » (*RDP*, 1962, p. 739).

[33] Décision n° 77-99 L du 20 juillet 1977, Nature juridique de dispositions contenues dans divers textes relatifs à la Cour de cassation, à l'organisation judiciaire et aux juridictions pour enfants (Rec. p. 63-Journal officiel du 23 juillet 1977). « Considérant que la Cour de cassation qui, seule, a pour mission de juger les pourvois contre les décisions rendues en dernier ressort, constitue un ordre de juridiction au sens de l'article 34 de la constitution ». En vertu de cette jurisprudence, une Haute juridiction comme la Cour des comptes est en droit de revendiquer la qualité d'ordre juridictionnel. Cette décision prend cependant à contre-pied l'avis de M. MOREAU qui considère qu'un ordre juridictionnel pris dans son acception technique implique traditionnellement une hiérarchie complète de tribunaux soumis au contrôle d'une Cour suprême (cité par L. FAVOREU et ALII, *Les grandes décisions du conseil constitutionnel*, 12e édit. Paris, Dalloz, 2003, p. 135).

[34] G. ORSONI, « Le Conseil d'État, juge de cassation des décisions de la Cour des comptes », *Revue Française de Finances publiques*, n°70/2000, p. 164.

[35] *Ibidem*, p. 123.

[36] Conseil d'État (français), *Rapport public* 2009, p. 24.

[37] Cour des comptes (française), *Rapport public annuel* 2010, p. 659.

[38] J-C CABANNE, art. précit. p. 195.

personnel par les meilleurs élèves sortis de l'École de la rue Sainte Marguerite à Strasbourg.

Cependant, et selon la bonne loi de Parkinson, la défense de son périmètre de pouvoir (et son extension éventuelle) est le réflexe premier de toute administration publique. L'une et l'autre des deux juridictions ont manifesté, par le passé, des comportements qui dénotent de la rémanence de "*rapports de nature conflictuelle*"[39] entre elles. Le premier choc frontal a lieu à l'occasion de l'examen du contentieux portant sur l'affaire *"Botta*" dont les faits, la procédure et les verdicts ont été longuement analysés et commentés en doctrine[40]. Cet arrêt met en évidence une certaine frilosité qui se traduit par une rébellion ouverte de la Cour des comptes contre une décision du juge administratif suprême qui ose casser son arrêt. L'affaire révèle aussi la farouche volonté de Conseil d'État de rester l'autorité suprême en matière d'interprétation de la loi, conformément aux termes de l'article 17 de la loi française de 1807. Le commissaire du gouvernement ROMIEU écrit dans ses conclusions sur l'affaire BOTTA : "*La Cour (des comptes) est placée sous l'autorité souveraine du Conseil d'État statuant au contentieux pour l'interprétation de la loi (...) et est tenue de faire application de la décision du Conseil au jugement de l'affaire à l'occasion de laquelle les questions de légalité ont été définitivement résolues par le Conseil*".[41]

La cause est entendue, pourrait-on dire, si l'affaire du Crédit municipal de Bayonne ne venait offrir, à nouveau, l'occasion aux deux Hautes juridictions de se démarquer, cette fois-ci, sur le mode de la tragi-comédie. Dans l'arrêt querellé, il est fait grief à la Cour de n'avoir pas pris en compte les déclarations rectificatives jointes par le directeur du crédit municipal de Bayonne aux comptes de son caissier. Lesdites déclarations rectificatives sont censées, selon la Haute juridiction administrative, avoir modifié la ligne de compte soumise au jugement de la Cour des comptes et c'est logiquement à tort que celle-ci prend une décision en occultant l'auto-ajustement des chiffres opérées par le justiciable. La Cour acquiesce, reprend sa décision dans le sens indiqué par le Conseil d'État, mais s'offre aussi l'occasion d'asséner à de présumés esprits inexperts, une audacieuse leçon de science financière.

---

[39] J-C CABANNE, art. précit. p. 259.

[40] F. FABRE, *Les grandes arrêts de la jurisprudence financière*, Paris Sirey, 4e éd. 1996, p. 460.

[41] CE, 8 juill. 1904, *Botta*, Rec. p. 557, concl. ROMIEU.

Dans les motifs de l'arrêt, la Cour affirme "... *qu'admettre que les (déclarations rectificatives) ont un caractère obligatoire aboutirait à permettre à l'administration de modifier les comptes, ce qui serait contraire au principe de la séparation des fonctions d'administrateur et de comptable*", un principe bien établi en droit public financier. La Cour conclut en une phrase qui insinue l'amateurisme des juges de la Haute juridiction administrative : elle affirme "*que, prétendre par ailleurs (qu'elle) est tenue de se conformer à ces déclarations équivaudrait à substituer l'administration à la juridiction financière par l'apurement des comptes, ce qui constituerait une violation du principe de la séparation des pouvoirs*"[42], principe à valeur constitutionnelle ! La cassation a produit ses effets de droit. Le juge de renvoi, en l'occurrence, la Cour des comptes, s'est inclinée devant le juge de cassation. Ce qui n'a guère dispensé Jacques MAGNET d'ironiser sur cette formulation de l'arrêt *Tissier,* en relevant que pour assumer l'application des règles de la comptabilité publique, on recourt "*du mieux informé au moins informé*".[43]

En définitive, la légalité est sauve, cependant que la légitimité de ce mécanisme processuel et institutionnel est mise en doute. Il sera pourtant adopté par les pays ouest-africains francophones.

2°) Les répliques ouest-africaines francophones

Le mot réplique est une formulation bien allégorique qui rend compte de l'état du droit financier dans les pays de l'Afrique de l'Ouest francophone en mettant l'accent sur le lien de connexité qui existe entre ce droit et le droit français. La première dérive du second, comme en tectonique des plaques, les répliques reproduisent, à une échelle mineure et dans le temps, le tremblement de terre.

Le droit communautaire de l'UEMOA ne comporte aucune indication sur la question. La Cour des comptes de l'UEMOA n'est pas une juridiction. Selon les textes, elle "*assure le contrôle de l'ensemble des comptes des organes de l'Union*"[44]. Malgré sa dénomination, la Cour n'a pas et n'exerce pas l'office d'un juge. Ses attributions s'apparentent à celles des institutions supérieures de contrôle des finances publiques des pays anglo-saxons. Par contre, les directives du

---

[42] C.C. 18 juin 1947, *Sieur Tissier*, *Rec.* p. 44 ; commentaire de F.J. Fabre, *Grands arrêts de la jurisprudence financière*, Paris, 1ère édit. 1966, Sirey, pp. 127 et suiv.

[43] J. MAGNET, *La comptabilité publique*, Paris, Berger-Levrault, 1971, 2e édit. pp. 206-207.

[44] Article 23, Protocole additionnel n°1 relatif aux organes de contrôle de l'UEMOA.

nouveau cadre harmonisé des finances publiques (2009) reconnaissent une fonction juridictionnelle aux Cours des comptes nationales. Celles-ci jugent "*juge les comptes des comptables publics*"[45] et sanctionnent les "f*autes de gestion*"[46]. Aucune indication n'est donnée sur les règles de procédure ni sur les voies de recours à la disposition des justiciables que sont les comptables et les ordonnateurs. On ne peut donc donner une légitimité communautaire aux mécanismes nationaux de recours en cassation contre les arrêts des juridictions financières suprêmes.

Le droit sénégalais est le plus explicite en matière d'aménagement de ce mécanisme de cassation. Les arrêts définitifs rendus par la juridiction financière sont susceptibles de recours. Aux termes de l'article 33 de la loi organique sur la Cour des comptes, "*les voies de recours admises contre les arrêts définitifs sont la révision devant la Cour des comptes et la cassation devant le Conseil d'État*"[47]. En écho à cet état du droit, la loi organique portant organisation et fonctionnement de la Cour des comptes au Togo dispose aussi que les justiciables de la juridiction financière ainsi que les ministres, les représentants des collectivités territoriales et autres organismes publics "*peuvent demander à la Cour suprême la cassation des arrêts définitifs rendus par la Cour (des comptes) pour vice de forme, incompétence et violation de la loi*"[48]. Le recours est ouvert non seulement au comptable ou à l'agent public concerné par l'arrêt de la Cour des comptes mais aussi à ses chefs hiérarchiques que sont les ministres et les chefs des administrations locales décentralisées. L'intérêt à agir de ceux-ci s'analyse comme une défense de la loi, dans ce qu'elle prescrit comme forme et comme fond en matière de gestions des finances publiques. Ce qu'un administrateur sénégalais appelle le "*procès à un procès*"[49] est ainsi largement ouvert en termes de conditions de recevabilité des recours.

Plus réservé, le droit nigérien admet les voies de recours que sont la révision et la cassation. Le recours en cassation est recevable contre les

[45] Article 97, Directive n° 07/2009 portant Règlement général sur la comptabilité publique ; article 75, Directive n° 06/2009 portant lois de finances.
[46] Article 77, Directive n° 06/2009 portant lois de finances.
[47] Article 33, Loi organique n°99-70 précitée.
[48] Article 87, Loi organique n°98-014 du 10 juillet 1998 portant organisation et fonctionnement de la Cour des comptes (Journal officiel de la République togolaise, n°20 du 13 juillet 1998).
[49] M. MOUSTAPHA BA, « La reddition et le contrôle juridictionnel des comptes de gestion de l'État et des collectivités locales », *Mémoire de fin de formation, École Nationale d'Administration*, Dakar, 2003, p. 26.

"*arrêts définitifs de la Cour*"[50] *des comptes et porté "devant les chambres réunies*"[51]. Solution similaire à celle du Burkina Faso où la cassation des arrêts de la Haute juridiction financière est recevable lorsque les motifs portent sur le vice de forme, l'incompétence ou la violation[52]. Le recours est introduit devant la Cour des comptes et jugé par une formation spéciale composée du "*premier Président (et) de deux membres de chacune des autres chambres*"[53].

Le mécanisme des voies de recours traduit en lui-même un malaise du législateur ouest-africain francophone. En effet, on perçoit de façon subliminale, une certaine propension à rester fidèle au doit positif français tout en marquant des signes de rupture. Le recours en révision est un recours de bon sens. La loi burkinabé la conçoit pour les cas d'"*erreur, omission, faux ou double emploi*"[54], ce que la justice constitutionnelle béninoise appelle *l'"erreur matérielle",* un état de fait qui est contraire à la réalité et que la Cour définit comme "*une simple erreur de plume ou de dactylographie, d'orthographe d'un nom, de terminologie ou d'une omission dans la décision*"[55]. La comptabilité publique et la gestion financière ne sont pas des sciences qu'on pourrait rattacher, à bon droit, aux types de savoirs que les milieux académiques appellent les humanités. Elles ont un rapport au factuel qui est intime et presque fusionnel. Une mauvaise addition, une multiplication malencontreuse, une omission de charges ou de ressources, une déduction à faire ou imparfaitement faite, etc., le tableau est vaste de ce

---

[50] Article 103, Ordonnance n°2010-17 du 15 avril 2010 déterminant la composition, l'organisation, les attributions et le fonctionnement de la Cour des comptes (Journal officiel de la République du Niger, spécial n°12 du 19 mai 2010).

[51] *Ibidem.*

[52] Article 97, Loi organique n°014-2000 du 16 mai 2000, portant composition, organisation, attributions et fonctionnement de la Cour des comptes et procédure applicable devant elle (Journal officiel du Burkina Faso, N°001 du 14 août 2001). Voir J. M. R. DABIRÉ, *La responsabilité des comptables publics au Burkina Faso,* Mémoire de fin de formation, École Nationale des Régies Financières, Cycle A, 2005, p. 41.

[53] *Ibidem.* Mécanisme de recours qui se rapproche de l'exemple de l'Italie où les arrêts rendus par les chambres juridictionnelles de la Cour, la *Corte dei Conti* (Cour des comptes) peuvent être frappés d'appel devant les chambres réunies, ou devant une formation spéciale de la Cour (voir Ch. DESCHEEMAEKER, « Aperçu sur les Cours des comptes étrangères », *in Notes et études documentaires* n° 4957 décembre 1992, Paris, La Documentation Française, pp. 176 à 178).

[54] Article 98, Loi organique n°014-2000 précitée.

[55] Décision DCC03-166 du 11 novembre 2003, *Maître Florentin FÉLIHO*, *Rec.* 2003 p. 673.

que peut être une erreur sur les comptes soumis au juge des comptes. Recevoir en révision un arrêt entaché d'erreur paraît une démarche dont la logique coule de source.

La cassation, par contre, lorsqu'elle est reçue devant la Cour suprême ou le Conseil d'État, pose les problèmes qui sont au cœur de la présente étude. Lorsqu'elle est reçue devant une formation spéciale de la juridiction financière, ce que le droit gabonais appelle la rétractation[56], elle revient à demander au juge d'évaluer les limites da sa propre compétence, de son savoir-faire juridictionnel sur les aspects de fond et de forme de sa première décision. L'orgueil des hommes et la vanité d'un pouvoir, celui de juger, semblent commander que cette catégorie de recours est génétiquement frappée du signe de l'infructuosité. Aucune Haute juridiction ne peut se dédire sur une question aussi sensible que la violation de la loi.

Le recours en cassation devant une formation spéciale de la juridiction financière s'analyse en définitive comme une manière de dénier toute légitimité au juge administratif de droit commun pour connaître des affaires de nature financière, lorsqu'elles ont été déjà examinées par la Cour des comptes. En s'appropriant ce contentieux ultime centré sur l'application de la loi, l'interprétation de la loi et la bonne herméneutique des textes, on présume que la Cour des comptes réserve une impasse aux justiciables. Car, il est de notoriété courante que l'autorité de la chose jugée par une Haute juridiction inclut et sanctifie la faillibilité de son raisonnement, de son application de la loi et de ses propres compétences. Ainsi que le dit la Cour de cassation française, la chose jugée "*s'attache même aux décisions erronées*"[57] et son autorité pour les jugements prononcés est entière "*quels que soient les vices dont ils sont affectés*"[58].

Dès lors, le justiciable n'a plus que l'autorité administrative pour espérer faire prospérer sa cause. Ce qui nous place au cœur de la question de la "*double juridiction des comptes*".

---

[56] S. KOUYA-AMVAMÉ, *Les débets des comptables publics au Gabon, École Nationale des Régies Financières*, Cycle A, Ouagadougou, 2007, p. 44.

[57] 3e Chambre civile, 4 mars 1998, pourvoi n°96 11-399, *Bulletin de la Cour de cassation française*, n° 158.

[58] Chambre commerciale 14 novembre 1989, *Bulletin de la Cour de cassation française*, n° 289.

B. L'étrange "*juridiction*" du ministère en charge des Finances

Est étrange, ce qui sort de l'ordinaire selon le dictionnaire Larousse de la langue française. Les compétences du ministre en charge des Finances sur les arrêts passés en force de chose jugée donnent une idée de cette étrangeté au regard des principes qui fondent une démocratie constitutionnelle pluraliste.

1°) La décharge de responsabilité et la remise gracieuse

Le "*beau métier*"[59] de comptable public subit une mutation, tiraillé qu'il est aujourd'hui entre la "*logique gestionnaire et la logique juridique*"[60]. L'expression la plus évidente de la dynamique de rénovation du cadre juridique de la comptabilité publique en Afrique de l'Ouest francophone est l'adoption, en juin 2009, de la Directive portant règlement général sur la comptabilité publique au sein de l'Union économique et monétaire ouest-africaine.

La comptable publique, maillon important de la chaîne des opérations financières des personnes publiques, a sa responsabilité engagée dans l'exécution des opérations de recettes ("*une recette n'a pas été recouvrée*"), de dépenses ("*une dépense a été irrégulièrement payée*") ou de conservation des fonds ou valeurs ("*un déficit de caisse ou un manquant en deniers ou en valeurs a été constaté*")[61]. La responsabilité du comptable public peut être mise en jeu au moyen d'un arrêté de débet signé par le ministre en charge des Finances ou par un arrêt du juge des comptes[62] ; étant entendu que arrêt et arrêté produisent "*les mêmes effets de droit*"[63].

Si les directives communautaires de l'Union économique et monétaire ouest-africaine reprennent la formulation du droit français ("*La Cour des comptes juge les comptes des comptables publics*"[64]), les implications organisationnelles n'en sont pas fixées avec une grande netteté. En effet, "*les comptables publics peuvent obtenir une décharge de responsabilité ou la remise gracieuse des sommes laissées à leur*

---

[59] F. AKHOUNE, *Le statut du comptable en droit public financier*, Paris, LGDJ, 2008, p. 4.

[60] *Ibidem*, p. 4.

[61] Art. 29. Directive n°07/2009/UEMOA du 26 juin 2009, portant Règlement général sur la comptabilité publique.

[62] Art. 31 al. 1, Directive n°07/2009/UEMOA précitée.

[63] Art. 31 al. 2, Directive n°07/2009/UEMOA précitée.

[64] Article 97, Directive n°07/2009/CM/UEMOA précitée ; article 75, Directive n°06/2009/CM/UEMOA précitée.

charge dans les conditions prévues par la réglementation nationale"[65]. Lorsqu'un recours en décharge ou remise gracieuse est introduite par le comptable, celui-ci peut bénéficier "*d'un sursis de versement*" pendant l'examen de sa requête[66]. Ainsi, les textes communautaires évoquent la question de la remise et de la décharge mais s'en remettent aux droits nationaux pour l'organisation des mécanismes de recours administratif contre les arrêts des juridictions financières.

En l'état actuel du droit financier dans les pays ouest-africains francophones, la décharge de responsabilité ou la remise gracieuse sont des actes administratifs, plus exactement un arrêté signé du ministre en charge des finances qui annule soit un autre acte administratif (arrêté de mise en débet) soit un acte juridictionnel (arrêt de mise en débet)[67]. Dans un cas comme dans l'autre, la dette du comptable publique est effacée. La force juridique attachée à l'une ou à l'autre instrument est la même. Cependant, il n'est pas sans intérêt de relever qu'en termes d'opposabilité, l'arrêté de décharge signé du ministre en charge des finances s'impose à la juridiction financière. En effet, selon une tradition jurisprudentielle française, lorsque l'arrêté de décharge intervient avant l'apurement juridictionnel des comptes, le juge des comptes en prend acte et prononce la régularité des comptes soumis à son appréciation[68]. Une ancienne doctrine française a cru rattacher cet état de choses à l'altérité des compétences respectives du juge des comptes et du ministre en charge des finances. Dans ses conclusions à l'affaire Nicolle, le commissaire du gouvernement ROMIEU affirme que le Cour "*ne se place pas au point de vue des conséquences qui pourront en découler pour le comptable ; elle examine seulement si la dépense doit ou non être maintenue au compte et le comptable pourra, si elle la rejette, obtenir ensuite décharge. La Cour n'a donc pas à se demander quelle sera en définitive la responsabilité finale du comptable mais uniquement si le compte est régulier et si le paiement fait peut régulièrement y figurer*"[69]. À chacun son rôle. C'est ce que Prosper WEIL a appelé la "*double juridiction*" en matière de responsabilité des

---

65 Article 32, Directive n°07/2009/CM/UEMOA précitée. La Directive n° 06/2009/CM/UEMOA précise en son article 84 que « La remise gracieuse suite à un arrêt de débet est soumise à un avis conforme de la Cour des comptes ».

66 *Ibidem.*

67 Art 84, Directive n°06/2009/CM/UEMOA précitée.

68 CE, 18 déc. 1903, Greliche, S. 1906. 3. 46.

69 CE, 12 juillet 1907, ministre des finances c/Nicolle, Concl. Romieu, Leb. 1907 p. 656.

comptables publics[70]. "*La Cour a l'administration des choses, le ministre le gouvernement des hommes*"[71]. Cette perception des choses se fonde sur une disposition législative particulièrement laconique. "*La Cour juge les comptes des comptables publics*"[72]. Malgré quelques aménagements particuliers, notamment en matière d'appréciation de la faute ou de la négligence du comptable public[73], la règle conserve toute la force d'une disposition législative. Elle est même renforcée par le mécanisme de la remise gracieuse des débets et des amendes, laquelle peut être accordée *de plano*.

En effet, alors qu'en droit français, l'arrêté de décharge ne peut légalement se fonder que sur des circonstances de fait constitutives d'une force majeure (vol, incendie, etc), la remise gracieuse (totale ou partielle), opérée par décision administrative du ministre en charge des finances, est un geste soit de magnanimité, soit de gratitude envers un serviteur (faible ou faillible) de la puissance publique. Elle intervient comme un *ultima ratio*, lorsque le débet définitif est prononcé et après la réponse du ministre en charge des finances sur le recours en décharge de responsabilité[74]. En terme statistique, les arrêtés de décharge ou de remise gracieuse ne sont pas un phénomène marginal. Ils sont si courants que R. LUDWIG finit par s'interroger sur "*l'effectivité d'exécution des arrêtés de la Cour des comptes*"[75].

L'étrangeté de la "*double juridiction sur le comptable public*" apparaît ici sous tous ses traits. La Cour des comptes est un pouvoir public et la séparation des pouvoirs est un principe de valeur constitutionnelle, comme le soutient la jurisprudence constante des

---

[70] P. WEIL, « La règle de la double juridiction en matière de responsabilité des comptables publics », *Revue de Science et de Législation Financières,* 1950 p. 574.

[71] P. WEIL, article précité, p. 579.

[72] Article L. 111-1, *Code des Juridictions Financières* (français) ; Art. 97, Directive n°07/2009/CM/UEMOA précitée.

[73] En droit français, la loi n°2006-1771 portant loi de finances rectificative pour la gestion 2006 prévoit en son article 146 l'appréciation de la faute ou de la négligence du comptable public (Ph. AUGÉ, « Les remises gracieuses accordées par le ministre des finances », *Revue Française de Finances publiques*, n°106/2009 p. 232).

[74] Décret 2008-228 du 5 mars 2008 relatif à la constatation et à l'apurement des débets des comptables publics et assimilés. Ce texte précise en ses articles 8 et 9, que la remise gracieuse est accordée après avis de la Cour des comptes si le montant dépasse 200.000 euros. Voir, Ph. AUGÉ, « Les remises gracieuses accordées par le ministre des Finances », *Revue Française de Finances publiques* n°106/2009 p. 231.

[75] R. LUDWIG, « L'effectivité d'exécution des arrêts de la Cour des comptes », *Revue du Trésor*, 1983 p. 44.

juridictions constitutionnelles ouest-africaines[76]. Du point de vue de la logique juridique comme du point de vue de la logique institutionnelle, la question de la recevabilité de ce mécanisme de recours administratif se pose, et au-delà, pose problème. La pertinence et l'effectivité des principes fondateurs de la république sont en cause, tandis que le postulat d'une juridiction financière garante du nouveau paradigme de gestion financière performante dans les États membres de l'UEMOA se trouve fragilisé. Selon le Code de transparence dans la gestion des finances publiques, "*les institutions de l'État (...) ont chacune leurs missions et responsabilités dans sa préservation et son usage pour le bien de tous*"[77]. L'irruption d'une autorité administrative dans une sphère réputée juridictionnelle paraît une hérésie principielle et une atteinte au principe de reddition des comptes, en raison du syndrome d'irresponsabilité universelle qui lui est sous-jacent.

2°) Le syndrome de l'universalisation de l'irresponsabilité financière

La responsabilité des acteurs de la gestion publique est au cœur de la question de la gouvernance publique. L'acteur public est *mutatis mutandis*, dans la situation du gestionnaire d'affaires ainsi que telle que la décrivent les articles 1371 et suivants du Code civil. Il doit rendre compte de sa gestion, des diligences qu'il accomplit dans l'intérêt du service public. Ce qui est vrai pour la gestion publique d'une manière générale, l'est encore davantage lorsqu'on évoque les finances publiques. Ainsi que le dit le Code de transparence des finances publiques au sein de l'Union économique et monétaire ouest-africaine, "*l'argent public est au cœur de l'État de droit et de la démocratie*". Maurice HAURIOU renchérit en affirmant que "*les finances publiques sont l'élément le plus important de la chose publique*"[78]. Parce que le denier public est, par vocation, affecté à des fins d'intérêt général, celui qui en assure la gestion ou la conservation doit rendre compte de ses diligences.

Les directives du cadre harmonisé des finances publiques au sein de l'Union économique et monétaire ouest-africaine prévoient que "*les*

---

[76] Préambule de la constitution du Sénégal, Cour constitutionnelle du Bénin, Décision DCC 07-175 du 27 décembre 2007, Jeanne Oboubé VELE, Georges Constant AMOUSSOU et ALII.

[77] Préambule, Directive n°01/2009/CM/UEMOA portant Code de transparence dans la gestion des finances publiques au sein de l'UEMOA.

[78] M. HAURIOU, *Précis de droit administratif et de droit public*, Paris, 12e édit., Sirey, 1933.

membres du Gouvernement et les présidents des institutions constitutionnelles encourent, en raison de l'exercice de leurs attributions, les responsabilités que prévoit la Constitution de chaque État"[79]. Cette responsabilité est mise en jeu devant une juridiction *ad hoc*, compétente *ratione personae* pour connaître des infractions commises par les ministres ou Chefs d'État dans l'exercice de leurs fonctions. Haute cour de justice dans les législations nationales[80], les types de système de jugement des hautes autorités de l'État sont la rémanence d'une exception juridictionnelle, un mélange de justice et de politique, mélange "*toujours calamiteux*" selon la formule de Pierre AVRIL[81]. Les élites politiques se jugent ou feignent de se juger. On pourrait redouter que des règlements de comptes se glissent dans les interstices d'une décision de justice. Mais plus logiquement et plus vraisemblablement, la règle de la solidarité oligarchique semble prévaloir et dissiper, pour l'ensemble des gouvernants, l'épée de Damoclès d'une justice républicaine, égale pour tous.

La rédaction des textes financiers laisse augurer un syndrome d'irrigation de la haute administration publique par l'immunité que les élites politiques se sont octroyés. Dès lors, la juridiction financière, lorsqu'elle se trouve en face d'une infraction financière caractérisée, doit cependant se dispenser de prononcer une sanction dès que le ou les mis en cause peuvent "*exciper d'un ordre écrit préalablement donné, à la suite d'un rapport particulier à chaque affaire, par leur supérieur hiérarchique, dont la responsabilité se substituerait à la leur ou par le ministre compétent ou le Premier ministre ou le Président de la République*"[82]. Ainsi, dans l'affaire *Ndiassé Mbengue*, la Haute juridiction financière sénégalaise a pu noter que le sieur MBENGUE, poursuivi pour imputation irrégulière de dépenses, c'est-à-dire pour avoir imputé certaines opérations "*au titre de dépenses d'investissement alors qu'il s'agit en réalité de frais de fonctionnement*", s'est exécuté sur

[79] Article 76, Directive n°06/2009/CM/UEMOA portant lois de finances au sein de l'UEMOA.

[80] Article 76, constitution du Burkina Faso ; article 50, constitution du Bénin ; article 25, constitution du Mali ; Titre X, constitution du Sénégal ; Section VI, constitution du Niger ; Titre IX, constitution de la Côte d'Ivoire.

[81] Cité par J. GICQUEL et J.-E. GICQUEL, *Droit constitutionnel et institutions politiques*, Paris, Montchrestien, 21e édit., 2007, p. 564.

[82] Article 49 et 50, loi n°99-70 du 17 février 1999 précitée (Sénégal) ; article 82 loi organique n°014-2000 précitée, (Burkina Faso) ; article 85, loi organique n° 98-014 du 10 juillet 1998 précitée (Togo).

"*autorisation du ministre de tutelle*" et "*qu'il y a lieu d'écarter par conséquent ce chef de prévention*"[83].

La remise gracieuse et la décharge de responsabilité du comptable public s'ajoutent à ce mécanisme organisationnel qui consacre l'irresponsabilisation des agents d'exécution de la loi de finances. De l'ordonnateur au comptable public, le risque de devoir payer pour ses fautes, les irrégularités commises, devient mince face au dispositif qui couvre chacun d'eux, lorsqu'il a la couverture des gouvernants, des détenteurs de l'autorité politique.

Le principe électif est une composante de la démocratie ; il est même un élément de définition juridique de la démocratie, selon la Cour constitutionnelle allemande[84]. L'élection est donc un rite sacramentel de la démocratie ; elle aussi une technique qui a ses codes et ses mécanismes. Maurice DUVERGER a montré l'enchaînement qui va des groupes parlementaires aux comités électoraux puis la structuration des rapports entre les premiers et les seconds pour enfanter les partis politiques[85]. Pour un ministre ou pour le Président de la République, survivre en politique suppose la maîtrise de cette chaîne du marketing et de la mobilisation politiques qui requiert des hommes de main. L'administration républicaine, neutre parce que wébérienne, se mue en une chaîne d'exécution d'œuvres politiques qu'on suspecte être dédiées à la promotion du ministre, et peut-être du Chef de l'État. Le larbinisme des uns est récompensé par l'absolution des autres. Devant la juridiction financière, pouvoir obtenir la remise gracieuse ou la décharge de responsabilité ou encore pouvoir "*exciper d'un ordre écrit préalablement*

[83] Cour des comptes du Sénégal, Arrêt N°03/2000 du 21 novembre 2000, Président de la CVCCEP contre Ndiassé Mbengue.

[84] « Le droit de vote établit un droit à l'autodétermination démocratique, à une participation libre et égale à la puissance étatique exercée en Allemagne, ainsi qu'au respect du principe de démocratie, y compris le respect du pouvoir constituant du peuple (…) Sans élection libre et égale de l'organe qui exerce une influence déterminante sur le gouvernement et la législation fédérale, le principe, constitutif pour un État démocratique, de la liberté personnelle, demeure incomplet. (…) Le droit, qui revient à chaque citoyen, de participation égale à l'autodétermination démocratique peut être violé par une modération de l'organisation du pouvoir d'État telle que la volonté du peuple ne peut plus se former efficacement au sens de l'article 20 et que les citoyens ne sont plus en mesure de gouverner par la volonté majoritaire » Cité par A-M Le POURHIET, « Définir la démocratie », *in Revue française de droit constitutionnel*, n°87/2011, p. 457.

[85] M. DUVERGER, *Les partis politiques*, Paris, Armand Colin, 1976.

donné"[86] deviennent un parapluie fort commode pour exclure les agents de l'administration publique de sanctions pour faute de gestion ou de faute comptable.

Le syndrome d'une ploutocratie envahissante se fait jour. Le Doyen Jacques ROBERT le dit pour s'en offusquer : "*l'homme d'État se devait d'être irréprochable*" alors que "*de nombreux mis en examen peuplent les allées du pouvoir*"[87]. L'éthique semble fuir le forum et la gouvernance propre se fait évanescente. Dans un tel environnement existentiel, une juridiction financière forte est un signe institutionnel de renaissance des valeurs républicaines. Une Cour des comptes forte suppose l'universalité de sa compétence et l'irrévocabilité de ses sentences. Le mécanisme de la décharge de responsabilité et de la remise gracieuse constitue une première entaille dans cet ordonnancement des choses. Le parapluie du supérieur hiérarchique en constitue le second.

Jus est ars boni et aequi[88] lit-on dans le *Digeste de Justinien*. La science du droit a une vertu opératoire mais elle a aussi un sens axiologique. L'émergence des notions de nouvelle gestion publique et surtout de nouvelle gouvernance financière[89] repose sur les prédicats du Code de transparence dans la gestion des finances publiques de l'Union économique et monétaire ouest-africaine. Selon ce code, les questions de finances publiques doivent être placées sous le quadruple signe de "*la légalité, la transparence, le contrôle démocratique et la responsabilité*"[90]. La légalité pour le respect de la normativité financière, la transparence par l'accès à l'information financière, le contrôle démocratique et la responsabilité par la sanction du suffrage universel ou du juge. Ce système de valeurs est en porte-à-faux avec la remise gracieuse et la décharge de responsabilité.

Le dessein de rebâtir des démocraties ouest-africaines viables, parce que faites de prospérité partagée, commande que la chose financière soit traitée dans le respect des principes républicains de séparation des pouvoirs et dans l'exigence de responsabilité devant le juge de droit

---

[86] Article 49 et 50, loi n°99-70 du 17 février 1999 précitée (Sénégal) ; article 82 loi organique n°014-2000 précitée, (Burkina Faso) ; article 85, loi organique n° 98-014 du 10 juillet 1998 précitée (Togo).

[87] J. ROBERT, *La république des oligarques*, Paris, Economica, 2011, p. 125.

[88] Le droit est l'art du juste et du bien.

[89] M. BOUVIER, A. BARILARI, *La LOLF et la nouvelle gouvernance financière de l'État*, Paris, LGDJ, 2007.

[90] Préambule, Directive n°01/2009/CM/UEMOA portant Code de transparence dans la gestion des finances publiques au sein de l'UEMOA.

commun en matière financière. En somme, que l'autorité de la chose jugée au financier se consolide, tel qu'on en voit d'ailleurs les linéaments dans les pays membres de l'Union économique et monétaire ouest-africaine.

II. L'AUTORITÉ DE LA CHOSE JUGÉE AU FINANCIER : LA CONSOLIDATION EN MARCHE

Il est un truisme que l'autorité de la chose jugée au financier est manifestement ébranlée dans ses fondements et dans son effectivité. Décision de justice et donc acte juridictionnel, son intangibilité est compromise par les empiétements concurrents d'un ordre de juridiction alternatif et par le pouvoir exécutif. L'état des lieux suggère et impose une dialectique de consolidation de l'autorité de la chose jugée au financier. Les linéaments de cette consolidation attendus sont les grands principes républicains et constitutionnels en vigueur dans les États ouest-africains francophones (A) ; tandis que la nouvelle dimension des juridictions financières dans les pays de l'UEMOA constitue le socle organisationnel de ladite consolidation (B).

A. L'argument des grands principes républicains et constitutionnels

Pour la Cour constitutionnelle du Bénin, "*la constitution, norme fondatrice de l'État, ne se réduit pas à la détermination des règles relatives à la dévolution et à l'exercice du pouvoir dans l'État ; (...) elle met toujours en œuvre une certaine idée de droit, c'est-à-dire, l'image de l'ordre social qu'il conviendrait de réaliser en vue du bien commun du peuple ; (...) elle est donc porteuse d'un idéal de société qui doit inspirer toute l'activité politique de l'État*"[91]. Ainsi, la constitution a cessé d'être une simple addition de dispositions normatives relatives aux pouvoirs publics pour se faire le socle axiologique qui fonde et soude la vie publique nationale. L'introduction du préambule de la constitution française dans le bloc de constitutionnalité et donc soumis au contrôle du juge constitutionnel a été qualifié de décision ayant "*une importance et une portée considérable en droit constitutionnel*"[92] français. Les constitutions ouest-africaines francophones ont réglé la question *ab initio*, en faisant du préambule, un ensemble de valeurs référentielles soumises au contrôle du juge. Ce qui donne une

[91] Décision DCC 09-016 du 19 février 2009, *Assouan Comlan Dègla.*
[92] L. FAVOREU, L. PHILIP, *Les grandes décisions du Conseil constitutionnel* 13e éd. Paris, Dalloz, 2005, p. 255.

base légale franche à la notion de séparation des pouvoirs (2) et à l'affirmation de l'intégrité du pouvoir juridictionnel financier (1).

1°) La juridiction financière et la séparation des pouvoirs publics constitutionnels

À certains égards, l'histoire et les avatars du constitutionnalisme en France n'ont pas été un modèle, une source d'inspiration majeure en Afrique de l'Ouest francophone. La justice en France serait perçue comme un pouvoir "*mal aimé*"[93], la petite bouche qui "*prononce les paroles de la loi*" selon la formule de MONTESQUIEU[94]. Les lois constitutionnelles de 1875 ne consacrent aucun titre ou partie à la fonction juridictionnelle[95], tandis que la Ve République, sous la dénomination "*d'autorité judiciaire*"[96], n'établit qu'un "*implicite pouvoir juridictionnel*"[97]. Selon les textes constitutionnels en vigueur au Sénégal, au Mali, au Niger, au Bénin et au Burkina-Faso, la justice est proclamée "*pouvoir*"[98] ; ce pouvoir juridictionnel se décline selon les pays en juridiction administrative, en juridiction judiciaire et en juridiction financière. Cette dernière est incarnée par une Cour des comptes, juridiction dont l'institution est rendue obligatoire par le Traité de l'Union économique et monétaire ouest-africaine (Article 68).

Certes, "*le critère tiré d'une mention constitutionnelle ne suffit (...) pas à lui seul, à définir un pouvoir public*" écrit un auteur[99]. Cependant, consacrer le pouvoir juridictionnel en ses composantes administrative, judiciaire et financière dans un titre où un chapitre à lui dédié constitue les prolégomènes d'une émergence à la qualité de "*pouvoir public*". La circonstance que ces titres et chapitres renvoient ensuite à des lois

---

93 F. HOURQUEBIÉ, « Le pouvoir juridictionnel et la Ve République », Revue *Politeia*, n° 15/2009 p. 456.

94 MONTESQUIEU, *De l'esprit des lois*, Livre XI, chapitre VI, Paris, Gallimard Folio, Essais, 1995, Tome 1, p. 337.

95 Voir en ce sens F. HAMON, M. TROPER, *Droit constitutionnel*, Paris, LGDJ, 2007, p. 823.

96 Titre VIII, constitution du 4 Octobre 1958.

97 F. HOURQUEBIÉ, art. précit. p. 458.

98 « Du pouvoir judiciaire », Titre VI, *constitution du Bénin* ; « Du pouvoir judiciaire », Titre VIII, *constitution du Togo* ; « Du pouvoir judiciaire », Titre VIII, *constitution du Sénégal* ; « Du pouvoir judiciaire », Titre VII, *constitution du Mali* ; « Du pouvoir judiciaire », Titre VIII, *constitution du Burkina Faso*.

99 J-P CAMBY, « L'autonomie fonctionnelle des pouvoirs publics », *in* A. PARIENTE (dir.) *La séparation des pouvoirs : Théorie contestée et pratique renouvelée*, Paris, Dalloz, 2007, p. 87.

organiques spécifiques à chaque ordre juridictionnel explicite le dessein du constituant. Enfin, l'intégration desdites lois organiques au bloc de constitutionnalité finit de sceller le destin constitutionnel du pouvoir juridictionnel financier.

Les Cours des comptes ouest-africaines francophones ont donc une légitimité constitutionnelle. Elles sont partie prenante à la vie des pouvoirs publics constitutionnels et sont, de ce chef, intéressées et concernées par le principe de séparation des pouvoirs.

Principe multiséculaire, la séparation des pouvoirs n'en est pas moins et "*paradoxalement l'un des concepts juridiques les plus connus du grand public et l'un des moins étudiés des juristes*"[100]. On évoque tantôt l'agacement d'une certaine doctrine américaine qui appelle à une "*nouvelle séparation des pouvoirs*"[101], tantôt la "*légitimité des lectures plurielles*"[102]. En tout état de cause, nous sommes en présence d'une indétermination opératoire, car les implications juridiques de la notion de séparation des pouvoirs ne sont pas unanimement circonscrites. La prédominance de l'existentialisme juridico-institutionnel est le postulat qui permet de valider les réceptions en droit public positif des mots-clés immanents à la séparation des pouvoirs à savoir : la séparation, l'équilibre et la modération. Au-delà de toute idée de recette institutionnelle transposable, le doyen VEDEL dira que la séparation des pouvoirs est un "*précepte d'art politique*"[103]. Elle s'autorise une adaptabilité aux circonstances de temps et de lieu, à la culture, à l'histoire et à la sociologie des environnements humains auxquels on l'applique.

Pour le juriste, la séparation des pouvoirs est avant tout un principe de valeur constitutionnelle. Elle fonde l'autonomie financière des assemblées parlementaires. C'est ce qu'exprime la juridiction constitu-tionnelle française en décidant que cette autonomie "*relève du respect de la séparation des pouvoirs*"[104] ou constitue, selon les mots de la Haute juridiction constitutionnelle gabonaise, "*la nécessaire condition de la*

---

[100] A. PARIENTE "Introduction", *in* A. PARIENTE (dir.) *op. cit.*, p. 3.
[101] B. ACKERMAN, *"The new separation of powers", Harvard Law Review* vol. 113/2000 p. 663.
[102] S. MILACIC, « De la séparation des pouvoirs à l'idée des contre-pouvoirs : Montesquieu revigoré par le néolibéralisme » *in* A. PARIENTE (dir.) *op. cit.*, p. 33.
[103] G. VEDEL, *Manuel élémentaire de droit constitutionnel*, Paris, Dalloz 2002, p. 157.
[104] Conseil constitutionnel français, Décision 2001-448 DC du 25 juillet 2001, Loi organique relative aux lois de finances, *Rec.* p. 99.

séparation des pouvoirs"[105]. Pour la Cour constitutionnelle du Bénin, le gouvernement ne peut suspendre l'exécution des décisions de justice et donc refuser le concours de la force publique à l'exécution de décisions passées en force de chose jugée sans méconnaître "*le principe à valeur constitutionnelle de la séparation des pouvoirs*"[106]. Le Gouvernement ne peut non plus, sans méconnaître la répartition des compétences et les attributions dévolues à chaque institution, arrêter le projet de budget de l'Assemblée nationale sans le vote préalable de celle-ci[107]. Hypothèse forte de l'importance prise par la notion, le Conseil constitutionnel français s'est fondé sur la séparation des pouvoirs pour déclarer contraire à la constitution, une loi de validation d'une disposition censurée par le Conseil d'État[108]. En d'autres termes, la séparation des pouvoirs s'oppose à une démarche du pouvoir législatif tendant à priver de base légale et donc d'effet une décision du pouvoir juridictionnel administratif en modifiant le contenu de la loi en vigueur.

Ainsi, que ce soit dans les rapports entre le parlement et l'exécutif ou encore entre l'exécutif et le judiciaire ou encore entre le parlement et les juridictions, les juridictions constitutionnelles développent une jurisprudence qui conforte la séparation des pouvoirs, le respect du domaine réservé de chaque pouvoir public constitutionnel, et la relative autonomie de volonté de chacun d'eux. La gouvernance tripolaire (exécutif, législatif, judiciaire) est un facteur de modération du pouvoir, un catalyseur du gouvernement modéré que préconisait MONTESQUIEU. Les orientations de politique jurisprudentielle des Hautes juridictions constitutionnelles vont dans ce sens. Ce qui rend incongru et prive de légitimité le pouvoir d'évocation et le droit d'annulation du ministre des Finances sur une décision de justice, passée en force de chose jugée.

---

[105] Cour constitutionnelle du Gabon, Décision n°2/CC du 17 mars 1999 *in* La *Revue du CERDIP*, vol.1, n°1, janv.- juin 2002, p. 157, observations Jean Zech Ondoua.

[106] Cour constitutionnelle du Bénin, Décision DCC 07-175 du 27 décembre 2007, Jeanne Oboubé Vele, Georges Constant Amoussou et alii.

[107] Décision DCC 10-144 du 14 décembre 2010, *Raphaël Akotègnon.*

[108] Décision n°2005-531 DC du 29 décembre 2005, Loi de finances rectificative pur 2005. « Considérant qu'il ressort des travaux parlementaires que l'article 111 de la loi de finances rectificative pour 2005 a pour principal objet, par la condition qu'il pose, de priver d'effet, pour la période antérieure au 1e janvier 2004, l'arrêt précité de la Cour de justice des Communautés européennes ainsi que la décision précitée du Conseil d'État, qu'il porte dès lors atteinte au principe de séparation des pouvoirs et à la garantie des droits ; que par suite il y a lieu de la déclarer contraire à la constitution ».

2°) Le défaut de légitimité de la "*double juridiction*" du ministre des Finances sur les comptes des comptables publics

La distribution des compétences entre la Cour des comptes et le ministre des Finances est, selon le président POMME de MIRIMONDE, l'une des questions les plus difficiles, pour ne pas dire, les "*plus subtiles qui se posent à l'occasion de l'apurement des opérations financières*"[109]. En effet, le juge et l'autorité administrative disposent, chacun, d'une compétence concurrente pour mettre en jeu la responsabilité du comptable. L'article 29 de la Directive n°07/2009 dispose que "*la responsabilité des comptables publics se trouve engagée dans les situations*"[110] de déficit de caisse, de recette non recouvrée, etc. L'article 31 du même texte précise que "*la responsabilité pécuniaire d'un comptable public est mise en jeu par une décision de débet de nature administrative ou juridictionnelle. Le débet administratif résulte d'un arrêté du ministre chargé des finances. Le débet juridictionnel résulte d'un arrêt de la Cour des comptes*"[111]. Le débet administratif est un acte administratif exécutoire, soumis aux contrôles du juge administratif de droit commun[112]. Tandis que le débet juridictionnel est une décision de justice dont la force jugée exécutoire peut être effacée par le ministre en charge des finances.

Cette construction juridique a évidemment quelque chose d'illogique que soulève un lancinant débat de doctrine[113]. Selon les termes de l'article 97 de la Directive n°7/2009, la Cour des comptes juge les comptes des comptables publics. De la formulation lapidaire de cette disposition on a inféré une répartition des rôles entre le juge et le ministre en charge des finances, dans un but d'atténuer, voire de dissiper l'illogisme ontologique de la construction juridique ci-avant

---

[109] A. POMME de MIRIMONDE, *La Cour des comptes*, Paris, Sirey, 1947 p. 94.

[110] Directive n°07/2009/CM/UEMOA précitée.

[111] Directive n°07/2009/CM/UEMOA précitée.

[112] CE, 08 mars 1827, Lebon, Rec. p. 187 ; CE 4 janvier 1954, Merlot Rec. p. 866.

[113] F.J. FABRE, « Réflexion sur le régime particulier de responsabilité des comptables publics », *Revue administrative* n°133/1970 p. 32 et n°134/1970 p. 181 ; R. BARBERYE, « L'appréciation de la responsabilité pécuniaire des comptables publics », *Revue administrative* n°150/1972 ; R. LUDWIG, « Sur l'effectivité de la responsabilité des comptables publics et assimilés », *Annales de l'université des sciences sociales de Toulouse*, n° spécial, 1970, p. 145 ; P. WEIL, « La règle de la double juridiction en matière de responsabilité des comptables publics » *Revue de Science et de Législation financière*, 1950, p. 574 ; Ph. AUGÉ « Les remises gracieuses accordées par le ministre des finances » *Revue Française et Finances publiques*, n°106/2009 p. 231.

exposé. Pour Edouard LAFERRIÈRE, si la juridiction financière est juge des comptes, ceci s'entend des *"éléments matériels"* du compte[114]. Pour le commissaire du gouvernement ROMIEU, la Cour doit se demander *"uniquement si le compte est régulier"*[115] ; ce qui, pour Gaston JÉZE, signifie que le contrôle des "*motifs, de l'opportunité, de l'utilité*"[116], échappe à la Cour. Celle-ci est cantonnée "*aux chiffres, secs et impersonnels*"[117]. L'homme *in situ* qui se trouve derrière les chiffres, l'environnement de l'action, sont des éléments qu'il appartient au ministre en charge des Finances d'apprécier. L'autorité gouvernementale est ainsi investie de la compétence d'analyser et d'opiner non seulement sur les circonstances de fait ou de droit qui entourent l'exercice de la profession par le comptable public[118], mais aussi en application du principe d'équité, de prendre en compte la situation de "*fortune ou de famille*"[119] du comptable. Ce qui nous ramène au postulat de départ : la Cour juge les comptes, la ministre des Finances apprécie les comptables publics. Il n'y aurait donc pas identité d'objet dans la mesure où l'autorité administrative et l'autorité juridictionnelle se penchent sur des objets différents quoique corrélés. Il s'ensuit que le pouvoir de décharge de responsabilité ou de remise gracieuse des débets prononcés par un membre du gouvernement ne viole pas l'autorité de la chose jugée au financier. Celle-ci n'est pas en cause dès lors qu'on n'est pas en présence de la triple identité des parties, d'objet et de cause. *"En accordant la décharge, écrit le doyen Edgar Allix, le ministre ne viole pas l'autorité de chose jugée de la Cour, car, sa décision ne porte pas sur la même matière que celui-ci"*[120].

Ce savant sophisme fait encore débat, car la clé de voûte de cette construction juridique ne convainc pas. En effet, dire que la juridiction des comptes à pour seul objet les "*éléments matériels*" du compte, est bien en deçà du périmètre réel du jugement des comptes.

---

[114] E. LAFERRIÈRE, *Traité de la juridiction administrative et des recours contentieux*, Paris, Berger- Levrault, 1887, Tome 1, p. 359.
[115] CE 12 juillet 1907, Concl. Romieu, Lebon 1907 p. 656.
[116] G. JÈZE, *Cours élémentaire de science et de législation financière française,* 5e édit. 1912, p. 356.
[117] P. WEIL, article précité p. 579.
[118] La force majeure (Voir décret sur comptabilité public…)
[119] Alain SEBAN, Conclusions sous CE Ass. 27 octobre 2000, Req. n°196046, *Revue de l'Actualité Juridique française*, www.rajf.org mise à jour 10 novembre 2001.
[120] E. ALLIX, *Traité élémentaire de science des finances et de législation financière française*, 5e édit. 1927 p. 365.

Le législateur français a initialement entouré la création de la Cour des comptes en 1807, d'un prestige qui fait la différence avec le bureau de comptabilité de la Constituante française de 1789. De cette idée éminente, vouloir faire de la juridiction financière un simple "*auditeur de comptes*"[121] selon la formule de Jacques MAGNET, paraît pour le moins réducteur au regard de l'intention du législateur du 19e siècle. À droit constant, la démonstration de la compétence large du juge des comptes a été faite[122]. La compétence du juge financier s'étend au-delà de la "*ligne de compte*" et inclut donc toutes les circonstances subjectives de l'action du comptable public[123].

Les évolutions récentes du cadre juridique des finances publiques confortent la même thèse de la compétence large du juge financier sur le comptable public. La Directive communautaire de l'Union économique et monétaire de l'Afrique de l'Ouest portant Règlement général sur la comptabilité publique dispose, en son article 29, que la responsabilité des comptables publics se trouve engagée lorsque, par "*la faute du comptable public, l'organisme public a dû procéder à l'indemnisation d'un autre organisme public ou d'un tiers.*" Alors que le droit français retient l'expression "*par le fait du comptable public*"[124], le doit communautaire ouest-africain francophone préfère le mot "*faute*". Le « *fait* » procède d'un jugement de fait, d'un constat, d'une situation objective. Il rejoint les vues de la doctrine de la "*Cour des comptes, jugée des comptes*". La faute a, quant à elle, une autre dimension juridique. En l'absence d'une caractérisation par le jurislateur communautaire, elle est censée couvrir tout le champ du concept juridique : elle suppose ainsi un élément matériel (qui est le "*fait*" du droit français), un élément d'illicéité (la violation de la règle) et un élément moral, l'imputabilité. Ce qui établit la plénitude de juridiction de la Cour des comptes, sur les comptes des comptables publics ouest-africains francophones et au-delà de la ligne des comptes.

Les évolutions récentes du droit français suivent aussi un cheminement similaire. Ainsi, la loi de finances pour 1963 en France dispose que "*hors le cas de mauvaise foi, les comptables publics ne sont pas personnellement et pécuniairement responsables des erreurs commises*

---

[121] J. MAGNET, E. HÉMAR, « Défense, illustration et amendement de la juridiction des comptes », *Revue Française de Finances publiques,* 1993, p. 44.

[122] J. MAGNET, « Que juge le juge des comptes », *Revue française de Finances publiques*, n°28/1989, p. 115.

[123] *Ibidem*, p. 124.

[124] Art. 60, Loi n°63-156 du 23 février 1963 portant loi de finances pour 1963.

dans l'assiette et la liquidation des droits qu'ils recouvrent"[125]. Tandis que la loi de finances rectificative pour 2006 autorise le juge des comptes à exonérer le comptable public de sa responsabilité du fait d'un régisseur sauf les cas de faute ou de négligence caractérisée[126]. Le même texte habilite la Cour des comptes à apprécier la *"force majeure"* en matière de responsabilité des comptables publics, au même titre que le ministre en charge des finances[127].

Ainsi, on s'achemine vers la démarche observée devant les Cours des comptes de Belgique ou d'Algérie, lesquelles prononcent la responsabilité du comptable "*après examen de son comportement et des circonstances et la cause*"[128].

L'argument du Doyen ALLIX sur l'altérité d'objet s'effiloche et devient peu pertinent. La dynamique contemporaine de renouveau des juridictions financières le fragilise encore davantage. À l'examen, les pouvoirs du ministre en charge des finances constituent, à l'évidence, une atteinte à l'autorité de la chose jugée, à l'un des socles de l'État de droit que s'échinent à construire les États ouest-africains francophones, pas à pas, en s'efforçant de *"tenir gagné chaque pas"*[129] selon les mots du poète. La légalité se justifie des dispositions réglementaires, législatives ou constitutionnelles. La légitimité, elle, se nourrit aux principes et valeurs qui sont consubstantielles à la démocratie constitutionnelle pluraliste. Privées d'ancrage principiel, la décharge de responsabilité et la remise gracieuse de débet prononcées par le ministre en charge des finances manquent aujourd'hui de légitimité, parce qu'en contradiction avec les principes et valeurs qui fondent les jeunes républiques cinquantenaires d'Afrique de l'Ouest francophone, qui s'essaient, depuis peu, à la gestion financière par la performance. Dans cette quête d'une nouvelle gouvernance financière publique, l'autonomisation des juridictions financières devient une composante de la démarche.

---

[125] Loi n°63-56 du 23 février 1963, portant loi de finances pour l'année 1963 (Article 60, modifiée par la loi n°2009-1674 du 30 décembre 2009).

[126] Article 146 de la loi n°2006-1771 portant loi de finances rectificative modifiant l'article 60 III de la loi n°63-156 du 23 février 1963).

[127] *Ibidem* art. 60-V (Sur l'ensemble, voir Ph. Augé, art. précité pp. 232-233)

[128] G. MONTAGNIER, Observations sous Cour Européenne des Droits de l'Homme, 23 octobre 1991, Affaire Muyldermans c/Belgique, *Revue Française de Finances publiques* n°37/1992 p. 182.

[129] A. CÉSAIRE, *La tragédie du roi Christophe*, Paris, Présence africaine, 1963.

B. Le visage nouveau de la magistrature financière ouest-africaine francophone

L'Afrique de l'Ouest francophone connaît une renaissance de ses juridictions financières, grâce à la dynamique de création de Cours des comptes nationales, organiquement séparées des Hautes juridictions administratives et judiciaires. Le processus est impulsé par l'Union économique et monétaire ouest-africaine. Une nouvelle génération de juridictions financières apparaît et affiche un domaine de compétence élargi ainsi qu'un profil professionnel spécifique.

1°) La revendication d'un domaine de compétence élargi

Ratione materiae, l'expansion du domaine de compétence du juge financier a été soulignée par maints auteurs[130]. Du traditionnel contrôle de régularité des comptes, la Haute juridiction financière s'est vue reconnaître le pouvoir d'apprécier et de sanctionner "*la gestion*" puis la "*la performance"* des acteurs financiers publics. Nous assistons à un glissement perceptible de la notion de contrôle des comptes des comptables publics vers celle plus large de contrôle des finances publiques. *L'International Organization of Supreme Audit Institutions* (INTOSAI) a contribué à cette évolution, notamment par les orientations contenues dans la "*Déclaration de Lima sur les lignes directrices du contrôle des finances publiques*" (octobre 1977). La section 4 de ladite Déclaration fixe le champ du contrôle en distinguant le contrôle de conformité aux lois, le contrôle de régularité et le contrôle du rendement.

Une gestion peut être régulière et conforme aux lois sans être un exemple d'économie et de bon rendement, ce que le management public appelle l'efficience. Le prise en compte de cette exigence d'efficience est illustrée par la législation sénégalaise sur les infractions financières dites "*état de gaspillage*" ou des "*avantages injustifiés*"[131]. La jurisprudence produite sur ces chefs d'accusation est révélatrice de l'étendue du champ nouveau de contrôle du juge financier. Il fait un examen des procédures (régularité, conformité au droit) et une appréciation de performance financière axée sur le coût de l'activité et

130 S. YONABA, « La difficile intégration des règles budgétaires et comptables des États membres de l'Union économique et monétaire ouest-africaine (UEMOA) », *in Revue Française de Finances publiques*, n° 79/2002 p. 225 ; N. MÉDÉ, « L'UEMOA et le développement des Cours des comptes en Afrique de l'ouest », *in Revue Française de Finances publiques*, n°90, mai 2005, p. 259.

131 Article 49, Loi organique n°99-70 du 17 février 1999 sur la Cour des comptes (Journal officiel de la République du Sénégal n°5845 du 20 février 1999).

les résultats obtenus. Ainsi, dans son arrêt n°03/2001, le juge constate que l'administrateur des crédits d'un établissement public a dépensé cinq millions de francs au titre des frais d'entretien et de réparation d'un seul véhicule de tourisme sur une courte période de huit mois alors qu'avec une telle somme, l'achat d'un véhicule neuf était possible. Le juge conclut que les faits de l'espèce sont constitutifs d'un "*état de gaspillage*"[132], et sont passibles d'amende.[133] S'agissant des "*avantages injustifiés*", l'arrêt n°02/2006 du 30 mars 2006 condamne le prévenu à une amende pour avoir "*procuré des avantages injustifiés*" aux fournisseurs du programme sanitaire dont il était l'administrateur ; les faits mentionnent que l'administrateur condamné a acheté auprès de fournisseurs, deux produits qui sont payés "*quarante fois*" plus chers pour l'un et "*deux fois*" plus chers pour l'autre, si on fait la comparaison avec les prix courants du marché, à qualité égale[134].

Du point de vue *ratione personae*, les comptables publics mais aussi les "*ordonnateurs de l'État et des autres organismes publics*"[135] sont les premiers justiciables de la Cour des comptes à raison de leurs activités financières. À ce noyau originel, s'est agrégée une catégorie large que le droit communautaire définit comme tout "*fonctionnaire ou agent d'un organisme public*" à qui il peut être reproché une "*faute de gestion*"[136]. De façon spécifique, les textes réservent des dispositions particulières aux contrôleurs financiers, pour les sanctions "*qui peuvent leur être infligées par la Cour des comptes*" en raison du "*visa qu'ils apposent sur les actes portant engagement de dépenses ou les ordonnances, mandats de paiement ou délégation de crédits*"[137] et plus généralement, pour manquement aux contrôles portant sur la disponibilité

[132] Cour des comptes du Sénégal, Arrêt N° 03/2001 du 17 octobre 2001, Président de la CVCCEP contre Adama SALL, www.courdescomptes.sn

[133] Cour des comptes du Sénégal, Arrêt N° 03/2001 du 17 octobre 2001, CVCCEP contre Adama Sall.

[134] Arrêt n°02/2006 du 30 mars 2006, Président de la CVCCEP/Ibrahim DIOUF et Makhtar CAMARA *in* Cour des comptes du Sénégal, *Rapport public 2006*, pp. 193 et suiv.

[135] Articles 75 et 77, Directive n°06/2009/CM/UEMOA du 26 juin 2009 portant loi de finances au sein de l'UEMOA.

[136] Article 76, Directive n°06/2009/CM/UEMOA du 26 juin 2009 portant loi de finances au sein de l'UEMOA.

[137] Article 79, Directive n°06/2009/CM/UEMOA du 26 juin 2009 portant loi de finances au sein de l'UEMOA.

de crédit, la vérification des prix, et l'exactitude des calculs de liquidation de la dépense[138].

Ainsi qu'on le voit, le domaine de compétence de la Cour des comptes s'est considérablement enrichi. De l'exercice très technique centré sur la ligne de compte, la juridiction financière reçoit aujourd'hui, en formation de jugement, des affaires dont peuvent connaître concurremment, les juges pénaux ou civils ou administratifs.

En effet, l'appréciation de la faute de gestion requiert l'exercice traditionnel auquel se livre le juge de fond : établir la réalité des faits, analyser les circonstances de l'action, qualifier les faits, décider de l'imputabilité des actions ou omissions, étudier le conscient et, hypothèse extrême, le conscient et le subconscient du justiciable. La Cour des comptes a plénitude de juridiction sur son domaine de compétence.

Sur la base de faits habituellement retracés dans les annales de la vie administrative des États, on peut esquisser un exercice de jugement par la Cour des comptes sur la base des faits suivants : AHMADOU est administrateur-gestionnaire d'un programme de vaccination élargie en milieu rural. Pour rencontrer les besoins de son activité en matière de vaccin, il fait une commande d'un million de doses de vaccin en même temps qu'il fait les formalités pour l'achat de réfrigérateur de conservation desdits vaccins. Les deux commandes sont financées sur deux guichets différents : les vaccins sont pris en charge par le système des Nations-Unies et les réfrigérateurs par le budget national. Les vaccins arrivent à temps pour couvrir la rupture de stock découlant de la forte demande notée au sein des formations sanitaires. La livraison des réfrigérateurs, par contre, achoppe sur les arriérés de paiement de l'État auprès du fournisseur. L'effet pervers du retard dans la livraison est que le million de doses de vaccins acheminés dans les villages ne peuvent être conservées au frais et se détériorent. Ils deviennent impropres à l'usage et doivent être détruits. La responsabilité de l'administrateur-gestionnaire est mise en cause devant la juridiction financière pour faute de gestion, gaspillage et absence de résultat de la dépense publique.

Si les faits établissent de manière certaine une perte énorme pour les finances publiques, la responsabilité de l'administrateur-gestionnaire ne peut être retenue de manière aussi mécanique. Le juge est contraint

[138] Article 75, Directive n°07/2009/CM/UEMOA du 26 juin 2009 portant règlement général sur la comptabilité publique.

d'étudier, dans les circonstances de l'affaire, les faits et gestes qui confortent ou non la prudence et la diligence de l'administrateur-gestionnaire du programme social. Il fera recours aux notions civilistes ou de contentieux administratif comme le fait du prince, les circonstances exceptionnelles, la force majeure. À l'égard du principal protagoniste du dossier, la Cour des comptes s'exercera à apprécier, à charge ou à décharge, la perversité de ses initiatives, le caractère intéressé de ses commandes, le degré de diligence dans le traitement des dossiers, etc. Il fera office de juge, c'est-à-dire, de celui qui analyse les faits et leur donne une qualification juridique de laquelle découleront les sanctions prévues par la loi. Il ne sera pas l'auditeur qui a les yeux rivés sur une ligne de compte. Il est le magistrat qui globalise les faits en les situant dans leur contexte humain, institutionnel et évènementiel. Il personnalise sa sentence et contextualise son jugement. En un mot, il se fait juge à part entière.

L'évolution est donc nette sur les compétences *ratione materiae* et *ratione personae* de la juridiction financière. Elle l'est encore davantage s'agissant de la consistance de l'office du juge financier. Juge dédié à la constatation de faits matériels (la ligne de compte et les irrégularités qui l'entachent) la juridiction financière se fait tout simplement, et à la faveur du nouveau cadre harmonisé des finances publiques de l'Union économique et monétaire ouest-africaine, un ordre de juridiction plein, entier et autonome, à l'image du personnel qui l'anime.

2°) La magistrature financière : un corps de professionnels des finances publiques

Paul Marie GAUDEMET disait que les finances publiques sont une "*discipline carrefour*"[139], la rencontre de disciplines aussi diverses que le droit, l'économie, l'histoire, la sociologie, etc. Cette affirmation est frappée au coin de l'évidence. L'impôt est une contribution aux charges publiques, un "*abonnement collectif*" ainsi que l'écrit Paul LEROY-BEAULIEU[140], mais il est aussi un prélèvement opéré sur le patrimoine des individus et des entreprises, et donc, une réduction de la capacité de financement des acteurs économiques. La dépense publique apparaît dans ses grandes lignes comme une sortie de l'actif financier de l'État cependant que le monde des affaires la perçoit comme une demande

---

[139] P. M. GAUDEMET, *Finances publiques*, Tome 1, Paris, Montchrestien, 1996, p. 20.

[140] P. LEROY-BEAULIEU, *Traité de la science des finances*, Paris, Guillaumin et Cie, 1883, p. 4.

économique solvable, un développement du marché de biens et services marchands. La corrélation entre les finances publiques et l'économie est très intense et la loi de finances elle-même est décrite comme une "*composante de la politique économique*"[141].

L'ambivalence de la science des finances publiques s'intensifie avec les orientations du nouveau cadre harmonisé des finances publiques de l'UEMOA. À la traditionnelle régulation par le droit s'ajoute une régulation complémentaire par les résultats. Les sciences du management viennent en complément de la science juridique. Et c'est ainsi, tout naturellement, que le profil du personnel des Hautes juridictions financières se singularise pour épouser les compétences particulières qui sont les siennes. La Cour des comptes du Sénégal est la première à porter si loin les implications pratiques de l'originalité du jugement des comptes. La loi a créé un Conseil supérieur de la Cour des comptes[142], *alter ego* du Conseil supérieur de la magistrature, pour exercer à l'égard des magistrats financiers les mêmes fonctions de sélection et d'instance disciplinaire. Les épreuves du concours de recrutements sont aussi à l'avenant. Deux grandes catégories d'épreuves sont prévues : finances et gestion publiques (budget, comptabilité publique, contrôles budgétaires, etc.) d'une part et d'autre part, finances et gestion privées (gestion de l'entreprise, planification stratégique, évaluation d'entreprises, système d'information et comptabilité, normalisation comptable internationale, etc.)[143].

La formation continue des magistrats financiers est assurée à l'interne par les États, mais aussi grâce à l'appui d'organismes régionaux comme le Conseil Régional de Formation des Institutions Supérieures de Contrôle des Finances publiques d'Afrique Francophone Subsaharienne (CREFIAF), une association internationale créée en 1997. La vocation du CREFIAF est d'assurer le renforcement des capacités des Institutions Supérieures de Contrôle des Finances publiques de l'Afrique francophone subsaharienne. Sur une dizaine d'années les thèmes de formation recensés concernent : la sensibilisation sur la gestion électronique de documents, l'audit de la gestion dette, la vérification de performance, le leadership & la gestion, l'audit de performance, etc.

---

[141] J. SPINDLER, « L'évolution des conceptions théoriques et des instruments de la politique budgétaire », *in Revue Française de Finances publiques*, n°46/1994 p. 39.

[142] Chapitre 4, loi organique N°99-73 précitée.

[143] www.courdescomptes.sn

Les organisations appartenant à la galaxie de l'INTOSAI (*International Organization of Supreme Audit Institutions*) ont développé au cours des années une stratégie de formation dont les résultats sont dignes d'intérêt. Si l'AFROSAI (*African Organisation of Supreme Audit Institutions*) a eu une performance peu appréciable avec, entre autres, une formation en planification stratégique en 1997, l'ASOSAI (*Asian Organization of Supreme Audit Institutions*), par contre, a développé cent seize programmes de formation sur les vingt-quatre premières années de sa création.[144] Les thèmes abordés sont aussi divers que la reddition des comptes et le contrôle des entreprises publiques, les lignes directrices sur le contrôle du rendement, les lignes directrices sur le traitement réservé à la fraude et à la corruption, etc[145]. Elle a aussi réalisé des études thématiques sur les lignes directrices sur la promotion d'une administration publique rentable et efficace grâce au contrôle de rendement, les lignes directrices sur la promotion de la gestion efficace des finances et des investissements publics.

Ainsi qu'on le voit, le centre de gravité des Hautes juridictions financières a glissé du droit vers les sciences du management. Certes, les textes continuent de prévoir des "*rapporteurs particuliers*" et "*l'assistance d'experts*"[146] en guise de supplément aux ressources humaines des Cours des comptes. Cette sous-traitance extérieure ne peut concerner que des expertises extrêmes ou idoines comme le nucléaire ou les biotechnologies, la psychiatrie ou la génétique ainsi d'ailleurs que le prévoient les textes au profit des juridictions de l'ordre judiciaire. Le cœur de métier du juge financier a changé de consistance. Il a subi une inflexion majeure qui ne cadre plus avec le profil professionnel des magistrats sortis des Écoles nationales de magistrature. Ceux-ci ont à charge de "*contribuer à l'État de droit*"[147], à son établissement et à sa consolidation, au règne de la loi ; tandis que les magistrats financiers ont à cœur que le domaine des finances publiques et la gestion financière des personnes publiques ne soient point un espace de non-droit, mais aussi et surtout, que l'établissement, l'exécution et le contrôle des lois de finances soient placés sous le signe de la performance, c'est-à-dire de l'efficacité, de l'efficience et de l'économie.

---

[144] *Intosai 50 ans : 1953-2003*, Vienne, INTOSAI, 2004, p. 84 et suiv.

[145] *Ibidem*, p. 89.

[146] Article 23 loi n° 99-70 du 17 février 1999 précitée.

[147] 5e Conférence internationale sur la formation judiciaire, École nationale de magistrature de Bordeaux et IOJT (*International organization for judicial training*), octobre-novembre 2011 (http://www.enm.justice.fr).

CONCLUSION

Le législateur ouest-africain, sur les traces du droit positif français, a développé une approche de contrôle des finances publiques qui fait de la Haute juridiction financière, un juge dont les arrêts sont pris sous réserve. L'autorité de la chose jugée qui fait traditionnellement d'une décision de justice un acte intangible, est ici bridée aussi bien par la juridiction administrative que par l'autorité administrative gouvernementale qu'est le ministre en charge des finances. La justification qui en est donnée s'énonce, d'une part en l'altérité de l'office du juge financier et de celui du ministre en charge des finances, le premier juge les comptes et le second juge les comptables. D'où l'expression de la "*double juridiction*" exercée sur les comptables publics ; d'autre part, le juge administratif est garant de la légalité administrative tandis que le juge financier est le censeur de la normativité comptable. Cette construction des rapports fonctionnels de la juridiction financière avec son environnement est en train d'être ébranlée par les évolutions les plus significatives du droit financier des États ouest-africains francophones. D'abord, l'extension des missions du juge financier, à la fois juge des comptes des comptables publics mais aussi juge des fautes de gestion des ordonnateurs et comptables. Son profil professionnel s'en ressent et il apparaît qu'il est tout à la fois un juriste, un spécialiste des comptes publics et un expert en management (public et privé). En droit positif, seule la loi sénégalaise continue de traîner l'anachronisme du recours en cassation des arrêts de la Haute juridiction financière devant le juge administratif suprême. Ensuite, il est de l'essence de l'autorité de la chose jugée de clôturer un débat, de mettre un point final à une procédure. Il est aussi de la nature de la chose jugée que la décision juridictionnelle soit appliquée par tous, y compris par les autorités gouvernementales ; "*ce qui a été jugé doit être exécuté*" écrit Guillaume DELVOLVÉ. La Cour constitutionnelle du Bénin renchérit en décidant que "*la chose jugée impose à l'Administration une double obligation, à savoir, d'une part, l'obligation de prendre toute les mesures pour exécuter la décision juridictionnelle, et d'autre part, l'obligation de ne rien faire qui soit en contradiction avec ladite décision*[148]. Ceci parce que la justice est un pouvoir et que la séparation des pouvoirs contraint l'administration au respect de l'intangibilité des situations de droit résultant d'une décision de justice[149].

---

[148] Décision DCC 04-044 du 23 avril 2004, Tanimomo PASCAL, *Recueil*, 2004, p. 193.

[149] Sous réserve, en matière judiciaire, de la grâce présidentielle et de la loi d'amnistie.

Enfin, l'air du temps est à la recherche de l'efficacité et de la performance financières et non plus à l'exploitation de mécanismes processuels qui pérennisent l'universalisation de l'irresponsabilité financière des agents publics et des gouvernants. Les défis nouveaux et les visées nouvelles d'une Afrique de l'Ouest en quête d'émergence économique et de mieux-être collectif, commande la restauration d'une autorité de la chose jugée au financier, une autorité intangible parce que normalisée par rapport aux autres ordres juridictionnels, qu'ils soient judiciaires, administratif ou constitutionnel.

RÉFLEXION SUR LE NOUVEAU CADRE HARMONISÉ DES FINANCES PUBLIQUES DANS L'ESPACE UEMOA[1]

INTRODUCTION

L'année 2009 marque-t-elle l'entrée en religion des pays membres de l'Union Économique et Monétaire ouest-africaine (UEMOA) ? On est tenté, *a priori*, par une réponse affirmative lorsqu'on sait que les six principales directives (couvrant les aspects juridiques, comptables et statistiques) adoptées en juin 2009[2] sont assorties d'un calendrier d'opérationnalisation : 1er janvier 2012 pour la transposition en droits nationaux des États, c'est-à-dire l'opposabilité juridique desdites directives et le 1er janvier 2017 (soit un délai d'incubation de cinq ans) pour l'entrée en plein régime de *performance budgeting*.

Pour autant, les mots et les concepts ne sont point inédits sur le continent. Le Nigérias'essaye au *Programme and performance budgeting* depuis 1976, faisant ainsi suite aux travaux de la Commission présidée par Chief Jarome Udoji[3]. Le Zimbabwé[4] et dans une certaine mesure la

---

[1] Publié dans *la Revue Africaine des Sciences Juridiques,* n° 1-2014.

[2] Directive n°01/2009/CM/UEMOA du 27 mars 2009 portant Code de transparence dans la gestion des finances publiques au sein de l'UEMOA ; Directive n° 06/CM/UEMOA du 26 juin 2009 relative aux lois de finances ; Directive n°07/CM/UEMOA du 26 juin 2009 portant règlement général sur la comptabilité publique ; Directive n°08/CM/UEMOA du 26 juin 2009 portant Nomenclature budgétaire de l'État ; Directive n°09/CM/UEMOA du 26 juin 2009 portant Plan Comptable de l'État (PCE) au sein de l'UEMOA ; Directive n°10/CM/UEMOA du 26 juin 2009 portant Tableau des Opérations Financières de l'État (TOFE) au sein de l'UEMOA.

[3] Dr. Chuks P. MADUABUM, « Determination of results within public service and state institutions : results, deliverables, objectives and final products », *in Études et Documents du CAFRAD (Centre Africain de Formation et de Recherche Administratives pour le Développement),* n° 13, septembre 2007, p. 72.

[4] A. NCUBE, « Zimbabwe country presentation at the pan African conference on result based management », *in Études et Documents du CAFRAD (Centre Africain de Formation et de Recherche Administratives pour le Développement),* n° 13, septembre 2007, p. 189.

Tanzanie[5] et Madagascar[6] se retrouvent aussi dans le cercle des pays saisis par la fièvre de la gestion par la performance.

De même, et par une conjonction de facteurs dont principalement les conditionnalités externes, trois pays au moins de la sous-région ouest-africaine francophone (Burkina Faso, Mali, Bénin) s'exercent à l'élaboration et à la mise en œuvre de budgets de programmes avec des avancées, mais surtout des contraintes indéniables[7]. Au Bénin, la vision stratégique du Gouvernement telle que décrite par le Décret n°2005-789 du 29 décembre 2005, portant approbation du Cadre de Réforme de la Gestion Budgétaire Axée sur les Résultats (Car-GBAR) définit la gestion performantielle des finances publiques comme *"un mode intégré et concerté de management qui assure la performance des services et met résolument les finances publiques au service du développement et du bien-être des citoyens"*. D'une manière générale, la réflexion sur les questions de finances publiques est devenue un centre d'intérêt commun aux pays africains[8].

Partant du postulat que *"l'argent public est au cœur de l'État de droit et de la démocratie,"*[9] l'UEMOA entend donner une suite et un prolongement financier aux grandes questions de gouvernance politique qui ont constitué la trame de la vie des États au cours de la décennie 1990 :

---

[5] A. SHAYO, « Towards effective performance appraisal in the Tanzania public sector : the case of vacational education and training (VETA) », *in Études et Documents du CAFRAD (Centre Africain de Formation et de Recherche Administratives pour le Développement),* n° 13, septembre 2007, p. 169.

[6] J. M. TSIANDOPY, « Quels résultats dans les services publics des pays : le cas de Madagascar », *in Études et Documents du CAFRAD (Centre Africain de Formation et de Recherche Administratives pour le Développement),* n° 13, septembre 2007, p. 185.

[7] A. PARIENTE, A. S. COULIBALY, « Programmes et mesure de la performance en France et dans les pays africains », *Revue Française de Finances publiques,* n°98/2007, p. 33. J. TONOUKOUEN, « Contribution à l'amélioration du système de suivi-évaluation du budget-programme au ministère de l'Économie et des Finances », *Mémoire de fin de formation, École Nationale d'Administration et de Magistrature,* Cotonou, janvier 2008.

[8] Voir les travaux de Collaborative Africa Budget Reform Initiative (CABRI) : 4e séminaire annuel de CABRI 13 au 15 décembre 2007, à Accra, au Ghana, Posons-nous les bonnes questions ? Construire une perspective à moyen terme dans l'élaboration du budget, Pretoria, Alta Fölscher, 2007. Voir aussi CAFRAD, Conférence panafricaine : Vers une administration et une gouvernance axée sur la performance et les résultats, *Études et Documents du CAFRAD (Centre Africain de Formation et de Recherche Administratives pour le Développement),* n° 13, septembre 2007.

[9] Préambule, Directive n°01/2009/CM/UEMOA du 27 mars 2009 portant Code de transparence dans la gestion des finances publiques au sein de l'UEMOA.

renouveau démocratique, transition démocratique, nouveau constitutionnalisme, pluralisme politique, libéralisme politique, etc.[10] L'Acte 2 de la refondation des États ouest-africains francophones s'incarne dans le souci de performance budgétaire en vue de rendre possible l'optimum de bien-être partagé que le discours dominant nomme improprement développement et dont les liens de causalité avec la démocratie politique sont plus qu'incertains[11]. Dans un contexte dominé par les impératifs de réduction de la pauvreté (Stratégie de réduction de la pauvreté) et les Objectifs du Millénaire pour le Développement (OMD)[12], la question de la qualité de la gouvernance publique, plus exactement de la gouvernance financière publique devient le point axial des préoccupations des politiques et des gestionnaires. De ce point de vue, le nouveau cadre harmonisé des finances publiques devient la matrice de la renaissance du droit et de la gestion financière au service de la promotion économique et financière des États.

Comment porter la réflexion sur un tel dispositif de six grandes directives ? La question épistémologique est d'importance, quand on connaît les mécanismes d'adoption desdites directives : avant-projet de textes élaborés par des consultants, examen et validation par le Comité des experts et la Commission, adoption par le Conseil des ministres de l'UEMOA. Cet enchaînement procédurier ne laisse pas de traces de documents comparables à ce que l'herméneutique juridique appelle les "*travaux préparatoires*" (exposé des motifs, rapports de commissions parlementaires, compte-rendu de débats parlementaires, etc.). Cette opacité ontologique des directives reçoit un palliatif grâce au programme d'appui aux réformes du cadre harmonisé des finances publiques[13] (Composante 1, élaboration des documents de communication/ dissémination et composante 2, formation) piloté par la Commission. La présente étude ne vient pas en complément ou en support du travail

[10] Organisation internationale de la Francophonie, *Bilan des conférences nationales et autres processus de transition démocratique*, Paris, Pedone, 2001.

[11] Ambivalence du lien de causalité que souligne Pierre Boutros BOUTROS-GHALI (P. B. BOUTROS-GHALI *L'interaction démocratie et développement*, Paris, UNESCO, 2002) et qu'exprime aussi le prix Nobel d'économie (1998). Amartya SEN « Un pays ne doit pas être déclaré mûr pour la démocratie, mais il doit plutôt parvenir à la maturité par la démocratie ». (Amartya SEN, *La démocratie des autres. Pourquoi la liberté n'est pas une invention de l'Occident.* Paris, Payot, 2005). La maturité par la démocratie, ou la maturité par d'autres voies, l'option semble ouverte.

[12] Toutes choses qui démontrent l'externalisation de la réflexion stratégique dans les pays membres de l'UEMOA.

[13] Programme d'appui prévu par l'article 88, Directive relative aux lois de finances.

pédagogique des experts de l'UEMOA. Elle ne fait pas l'exégèse des textes mais se veut un exercice académique centré sur la logique interne du cadre harmonisé, son originalité du point de vue du droit financier comparé et surtout l'évaluation *ex ante* du dispositif, c'est-à-dire la réponse aux questions de "*ça va marcher*" ou de "*ça ne va pas marcher*" ou encore de "*est-ce que tout cela a un sens ?*"

Si l'on veut saisir l'originalité quintessentielle du nouveau cadre harmonisé des finances publiques, on évoquerait tout simplement le paradigme de la gestion budgétaire axée sur la performance. Vaste chantier de la gestion publique qui a une filiation certaine avec le PPBS américain (*Planning Programming Budgeting System*) des années 1960 et l'expérience française de Rationalisation des Choix Budgétaires de la décennie 1970. Ce qui n'était qu'une coquetterie managériale publique devient un impératif de politique publique et surtout de politique budgétaire lorsque les chocs pétroliers successifs de 1973-1979 plongent les pays industrialisés dans une triple crise de la croissance, de l'emploi et de l'inflation. Sur ce socle objectif de tensions budgétaires consécutives à la longue période de prospérité d'après-guerre se greffent les doctrines néo-libérales, notamment celle du *public choice* qui lie le coût des services publics à la notion de juste prix, au sens que les options alternatives de la concurrence donnent à cette expression. La budgétisation axée sur la performance devient un lieu commun de la gestion financière publique dans les pays membres de l'OCDE (Organisation pour la Coopération et le Développement Économiques). Elle nourrit une littérature abondante, principalement relayée par la *Revue de l'OCDE sur la Gestion Budgétaire*[14]. Pour les

[14] J. R. BLÖNDAL, « Questions soulevées par la budgétisation sur la base des droits constatés », *Revue de l'OCDE sur la Gestion Budgétaire,* Vol. 4, n°1, 2004, p. 121 ; J. K. KTISTENSEN, W. S. GROSZYK, et B. BÜHLER, « L'élaboration et la gestion des budgets centrés sur les résultats », *Revue de l'OCDE sur la Gestion Budgétaire,* vol. 1, n°4, 2002, page 7; W. GROSZYK, « La gestion axée sur les résultats aux États-Unis », *Revue de l'OCDE sur la Gestion Budgétaire,* vol. 1, n°4, 2002, p. 139 ; A. SCHICK, « Vingt-cinq années de réforme budgétaire », *Revue de l'OCDE sur la Gestion Budgétaire,* vol.4, n°1, 2004 ; J. R. BLÖNDAL, « La réforme budgétaire dans les pays membres de l'OCDE : tendances communes », *Revue de l'OCDE sur la Gestion Budgétaire,* vol. 2, n°4, 2003 ; R. MUZELLEC, « Vers la certification des comptes de l'État en 2007 », *Mélanges Loïc Philip,* Paris, Economica, 2005 p. 475 ; F. MARTY, S. TROSA et A. VOISIN, « Les enjeux liés à l'adoption d'une comptabilité patrimoniale par les administrations centrales », *Revue internationale de Sciences administratives,* vol. 72(2), 2006, p.413 ; OCDE, *La budgétisation axée sur la performance dans les pays de l'OCDE*, Paris, OCDE, 2007.

experts de l'OCDE, la gestion par la performance est frappée au coin du bon sens le plus élémentaire. Il s'agit en effet de "*dissocier les décisions budgétaires des problèmes de moyens (quels montant de crédits puis-je obtenir ?) pour les recentrer sur des résultats mesurables (que puis-je accomplir avec ces crédits ?)*"[15]. La dimension culturelle, plus exactement la mutation culturelle qu'implique la nouvelle démarche est notable. En effet, pour les agents publics, le propre du denier public est d'être dépensé sans compter, sans lésiner, sans retenue. Désormais, avec la budgétisation axée sur la performance, la passerelle avec le management privé est établie. On a ou on aura le souci de dépenser mieux pour prélever moins.

Les écoles nord-américaines du *corporate governance,* c'est-à-dire du management privé, sont pour le moins fertiles en concepts et idées. Le juriste a presque le tournis lorsqu'il doit manier des terminologies aussi variées que la budgétisation axée sur les produits, l'"*activity based management, la function based management, la value based management, le time based management, le project based management, le product based management, etc.*" Le cadre harmonisé des finances publiques au sein de l'UEMOA emploie l'expression de "*gestion budgétaire axée sur les résultats*" (article 84, DRGCP) au même titre que le décret du Bénin portant approbation du Cadre stratégique de la gestion budgétaire axée sur les résultats[16]. Dans la budgétisation, mais aussi dans la gestion budgétaire les auteurs mettent en exergue tantôt "*les résultats*"[17]*, tantôt* "*la performance*"[18]. Partant de l'idée que le résultat n'est qu'un niveau de la performance, laquelle comporte plusieurs autres niveaux comme le produit, l'activité, l'impact, etc., il sera préféré, dans le cadre des développements qui suivent, l'expression gestion budgétaire axée sur la performance. En toute hypothèse, ce choix de la performance fait par le cadre harmonisé des finances publiques situe les décideurs et les gestionnaires sur un terrain d'innovation permanente, d'adaptabilité, de créativité et de pro-activité.

---

[15] OCDE, *La budgétisation axée sur la performance dans les pays de l'OCDE, op. cit.* p. 11.

[16] Décret n°2005-789 du 29 décembre 2005, portant approbation du Cadre de Réforme de la Gestion Budgétaire Axée sur les Résultats (Car-GBAR).

[17] M. STERCK, « Les conséquences de la budgétisation axée sur les résultats pour la fonction parlementaire : l'exemple de quatre pays », *Revue internationale de Science Administrative,* Vol. 73(2), 2007, p. 207.

[18] OCDE, *La budgétisation axée sur la performance dans les pays de l'OCDE, op. cit.*

Si on l'examine du point de vue de sa pertinence et de son opportunité, le nouveau cadre harmonisé des finances publiques constitue une solution, plus exactement une contribution à la solution aux tensions budgétaires et au manque de résultats probants des politiques publiques. Pour les pays membres de l'UEMOA, les déficits publics ont quelque chose de structurel dans la mesure où le socle économique n'est pas suffisamment consistant[19] pour optimiser les prélèvements au titre des ressources publiques destinées à la couverture des charges publiques. Selon les experts de la Commission de l'UEMOA, une des constantes de la gestion financière des États membres est la "*dépendance accrue des budgets nationaux aux aides extérieures*"[20]. Les statistiques donnent une fourchette de 10 % à 41 % d'apports extérieurs aux budgets de chacun des huit pays membres[21]. Ce à quoi s'ajoutent la question managériale, "*les dysfonctionnements liés à la chaîne de la dépense publique*"[22]. La Banque Mondiale avait relevé dès 1997 l'importance des défis managériaux. Elle avait conclu *que* "*une bonne administration n'est pas un luxe mais une nécessité vitale. Sans un État efficace, il n'est pas de développement économique et social durable*"[23].

---

[19] Sans sous-estimer évidemment les facteurs inhibants comme la gestion prébendière (W. H. ADOUN, F. K. AWOUDO, *Bénin : une démocratie prisonnière de la corruption*, Cotonou, Friedrich Ebert, 2007) ou le phénomène de l'évasion fiscale par exemple. Selon l'institut de recherche américain Global Financial Integrity les chiffres de l'évasion fiscale sur le continent africain auraient représenté 1 800 milliards de dollars sur les quarante dernières années. Cette évasion se serait effectuée principalement vers les institutions financières des pays riches, croissant au rythme annuel moyen de 11,9 % ! « Même en optant pour un calcul plus prudent, reposant sur les modèles économiques de la Banque mondiale et du FMI, Global Financial Integrity calcule que le continent aurait ainsi perdu 854 milliards de dollars de capital cumulé entre 1970 et 2008 ». En pourcentage de PIB, ce phénomène d'évaporation représentait 2 % du produit intérieur brut (PIB) du continent en 1970, 11 % en 1987, 8 % en 2007 et 7 % en 2008. De quoi effacer la dette extérieure de 250 milliards de dollars, tout en disposant de près de 600 milliards de dollars pour lutter contre la pauvreté et favoriser la croissance économique. (Voir hebdomadaire économique *Les Afriques* « Fuite des capitaux africains : 854 milliards de dollars évaporés », 29 mai 2010).

[20] G. DEFRÉNOT, E. HOUESSOU et E. NONFODJI, *Politique budgétaire et dette dans les pays de l'UEMOA*, Paris, Economica, 2007, p. 1.

[21] G. DEFRÉNOT, E. HOUESSOU et E. NONFODJI, *Politique budgétaire et dette dans les pays de l'UEMOA*, *op. cit*., 5. Ces taux ne prennent pas en compte les prêts et dons ciblés qui ne sont pas retracés dans les lois de finances en violation du principe de l'unité budgétaire.

[22] *Ibidem,* p. 11.

[23] Banque Mondiale, *Rapport sur le développement dans le monde, 1997 : l'État dans un monde en mutation*, Washington, 1997.

La question de la gouvernance publique, plus exactement de la gouvernance financière était ainsi posée. Elle le reste encore. Le cadre harmonisé des finances publiques apporte un début de réponse.

Mais ce cadre harmonisé se suffira-t-il à lui tout seul ? En d'autres termes, la gouvernance financière peut-elle être refondée sans se conjuguer avec la refondation de la gouvernance publique ? Doit-on adopter une approche plutôt holistique des enjeux de l'heure ? Les directives de 2009 n'apportent pas de réponse explicite à ces interrogations. Tant il est vrai que les cheminements sont variés dans les pays qui ont adopté la budgétisation axée sur la performance. La démarche française fait de la LOLF (Loi organique relative aux lois de finances) de 2001, le "*levier pour de la réforme de l'État*"[24]. Sous le paradigme générique de *New Public Management* (NPM), les néo-zélandais et les britanniques rassemblent les aspects administratifs, financiers, organisationnels de la gestion publique. La NPM est transdisciplinaire par essence[25]. La gestion budgétaire s'enchâsse dans une dynamique synergique de reconceptualisation de l'État, de ses missions et de ses modes opératoires. L'UEOMA et ses États membres semblent s'inspirer de cette approche globalisante, du moins, s'il l'on en juge par les dispositifs organiques existants. En effet, un ministère est dédié à la réforme et à la modernisation de l'État au Mali, au Burkina Faso et au Bénin[26], tandis qu'au Sénégal est créé une Délégation à la

---

[24] D. MIGAUD et A. LAMBERT, « La LOLF : levier de la réforme de l'État », *in Revue française d'administration publique*, n° 117, 2006, p. 11. Soulignons que ces deux auteurs sont les initiateurs du projet de loi organique qui a débouché sur la LOLF française.

[25] K. SCHEDLER et I. PROELLER, *New Public Management*, Berne, Haupt, 2000; J. Boston, J. Martin, J. Pallot and P. Walsh, "Public Management: The New Zealand Model", *Social Policy Journal of New Zealand,* juillet 1996.

[26] Le Décret portant approbation du Cadre stratégique de la réforme budgétaire axée sur les résultats précise que « D'un autre point de vue, la réforme budgétaire a été de pair avec une réforme appropriée de l'administration publique. Le couplage de la réforme budgétaire à la réforme de l'administration publique vise à mieux mesurer l'évolution de la masse salariale, accroître la performance de l'administration, mettre en place une politique de recrutement saine permettant de pallier les pénuries de personnel et offrir des services sociaux de base de qualité aux citoyens. Ainsi de nombreuses décisions ont été prises parmi lesquelles : la refonte du statut des agents Permanents de l'État pour l'adapter au nouveau contexte national, la clarification des missions de l'État, l'adoption de la nomenclature des emplois statutaires et des hauts emplois techniques, la mise en place de nouvelles règles de répartition des responsabilités entre le ministère en charge de la fonction publique et les ministères sectoriels. » Décret n° 2005-789 précité.

Réforme de l'État pour souligner le caractère transversal du sujet. Au niveau continental, la Charte de la fonction publique en Afrique (2001) se veut "*un outil de référence*" (article 1er) qui met l'accent sur des valeurs comme la "*qualité et efficience*" (article 10) et des concepts comme le "*meilleur rapport qualité-coût*" (Préambule) pour une fonction publique de "*promotion du développement économique et social, humain et durable*" (Préambule).

La réforme de l'État a déjà conduit, au cours de la décennie 1990, à une nouvelle spatialisation du pouvoir, à une aération du pouvoir, à la décentralisation administrative.[27] Les collectivités territoriales locales ont en charge les questions de développement et d'investissements publics locaux. Si l'on applique le principe de subsidiarité des compétences, l'essentiel des financements et de la gestion des fonds publics sera concentré entre les mains des élus locaux et leurs administrations de proximité. Or, le cadre harmonisé des finances publiques ne prend en compte que l'aspect comptable (Directive annoncée sur le Plan comptable et la nomenclature budgétaire des collectivités locales) au détriment de la dimension juridique et budgétaire. En clair, les collectivités territoriales sont formellement hors du champ de la gestion performantielle des budgets publics. Ce qui semble en contradiction avec les nouvelles perspectives de la gestion financière publique. Les notions de déficit public, d'endettement public et corrélativement le principe de l'unité budgétaire s'apprécient dorénavant sur des horizons qui intègrent les comptes de l'État, ceux des collectivités territoriales et enfin les soldes des établissements publics étatiques ou locaux[28].

Le cadre harmonisé est daté de l'année 2009. L'échéance temporelle pour son effectivité est fixée à 2017. Entre ces deux bornes, que de chantiers à exécuter ! Les questions axiales qui jonchent le chemin de la nouvelle gouvernance financière publique ont nom : la contexture des programmes budgétaires, l'élaboration des indicateurs, leur mode d'administration, la comptabilité patrimoniale, la budgétisation à base des droits constatés, l'enchaînement loi de règlement/loi de finances de l'année, les contrôles politiques et juridictionnels, etc. Le chemin de

---

[27] Ch. NACH MBACK, *Démocratisation et décentralisation*, Paris, Karthala- PDM 2003, p.31 ; N. MÉDÉ, « L'autonomie 'retenue' : Étude sur le principe de libre administration des collectivités territoriales en Afrique de l'ouest francophone », *Revue Juridique et Politique des États francophones* n°2 avril/juin 2008 ; *Cahiers Africains d'Administration Publique,* n°73/2009, p. 1.

[28] W. GILLES, *Les transformations du principe de l'unité budgétaire dans le système financier public contemporain,* Paris, Dalloz, 2007.

la modernisation des finances publiques est sur une pente particulièrement forte !

En tout état de cause, le cadre harmonisé a le mérite d'exister. Il catalyse les énergies et les ambitions des États membres. Sa force, c'est de réaliser un basculement (putatif) dans la modernisation de la gestion financière publique (I). En saisissant le bout financier, les États membres aspirent à réaliser une modernisation et une rationalisation de la gouvernance publique. Cependant, le cadre harmonisé reste lesté par une certaine conception liturgique de la gestion financière publique. Ce qui place l'ensemble du dispositif de 2009 au cœur d'une problématique itérative, celle de la réception (au sens juridique du terme) harmonieuse en droits nationaux positifs des États (II).

I. LE CHFP, UN BASCULEMENT PUTATIF DANS LA MODERNISATION DE LA GESTION FINANCIÈRE PUBLIQUE

La modernité ou la quête de modernité en management public est antinomique de la routine, de la léthargie, de l'informélisation des procédures qui conduisent toutes à l'inefficacité, à l'opacité et à l'irresponsabilité des acteurs. L'engagement pour la modernité est perceptible au double niveau de la recherche de légitimité de l'action financière de l'État (A) et de l'adhésion aux techniques et principes inspirés du *substratum* commun de la gestion performantielle des finances publiques (B).

A. La quête de légitimité de l'action financière.

La source de toute légitimité en régime démocratique réside dans le peuple. L'option faite, à l'orée de la décennie 1990, pour le renouveau démocratique implique, de la part des pays membres de l'UEMOA, une adhésion à ce principe de légitimité démocratique. Cet *imperium* du peuple se manifeste soit par le biais des représentants élus, soit directement par les populations elles-mêmes.

Le cadre harmonisé des finances publiques réalise un rééquilibrage des pouvoirs financiers entre l'exécutif d'une part, le parlement et l'opinion publique d'autre part. Ce rééquilibrage institutionnel vient corriger la distribution du pouvoir financier faite par la Directive n°5/97/CM/UEMOA du 16 décembre 1997 portant loi de finances ainsi que les lois organiques nationales relatives aux lois de finances[29]. Celles-ci procèdent de l'inspiration générale de l'ordonnance française du 2 janvier 1959, laquelle était la traduction en finances publiques des choix de parlementarisme rationalisé (qu'on dit aussi parlementarisme lyophilisé) en France. L'état du droit conférait à la représentation nationale des pouvoirs résiduels qu'on peut ramener à quelques idées force : le parlement ne participe pas à la préparation du projet de loi de finances ; il vote la loi de finances mais son pouvoir d'amendement est strictement encadré et limité ; le décalage temporel entre le vote de la loi de finances de l'année et l'adoption de la loi de règlement rend l'examen de ce dernier sans intérêt politique et pratique.

Les directives de 2009 opèrent un changement notable au triple niveau de la préparation de la loi de finances, de son exécution et du vote de la loi de règlement. En effet, la Directive portant Code de transparence énonce que "*le choix des dépenses et des recettes par les pouvoirs publics est clair et intervient au terme d'un débat large et ouvert*" *(Préambule)*. Le même texte poursuit et prescrit qu'"*est établi et rendu public un calendrier budgétaire annuel de préparation du budget. Ce calendrier notamment prévoit, dans un délai raisonnable précédant le dépôt des projets de loi de finances, la publication par le Gouvernement de ses hypothèses économiques, de ses grandes orientations budgétaires pour l'année à venir et des principales mesures du prochain projet de budget : ce rapport fait l'objet d'un débat au parlement*"[30]. La Directive portant loi de finances reprend ces idées en instituant un "*débat d'orientation budgétaire au parlement au plus tard à la fin du deuxième trimestre de l'année*" (art. 57, DLF). Ce débat porte sur le document de programmation budgétaire et économique (article 52, DLF) ainsi que (éventuellement) des documents de programmation annuelle des dépenses (article 53, DLF). Ces documents préfigurent et expliquent les choix qui seront faits dans le projet de loi de finances : les hypothèses économiques recensées par le Gouvernement, l'évaluation du niveau global des recettes et dépenses, les objectifs d'équilibre budgétaire sur le moyen terme, l'évolution des crédits sur trois ans, les

[29] Loi 86-021 du 26 septembre 1986 relative aux lois de finances (Bénin) ; Loi organique 2001-09 relative aux lois de finances du 15 octobre 2001 qui abroge et remplace la loi 75-64 du 28 juin 1975 relatives aux lois de finances, modifiée par les lois organiques n° 91-24 du 30 mars 1991 et n° 98-45 du 10 octobre 1998 (Sénégal) ; Loi n° 006-2003/an relative aux lois de finances (Burkina Faso) ; Loi N°96-060 du 4 novembre 1996 relative à la loi de Finances (Mali).

[30] Point 2.4, Directive portant Code de transparence.

résultats attendus de chaque programme budgétaire, etc. Ce débat d'orientation budgétaire est un exercice participatif qui doit permettre de ne plus faire des choix fondamentaux en matière financière, la chose exclusive de la technostructure des administrations financières, mais de faire contribuer la représentation nationale, et donc le peuple souverain. Le parlement pourra opiner sur des choix de politique financière aussi engageant pour la nation que : faut-il avoir un programme avec le Fonds Monétaire International, l'imposition des compagnies pétrolières est-elle optimum, la taxation des revenus du travail est-elle équitable, les administrations sont-elles dispendieuses, etc., autant de préoccupations, qui, lorsqu'elles sont mises en perspective sur le moyen terme, font l'objet d'une évaluation et d'une décision servies par une connaissance plus approfondie des défis financiers de la nation. Le débat d'orientation budgétaire ne fera pas l'économie de vaines et partisanes rhétoriques parlementaires, mais il pourra aussi être un moment de discussions, de débats républicains sur les choix alternatifs de finances publiques auxquels les pays sont confrontés.

L'examen et le vote du projet de loi de finances sont le second temps fort de l'implication du parlement dans la procédure budgétaire. Les marges de manœuvre des élus du peuple restent faibles (délai de vote et droit d'amendement, articles 58 & 59, DLF) mais l'information du parlement est plus circonstanciée. Le Gouvernement produit à l'appui du projet de loi de finances des annexes explicatives (documents de programmation à moyen terme, états des dettes et créances de l'État, tableaux croisés de classifications, justification des autorisations nouvelles, etc., article 46, DLF) mais surtout dispose du texte du projet de loi de règlement de l'année n-1 ainsi que des rapports de la juridiction financière au jour où commence la session budgétaire du parlement consacrée au projet de loi de finances de l'année *n+1* (article 63, DLF).

Enfin, c'est en matière d'exécution que la représentation nationale récupère une compétence nouvelle qu'il n'exerçait qu'à l'occasion d'hypothétiques commissions d'enquête parlementaires. Le Gouvernement transmet au parlement, tous les trimestres, un "*rapport sur l'exécution du budget et l'application du texte de la loi de finances*" (article 74 al.2, DLF). Les parlementaires peuvent aussi procéder à des "*investigations sur place*" (article 74, al.3, DLF) ou demander à auditionner les ministres (article 74, al.4, DLF). D'une manière générale, les commissions de finances du parlement ont la mission de veiller à la "*bonne exécution des lois de finances*" (article 74, al.1, DLF). Le Code de transparence lui confère "*un droit d'information et de communication sans réserve sur tous les aspects relatifs à la gestion des deniers publics*" (Préambule, Code de transparence). On entre ainsi dans un schéma institutionnel et fonctionnel de la gouvernance financière qui rappelle, en un certain sens, l'ascendant qu'a le Congrès américain sur l'administration et sa gestion financière, au nom de l'équilibre des pouvoirs et du contrôle démocratique.

Le renforcement des pouvoirs des parlements n'épuise pas le champ du contrôle démocratique en matière de gestion financière publique. Jean-Jacques ROUSSEAU pensait que la démocratie représentative est un asservissement du peuple. Cependant, l'ingénierie constitutionnelle n'a pas trouvé le *process* politique qui permettrait de faire décider, à échéance quotidienne, des millions de citoyens sur des questions d'intérêt commun. À défaut et comme un palliatif, s'installent des formes de démocratie participative ou de démocratie semi-directe, manière de "*démocratisation de la démocratie*"[31], surtout servie par une information du citoyen en ce siècle où triomphent *twitter* et *facebook*.

Le cadre harmonisé des finances publiques fait une place importante à l'information des citoyens. D'abord, au cours de la phase d'élaboration de la loi de finances de l'année, sont rendus publics, les documents servant de support au débat d'orientation budgétaire (article 57, DLF). Les citoyens ont, au même titre que leurs élus, un accès direct à l'information de première main en matière financière, économique et plus généralement sur les choix de politique publique qui engagent la nation entière sur plusieurs années.

Ensuite, l'exécution de la loi de finances offre une seconde occasion d'afficher la transparence en matière de gestion publique. En effet, les rapports trimestriels sur l'exécution de la loi de finances sont rendus publics (article 74, al.2, DLF). De même, les rapports des corps de contrôle administratif (Inspection générale des Finances, Inspection générale d'État, Vérificateur Général, Inspection Général de ministère, etc.) "*sont mis à la disposition du public*" (article 94, DRGCP).

Enfin, l'alternance politique et les changements d'équipe au niveau de l'administration des collectivités territoriales donnent lieu à un rapport, "*audité par un organe indépendant et publié*" (article 2.7, Code de transparence). Ce devoir de publicité vient corriger les cachoteries

[31] Y. SINTOMER, « Avant propos » *in* Y. SINTOMER (dir.), *La démocratie participative*, Problèmes Politiques et Sociaux, n° 959, Paris, La Documentation Française, 2009, p. 7.

qui ont accompagné l'audit des services publics consécutivement aux alternances de 2000 au Sénégal et de 2006 au Bénin.

La formulation des textes est très laconique. Les expressions ou les mots utilisés par le jurislateur communautaire sont "*publié*" ou "*rendu public*" ou encore "*mis à la disposition du public*", sans autre précision que le site internet (point 6.4, Code de transparence) sur le mode opératoire de ce mécanisme de transparence. Si on ne peut, sur la base de ces formulations des textes, mettre à la charge des autorités publiques des États une obligation positive de publicité sous la forme de campagne méthodique d'IEC (information, éducation, communication), du moins est-il raisonnable de présumer que s'impose à l'Administration des États un devoir d'abstention, au sens du libre accès de tous aux documents en question, sans obstruction. Ainsi, les hommes des médias, les universitaires, les associations à mission citoyenne et même tout individu peuvent avoir communication du dossier, le relayer dans la presse, les amphithéâtres universitaires, les forums citoyens, en un mot, alimenter le débat républicain décentralisé que l'on appelle de plus en plus la démocratie participative.

En tout état de cause, ces mécanismes de publicité sont la mise en œuvre des orientations générales contenues dans le Code de transparence dans la gestion des finances publiques. L'idée matricielle est que "*les citoyens, à la fois contribuables et usagers des services publics, sont clairement, régulièrement et complètement informés de tout ce qui concerne la gouvernance et la gestion des fonds publics : ils sont mis en capacité d'exercer dans le débat public, leur droit de regard sur les finances de toutes les administrations publiques*" (Préambule, Code de transparence).

Plus qu'un changement de comportement, c'est une révolution managériale qui est sollicitée. L'univers administratif et politique des États membres est celui où l'opacité est source de pouvoir et où le refus d'informer le peuple souverain renforce le pouvoir. Or, c'est ce vice essentiel de la gestion publique qu'il faut vaincre pour que puissent éclore les fondamentaux de la gestion budgétaire axée sur la performance, tels que dessinés par le cadre harmonisé des finances publiques.

B. L'adhésion aux fondamentaux de la gestion performantielle des finances publiques

La rédaction des directives est assez claire sur l'orientation de la gestion budgétaire à insuffler dans les États membres. Les constantes de la gestion budgétaire axée sur la performance[32] trouvent leur place et confortent le choix de modernisation des finances publiques dans la communauté. Ces choix sont : (i) *la pluriannualité* : elle exprime l'intégration du moyen terme dans la budgétisation. "*les crédits sont spécialisés par programme*" (article 12, *in fine*, DLF), le programme étant lui-même un ensemble cohérent de ressources et d'actions orientées vers la réalisation d'une politique publique "*dans une perspective de moyen terme*" (article 12 al.3, DLF). Le projet de loi de finances est accompagné d'un "*document de programmation budgétaire et financière pluriannuelle couvrant une période minimale de trois ans*" (articles 46 et 52, DLF), une appellation générique du Cadre de Dépenses à Moyen Terme (CDMT) que connaissent déjà les pays comme le Burkina Faso, le Sénégal, le Mali et le Bénin. La loi de finances de l'année reste un document régi par le principe de l'annualité budgétaire mais la perspective temporelle s'élargit. Les affectations de ressources pourront se faire en considération des conséquences pour le moyen terme. Le Gouvernement lui-même se donne des balises sur trois ans en matière de volume global de recettes, de dépenses, du déficit ou du niveau d'endettement par exemple. Le principe général étant que les crédits non consommés au cours d'un exercice budgétaire ne peuvent être reportés sur l'année suivante (article 24, al.1, DLF), la perspective pluriannuelle introduit une dérogation s'agissant des autorisations d'engagement et même des crédits de paiement associés à un programme budgétaire (article 24 al.2 & 3, DLF). (ii) *le résultat et la mesure de la performance* : les programmes budgétaires sont assortis "*d'objectifs précis, arrêtés en fonction de finalités d'intérêt général et des résultats attendus*" (*article 12, al.4, DLF*). Les résultats sont mesurés au moyen "*d'indicateurs de perfor-mance*" (article 12, al.5, DLF). Par ailleurs, le projet de loi de finances de l'année est accompagné du "*projet annuel de performance de chaque programme*" (article 46 point 1, DLF). Le projet de loi de règlement est accompagné des "*rapports annuels de performance par programme*" (article 50, al.3, DLF). La Cour des comptes donne un avis sur ces rapports annuels de performance et formule des recommandations (article 51, DLF). En termes imagés, le résultat et la mesure de la performance sont pour la gestion budgétaire axée sur les résultats ce que le cœur d'un réacteur est dans une centrale nucléaire : le concentré de tous les défis et de tous les

---

[32] J. K. KTISTENSEN, W. S. GROSZYK, et B. BÜHLER, « L'élaboration et la gestion des budgets centrés sur les résultats », article précité ; OCDE, *La budgétisation axée sur la performance dans les pays membres de l'OCDE, op. cit.*

risques. Il s'agit, en effet, d'élaborer des indicateurs qu'on veut SMART[33] pour mesurer la performance, d'établir un lien étroit entre les ressources budgétaires et la performance (exigence de traçabilité), d'amener les gestionnaires de programme à intégrer l'information sur la performance (données fournies par les indicateurs), dans la gestion courante des programmes budgétaires, etc. (iii) *la responsabilité et la reddition de comptes* : les programmes budgétaires sont des décompositions de la nomenclature administrative du budget. Ils sont logés dans un ministère ; ce qui signifie qu'il ne saurait y avoir de programme interministériel (article 12 al.2, DLF). Chaque programme a un responsable nommé par ou sur proposition du ministre (article 13, DLF). Le responsable de programme est ordonnateur délégué[34] des crédits affectés au programme (article 13, al.1, DLF) et dispose desdits crédits dont il peut modifier les affectations initiales contenues dans la loi de finances de l'année, selon la règle de la fongibilité asymétrique (article 15, al.2, DLF). La responsabilisation des gestionnaires de programme est accompagnée d'une obligation de reddition de comptes. D'abord devant l'autorité politique grâce au rapport annuel de performance soumis à l'appréciation du parlement (projet de loi de règlement, article 50, al.3, DLF) ; ensuite et surtout devant le pouvoir juridictionnel : la Cour des comptes exerce une compétence extra-juridictionnelle d'appréciation des rapports annuels de performance (article 51 al.2, DLF) et une compétence juridictionnelle sur les ordonnateurs, d'une manière générale, pour les faits qualifiés de faute de gestion (article 14, al.2 DRGCP et article 77, DLF). En guise d'opérationnalisation de cette obligation de reddition de comptes, les textes mettent à la charge des gestionnaires de programme ainsi que de tout détenteur de l'autorité publique (élus ou hauts fonctionnaires) un devoir de déclaration de son "*patrimoine en début et en fin de mandat ou de fonction*" (point 7.1, Code de

[33] *Specific* (Spécifique), *Measurable* (Mesurable), *Achievable* (Atteignable), *Realistic* (Raisonnable), *Time-bound* (Temporellement défini).

[34] La Directive relative aux lois de finances emploie l'expression "*le cas échéant*" ce qui est susceptible d'une double interprétation. Dans un sens, cela peut vouloir dire que l'acte de nomination du gestionnaire de programme précise si celui-ci cumule les compétences de gestionnaire et d'ordonnateur délégué. En un second sens, on peut penser que le gestionnaire de programme est ordonnateur délégué par principe (article 8, al.3, DRGCP), l'acte de nomination venant confirmer, au besoin, cette attribution de compétence. La seconde interprétation est celle qui est le plus conforme à une interprétation logique du texte de la directive, si l'on prend en compte les exigences de responsabilisation des acteurs et de déconcentration de la fonction d'ordonnateur qui sont immanentes à la gestion axée sur la performance.

transparence). Dans le même esprit, est également née une règle de délation obligatoire qui impose à tout agent public qui a connaissance d'infractions commises dans la gestion de deniers publics à le faire savoir. La non-dénonciation est "*sanctionnée pénalement*" (point 7.3, Code de transparence). (iv) *La comptabilisation sur la base des droits constatés et des obligations* : "*Les opérations sont prises en compte au titre de l'exercice auquel elles se rattachent indépendamment de leur date de paiement ou d'encaissement*" (article 76, DRGCP et article 72, DLF). La méthode des droits constatés a été présentée comme le corollaire comptable de la budgétisation axée sur la performance. Il est important de savoir qu'au moment où l'État recrute vingt fonctionnaires nouveaux, il s'engage au paiement de salaires sur douze mois à inscrire dans la loi de finances de l'année ; il s'oblige aussi au paiement des pensions de retraite qu'il comptabilise au même moment qu'il paie les salaires. Dans cette optique nouvelle, la vision des engagements financiers est plus totale et le choix du décideur public est mieux éclairé. Cependant, la comptabilité sur la base des droits constatés n'est pas adoptée par tous les pays membres de l'OCDE ; ceux qui la pratiquent le font en association avec la méthode des paiements et cumulent ainsi deux systèmes de comptabilité publique[35]. Pour l'UEMOA, les droits constatés s'appliqueront à toute la comptabilité publique, sans dérogation. C'est le sens de la rédaction du chapitre 3 de la Directive portant Règlement général sur la comptabilité publique. (v) *La comptabilité générale de l'État et la comptabilité analytique des coûts* : initiée bien avant le cadre harmonisé de 2009[36], la comptabilité générale décrit le patrimoine de l'État et son évolution. (article 76, DRGCP). Il permet de produire les états financiers de l'État que sont le bilan, le compte de résultat, etc. (article 80, DRGCP). La comptabilité analytique est une comptabilité de coût de revient. Elle permet de mesurer les coûts des services publics ou des produits fournis par l'administration dans une perspective de "*contrôle des rendements et performance des services, notamment dans le cadre des budgets de programme et de la gestion axée sur les résultats*" (article 84, DRGCP). Elle permet de disposer de données chiffrées permettant d'apprécier l'efficience des activités de mise en œuvre des programmes ainsi que des programmes eux-mêmes.

---

[35] J. R. BLÖNDAL, « Questions soulevées par la budgétisation sur la base des droits constatés », article précité.

[36] N. MÉDÉ, « L'établissement d'une comptabilité patrimoniale de l'État au Bénin : avancées et contraintes » *Revue Française de Finances publiques*, n° 98, juin 2007.

Ces cinq grandes rubriques constituent l'ossature de la gestion budgétaire axée sur la performance en Afrique de l'Ouest. Elles reflètent aussi les fondamentaux de la nouvelle gestion publique, notamment en matière de finances publiques dans les autres pays africains[37] mais aussi au sein de l'OCDE[38]. La suite sera faite de choix particuliers et nationaux de mise en œuvre. Les directives fournissent aussi quelques pistes de communautarisation des outils : les règles de classement et d'évaluation du patrimoine mobilier et immobilier, les taux d'amortissement et de provision, (article 63, DRGCP), l'inventaire et la valorisation des biens corporels et incorporels (*article 82, DRGCP*).

Les directives font une place aux principes actuels du droit budgétaire et de la comptabilité publique : l'annualité, tempérée de pluriannualité programmatique (articles 5 et 7, DLF ; point 3.1, Code de transparence), la spécialité des crédits et son changement de périmètre (point 4.6, Code de transparence ; article 12, *in fine*, DLF), l'unité et l'universalité budgétaires (articles 4 et 32, DLF ; articles points 4.8 et 7.7, Code de transparence), et de manière très allusive, le principe de l'équilibre budgétaire. Le principe de sincérité budgétaire apparaît de façon explicite (article 30, DLF ; point 4.1, Code de transparence) pour engager les acteurs financiers publics au réalisme et à la prudence. La comptabilité publique reste gouvernée par les règles de séparation des ordonnateurs et des comptables, (article 5, DRGCP ; article 64, DLF), de service fait, (article 46, DRGCP) et de reddition de comptes par les comptables publics devant la juridiction financière (article 97, DRGCP ; article 75, DLF).

Il se déduit aussi de l'énoncé des directives sur les lois de finances et la comptabilité publique mais surtout du libellé du Code de transparence, un principe budgétaire additionnel, le principe de transparence, appréhendé en son sens premier et littéraire ; il impose une obligation de gestion dans une cage de verre, un sens aigu de la communication et un état d'esprit d'ouverture à la demande d'informations et même, sur

---

[37] Voir les travaux de Collaborative Africa Budget Reform Initiative (CABRI) : 4e séminaire annuel de CABRI 13 au 15 décembre 2007, à Accra, au Ghana, Posons-nous les bonnes questions ? Construire une perspective à moyen terme dans l'élaboration du budget, Pretoria, Alta Fölscher, 2007. Voir aussi CAFRAD, Conférence panafricaine : Vers une administration et une gouvernance axée sur la performance et les résultats, *Études et Documents du CAFRAD (Centre Africain de Formation et de Recherche Administratives pour le Développement),* n° 13, septembre 2007.

[38] OCDE, *La budgétisation axée sur la performance dans les pays de l'OCDE, op. cit.*

un plan proactif, d'acceptation que l'information financière est un droit pour le citoyen et un devoir pour l'agent public qui doit aménager son système d'organisation en conséquence. Les dispositions relatives à l'information du parlement en matière budgétaire ainsi que celles relatives au droit de communication de l'opinion publique sont des manières de concrétiser le principe de transparence budgétaire.

On note cependant pour le déplorer, que les directives du cadre harmonisé ne se soient pas davantage étendues sur des principes-clés qui participent aussi de la modernisation par la rationalisation de la gestion financière publique. D'abord, il y a la question de l'équilibre budgétaire. Le mot équilibre apparaît subrepticement, en complément de nom ou en proposition subordonnée (articles 3 et 67, DLF, article 11, DRGCP) mais jamais comme sujet ou épithète à loi de finances. Le solde du budget général ainsi que le solde global des administrations publiques (État, collectivités territoriales et comptes de sécurité sociale) sont évoqués dans le Code de transparence (point 3.3) pour signifier le nouveau périmètre du principe de l'unité budgétaire. L'équilibre d'exécution de la loi de finances est pourtant un critère de premier rang du Pacte de convergence, de stabilité, de croissance et de solidarité de l'UEMOA (avec une tolérance allant jusqu'à 3 %) tandis que l'équilibre prévisionnel est un principe de valeur constitutionnelle au Mali (article 77, constitution), au Burkina Faso (article 102, constitution) et au Bénin (article 110, constitution). Si le syndrome financier grec (déficit abyssal, risque élevé de défaut de paiement) a un intérêt, c'est d'éveiller la conscience universelle à l'importance de l'équilibre dans la gestion financière publique.

Ensuite, les directives font une impasse sur l'une des exigences de la rationalisation budgétaire : la justification des crédits au premier franc. Elle bouleverse les notions de services votés et d'autorisations nouvelles en cela qu'elle postule le refus du renouvellement presque automatique de la grande masse des crédits (services votés) et implique que chaque crédit budgétaire soit évalué, justifié, discuté avant d'être voté. L'inspiration vient de la méthode américaine du *zero base budgeting*. La directive portant loi de finances ne prévoit de justification que sur "*l'évolution des crédits par rapport aux dépenses effectives de l'année antérieure*" (*article 46, DLF*), c'est-à-dire sur les autorisations nouvelles. La porte reste grandement ouverte à la litanie, liturgie, léthargie de l'homme politique français de la VIe République. La modernisation et la rationalisation n'y trouvent pas forcément leur compte.

Enfin, la rigueur dans la mise en œuvre de l'annualité budgétaire laisse subsister certains avatars liés à l'annulation, de principe, des crédits de paiement non consommés en fin d'exercice budgétaire (article 24, DLF). L'insertion des programmes budgétaires dans une dynamique économique et financière pluriannuelle (en témoignent les annexes de l'article 45, DLF) aurait dû conférer plus de souplesse aux mécanismes juridiques de report de crédit, en un mot, à faire du non-report l'exception et du droit au report le principe. D'un point de vue logique, il est peu raisonnable de s'inscrire dans une dynamique de préparation et de gestion budgétaires pluriannuelles, de concevoir et de mettre en œuvre des programmes budgétaires à exécution pluriannuelle et au même moment de donner une valeur absolue à l'annualité budgétaire par l'annulation, de droit, des crédits de paiement non consommés en fin d'année budgétaire ! La nuance qui est faite entre les autorisations d'engagement et les crédits de paiement, n'apporte de solution à la question de fond, car crédits d'engagements et crédits de paiements sont tous spécialisés par programmes, lesquels sont des unités financières à déclinaison temporelle pluriannuelle.

En pratique, la sociologie administrative nous enseigne que les agents publics, détenteurs d'un pouvoir de décision financière, ont une propension naturelle à *"vider leurs comptes"*, c'est-à-dire assécher les lignes budgétaires sur lesquelles ils ont des reliquats de crédit, et donc à inventer, initier ou proposer des actions desquelles il résultera des dépenses pour la puissance publique, à dû concurrence des crédits qu'ils risquent de perdre à la clôture de l'année budgétaire. L'expérience montre que cette consommation forcenée de crédit débouche, de façon tendancielle, sur du gaspillage de ressources, car le mobile de l'action en ces occasions est de consommer des crédits en souffrance et non d'atteindre un résultat.

Faire du report de crédit la règle, et le non-report, l'exception, viendrait-il en contradiction avec l'exigence de justification des crédits au premier franc ? Que non ! Le report de droit des crédits d'un exercice budgétaire à l'autre oblige simplement le ministère dépensier a en justifier l'objet et l'intérêt sur chaque année de reconduction. La preuve contraire aboutirait au refus du report de crédit, mais à cette différence que la charge de la preuve incomberait au ministre en charge des finances lorsqu'il estimerait qu'un crédit est sans objet ou sans intérêt, et donc insusceptible de report sur l'année budgétaire suivante.

Pour finir, on note que les directives du cadre harmonisé des finances publiques font leur petit paquet d'insuffisances de forme et quelques fois de fond, sur la qualité rédactionnelle (article 23, DLF)[39], l'ambiguïté de la formulation (article 31, DRGCP)[40], le déséquilibre des mots (article 29, paragraphe 2, DRGCP)[41], la disjonction des catégories juridiques (article 3, DRGCP)[42], l'incertitude sur le caractère *a priori* (article 69, paragraphe 2, DLF) ou a *posteriori* (article 90, DRGCP) du contrôle financier, le rôle de celui-ci s'agissant de la performance des programmes, entre le simple "*avis*" (article 69, paragraphe 2, DLF) et l'évaluation (article 90, DRGCP), etc. Les droits nationaux des États pourront purger ces insuffisances dans la dynamique de transposition harmonieuse du patrimoine juridique communautaire.

II. LE BESOIN DE RÉCEPTION HARMONIEUSE DES DIRECTIVES

Le mot harmonie renvoie, selon *Le Petit Robert* de la langue française, au substantif accord : accord entre les termes, accord entre les propositions, accord entre les composantes, accord entre les accords. Le processus de transposition nationale des directives et surtout de l'opérationnalisation des textes communautaires et nationaux devra se mettre en accord avec la sociologie administrative et politique des États membres ainsi que l'esprit même de la réforme. L'exigence est ainsi qu'il se réalise une harmonie entre les directives et leur contexte particulier d'application nationale d'une part (A), et d'autre part, entre les directives et la cohérence interne de la gestion budgétaire axée sur la performance (B).

A. La quête d'harmonie entre les choix communautaires et la sociologie administrative des États

Un ancien premier ministre décrit ainsi le fonctionnement des finances publiques dans son pays en 2002 : les régies financières

[39] À la formule ampoulée « dès l'ouverture de la plus prochaine session du parlement » on eût préféré « dès l'ouverture de la session suivante du parlement ».

[40] « Ils sont susceptibles de recours ». Mais devant qui, recours hiérarchique, recours juridictionnel, et dans ce dernier cas, devant le juge administratif ou le juge des comptes ?

[41] Le « soit » est sans tandem et solitaire.

[42] Cet article ne devrait parler que de ressources et de charges, car les ressources de trésorerie et les charges font aussi l'objet d'une habilitation générale donnée par la loi de finances au ministre en charge des finances.

reversent une partie de leurs recettes quotidiennes (monnaie scripturale) sur un compte spécial logé à l'agence locale de la BCEAO (Banque Centrale des États de l'Afrique de l'Ouest). Le reliquat des recettes journalières en numéraires est acheminé au palais présidentiel, empilé dans des cantines et mis à disposition du maître de céans[43]. En conséquence, le Chef de l'État devient ordonnateur principal du budget de l'État et le directeur national de la BCEAO, son comptable principal.

Ce témoignage fournit, sur le mode caricatural, les contraintes d'une prochaine gestion budgétaire axée sur la performance dans les pays membres de l'UEMOA. Un auteur a pu parler de situation de *"pagaille financière"*[44] pour décrire la trop grande liberté prise vis-à-vis des textes qui forment la constitution financière des États, la "*quasi-absence de régulation par le droit*"[45]. La propension courante des gouvernants et des gestionnaires publiques est de s'affranchir des contraintes et balises du droit budgétaire et de la comptabilité publique. Des pans entiers de la gestion financière sont ainsi marqués au sceau de l'informel financier qui traduit concrètement des situations d'abus de droit ou des comportements financiers crapuleux et délictueux. Le premier niveau d'écueil du cadre harmonisé des finances publiques est la prévalence notable du non-droit dans la sphère financière publique : l'accoutumance progressive mais tardive à la production (erratique) des lois de règlement[46], le viol courant des procédures normales de l'exécution budgétaire par le recours aux ordres de paiement, les dépenses hors budget et la facturation de services publics sans autorisation législative[47]. La liste est longue des pratiques et des comportements qui appellent l'urgence d'un retour à la légalité financière, aux fondamentaux d'un État de droit, comme le souligne le préambule du Code de transparence. En effet, un

---

[43] Lettre ouverte d'Agbeyome Codjo à Gnassingbé Eyadema, Journal béninois *Le Progès*, n°939, 1er juillet 2002.

[44] S. YONABA, « La difficile intégration des règles budgétaires et comptables des États membres de l'Union économique et monétaire ouest-africaine (U.E.M.O.A.) », *in Revue Française de Finances publiques,* n° 79/2002, p. 231.

[45] M. BOUVIER, *La gestion de la dépense publique dans les pays de l'Afrique francophone subsaharienne*, Paris, ministère des Affaires Etrangères, 2004, p. 300.

[46] I. M. FALL, « La loi de règlement dans le droit des finances publiques des états membre de l'UEMOA : l'exemple du Sénégal » *in* J. H. SY (dir.), *Finances publiques, décentralisation et transparence budgétaire,* Dakar, Transparence, 2005 p. 573. M. BOUVIER, *La gestion de la dépense publique dans les pays de l'Afrique francophone subsaharienne*, *op. cit.* pp. 241-242.

[47] M. BOUVIER, *La gestion de la dépense publique dans les pays de l'Afrique francophone subsaharienne*, *op. cit. passim.*

minimum de culture de la légalité et même de culte de la légalité est utile pour bien implémenter l'approche managériale des finances publiques. Ainsi que le disaient certains grands auteurs, l'État est avant tout un ordonnancement juridique, un tissu de règles. La conduite des affaires de l'État ne peut faire l'impasse sur les questions de nature juridique, même dans une perspective de gestion managériale des finances des personnes publiques.

Le second écueil que doit prendre en compte la gestion budgétaire axée sur la performance est l'ethno-politisation de l'administration publique. Les Américains ont inventé le *spoils system* pour finir par donner à l'administration publique non pas une légitimité républicaine de service public mais une légitimité partisane pour des milliers d'emplois fédéraux. À ce soubassement politique de la vie administrative, les Africains francophones ajoutent une couche supérieure de légitimité ethnique. L'État africain est, on l'a dit, au cœur d'une ambigüité sociologique[48]. Il ne peut revendiquer le monopole de l'autorité légitime, tiraillé qu'il est entre les représentations politiques des masses populaires et le cadre rationnel défini par le droit public. L'État moderne se heurte, écrit Maurice GLÈLÈ-AHANHANZO, "*à des autorités traditionnelles politiques (les chefferies) ou religieuses auxquelles vont davantage les allégeances*"[49]. La conjonction de l'ethnie et de la politique et même, par endroits, de la religion conduit à un cocktail détonnant qui signe la dégénérescence de la rationalité républicaine. Guillaume PAMBOU-TCHIVOUNDA en conclut que *"l'État africain est le prototype de l'irresponsabilité institutionnalisée"*[50]. En sorte, que l'agenda politique prime souvent sur l'agenda de la performance. La raison ethno-politique l'emporte sur la bonne raison de l'efficacité, de l'efficience et de l'économie. La responsabilité des agents publics, la reddition des comptes des acteurs financiers publics et l'évaluation de la performance des acteurs publics semblent n'avoir d'autres valeurs que platoniques, contrariées qu'elles sont par le ponce-pilatisme et le clientélisme. La déferlante démocratique des années 1990 n'a fait que conforter le

[48] G. BALANDIER, *Afrique ambiguë,* Paris, U.G.E., 1962.

[49] M. GLELE-AHANHANZO, « Cultures, religions et idéologies », *in* revue *Pouvoirs*, n° 25, 1983, p. 46.

[50] G. PAMBOU-TCHIVOUNDA, *Essai sur l'État Africain postcolonial*, Paris, LGDJ, 1982, p. 69.

phénomène de concurrence de légitimités et la prégnance de modes informels de régulation politique et administrative[51].

Le troisième écueil auquel la gestion budgétaire axée sur la performance doit faire face est la vulnérabilité des États aux flux financiers extérieurs, en clair, la dépendance vis-à-vis de l'aide extérieure. Les experts de l'UEMOA ont relevé l'importance des appuis budgétaires extérieurs aux financements des lois de finances des États membres, mais aussi des dépenses de promotion économiques et sociales à l'échelle décentralisée. Ce type de dépendance pose deux séries de problèmes : d'abord la question de la mobilisation de l'aide. Les donateurs entourent leur contribution financière de conditionnalités à la fois techniques, politiques ou financières, qui rendent la mobilisation des aides incertaine. Un déficit démocratique, une contrepartie nationale non libérée, une formalité substantielle non remplie et le financement extérieur deviennent hypothétiques. Le programme budgétaire, assis sur la certitude de ressources suffisantes de financement, peut être ébranlé dans sa logique de résultat par ce chaînon financier manquant. On cite le cas d'un programme d'injection de vaccins à une population rurale où prévaut une de ces maladies épidémiques que la science sait prévenir désormais. Les doses de vaccin sont commandées et réceptionnées à bonne date mais les réfrigérateurs de conservation ne sont pas au rendez-vous, car le financement extérieur destiné à l'achat dudit système de froid a achoppé sur des considérations diverses. Les températures tropicales ambiantes ont tôt fait de dégrader les capsules de vaccin et les ont rendues inutilisables. Pour les populations bénéficiaires, le résultat n'est pas atteint, et pour les finances publiques, c'est un investissement dans un gouffre sans fond !

Le second problème que posent les financements extérieurs aux politiques publiques est celui de leur cohérence avec la politique budgétaire de l'État. La Déclaration de Paris sur l'efficacité de l'aide au développement (2005) a mis en exergue les distorsions nées d'une administration de l'aide sans harmonisation. Les maîtres-mots de la Déclaration sont : l'appropriation, l'alignement, l'harmonisation, la gestion axée sur les résultats et la responsabilité mutuelle. Au titre de l'alignement, les indicateurs de progrès de la Déclaration donnent pour objectifs-cibles pour l'année 2010, de "*réduire de moitié, la part des apports d'aide au secteur public qui n'est pas comptabilisée dans le*

---

[51] N. MÉDÉ, « Les partis politiques au Bénin, essai d'approche fonctionnaliste », *African Journal of Political Science*, Volume 9 (2) décembre 2004.

budget national"[52]. Le Programme d'Action d'Accra (2008) destinée à amplifier et accélérer la mise en œuvre de la Déclaration de Paris, reconnaît des avancées sur les objectifs-cibles, "*mais pas suffisamment*". La dispersion des efforts empêche une action synergique pour l'atteinte des résultats des politiques publiques, notamment des politiques budgétaires. Des divergences de stratégies, des actions concurrentes et parfois contradictoires, des redondances dans les initiatives, etc., la liste est longue des dysfonctionnements que peut générer l'autonomie fonctionnelle que revendiquent certains partenaires financiers sous le couvert de l'aide extérieure non budgétisée.

Le quatrième écueil que doit considérer la gestion budgétaire axée sur la performance est la question de la capacité des institutions publiques à conduire le *program budgeting*. Pour la Banque Mondiale, l'efficacité et l'efficience sont des buts dont l'atteinte est liée à la capacité du système de gouvernance. La capacité d'un État se mesure à son "*aptitude à entreprendre et promouvoir efficacement des actions d'intérêt collectif*"[53]. Pour développer et optimiser cette capacité d'action de l'État, l'institution de *Bretton Woods* préconise une série de stratégies et d'actions dont la "*stimulation de la compétition au sein de la fonction publique*"[54] : recrutement au mérite, promotion interne au mérite, rémunération satisfaisante. Si la fonction publique reste un immense service social (effectif pléthorique, motivation insuffisante), elle conduira avec peine une réforme d'envergure comme la gestion budgétaire axée sur la performance. Une étude réalisée sur les États membres de l'UEMOA a diagnostiqué un déficit de "*potentiel humain*"[55] mais aussi de méthode : moyens de travail, système organisationnel.

Au total, ces quatre écueils constituent l'environnement externe des Directives du cadre harmonisé des finances publiques. Une bonne implémentation desdites directives nécessite qu'on ne fasse pas l'impasse sur les données sus-énoncées de sociologie administrative.

En effet, des choix restent à faire au niveau opérationnel sur les stratégies de mise en œuvre de la gestion par la performance. *Primo*, celle-ci doit-elle se faire de façon solitaire ou doit-elle s'intégrer dans

---

[52] B. WOOD et *ALII.*, *Évaluation de la mise en œuvre de la Déclaration de Paris*, ministère des Affaires étrangères, Copenhague, 2008, p. 62.

[53] Banque Mondiale, *Rapport sur le développement dans le monde, 1997 : l'État dans un monde en mutation*, *op. cit.* p. 3.

[54] *Ibidem*, p. 9.

[55] M. BOUVIER, *La gestion de la dépense publique dans les pays de l'Afrique francophone subsaharienne*, *op. cit.* p. 300.

une réforme d'ensemble de l'État, en un mot, faudra-t-il une réforme globale ou une réforme sectorielle financière ? *Secundo*, la réforme sera-t-elle progressive ou s'agira-t-il de réaliser un *big bang* ? *Tertio*, la procédure de budgétisation continuera-t-elle d'être ascendante ou deviendra-t-elle descendante ? *In fine*, s'imposeront des choix méthodologiques importants : modes d'évaluation du patrimoine public, détermination des indicateurs, etc.

A priori, on peut dire qu'une démarche opérationnelle qui serait brutale sera à la fois suicidaire et inopérante. Une stratégie du *big bang*, provoquerait dans les administrations publiques, un complexe schizophrénique qui consisterait à développer des pratiques financières hétérodoxes envers et contre la lettre et l'esprit des directives et des lois de transposition nationale. La capacité de résistance de toute organisation au changement s'aggrave de la force d'inertie que constituent les quatre écueils précédemment énoncés. Par ailleurs, une réforme financière et donc sectorielle qui ferait l'économie d'une modernisation de l'État prendrait les allures d'un cautère sur une jambe de bois. La refondation de l'État et de son administration sont l'objet axial de la réforme dont les finances ne sont qu'une composante. Pour n'avoir pas ciblé cette question comme un préalable et un accompagnement, le droit politique des États, à la recherche de plus de performance et de transparence, a transféré l'organisation des élections, une compétence régalienne des administrations publiques, à des organismes *ad hoc* improprement dénommés commission électorale indépendante. Le résultat est que ces commissions ont réalisé un niveau de putréfaction des processus électoraux qui fait d'elles, non plus des inhibiteurs de crises politiques comme espéré, mais des catalyseurs de crises politiques parfois meurtrières. Le défi, c'est de bâtir une administration publique débarrassée des quatre écueils, selon les axes de réflexion des chercheurs africains, dont l'équipe du Professeur Jacques Mariel NZOUANKEU sur le concept de Nouvelle Administration de Développement (NAD).

En tout état de cause, le nouveau cadre harmonisé des finances publiques doit subir, dans sa transposition nationale comme dans l'élaboration des outils de gestion financière, comptable et statistique, une bonne dose d'endogénisation. Si les principes de la gestion budgétaire axée sur la performance ont quelque chose de global, c'est-à-dire d'universel, leur application ne peut suivre qu'une approche locale qui intègre les dynamiques particulières des États membres. Une PME familiale ou de brousse ne peut adopter les méthodes de gestion de *General Motors* ou d'*Exxon-Mobil Corporation*. Les grandes fonctions managériales restent certes les mêmes pour la multinationale comme pour la petite entreprise. Mais ces fonctions sont assumées par des organes différents (avec à l'occasion des dédoublements fonctionnels) et selon des méthodes et des outils différents et adaptés. En d'autres temps, les doctrinaires de la croissance zéro préconisaient pour le Tiers monde, des choix de technologie appropriée, c'est-à-dire peu coûteuse, maniable et en adéquation avec son environnement interne. *Mutatis mutandis*, le cadre harmonisé des finances publiques doit pouvoir se piloter en mode de technologie appropriée, pour vaincre les quatre écueils et installer la gestion par la performance dans la durée. C'est cela, la mise en accord entre l'environnement externe et la gestion budgétaire en mode performance, pour autant que les directives du cadre harmonisé soient elles-mêmes en accord avec la logique interne de la réforme budgétaire axée sur la performance.

B. La quête d'harmonie entre les directives et l'esprit de performance budgétaire : la question de la cohérence interne du cadre harmonisé

La gestion budgétaire axée sur la performance a sa logique interne, sa rationalité intrinsèque, ses traits distinctifs qui lui donnent le label qui est le sien, celui de la culture de la responsabilisation managériale. Dans cette optique, la budgétisation connaît trois temps forts : la formulation de programme incluant des objectifs prédéfinis, des résultats attendus et des indicateurs de performance, le tout structuré dans un cadre logique qui lui donne une cohérence globale ; ensuite, la justification des crédits est liée aux objectifs et aux résultats. Enfin, la performance réelle des programmes est mesurée au moyen des indicateurs prédéfinis.

La budgétisation n'est cependant qu'un maillon de la chaîne des dépenses et des recettes. Laquelle chaîne couvre la préparation budgétaire, l'exécution budgétaire et le contrôle de l'exécution. Les acteurs de cette chaîne sont principalement les ordonnateurs, les comptables, le juge financier et les différents corps de contrôle interne de la gestion financière. L'idée maîtresse de cet enchaînement d'acteurs et de rôles est la responsabilisation des ordonnateurs et des responsables de programmes (les directives offrant le mérite de mieux cerner cette notion de responsable de programme, art. 13 paragr.1, DLF). En effet, le responsable de programme "*détermine les objectifs spécifiques, affecte les moyens et contrôle les résultats des services chargés de la mise en œuvre du programme. Il s'assure du respect des dispositifs de contrôle interne et de contrôle de gestion*" (Article 13, paragr. 2, DLF). Il est le chef d'orchestre d'une activité ou d'une série d'activités et à ce titre, reçoit et gère les crédits dans une dynamique de globalité et de fongibilité asymétrique (article 15, DLF). Partant du constat que la tendance commune dans les pays vivant en mode de gestion budgétaire axée sur les résultats est d'"*assouplir le contrôle central des moyens*", Jön BLÖNDAL en déduit que "*le responsable de chaque administration est le mieux placé pour définir le dosage des moyens le plus efficace en vue de mener à bien les activités de son administration*"[56]. Ce principe de subsidiarité, qui ne dit pas son nom, prend en compte la gestion financière, mais aussi la gestion des ressources humaines dans une approche synergique de gestion des programmes budgétaires. L'exemple achevé (et extrême) de cette démarche est fourni par la Suède où la gestion des fonctionnaires est alignée sur la législation du travail. Le recrutement, la notation et le licenciement du personnel de l'État sont de la compétence des directeurs généraux des administrations, c'est-à-dire pour partie des responsables de programmes budgétaires[57].

Le responsable de programme n'est pas, pour autant, exempt de tout contrôle, car, le passage d'une régulation par la règle du droit à une régulation par les résultats ne signifie nullement une dérégulation de la vie financière des États. La gestion financière publique ne saurait être un espace de "*non droit*". Si l'approche managériale l'emporte en matière de gestion budgétaire axée sur la performance, ceci signifie que l'axe de la règle de droit s'est déplacé, que la règle de droit s'est assouplie dans le but évident de donner plus de flexibilité à la gestion financière. L'axe a été déplacé et non aboli. Ce qui veut dire que l'ordonnateur et le responsable de programme (le second pouvant agir sur délégation du premier) sont astreints à la reddition de compte et qu'un contrôle s'exerce sur leurs opérations sur deniers publics. Le contrôle n'est pas supprimé, mais redéployé, pour être compatible avec la nécessaire autonomie du responsable de programme.

Selon les termes du Décret n°2005-789 du 29 décembre 2005, portant approbation du Cadre de Réforme de la Gestion Budgétaire Axée sur les Résultats (Car-GBAR) au Bénin, "*le dispositif du contrôle interne qui répond à une gestion axée sur les résultats s'intègre dans une nouvelle philosophie du contrôle interne, qui doit allier contrôle de*

---

[56] J. R. BLÖNDAL, « La réforme budgétaire dans les pays membres de l'OCDE : tendances communes » article précité, p. 16.
[57] *Ibidem*. p. 17.

régularité et contrôle de gestion". Le texte béninois poursuit en affirmant que "*la gestion budgétaire axée sur les résultats, appliquée de façon complète, devrait mener à formaliser un nouveau dispositif du contrôle financier autour de contrôles hiérarchisés et partenariaux*". Ce qui, en définitive, voudra dire que "*les contrôles hiérarchisés, exercés par le contrôle financier, (seront) effectués en fonction des risques liés à la nature de la dépense et aux pratiques des ordonnateurs. Par delà une logique de contrôle systématique et exhaustif, ils privilégie(ront) une expertise ciblée par sondage*". Selon cette logique, le contrôle financier va perdre de sa superbe dans la chaîne d'exécution des dépenses, parce qu'il constitue un goulot d'étranglement, un catalyseur de contreperformance financière qui doit faire place, dans la vision performantielle nouvelle à "*un allègement des contrôles a priori traditionnellement exercés sur les dépenses publiques et qui constituaient un facteur important dans les lenteurs observées dans l'exécution des programmes et projets publics*"[58]. Dans l'optique de la gestion budgétaire axée sur la performance le "*système de contrôle prête désormais une place plus importante à l'efficience et l'efficacité dans l'utilisation des ressources publiques*". En tout état de cause, le principe directeur des réformes est de fonder le système de contrôle "*sur un contrôle a posteriori mieux organisé et renforcé qui permettrait, à terme, de limiter les contrôles a priori au profit des contrôles a posteriori*"[59]. Ce qui, véritablement, constitue une tendance, une dynamique immanente à la gestion budgétaire axée sur la performance et qui induit, selon les mots de Michael RUFFNER, le "*passage d'un contrôle ex ante à un contrôle ex post*"[60]. La primauté accordée au résultat implique une plus grande autonomie accordée au responsable de programme, une culture de la confiance et non de la suspicion, un déplacement de l'axe des contrôles de la coexistence (parfois conflictuelle) avec l'action publique à la fin de l'action des collectivités publiques. Le propos n'est pas de nier l'importance du droit, ni de faire

[58] Décret n°2005-789 du 29 décembre 2005, portant approbation du Cadre de Réforme de la Gestion Budgétaire Axée sur les Résultats (Car-GBAR) au Bénin.

[59] Le texte prévient cependant que la faiblesse actuelle des contrôles *a posteriori* (faiblesse du contrôle juridictionnel, faible capacité des DIVI, manque de coordination des corps de contrôle) ne permet pas, pour l'instant, d'envisager la suppression du contrôle *a priori*.

[60] M. RUFFNER & J. SEVILLA, « Modernisation du secteur public : moderniser la responsabilité et le contrôle », *Revue de l'OCDE sur la Gestion Budgétaire,* Vol. 4, n°2, 2004, p. 142.

de la gestion financière un espace de non-droit, mais de faire la pédagogie du changement de perspective qui veut que les contrôles fondés sur le droit subissent une double mutation sur leur nature (partenarial et par sondage mais non systématique) et sur le moment du contrôle (*a posteriori* et non *a priori*).

Si l'on met en balance cette logique du contrôle avec certaines parties des Directives du cadre harmonisé, on se retrouve au cœur d'une démarche proprement aporétique, c'est-à-dire d'une contradiction logique. En effet, deux grandes rubriques traduisent cette perception dans la rédaction des directives. Il y a d'abord la montée en puissance du contrôle financier. Institution typiquement française et héritage français dans les pays membres de l'UEMOA, le contrôle financier survit à la directive de 1997-1999. Il acquiert, grâce à la directive de 2009, un *quasi* statut dans le nouveau cadre harmonisé des finances publiques avec des compétences bien définies assorties d'un système de responsabilité (section 2, DRGCP).

Les textes confèrent au contrôleur financier et à ses délégués un important pouvoir de contrôle *a priori*, un droit de *veto* positif qui contrarie l'autonomie fonctionnelle de l'ordonnateur/responsable de programme prévue à l'article 13 paragraphe 2, de la directive relative aux lois de finances. En effet, "*tous les actes des ordonnateurs portant engagement de dépenses*" ainsi que "*toute ordonnance de paiement" doit revêtir la signature du contrôleur financier ou de son délégué*" (article 88, paragraphes 2 & 4, DRGCP). La formalité substantielle consacrée par ces dispositions sont prescrites à peine de nullité des actes d'engagement ou d'ordonnancement (article 88, paragraphe 4, DRGCP), une nullité d'ordre public qui peut être invoquée par quiconque en a connaissance à quelque moment que ce soit dans le déroulement de la procédure financière. Loin d'être un contrôle par sondage comme le présente le Décret béninois portant approbation du Cadre stratégique de la gestion budgétaire axée sur les résultats, l'obligation de visa délivré par le contrôle financier concerne la *totalité* des actes d'engagement et d'ordonnancement.

En plus du contrôle de régularité (bonne imputation de la dépense, disponibilité de crédits, application du droit financier, conformité aux autorisations parlementaires) qui peut engager sa responsabilité personnelle (article 92, DRGCP), le contrôle financier apprécie aussi les "*conséquences que les mesures proposées peuvent avoir sur les finances publiques*" (article 88, paragraphe 3, DRGCP). La formulation du texte est pour le moins imprécise. Elle laisse le champ ouvert à un contrôle de l'opportunité de la dépense publique, envers et contre l'autonomie gestionnaire de l'ordonnateur/responsable de programme. Une exception est cependant prévue par les textes qui affirment que "*le contrôleur financier adapte dans les conditions prévues par la règlementation nationale, les modalités de mise en œuvre de ses contrôles au regard de la qualité et de l'efficacité du contrôle interne ainsi que du contrôle de gestion mis en œuvre par l'ordonnateur*" (article 91, DRGCP). Ce qui revient à dire que le contrôle financier peut être allégé si l'ordonnateur donne des gages de bonne gestion financière. Mais le contrôleur financier et ses délégués restent, *a priori*, seuls maîtres de l'appréciation de la qualité et de l'efficacité de la gestion de l'ordonnateur, ce qui, en définitive, fait du pouvoir de gestion autonome conféré à l'ordonnateur/responsable de programme, des faveurs discrétionnaires à la diligence du contrôle financier. L'ordonnateur/ responsable de programme est véritablement tenu en laisse comme un fauve prédateur, une laisse qui se double des compétences de contrôle *a priori* dévolues à un autre organe de contrôle de l'ordonnateur : le comptable public.

L'énoncé des compétences du comptable public est contenu dans les articles 26 et 50 de la Directive portant règlement général sur la comptabilité publique. Le comptable public, en particulier, le comptable denier ou valeur, avant de s'exécuter sur une opération d'encaissement ou de décaissement, procède aux contrôles de régularité interne et externe des dossiers transmis par l'ordonnateur (article 26, DRGCP*)*. Lorsque la régularité interne et externe n'est pas avérée, notamment en matière de dépense, le comptable refuse son visa pour le paiement (article 50 paragraphe 1, DRGCP). Il peut, cependant, être requis et donc être contraint à s'exécuter contre son gré à la diligence de l'ordonnateur principal, (article article 50, paragraphe 3, DRGCP), sauf dans les hypothèses d'indisponibilité de crédits, d'absence de justification de service fait ou lorsque le paiement n'est pas libératoire (article article 50, paragraphe 4, DRGCP*)*. L'obstacle du défaut de visa du comptable public devient alors infranchissable et semble contrarier la flexibilité putative des compétences du responsable de programme telles que prévues par la directive relative aux lois de finances. Celle-ci dispose que le responsable de programme "*affecte les moyens*" *(*article 13 paragraphe 2, DLF) ce qui signifie qu'il a la compétence de l'allocation de ressources, mais aussi de la réallocation desdites ressources selon les règles de la fongibilité asymétrique à l'intérieur d'un programme (article 15, paragraphe 2, DLF) ou en application de la technique de virement de crédit entre programmes d'un même ministère (article 21, paragraphe 3, DLF). Le responsable de programme sera évalué sur "*l'efficacité, l'économie et l'efficience*" des programmes (article 13, *in fine*, DLF), c'est-à-dire sur ses capacités de gestionnaire, capable de contextualiser les inscriptions budgétaires qui ne sont que des prévisions rationnelles, donc à manier les virements de crédit par le truchement de son ministre et saisir des opportunités d'affaires.

Au total, les choix du cadre harmonisé des finances publiques semblent contrarier l'approche managériale de la gestion des finances publiques, dans la mesure où celle-ci est solidaire de la notion de risque. Le choc des logiques en présence (celle du responsable de programme et sa quête de performance financière, celle du comptable public ancrée sur le respect de la régularité de l'action et celle du contrôleur financier arcbouté sur la régularité, mais aussi sur les conséquences des mesures sur les finances publiques) est soutenu non par une sorte d'équilibre des forces en présence, mais par une suprématie du ministre des Finances qui a le dernier mot en cas de contestation entre l'ordonnateur/ responsable de programme et le délégué du contrôle financier (article 92, DRGCP).

L'une des idées maîtresses de la gestion budgétaire axée sur la performance veut que les contrôles *a posteriori* soient valorisés concomitamment avec le desserrement des contrôles *a priori*. Cela va dans le sens d'une responsabilisation des ordonnateurs et des responsables de programme, lesquels doivent pouvoir recevoir une sanction (positive ou négative) au titre des résultats de leur gestion. C'est du moins, l'essence de la régulation par la performance censée inspirer la rédaction du cadre harmonisé des finances publiques dans les pays membres de l'UEMOA. En lieu et place de la logique gestionnaire, le cadre harmonisé a enfanté un minotaure juridico-comptable, un dispositif mi-homme, mi-taureau, en ce sens qu'il aménage et renforce, au cœur du système gestionnaire, des mécanismes de régulation par le droit qui s'extériorisent par la multiplicité des avis, des autorisations préalables, des visas… Le modèle wébérien s'incruste dans le *New Public Management*. Il s'agit, en définitive, d'un alliage mal assorti de dispositions de l'ordonnance française de 1959 et de la LOLF/2001. Ici, se cristallise la question précédemment énoncée, celle de la cohérence interne du cadre harmonisé, du nécessaire quête d'harmonie entre les directives et l'esprit de performance budgétaire.

CONCLUSION

Le cadre harmonisé des finances publiques obéit à une tendance lourde, celle d'amener les personnes publiques à avoir des résultats au moindre rapport qualité/coût et en épargnant l'argent du contribuable national comme celui des pays donateurs. La pauvreté envahissante et les politiques de croissance dans les pays membres de l'UEMOA commandent que l'État améliore sa gouvernance financière. De ce point de vue, le cadre harmonisé constitue une avancée malgré les contradictions logiques qui parsèment la rédaction des directives. La vision sous-jacente à ce cadre harmonisé, celle de finances publiques ouest-africaines performantes, sera une réalité si deux petites précautions sont prises : (i) *l'intégration verticale des directives* : les pays concernés par le cadre harmonisé sont presque tous dans des systèmes de gestion de proximité des questions de développement. Les organes des collectivités locales territoriales élus concentrent ou concentreront l'essentiel des actions d'émancipation des populations par le travail et pour la création de richesses. À terme, l'État aura la portion congrue dans les actions de construction d'écoles, de centres de santé, de pistes rurales, etc. Dès lors, il convient que des mécanismes adaptés de gestion par la performance soient également orientés vers les administrations locales décentralisées ; (ii) *l'intégration horizontale des directives* : les experts de l'OCDE le disent, il n'y a pas de recettes standards en matière de gestion budgétaire axée sur la performance[61]. Le mode de gestion par la performance est surdéterminé par l'environnement interne des États : la culture administrative (pas très propice dans l'espace UEMOA), les ressources disponibles (financières, humaines, etc.), les facteurs exogènes, les systèmes politiques, etc. Ainsi, le cadrage général tracé par les directives communautaires, et qui semblent, par endroits, être une reproduction à l'identique de textes étrangers notamment de la LOLF française de 2001, devra recevoir une nécessaire endogénisation. Les lois de transposition nationale, mais aussi les outils et méthodes de techniques financières, en un mot, le *modus operendi* du cadre harmonisé doit se faire sous le signe de l'adéquation au contexte ouest-africain. Les méthodes et techniques de gestion financière publique qui sont utilisées à Paris, ne sont pas transposables *in extenso* à Cotonou ou à Bamako. Hamadou HAMPÂTÉ BÂ disait, à un tout autre propos, qu'on nous a cousu un habit sans prendre nos mesures. Le couturier a

---

[61] OCDE, *La budgétisation axée sur la performance dans les pays de l'OCDE*, *op. cit.*, p. 12.

perdu son tissu et nous ne sommes pas habillés non plus. Cette fois-ci et dans la perspective de l'implémentation du cadre harmonisé des finances publiques, les Ouest-Africains se réservent le droit et le devoir d'être habillés à leurs dimensions.

Ceci emporte un devoir de veille intellectuel. La gestion axée sur les résultats est le produit le mieux coté sur le marché du management. Il n'est pas l'aboutissement de la réflexion sur le management public. La fin de l'histoire n'est pas décrétée. La recherche prospective de dépassement devra se poursuivre, dès lors qu'il est évident aujourd'hui dans tous les pays, que la gestion par la performance n'a pas réussi à domestiquer entièrement les choix de politique publique, ni leur mise en œuvre et que l'agenda politique prime souvent sur toutes les considérations d'efficacité, d'efficience et d'économie de l'action publique[62].

---

[62] Voir *L'Observateur de l'OCDE*, décembre 2004, p. 7.

LA RESPONSABILITÉ FINANCIÈRE DES GESTIONNAIRES PUBLICS AU BÉNIN[1]

INTRODUCTION

Il est bien superfétatoire de revenir sur la définition des termes de notre contribution au présent ouvrage collectif. Les balises ont été fixées par l'initiatrice de notre projet. Dès lors, la responsabilité financière s'entend ici, selon Stéphanie DAMAREY, de "*la possibilité de réclamer au gestionnaire public réparation du préjudice financier causé à la caisse publique*". C'est, somme toute, la sanction de la reddition de compte financière, ce que le discours officiel appelle la bonne gouvernance financière, une composante de ce que le droit communautaire de l'Union Economique et Monétaire Ouest-Africain (UEMOA) désigne sous l'appellation générique de transparence.

La transparence traverse toute la littérature financière ouest-africaine francophone, et, *a fortiori*, celle du Bénin. Le Code de transparence dans la gestion des finances publiques au sein de l'UEMOA[2] est transposé en droit positif béninois par le Décret n°2015-035 du 29 janvier 2015 portant Code de transparence dans la gestion des finances publiques en République du Bénin.

Le texte part d'une exigence de moralité publique qui s'énonce ainsi : "*Toutes les personnes qui gèrent les fonds publics, élus ou agents publics, sont assujetties aux obligations d'intégrité et de probité, à la mesure de la confiance qui leur est faite*" (Article 59). Le même texte poursuit par une disposition plus pertinente, au regard du thème général qui sous-tend le présent ouvrage : "*Les sanctions prévues par les lois en vigueur en République du Bénin, sont prononcées à l'encontre de tous ceux qui, élus ou agents de l'État, ont à connaître ou à gérer des deniers publics*" (Article 52). La norme règlementaire emploie un présent de l'indicatif qui, comme tout un chacun le sait, vaut impératif. Il s'agit ici du rappel du principe général de légalité entendu sous l'angle de l'application de la loi, du *law enforcement* républicain. Tout gestionnaire public dont la responsabilité financière est engagée, doit

---

[1] Publié dans N. MEDE, "La responsabilité financière des gestionnaires publics au Bénin » *in* S. DAMAREY, *La responsabilité financière des gestionnaires publics, Approches internationales*, Paris, Mare & Martin, 2023.

[2] Directive n°01/2009/CM/UEMOA du 27 mars 2009.

subir les sanctions prévues par les textes en vigueur. Cette sanction peut être administrative, juridictionnelle ou politique selon les dispositions de l'article 84 de la loi organique n° 2013-14 du 27 septembre 2013 relative aux lois de finances au Bénin. La sanction administrative relève de la compétence des conseils de discipline de divers organismes relevant de la hiérarchie de l'administration publique ; la sanction politique ou parlementaire est actionnée « *par l'Assemblée nationale* » (article 84-4) ; la sanction juridictionnelle est conduite par la juridiction financière mais aussi par toute autorité ayant compétence pour rendre des sentences revêtues de l'autorité de chose jugée. Seule cette dernière catégorie de responsabilité, la justiciabilité devant les juridictions est examinée dans le cadre de la présente étude.

Par ailleurs, et toujours pour fixer les prolégomènes de nos développements, il convient de s'interroger sur la notion de gestionnaire public. La question est d'importance pour pouvoir asseoir la clarté de nos propos. La catégorie des gestionnaires publics est caractérisée par sa diversité. Cette diversité induit une pluralité de régimes juridiques. En effet, on constate, *primo,* que les opérations financières peuvent être des opérations de recette ou des opérations de dépense. Le gestionnaire public peut être un acteur de la chaîne financière affecté aux opérations de recette ou un acteur qui s'occupe de l'exécution des dépenses publiques. *Secundo*, la catégorie des gestionnaires publics comprend deux grandes sous-catégories d'acteurs que sont les acteurs de droit commun d'une part, et les membres du gouvernement d'autre part. *Tertio*, et au-delà du gestionnaire public, le préjudice causé à la caisse publique est un préjudice sur les deniers publics, que ceux-ci appartiennent à l'État, aux collectivités territoriales décentralisées, aux établissements publics ou aux organismes privés bénéficiaires de concours financiers des organismes publics.

Sur un plan sociologique, la question de la délinquance financière portant sur des deniers publics est devenue un phénomène de société qui défraie les chroniques des médias depuis des décennies. Des détournements de deniers publics à la corruption active et passive sans oublier les délits voisins, le phénomène semble "*gangrener*"[3] la vie publique de toute la nation et peser lourd sur les finances publiques[4].

---

[3] W. H. ADOUN, Fr. K. AWOUDO. *BÉNIN : Une démocratie prisonnière de la corruption*, Cotonou, Éditions COPEF, 2008, p. 359.

[4] « Le Bénin aurait perdu au minimum, dans les multiples malversations coordonnées au niveau des entreprises publiques, dans les fausses privatisations, dans les diverses

Pour le gouvernement, il s'impose un impératif de rigueur "*dans l'utilisation des ressources publiques et l'assainissement des régies financières*"[5] dans le but "*d'accroître les ressources intérieures et de restaurer la crédibilité de la signature de l'État béninois, pour la mobilisation significative des financements*"[6].

Examiné sous l'angle du gestionnaire public face à sa responsabilité financière, la présente monographie centrée sur le Bénin appelle les questions de recherche suivantes : quelles sont *ratione materiae* les infractions punissables au titre de la responsabilité financière ? Quel est, *ratione personae,* la typologie des responsables publics punissables lorsque leur responsabilité financière est engagée ? Quels sont, sur le plan organique, les mécanismes institutionnels de répression des manquements à la règle financière ?

Les réponses à ces questions et à celles qui leur sont sous-jacentes vont s'ordonner autour d'un développement en deux temps : la responsabilité financière de droit commun (I) et la responsabilité financière *ad hoc* (II).

I. LA RESPONSABILITÉ FINANCIÈRE DE DROIT COMMUN DES GESTIONNAIRES PUBLICS

La responsabilité financière de droit commun est une responsabilité qui est engagée devant la Cour des comptes. Elle comporte deux grandes caractéristiques : *primo*, elle est limitée *ratione personae*, à certaines catégories de gestionnaires publics ; *secundo*, cette responsabilité peut être engagée *avec* ou *sans* préjudice financier.

En effet, l'obligation de rendre compte de sa gestion financière incombe aux seuls agents qui n'ont pas la qualité de membre du gouvernement. Selon les dispositions de l'article 95 de la loi organique n° 2013-14 du 27 septembre 2013 relative aux lois de finances au Bénin, « *les membres du Gouvernement, ordonnateurs de leur budget, encourent, en raison de l'exercice de leurs attributions, les responsabilités que prévoit la Constitution* ». Ils ne sont pas injusticiables par principe, mais leur responsabilité suit un régime particulier, gouverné par les règles

falsifications, dans les différentes surfacturations, dans le pillage systématisé des ressources publiques, etc., entre 500 et 1000 milliards de francs CFA (entre 765 millions et 1,5 milliard d'euros) au cours des dix dernières années. » W. H. ADOUN, Fr. K. AWOUDO, *op. cit.*, p. 356.

[5] Citations de F. AWOUDO et M. O. TCHANOU, *Lutte contre la corruption sous la rupture, Réformes et grands procès*, Cotonou, Tropiques édit., 2021, p. 19.

[6] *Ibidem.*

de compétence et de procédures en vigueur au niveau de la Haute cour de justice.

Si l'on exclut les membres du gouvernement, la famille des agents publics comporte une gamme diversifiée de gestionnaires appartenant à des hiérarchies et des corps de métiers très diversifiés. Il y a *d'abord*, les comptables publics, justiciables historiques et privilégiés de la juridiction financière ; ils ont des compétences définies aux articles 16 et 23 du Décret n°2014-571 du 07 octobre 2014 portant règlement général sur la comptabilité publique. Leur responsabilité est engagée et un débet administratif ou juridictionnel est encouru, pour couvrir la recette non perçue, compenser le déficit de caisse ou encore récupérer « *la dépense payée à tort ou l'indemnité mise de son fait à la charge de l'État ou de tout autre organisme public* » (Article 34, Décret n°2014-571 précité). Ce régime de responsabilité concerne les comptables en deniers et valeurs, les comptables de fait et les comptables des matières. Ces derniers sont les nouveaux venus dans le panorama du nouveau cadre harmonisé des finances publiques au sein de l'Union économique et monétaire ouest-africaine. Une directive organise ce corps et un texte de transposition nationale a été adopté[7].

Ensuite vient la responsabilité financière des ordonnateurs et des contrôleurs financiers. Les ordonnateurs constituent une catégorie composite qui inclut les présidents des institutions constitutionnelles (Cour constitutionnelle, Cour des comptes, Haute cour de justice, Cour suprême, etc.), les chefs des établissements publics (recteurs d'université, directeurs d'hôpitaux publics, directeurs de la multitude d'agences créées depuis 2016[8]), les ordonnateurs délégués ou ordonnateurs secondaires comme les responsables de programmes, les nouveaux directeurs de la planification de l'administration et des finances (DPAF), et les chefs des administrations déconcentrées de l'État, etc. Ces types de gestionnaires publics sont punissables pour une catégorie particulière de délinquance financière : la faute de gestion (Article 95, loi organique n° 2013-14 précitée). La loi organique énumère huit cas de figure où la faute de gestion peut être retenue en décrivant les éléments à la fois matériels et moraux de l'infraction (Article 98, loi organique n° 2013-

[7] Décret n° 2019-396 du 05 septembre 2019 portant comptabilité des matières en République du Bénin.

[8] P. A. AGBOZO, « L'agenciation des administrations fiscales : une solution d'avenir ? » *in* N. MÉDÉ et N. YENOUSSI, *Les recettes publiques en débats*, Dakar, L'Harmattan, 220, p. 253.

14 précité). Cet article 98 se termine par une formule à la fois énigmatique et attentatoire à l'exigence de clarté et de prévisibilité de la loi, notamment une loi qui punit : sont en effet « *constitutifs de fautes de gestion, les actes et faits suivants* (…) et *toutes autres fautes de gestion prévues par les textes en vigueur* » (Article 98, *in fine,* loi organique n° 2013-14 précitée).

De fait, la Cour des comptes, en sa forme actuelle comme en son statut antérieur de Chambre des comptes de la Cour suprême, n'a jamais eu à connaître d'une faute de gestion commise par un agent public[9]. Les textes en vigueur sont restés des neutrons juridiques sans effet sur la vie et le fonctionnement des administrations financières. L'apurement en la forme juridictionnelle des comptes des comptables publics est, lui aussi, une compétence presque non exercée par la Cour des comptes. À ce jour, seuls *deux*[10] arrêts définitifs ont été rendus par la juridiction financière. Le premier examine la gestion du comptable principal de l'État au titre de la gestion 2010. Celui-ci est mis en débet pour la somme de 246.783.500 francs[11]. Le deuxième couvre une période de sept années de gestion budgétaire (les gestions des années 2011, 2012, 2013, 2014, 2015, 2016, 2017) et concerne sept comptables principaux de l'État qui se sont succédé. La juridiction financière a prononcé cinq décharges et deux mises en débet au titre des années 2013 et 2014[12].

Quant aux contrôleurs financiers, la loi organique n° 2013-14 du 27 septembre 2013 relative aux lois de finances au Bénin, dans la droite ligne de la Directive n°06/2009/CM/UEMOA relative aux lois de finances au sein de l'UEMOA, donne plus de visibilité à un corps de métier financier. Ils sont désormais justiciables de la Cour des comptes à raison « *du visa qu'ils apposent sur les actes portant engagement de dépenses ou les ordonnances, mandats de paiement ou délégations de crédits* » (Article 79, Directive n°06/2009/CM/UEMOA précitée).

---

[9] N. MÉDÉ, « Faute de gestion et gestion de la faute en Afrique de l'Ouest francophone : comment préserver la sécurité juridique des justiciables » *in Revue Française de Finances publiques*, n°157/2022, p. 3.

[10] Un plus grand nombre de comptes de gestion des collectivités territoriales locales ont été jugés, avec arrêts définitifs.

[11] Cour suprême, Chambre des comptes, Arrêt n°14/CC-E-18 du 13 janvier 2018.

[12] Cour suprême, Chambre des comptes, Arrêt n° 001-/CC-E-21 du 23 février 2021. L'arrêt couvre sept années de gestion budgétaire (2011, 2012, 2013, 2014, 2015, 2016, 2017) et concerne sept comptables principaux de l'État qui se sont succédés. La juridiction financière a prononcé deux mises en débet au titre des années 2013 et 2014 et cinq décharges.

Enfin, l'existence d'un préjudice financier causé à la caisse publique n'est pas un critère dirimant pour caractériser la faute de gestion donnant lieu à la mise en jeu de la responsabilité financière d'un gestionnaire public. La loi évoque, bien sûr, les situations où apparaissent un « *avantage injustifié, pécuniaire ou en nature* », (Article 98-4, loi organique n° 2013-14 précitée), « *la condamnation d'une personne morale de droit public* » à réparer ou à payer par la faute d'un agent public (Article 98-5, loi organique n° 2013-14 précitée). Mais la même loi organique retient aussi et en bonne position « *la violation des règles* » (Article 98-1 et 98-2 de la loi organique n° 2013-14 précitée) organisant la vie financière des personnes publiques. Le non-respect du principe de légalité administrative, en son acception la plus classique, peut être constitutif de faute de gestion, lorsque la règle de droit a été méconnue par un agent situé sur la chaîne d'exécution des opérations financières des personnes publiques. Le respect du principe de légalité, en l'occurrence, la légalité financière est posée en absolu, à contre-courant de la tendance à la managérialisation de la gestion financière publique qui veut que la régulation par le droit se dilue dans la régulation par les résultats et la performance. Cette propension à soutenir la légalité formelle transparaît, de plus en plus, dans l'exercice des compétences dévolues aux nouveaux organes *ad hoc* chargés d'apprécier la responsabilité des agents publics au titre du maniement des deniers publics.

II. LA RESPONSABILITÉ FINANCIÈRE *AD HOC* DES GESTIONNAIRES PUBLICS

Question sémantique, question de doctrine, question de convenance aussi, une responsabilité se singularise aussi par l'organe chargé d'en connaître. La responsabilité disciplinaire est connue par les conseils de discipline des administrations publiques ; la responsabilité pénale et la responsabilité civile sont appréciées par les juges judiciaires ; la responsabilité administrative, parce qu'elle « *n'est ni générale, ni absolue* (et) *qu'elle a ses règles spéciales* » (Arrêt Blanco), a été un temps le monopole du juge administratif avant de se résoudre à devenir le domaine partagé entre les juges administratif et judiciaire. La responsabilité financière échoit évidemment à la juridiction financière : la Cour des comptes du Bénin.

Ce qui est intéressant à souligner, dans le contexte juridico-institutionnel qui est celui du Bénin et même de la région ouest-africaine, c'est le syndrome de pénalisation forcenée de la responsabilité du « *gestionnaire public (pour) réparation du préjudice financier causé à la caisse publique »* (Stéphanie DAMAREY).

Si le juge financier de droit commun se défile, comme on l'a précédemment indiqué, il devient normal qu'émergent des substituts fonctionnels, des acteurs nouveaux sur la scène institutionnelle de la répression des infractions de nature financière. Ainsi s'explique et se justifie l'irruption dans le paysage juridictionnel de deux grands acteurs dédiés à la lutte contre la délinquance financière : la Haute cour de justice (de manière peu convaincante jusqu'ici) et surtout la Cour de répression des infractions économiques et du terrorisme (CRIET).

La Haute cour de justice est une juridiction compétente pour juger les membres du gouvernement, notamment pour les fautes mettant en cause les deniers publics et conduisant à un « *préjudice financier causé à la caisse publique » (*Stéphanie DAMAREY). Mais la Haute cour de justice reste entravée par un vice originel : sa composition et le caractère de « *justice entre soi* » qui est son essence. En effet, ce sont des hommes politiques qui jugent d'autres hommes politiques. La conséquence en est que la Haute cour n'a jamais fonctionné, qu'elle n'a jamais siégé pour connaître d'une espèce quelconque par peur du retour de la manivelle : à qui le tour ?

Au demeurant, trois grandes affaires illustrent l'essence de nos propos. *D'abord*, le cas de cet ancien ministre de l'enseignement technique et de la formation professionnelle qui a fait l'amère expérience de passer environ trois bonnes années en prison, soit exactement 1.011 jours de garde à vue suivie de détention préventive. Il a réussi le tour de force de réunir une majorité qualifiée[13] de députés sur la décision de le poursuivre devant la Haute cour de justice sur les chefs de "*détournement de deniers publics et de véhicule administratif*"[14]. Une certaine presse ne put s'empêcher de relever qu'il y a, dans les faits de l'espèce, un arrière-goût de châtiment politique. "*Il est clair que les députés voulaient lui régler son compte pour avoir osé dire que la LEPI[15] se fera avec ou sans eux. Pour cela, ils se sont précipités sur un*

[13] 77 voix pour, 1 abstention, 1 contre et 2 nuls (P. ZINSOU-PLY, « Bénin : Adihou devant la Haute Cour pour avoir osé insulter les députés » *in* journal *Fraternité,* 19 juillet 2006).

[14] O. ALLOCHEME « Libération d'Alain Adihou : Trois ans de détention pour rien » *in* journal *L'Événement précis*, 3 août 2009. P. ZINSOU-PLY, « Bénin : Adihou devant la Haute Cour pour avoir osé insulter les députés » *in* journal *Fraternité,* 19 juillet 2006.

[15] LEPI : Liste Electorale Permanente Informatisée.

rapport inachevé pour se venger" lit-on dans le journal *L'Événement précis*[16]. Le ministre en délicatesse avec la représentation nationale est l'exemple de la personnalité politique en rupture de ban avec la classe politique. Il l'a payé de sa liberté et de la sanction afflictive qui lui a été infligée. On lui a tiré les oreilles sans oser aller plus loin, c'est-à-dire réunir les conditions juridiques et organisationnelles d'un procès devant la Haute cour de justice.

Ce vaudeville juridictionnel annonce, *ensuite*, l'agitation politico-médiatique concernant trois anciens ministres présumés coupables de faits graves relevant de la compétence de la Haute cour de justice. Il est aussi question ici de « *faux, usage de faux, détournement de fonds publics et complicité portant sur près de 14 milliards de francs* »[17]. Au total, l'Assemblée nationale a autorisé la poursuite de trois anciens ministres devant la Haute cour de justice. Mais la procédure va vite s'enliser dans les conciliabules politiciens et des reniements fâcheux.

Enfin, pour clore ce listing des tragi-comédies juridictionnelles, il y a l'affaire dite du *PPEA2.* Il s'agit d'un détournement présumé de deniers publics portant sur des sommes variant entre 2,6 et 8 milliards de francs selon les sources. Le ministre responsable du dossier démissionne de son poste de ministre mais retrouve un fauteuil de député à l'Assemblée nationale. Il ne peut être désormais attrait devant la Haute cour de justice que si le parlement décide de lever son immunité. Une requête dans ce sens est soumise au vote des députés mais la résolution est rejetée par une majorité de 45 voix contre 38[18]. "*L'immunité parlementaire, explique un élu, est la seule chose qui reste au député qui doit en être jaloux.*"[19] Ainsi hiberne la Haute cour de justice depuis l'entrée en vigueur de la constitution de la Ve République en 1990.

Pour donner le change à l'inertie ambiante en matière de répression des infractions au détriment de la « *caisse publique* » (Stéphanie DAMAREY), le gouvernement issu de l'alternance au sommet de l'État en 2016, fait voter d'abord la loi n°2018-13 du 2 juillet 2018 modifiant la loi n°2001-37 du 27 août 2002 portant organisation judiciaire en République du Bénin et création de la Cour de Répression des

[16] O. ALLOCHEME « Libération d'Alain Adihou : Trois ans de détention pour rien » article précité.
[17] https://www.bbc.com/afrique/region/2013/02/130225_benin, consulté le 26 février 2022.
[18] Th. C. NAGNONHOU, « La demande de levée de l'immunité de Barthelemy Kassa rejetée », *in* journal *La Nation*, n° 6306, vendredi 21 août 2015, p. 3.
[19] *Ibidem.*

Infractions Economiques et du Terrorisme (CRIET). Cette loi est ensuite modifiée en 2020 (Loi n°2020-07 modifiant et complétant la loi n°2001-37 du 27 août 2002 portant organisation judiciaire en République du Bénin).

La CRIET est manifestement inspirée de la Cour de Répression de l'Enrichissement Illicite (CRIE) au Sénégal, autre juridiction spéciale créée en 1981 (Loi n° 1981/54 du 10 juillet 1981). Elle est organiquement détachée de la hiérarchie des cours et tribunaux et se spécialise sur des infractions limitativement énumérées. Elle est dite « *une juridiction spéciale à compétence nationale* »[20]. L'expression « *infraction économique* » s'entend, selon la loi, de l'infraction « *qui vise les finances de l'État ou dont la réalisation produit des effets sur l'ordre public économique* »[21]. La « *caisse publique* » étant une composante des « *finances de l'État* », une étude centrée sur le thème du « *gestionnaire public* » et la « *réparation du préjudice financier causé à la caisse publique* » serait incomplète si elle n'incluait la mission et les activités de la CRIET au Bénin.

Dans son office de sanction des atteintes à l'orthodoxie financière, la Cour a eu à connaître du cas d'un inspecteur des impôts, affecté au poste de « *receveur du centre des impôts des petites et moyennes entreprises de Dassa-Zoumé* » qui a encaissé des « *fonds publics à charge de les reverser au Trésor public* » mais qui les a gardés par-devers lui[22]. Elle a eu ensuite à connaître du cas du comptable du greffe au tribunal de première instance de deuxième classe de Lokossa pour lequel, un contrôle a révélé un manquant en caisse[23].

La troisième illustration de notre revue de jurisprudence de la CRIET est l'affaire de l'agent comptable du centre de santé de Djakotomey. Les investigations du ministère public ont permis de constater un détournement de 2.297.255 francs puis de 1.501.760 francs. L'accusé a remboursé les premières sommes détournées et promis à la barre de

[20] Article 5, Loi n° 2018-13 du 02 juillet 2018 précitée.

[21] Article 5-3 nouveau, Loi n°2020-07 modifiant et complétant la loi n°2001-37 du 27 août 2002.

[22] Jugement n°20 Ch. crim. du 24 juin 2020, *Affaire ministère public/N. I.* ; jugement confirmé en appel par l'Arrêt n°002/CRIET/CA/ S. Crim. du 4 août 2020. Sentence de la Cour : 15 ans de réclusion criminelle et une amende de 10.000.000 francs CFA.

[23] Jugement n°026/CRIET/CJ/S. Crim. du 2 juillet 2020, *Affaire ministère public/Kp. C. F. S.* ; Sentence de la Cour : 15 ans de réclusion criminelle et 10.000.000 d'amende.

faire de même pour le reliquat. La Cour l'a condamné à cinq ans d'emprisonnement ferme et à 5 millions de francs d'amende[24].

La quatrième illustration met en cause une caissière de l'agence d'Oganla de La Poste du Bénin SA. Convaincue de détournement de deniers publics, elle est condamnée à 5 ans de réclusion criminelle et à 5 millions d'amende[25].

Le dernier cas est celui du chef d'antenne de la Société Béninoise d'Énergie Electrique (SBEE), société publique de distribution d'énergie. L'accusé est convaincu de « *détournement de deniers publics* » pour avoir « *perçu des recettes publiques issues des frais de recouvrement et encaissement de factures émises à charge de les reverser dans les comptes* » de l'entreprise. La Cour prononce une réclusion criminelle de 15 ans et 10 millions d'amende[26].

De cet échantillon de jurisprudence, il se dégage quelques grandes constantes : *primo*, la notion d'« *agent public* » comprend les fonctionnaires ayant le statut de comptable direct du Trésor[27] mais aussi les agents commis au maniement des fonds et valeurs appartenant aux établissements publics ayant un budget autonome[28] ainsi que les fonds et valeurs des entreprises publiques[29].

Secundo, la notion de « *denier public* » qui induit la compétence de la Cour, comprend les deniers de l'État, des collectivités territoriales locales et des établissements publics[30], mais aussi les deniers appartenant aux entreprises publiques[31].

Tertio, l'« *agent public* » peut être un fonctionnaire[32] ou une personne liée à une entreprise publique par un contrat de droit privé[33].

Quarto, la CRIET semble apporter un début de solution à la cruciale question de la lenteur des procédures devant les cours et tribunaux.

---

[24] Jugement n°05/CRIET/CJ/S. Crim. du 06 avril 2021, *Affaire ministère public/ G. D. M. S.*

[25] Jugement n°001/CRIET/CJ/S. Crim. du 29 mars 2021, *Affaire ministère public/ M. C. J. Gb.*

[26] Jugement n°23/Ch. Crim. Du 29 juin 2020, *ministère public/O. T. A. H.* ; Jugement confirmé en appel par l'Arrêt n°003/CRIET/CA/Crim. Du 06 août 2020.

[27] Jugement n°20 Ch. crim. du 24 juin 2020, précité.

[28] Jugement n°05/CRIET/CJ/S. Crim. du 06 avril 2021 précité.

[29] Jugement n°23/Ch. Crim. du 29 juin 2020, précité.

[30] Jugement n°05/CRIET/CJ/S. Crim. du 06 avril 2021, précité.

[31] Jugement n°23/Ch. Crim. du 29 juin 2020, précité.

[32] Jugement n°20 Ch. crim. du 24 juin 2020, précité.

[33] Jugement n°23/Ch. Crim. Du 29 juin 2020, précité.

Entre le mandat de dépôt qui marque le début de la procédure et la décision de la Cour, il s'écoule au mieux 14 mois[34] et au pire 31 mois[35]. La procédure en appel est encore plus courte, car entre la date du recours en appel et l'arrêt de la Cour statuant en appel, il s'écoule une durée moyenne d'un mois[36]. Alors que les cours et tribunaux ont habitué les justiciables à des délais plutôt élastiques, à toutes les phases de la procédure. Ainsi, pour la Cour constitutionnelle du Bénin, sont constitutifs de délais « *anormalement longs* », un délai de sept mois entre la date de l'arrêt de la Cour suprême et sa transmission au parquet général près la Cour d'appel[37] ; un délai de cinq ans pour la transmission d'un dossier du Tribunal de Porto-Novo à la Cour d'appel de Cotonou[38] ; un délai de onze ans pour transmettre un dossier de la juridiction de 1er degré à la Cour d'appel[39] ; un délai de quatorze ans en 1re instance[40] ; un délai de quatorze mois pour une procédure de flagrant délit [41] ; et bien d'autres excès encore[42]. Ainsi qu'on le voit, la CRIET semble bien apporter une solution à la lenteur de la justice au Bénin.

34 Jugement n°20 Ch. crim. du 24 juin 2020, précité.

35 Jugement n°026/CRIET/CJ/S. Crim. du 2 juillet 2020, précité.

36 Arrêt n°003/CRIET/CA/Crim du 06 août 2020, *Affaire ministère public/O. T. A. H.* ; Arrêt n°002/CRIET/CA/S. Crim. du 4 août 2020, *Affaire ministère public/N.I.*

37 Décision DCC 05-127 du 25 octobre 2005, *Yélouassi Louis-Marie*, Recueil 2005, p. 617).

38 Décision DCC 01-023 du 16 mai 2001, *Hounmènou Jean-Marie*, Recueil 2001, p. 109).

39 Décision DCC 98-059 du 4 juin 1998, *Ekpagouda Vincent*, Recueil 1998, p. 291).

40 Décision DCC 97-011 du 6 mars 1997, *Hounmènou Jean-Marie*, Recueil 1997, p. 49).

41 Décision DCC 97-006 du 18 février 1997, *Kohounfo Moïse*, Recueil 1997, p. 27).

42 Un délai de trois ans pour une procédure de citation directe (Décision DCC 03-059 du 19 mars 2003, Cour constitutionnelle, Recueil 2003, p. 237) ; un délai de onze ans entre l'inculpation et le placement sous mandat de dépôt et le jugement du tribunal (Décision DCC 14-191 du 11 novembre 2014, Recueil 2014, vol.3, p.1301) ; un délai de 18 mois entre la date du jugement frappé d'appel et la date de transmission du dossier de procédure au président du tribunal de première instance d'Abomey-Calavi pour acheminement à la Cour d'appel de Cotonou (Décision DCC 16-032 du 04 février 2016, *Timothée DANSOU*, Recueil 2016, vol.1, p.241) ; un délai de 19 mois pour prendre une ordonnance de mise en liberté provisoire sous cautionnement (Décision DCC 16-124 du 18 août 2016, *Ahmed Kpokpogbe*, Recueil 2016, vol.2, p. 881) ; un délai de sept ans pour la transmission du dossier du greffe au parquet général de la Cour d'appel (Décision DCC 18-023 du 08 février 2018) ; voir N. MÉDÉ, *Les grandes décisions de la Cour constitutionnelle du Bénin,* Dakar, L'Harmattan, 2020, p. 259 et suivantes.

CONCLUSION

La responsabilité financière des agents publics est une composante importante de l'État de droit républicain. Elle a même une assise constitutionnelle par référence à l'article 35 de la constitution qui dispose : « *Les citoyens chargés d'une fonction publique ou élus à une fonction politique ont le devoir de l'accomplir avec conscience, compétence, probité dévouement et loyauté dans l'intérêt et le respect du bien commun* ». Cette rédaction sert de fondement à une valeur république qui doit inspirer le législateur et tous les gestionnaires relevant de la hiérarchie de l'exécutif. Le denier public doit servir l'intérêt public. Toute dérive, toute déviance mérite une sanction.

La prise en compte de cette « *idée de droit* » a connu des insuffisances graves. Les autorités publiques s'attèlent à corriger le tir au moyen de l'innovation institutionnelle dans la répression des actes et omissions des « *gestionnaires publics* » et qui sont source de préjudice pour la « *caisse publique* ».

L'ENSEIGNEMENT ET LA RECHERCHE EN FINANCES PUBLIQUES EN AFRIQUE FRANCOPHONE[1]

INTRODUCTION

Les indépendances de 1960 ont permis d'essaimer les universités et, partant, les facultés de droit et de sciences économiques sur tout le territoire de la francophonie africaine. Celui-ci comprend deux grands blocs : l'Union économique et monétaire ouest-africaine (UEMOA) et la Communauté économique et monétaire des États de l'Afrique centrale (CEMAC). Ces deux institutions d'intégration régionale occupent un espace géographique de l'ordre de 6 529 742 km^2 (CEMAC : 3 020 142 km^2 ; UEMOA : 3 509 600 km^2). Les chiffres consolidés de population font état de 124,4 millions d'habitants de Dakar à Bangui. La structure de cette population indique qu'elle est jeune, voire très jeune avec 70 % de moins de 30 ans.[2]

Il s'ensuit des besoins de formation académique importants, au niveau des enseignements primaire, secondaire et supérieur. L'augmentation constante du nombre d'établissements publics universitaires entre dans cette logique.

La structure-type dominante de ces universités africaines est le regroupement de plusieurs facultés en une entité juridique pluridisciplinaire, comprenant évidemment une faculté de droit et une faculté d'économie. C'est principalement au sein de ces deux types d'unités que se déroulent, à la fois les enseignements et la recherche en finances publiques.

Il convient, cependant, de ne pas occulter le rôle non négligeable que jouent les écoles de formation aux métiers de finances publiques. Conçues sur l'exemple de l'École nationale d'Administration de Strasbourg-Paris, les écoles d'Administration des pays membres de l'UEMOA et de la CEMAC forment les ressources humaines de différents niveaux pour le compte des ministères en charge des finances. Facultés et écoles d'Administration n'épuisent pas, à elles seules, le champ de la formation et de la recherche en finances publiques sur le continent africain. Les centres de recherche et les associations à but non lucratif prennent une part remarquable qui se traduit par des publi-cations de bonne facture et l'organisation de rencontres scientifiques de haut niveau.

---

[1] Publié par la *Revue Française de Finances publiques*, n° 133, 2016.

[2] Source : Euromonitor International from national statistics/UN.

De ce rapide panorama sur les finances publiques dans les zones UEMOA et CEMAC, il convient maintenant de consacrer des lignes plus circonstanciées sur la question de l'enseignement d'abord (I) et celle de la recherche ensuite (II).

I. L'ENSEIGNEMENT DES FINANCES PUBLIQUES EN AFRIQUE

L'expression *finances publiques* est prise ici dans son acception la plus large, celle qui inclut la fiscalité comme discipline d'enseignement. Cet enseignement est dispensé dans les universités (A), mais aussi dans les écoles d'Administration (B).

A. L'enseignement des finances publiques dans les universités

Selon une tradition qui remonte à ce qui était, en 1949, l'École de Droit de Dakar, les finances publiques (finances et fiscalité) sont enseignées dans les facultés de droit et les facultés de sciences économiques. L'unité d'enseignement (UE) de finances publiques *stricto sensu* est obligatoire en deuxième année de licence en droit avec une masse horaire consistante : 90 heures sur deux semestres (université de Yaoundé II, Cameroun), 50 heures sur deux semestres (universités de Cocody et de Bouaké, Côte d'Ivoire), 48 heures sur deux semestres (université Omar Bongo de Libreville), 70 heures sur deux semestres (université Gaston Berger de Saint-Louis du Sénégal), 60 heures sur deux semestres (université Abdou Moumouni de Niamey, Niger), 50 heures sur deux semestres (université d'Abomey-Calavi, Bénin) et 36 heures à l'université de Bamako au Mali.

Cependant, l'enseignement des finances publiques est inscrit pour 24 heures étalées sur deux semestres, soit 48 heures au total pour la deuxième année de licence en droit privé. Les finances publiques sont aussi une matière obligatoire et de tronc commun à la faculté de droit de l'université de Dschang (Cameroun), avec un intitulé qui sort du commun : « *institutions financières et finances publiques* ».

Des séances de travaux dirigés de finances publiques *stricto sensu* sont obligatoires pour les étudiants qui choisissent le parcours de spécialisation droit public et pour ceux qui choisissent un parcours mixte droit public/sciences politiques ou droit public/droit privé à l'université Gaston Berger de Saint-Louis du Sénégal. Lesdites séances sont également obligatoires à la faculté de sciences juridiques de l'université Cheikh Anta Diop de Dakar, à l'université de Bouaké en Côte d'Ivoire et aux universités de Dschang et de N'Gaoundéré au Cameroun. Partout ailleurs dans les pays africains francophones de l'UEMOA et de la CEMAC, les travaux dirigés de finances publiques sont soit inexistants (Université Abdou Moumouni de Niamey) soit organisés de manière informelle sans incidence sur le système d'évaluation de la formation (université d'Abomey-Calavi, Bénin).

Le contenu du cours de finances publiques est centré sur le droit budgétaire et la comptabilité publique : la définition des finances publiques, les sources du droit des finances publiques, la loi de finances, son élaboration, son exécution et son contrôle, les règles et principes de la comptabilité publique. Les finances des collectivités territoriales locales et les finances communautaires apparaissent en année de master au Niger et au Sénégal (Saint-Louis et Dakar). Les finances sociales ne trouvent un point d'ancrage nulle part pour un enseignement dans le cadre d'un cours de finances publiques. Le financement de la sécurité sociale est plus perçu comme une thématique relevant du droit du travail et du droit de la sécurité sociale.

L'enseignement du droit fiscal est plus erratique. Absent de la licence en droit à Dakar, à Saint-Louis du Sénégal et à Niamey au Niger, il réapparaît dans une dimension spécifique à Ziguinchor (Sénégal), pour la licence de droit privé, sous la forme d'un enseignement de « *Principes fiscaux* » (2e année de licence) et de « *droit fiscal de l'entreprise* » (3e année de licence) avec des masses horaires respectives de 30 et 36 heures.

Le droit fiscal sous son libellé classique et son contenu de théorie générale de l'impôt, est une unité d'enseignement obligatoire assortie de séances de travaux dirigés tout aussi obligatoires pour les 3es années de licence en droit à l'université Omar Bongo de Libreville au Gabon (72 heures sur les semestres 5 et 6, avec des travaux dirigés au semestre 6) et aux universités de Cocody et de Bouaké en Côte d'Ivoire (50 heures de cours et des travaux dirigés pour les licences de droit public). Le cours de droit fiscal est obligatoire, mais sans travaux dirigés en 3e année de licence aux universités de Yaoundé II, N'Gaoundéré et de Dschang au Cameroun.

Les facultés de sciences économiques et de gestion font également une place à l'enseignement des finances publiques et du droit fiscal. Les finances publiques sont une unité d'enseignement obligatoire en 2e année de licence (Libreville au Gabon et université d'Abomey-Calavi)[3] et en 3e année de licence (université d'Abomey-Calavi au

[3] Pour la filière de science de gestion : 60 heures.

Bénin[4] et université de Bouaké en Côte d'Ivoire). Les masses horaires sont plus variables et peuvent être tantôt plus faibles (24 heures à Libreville et 20 heures à Bouaké en Côte d'Ivoire) tantôt plus fortes qu'en droit (40 heures à l'université d'Abomey-Calavi). Le contenu du cours fait le tour du droit budgétaire mariné de données macro-économiques et macro-financières sur la convergence des politiques économiques et budgétaires dans les espaces communautaires de référence. L'université Gaston Berger offre une autre perception des choses en inscrivant en 3e année de licence d'économie générale, non pas un enseignement de finances publiques, mais un cours d'« *économie des finances publiques* » de 24 heures accompagné de 12 heures de travaux dirigés centrés sur les mathématiques, la fiscalité optimum, l'incidence fiscale, etc. Le cours en lui-même comporte quelques développements de nature juridique comme les notions de budget, de loi de finances, les principes de l'annualité, de l'unité, etc.

Le droit fiscal, quant à lui, n'apparaît explicitement que dans les facultés d'économie de Bouaké en Côte d'Ivoire (3e année de licence) et d'Abomey-Calavi au Bénin (master professionnel). Cela prouve que l'approche doctrinale du droit fiscal est peu développée en comparaison de la place qui est faite à cette matière dans les cycles de formation professionnelle donnée dans les écoles et instituts.

B. L'enseignement des finances publiques dans les écoles et instituts

Les écoles d'administration ont essaimé dans les pays africains francophones pour pourvoir l'administration publique en ressources humaines de qualité. Elles ne sont point des écoles d'application à l'instar de l'ENA de Strasbourg-Paris, mais des centres de formation à la fois théorique et pratique sanctionnée par des diplômes sur les grands métiers de l'administration publique. Les carrières des administrations financières sont évidemment concernées. À ce titre, il convient de signaler la singularité de l'exemple du Burkina Faso où il coexiste deux écoles pour l'administration publique : l'ENA pour les carrières relevant des ministères « *dépensiers* » et l'École nationale des régies financières pour la formation du personnel du ministère en charge des finances.

La montée en puissance du droit et de la pratique de la commande publique fait naître des formations *ad'hoc* comme le cycle de formation en marchés publics lancé en avril 2009, par l'École nationale des régies

[4] Pour la filière de science économique.

financières (ENAREF) en partenariat avec le cabinet IDEA International et l'université Laval du Canada. Le personnel des douanes reste désespérément hors du champ de compétence des ENA du continent.

Les cycles de formation dans les ENA donnent accès aux agents des catégories C, B, et A et correspondent à des recrutements de niveau Bac-3 (Bepc), Bac et Bac+3 pour la formation de niveau master. Aucun cycle doctoral n'existe, à ce jour, dans les ENA.

Les effectifs des filières financières dans les ENA peuvent être considérables, au regard de la taille de toute la fonction publique des pays concernés. L'ENAREF de Ouagadougou (Burkina Faso) comptait, à la rentrée académique 2014-2015, 1.193 élèves[5] inscrits dans les formations de cycle diplômant, c'est-à-dire sans prendre en compte les formations de courte durée de quelques semaines donnant droit à une attestation.

De façon remarquable, les États membres de la CEMAC ont décidé, en janvier 1995, de transformer l'Institut de l'Économie et des Finances (IEF) du Gabon en un centre régional de formation sur les finances publiques au profit des États membres de la CEMAC. L'IEF renforce les capacités et forme aux métiers des Administrations économiques et financières, de la douane, des impôts et du Trésor, sans exclure explicitement la recherche de son champ de compétence.

II. LA RECHERCHE EN FINANCES PUBLIQUES EN AFRIQUE

Les enseignants-chercheurs sont, par vocation, l'un des premiers concernés par les activités de recherche en finances publiques (A). Les associations de professionnels tendent à apporter une contribution de plus en plus importante (B).

A. La recherche académique

Ici comme ailleurs, la recherche en finances publiques est handicapée par le pourcentage réduit de spécialistes universitaires. La discipline ne fascine pas, elle n'a pas d'effet d'aimant sur les collègues. Les parcours de certains de ceux qui s'en font une raison d'être professionnelle sont des parcours contingents où la dimension fortuite de l'engagement est la donnée première. L'auteur des présentes lignes, par exemple, en est venu à enseigner et écrire sur les finances publiques après avoir fait un mémoire de maîtrise en droit administratif, un

[5] Détails par filière : Comptabilité 199, finances 203, fiscalité 263, statistiques 75, tronccommun : 453.

mémoire de DEA en droit constitutionnel et une thèse de doctorat en droit administratif. Les finances publiques ont émergé à l'agenda lorsque le titulaire du cours à l'université d'Abomey-Calavi, l'inspecteur des finances Paul Gonçalves, ancien élève de l'ENA de Paris a pris sa retraite et qu'il fallait le remplacer. Le responsable des affaires pédagogiques, M. Johannes TOUDONOU, fit les diligences au téléphone en me disant : « *il y a un cours ici dont personne ne veut* ». Le jeune docteur en droit public que j'étais prit une succession qu'il n'a ni préméditée ni préparée. Cette histoire peut illustrer l'itinéraire de plusieurs ; elle est aussi une illustration du paradoxe de notre temps : le décalage entre les besoins en enseignement et en recherche sur les finances publiques d'une part et les ressources humaines affectées à ces tâches, d'autre part.

En termes de ressources humaines, les zones UEMOA/CEMAC comptent sept professeurs qui ont choisi les finances publiques comme épreuve de dissertation (épreuve de spécialité) au concours d'agrégation. La répartition géographique donne ceci : deux en Côte d'Ivoire[6], deux au Burkina Faso[7], un au Cameroun[8], un au Gabon[9] et un au Bénin[10]. À cette énumération s'ajoutent deux maîtres-assistants[11] et des jeunes pousses[12].

Les articles de doctrine produits par ces enseignants-chercheurs sont publiés dans des revues généralistes de droit en Afrique, mais aussi par la Revue française de finances publiques et la revue Gestion et finances publiques. L'attrait du domestique explique la création en 2013 de la Revue africaine de finances publiques (RAFP) par le professeur Gérard Pekassa de l'université de Yaoundé II au Cameroun. La RAFP couvre les domaines de la production doctrinale, les chroniques législative et de jurisprudence, les réflexions et présentations provenant de professionnels des finances publiques.

En termes de laboratoire d'accueil, plusieurs centres généralistes existent. Au nombre de ceux-ci, on peut citer le Centre d'Études et de

---

[6] Jeannie Badjo DAGBO de l'université d'Abidjan-Cocody et Félix Tano de l'université de Bouaké.

[7] Salif YONABA et Séni OUÉDRAOGO à l'université de Ouagadougou.

[8] Gérard PÉKASSA de l'université de Yaoundé II.

[9] Alexis ESSONO-EVONO de l'université de Libreville.

[10] Nicaise MÉDÉ de l'université d'Abomey-Calavi.

[11] Pélagie N'DRITHÉOUA de l'université de Bouaké (Côte d'Ivoire) et Moussa Zaki del'université de Saint Louis du Sénégal.

[12] Koffi Sasso PAGNOU de l'université de Kara (Togo) et Abdoulaye Niane de l'université deBambey au Sénégal.

Recherches Constitutionnelles, Administratives et Financières (CERCAF) de l'université de Yaoundé II (Cameroun) et le Centre de droit public de l'université de Lomé (Togo). Le Centre d'étude et de recherche sur l'administration et les finances (CERAF) de l'université d'Abomey-Calavi (Bénin) se veut un centre spécialisé sur les questions financières. Il joue un rôle de creuset et de pépinière depuis sa création par arrêté rectoral en 2010. Il héberge une demi-dizaine de doctorants et a organisé trois colloques sur des sujets de finances publiques. Son centre de documentation peut être présenté comme une référence thématique en la matière. Elle favorise aussi la synergie avec les initiatives de recherche-action qui sont la marque distinctive des écoles d'administration, mais que revendiquent de plus en plus les associations professionnelles du continent.

B. La recherche par les associations professionnelles

Elles ne sont pas exclusivement des associations de professionnels praticiens des finances publiques. Les associations professionnelles sont des organismes composites où coexistent et collaborent des universitaires (souvent minoritaires) et des cadres ayant de solides références professionnelles en finances publiques.

Le Réseau Africain de Recherche Fiscale (*African Tax Research Network,* ATRN)[13] peut être rangé dans la catégorie des organisations non-gouvernementales de dimension panafricaine. Sa vision est d'« *être la plate-forme de choix pour la Recherche fiscale africaine* ». Le principe de sa création remonte à la session de l'*African Academic Forum* (Forum académique africain) organisé par l'*African tax administration forum* (ATAF) en août 2013 à Nairobi (Kenya). En mai 2014, le Comité de pilotage de l'ATRN est formé et les activités s'enchaînent depuis lors.

Dans la sphère ouest-africaine francophone de l'Afrique a été créé, en octobre 2012, l'Observatoire des finances publiques en Afrique (OFIP-Afrique). Celle-ci a le statut d'une association de la loi de 1901 et regroupe des compétences universitaires, mais aussi des spécialistes des administrations financières et des juridictions financières. Elle fait partie du réseau mondial de l'Association pour la Fondation Internationale de Finances publiques (Fondafip). Les négociations en cours avec les équipes de chercheurs et de praticiens de l'Afrique Centrale, permettront de transformer la structure actuelle en une société

[13] http://atrnafrica.org

africaine de finances publiques dont le champ d'action couvrira l'ensemble des États francophones du continent.

On peut aussi mentionner l'Initiative concertée sur la réforme du budget africain (CABRI) dont la singularité mérite d'être relevée. Né de l'Accord international signé en 2007 par les six États fondateurs[14] le CABRI est une organisation internationale regroupant des sujets du droit international que sont les États. Sa spécificité est qu'elle revendique dans son acte fondateur qu'elle est « *autonome (et) mène ses opérations et accomplit ses fonctions en toute indépendance* » (art. 2, al. 2, Accord international). Ce qui constitue un prérequis pour la qualité et la fiabilité des travaux scientifiques qui sont produits ainsi que le sérieux de l'organisme.

Le CABRI se définit lui-même comme « *un réseau d'échange et d'apprentissage mutuel pour les hauts responsables du budget des ministères africains en charge des finances/de la planification* ». L'approche économique et gestionnaire est dominante dans les travaux de CABRI. Elle est inspirée par la conception anglo-saxonne des questions de finances publiques. Les deux principaux responsables de ce brain-trust continental sont d'ailleurs originaires de pays anglophones. Le secrétaire exécutif, M. Neil COLE est sud-africain, ancien haut fonctionnaire du *National Treasury* diplômé en économie de la *University of London.* Le spécialiste principal de la gouvernance financière publique est le Ghanéen Dr. Nana Adowaa Boateng.

CONCLUSION

Les finances publiques sont en pleine mutation. Un nouveau cadre harmonisé des finances publiques est adopté par l'UEMOA en 2009 tandis que de nouvelles directives ont été publiées par la CEMAC en 2011 dans le domaine du droit et de la gestion des finances publiques. L'enseignement de la discipline est ainsi dans une dynamique de rénovation. La recherche surtout doit pouvoir prendre de l'importance. Car tout un chacun le reconnaît, les questions du « *potentiel humain* »[15], mais aussi des ressources matérielles et financières sont des facteurs limitants qu'il faut toujours avoir à l'esprit lorsqu'on évoque la gestion budgétaire par la performance dans les pays du sud, notamment ceux de l'UEMOA et de la CEMAC !

[14] Afrique du Sud, Ghana, Kenya, Rwanda, Mali, Sénégal.

[15] M. BOUVIER, *La gestion de la dépense publique dans les pays de l'Afrique francophonesubsaharienne*, Paris, ministère des Affaires Étrangères, 2004, p. 300.

LA RESPONSABILITÉ FINANCIÈRE DES GESTIONNAIRES PUBLICS AU BÉNIN[1]

INTRODUCTION

Il est bien superfétatoire de revenir sur la définition des termes de notre contribution au présent ouvrage collectif. Les balises ont été fixées par l'initiatrice de notre projet. Dès lors, la responsabilité financière s'entend ici, selon Stéphanie DAMAREY, de "*la possibilité de réclamer au gestionnaire public réparation du préjudice financier causé à la caisse publique*". C'est, somme toute, la sanction de la reddition de compte financière, ce que le discours officiel appelle la bonne gouvernance financière, une composante de ce que le droit communautaire de l'Union Economique et Monétaire Ouest-Africain (UEMOA) désigne sous l'appellation générique de transparence.

La transparence traverse toute la littérature financière ouest-africaine francophone, et, *a fortiori*, celle du Bénin. Le Code de transparence dans la gestion des finances publiques au sein de l'UEMOA[2] est transposé en droit positif béninois par le Décret n°2015-035 du 29 janvier 2015 portant Code de transparence dans la gestion des finances publiques en République du Bénin.

Le texte part d'une exigence de moralité publique qui s'énonce ainsi : "*Toutes les personnes qui gèrent les fonds publics, élus ou agents publics, sont assujetties aux obligations d'intégrité et de probité, à la mesure de la confiance qui leur est faite*" (Article 59). Le même texte poursuit par une disposition plus pertinente, au regard du thème général qui sous-tend le présent ouvrage : "*Les sanctions prévues par les lois en vigueur en République du Bénin, sont prononcées à l'encontre de tous ceux qui, élus ou agents de l'État, ont à connaître ou à gérer des deniers publics*" (Article 52). La norme règlementaire emploie un présent de l'indicatif qui, comme tout un chacun le sait, vaut impératif. Il s'agit ici du rappel du principe général de légalité entendu sous l'angle de l'application de la loi, du *law enforcement* républicain. Tout gestionnaire public dont la responsabilité financière est engagée doit subir les sanctions prévues par les textes en vigueur. Cette sanction peut

---

[1] Publié dans l'ouvrage collectif : S. DAMAREY (Dir.) *La responsabilité financière des gestionnaires publics*, Paris, MARE MARTIN, 2023.

[2] Directive n°01/2009/CM/UEMOA du 27 mars 2009.

être administrative, juridictionnelle ou politique selon les dispositions de l'article 84 de la loi organique n° 2013-14 du 27 septembre 2013 relative aux lois de finances au Bénin. La sanction administrative relève de la compétence des conseils de discipline de divers organismes relevant de la hiérarchie de l'administration publique ; la sanction politique ou parlementaire est actionnée « *par l'Assemblée nationale* » (*article 84-4)* ; la sanction juridictionnelle est conduite par la juridiction financière, mais aussi par toute autorité ayant compétence pour rendre des sentences revêtues de l'autorité de chose jugée. Seule cette dernière catégorie de responsabilité, la justiciabilité devant les juridictions est examinée dans le cadre de la présente étude.

Par ailleurs, et toujours pour fixer les prolégomènes de nos développements, il convient de s'interroger sur la notion de gestionnaire public. La question est d'importance pour pouvoir asseoir la clarté de nos propos. La catégorie des gestionnaires publics est caractérisée par sa diversité. Cette diversité induit une pluralité de régimes juridiques. En effet, on constate, *primo,* que les opérations financières peuvent être des opérations de recette ou des opérations de dépense. Le gestionnaire public peut être un acteur de la chaîne financière affecté aux opérations de recette ou un acteur qui s'occupe de l'exécution des dépenses publiques. *Secundo*, la catégorie des gestionnaires publics comprend deux grandes sous-catégories d'acteurs que sont les acteurs de droit commun d'une part, et les membres du gouvernement d'autre part. *Tertio*, et au-delà du gestionnaire public, le préjudice causé à la caisse publique est un préjudice sur les deniers publics, que ceux-ci appartiennent à l'État, aux collectivités territoriales décentralisées, aux établissements publics ou aux organismes privés bénéficiaires de concours financiers des organismes publics.

Sur un plan sociologique, la question de la délinquance financière portant sur des deniers publics est devenue un phénomène de société qui défraie les chroniques des médias depuis des décennies. Des détournements de deniers publics à la corruption active et passive sans oublier les délits voisins, le phénomène semble "*gangrener*"[3] la vie publique de toute la nation et peser lourd sur les finances publiques.[4]

[3] W. H. ADOUN, Fr. *K.* AWOUDO. *BÉNIN : Une démocratie prisonnière de la corruption*, Cotonou, Éditions COPEF, 2008, p. 359.

[4] « Le Bénin aurait perdu au minimum, dans les multiples malversations coordonnées au niveau des entreprises publiques, dans les fausses privatisations, dans les diverses falsifications, dans les différentes surfacturations, dans le pillage systématisé des ressources publiques, etc., entre 500 et 1000 milliards de francs CFA (entre 765 millions

Pour le gouvernement, il s'impose un impératif de rigueur "*dans l'utilisation des ressources publiques et l'assainissement des régies financières*"[5] dans le but "*d'accroître les ressources intérieures et de restaurer la crédibilité de la signature de l'État béninois, pour la mobilisation significative des financements*"[6].

Examiné sous l'angle du gestionnaire public face à sa responsabilité financière, la présente monographie centrée sur le Bénin appelle les questions de recherche suivantes : quelles sont *ratione materiae* les infractions punissables au titre de la responsabilité financière ? Quel est, *ratione personae,* la typologie des responsables publics punissables lorsque leur responsabilité financière est engagée ? Quels sont, sur le plan organique, les mécanismes institutionnels de répression des manquements à la règle financière ?

Les réponses à ces questions et à celles qui leur sont sous-jacentes vont s'ordonner autour d'un développement en deux temps : la responsabilité financière de droit commun (I) et la responsabilité financière *ad hoc* (II).

I. LA RESPONSABILITÉ FINANCIÈRE DE DROIT COMMUN DES GESTIONNAIRES PUBLICS

La responsabilité financière de droit commun est une responsabilité qui est engagée devant la Cour des comptes. Elle comporte deux grandes caractéristiques : *primo*, elle est limitée, *ratione personae*, à certaines catégories de gestionnaires publics ; *secundo*, cette responsabilité peut être engagée *avec* ou *sans* préjudice financier.

En effet, l'obligation de rendre compte de sa gestion financière incombe aux seuls agents qui n'ont pas la qualité de membre du gouvernement. Selon les dispositions de l'article 95 de la loi organique n° 2013-14 du 27 septembre 2013 relative aux lois de finances au Bénin, « *les membres du Gouvernement, ordonnateurs de leur budget, encourent, en raison de l'exercice de leurs attributions, les responsabilités que prévoit la Constitution* ». Ils ne sont pas injusticiables par principe, mais leur responsabilité suit un régime particulier, gouverné par les règles

---

et 1,5 milliard d'euros) au cours des dix dernières années. » W. H. ADOUN, Fr. K. AWOUDO, *op. cit.*, p. 356.

[5] Citations de F. AWOUDO et M. O. TCHANOU, *Lutte contre la corruption sous la rupture, Réformes et grands procès*, Cotonou, Tropiques édit., 2021, p. 19.

[6] *Ibidem.*

de compétence et de procédures en vigueur au niveau de la Haute cour de justice.

Si l'on exclut les membres du gouvernement, la famille des agents publics comporte une gamme diversifiée de gestionnaires appartenant à des hiérarchies et des corps de métiers très diversifiés. Il y a *d'abord*, les comptables publics, justiciables historiques et privilégiés de la juridiction financière ; ils ont des compétences définies aux articles 16 et 23 du Décret n°2014-571 du 07 octobre 2014 portant règlement général sur la comptabilité publique. Leur responsabilité est engagée et un débet administratif ou juridictionnel est encouru, pour couvrir la recette non perçue, compenser le déficit de caisse ou encore récupérer « *la dépense payée à tort ou l'indemnité mise de son fait à la charge de l'État ou de tout autre organisme public* » (*Article 34, Décret n°2014-571 précité).* Ce régime de responsabilité concerne les comptables en deniers et valeurs, les comptables de fait et les comptables des matières. Ces derniers sont les nouveaux venus dans le panorama du nouveau cadre harmonisé des finances publiques au sein de l'Union économique et monétaire ouest-africaine. Une directive organise ce corps et un texte de transposition nationale a été adopté[7].

Ensuite vient la responsabilité financière des ordonnateurs et des contrôleurs financiers. Les ordonnateurs constituent une catégorie composite qui inclut les présidents des institutions constitutionnelles (*Cour constitutionnelle, Cour des comptes, Haute cour de justice, Cour suprême, etc.),* les chefs des établissements publics (*recteurs d'université, directeurs d'hôpitaux publics, directeurs de la multitude d'agences créées depuis 2016*[8]*),* les ordonnateurs délégués ou ordonnateurs secondaires comme les responsables de programmes, les nouveaux directeurs de la planification de l'administration et des finances (DPAF), et les chefs des administrations déconcentrées de l'État, etc. Ces types de gestionnaires publics sont punissables pour une catégorie particulière de délinquance financière : la faute de gestion (*Article 95, loi organique n° 2013-14 précitée*). La loi organique énumère huit cas de figure où la faute de gestion peut être retenue en décrivant les éléments à la fois matériels et moraux de l'infraction (*Article 98, loi organique n° 2013-*

[7] Décret n° 2019-396 du 05 septembre 2019 portant comptabilité des matières en République du Bénin.

[8] P. A. AGBOZO, « L'agenciation des administrations fiscales : une solution d'avenir ? » *in* N. MÉDÉ et N. YENOUSSI, *Les recettes publiques en débats*, Dakar, L'Harmattan, 220, p. 253.

14 précité). Cet article 98 se termine par une formule à la fois énigmatique et attentatoire à l'exigence de clarté et de prévisibilité de la loi, notamment une loi qui punit : sont en effet « *constitutifs de fautes de gestion, les actes et faits suivants* (...) et *toutes autres fautes de gestion prévues par les textes en vigueur* » (*Article 98, in fine, loi organique n° 2013-14 précitée).*

De fait, la Cour des comptes, en sa forme actuelle comme en son statut antérieur de Chambre des comptes de la Cour suprême, n'a jamais eu à connaître d'une faute de gestion commise par un agent public[9]. Les textes en vigueur sont restés des neutrons juridiques sans effet sur la vie et le fonctionnement des administrations financières. L'apurement en la forme juridictionnelle des comptes des comptables publics est, lui aussi, une compétence presque non exercée par la Cour des comptes. À ce jour, seuls *deux*[10] arrêts définitifs ont été rendus par la juridiction financière. Le premier examine la gestion du comptable principal de l'État au titre de la gestion 2010. Celui-ci est mis en débet pour la somme de 246.783.500 francs[11]. Le deuxième couvre une période de sept années de gestion budgétaire *(les gestions des années 2011, 2012, 2013, 2014, 2015, 2016, 2017*) et concerne sept comptables principaux de l'État qui se sont succédé. La juridiction financière a prononcé cinq décharges et deux mises en débet au titre des années 2013 et 2014[12].

Quant aux contrôleurs financiers, la loi organique n° 2013-14 du 27 septembre 2013 relative aux lois de finances au Bénin, dans la droite ligne de la Directive n°06/2009/CM/UEMOA relative aux lois de finances au sein de l'UEMOA, donne plus de visibilité à un corps de métier financier. Ils sont désormais justiciables de la Cour des comptes à raison « *du visa qu'ils apposent sur les actes portant engagement de dépenses ou les ordonnances, mandats de paiement ou délégations de crédits* » (*Article 79, Directive n°06/2009/CM/UEMOA précitée).*

[9] N. MÉDÉ, « Faute de gestion et gestion de la faute en Afrique de l'ouest francophone : comment préserver la sécurité juridique des justiciables » *in Revue Française de Finances publiques*, n°157/2022, p. 3.

[10] Un plus grand nombre de comptes de gestion des collectivités territoriales locales ont été jugés, avec arrêts définitifs.

[11] Cour suprême, Chambre des comptes, Arrêt n°14/CC-E-18 du 13 janvier 2018.

[12] Cour suprême, Chambre des comptes, Arrêt n° 001-/CC-E-21 du 23 février 2021. L'arrêt couvre sept années de gestion budgétaire (2011, 2012, 2013, 2014, 2015, 2016, 2017) et concerne sept comptables principaux de l'État qui se sont succédés. La juridiction financière a prononcé deux mises en débet au titre des années 2013 et 2014 et cinq décharges.

Enfin, l'existence d'un préjudice financier causé à la caisse publique n'est pas un critère dirimant pour caractériser la faute de gestion donnant lieu à la mise en jeu de la responsabilité financière d'un gestionnaire public. La loi évoque, bien sûr, les situations où apparaît un « *avantage injustifié, pécuniaire ou en nature* », (*Article 98-4, loi organique n° 2013-14 précitée*), « *la condamnation d'une personne morale de droit public* » à réparer ou à payer par la faute d'un agent public (*Article 98-5, loi organique n° 2013-14 précitée).* Mais la même loi organique retient aussi et en bonne position « *la violation des règles* » *(Article 98-1 et 98-2 de la loi organique n° 2013-14 précitée)* organisant la vie financière des personnes publiques. Le non-respect du principe de légalité administrative, en son acception la plus classique, peut être constitutif de faute de gestion, lorsque la règle de droit a été méconnue par un agent situé sur la chaîne d'exécution des opérations financières des personnes publiques. Le respect du principe de légalité, en l'occurrence, la légalité financière est posée en absolu, à contre-courant de la tendance à la managérialisation de la gestion financière publique qui veut que la régulation par le droit se dilue dans la régulation par les résultats et la performance. Cette propension à soutenir la légalité formelle transparaît, de plus en plus, dans l'exercice des compétences dévolues aux nouveaux organes *ad hoc* chargés d'apprécier la responsabilité des agents publics au titre du maniement des deniers publics.

II. LA RESPONSABILITÉ FINANCIÈRE *AD HOC* DES GESTIONNAIRES PUBLICS

Question sémantique, question de doctrine, question de convenance aussi, une responsabilité se singularise aussi par l'organe chargé d'en connaître. La responsabilité disciplinaire est connue par les conseils de discipline des administrations publiques ; la responsabilité pénale et la responsabilité civile sont appréciées par les juges judiciaires ; la responsabilité administrative, parce qu'elle « *n'est ni générale, ni absolue* (et) *qu'elle a ses règles spéciales* » (*Arrêt Blanco*), a été un temps le monopole du juge administratif avant de se résoudre à devenir le domaine partagé entre les juges administratif et judiciaire. La responsabilité financière échoit évidemment à la juridiction financière : la Cour des comptes du Bénin.

Ce qui est intéressant à souligner, dans le contexte juridico-institutionnel qui est celui du Bénin et même de la région ouest-africaine, c'est le syndrome de pénalisation forcenée de la responsabilité du « *gestionnaire public* (pour) *réparation du préjudice financier causé à la caisse publique* » (*Stéphanie Damarey*).

Si le juge financier de droit commun se défile, comme on l'a précédemment indiqué, il devient normal qu'émergent des substituts fonctionnels, des acteurs nouveaux sur la scène institutionnelle de la répression des infractions de nature financière. Ainsi s'explique et se justifie l'irruption dans le paysage juridictionnel de deux grands acteurs dédiés à la lutte contre la délinquance financière : la Haute cour de justice (*de manière peu convaincante jusqu'ici*) et surtout la Cour de répression des infractions économiques et du terrorisme (*CRIET*).

La Haute cour de justice est une juridiction compétente pour juger les membres du gouvernement, notamment pour les fautes mettant en cause les deniers publics et conduisant à un « *préjudice financier causé à la caisse publique » (Stéphanie Damarey*). Mais la Haute cour de justice reste entravée par un vice originel : sa composition et le caractère de *« justice entre soi* » qui est son essence. En effet, ce sont des hommes politiques qui jugent d'autres hommes politiques. La conséquence en est que la Haute cour n'a jamais fonctionné, qu'elle n'a jamais siégé pour connaître d'une espèce quelconque par peur du retour de la manivelle : à qui le tour ?

Au demeurant, trois grandes affaires illustrent l'essence de nos propos. *D'abord*, le cas de cet ancien ministre de l'enseignement technique et de la formation professionnelle qui a fait l'amère expérience de passer environ trois bonnes années en prison, soit exactement 1.011 jours de garde à vue suivie de détention préventive. Il a réussi le tour de force de réunir une majorité qualifiée[13] de députés sur la décision de le poursuivre devant la Haute cour de justice sur les chefs de "*détournement de deniers publics et de véhicule administratif*"[14]. Une certaine presse ne put s'empêcher de relever qu'il y a, dans les faits de l'espèce, un arrière-goût de châtiment politique. "*Il est clair que les députés voulaient lui régler son compte pour avoir osé dire que la LEPI*[15] *se fera avec ou sans eux. Pour cela, ils se sont précipités sur un*

[13] 77 voix pour, 1 abstention, 1 contre et 2 nuls (P. ZINSOU-PLY, "Bénin : ADIHOU devant la Haute Cour pour avoir osé insulter les députés" *in* journal *Fraternité, 19 juillet 2006).*

[14] O. ALLOCHEME "Libération d'Alain ADIHOU : Trois ans de détention pour rien" *in* journal *L'Événement précis*, 3 août 2009. P. ZINSOU-PLY, "Bénin : ADIHOU devant la Haute Cour pour avoir osé insulter les députés" *in* journal *Fraternité, 19 juillet 2006.*

[15] LEPI : Liste Electorale Permanente Informatisée.

rapport inachevé pour se venger" lit-on dans le journal *L'Événement précis*[16]. Le ministre en délicatesse avec la représentation nationale est l'exemple de la personnalité politique en rupture de ban avec la classe politique. Il l'a payé de sa liberté et de la sanction afflictive qui lui a été infligée. On lui a tiré les oreilles sans oser aller plus loin, c'est-à-dire réunir les conditions juridiques et organisationnelles d'un procès devant la Haute cour de justice.

Ce vaudeville juridictionnel annonce, *ensuite*, l'agitation politico-médiatique concernant trois anciens ministres présumés coupables de faits graves relevant de la compétence de la Haute cour de justice. Il est aussi question ici de « *faux, usage de faux, détournement de fonds publics et complicité portant sur près de 14 milliards de francs* »[17]. Au total, l'Assemblée nationale a autorisé la poursuite de trois anciens ministres devant la Haute cour de justice. Mais la procédure va vite s'enliser dans les conciliabules politiciens et des reniements fâcheux.

Enfin, pour clore ce listing des tragi-comédies juridictionnelles, il y a l'affaire dite du *PPEA2*. Il s'agit d'un détournement présumé de deniers publics portant sur des sommes variant entre 2,6 et 8 milliards de francs selon les sources. Le ministre responsable du dossier démissionne de son poste de ministre, mais retrouve un fauteuil de député à l'Assemblée nationale. Il ne peut être désormais attrait devant la Haute cour de justice que si le parlement décide de lever son immunité. Une requête dans ce sens est soumise au vote des députés, mais la résolution est rejetée par une majorité de 45 voix contre 38.[18] "*L'immunité parlementaire, explique un élu, est la seule chose qui reste au député qui doit en être jaloux.*"[19] Ainsi hiberne la Haute cour de justice depuis l'entrée en vigueur de la constitution de la Ve République en 1990.

Pour donner le change à l'inertie ambiante en matière de répression des infractions au détriment de la « *caisse publique* » (*Stéphanie Damarey*), le gouvernement issu de l'alternance au sommet de l'État en 2016, fait voter d'abord la loi n°2018-13 du 2 juillet 2018 modifiant la loi n°2001-37 du 27 août 2002 portant organisation judiciaire en

---

[16] O. ALLOCHEME "Libération d'Alain ADIHOU : Trois ans de détention pour rien" article précité.

[17] https://www.bbc.com/afrique/region/2013/02/130225_benin, consulté le 26 février 2022.

[18] Th. C. NAGNONHOU, "*La demande de levée de l'immunité de Barthelemy Kassa rejetée", in* journal *La Nation*, n° 6306, vendredi 21 août 2015, p. 3.

[19] *Ibidem.*

République du Bénin et création de la Cour de répression des infractions économiques et du terrorisme (CRIET). Cette loi est ensuite modifiée en 2020 (*Loi n°2020-07 modifiant et complétant la loi n°2001-37 du 27 août 2002 portant organisation judiciaire en République du Bénin).*

La CRIET est manifestement inspirée de la Cour de Répression de l'Enrichissement Illicite (CRIE) au Sénégal, autre juridiction spéciale créée en 1981 (*Loi n° 1981/54 du 10 juillet 1981*). Elle est organiquement détachée de la hiérarchie des cours et tribunaux et se spécialise sur des infractions limitativement énumérées. Elle est dite « *une juridiction spéciale à compétence nationale* »[20]. L'expression « *infraction économique* » s'entend, selon la loi, de l'infraction « *qui vise les finances de l'État ou dont la réalisation produit des effets sur l'ordre public économique* »[21]. La « *caisse publique* » étant une composante des « *finances de l'État* », une étude centrée sur le thème du « *gestionnaire public* » et la « *réparation du préjudice financier causé à la caisse publique »* serait incomplète si elle n'incluait la mission et les activités de la CRIET au Bénin.

Dans son office de sanction des atteintes à l'orthodoxie financière, la Cour a eu à connaître du cas d'un inspecteur des impôts, affecté au poste de « *receveur du centre des impôts des petites et moyennes entreprises de Dassa-Zoumé* » qui a encaissé des « *fonds publics à charge de les reverser au Trésor public* », mais qui les a gardés par-devers lui.[22] Elle a eu ensuite à connaître du cas du comptable du greffe au tribunal de première instance de deuxième classe de Lokossa pour lequel, un contrôle a révélé un manquant en caisse.[23]

La troisième illustration de notre revue de jurisprudence de la CRIET est l'affaire de l'agent comptable du centre de santé de Djakotomey. Les investigations du ministère public ont permis de constater un détournement de 2.297.255 francs puis de 1.501.760 francs. L'accusé a remboursé les premières sommes détournées et promis à la barre de

[20] Article 5, Loi n° 2018-13 du 02 juillet 2018 précitée.

[21] Article 5-3 nouveau, Loi n°2020-07 modifiant et complétant la loi n°2001-37 du 27 août 2002.

[22] Jugement n°20 Ch. crim. du 24 juin 2020, *Affaire ministère public/N. I.* ; jugement confirmé en appel par l'Arrêt n°002/CRIET/CA/ S. Crim. du 4 août 2020. Sentence de la Cour : 15 ans de réclusion criminelle et une amende de 10.000.000 francs CFA.

[23] Jugement n°026/CRIET/CJ/S. Crim. du 2 juillet 2020, *Affaire ministère public/Kp. C. F. S.* ; Sentence de la Cour : 15 ans de réclusion criminelle et 10.000.000 d'amende.

faire de même pour le reliquat. La Cour l'a condamné à cinq ans d'emprisonnement ferme et à 5 millions de francs d'amende.[24]

La quatrième illustration met en cause une caissière de l'agence d'Oganla de La Poste du Bénin SA. Convaincue de détournement de deniers publics, elle est condamnée à 5 ans de réclusion criminelle et à 5 millions d'amende.[25]

Le dernier cas est celui du chef d'antenne de la Société Béninoise d'Énergie Electrique (SBEE), société publique de distribution d'énergie. L'accusé est convaincu de « *détournement de deniers publics* » pour avoir « *perçu des recettes publiques issues des frais de recouvrement et encaissement de factures émises à charge de les reverser dans les comptes* » de l'entreprise. La Cour prononce une réclusion criminelle de 15 ans et 10 millions d'amendes.[26]

De cet échantillon de jurisprudence, il se dégage quelques grandes constantes : *primo*, la notion d'« *agent public*» comprend les fonctionnaires ayant le statut de comptable direct du Trésor[27], mais aussi les agents commis au maniement des fonds et valeurs appartenant aux établissements publics ayant un budget autonome[28] ainsi que les fonds et valeurs des entreprises publiques.[29]

Secundo, la notion de « *denier public* » qui induit la compétence de la Cour, comprend les deniers de l'État, des collectivités territoriales locales et des établissements publics[30], mais aussi les deniers appartenant aux entreprises publiques[31].

Tertio, l'« *agent public* » peut être un fonctionnaire[32] ou une personne liée à une entreprise publique par un contrat de droit privé[33].

Quarto, la CRIET semble apporter un début de solution à la cruciale question de la lenteur des procédures devant les cours et tribunaux.

---

[24] Jugement n°05/CRIET/CJ/S. Crim. du 06 avril 2021, *Affaire ministère public/ G. D. M. S.*

[25] Jugement n°001/CRIET/CJ/S. Crim. du 29 mars 2021, *Affaire ministère public/ M. C. J. Gb.*

[26] Jugement n°23/Ch. Crim. Du 29 juin 2020, *ministère public/O. T. A. H.* ; Jugement confirmé en appel par l'Arrêt n°003/CRIET/CA/Crim. Du 06 août 2020.

[27] Jugement n°20 Ch. crim. du 24 juin 2020, précité.

[28] Jugement n°05/CRIET/CJ/S. Crim. du 06 avril 2021 précité.

[29] Jugement n°23/Ch. Crim. du 29 juin 2020, précité.

[30] Jugement n°05/CRIET/CJ/S. Crim. du 06 avril 2021, précité.

[31] Jugement n°23/Ch. Crim. du 29 juin 2020, précité.

[32] Jugement n°20 Ch. crim. du 24 juin 2020, précité.

[33] Jugement n°23/Ch. Crim. Du 29 juin 2020, précité.

Entre le mandat de dépôt qui marque le début de la procédure et la décision de la Cour, il s'écoule au mieux 14 mois[34] et au pire 31 mois[35]. La procédure en appel est encore plus courte, car entre la date du recours en appel et l'arrêt de la Cour statuant en appel, il s'écoule une durée moyenne d'un mois[36]. Alors que les cours et tribunaux ont habitué les justiciables à des délais plutôt élastiques, à toutes les phases de la procédure. Ainsi, pour la Cour constitutionnelle du Bénin, sont constitutifs de délais « *anormalement longs* », un délai de sept mois entre la date de l'arrêt de la Cour suprême et sa transmission au parquet général près la Cour d'appel[37] ; un délai de cinq ans pour la transmission d'un dossier du Tribunal de Porto-Novo à la Cour d'appel de Cotonou[38] ; un délai de onze ans pour transmettre un dossier de la juridiction de 1er degré à la Cour d'appel[39] ; un délai de quatorze ans en 1re instance[40] ; un délai de quatorze mois pour une procédure de flagrant délit[41] ; et bien d'autres excès encore[42]. Ainsi qu'on le voit, la CRIET semble bien apporter une solution à la lenteur de la justice au Bénin.

---

[34] Jugement n°20 Ch. crim. du 24 juin 2020, précité.

[35] Jugement n°026/CRIET/CJ/S. Crim. du 2 juillet 2020, précité.

[36] Arrêt n°003/CRIET/CA/Crim du 06 août 2020, *Affaire ministère public/O. T. A. H.* ; Arrêt n°002/CRIET/CA/S. Crim. du 4 août 2020, *Affaire ministère public/N.I.*

[37] Décision DCC 05-127 du 25 octobre 2005, *YÉLOUASSI Louis-Marie*, Recueil 2005, p. 617).

[38] Décision DCC 01-023 du 16 mai 2001, *HOUNMÈNOU Jean-Marie*, Recueil 2001, p. 109).

[39] Décision DCC 98-059 du 4 juin 1998, *EKPAGOUDA Vincent*, Recueil 1998, p. 291).

[40] Décision DCC 97-011 du 6 mars 1997, *HOUNMÈNOU Jean-Marie*, Recueil 1997, p. 49).

[41] Décision DCC 97-006 du 18 février 1997, *KOHOUNFO Moïse*, Recueil 1997, p. 27).

[42] Un délai de trois ans pour une procédure de citation directe (Décision DCC 03-059 du 19 mars 2003, Cour constitutionnelle, Recueil 2003, p. 237) ; un délai de onze ans entre l'inculpation et le placement sous mandat de dépôt et le jugement du tribunal (Décision DCC 14-191 du 11 novembre 2014, Recueil 2014, vol.3, p.1301) ; un délai de 18 mois entre la date du jugement frappé d'appel et la date de transmission du dossier de procédure au président du tribunal de première instance d'Abomey-Calavi pour acheminement à la Cour d'appel de Cotonou (Décision DCC 16-032 du 04 février 2016, *Timothée DANSOU*, Recueil 2016, vol.1, p.241) ; un délai de 19 mois pour prendre une ordonnance de mise en liberté provisoire sous cautionnement (Décision DCC 16-124 du 18 août 2016, *Ahmed Kpokpogbe*, Recueil 2016, vol.2, p. 881) ; un délai de sept ans pour la transmission du dossier du greffe au parquet général de la Cour d'appel (Décision DCC 18-023 du 08 février 2018) ; voir N. MÉDÉ, *Les grandes décisions de la Cour constitutionnelle du Bénin,* Dakar, L'Harmattan, 2020, p. 259 et suivantes.

CONCLUSION

La responsabilité financière des agents publics est une composante importante de l'État de droit républicain. Elle a même une assise constitutionnelle par référence à l'article 35 de la constitution qui dispose : « *Les citoyens chargés d'une fonction publique ou élus à une fonction politique ont le devoir de l'accomplir avec conscience, compétence, probité dévouement et loyauté dans l'intérêt et le respect du bien commun.* » Cette rédaction sert de fondement à une valeur républicaine qui doit inspirer le législateur et tous les gestionnaires relevant de la hiérarchie de l'exécutif. Le denier public doit servir l'intérêt public. Toute dérive, toute déviance mérite une sanction.

La prise en compte de cette « *idée de droit* » a connu des insuffisances graves. Les autorités publiques s'attèlent à corriger le tir au moyen de l'innovation institutionnelle dans la répression des actes et omissions des « *gestionnaires publics* » et qui sont source de préjudice pour la « *caisse publique* ».

L'EURO ET L'ÉVASION FISCALE EN AFRIQUE DE L'OUEST FRANCOPHONE[1]

INTRODUCTION

Un sursaut de renaissance s'est saisi du continent africain depuis quelques années. L'Union africaine s'est donné une grande ambition, l'Agenda 2063. La vision est de "*bâtir une Afrique intégrée, prospère et en paix, dirigée par ses citoyens et constituant une force dynamique sur la scène mondiale*". Cette ambition globale, à l'échelle de plus d'un milliard d'Africains est déclinée en agendas nationaux de développement. Le Sénégal a son Plan Sénégal Emergent (PSE) dont la mise en œuvre nécessite des financements de l'ordre de 9.685,7 milliards de FCFA sur la période 2014-2018. Le Plan national de développement de Côte d'Ivoire (PND, 2016-2020) requiert 49,24 milliards de dollars américains d'investissements, soit environ 29.000 milliards de FCFA. Enfin, le Burkina Faso post-insurrectionnel se donne une ambition à la mesure du rêve de sa jeunesse et des forces vives de la nation. Un ambitieux Plan national de développement économique et social (PNDES, 2016-2020), adopté par le conseil des ministres en juillet 2016 prévoit une enveloppe globale de l'ordre de 15.000 milliards de F CFA avec un investissement annuel d'environ 2.400 milliards de F CFA. Selon la Banque mondiale[2], à l'échelle de toute l'Afrique, les seuls besoins en investissements dans les infrastructures se chiffrent à 93 milliards de dollars par an, soit environ 15 % du PIB africain.

Pour faire face aux charges, il faut des ressources, dont la première est traditionnellement l'impôt. Les pays africains, dans leur ensemble, prélèvent 527,3 milliards de dollars d'impôt chaque année.[3] Et pourtant, le compte n'est pas bon. Il faut trouver plus de ressources, en optimisant les rentrées fiscales, en rasant les niches fiscales, en élargissant l'assiette au secteur informel et surtout, en traquant ce qu'il convient d'appeler l'évasion fiscale.

---

[1] Publié *in Annales Africaines*, Nouvelle série, n°4-2016, Volume 1., pp. 1-8.

[2] A. DORNEL, *Financement de projets d'infrastructures en Afrique*, Washington, Banque Mondiale, Mars 2014, p. 3.

[3] Nations Unies, Commission économique pour l'Afrique, *Financements novateurs et transformation économique en Afrique*, Addis-Abeba, CEA/ONU, 2015, p. 24.

L'évasion fiscale et les paradis fiscaux sont au cœur des déclarations d'intention et des actions de la communauté internationale. Les deux phénomènes sont d'une actualité brûlante et n'épargnent ni les pays riches ni, évidemment, les pays en développement. Mais la sensibilité au problème est plus cruciale quand on parle du Mali, du Burkina Faso ou du Togo que lorsque l'évasion fiscale est évoquée à propos des États-Unis ou du Japon. Un baobab même parasité par des rongeurs, reste un baobab ; ce qui n'est pas forcément le cas d'une brindille que les termites s'acharnent à grignoter.

La littérature sur l'évasion fiscale est dense et dynamique[4]. Elle se ramène à mesurer la différence entre le potentiel fiscal et les réalisations fiscales. Comme le dieu grec Janus, elle a deux faces : d'abord l'optimisation fiscale qui est une judicieuse utilisation de la législation fiscale pour minimiser la charge fiscale à imputer au contribuable. Il s'agit d'un exercice qui reste, malgré tout, conforme à la légalité fiscale. La seconde dimension de l'évasion fiscale est la fraude fiscale. C'est une optimisation de la charge fiscale, du point de vue du contribuable, mais en violation de la loi fiscale. Elle peut se manifester par une simple déclaration incomplète de la base imposable, une dissimulation de l'assiette ou de manière plus grossière par des transactions payées ou accompagnées de mallettes de billets de banque qui échappent à toute traçabilité pour les services des impôts.

L'évasion fiscale se distingue de la mesure des flux de capitaux que la Banque Africaine de Développement (BAD) s'évertue à mesurer sur le continent africain.[5] Pour la BAD, les *capital flows* se lisent dans les statistiques de la balance des paiements, mais aussi dans les flux illégaux d'argent provenant de la "*corruption, des rétro-commissions, de l'évasion fiscale, des activités criminelles et du commerce de certains biens de contrebande*"[6].

Le franc CFA offre-t-il des conditions particulièrement favorables au phénomène de l'évasion fiscale ? La réponse n'est point aisée d'autant que les pays non membres de la Zone franc sont également confrontés au phénomène de l'évasion fiscale à grande échelle. Selon

---

[4] X HAREL, *La grande évasion*, Paris, Actes Sud Éditions, 2012 ; A. Peillon, *Ces 600 milliards qui manquent à la France. Enquête au cœur de l'évasion fiscale,* Paris, Le Seuil, 2012 ; X. Harel, *Afrique, pillage à huis clos*, Paris, Fayard, 2006.

[5] African Development Bank & Global Financial Integrity, *Illicit financial flows and the problem of Net Resource Transfers from Africa: 1980-2009,* Join report, may 2013.

[6] *Idem,* p. 1.

une étude de la Banque Africaine de Développement, les *net resource transfers* (incluant les transferts illégaux et légaux de capitaux) s'élèvent à 1,5 trillion de dollars US sur la période 1980-2009, faisant ainsi de l'Afrique un pourvoyeur net de ressources au monde de l'ordre de 597 billion dollars US.[7] La même étude désigne, en termes quantitatifs, les principaux pays concernés par les *illicit financial flows* que sont le Nigéria, l'Egypte et l'Afrique du Sud.[8] Aucun pays de la Zone franc ne figure sur le podium des trois pays les plus touchés par la fuite des capitaux, qui alimente l'évasion fiscale internationale. À ce stade, on peut dire que la zone monétaire du franc CFA n'explique pas tout, et donc ne saurait être le déterminant majeur, sinon exclusif, de l'évasion fiscale en Afrique de l'Ouest francophone. Et pourtant.

L'histoire du franc CFA est l'histoire d'une monnaie, mais aussi et surtout l'histoire d'une coopération monétaire qui a célébré le 5 octobre 2012 ses 40 ans par un colloque tenu à Paris sur le thème "*Regards croisés sur 40 ans de Zone franc*". Le franc CFA en tant que signe monétaire ayant cours légal est né en 1945, lorsque la France a dû clarifier la parité entre le franc français et ce qui était à l'époque, le "*franc des colonies françaises d'Afrique*". La Zone franc est, par contre, la résultante de la signature de deux Accords de coopération entre la France et les républiques membres de la Banque des États de l'Afrique Centrale (1972), d'une part et d'autre part, entre la France et les républiques membres de l'Union monétaire ouest-africaine (4 décembre 1973)[9]. Ces Accords sont assortis de deux conventions dites Convention de compte d'opération qui prévoient et organisent le dépôt de 50 % des disponibilités extérieures de la Banque Centrale des États de l'Afrique de l'Ouest auprès du Trésor public français.

Le dispositif juridique est aujourd'hui complété par un règlement communautaire de l'Union économique et monétaire ouest africain (UEMOA), le Règlement n°09/2010/CM/UEMOA/ du 1er octobre 2010 relatif aux relations financières extérieures des États membres de l'Union Economique et Monétaire Ouest Africaine. Une demi-dizaine d'instructions particulières de la Banque Centrale des États de l'Afrique de l'Ouest (BCEAO) ont été prises en application du Règlement n°09/2010/CM/UEMOA. Elles vont des conditions de l'autorisation de

---

[7] *Idem*, p. 1.

[8] *Idem*, p. 3.

[9] Un avenant à cet accord est signé le 24 mai 1984 pour prendre en compte l'adhésion du Mali à la zone franc CFA.

faire appel public à l'épargne (Instruction n°09/07/2011/RFE) aux opérations de reprise de devises à la clientèle par des sous-délégataires (instruction n°07/07/2011/RFE). L'ensemble du dispositif est jugé "*extrêmement robuste*" et constitue "*un facteur favorable au développement*", selon les mots de M. Christian NOYER, gouverneur de la banque de France, dans son discours de clôture du colloque sur les quarante ans de la Zone franc[10].

De l'ensemble de cet encadrement juridique des relations entre la France et les pays membres de l'UEMOA/UMOA, il se dégage certaines lignes force s'agissant des relations entre l'euro et le franc CFA d'une part et d'autre part en ce qui concerne les transactions financières entre la Zone euro et la Zone du franc CFA de la Banque Centrale des États de l'Afrique de l'Ouest. Ces lignes force se ramènent à ceci : *d'abord* le franc CFA et l'euro sont liés par un régime de parité fixe[11], fondé sur le principe de solidarité entre les États membres de la zone. *Ensuite* tous les mouvements de capitaux entre les États membres de la zone[12] sont libres et s'effectuent sans restriction aucune[13]. *Enfin*, les banques primaires sont habilitées à ouvrir, sous leur responsabilité, des comptes étrangers en francs ou en euro au profit de non-résidents, sous réserve de la justification de leur qualité et de leur résidence effective[14]. Ces trois piliers de la relation euro-francs CFA nourrissent-ils des relations de cause à effet avec le phénomène de l'évasion fiscale ? C'est le moment de convenir de l'ambivalence des dynamiques en cours aussi bien en ce qui concerne la parité fixe et la libre convertibilité (I) ; qu'au regard de la liberté des relations financières à l'intérieur de la Zone franc (II).

---

[10] "Regards croisés sur 40 ans de zone franc", Colloque du 5 octobre 2010, Paris. (http://www.economie.gouv.fr/files/discours-gouverneur-noyer-colloque-2012.pdf).

[11] Article 2, Accord de coopération entre la France et les Républiques membres de l'UMOA.

[12]Selon le Règlement n°09/2010/CM/UEMOA la Zone franc comprend : (i) les États membres de l'UEMOA ; (ii) la République Française et ses départements et territoires d'Outre-mer. La principauté de Monaco est assimilée à la France ; (iii) les autres États dont l'Institut d'émission dispose d'un compte d'opérations auprès du Trésor français (Cameroun, République Centrafricaine, Congo, Gabon, Guinée Equatoriale, Tchad, Comores).

[13] Article 6 alinéa 2, Accord de coopération entre la France et les Républiques membres de l'UMOA.

[14] Règlement n°09/2010/CM/UEMOA, Annexe IV, article 34.

I. LA PARITÉ FIXE ET LA LIBRE CONVERTIBILITÉ : LA DIALECTIQUE DE LA POMPE ASPIRANTE ET FOULANTE

Partant de l'hypothèse que l'Afrique francophone est le centre de la dynamique monétaire sous étude, la parité fixe et la libre convertibilité produisent des effets à la fois centrifuges et centripètes.

A. L'effet centrifuge

Si la relation euro-franc CFA est une condition favorable à l'évasion fiscale dans la zone CFA, cela découle, dans une mesure certaine, de la parité fixe et la libre convertibilité qui caractérisent les deux monnaies.

Du point de vue de l'économie domestique, des revenus des ménages, on sait que l'Afrique de l'ouest francophone est anciennement une terre de colonisation française. Les communautés françaises restent dominantes parmi les expatriés aussi bien à Niamey, à Dakar, à Abidjan qu'à Cotonou ou Lomé. Les raisons de cette présence de français peuvent être économiques, culturelle ou autres. Mais l'histoire et la communauté de langue expliquent l'essentiel de cette relation particulière.

À cette population française qu'on pourrait dire de souche s'ajoute les élites urbaines locales, élites occidentalisées qui ont un mode de vie et de consommation qui trahissent une acculturation certaine. Ils boivent du vin, s'efforcent d'avoir une résidence secondaire en France et font très souvent leur course dans les commerces de Bordeaux, Paris, Marseille ou Lille. La Zone franc a effectivement "*tissé des relations humaines*"[15], comme le dit Christian NOYER. Elle a créé des habitudes, des liens et des dépendances.

Du point de vue des hommes d'affaires, des investisseurs français, la percée récente de l'Inde et de la Chine ne fait pas véritablement obstacle à la présence de grands groupes comme *Aréva* dans le nucléaire, *France Télécom* dans la communication, *Total* dans l'exploitation du pétrole ou *Bolloré* dans le transport multimodal.

Pour tous ces acteurs et pour d'autres, posséder des francs CFA a quelque chose de sécurisant. Le franc CFA devient une monnaie refuge parce que librement convertible. Ce qui constitue un attrait pour les investisseurs directs dans les économies de la Zone franc africaine, l'est

---

[15] M. NOYER, gouverneur de la Banque de France, discours de clôture, "Regards croisés sur 40 ans de zone franc", Colloque du 5 octobre 2010, Paris.

également pour les acteurs économiques des pays voisins de la Zone franc comme le Nigéria, le Ghana ou la Guinée-Conakry.

B. L'effet centripète

Par définition, l'effet centripète tend à rapprocher du centre, à aspirer vers le centre et en l'occurrence à favoriser la rentrée de capitaux dans les pays africains membres de la Zone franc.

En effet, la parité fixe et la libre convertibilité du franc CFA font que cette monnaie est recherchée par les planteurs ghanéens de café-cacao ou les forestiers de Guinée-Conakry. Le franc CFA a, en effet, valeur de devise forte, parce qu'arrimé à la devise européenne sur la base d'une parité fixe. Celui qui détient des francs CFA détient presque des euros, car il en connaît la contre-valeur en euro aussi bien en numéraires qu'en pouvoir d'achat. L'exportation de produits primaires originaires de pays non membres de la Zone franc par les ports maritimes de pays partageant le franc CFA comme monnaie, gonfle artificiellement les chiffres des exportations de ces derniers et améliore le rendement de leur fiscalité de porte.

D'un autre côté, on estime que 75 % environ des importations au port de Cotonou sont destinés aux pays voisins, principalement le Nigéria,[16] probable future première économie du continent avec 160 millions d'habitants[17]. Les importateurs du Nigéria, face aux contraintes liées à la convertibilité de la devise nationale, le *naïra,* choisissent délibérément de contourner les obstacles au commerce international dans leur pays en se servant de la plate-forme de Cotonou au Bénin comme centre d'opération pour des importations de biens que les réserves de change du Nigéria n'auraient pas permis d'effectuer librement. Le franc CFA présente les commodités requises en termes de parité et de convertibilité. Le Bénin sert ainsi d'"*État-entrepôt*"[18] au commerce international du Nigéria selon les mots d'un universitaire béninois. Ce commerce de réexportation entretient une faune d'hommes d'affaires nationaux et étrangers qui multiplient dans la

---

[16] B. GOURA SOULÉ *Les perspectives commerciales entre le Nigeria avec ses voisins,* Paris, OCDE, 2001, p. 15.

[17] "Selon nos estimations, d'ici trois à cinq ans, l'économie nigériane sera au moins aussi importante que l'économie sud-africaine", affirme Yvonne IKE, directrice de Renaissance Capital, une banque d'affaires russe spécialisée sur les pays émergents (http://economie.jeuneafrique.com/regions/afrique-subsaharienne/15922-le-nigeria-bientot-la-premiere-economie-dafrique-.html 8 mars 2013).

[18] J. IGUÉ et B. GOUNOU SOULÉ, *L'État-entrepôt au Bénin*, Paris, Karthala, 1992.

ville-capitale les magasins relais où sont stockés les produits destinés à la réexportation vers le Nigéria.

L'État lui-même a pensé tirer un avantage de ce vaste commerce en créant diverses taxes sur les produits en transit vers le Nigéria, notamment la taxe sur les véhicules d'occasion. Elle est assise sur les véhicules usagés, importés par le port de Cotonou et destinés aux marchés des pays voisins.

Au total, la parité fixe et la libre convertibilité du franc CFA produisent un double mouvement contradictoire concernant les rentrées fiscales dans les pays membres de l'UMOA : d'un côté, la grande sécurité que procure la possession de francs CFA, monnaie à parité fixe avec une devise forte, l'euro et monnaie librement convertible. Les étrangers résidents, les nationaux des États membres de l'UMOA ainsi que les entreprises installées dans ces mêmes pays ont une grande quiétude à posséder des francs CFA. Cette douce quiétude s'explique par l'assurance que chacun a que, le moment venu, il pourra disposer de son avoir dans un autre pays membre de la Zone franc, notamment la France qui est également dans la Zone euro. Disposer d'avoirs libellés en francs CFA c'est l'antichambre de la détention d'avoirs en euros, avec toutes les conséquences que cela implique sur la fuite des capitaux et donc des ressources imposables.

D'un autre côté, l'appartenance à la Zone franc a, pour un pays comme le Bénin, un effet amplificateur sur le tissu économique. Les affaires augmentent grâce au commerce de réexportation rendu possible par l'usage qui est fait des avantages comparatifs qu'offre le franc CFA par rapport notamment au *naïra*, la monnaie nigériane. De même, les producteurs ghanéens de café-cacao lorsqu'ils choisissent de faire vendre leurs produits par les exportateurs installés en Zone franc, contribuent à accroître le chiffre d'affaires des exportateurs professionnels de produits tropicaux. Si les affaires augmentent en volume et en valeur, l'assiette de l'impôt suit logiquement le mouvement de progression et avec elle la base fiscale et le rendement de l'impôt.

Ainsi donc, la parité fixe et la convertibilité infinie du franc CFA a un effet ambivalent sur l'évasion fiscale. De même d'ailleurs que le principe de liberté de mouvement des capitaux.

II. LA LIBERTÉ DE MOUVEMENT DES CAPITAUX : UNE PORTE À DOUBLE ENTRÉE

La liberté de mouvement des capitaux au sein de la Zone franc explique l'ampleur des transferts financiers au sein de la zone et par conséquent, l'évitement de l'impôt qui peut s'ensuivre. Les entreprises étrangères en tirent un grand avantage pour le rapatriement de leurs bénéfices. Les migrants aussi se satisfont du système pour envoyer de l'argent dans les pays africains membres de la Zone franc.

A. Les transferts du sud vers le nord : une affaire principalement d'investisseurs

L'Accord de coopération entre la République française et les républiques membres de l'Union monétaire ouest-africaine (UMOA) pose, en son article 6, le principe de "*la liberté des relations financières entre la France et l'Union*", c'est-à-dire l'UMOA. C'est le second pilier de la Zone franc. En temps normal, les transferts de fonds doivent être causés, selon le jargon des banquiers. C'est ce que prescrit l'article VIII des statuts du Fonds Monétaire International sur l'absence de restriction sur les paiements relatifs aux transactions courantes, les achats de biens ou de services qui donnent lieu à des paiements libératoires. Un envoi de fonds vers une destination autre que le pays de résidence doit se justifier par une obligation réciproque et équivalente. Un transfert de fonds, au-delà d'un certain seuil, ne peut être *ex niliho*.

Selon le Rapport annuel de la Zone franc, édition 2011, la balance des transferts courants est positive pour l'ensemble des États membres de l'UEMOA sur les quatre années couvertes par ledit rapport. 1.394,1 milliards en 2008 et 1.423,3 milliards en 2011.[19] Cependant, les soldes globaux des transactions courantes (balance commerciale, balance des services, balance des revenus et balance des transferts courants) sont plutôt déficitaires de -2.213,3 milliards de francs CFA en 2008 et de -747,4 milliards de francs CFA en 2011[20]. Le Rapport ne donne pas d'indications sur les raisons qui fondent ces déficits ou ces excédents. On remarque, cependant, que les rubriques les plus atteintes par le déséquilibre négatif des comptes sont la balance commerciale, la balance des services et la balance des revenus. Toutefois, le franc CFA reste une monnaie solide, car le taux de couverture de l'émission

[19] Banque de France, *Rapport annuel de la Zone franc*, 2011, p. 45.
[20] *Idem* p. 45.

monétaire par les avoirs extérieurs dépasse le seuil de 20 % fixé par les Accords de coopération avec la France et atteint 109,1 % en 2011.[21]

Sur la question des déficits des transactions courantes, on peut formuler des hypothèses. L'une de ces hypothèses retiendrait la pratique des prix de transfert comme explication du déficit de la balance commerciale et de la balance des services. Le prix de transfert produit une surévaluation des flux financiers qui sortent de la Zone franc CFA. C'est un facteur de gonflement artificiel des sorties de capitaux. Selon Michel CAMDESSUS, "*60 % du commerce international est réalisé entre des filiales du même groupe. L'évasion fiscale passe alors par des prix de cession intra-groupes inférieurs aux prix du marché*"[22].

Pour certains économistes du continent, dont Nicolas AGBOHOU, Demba Moussa DEMBÉLÉ ou Mamadou KOULIBALY, la Zone franc fonctionne comme une gigantesque pompe à siphonner les ressources des États du Sud au profit de l'économie française.[23] Mais la posture idéologique adoptée par ces chercheurs ne contribue pas à extraire les données factuelles et objectives du débat en cours. La fiabilité des chiffres reste à établir.

Ce qui paraît, par contre, sûr c'est que des sommes importantes sont transférées du sud vers le nord au sein de la Zone franc, et que ces transferts sont alimentés par les exemptions fiscales découlant de l'application des conventions de double imposition et les dispositions des codes des investissements qui prévoient la liberté de transfert des bénéfices commerciaux. Dans un cas comme dans l'autre, il y a soustraction directe à une imposition nationale (foyer exempté d'impôt par la non double imposition) ou soustraction indirecte, car la logique qui veut que les bénéfices d'aujourd'hui soient les investissements de demain (augmentation de l'assiette fiscale) est rompue.

En sens inverse, la liberté des transferts au sein de la Zone CFA joue aussi en faveur des économies du sud et donc de leur rendement fiscal.

---

[21] *Idem* p. 14.

[22] Interview de Michel CAMDESSUS, *in* journal *Jeune Afrique*, http://economie.jeuneafrique.com, mise à jour 10 mai 2013.

[23] Pour Nicolas AGBOHOU, sur la période 1970-1993, les investissements directs étrangers vers la Zone franc s'établissent à 1,7 milliard de dollars US tandis que les rapatriements de bénéfices et de revenus des expatriés se montaient à 6,3 milliards de dollars US. (N. AGBOHOU, *Le Franc CFA et l'Euro contre l'Afrique*, Paris, Édition Solidarité Mondiale, 2008).

B. Les transferts financiers des migrants africains

Selon certains auteurs, les transferts de revenus des migrants constituent une "*source de financement extérieur plus stable que les flux d'aide au développement et les investissements directs étrangers*"[24]. Si, d'une manière générale, le ratio flux des transferts des migrants sur le PIB donne une moyenne de 1,3 % en Afrique subsaharienne, les données nationales peuvent atteindre 25 % au Lesotho ou 14 % aux Comores, celui-ci étant membre de la Zone franc. Pour ce dernier pays, en 2000, le Fonds Monétaire International évalue les montants des transferts privés reçus à 12,7 milliards de Francs comoriens (26 millions d'euros), 14,4 en 2001 (29,2 millions d'euros), 14,6 (29,6 millions d'euros) en 2002 et 16,7 (34,2 millions d'euros) en 2003, 18,4 (37,3 millions d'euros) en 2004, et 20 milliards de francs comoriens (40,5 millions d'euros) en 2005.[25] L'Organisation internationale du Travail (OIT) estime, pour sa part, que pour ce qui concerne le Mali et le Sénégal, grandes terres d'émigration, les chiffres des transferts de fonds vers le pays d'origine sont, pour l'année 2007, respectivement de 192 millions de dollars US et de 874 millions de dollars US.[26]

Ces chiffres sont des données globales qui ne prennent pas en compte les pays de résidence des migrants. On sait, par ailleurs, que les travailleurs expatriés du Mali comme du Sénégal se retrouvent en France, en Côte d'Ivoire, au Gabon pour ce qui concerne la Zone franc. En dehors de la zone monétaire franc CFA, on les retrouve aux États-Unis et dans les pays pétroliers du Golfe arabo-persique. La mesure des flux à l'intérieur de la Zone franc n'est pas précise, pas plus que l'évaluation des flux de transfert entre la France et ses partenaires africains de l'UMOA. Ce qui paraît sûr, c'est que les transferts des migrants sont des transferts non causés. Ils alimentent des mécanismes traditionnels d'entraide familiale et mutuelle. En ce sens, ils bénéficient du principe de liberté des relations financières entre les pays membres de la Zone franc, spécialement, entre la France et les pays de l'UMOA.

---

[24] E. ROCHER & A. PELLETIER, "Les transferts de revenus des migrants : quel impact sur le développement économique et financier des pays d'Afrique subsaharienne ?" *in Bulletin de la Banque de France*, n°173, mai-juin 2008, p. 27.

[25] Benoît THIERRY, *Valoriser les potentialités économiques de la diaspora comorienne pour le développement de l'archipel*, Moroni, Août 2007.

[26] http://www.ilo.org/public/french/protection/migrant/afrique/downloads/supports/migration_chiffres.pdf, mise à jour 05 octobre 2013.

Les statistiques sur l'importance de ces flux financiers ne peuvent qu'être approximatives, dans la mesure où le pourcentage de la population disposant d'un compte bancaire n'est que de l'ordre de 3,8 % dans l'Union Monétaire Ouest Africaine (UMOA).[27] En conséquence, une partie non négligeable de ces transferts se font selon les canaux informels du porteur en numéraires, qui seront aisément convertis en franc CFA à la faveur d'une des règles qui gouvernent la Zone franc : la parité fixe euro/franc CFA.

CONCLUSION

L'évasion fiscale sur le continent africain, d'une manière générale, occasionne une perte pour l'Afrique que *l'Africa Progress Panel* a estimée à 38,5 milliards de dollars US entre 2008 et 2010.[28] Selon ce *think tank* assez spécial,[29] l'audit de cinq transactions commerciales dans le secteur des mines a fait perdre 1,36 milliard de dollars à la République Démocratique du Congo,[30] en termes de rentrées fiscales. Tout le continent est concerné par l'évasion fiscale et l'arrimage du franc CFA à l'euro apporte sa dose de facteur explicatif.

Pour autant, le propos n'est pas de plaider pour une modification en profondeur des mécanismes de fonctionnement de la Zone franc, notamment les rapports du franc CFA avec l'euro. L'évaluation des avantages et des inconvénients du maintien du *statu quo* actuel entre l'euro et le franc CFA est un exercice d'économiste, terrain sur lequel le juriste ne peut s'aventurer sans dommage pour l'intelligibilité et l'utilité du débat.

L'arsenal juridique pour contrer le phénomène existe et s'affine. Les services fiscaux des États membres de l'UEMOA recourent à la théorie de l'abus de droit et à l'acte anormal de gestion, mais aussi retiennent certains mécanismes tels que, la soumission à condition du droit de déduction des charges concernant les entreprises dépendantes, l'impo-

---

[27] E. ROCHER & A. PELLETIER, "Les transferts de revenus des migrants : quel impact sur le développement économique et financier des pays d'Afrique subsaharienne ?" article précité, p. 34.

[28] Africa Progress Panel, *Equity in extractives, Stewarding Africa's natural resources for all*, Africa Progress Report 2013.

[29] L'Africa Progress Panel regroupe 10 personnalités africaines et non africaines dont Kofi Annan, Michel Camdessus, Olushegun Obasanjo, Gracia Machel, Bob Geldof, etc.

[30] Africa Progress Panel, *Equity in extractives, Stewarding Africa's natural resources for all*, Africa Progress Report 2013.

sition des distributions de bénéfices, l'obligation de déclarer certaines opérations ponctuelles liant des entreprises dépendantes, etc.[31] Mais la règle de droit ne peut venir à bout de certains rapports de force économiques et financiers qui facilitent la fraude fiscale en Zone franc. Ainsi que le reconnaît Michel CAMDESSUS, les États africains "*ne boxent pas dans la même catégorie que des entreprises ou des individus qui peuvent s'offrir des conseils très sophistiqués*"[32] Une collaboration des gouvernements des pays de destination du *capital flight* est utile pour espérer réduire l'évasion fiscale en Afrique, que celle-ci mette en jeu des pays de la Zone franc[33] ou non.

[31] Y. KOUYATÉ-DIABY, *La fraude et l'évasion fiscales internationales*, mémoire de fin de formation, École Nationale d'Administration, Dakar, 2001-2003, pp. 57 et suiv.

[32] Interview de Michel CAMDESSUS, *in* journal *Jeune Afrique*, http://economie.jeuneafrique.com, mise à jour 10 mai 2013.

[33] La Zone franc semble aujourd'hui frappée d'une sorte d'obsolescence programmée. Les États de l'Afrique de l'Ouest anglophones comme francophones projettent la création d'un marché régional et le renforcement de l'intégration de la région ouest-africaine. En guise de mesure de mise en œuvre, le sommet des Chefs d'État et de gouvernement tenu à Dakar le 25 octobre 2013 prévoit la création d'une monnaie unique pour les États membres de la Communauté Economique des États de l'Afrique de l'Ouest (CEDEAO). Ceci signifie, la disparition, à terme, des monnaies comme le *cédi* (Ghana), le *naïra* (Nigéria), le franc guinéen et le franc CFA ! (http://economie.jeuneafrique.com mise à jour octobre 2013).

LA SINCÉRITÉ BUDGÉTAIRE EN AFRIQUE DE L'OUEST FRANCOPHONE : ENTRE SCIENCE FINANCIÈRE ET SCIENCE-FICTION[1]

INTRODUCTION

Notre temps a son discours dominant et les mots-clés de cette rhétorique universalisée sont : la mondialisation, la globalisation, le *benchmarking*, la compétitivité, etc. Le monde se déconstruit en ce qu'il possède de valeurs humaines fondamentales. Le syndrome ambiant est celui de la perte des références, de la confusion des repères et de l'épanouissement d'un insidieux "*nihilisme moral*"[2]. Un certain NIETZSCHE semble reprendre du service qui appelait notre morale la "*Circé de l'humanité*"[3], sa séductrice perverse et morbide. Dans une civilisation globale dominée par le productivisme, la fin qui justifie les moyens est l'expression de la relativité des mœurs et surtout du relativisme sceptique. Le monde est devenu celui des mensonges sans menteurs ! "*J'ai perdu confiance en l'humanité*", confesse BRECHT[4]. Et c'est du fond de ce désespoir existentiel que surgit, telle une oasis dans l'immensité désertique du Sahara, un principe nouveau de management financier public : la sincérité budgétaire.

Le mot sincérité a évidemment une forte charge axiologique. Il manifeste l'irruption de l'abstrait dans le concret, de l'intemporel dans le présent et de l'absolu dans le concret. Il traduit "*l'actualité constamment renouvelée*"[5] de références principielles dans un univers qu'on croyait sans âme, parce que dominé par les chiffres du déficit, de la croissance du PIB et des cours de la bourse des valeurs mobilières. Certains corps de métier, comme la santé ou l'éducation, ont, par la force des choses, intégré la morale comme "*une dimension nécessaire du management*"[6].

---

[1] Publié dans *in* Th. LAMBERT & J.-L. ALBERT, *De l'esprit de réforme et de quelques fondamentaux, Mélanges en l'honneur du Professeur Gilbert ORSONI*, Presses Universitaires d'Aix-Marseille, 2018.

[2] H. HUDE, *L'éthique des décideurs*, Paris, Presses de la Renaissance, 2004, p. 9.

[3] NIETZSCHE, *Ecce homo*, III, paragraphe 5.

[4] BRECHT cité par E. BLONDEL, *La morale*, Paris, GF Flammarion, 1999, p. 15.

[5] E. BLONDEL, *op. cit.*, p. 13.

[6] A. CASAGRANDE, (dir.) *Éthique et management du soin et de l'accompagnement*, Paris, Dunod, 2016, p. 25.

De l'adjectif qualificatif *sincerus* qui signifie "*pur, intact*" au substantif *sinceritas,* le latin a connoté le mot sincérité pour lui donner le sens commun de franchise, de loyauté.[7] "*La sincérité me paraît l'expression de la vérité, écrit VAUVENARGUES*".[8] Mais LEIBNITZ nous prévient que toute vérité est contingente, et que la *V*érité est du domaine de la chimère.[9] Il faut donc en prendre son parti de n'évoquer qu'une vérité[10], celle qui renvoie, pour un esprit moderne, à tout le moins, à ce qui est vrai, c'est-à-dire à "*ce qui a été vérifié*"[11]. La sincérité acquiert ainsi sa légitimité dans le management moderne, mais aussi son signe distinctif. Le sens moral que véhicule la sincérité n'est, en effet, pas une célébration de l'honneur chevaleresque, de la réinvention d'une justice transcendante et ses catégories de bien et de mal, de péché et de rémission. Il n'est pas, pour reprendre ARISTOTE, "*une réflexion sur le bien le plus élevé pour l'homme et le moyen de l'atteindre*"[12]. La sincérité requise du manager public a une vertu instrumentale. C'est d'une morale opératoire[13] qu'il s'agit, une doctrine du devoir[14], celle qui permet au système capitaliste libéral de continuer

---

[7] P. ROBERT et A. REY, *Dictionnaire alphabétique et analogique de la langue française*, Tome VIII, Paris, 2e édit. 1996, p. 784.

[8] VAUVENARGUES, cité par Paul ROBERT et Alain REY, *op. cit.,* p. 784.

[9] Le magistrat Jean-Pierre Dintilhac peut ainsi affirmer à la suite du philosophe Leibniz, qu'il n'est de "vérités que par nécessité et celles-ci sont donc, de ce fait, nécessairement contingentes" (J.-P. DINTILHAC, "La vérité de la chose jugée", *Cour de cassation Rapport annuel*, 2004).

[10] Le principe de sincérité se dit principe vérité en Allemagne (*Haushaltswahrheit*) et en Italie (*veridicità*) et principe de véracité en Suisse ; voir G. ORSONI, (dir) *Les finances publiques en Europe*, Paris, Economica, 2007, pp. 15, 251 et 526.

[11] J.-P. ZARADER, *Les grandes notions de philosophie*, Paris, Ellipses, 2010, p. 992.

[12] ARISTOTE, *Éthique à Nicomaque*, I, 1, 1095a11.

[13] Du droit financier public au droit constitutionnel, la même constance s'observe lorsqu'il s'agit de donner une signification à la sincérité. La sincérité du scrutin par exemple n'est pas une absence de fraude, un rejet des manœuvres dolosives, un appel à l'honnêteté absolue. "Le juge électoral n'étant pas juge de la moralité du scrutin, mais de sa sincérité et donc de l'adéquation entre le résultat proclamé et la volonté majoritaire librement exprimée des électeurs." (R. GHEVONTIAN, "La sincérité du scrutin", *in Les Cahiers du Conseil constitutionnel français*, n° 13, janvier 2003). Il n'est pas juge du bien ou du mal commis au cours du processus électoral. Il se contente d'évaluer si les irrégularités constatées ont "une influence déterminante" pour fausser les résultats du vote (Cour constitutionnelle du Bénin, Décision EL 00-014 du 30 août 2000, *Paul Dossou*, Rec. Élections 2000, p. 333).

[14] Par opposition à la morale perfectionniste des métaphysiciens, orientée vers le bonheur, la béatitude, la sagesse (Voir M. CANTO-SPERBER (dir), *Dictionnaire*

à fonctionner ou de choisir de s'écrouler.[15] La douce mécanique du marché doit intégrer, dans son logiciel de fonctionnement, une dimension morale, une certaine morale sans laquelle elle court le risque d'une implosion fatale. Que cela ne soit pas seulement du domaine de la spéculation, d'une vue de l'esprit universitaire, la crise grecque et l'affaire Bernard MADOFF nous en apportent la preuve tangible.[16]

La sincérité budgétaire a connu une naissance subliminale, sous la forme d'une décision de la juridiction constitutionnelle française.[17] Elle a été et reste un "*principe controversé*"[18] qui est frappé d'une "*indétermination*" conceptuelle[19]. "*Principe paradoxal*", elle n'en est pas moins présentée à la fois comme le "*premier principe budgétaire*", un "*principe cardinal*"[20], celui qui "*nourrit les illusions perdues*"[21] à propos d'un vrai-faux principe qui n'est en réalité "*qu'un objectif et non un principe*"[22] juridiquement sanctionné.

Cette effervescence doctrinale toute française se déroule sur un fond conceptuel suffisamment aplani. Le périmètre de la sincérité budgétaire a été circonscrit par le juge. Sont concernées par l'exigence de sincérité, les lois de finances de l'année, les lois de finances rectificatives et les lois de règlement. Les deux premières sont sincères pour autant qu'on note une vraisemblance des évaluations, une cohérence entre les documents budgétaires (loi de finances et loi de financement de la sécurité sociale)

---

d'éthique et de philosophie morale, Paris, Presses universitaires de France, 3e édit. 2001, p. 872).

[15] Quand on prend la Convention des Nations Unies sur la corruption, son sens et sa portée sont moins d'instiller plus de morale dans les affaires que de rétablir le libre jeu de la concurrence en matière de commande publique dans les États membres de l'ONU.

[16] Voir A. WEITMANN, *L'affaire Madoff, Les secrets de l'arnaque du siècle*, Paris, Plon, 2009.

[17] Décision n°93-320 DC du 21 juin 1993, *Projet de loi de finances rectificative pour 1993.*

[18] L. SAÏDJ, "Enjeux autour d'un principe controversé", *in Revue Française de Finances publiques*, n°111, septembre 2010, p. 3.

[19] A. GUIGUE, "Du besoin à l'obligation de sincérité", *in Revue Française de Finances publiques*, n°111, septembre 2010, p. 29.

[20] J.-F. JOYE, "La sincérité, premier principe financier", *in Revue Française de Finances publiques*, n°111, septembre 2010, p. 18.

[21] J.-P. CAMBY, "Pour le principe de sincérité budgétaire", *in Revue Française de Finances publiques*, n°111, septembre 2010, p. 163.

[22] E. DOUAT, "Contre le principe de sincérité budgétaire" *in Revue Française de Finances publiques*, n°111, septembre 2010, p. 152.

et une absence de débudgétisation frauduleuse.[23] Quant à la loi de règlement, sa sincérité postule l'exactitude des comptes.[24]

En l'état actuel du droit français, trois niveaux de contrôle de la sincérité sont en place : d'abord le Conseil d'État pour les avis qu'il peut être amené à donner sur les projets de loi de finances ; ensuite la Cour des comptes dont l'une des missions est de procéder à l'examen et à la certification des comptes de l'État et de la sécurité sociale, au regard de leur régularité, de leur sincérité et de leur fidélité ; enfin, le Conseil constitutionnel, juge de la constitutionnalité des lois, contrôle, ès qualités, la sincérité des lois de finances votées par le parlement et avant leur promulgation.[25] De ces trois niveaux de contrôle, seul celui du Conseil constitutionnel a une essence juridictionnelle et est revêtu de l'autorité de la chose jugée. Pour autant, la Haute juridiction constitutionnelle française ne se risque pas à des hardiesses jurisprudentielles aux conséquences potentiellement fâcheuses. Le risque d'un "*choc systémique*"[26] existe et ce risque semble expliquer le *self restraint* du juge, lequel limite son contrôle à l'erreur manifeste d'appréciation.[27] De son propre aveu, le Conseil n'a ni un pouvoir général d'appréciation et de décision de même nature que le parlement[28], ni l'expertise des chiffres et des estimations comparable à celle de la direction de la prévision du ministère des finances ou de l'Institut national de la statistique et des études économiques.[29]Au total, la sincérité budgétaire est sujette à une "*censure virtuelle*"[30]. Elle apparaît en définitive comme un principe affirmé, mais non sanctionné.

---

[23] J.-F. JOYE, "Les vicissitudes du principe de sincérité", *J.C.P.* G., 18 mars 2009, I, 126.

[24] Conseil constitutionnel français, Décision n° 2001-448 DC du 25 juillet 2001, *Loi organique relative aux lois de finances* (Commentaires *in Les Cahiers du Conseil constitutionnel* français, n°11).

[25] Robert HERZOG ajoute un quatrième niveau qu'est la Commission ou le Conseil européen lorsqu'ils examinent le programme de stabilité pluriannuel que leur adresse le gouvernement français (R. Herzog, "La sincérité des documents budgétaires : principe nécessaire, multiforme et inachevé, *in Revue Française de Finances publiques*, n° 111, septembre 2010, p. 145.

[26] R. HERZOG, article précité, p. 148.

[27] Conseil constitutionnel français, Décision n°2009-599 DC du 29 décembre 2009.

[28] Conseil constitutionnel français, Décision n°2009-599 DC du 29 décembre 2009.

[29] Commentaires du Conseil constitutionnel sur la Décision n°99-424 du 29 décembre 1999.

[30] D. ROUSSEAU, "Chronique de jurisprudence constitutionnelle" *Revue du droit public*, 1999, p. 63.

C'est à côté de ces précédents français et européens que se construit le principe de sincérité budgétaire en Afrique de l'Ouest francophone. La première génération de directives (1997-1998) portant cadre harmonisé des finances publiques au sein de l'Union économique et monétaire ouest-africaine (UEMOA) ne comporte aucune référence explicite à la sincérité, sauf à induire ce principe des autres principes budgétaires comme la transparence ou l'universalité. Quant à la directive relative aux lois de finances du nouveau cadre harmonisé des finances publiques (2009) au sein de l'UEMOA, elle contient une "*Section 3 : Du principe de sincérité*". L'article 30 de la directive dispose : "*Les prévisions de ressources et de charges de l'État doivent être sincères. Elles doivent être effectuées avec réalisme et prudence, compte tenu des informations disponibles au moment où le projet de loi de finances est établi.*" Les textes nationaux de transpositions de la directive communautaire reprennent cette formulation, à l'identique, aussi bien au Sénégal[31], en Côte d'Ivoire[32], au Bénin[33], au Togo[34], au Mali[35], qu'au Niger[36].

De ces libellés nationaux et communautaires, il faut retenir d'abord que le principe de sincérité budgétaire ne concerne que la loi de finances de l'année, plus exactement le projet de loi élaboré par le gouvernement. La sincérité s'apprécie à ce stade de la procédure budgétaire et non après le vote de la loi qui a dû subir les altérations résultant des amendements des parlementaires. Il faut ensuite retenir que la sincérité budgétaire n'implique en aucune manière la loi des comptes. Cependant, il convient d'avoir une lecture holistique et de la directive communautaire et des lois organiques nationales relatives aux lois de finances. La sincérité budgétaire se combine avec son corrélat, la sincérité des comptes. Selon l'article 72 de la directive communautaire relative aux lois de finances, "*la comptabilité générale de l'État a pour objet de décrire le patrimoine de l'État et son évolution. Elle doit être sincère et refléter une image fidèle de la situation financière de l'État*".

---

[31] Art 30, Loi organique n°2011-15 relative aux lois de finances.

[32] Article 30, Loi n° 2012-09 du 26 mars 2012, portant loi organique relative aux lois de finances.

[33] Article 8, Loi organique n° 2013-14 du 27 septembre 2013, relative aux lois de finances.

[34] Article 43, Loi organique n° 2014-013 relative aux lois de finances.

[35] Article 29, Loi n°2013-028 du 11 juillet 2013 relative aux lois de finances.

[36] Article 30, Loi n° 2012-09 du 26 mars 2012, portant loi organique relative aux lois de finances.

La loi de règlement retrace les comptes de l'exécution de la loi de finances de l'année avec une exigence de sincérité et de fidélité. Il s'ensuit que le principe de sincérité budgétaire et la sincérité des comptes se subsument en un principe générique de sincérité des finances publiques qui couvre l'ensemble des lois de finances à savoir les lois de finances de l'année, les lois de finances rectificatives et les lois de règlement.

L'Afrique de l'Ouest francophone a amorcé une dynamique de renaissance à la démocratie au début de la décennie 1990. Le nouveau constitutionnalisme qui en a résulté[37] a servi de terreau propice à une gestion financière publique plus conforme aux exigences démocratiques de transparence et d'*accomptability*. La gestion financière publique y fait son *aggiornamento* sous l'impulsion du nouveau cadre harmonisé des finances publiques. La dialectique du droit et de la gestion ouvre des fenêtres de questionnements. Le premier informe la seconde, mais celle-ci peut vider celui-là de sa substance, de son principe actif. Si la règle de droit est censée servir les desseins du *performance budgeting* ouest africain francophone, il est impérieux que les deux termes de l'équation soient en congruence logique (I). Ce préalable permet de conférer toute sa légitimité à la sanction du juge, lequel peut véritablement donner une effectivité à la sincérité budgétaire en établissant sa justiciabilité (II).

I. LE PRINCIPE DE SINCÉRITÉ ET LA LOGIQUE MANAGÉRIALE DES FINANCES PUBLIQUES : QUELLE COHÉRENCE ?

La perspective de droit positif ne doit pas empêcher de faire un détour sur les questions qu'on peut dire ontologiques. Dans son essence, la sincérité est-elle soluble dans la logique de la gestion performancielle des finances publiques ? La question est légitime dans la mesure où le ressort de toute la gestion budgétaire axée sur les résultats est la bonne foi présumée des gestionnaires des finances publiques (A). Le management public en Afrique de l'Ouest francophone est dominé par ce qu'il convient d'appeler le modèle pré-wébérien. Pour autant, ce modèle est-il l'incarnation d'un management par la confiance ? (B).

---

[37] F. AKINDES, "Les transitions démocratiques à l'épreuve des faits : réflexions à partir des expériences des pays d'Afrique noire francophone", *in Bilan des conférences nationales et autres processus de transition démocratique*, Paris, Pedone, 2001, p. 262.

A. Sincérité et performance, une contradiction dans les termes ?

L'idée n'est pas d'évoquer *une* sorte de gestion budgétaire par la performance, mais bien plutôt de disserter sur *la* gestion budgétaire par la performance, de discerner un *idealtyp* de ce mode de gouvernance financière, qui pour nous, dérive du nouveau cadre harmonisé des finances publiques au sein de l'Union économique et monétaire de l'Afrique de l'Ouest. Quel en est le contenu intrinsèque ? Pour les Nations Unies, "*la budgétisation axée sur les résultats consiste à élaborer des budgets-programmes sur la base d'un certain nombre de résultats souhaités qui sont articulés dès le début du processus budgétaire et par référence, auxquels les résultats effectivement obtenus sont mesurés en fin d'exercice*"[38]. Il s'agit, en l'espèce, de l'énonciation de quelques méthodes et techniques qui font l'originalité de la gestion budgétaire axée sur les résultats. L'OCDE ne fait pas mieux[39] et le CABRI prévient que cette option est "*très exigeante*"[40], mais ce premier *think tank* africain en matière de finances publiques n'apporte rien de nouveau au débat. Le décret portant cadre de réforme de la gestion budgétaire axée sur les résultats (Car-GBAR) au Bénin, ne s'embarrasse pas de définition. Il fixe la stratégie et donne un plan opérationnel de mise en œuvre. Selon ce texte, le contrôle interne des finances publiques doit impliquer "*un contrôle a posteriori mieux organisé et renforcé qui permettrait, à terme, de limiter les contrôles a priori au profit des contrôles a posteriori*"[41]. Le passage d'une logique de moyens à une logique d'objectifs et de résultats "*responsabilise*

---

[38] A. T. ABRASZEWSKI et ALII, *Budgétisation axée sur les résultats : expérience des organisations du système des Nations Unies, Rapport JIU/REP/99/3*, Genève, 1999, p. 10. Le même document donne une version alternative servie par le secrétaire général des Nations Unies : "La budgétisation axée sur les résultats (…) est une procédure budgétaire dans laquelle a) la formulation des programmes s'articule autour d'un ensemble d'objectifs prédéfinis et de résultats escomptés ; b) les ressources nécessaires seraient déterminées à partir des résultats escomptés, en fonction des produits requis pour obtenir ceux-ci ; c)les résultats obtenus seraient mesurés à l'aide d'indicateurs objectifs."

[39] "The OECD has defined performance budgeting as budgeting that links the funds allocated to measurable results." (Organization for economic co-operation and development, Policy brief, mars 2008, p. 2).

[40] Collaborative Africa Budget Reform Initiative (*CABRI*), *Le budget-programme axé sur les performances en Afrique, Un rapport d'étape,* Pretoria, 2013, p. IX.

[41] Décret n°2005-789 du 29 décembre 2005, *portant* approbation du Cadre de Réforme de la Gestion. Budgétaire Axée sur les Résultats au Bénin (*CaR-GBAR*).

davantage les ministères"[42], leur confère plus d'autonomie de décision et d'action. L'axe du contrôle s'est déplacé. Il passe du début pour être essentiellement à la fin de la chaîne d'exécution de la loi de finances. Il faut que les agents publics "*soient jugés sur leurs résultats*"[43] et qu'on les affranchisse des autorisations, visas et avis de non-objection qui alourdissent les procédures et entretiennent le complexe du fonctionnaire qui "*fonctionne*", englué qu'il est dans une routine sclérosante et infantilisante. Le temps qui court est celui des "*managers globaux*"[44] à qui sont affectés des crédits et des emplois pour la mise en œuvre de politiques publiques et de qui sont attendus des résultats.

Le changement de paradigme paraît évident et pour cause. Le fil d'Ariane qui explique et justifie les techniques et les procédures budgétaires publiques en Afrique de l'Ouest francophone est "*la défiance généralisée*"[45]. La mauvaise foi des agents publics et du gouvernement est présumée. En conséquence, il est organisé et entretenu une kyrielle de contrôles *a priori* dont le contrôle de la sincérité budgétaire. Or, la gestion budgétaire par la performance traduit l'avènement d'un management post-bureaucratique, lequel repose sur des valeurs, "*la valeur essentielle étant celle de la confiance*"[46]. Si les orientations de politique budgétaire sont concertées (débat d'orientation budgétaire), la décision budgétaire devrait être du ressort du gouvernement sur la base du principe de confiance, la bonne foi présumée des ministres et du premier d'entre eux. Les prévisions budgétaires déterminent les moyens et les actions à conduire. Elles sont légitimées par les résultats attendus. L'atteinte de ces résultats manifestera la performance globale de l'exécutif. Dans un contexte de démocratie pluraliste, l'atteinte des résultats déterminera la légitimité du gouvernement à continuer ou non son action. La sanction managériale (contrôle des performances du gouvernement) peut se muer en sanction politique par un vote de défiance des électeurs ou du parlement. Le juge, aussi, a sa partition à jouer à cette étape de fin de

---

[42] *Ibidem.*

[43] A. LAMBERT et D. MIGAUD, "La loi organique relative aux lois de finances (LOLF) : levier de la réforme de l'État", *in Revue française d'administration publique*, n°117, 2006, p. 14.

[44] F. MORDACQ, *La LOLF : un nouveau cadre budgétaire pour réformer l'État*, Paris, L.G.D.J. 2006, p. 8.

[45] Y. CANNAC, Préface à Sylvie TROSA, *Vers un management post bureaucratique : la réforme de l'État, une réforme de la société*, Paris, L'Harmattan, p. II.

[46] S. TROSA, *op. cit.*, p. 239.

l'exécution budgétaire, dans le cadre de l'appréciation des fautes de gestion. En tout état de cause, son contrôle ne peut s'exercer qu'à ce niveau, c'est-à-dire en aval et non en amont de la chaîne budgétaire.

En résumé et en langage allégorique, on peut insinuer qu'on ne discute pas les moyens à un général en campagne : soit on le démet avant les hostilités, soit on le remplace s'il n'atteint pas les objectifs de guerre. Ceci dans un schéma pur, d'un *idealtyp* de gestion par la performance. Schéma pur qui pourrait trouver un terreau favorable dans la culture managériale ouest-africaine francophone.

B. La culture managériale ouest-africaine francophone : un management par la confiance ?

Faisons un détour par l'économie politique. Selon les statistiques, le secteur de l'économie sociale, qu'on dit couramment économie informelle, contribue, à hauteur de 54,7 % en moyenne, à la formation du produit intérieur brut des États africains subsahariens, selon l'Organisation pour la Coopération et le Développement Economiques (OCDE). L'économie informelle, c'est cette économie dérégulée qui se fait à l'abri des règles officielles en matière de normes de qualité, de distribution et de taxation. Elle est un mode de production sociale régi par les usages.[47] En un certain sens, le management des services publics reflète cette culture dominante de l'informalité des relations économiques.

Le modèle administratif décrit par Max WEBER au siècle dernier est un modèle "*légal-rationnel*" fondé sur les caractéristiques distinctives qui sont : l'objectivité des normes, la prévalence absolue des rôles sociaux sur les personnes, la rationalité de la décision. Le modèle wébérien a, certes, quelque chose d'irréel, de désincarné par rapport à la réalité de l'administration dans les sphères culturelles au sein desquelles l'auteur évoluait. C'est un modèle pur dont les écarts avec le réel administratif des pays occidentaux ont permis d'énoncer certaines pesanteurs, dont la multirationalité, l'irrationalité, les dysfonctions et les effets pervers.[48] De ce point de vue l'administration ouest-africaine francophone offre un champ d'investigation autrement plus riche.

Pour Maurice GLÈLÈ-AHANHANZO, "*si l'État peut se définir comme le pouvoir institutionnalisé, alors force est de constater qu'il est*

---

[47] L'économie informelle est essentiellement une économie de la débrouille qu'il ne faut pas confondre avec l'économie souterraine d'essence mafieuse ou frauduleuse.

[48] J.-C. GAUTRON, "L'administration" *in* revue *Pouvoirs*, n° 25/1983, *Les pouvoirs africains,* p. 108.

en formation, en recherche"[49] sur l'aire géographique couverte par la présente étude. La décennie 1990 a vu l'amorce d'une nouvelle dynamique, la quête d'un État de droit. Mais l'orthodoxie par la règle de droit, qui en est le corollaire, a du mal à irriguer les mœurs administratives et politiques. Le fond commun d'oralité imprègne et informe une réalité qui devrait être, avant tout, celle de la paperasserie et des normes.[50] Pour la classe politique comme pour les élites administratives, la règle de droit, la norme écrite n'est pas un absolu.

D'un point de vue strictement financier, et en guise d'illustration du phénomène sous étude, on assiste au développement d'opérations extrabudgétaires, à des affectations et des réaffectations de crédit en dehors des cadres légaux de modification de la règle de spécialité des crédits. Ainsi, au Sénégal, on a noté, au cours des années 2000, une pratique constante de gonflement des crédits budgétaires du ministère en charge de l'agriculture dans des proportions moyennes de 31 %, sans qu'il y ait eu, au préalable, des "*inscriptions dans la loi de finances permettant son financement*"[51], et alors même que les opérations de virement et de transfert sont plafonnées à 10 % des dotations initiales inscrites dans la loi de finances de l'année. Au Togo, au cours des gestions budgétaires 2012 et 2013, des virements et transferts de crédits ont été opérés, à main levée, sans qu'aucun texte n'ait été pris pour donner un fondement légal à la procédure. La Cour des comptes togolaise relève qu'"*au cours de la gestion sous revue, la Cour n'a pas eu connaissance d'actes réglementaires relatifs aux virements, transferts, annulations ou ouvertures de crédits*"[52]. Par ailleurs, dans les hypothèses où une norme juridique est invoquée, celle-ci peut ne pas être la bonne. Ainsi, la juridiction financière de Côte d'Ivoire se désole de ce que "*les modifications intervenues en cours d'exécution du budget de l'État de l'an 2011 auraient pu intervenir par des décrets d'avances, ouvrant des crédits supplémentaires, lesquels auraient fait l'objet d'une loi de finances rectificative à soumettre à la ratification de l'Assemblée*

---

[49] M. GLÈLÈ-AHANHANZO, "Pour l'État de droit en Afrique" *in* Mélanges P.-F. GONIDEC, Paris, L.G.D.J. 1985, p. 183.

[50] "Le ministère est un monde de papier" disait le français Saint-Just tandis que, pour le doyen HAURIOU, "la paperasserie est une nécessité" (cités par P. LEGENDRE, *Histoire de l'administration de 1750 à nos jours*, Paris, P.U.F., 1968, pp. 527-528.

[51] M.-C. DIOP (dir.), *Sénégal (2000-2012) : les institutions et politiques publiques à l'épreuve de la gouvernance libérale*, Dakar & Paris, CRES-Karthala, 2013, pp. 188-190.

[52] Cour des comptes (Togo), *Rapport sur l'exécution de la loi de finances, gestion 2012*, Lomé, 2014, p. 65.

nationale". En lieu et place des décrets d'avance, ce sont des arrêtés qui ont été pris par l'exécutif.[53] Au Bénin, selon le rapport d'évaluation selon la méthodologie PEFA, la crédibilité du budget est affectée par "*l'importance relative des charges prévues et non réparties par les lois de finances*" de l'année. Ces masses de crédits sans affectation ont représenté entre 15,5 et 19 % des dépenses hors dette et hors projets sur financements extérieurs entre 2004 et 2006.[54]

Si on doit mettre en perspective l'ensemble de ces usages et ces pratiques de gestion budgétaire, on conclurait à un déficit de juridicité dans la gestion des finances publiques. Des rationalités multiples sous-tendent ce mode de management de l'argent public : la distance observée à l'égard du "*fétichisme de la règle*"[55], la tentation prévaricatrice, la prégnance des solidarités primaires. En tout état de cause, on est en présence d'une gestion budgétaire qui se propulse, par effraction, sur la recherche du résultat, sur la volonté d'atteindre les objectifs, quels qu'ils soient. Le défi ensuite est de publiciser ces résultats et ces objectifs, d'inoculer la dose adéquate de service public nécessaire qui nous ferait basculer du patrimonialisme à la culture dominante de l'État et de l'intérêt général. Alors, la sincérité budgétaire, telle qu'elle est rappelée par les juridictions à la fois constitutionnelles et financières en Afrique de l'Ouest francophone, deviendrait un truisme.

II. LE PRINCIPE DE SINCÉRITÉ SAISI PAR LES JUGES DES FINANCES PUBLIQUES

En Afrique de l'Ouest francophone, le principe de sincérité budgétaire a un fondement juridique à la fois national et communautaire. Dès lors, en tant que règle de droit opposable, son effectivité est placée sous le contrôle de la juridiction constitutionnelle (A) et du juge des comptes (B).

A. Les feux de la comète ou la compétence résiduelle de la juridiction constitutionnelle

Le juge constitutionnel est le juge de la loi votée par le parlement. Ceci découle du modèle de juridiction constitutionnelle à la fois

---

[53] Chambre des comptes / Cour suprême (Côte d'Ivoire), *Rapport sur l'exécution du budget de l'État de l'année 2011*, Abidjan 2012, p. 26.

[54] Union européenne, SOFRECO, *Évaluation des finances publiques selon la méthodologie PEFA (Public Expenditure and Financial Accountability),* Cotonou, septembre 2007, pp. 4 et 23.

[55] J. CHEVALLIER, *L'État de droit*, Paris, 4e édit. Montchrestien, 2003, p. 61.

concentré et abstrait adopté par les États membres de l'Union économique et monétaire ouest-africaine. En l'occurrence, la loi votée par la représentation nationale est la loi de finances de l'année et subsidiairement la loi de finances rectificative. En effet, une interprétation logique de l'article 30 de la directive communautaire relative aux lois de finances permet d'affirmer que le principe de sincérité concerne "*les prévisions*" de ressources et de charges de l'État, et que la règle de prudence et de réalisme s'applique au "*projet de loi de finances*". La loi de règlement est aussi une loi de finances. Sa particularité est qu'elle n'établit pas des "*prévisions*", mais constate plutôt des réalisations. On en déduit que "*le projet de loi de finances*" visé à l'article 30 précité inclut les lois de finances de l'année ainsi que les lois de finances rectificatives, mais exclut de son champ d'application les lois de règlement.

Si la sincérité budgétaire de l'article 30 de la directive communautaire relative aux lois de finances vise le "*projet de loi de finances*", cela ne signifie pas pour autant que le document justiciable de la juridiction constitutionnelle est le texte adopté en conseil des ministres et envoyé au parlement pour être adopté en la forme législative. Le *screening* de constitutionnalité par l'examen de conventionnalité communautaire a bien pour objet la loi de finances votée, mais en attente de promulgation. L'appréciation juridictionnelle de la prudence et du réalisme des projections macro-économiques et macro-financières se fait sur les données et les hypothèses inscrites dans le document fourni par l'exécutif. Ces projections, ainsi que les inscriptions de charges et de ressources, par amendements parlementaires, avec ou sans l'approbation du ministre en charge des Finances, donnent le produit semi-fini qu'est la loi de finances adoptée par les élus nationaux, sous réserve du contrôle de constitutionnalité. Et c'est ici que surgit une ambiguïté. La loi de finances votée est-elle toujours le document du gouvernement ou le document du *pouvoir* au sens de l'exécutif soutenu par sa majorité parlementaire ? La question présente un double intérêt à la fois théorique et pratique.

Sur le plan théorique, selon l'esprit et la lettre de la directive communautaire relative aux lois de finances, ainsi que les lois organiques nationales relatives aux lois de finances, l'objet du contrôle de sincérité budgétaire est le projet de loi de finances, ses projections, ses hypothèses, ses choix de politique publique. Peut-on encore dire que la loi de finances accouchée par le parlement, après maintes modifications apportées par les députés (et sénateurs pour le Togo et la

Côte d'Ivoire) est encore, de façon irréfragable et absolue, la chose exclusive du gouvernement ? Le parlement ne se reconnaît-il pas, à défaut d'une parenté légitime, une sorte de filiation adultérine ou adoptive par rapport au texte voté ? L'insincérité du gouvernement ne devient-elle pas une insincérité légitime, parce qu'assumée aussi par le parlement à travers son vote majoritaire ? La loi n'est l'expression de la volonté générale que dans le respect de la constitution, dit un célèbre *obiter dictum* ; mais ce qui est en cause ici, ce n'est pas une disposition constitutionnelle, mais des faits, des projections, des hypothèses susceptibles, comme la langue d'Esope, d'avoir le meilleur effet ou le pire des impacts sur les agrégats économiques et financiers. La juridiction constitutionnelle doit en prendre son parti.

Sur le plan pratique, les développements récents en matière de justice constitutionnelle et plus précisément de justiciabilité des textes votés par les assemblées parlementaires obligent à observer une dose de circonspection. Par sa décision DCC 13-171 du 30 décembre 2013, la Cour constitutionnelle du Bénin a annulé la procédure du scrutin secret suivie par les députés pour décider de l'adoption ou du rejet de la loi de finances de l'année, gestion 2014. En conséquence, pour la Haute juridiction constitutionnelle, "*le vote sur la loi de finances portant budget général de l'État, exercice 2014, intervenu à l'Assemblée nationale le jeudi 19 décembre 2013, est nul et de nul effet*"[56]. La question était sensible, car elle touche les aspects ressources et charges de l'État. La fronde des parlementaires a d'abord pris la forme d'une proposition de la commission des lois qui a préconisé l'irrecevabilité de la décision du juge constitutionnel.[57]

Réunis ensuite en séance plénière, et après lecture de la proposition de la commission des lois, les députés ont purement et simplement décidé de classer sans suite et sans vote le dossier de l'annulation de leur délibération, non sans avoir dit ce qu'ils considèrent comme leurs quatre vérités : "*Nous devons dire à la Cour que cette décision ne peut pas passer ici*",[58] s'exclame un député tandis qu'un autre conclut que la décision de la Cour "*doit être rangée dans la poubelle des choses inutiles*"[59]. Un troisième révèle un déficit de compétence à la Cour et

[56] Décision DCC 13-171 du 30 décembre 2013.
[57] Compte rendu des débats parlementaires in journal La Presse du Jour, Cotonou, 17 janvier 2014.
[58] *Ibidem.*
[59] *Ibidem.*

constate qu'"*il y a un défaut de management politique et des ressources humaines. Il faut que nous réfléchissions à la qualité de nos représentants à la Cour*"[60].

La Haute juridiction constitutionnelle sort malmenée de cette épreuve. Elle en sort cependant vivante, mais elle doit encore étudier ses relations avec la représentation nationale lorsqu'il s'agit de contrôler les lois de finances d'une manière générale, et singulièrement la question de la sincérité des prévisions budgétaires de ressources et de charges qui sont, par essence, une compétence qui échoit à un juge spécial : le juge des comptes.

B. Le juge des comptes, juge de droit commun de la sincérité budgétaire

Les Cours des comptes des États membres de l'UEMOA exercent une fonction juridictionnelle sur les comptes des comptables publics et sur les fautes de gestion des ordonnateurs de dépenses et de recettes publiques. Ces Hautes juridictions financières ont aussi une compétence extra-juridictionnelle, qui se traduit par l'élaboration du rapport sur l'exécution de la loi de finances en annexe au projet de loi de règlement. Elle se traduit également par l'effectuation de missions d'audit des programmes budgétaires et de missions de contrôle de la gestion de divers organismes publics.[61]

S'il existe un lien entre le principe de sincérité budgétaire et l'office du juge des comptes, ce lien se manifeste à l'occasion de l'appréciation de la qualité des comptes produits lors de l'exercice général de reddition des comptes budgétaires. En effet, le comptable principal de l'État produit les comptes d'exécution de la loi de finances, ce qui permet à la Cour des comptes de mettre en parallèle les prévisions et les réalisations budgétaires. Instant de vérité que ce moment de mise en balance qui permet au juge d'évoquer, à l'occasion, l'importance des écarts et de mettre en évidence, à titre posthume, l'insincérité des prévisions ainsi que des hypothèses macro-économiques qui les ont soutenues. Pour la Cour des comptes du Togo, la circonstance qu'il y ait des écarts de l'ordre de 215,9 % et même de 1.435,19 % sur certains chapitres budgétaires, entre les prévisions et les réalisations budgétaires, pose "*le*

---

[60]*Ibidem.*

[61] N. MÉDÉ, "L'UEMOA et le développement des Cours des comptes en Afrique de l'Ouest francophone", *in Revue française de finances publiques,* n° 90, mai 2005, p. 259.

problème récurrent de la sincérité, de la crédibilité et de la fiabilité des prévisions"[62]. *A contrario*, des taux de réalisation de 100,88 % pour les recettes et de 98,9 % pour les dépenses ne soulèvent pas de soucis particuliers sur la question de la sincérité budgétaire.[63]

Les variations de certaines prévisions de recettes peuvent s'expliquer et se justifier par la sensibilité des contributeurs extérieurs aux questions de gouvernance politique et administrative. Les Accords de Cotonou signés entre l'Union européenne et les États d'Afrique, des Caraïbes et du Pacifique,[64] la Charte du *Millennium Challenge Corporation* américain[65] ainsi que nombres d'accords bilatéraux de coopération comportent des conditionnalités de l'aide ou des prêts liés à la qualité de la gouvernance dans les pays bénéficiaires : respect des droits de l'Homme, lutte contre la corruption, respect des échéances démocratiques, etc. Ainsi, en 2010, le Burkina Faso a pu améliorer l'enveloppe des dons de l'ordre de 140,99 % par rapport aux prévisions, tout simplement parce que l'amélioration du climat politique offrait de meilleures "*perspectives de mobilisation des recettes des partenaires techniques et financiers*", c'est-à-dire des pays et institutions donateurs.[66]

Si la sincérité budgétaire, au regard de l'article 30 de la directive communautaire relative aux lois des finances, s'apprécie par rapport aux hypothèses et aux projections, la juridiction financière relève, cependant, que l'insincérité peut également découler du défaut de clarté dans les inscriptions budgétaires. Pour le juge des comptes du Bénin, le gonflement des crédits globaux ainsi que l'absence des actes réglementaires de répartition de ces crédits globaux sont des circonstances qui sont de nature à affecter "*la sincérité et la transparence*"[67].

---

[62] Cour des comptes (Togo), *Rapport de la Cour des comptes sur l'exécution du budget de l'État, gestion 2010*, Lomé, 2013, pp. 20-22.

[63] Cour des comptes (Sénégal), *Rapport public 2011*, pp. 34 et 35.

[64] L'article 96 de l'Accord de Cotonou (23 juin 2000) prévoit qu'en cas de manquement "à une obligation découlant du respect des droits de l'homme, des principes démocratiques et de l'État de droit visés à l'article 9 "des mesures appropriées" sont prises pouvant aller jusqu'à la suspension de l'Accord de Cotonou.

[65] Le 11 décembre 2013, le conseil d'administration du *Millenium Challenge Corporation* (MCC) avait décidé de différer l'accord d'un deuxième compact du *Millenium Challenge Account* (MCA) au profit du Bénin. Il avait alors évoqué comme raison principale une dégradation de l'indice "maîtrise de la corruption".

[66] Cour des comptes (Burkina Faso), *Rapport sur le contrôle de l'exécution des lois de finances, gestion 2010*, Ouagadougou, 2012, p. 86.

[67] Cour suprême, Chambre des comptes (Bénin), *Rapport sur l'exécution de la loi de finances pour l'année 2003*, Cotonou, 2008, p. 114.

Le juge dessine ainsi un principe de sincérité budgétaire *praeter legem* qui établit un lien entre la sincérité des prévisions budgétaires et la sincérité comptable des réalisations des recettes et des dépenses. Les crédits globaux et les charges communes non réparties sont, par essence, des catégories de crédits sur lesquelles des manipulations sont aisément envisageables sur toute la chaîne budgétaire, c'est-à-dire des prévisions jusqu'aux réalisations. L'insincérité des prévisions, pour ces types de dépenses, peut préparer et rendre possible, intentionnellement, l'insincérité des réalisations comptables.

CONCLUSION

La sincérité budgétaire est l'un des rares principes budgétaires qui a un fondement normatif explicite dans la directive communautaire relative aux lois de finances et dans les textes nationaux de transposition. Une section entière lui est consacrée. La science financière sort confortée de cette consécration juridique. Cependant, une norme juridique qui ne peut être sanctionnée est condamnée à l'ineffectivité. La juridiction constitutionnelle ne peut en connaître pour des raisons à la fois théoriques et pratiques. Le juge des comptes, quant à lui, se cantonne au rôle de *lanceurs d'alerte*, à charge pour les assemblées législatives d'en tenir compte lors de l'examen des futurs projets de lois de finances de l'année. L'effectivité de la sincérité budgétaire se trouve alors dépendante du jeu de pouvoir et des rapports de pouvoirs mettant en scène les élus nationaux et l'exécutif. L'incertitude s'installe et nous projette sur le terrain de la conjecture, du discours potestatif, qui est le cousin germain de la science-fiction.

L'ÉQUILIBRE RÉEL DES BUDGETS LOCAUX EN AFRIQUE DE L'OUEST FRANCOPHONE[1]

INTRODUCTION

De la masse des textes normatifs qui peuplent notre ordonnancement juridique, il émerge quelquefois d'une juxtaposition de mots, que le législateur dispose, pour interpeller au quotidien la sagacité des juristes. L'"*équilibre réel du budget*" est de ces formulations-là.

L'étymologie est une science du passé, une science de "*la lettre morte, des paroles gelées*"[2]. Elle ne saurait donner la signification de l'heure, souvent neuve et conceptualisée. Cependant, le sens de l'équilibre, à son apparition au 16e siècle, a tout de même quelque chose d'évocateur et d'instructif pour la question sémiologique qui est posée. De la combinaison du latin *aequus* (égal) et de *libra* (balance),[3] l'équilibre dénote d'abord un principe physique d'harmonie, de stabilité et de viabilité. Il est l'expression d'un bon sens qui veut s'incarner dans le réel.

"*Tous les problèmes économiques sont des problèmes d'équilibre" écrivait Pierre-Etienne Flandin*[4] *en 1934. Pour Adam SMITH, l'équilibre du marché, l'adéquation entre l'offre et la demande devait être servie par la main invisible de la concurrence. La doctrine libérale, à la fois économique et financière, développa une "mystique de l'équilibre"*[5] qui traduit bien la "*connotation positive*"[6] dont est auréolée cette notion. Gaston JÈZE et Edgard ALLIX en arrivèrent à présenter le ministre des Finances comme étant ou devant être le "*ministre de l'équilibre*"[7].

En pratique, cependant, la pratique de l'équilibre du budget ne s'est développée en France qu'au début du 20e siècle, et "*sous la pression*

---

[1] Publié dans *La Revue ivoirienne de sciences juridiques,* n°1 mai 2014.

[2] P. BERGOUNIOUX, « Coda Liber » *in* O. CARRÉROT (dir.), *Qu'est-ce qu'un livre* ? Paris, La Découverte, 2009, p. 153.

[3] O. BLOCH et W. WARTBURG, *Dictionnaire étymologique de la langue française*, Paris, Presses Universitaires de France, 1950, p. 221.

[4] P-E FLANDIN, préface à J. P. PRADIER, *L'équilibre budgétaire*, Paris, Domat-Montchrestien, 1934, p. V.

[5] M. BOUVIER, « Les représentations théoriques den l'équilibre budgétaire : essai sur la vanité d'un principe » *in* L. TALLINEAU (dir.), *L'équilibre budgétaire,* Paris, Economica, 1994, p. 24.

[6] L. TALLINEAU, *L'équilibre budgétaire*, *op. cit.*, XIII.

[7] Cités par J. PERREAU PRADIER, *L'équilibre budgétaire*, *op. cit.*, p. 10.

des évènements"[8]. En effet, le "*dogme de l'équilibre budgétaire*"[9] que nourrissait la théorie libérale ne semblait pas inspirer les décideurs financiers au point où l'équilibre devenait une exception dont la prégnance, pour Gilbert ORSONI, "*aurait plutôt tendance à infirmer*"[10] la règle de l'équilibre. L'équilibre budgétaire ne serait, ainsi, pas un principe évident en lui-même, et la récurrence des déficits des finances des États conforte l'idée de la relativité de l'équilibre,[11] et même de la "*vanité d'un principe*"[12]. KEYNES apporte le coup de grâce à l'idolâtrie de l'équilibre avec sa théorie du *deficit spending,* qui se traduit par un "*soutien de la demande d'investissement (et) de la demande de consommation des ménages*"[13]. En clair, lorsque l'investissement privé s'essouffle, l'investissement public doit lui venir en relais par le gonflement de la dépense publique.

Pour autant, l'équilibre ne saurait être déshonoré, car il y a un principe d'ordre et un idéal de mesure qui lui sont immanents. L'accoutumance aux déficits budgétaires peut conduire à la ruine, car, comme l'écrit Jacques ATTALI, "*s'endetter, c'est mourir de peur*"[14].

L'équilibre budgétaire, s'il ne transparaît pas comme un principe juridique explicite dans la Directive n° 06/2009/CM/UEMOA relative aux lois de finances (laquelle parle d'un "*équilibre budgétaire et financier*" surdéterminé par la situation et les "*objectifs macro-économiques des États membres*" ainsi que les "*obligations du Pacte de convergence, de stabilité, de croissance et de solidarité*", *Article 3*), il est par contre un principe à valeur constitutionnelle au Niger[15], en

---

[8] *Ibidem*, p. 48.

[9] M. BOUVIER, « Les représentations théoriques den l'équilibre budgétaire : essai sur la vanité d'un principe » article précité, p. 23.

[10] G. ORSONI, « L'équilibre budgétaire, histoire d'une pratique » *in* L. TALLINEAU (dir.), *L'équilibre budgétaire*, Paris, Economica, 1994, p. 20.

[11] Hubert. BROCHIER écrit à ce propos que « si les conséquences des déficits budgétaires étaient aussi fâcheuses que le prétendent les auteurs libéraux, on aurait assisté depuis longtemps à la ruine d'un grand nombre d'États » (H. BROCHIER, *Finances publiques*, Paris, Cujas, 1970).

[12] M. BOUVIER, « Les représentations théoriques de l'équilibre budgétaire : essai sur la vanité d'un principe » article précité, p. 23.

[13] F. POULON, *La pensée économique de Keynes,* Paris, 2e édit. Dunod, 2004, p. 107.

[14] J. ATTALI, *Tous ruinés dans dix ans ?* Paris, Fayard, 2009, p. 223.

[15] Constitution de la VIIe République. (25 novembre 2011), Article 114, « Le projet de loi de finances doit prévoir les recettes nécessaires à la couverture intégrale des dépenses. L'Assemblée nationale vote le budget en équilibre ».

Côte d'Ivoire[16], au Mali[17], au Bénin[18]. Nombre d'États membres de l'Union Économique et Monétaire Ouest Africaine (UEMOA) sont donc astreints à l'observance de la règle de l'équilibre s'agissant de la présentation et du vote de la loi de finances, référentiel financier de l'État. *Quid* ensuite des collectivités publiques infra-étatiques ?

La directive n° 01/2011/CM/UEMOA portant régime financier des collectivités territoriales au sein de l'UEMOA dispose que "*l'équilibre du budget*" est un principe du droit budgétaire des collectivités territoriales (article *9*), que cet équilibre "*vise l'équilibre comptable des recettes et des dépenses*" *(*article *15*), et que le budget local doit être voté en "*équilibre réel*" (articles 71 & 77*).* Le budget local doit ainsi être non seulement en équilibre mais présenter un équilibre réel. L'adjectif qualificatif qui valorise l'équilibre est notable mais pas inédit. René Stourm parlait déjà en 1896 de "*l'équilibre réel des budgets*"[19] tandis qu'en 1923, une commission parlementaire française invitait le gouvernement à apporter des propositions nouvelles de nature à réaliser "*l'équilibre réel des dépenses et des recettes*"[20] de l'État. La consécration législative intervient, en France, avec l'ordonnance 59-33 du 5 janvier 1959 (art. 5) suivie de la loi 70-1297 du 31 décembre 1970 relative à la gestion municipale et les libertés communales et enfin la loi 82-213 du 2 mars 1982, relative aux droits et libertés des communes, des départements et des régions dont l'article 8 disposait que "*le budget de la commune est en équilibre réel lorsque (...)*"[21].

Les droits positifs des États africains en matière de mise en œuvre du principe constitutionnel de libre administration des collectivités territoriales locales reprennent cette formulation mais dans un style très laconique. La loi béninoise dispose que le budget communal "*doit être*

[16] Constitution du 23 juillet 2000, article 80 « Le projet de loi de Finances doit prévoir les recettes nécessaires à la couverture intégrale des dépenses. L'Assemblée nationale vote le budget en équilibre ».

[17] Constitution de 1992, Article 77, « L'Assemblée nationale est saisie du projet de Loi de Finances dès l'ouverture de la session ordinaire précédant la période budgétaire. Le projet de Loi de Finances doit prévoir les recettes nécessaires à la couverture intégrale des dépenses ».

[18] Constitution du 11 décembre 1990, Art 110, « L'Assemblée nationale vote le budget en équilibre. »

[19] R. STOURM, *Le budget*, Paris, Guillaumin et cie, 1896.

[20] J. PERREAU PRADIER, *L'équilibre budgétaire*, *op. cit.*, p. 43.

[21] Article 8 devenu article L. 1612-4 du Code général des collectivités territoriales en France.

en équilibre réel des recettes et des dépenses"[22] tandis que le Code malien des collectivités territoriales prescrit que le "*budget est établi en équilibre réel*"[23]. Le Code des collectivités territoriales au Sénégal semble plus précis à cet égard et dispose que "*le budget d'une collectivité locale est en équilibre réel lorsque ...*"[24] Cette rédaction rejoint la formulation des textes français et surtout anticipe le contenu de la directive portant régime financier des collectivités territoriales au sein de l'UEMOA, notamment en son article 78. Aux termes de ladite directive, le budget de la collectivité territoriale locale est en équilibre réel sous trois conditions : d'abord, pour chacune des sections du budget, le montant des recettes prévues doit être égal au montant des dépenses. Il s'agit ici d'un équilibre arithmétique et comptable. Ensuite, l'évaluation des recettes et des dépenses doit avoir été effectuée avec sincérité. Une exigence de vraisemblance et de prudence s'impose aux décideurs locaux. Enfin, le remboursement du financement du capital des emprunts doit se faire sur les ressources propres de la collectivité territoriale locale.

Le juge, qu'il soit administratif ou financier, donne un visage concret à ces énoncés théoriques en décidant que la règle de l'équilibre réel n'est pas respectée dès lors que les recettes inscrites au budget n'ont pas un caractère juridiquement certain ; en effet, une recette d'investissement financée par un emprunt dont l'objet et l'organisme prêteur sont incertains ne peut être légitimement validée par l'autorité de tutelle.[25] De même, l'équilibre réel n'est pas réalisé, pour défaut de sincérité, lorsque des recettes attendues de subvention ne sont pas certaines parce que la subvention est devenue caduque et que les recettes d'emprunt sont aléatoires en raison du niveau très élevé de l'endettement de la collectivité territoriale au regard de sa capacité de remboursement.[26] La

[22] Article 4, loi 98-007 du 15 janvier 1999 portant régime financier des communes en République du Bénin.

[23] Loi n°95-034/AN-RM du 12 avril 1995 portant Code des collectivités territoriales.

[24] Loi n° 96-06 du 22 mars 1996 portant Code des Collectivités locales, Article 346. Au Niger, ni la loi n° 2002-013 du 11 juin 2002 Portant transfert de compétences aux régions, départements et communes (en ses articles 91 à 98 puis 99 à 104 et 105 à 110 ni la loi 2001-023 du 10 août 2001, portant création de circonscriptions administratives et de collectivités territoriales, ne reprennent la formulation des textes du Bénin, du Sénégal ou du Mali sur l'équilibre réel. La même remarque est valable pour le Burkina Faso (Loi n°055-2004/AN portant Code des collectivités territoriales au Burkina Faso, articles 106 à 113).

[25] C.E. 9 juillet 1997, *région Guadeloupe*, req. 159041.

[26] C.E. 16 mars 2001, *commune de Rennes-les-Bains*, req. 160257.

sincérité des inscriptions budgétaires n'est pas acquise non plus, et donc l'équilibre réel n'est pas réalisé dès lors que les évaluations de recettes sont trop élevées par rapport aux résultats de l'exécution budgétaire de l'année précédente *"eu égard à la diminution de la population (...) le produit de ces recettes évoluant en fonction du nombre d'habitants"*[27]. Enfin, l'annulation par le juge d'une délibération créant une recette inscrite au budget prononcée postérieurement au vote de ce budget est sans incidence sur l'équilibre réel dudit budget. L'équilibre s'apprécie, en effet, à la date du vote du budget.[28]

La doctrine manifeste à l'égard de la "*rigueur du principe de l'équilibre*"[29] réel, une bienveillante neutralité. Ce qui est présenté comme la "*règle d'or*"[30] des finances locales, le "*principe le plus important du droit budgétaire communal*"[31], s'explique par le "*souci de protéger à la fois la situation financière des collectivités locales et de l'État (spontanément appelé en garantie) et de réserver l'essentiel de l'action conjoncturelle (...) à l'État*"[32] dès lors que les collectivités territoriales "*ne disposent pas d'une compétence fiscale propre*"[33]. L'équilibre réel signifiant "*de plus en plus absence de déficit*"[34], la pertinence du principe est de "*protéger les contribuables locaux contre la prodigalité ou l'inconséquence de certains élus locaux*"[35], les risques en ligne de mire étant, soit "*une augmentation douloureuse des impôts*"[36], soit de graves "*difficultés financières*"[37]. Edgar ALLIX ajoute une note de subjectivité à ce panorama doctrinal en estimant que la tutelle préfectorale avait du bon et se justifiait "*à raison de*

---

[27] Cour administrative de Bordeaux, 23 octobre 2007, *Commune de Pointe-à-Pitre*, req. 05BX01886.
[28] C.E. Section, 27 mai 1994, *Braun Ortéga*, req. 112026, Leb. p. 265.
[29] W. GILLES, *Les principes budgétaires et comptables publics*, Paris, L.G.D.J., 2009, p. 133.
[30] M. BOUVIER, *Les finances locales*, 13e édit., Paris, L.G.D.J., 2010, p. 212.
[31] M. DONIER, G. DESVIGNES, *Le budget communal*, Paris, Vie publique, 1978, p. 20.
[32] L. SAÏDJ, *Finances publiques*, 4e édit. Paris, Dalloz, 2003, p. 384.
[33] J.-F. PICARD, *Finances publiques*, 2e édit. Paris, Litec, 1997, p. 324.
[34] *Ibidem* p. 385.
[35] F. LABIE, *Finances locales*, Paris, Dalloz, 1995, p. 249.
[36] F. ROBERT, *Les finances locales*, Paris, La Documentation française, 2009, p. 27.
[37] *Ibidem*, p. 27.

l'incompétence fréquente (des) municipalités"[38] aux 19e et début du 20e siècles en France.

La cause est entendue et l'équilibre réel des budgets des collectivités locales a acquis droit de cité dans l'ordonnancement juridique et managérial des finances publiques en France et en Afrique. C'est un principe "*matriciel*"[39] vers la réalisation duquel sont tournés tous les autres principes du droit financier local. Pour le philosophe LEIBNITZ et son principe de la *raison suffisante*, rien n'arrive sans qu'il y ait une cause ou du moins une raison déterminante. Si l'équilibre réel est institué et perdure, c'est qu'elle a une explication qu'on a tôt trouvée dans ce "*souci de protéger à la fois les finances des collectivités et celles de l'État*"[40]. Cependant, la perplexité du chercheur demeure, et celle du chercheur africain est exacerbée par le double constat du faible taux d'exécution des budgets locaux et l'encours croissant de l'endettement des collectivités territoriales locales. L'équilibre réel sert-il encore à quelque chose dans un tel contexte ? N'est-il pas devenu un principe aux relents cosmétiques ? (I)

Par ailleurs, la décentralisation, l'"*administration du pays par le pays*"[41] ainsi que l'écrit Maurice HAURIOU, trouve son fondement et sa justification dans le souci d'une intervention de proximité sur les questions de développement. L'État central en Afrique de l'Ouest francophone a montré ses limites par une propension morbide à capter et divertir de la cible, les ressources nationales et les contributions extérieures au développement.[42] Les compétences transférées au niveau local traduisent un impératif de faire des collectivités territoriales décentralisées, les cellules opératoires de la mutation prométhéenne des masses citoyennes dans leur quête légitime de mieux-être. Or, la Banque Mondiale a montré depuis plusieurs années que les flux financiers ne suffisent pas à impulser et accélérer la croissance. Il faut un adjuvant managérial, une manière alternative d'organiser et de gérer

---

[38] E. ALLIX, *Traité élémentaire de science des finances et de législation financière française*, Paris, Arthur Rousseau, 1912, p. 706.

[39] E. OLIVA, « Équilibre budgétaire et constitution : l'équilibre des budgets locaux », *in Revue Française de Finances publiques*, n°117-2012, p. 31.

[40] E. OLIVA, « La préparation, le vote et l'exécution des budgets locaux » *in* A. ROUX (dir.), *Finances publiques*, Paris, La Documentation Française, 2006, p. 138.

[41] M. HAURIOU, *Précis de droit administratif et de droit public*, 6e éd., Paris, Librairie de la Société du Recueil Sirey et du Journal du Palais, 1907, p. 64.

[42] Voir en sens Ch. NACH MBACK *Démocratisation et décentralisation*, Paris, Karthala-PDM 2003.

la relation au travail. D'où la dissémination de la technique de budgétisation par programme en expérimentation depuis les années 1999 au Sénégal, au Burkina Faso et au Bénin.[43] Si le concept de droit du développement a un sens, c'est qu'il doit servir de levier aux mutations qualitatives qui apportent plus de bien-être à des millions d'Africains. C'est un droit de "*mobilisation efficace des ressources*"[44], et un "*droit de rationalité*"[45]. Il a vocation à servir de levier au changement. Ainsi, en droit financier des collectivités locales ouest-africaines, l'équilibre comptable et statique des budgets locaux doit pouvoir être juridiquement repensé, voire dépassé pour devenir un équilibre dynamique, responsable et productif (II).

C'est donc par une démarche téléologique, une logique de maïeutique juridique que va se construire dans les lignes qui suivent la thématique de la refondation de l'équilibre réel, principe du droit budgétaire des collectivités territoriales africaines francophones.

I. L'ÉQUILIBRE RÉEL, UN PRINCIPE COSMÉTIQUE ?

Pour les sciences du management, l'office d'un évaluateur est de répondre à la question suivante : "*est-ce que ça marche* ?"[46] Rapportée au principe de l'équilibre réel du budget des collectivités territoriales locales, la question s'examine au double plan des mécanismes institutionnels et financiers (A) d'une part, et d'autre part, des résultats de l'exécution budgétaire (B).

A. Le constat de l'irresponsabilité des pouvoirs locaux

Le sens commun l'entoure d'une connotation péjorative. On penserait de prime abord à la couardise, au manque d'étoffe des autorités locales décentralisées. L'irresponsabilité ici doit être prise dans son acception de droit public, c'est-à-dire de celui qui n'a pas de pouvoir. Ainsi que l'écrit Georges VEDEL, l'irresponsable en droit public est celui qui "*n'a pas de politique personnelle et ne peut que*

---

43 N. MÉDÉ, « La nouvelle gestion budgétaire : l'expérience au Bénin des budgets de programme » *in Revue Afrilex,* n° 4, décembre 2004, p. 56. A. PARIENTE, A. S. COULIBALY, « Programmes et mesure de la performance en France et dans les pays africains », *Revue Française de Finances publiques*, n°98/2007, p. 33.

44 M. VIOU, *Contribution au droit administratif du développement*, Thèse droit, Nice, 1977, p. 15.

45 *Ibidem,* p. 15.

46 J-L BŒUF, *L'évaluation des politiques publiques,* Paris, La Documentation Française, 2001 p. 24.

subir la politique"[47] des autres. Les organes des collectivités locales territoriales en Afrique de l'Ouest francophone sont dans cette situation, encadrés qu'ils sont, en amont par les décisions initiales des organes de l'État et en aval par le contrôle exercé sur l'activité des élus et de l'administration décentralisée par des organes tout aussi centraux.

Les "*ressources et les charges des collectivités territoriales sont déterminées par la loi*"[48], lit-on dans le Code des collectivités territoriales au Burkina Faso. Du point de vue des ressources, le principe est ainsi que les impositions de toutes natures relèvent de la compétence du législateur et donc de l'État. Cette disposition attributive de compétence, inspirée de l'article 34 de la constitution française de 1958, est reprise par les textes constitutionnels des États ouest-africains francophones. Qu'il s'agisse de l'article 67 de la constitution sénégalaise de 2001, de l'article 98 de la constitution béninoise de 1990, de l'article 99 de la constitution nigérienne de 2011, de l'article 70 de la constitution malienne de 1992, et de bien d'autres textes constitutionnels, les règles concernant l'assiette, le taux et les modalités de recouvrement des impositions de toute nature, c'est-à-dire des impôts et taxes à l'exclusion des redevances et des droits de douane, ressortissent à la compétence de l'État. La longue liste des taxes et impôts locaux[49] contenue dans les lois mettant en œuvre le principe de libre administration des collectivités territoriales ne confère auxdites collectivités qu'un pouvoir fiscal dérivé, lequel se manifeste par la fixation de taux d'imposition dans les fourchettes définies par le législateur.

Par ailleurs, le budget étant un acte de prévision, son élaboration en ressources requiert un exercice d'estimation, d'évaluation prévisionnelle des rentrées fiscales et non fiscales de la collectivité territoriale. La directive n°01/2011 portant régime financier des collectivités territoriales indique que pour l'élaboration de leurs budgets, les exécutifs locaux peuvent "*recourir aux services compétents déconcentrés de l'État*" et aux "*conseils du représentant de l'État*" (article 48). Ils doivent rester

---

[47] G. VEDEL, *Manuel élémentaire de droit constitutionnel*, Paris, Dalloz, 2002, p.168. Le Doyen Vedel évoque dans ce texte, la condition du Président de la République dans un régime parlementaire.

[48] Article 109, Loi n°055-2004 portant Code général des collectivités territoriales au Burkina Faso.

[49] Taxe de développement local, patente, licence, taxe sur les armes à feu, taxe de pacage, taxe sur les barques et les pirogues motorisées, taxe sur les spectacles, taxe sur la vente de boisons fermentées, taxe sur la publicité, taxe sur les affiches, taxe sur les taxis de ville, etc.

fidèles à la "*lettre de cadrage de l'autorité compétente*" laquelle lettre "*contient des indications visant une bonne prévision budgétaire*" (article 49). Ce que la directive présente comme une faculté, un recours possible, est en réalité un passage obligé pour les collectivités locales, collectivités pour lesquelles la question de la qualité des ressources humaines disponibles constitue une entrave à leur liberté d'administration.[50] Ce que les administrations locales décentralisées ne peuvent faire, les services déconcentrés de l'État l'assument volontiers au titre de la tutelle technique d'assistance-conseil. Pour ce qui concerne le Bénin, le décret n°2005-371 fixe la liste des informations devant être fournies aux autorités administratives décentralisées par les directions déconcentrées des différents ministères. Ces documents comprennent la subvention salariale, la subvention de substitution à la taxe civique, la subvention à l'équilibre du budget de fonctionnement, la subvention ou dotation d'investissement et d'équilibre, les fonds de solidarité des communes, les dispositions nouvelles relatives à certains impôts perçus au profit des communes, les transferts de fonds, etc. Ce qu'on pourrait appeler le cadrage budgétaire est avant tout l'œuvre de l'État, à travers ses services déconcentrés. Il fonde et justifie les estimations de recettes au titre des impôts et taxes, notamment celles des impositions de toutes natures, qui sont sensibles à la conjoncture économique, en l'occurrence, les indicateurs de niveau de la croissance et de l'investissement productif. L'administration locale décentralisée se retrouve ainsi dans une situation de consommatrice de données dont elle ne maîtrise ni la méthodologie ni la procédure de production. Réceptacle passif, elle "*n'a plus d'efforts spécifiques à fournir que de rassembler (les) différentes informations pour établir le budget*" de la collectivité territoriale décentralisée.[51]

Du point de vue des dépenses, la directive communautaire relative au régime financier des collectivités territoriales présente la typologie usuelle des dépenses : les dépenses obligatoires et les dépenses facultatives. Les premières sont "*celles mises à la charge des collectivités territoriales par la loi*" (art. 54). Leur nombre, variables

---

[50] Partenariat pour le Développement Municipal, *État de la décentralisation en Afrique*, Paris, Karthala, 2003, *passim.*

[51] F. MPOCHA, *L'équilibre réel du budget communal en droit et pratique béninois,* Mémoire de DEA, Université d'Abomey-Calavi, 2012, *passim.*

selon les pays, est de 18 au Sénégal[52], 7 au Mali[53] ou 17 au Bénin[54]. Leur régime juridique est cependant le même : compétence législative pour les créer et inscription impérative au budget à peine de nullité de la décision de l'organe délibérant de la collectivité territoriale.[55]

Au total, que ce soit en matière de ressources ou en matière de charges, le manque d'autonomie de décision des organes de l'administration locale décentralisée paraît évident. Ils sont enserrés dans le corset des données factuelles, conjoncturelles, statistiques ainsi que les obligations d'inscription de dépenses que la loi impose.

Sur les plans institutionnel et organisationnel, deux mécanismes sont topiques de l'étendue des pouvoirs financiers des collectivités territoriales. La directive communautaire prescrit que le budget voté par les organes de la collectivité territoriale est "*contrôlé ou approuvé selon le cas par le représentant de l'État*" (article 63). Malgré l'option laissée par les textes de l'UEMOA, l'exigence de l'approbation préalable s'est imposée dans les États. Le Niger a, certes, prévu que les actes des autorités locales décentralisées "*sont exécutoires de plein droit*"[56] sous réserve des formalités de publicité et de transmission au représentant de l'État. En matière budgétaire, cependant, l'approbation préalable est de rigueur.[57] L'approbation préalable est tout autant exigée au

---

[52] Article 258, loi n° 96-06 du 22 mars 1996 portant Code des collectivités locales au Sénégal.

[53] Article 182, loi n°95-034/AN-RM du 12 avril 1995 portant Code des collectivités territoriales au Mali.

[54] Article 17, loi n°98-007 du 15 janvier 1999, portant régime financier des communes au Bénin.

[55] Article 355, loi n° 96-06 du 22 mars 1996 portant Code des collectivités locales au Sénégal : « Lorsque le représentant de l'État, de sa propre initiative, ou saisi soit par le comptable public concerné soit par toute personne y ayant intérêt, constate qu'une dépense obligatoire n'a pas été inscrite au budget ou l'a été pour une somme insuffisante, il adresse une mise en demeure à la collectivité locale concernée. Si, dans un délai d'un mois, cette mise en demeure n'est pas suivie d'effet, le représentant de l'État inscrit cette dépense au budget de la collectivité locale et propose, s'il y a lieu, la création de ressources ou la diminution de dépenses facultatives destinées à couvrir la dépense obligatoire. Le représentant de l'État règle et rend exécutoire le budget rectifié en conséquence. »

[56] Article 134, loi n°2002-012 du 11 juin 2002, déterminant les principes fondamentaux de la libre administration des régions, des départements et des communes au Niger ainsi que leurs compétences et leurs ressources.

[57] L'article 139 parle de transmission du budget pour contrôle de légalité, mais l'article 172 retient le mot approbation (Loi n°2002-012 du 11 juin 2002 précitée, Niger).

Bénin,[58] au Burkina Faso[59], au Sénégal[60] et au Mali[61]. Le périmètre de cette approbation reste incertain. Contrôle de légalité, contrôle d'opportunité, ou contrôle d'opportunité sous le couvert du contrôle de légalité. En tout état de cause, seul le juge de l'excès de pouvoir peut départager les protagonistes de la gestion financière locale. Une chose paraît certaine, c'est la compétence exclusive de l'État en matière de maniement et de conservation des fonds et valeurs, en un mot l'office du comptable public.

En effet, le "*comptable de la collectivité territoriale est un comptable direct du Trésor*" selon les termes de la directive communautaire portant régime financier des collectivités territoriales au sein de l'UEMOA (art. 36). Les législations nationales sont fidèles à cet énoncé[62] et chargent le comptable public "*seul et sous sa responsabilité de recouvrer les recettes et d'exécuter les dépenses*"[63] des collectivités territoriales.

Le comptable de la collectivité territoriale, agent de l'État, parce que comptable direct du Trésor, n'est pas soumis au pouvoir hiérarchique des exécutifs locaux : maire, président de conseil général, président de conseil régional. Il n'est pas soumis au pouvoir d'instruction ni au pouvoir disciplinaire de ceux-ci. Par ailleurs, les services responsables de l'assiette et du recouvrement des impositions de toutes natures sont, eux aussi, complètement déliés de tout lien de subordination hiérarchique avec les exécutifs locaux de la décentralisation. Trésorier et fiscaliste entretiennent avec les élus locaux des relations fonctionnelles qui manifestent une impotence certaine des administrations locales décentralisées en matière de gestion financière. En termes imagés, on peut dire que les exécutifs locaux fonctionnent comme des manchots sur qui on a greffé des bras orthopédiques : en pratique le maniement des membres supérieurs n'est pas aisé et ne fait nullement du bénéficiaire une personne normale, doté de ses pleines capacités physiques et manœuvrières.

---

[58] Article 29, loi n°98-007 du 15 janvier 1999, portant régime financier des communes au Bénin.

[59] Articles 57 et 112, loi n°055-2004/AN portant Code général des collectivités territoriales au Burkina Faso.

[60] Article 336, loi n° 96-06 du 22 mars 1996 précitée, Sénégal.

[61] Article 175, loi n°95-034/AN-RM précitée, Mali.

[62] Article 359, loi n° 96-06 du 22 mars 1996 précitée, Sénégal ; art. 185, loi n° 95-034/AN-RM précitée, Mali.

[63] Article 185, loi n°95-034/AN-RM précitée, Mali.

Par ailleurs, la loi impose au comptable de la collectivité locale ainsi qu'à l'agent responsable de la liquidation et du recouvrement des créances fiscales locales de renseigner les exécutifs locaux sur les performances budgétaires des communes, départements et régions.[64] Il s'agit, au concret, de faire un état des réalisations par rapport aux prévisions inscrites dans le budget. Cet exercice assez trivial a son importance mais gagnerait en portée pratique s'il s'accompagnait de l'explication des écarts entre réalisations et prévisions. Les services fiscaux ont-ils fait preuve de diligence constante dans le recensement de l'assiette et le recouvrement des impôts locaux ? La contre-performance éventuelle de l'administration fiscale locale trouve-t-elle sa cause dans des questions de logistique, des insuffisances organisationnelles, des attentes sociales non satisfaites, des pesanteurs de psychologie du travail, etc. ? Quelle que soit l'hypothèse la plus prégnante, les exécutifs locaux n'ont pas une grande emprise sur l'action des administrations financières locales (impôts et Trésor). Ils ne peuvent délivrer ni des sanctions positives (récompenses, primes, etc.) ni des réprimandes ou des rappels à l'ordre.

Ce qui se dessine à l'arrivée, après l'examen du régime juridique et managérial des finances locales est ce qu'on a désigné sous le vocable d'irresponsabilité des élus locaux et de leurs organes exécutifs en matière budgétaire : le budget local est confectionné avec des données fournies par l'État, ensuite le représentant de l'État certifie par approbation que lesdites données ont été bien prises en compte, enfin, l'exécution budgétaire comptable et fiscale échappe aux autorités locales décentralisées. Dès lors, l'"*autonomisation retenue*"[65] des collectivités territoriales africaines, la marge de manœuvre étroite qui est la leur en matière financière sont-elles des accélérateurs ou des facteurs d'inhibition des déséquilibres budgétaires notés ici et là, en lieu et place de l'équilibre réel prescrit par la loi ?

B. La saison des déficits

Ceci explique-t-il cela ? Certes, il n'existe pas un lien de causalité évident entre la pratique budgétaire des déficits et la faiblesse de l'autonomie des élus locaux. Ce qui paraît, par contre, sûr c'est la

---

[64] Article 26 et 27, loi n°98-007 du 15 janvier 1999, portant régime financier des communes au Bénin.

[65] N. MÉDÉ, « L'autonomie 'retenue' : étude sur le principe de libre administration des collectivités territoriales en Afrique de l'Ouest francophone » *in Revue Juridique et Politique des États francophones* n°2 avril/juin 2008.

constance des déficits de gestion financière des administrations locales décentralisées malgré les prescriptions légales sur l'équilibre réel en Afrique de l'Ouest francophone.

Les mécanismes qui conduisent à l'endettement, puis au déficit budgétaire sont de diverses natures. Il y a *d'abord* l'emprunt public local. Selon la Cour des comptes française, la progression de la dette locale de 40 % sur la période 2004-2010 est "*liée aux cycles d'investissement des collectivités locales*"[66]. Sur le plan budgétaire, l'exigence juridique de présenter un budget en équilibre a permis globalement de maintenir un bon niveau des notes accordées aux émetteurs locaux par les agences de notation, ce qui prouve que *la* "*signature des collectivités territoriales est considérée comme de très bonne qualité*"[67].

Cependant, la liberté laissée aux collectivités territoriales de conduire leurs opérations de souscription d'emprunt et d'autres produits financiers peut faire naître des risques financiers non négligeables. Le principe de l'équilibre réel du budget local étant intangible, certaines collectivités recourent à des moyens divers pour équilibrer leurs comptes budgétaires en réduisant "*les annuités du capital remboursé*"[68] : renégociation des contrats d'emprunt, allongement des durées de

---

[66] Cour des comptes, *Rapport public thématique : la gestion de la dette publique locale*, juillet 2011, p. 13. Cette croissance de la dette locale ne fait pas oublier que « l'endettement public local représente (…) une faible part de la dette publique de la France » soit 11 % (p. 18). Ce qui n'est pas le cas de l'Allemagne ou de l'Espagne dont la part de la dette des administrations publiques locales dans la dette publique totale de ces deux pays atteint respectivement 40 % et 22 % pour l'année 2009. Situation inverse pour la Grèce et l'Irlande avec des taux respectivement de 3 % et de 5 % (p.18). L'Observatoire des Finances Locales (France) constate que les investissements dans les collectivités territoriales d'outre-mer sont les plus importantes en chiffres relatifs, en raison semble-t-il du niveau de sous-équipement qui caractérise les collectivités comme la Martinique, la Guyane, Mayotte, la Réunion, Saint-Pierre-et-Miquelon, etc. Pour 2008 et 2010, les dépenses d'équipement brut ont été respectivement de 190 euros par habitant dans les départements d'outre-mer (conte 138 euros en métropole) et 137 euros, contre 126 euros en métropole. (Observatoire des Finances Locales, *Les finances des collectivités locales en 2010,* état des lieux, juillet 2010, p. 75).

[67] *Ibidem* p. 22. Le taux de défaut est de 0,009 % soit seulement trois collectivités territoriales. Les plus performantes comme les régions Rhône-Alpe et Ile-de-France ont le AAA tandis que la ville de Strasbourg et le département de l'Essonne ont respectivement le AA+ et le AA, ce qui a des conséquences sur les taux d'intérêt de leurs emprunts.

[68] *Ibidem* p. 28.

paiement, etc., toutes choses qui amènent la collectivité territoriale à prendre des "*risques financiers plus grands*"[69] et à augmenter sur le moyen et le long termes le stock de la dette locale. La recherche de l'équilibre en toutes circonstances, le principe de l'équilibre réel peut ainsi avoir, en certaines circonstances et au regard de certaines techniques de gestion de l'emprunt, des effets pervers.

En tout état de cause, le déficit budgétaire courant des collectivités territoriales françaises est associé à "*leurs besoins récurrents en matière d'investissement*"[70]. Ainsi donc, la logique qui consiste à affecter les ressources de l'emprunt uniquement à l'investissement fonctionne. Le déficit budgétaire même croissant a une cause conforme à la loi sur l'équilibre réel.

En Afrique de l'Ouest francophone, la mécanique financière qui conduit aux déséquilibres budgétaires se présente comme suit : endettement des collectivités territoriales locales sur plusieurs exercices, ce qui entraîne des budgets en équilibre virtuel présentés à l'approbation du représentant de l'État.

Le cas de la commune de Cotonou au Bénin est assez symptomatique de la prégnance du syndrome déficitaire dans la gestion financière des collectivités territoriales ouest-africaines. En effet, la commune de Cotonou cumule tous les superlatifs : plus grande commune du Bénin par sa démographie, plus riche des collectivités territoriales par la taille de son budget et par son "*produit intérieur brut*", mais aussi plus endettée des communes par l'importance de la dette cumulée sur la dizaine d'années[71] d'exercice de la liberté d'administration locale, et pour cause. Le solde exigible de l'encours cumulé de la dette de la commune de Cotonou se monte à 12,9 milliards de francs en 2010[72], pour un budget exécuté en recettes à hauteur de 12,1 milliards pour la

---

[69] *Ibidem* p. 32. Le département de l'Ain a ainsi réaménagé un prêt assorti d'un taux d'intérêt de 3,65 % en un prêt sur 35 ans avec un délai de grâce de trois ans, puis indexé sur l'écart de parité entre le franc suisse et le dollar. À l'arrivée, la Cour des comptes établit que ce schéma, en intégrant le montant de "l'indemnité refinancée" et la "*marge à payer au prêteur*" *cet emprunt pouvait être situé à* "plus de 150 points de base au-dessus des conditions habituelles d'endettement de la collectivité" (p. 29).

[70] *Ibidem*, p. 11.

[71] Les premiers conseils communaux élus remontent aux élections de 2002-2003.

[72] G. Y. ACCROMBESSY, *Problématique de la gestion performante de la dette intérieure des collectivités locales décentralisées béninoises : cas de la municipalité de Cotonou*, Mémoire de fin de formation, École Nationale d'Administration et de Magistrature, Cycle II, Cotonou, Mai 2012, p. 23.

même année 2010.[73] L'essentiel de cette dette, soit 60,22 %, a servi à financer les investissements de la commune.[74]

Il paraît cependant curieux d'afficher un tel niveau d'endettement alors que la commune n'a jamais bénéficié d'un emprunt quelconque ni de la part des institutions de financement du développement (Banque Mondiale, Banque Africaine de développement, etc.) ni du marché financier classique animé par les banques primaires. Les comptes administratifs et de gestion de la commune affichent constamment, de 2003 à 2010, le chiffre "*zéro*" sur la ligne "*emprunt*" du tableau des ressources.[75] Plus curieusement, l'examen des comptes administratifs successifs de la commune montre que la balance entre les recettes et les dépenses présente un excédent qui dégage une épargne nette équivalant à 2 milliards de francs en 2006 et qui culmine à 4 milliards en 2010 ![76] Nous sommes ainsi en pleine contradiction entre les chiffres de l'endettement réel de la commune et les tableaux des comptes administratifs qui donnent une image plus que rassurante financièrement, celle de "*l'absence de recours de la municipalité de Cotonou à l'emprunt*"[77] parce que sa "*situation financière (...) est bonne*"[78].

Le mécanisme de ces données contradictoires de statistique financière et comptable est simple. Les chiffres d'équilibre et même d'excédent du fonds de roulement du budget communal sont ceux exposés dans le compte administratif produit en fin d'exercice budgétaire par l'ordonnateur du budget de la commune, en l'occurrence le maire. Ce compte administratif reprend (anormalement) les données fournies par le compte de gestion du comptable public, c'est-à-dire les opérations enregistrées au niveau de la caisse, donc des paiements et ne tient pas "*compte des engagements certifiés et non soldés de la commune*"[79]. Lesdits engagements sont soit des prestations de service (curage de caniveau, désensablement des voies urbaines, etc.), soit des fournitures (matériels et équipements divers), soit des travaux (construction et aménagements d'espace vert et de mini-forage d'arrosage, etc.) exécutés au profit de la

[73] C. K. NOUGBODOHOUÉ, *Contribution à l'effectivité de l'équilibre réel des budgets communaux,* Mémoire de fin de formation, École nationale d'Administration et de Magistrature, Cycle II, Cotonou, Mars 2012, p. 18.
[74] G. Y. ACCROMBESSY, mémoire précité, p. 13.
[75] G. Y. ACCROMBESSY, mémoire précité, p. 21.
[76] *Ibidem*, p. 21.
[77] *Ibidem*, p. 21.
[78] *Ibidem,* p. 22.
[79] *Ibidem,* p. 22.

mairie, en application de documents juridiques valides (bon de commande et contrat de marché), régulièrement signés par l'ordonnateur du budget communal mais pour lesquels les cocontractants de l'administration communale n'ont pas été désintéressés, les contreparties financières de leurs prestations diverses n'ayant pas été versées. Ce qui fait dire aux chercheurs que le compte administratif de la commune n'est pas "*fiable*"[80] parce qu'il ne rend pas compte fidèlement et intégralement de la situation patrimoniale de la commune.

À l'analyse, on remarque plusieurs dysfonctionnements dans le système de gestion financière et comptable. D'abord, on note un défaut de conception du LGBC (Logiciel de Gestion Budgétaire et Comptable) utilisé par la commune. Ce logiciel autorise "*l'engagement de nouvelles dépenses sur une ligne budgétaire déjà en dépassement*"[81] ce qui a conduit, au titre de l'année budgétaire 2010, à un dépassement de crédits engagés de l'ordre de 127 % ![82] Viennent ensuite les omissions et les manquements à l'orthodoxie comptable. L'examen des comptes administratifs montre que "*le compte 68 dotation aux amortissements n'est jamais mouvementé*". Il en est de même pour le compte "*28 amortissement*"[83].

D'hérésie comptable en légèreté financière, la commune de Cotonou s'est retrouvée dans un abîme financier auquel elle ne peut remédier que par un étalement des règlements sur les moyen et long termes. Le maire en a pris conscience et procédé à la titrisation des créances détenues sur la commune de Cotonou, au moyen de la délivrance de "*titres nominatifs, infalsifiables et crédibilisés*"[84] que les titulaires-propriétaires peuvent réescompter auprès des banques commerciales pour disposer immédiatement de l'argent frais.

D'une manière générale, pour les collectivités territoriales locales, l'exigence de sincérité "*condition essentielle de l'équilibre*"[85] apparaît très illusoire lorsqu'on examine les résultats de l'exécution budgétaire, que ceux-ci se soldent par un niveau élevé d'endettement comme à

---

[80] C. K. NOUGBODOHOUÉ, mémoire précité, p. 21.

[81] *Ibidem,* p. 22.

[82] 15,7 milliards de prévisions budgétaires pour un total d'engagements de crédits de 20,005 milliards en fin d'exécution du budget (G. Y. ACCROMBESSI, mémoire précité, p. 27).

[83] C. K. NOUGBODOHOUÉ, mémoire précité, p. 21.

[84] Journal *Fraternité* du 7 août 2012 (Cotonou).

[85] E. OLIVA, « Équilibre budgétaire et constitution : l'équilibre des budgets locaux », *in Revue Française de Finances publiques*, n°117-2012, p. 32.

Cotonou ou par des taux d'exécution faibles ou même très faibles. En effet, la dose de "*fantaisie*"[86] qui affecte l'élaboration des prévisions budgétaires rend presque fatal les écarts entre les soldes des budgets primitifs et les chiffres obtenus dans les comptes administratifs et de gestion des collectivités territoriales locales au Bénin. Ainsi, le *ratio* entre prévisions et réalisations budgétaires dans la commune de Bassila donne, sur la période 2004-2008, les chiffres de 72,18 %, 51,86 %, 36,83 %, 67,19 % pour les années 2004, 2006, 2007 et 2008. La commune de Glazoué affiche quant à elle et sur les mêmes années les chiffres de 34,78 %, 55,97 %, 36,55 %, 63,62 %. Les chiffres sur les mêmes années sont de 67,25 %, 78,68 %, 58,97 %, 55,76 % pour la commune de Sakété.[87] S'agissant de la commune de Kandi, les chiffres sont de 44,8 % en 2006, 54,4 % en 2007, 56,9 % en 2008, 47 % en 2009 et 39,25 % en 2010.[88] Quant à Abomey-Calavi, ses chiffres sont de 57,6 % en 2006, 63,3 % en 2007, 49,4 % en 2008, 74 % en 2009 et 41 % en 2010.[89] La tendance paraît la même pour les autres collectivités territoriales locales béninoises. Une tendance qui semble être ancrée dans la durée par le jeu des prévisions aléatoires et des réalisations budgétaires contre-performantes.

Le budget est un acte de prévision et le principe de l'équilibre ne peut signifier de manière absolue "*qu'il y ait toujours un équilibre d'exécution*"[90]. Par contre, les budgets successifs doivent pouvoir s'ajuster les uns sur les autres, en vertu du principe de l'équilibre réel des budgets locaux. Le déficit d'exécution ou un faible *ratio* d'exécution en année *n-1* doivent pouvoir être corrigés en année *n+1* et les années suivantes. Les données de l'exécution effective du budget en année *n-1* doivent servir à refaire les prévisions de l'année *n+1*, pour coller à l'exigence de "*réalisme et de prudence*" fixée par l'article 14 de la directive portant régime financier des collectivités territoriales au sein de l'UEMOA. Le droit comparé nous renseigne sur l'importance des chiffres de l'exécution budgétaire dans la détermination de l'équilibre réel des budgets locaux. Ainsi, la sincérité des inscriptions

---

86 F. S-K. NPOCHA, *Contribution à l'amélioration de la gestion budgétaire des communes du Bénin*, Mémoire de fin de formation, Cotonou, École nationale d'Administration et de Magistrature, Cycle II, 2010, p. 29.

87 F. S-K. NPOCHA, *Contribution à l'amélioration de la gestion budgétaire des communes du Bénin*, Mémoire précité, p. 17.

88 C. K. NOUGBODOHOUÉ, mémoire précité, pages annexes.

89 C. K. NOUGBODOHOUÉ, mémoire précité, pages annexes.

90 L. PHILIP, *Finances publiques*, 3e édit. Paris, Cujas, 1983, 179.

budgétaires n'est pas acquise, et donc l'équilibre réel n'est pas réalisé dès lors que les évaluations de recettes sont trop élevées par rapport aux résultats de l'exécution budgétaire de l'année précédente "*eu égard à la diminution de la population (...) le produit de ces recettes évoluant en fonction du nombre d'habitants*"[91]. Autrement, ni la vraisemblance des chiffres des budgets primitifs, ni la prudence des prévisions, ni la sincérité des acteurs locaux ne peuvent être actées. Or, présenter sur plusieurs années consécutives ou même prendre l'habitude de présenter chaque année des budgets primitifs faits de chiffres fantaisistes, c'est manifester de façon évidente de la légèreté et de l'irréalisme. À défaut de présenter le triple caractère de vraisemblance, de prudence et de sincérité, les budgets des collectivités territoriales ne peuvent épouser la rationalité de l'équilibre réel, tel que prévu par le droit positif des États ouest-africains francophones, sauf à réaliser la novation du principe de l'équilibre réel pour mieux l'adapter à son contexte institutionnel et organisationnel.

II. L'ÉQUILIBRE RÉEL : LA QUÊTE DE NOVATION D'UN PRINCIPE

En droit des obligations, la novation est la substitution d'une obligation à une autre, dans le cadre de rapports de nature contractuelle. Les collectivités territoriales ne sont pas dans une situation contractuelle mais observent un statut objectif découlant d'une disposition légale. Cependant, *mutatis mutandis*, la notion de novation peut être retenue si l'on s'accorde pour mettre en valeur l'idée de mutation qualitative qui lui est sous-jacente. L'équilibre réel pourrait utilement subir une mutation sur son périmètre juridique (A) ainsi qu'une immersion dans l'environnement conceptuel de la gestion par la performance (B).

A. La redéfinition du périmètre de l'équilibre réel des budgets locaux

L'existence même des collectivités territoriales est la conséquence logique de la mise en œuvre du principe à valeur constitutionnelle de la "*libre administration*"[92] desdites collectivités. Le principe de libre administration, quant à lui, se distingue en ce qu'il est une liberté fondée

---

[91] Cour administrative de Bordeaux, 23 octobre 2007, *Commune de Pointe-à-Pitre*, req. 05BX01886.

[92] Art. 145, constitution du Burkina Faso ; art. 164, constitution du Niger ; art. 98, constitution du Mali ; art. 102, constitution du Sénégal ; art. 151, constitution du Bénin.

sur la constitution, "*une liberté fondamentale*"[93] selon la jurisprudence française, et à ce titre doit "*être protégée contre l'État, mais aussi contre certaines émanations des collectivités territoriales et contre les collectivités territoriales elles-mêmes*"[94]. Ce qui proscrit toute situation, toute démarche d'incompétence négative : les collectivités territoriales exercent les attributions qu'elles tiennent de la loi. Elles ne peuvent y renoncer. Certes, ainsi que l'écrit Loïc PHILIP, "*la décentralisation n'est pas l'indépendance*"[95], mais la recherche d'une cohérence nécessaire qui, par ses modalités, ouvre un champ à une synergie stratégique et opérationnelle entre l'État et les collectivités infra-étatiques. Le principe de libre administration des collectivités territoriales s'accommode ainsi de l'équilibre réel des budgets locaux.

L'appréciation de l'équilibre réel du budget local est faite *ex ante,* lors du vote du budget, ainsi qu'en dispose l'article 77 de la directive communautaire de l'UEMOA portant règlement financier des collectivités territoriales[96] et tel d'ailleurs que l'applique le juge administratif français.[97] On est alors tenté de rappeler qu'en matière budgétaire, l'important est dans l'exécution et que le budget initial n'est qu'une "*décision d'affichage*"[98]. Il reste que les soldes d'exécution sont rigoureusement pris en compte dans l'élaboration des budgets primitifs en vertu de la *"règle de continuité des exercices"*[99], règle qui vient

[93] « …Il est vrai que la liberté d'administration des collectivités territoriales doit être regardée (…) comme une liberté fondamentale » (T. Confl. 19 novembre 2007, c/Préfet du Val-de-Marne, Cour d'appel de Paris, Maire de LIMEIL-BRÉVANNES c/Préfet du Val-de-Marne, *Actualités Juridiques Droit Administratif*, 2007, p. 2231, Obs. Marie MEYRONNEINC).

[94] L. FAVOREU, L. PHILIP, *Les grandes décisions du Conseil constitutionnel*, Paris, Dalloz, 2003, p.529. Voir aussi Décision n° 2001-454 DC du 17 janvier 2002, *Loi relative à la Corse*, Rec. p. 70 (« …qu'en particulier aucune ne méconnaît les compétences propres des communes et des départements ou n'établit de tutelle d'une collectivité territoriale sur une autre ») et J.-Cl. DOUENCE, « Le Conseil constitutionnel et la prohibition de la tutelle d'une collectivité territoriale sur une autre », *in Mélanges Louis Favoreu,* Paris, Dalloz, 2007, p. 1209.

[95] L. PHILIP, « Les garanties constitutionnelles du pouvoir financier local », *in Revue Française de Droit Administratif, Collectivités Locales,* mai-juin 1992, p. 458.

[96] « Le budget de la collectivité territoriale doit être voté en équilibre », article 77, directive communautaire de l'UEMOA portant règlement financier des collectivités territoriales.

[97] C.E. Section, 27 mai 1994, *Braun Ortéga*, req. 112026, Leb. p. 265.

[98] Ph. SCHERRER, « Budget voté, budget exécuté », *Revue Française de Finances publiques*, 74/2000, p.25.

[99] L. SAÏDJ, *Finances publiques*, *op. cit.*, p. 386.

atténuer le principe de l'annualité budgétaire local. De ce point de vue, l'équilibre d'exécution fait *de jure* partie de l'appréciation de l'effectivité de la règle de l'équilibre réel.

Par contre, la différentiation des dépenses de fonctionnements et des dépenses d'investissement pose un problème de classement de certaines catégories de dépenses, et donc de leur éligibilité au financement par l'emprunt. Selon les termes des textes nationaux, les collectivités territoriales ont compétence pour "*créer ou acquérir des établissements dans les domaines de l'enseignement, de la santé, de l'environnement ou dans tout autre domaine socio-économique ou culturel*"[100]. L'instruction maternelle, primaire, secondaire et parfois technique ressortit à la compétence des collectivités territoriales. Dans une logique de gestion budgétaire par programme, notamment en ce qui concerne le budget de l'État, la différence est faite entre la rubrique dépenses de personnel-masse salariale et la rubrique fonctionnement. La fongibilité asymétrique profite ainsi aux crédits de fonctionnement, au même titre que les crédits d'investissement ou d'intervention, lesquels peuvent recevoir des virements provenant de la rubrique consacrée aux rémunérations de personnel.[101] Si on transpose cette logique au niveau local, les dépenses de fonctionnement pourraient se financer par le recours à l'emprunt, notamment en ce qui concerne les dépenses d'intervention (soutien par exemple à l'enseignement privé, dans une dynamique de partenariat public-privé) ou fonctionnement courant en matière d'instruction publique.

Tel n'est, cependant, pas le cas en matière de gestion budgétaire locale en Afrique de l'Ouest francophone, lorsqu'on considère la nomenclature budgétaire des collectivités territoriales annexée à la directive n°01/2011/CM/UEMOA, portant régime financier des collectivités territoriales. Le chapitre 60 *Achat de biens* (Matières, matériel et fournitures, Eau, électricité, gaz, Matériel et fournitures, etc.) se distingue du chapitre 61 *Acquisitions de services* (Loyers, charges locatives et de copropriété, Frais de télécommunications, Entretien, réparation et maintenance, Assurances, etc.) et du chapitre 62 *Autres services* (Frais de formation du personnel, Études, recherches et documentation, etc.) mais aussi du chapitre 64 *Transferts (*Transferts

[100] Article 9, point 4, Loi n° 055-2004/AN portant Code Général des Collectivités Territoriales au Burkina Faso.

[101] Voir en ce sens S. MANTEL, « Les dépenses de personnel » *Revue Française de Finances publiques* n°91/2005, p. 41.

aux établissements publics locaux ou nationaux, Transferts aux administrations publiques, Transferts aux organisations nationales et internationales, Pensions de retraite du personnel de la collectivité territoriale, etc.) et du chapitre 66 *Charges de personnel* (Traitements et salaires en espèces, Primes et indemnités, Cotisations sociales, avantages en nature au personnel, Prestations sociales, etc.). Ces cinq chapitres sont regroupés dans le budget local dans la section n°1, consacrée aux ressources et aux charges de fonctionnement. Ainsi, la recherche, la documentation, les études, la formation du personnel, les moyens de travail des écoles et collèges (électricité, eau, loyer, réparation, maintenance, le matériel et fourniture spécifiques, etc.), la formation, les salaires et les charges salariales sont à financer sur les ressources ordinaires des collectivités territoriales locales.

Or, il apparaît évident, aujourd'hui, que la formation et la recherche sont autant des investissements que la construction d'infrastructures. Elles constituent, à côté du capital physique des collectivités locales des contributions à la formation du capital humain. Que ce capital humain soit un facteur important de croissance, les économistes l'affirment et le démontrent. Selon l'Organisation de Coopération et de Développement Economiques (OCDE) le capital humain est "*un bien immatériel qui peut faire progresser ou soutenir la productivité, l'innovation et l'employabilité*"[102]. Il est, selon la thèse économique dominante, la *résultante "d'un investissement en éducation et en formation permanente*"[103]. Il inclut non seulement les formations qualifiantes en cours d'emploi, mais aussi les formations initiales de base visant à élever le niveau d'instruction des populations. "*Nul n'est méchant volontairement*", disait Socrate, qui exprimait une vision humaniste de la perfectibilité de l'être humain.[104]

---

[102] Organisation de Coopération et de Développement Économiques (OCDE), L'investissement dans le capital humain, Paris, OCDE, 1998 ; voir aussi Organisation de Coopération et de Développement Economiques (OCDE), *Du bien-être des nations, le rôle du capital humain*, Paris, OCDE, 2001.

[103] P.A. SAMUELSON et W. D. NORDHAUS, *Economie*, Paris, Economica, 2000.

[104] Idée de perfectibilité par l'acquisition du savoir reprise par Adam SMITH : « Un homme qui passe toute sa vie à remplir un petit nombre d'opérations simples, dont les effets sont aussi peut-être toujours les mêmes ou très approchant les mêmes, n'a pas lieu de développer son intelligence ni d'exercer son imagination à chercher des expédients pour écarter des difficultés qui ne se rencontrent jamais; il perd donc naturellement l'habitude de déployer ou d'exercer ces facultés et devient, en général, aussi stupide et aussi ignorant qu'il soit possible à une créature humaine de le devenir; l'engourdissement de ses facultés morales le rend non seulement incapable de goûter aucune conversation raisonnable ni d'y prendre part, mais même d'éprouver aucune

L'acquisition de compétence, de savoir et de savoir-faire a pour effet, selon Joseph STIGLITZ, Prix Nobel d'économie, de "*rendre les salariés plus productifs*"[105]. L'erreur serait de considérer la formation comme une charge nette, une dépense de transfert au sens financier et budgétaire du terme, et inscrire définitivement son coût dans la catégorie des dépenses de fonctionnement. L'éducation forme le capital humain et ce capital doit logiquement offrir un rendement, au même titre que les investissements en capital physique.

Et cette erreur est constante depuis des lustres. "*On traite des dépenses dont l'objectif est d'augmenter le capital de la Nation comme des dépenses de consommation*", déplore un rapport du parlement français[106]. Pour l'Organisation de Coopération et de Développement Économiques (OCDE) lorsque "*le temps moyen que chaque personne consacre à l'éducation augmente d'un an, le produit économique du pays par habitant devrait augmenter sur le long terme, dans une fourchette comprise entre 4 à 6 %*"[107]. Le monde et la mondialisation ont mis en valeur une nouvelle société contemporaine, la "*société cognitive*"[108] qui fait de l'éducation, de la formation et de la recherche des "*dépenses d'avenir*", indispensables au développement des nations modernes et qui méritent à ce titre d'être "*considérées comme des investissements à part entière*"[109].

Sur un autre plan, la directive communautaire de l'UEMOA portant règlement financier des collectivités territoriales prévoit, en son article 139, le principe d'une comptabilité générale en droits constatés.

---

affection noble, généreuse ou tendre et, par conséquent, de former aucun jugement un peu juste sur la plupart des devoirs mêmes les plus ordinaires de la vie privée ». A. SMITH, *De la Richesse des nations,* Livre 5, chap. I, section 3, art. 2.

105 J. STIGLITZ, et ALII, *Principe d'économie moderne*, Broché, 2007, p. 190.

106 B. ANGELS, *Retour sur l'économie des dépenses publiques : Rapport d'information fait au nom de la délégation du Sénat pour la planification Sénat*, Rapport n° 441 (2007-2008) - 2 juillet 2008, p. 509.

107 Organisation de Coopération et de Développement Économiques (OCDE), *Le capital humain. Comment le savoir détermine la vie. Les essentiels de l'OCDE*, Paris, OCDE, 2007, p. 36.

108 M. BOUVIER, « L'État intelligent et la nouvelle gouvernance financière publique » *in Revue Française de Finances publiques*, n°102/2008.

109 M. BOUVIER, « L'introduction de la 'règle d'or' budgétaire dans la constitution » *in Constitution, Revue de droit constitutionnel appliqué*, n°1/2001, p. 29.

Deux comptabilités sont tenues au niveau local[110] : d'abord la comptabilité budgétaire qui reprend les techniques d'une comptabilité de caisse (cash basis). Elle retrace l'exécution des dépenses budgétaires, au moment où elles sont payées et l'exécution des recettes, au moment où elles sont encaissées. La mise en parallèle des opérations de recettes et des opérations de dépenses base caisse, permet d'avoir rapidement et en temps réel la situation de trésorerie de la collectivité territoriale. L'équilibre réel étant un équilibre comptable, il sera apprécié à ce niveau.

Ensuite vient la comptabilité générale tenue en constatation des droits et des obligations (*accruals basis*). Elle enregistre les recettes et les dépenses à la date de leur fait générateur, c'est-à-dire de l'évènement qui conduit à la naissance de la dette ou de la créance. Cette comptabilité d'exercice est également valable pour l'État[111] mais ne se substitue pas à la comptabilité budgétaire[112] qui reste centrée sur les flux de caisse. Le choix fait au niveau communautaire laisse en suspens des questions clés que devra résoudre les États responsables de l'implémentation de la directive par transposition normative des dispositions communautaires : les questions relatives aux dissemblances entre les actifs des personnes publiques et ceux du secteur privé, celles concernant la méthode d'évaluation des actifs (coût historique ou coût actuel), celles enfin de la fixation des normes comptables applicables.[113]

La comptabilité en droits constatés offre l'occasion d'avoir des vues de synthèse. Ainsi, le fait d'affecter les charges de retraite des fonctionnaires locaux à la période durant laquelle ils sont en activité permet de saisir la globalité des charges qu'implique une décision de recrutement d'agents locaux. De la même manière, lorsque des prêts sont consentis à la collectivité territoriale, l'exécutif local est plus sensibilisé sur les risques de non-paiement, dans la mesure où les

---

[110] Les collectivités territoriales, contrairement à 'État, ne tiennent pas une comptabilité d'analyse des coûts (article 136, directive n° 01/2011/CM/UEMOA portant régime financier des collectivités territoriales au sein de l'UEMOA).

[111] Article 76, Directive n°07/2009/CM/UEMOA portant règlement général sur la comptabilité publique au sein de l'UEMOA.

[112] J. R. BLÖNDAL, « Questions soulevées par la budgétisation sur la base des droits constatés », *in Revue de l'OCDE sur la gestion budgétaire*, vol.4, n°1, 2004, p. 121. L'auteur y dresse, entre autres choses, la liste des pays ayant opté pour une approche globale des droits constatés (comptabilité générale et comptabilité budgétaire) et ceux qui séparent les régimes de la comptabilité budgétaire et de la comptabilité générale.

[113] J. R. BLÖNDAL, « Comptabilité et budgétisation sur la base des droits constatés : questions clés et développement récents », *in Revue de l'OCDE sur la gestion budgétaire*, vol.3, n°1, 2003, p. 47.

charges comptables retracent aussi bien les annuités payées que les provisions pour un paiement différé, intérêt et principal. Au total, la comptabilité sur la base des droits constatés évite d'avoir "*une vue faussée des dépenses réelles de l'administration*" [114]; elle facilite "*aux pouvoirs publics, mieux informés de prendre de meilleures décisions*"[115].

La juxtaposition de la comptabilité budgétaire fondée sur les flux de trésorerie et la comptabilité générale tenue en droits constatés présente un atout certain pour les collectivités territoriales, notamment en relation avec l'appréciation de l'équilibre réel des budgets locaux. La comptabilité budgétaire situe sur la situation instantanée des finances locales. L'équilibre qui s'évalue à ce niveau est un équilibre statique. Il correspond à un état donné à un moment donné. La comptabilité générale donne, quant à elle, une situation dynamique, une projection des comptes actuels dans le futur par intégration de charges futures et prise en compte anticipées de ressources. La combinaison des deux outils d'aide à la décision est salutaire, notamment du point de vue du contrôle exercé par le préfet sur le respect de l'équilibre budgétaire par les élus locaux. En effet, les sanctions pour non-respect de l'équilibre réel peuvent être tantôt la non-éligibilité au marché financier pour des prêts, tantôt le refus de l'État de verser des avances de trésorerie à la collectivité territoriale concernée. Or, la sanction prononcée par la tutelle se fonde exclusivement sur les données brutes de la comptabilité budgétaire. Ainsi que l'écrit Michel BOUVIER, l'équilibre répond à une problématique intégrative, "*celle de l'ordre et du mouvement*"[116]. La mise en parallèle des chiffres bruts de la comptabilité budgétaire et des données fournies par la comptabilité générale autoriserait des avis et des prises de position plus nuancés, parce que mise en perspective. L'instant *t* peut présenter un tableau lugubre au regard de l'équilibre réel mais les perspectives peuvent être autrement plus reluisantes, à court ou à moyen terme. La sanction préfectorale doit pouvoir prendre en compte, soit en atténuation, soit en aggravation, la lecture des comptes locaux en pondérant les tableaux de la comptabilité budgétaire avec ceux de la comptabilité générale.

---

[114] J. R. BLÖNDAL, « Comptabilité et budgétisation sur la base des droits constatés : questions clés et développement récents », article précit., p. 49.

[115] *Ibidem,* p. 49.

[116] M. BOUVIER, « Les représentations théoriques den l'équilibre budgétaire : essai sur la vanité d'un principe » *in* L. TALLINEAU (dir.), *L'équilibre budgétaire*, Paris, Economica, 1994, p. 31.

Au total, la relecture du périmètre de l'équilibre réel des budgets locaux introduit une autre approche d'appréhension de l'équilibre réel. Elle préfigure, en tout état de cause, une autre relecture, celle qui se fait à l'aune des concepts fondamentaux de la gestion par la performance.

B. La congruence avec les concepts de base de la gestion par la performance

La directive communautaire portant régime financier des collectivités territoriales au sein de l'UEMOA ne reprend pas les grands outils ni les grands concepts de la gestion par la performance inaugurée par les directives de 2009, portant cadre harmonisé des finances publiques dans les pays membres de l'UEMOA.[117] Les pouvoirs locaux semblent bien partiellement en marge de cette marche forcenée vers la refondation de la gestion publique par alignement, pour l'essentiel, sur les paradigmes du *corporate governance,* le management d'entreprise. Les concepteurs de la loi organique relative aux lois de finances de 2001 en France admettent volontiers cette option différenciée de traitement des collectivités territoriales locales à l'ère de la gestion performantielle.[118]

Il est cependant maladroit de ne pas évoquer la question du management public dans une perspective holiste. Le nouveau contenu de notions classiques du doit budgétaire comme le principe de l'unité budgétaire et le déficit public s'apprécient dans une approche globalisante qui intègre les comptes de l'État, ceux de la sécurité sociale et des administrations décentralisées.[119] L'administration d'État et les administrations locales ne sont pas séparées par une cloison étanche.

---

[117] Directive n°01/2009/CM/UEMOA du 27 mars 2009 portant Code de transparence dans la gestion des finances publiques au sein de l'UEMOA ; Directive n°06/CM/UEMOA du 26 juin 2009 relative aux lois de finances ; Directive n°07/CM/UEMOA du 26 juin 2009 portant règlement général sur la comptabilité publique ; Directive n°08/CM/UEMOA du 26 juin 2009 portant Nomenclature budgétaire de l'État ; Directive n°09/CM/UEMOA du 26 juin 2009 portant Plan Comptable de l'État (PCE) au sein de l'UEMOA ; Directive n°10/CM/UEMOA du 26 juin 2009 portant Tableau des Opérations Financières de l'État (TOFE) au sein de l'UEMOA ; A. DIOUKHANÉ, La directive du 26 juin 2009 portant loi de finances au sein de l'UEMOA, *in Gestion & Finances publiques*, n°3/2012, p. 149.

[118] Pour les collectivités territoriales locales, Didier Migaud et Alain Lambert préconisent le "volontariat" et "la liberté de mise en œuvre" (Cités par F. ROBERT, *Les finances locales*, Paris, La Documentation française, 2009, p. 41).

[119] W. GILLES, *Les transformations du principe de l'unité budgétaire dans le système financier public contemporain*, Paris, Dalloz, 2007. L'auteur conclut sur « le renforcement du principe de l'unité budgétaire au service d'une vision globale du système financier public » (p. 415).

Les compétences sont souvent concurrentes et les chevauchements d'activités courantes sinon usuelles. En matière d'instruction publique ou dans le secteur de la santé, les infrastructures sont réputées être réalisées sous l'autorité et le financement piloté par les collectivités territoriales locales. Les personnels, par contre, enseignants et agents de santé sont des fonctionnaires émargeant au budget national. L'évidence s'établit ainsi qu'il n'y a pas de "*chacun chez soi*"[120] mais bien "*une imbrication de compétences*"[121] entre le niveau local et le niveau décentralisé. Il est donc contreproductif de maintenir la gestion publique locale dans un schéma wébérien alors que l'État serait en train de s'exercer à un management post-bureaucratique, post-wébérien.

En matière de modernisation de la gestion publique, le maître mot est celui de la "*responsabilisation des gestionnaires*"[122], ce qui a une double implication pour ceux-ci : "*disposer de marges de manœuvre suffisantes*"[123] d'une part et d'autre part "*tirer les conséquences des succès ou des échecs obtenus*"[124]. Ceci explique le desserrement des contrôles *a priori* et l'accent à mettre sur l'autonomie de décision et d'initiative à travers des mécanismes financiers nouveaux que sont : la fongibilité des crédits, la spécialisation des crédits par programme, la mutation du rôle du contrôle financier, etc.[125] L'idée générale est de pondérer la régulation juridique par une régulation centrée sur les résultats, de passer d'une division et d'une parcellisation des tâches à l'autonomie opérationnelle et de préférer le budget axé sur les objectifs au budget fondé sur les moyens.

Le principe de libre administration des collectivités locales se manifeste par la définition de nouveaux cadres juridiques de l'administration

---

[120] S. TROSA, "La loi organique relative aux lois de finances (LOLF) : contrôle ou liberté », *in Revue Française de Finances publiques,* n°117/2006, p. 64.
[121] *Ibidem*, p. 64.
[122] H. GISSEROT, « Discours d'ouverture au colloque Finances publiques et responsabilité : l'autre réforme », *in Revue Française de Finances publiques,* n° 92/2005, p. 14.
[123] *Ibidem*, p. 14.
[124] *Ibidem*, p. 14.
[125] Le Décret n°2005-789 du 29 décembre 2005, portant approbation du Cadre de Réforme de la Gestion budgétaire Axée sur les Résultats (Car-GBAR) au Bénin, énonce que l'accent sera mis « sur un contrôle a *posteriori* mieux organisé et renforcé qui permettrait, à terme, de limiter les contrôles *a priori* au profit des contrôles *a posteriori* »[125] ; A. DIOUKHANÉ, « La directive du 26 juin 2009 portant loi de finances au sein de l'UEMOA », *in Gestion & Finances publiques*, n°3/2012, p. 149.

territoriale au Sénégal[126], au Mali[127], au Niger[128], au Burkina Faso[129] et au Bénin[130]. L'exigence fondamentale de la décentralisation administrative est d'aérer le pouvoir, de réaliser les conditions techniques d'une gouvernance administrative plus performante au moyen de l'aménagement de mécanismes de légitimité et de responsabilité locales. À côté d'États unitaires à "*autonomie statutaire*"[131] régionale comme en Italie et en Espagne, ou du système français d'autonomie administrative locale fondée sur la juridictionnalisation des contrôles de tutelle,[132] l'Afrique de l'Ouest francophone s'efforce d'aménager, par paliers, une nouvelle administration territoriale fondée sur le principe constitutionnel de libre administration des collectivités territoriales. Il s'agit, selon le jurislateur sénégalais, d'engager une "*décentralisation progressive et prudente*"[133], qui suit une démarche très impressionniste. Prudence et progressivité, tels sont les fils conducteurs de la marche des États vers la démocratie locale. Fils conducteurs qui expliquent l'aménagement

---

[126] Loi n°96-06 du 22 mars 1996 portant Code des collectivités locales.

[127] Loi n° 93-008 modifiée par la loi n° 96-056 du 16 octobre 1996 déterminant les conditions de la libre administration des collectivités territoriales.

[128] Loi n° 2002-012 du 11 juin 2002 déterminant les principes fondamentaux de la libre administration des régions, des départements et des communes ainsi que leurs compétences et leurs ressources ; loi n° 2002-017 du 11 juin 2002 déterminant le régime financier des régions, des départements et des communes.

[129] Code Général des Collectivités Territoriales du Burkina Faso, loi n° 55-2004/AN, adoptée le 21 décembre 2004 par l'Assemblée nationale et promulguée le 14 avril 2005, modifiée par la loi n° 040-2005/AN du 29 novembre 2005.

[130] Loi n° 97-028 du 15 janvier 1999 portant organisation de l'administration territoriale au Bénin ; loi n°97-029 du 15 janvier 1999 portant organisation des communes en République du Bénin ; loi n° 98-007 du 15 janvier 1999 portant régime financier des communes en République du Bénin.

[131] F. MERLONI, « Du centralisme de l'État à la République des autonomies territoriales », *in* A. DELCAMP et J. LOUGHLIN (dir.), *La décentralisation dans les États de l'Union européenne,* Paris, La Documentation Française, 2002, p. 213.

[132] J. BOURDON, J.-M. PORTIER, J.-C. RICCI, *Droit des collectivités territoriales*, Paris, PUF, 1998 ; B. FLAMAND-LEVY, « Nouvelle décentralisation et forme unitaire de l'État », *in Revue Française de Droit Administratif,* janvier-février 2004, p. 59 ; J.-B. AUBY, J.-F. AUBY, *Droit des collectivités locales*, Paris, P.U.F., 1990 ; J. MONTAIN-DOMENACH, *Le droit des collectivités locales*, Paris, Presses Universitaires de Grenoble, 1993.

[133] Exposé des motifs, loi n° 96-06 du 22 mars 1996 portant Code des collectivités locales (Sénégal) ; voir aussi l'exposé des motifs, loi n°96-07 du 22 mars 1996 portant transfert de compétence aux régions, aux communes et aux communautés rurales (Sénégal).

institutionnel et les mécanismes de fonctionnement des administrations locales décentralisées, notamment en matière budgétaire.

Ainsi que le montre les développements précédents, les élus locaux et les administrations locales décentralisées sont pris en étau entre l'absence d'emprise sur les données économiques, financières, techniques et sociales servant de cadrage pour l'élaboration des budgets locaux, puis la validation indispensable des budgets votés par le représentant de l'État qui exerce la tutelle sur la collectivité territoriale locale, enfin, l'exécution du budget qui est largement dépendant de la diligence des comptables publics et agents des services fiscaux, lesquels relèvent, tous, de la hiérarchie du ministre en charge des Finances. En termes d'autonomie de gestion, on n'est pas loin du degré zéro de la responsabilisation. Le propos est donc de faire lâcher du lest à l'État sur le poids de sa tutelle sur les collectivités territoriales en Afrique de l'Ouest francophone, notamment en matière financière.

Les déficits des comptes publics qui ont été notés dénotent de l'insuffisance de ressources pour couvrir l'intégralité des charges. Comment arriver à atteindre l'adéquation ressources égalent charges, réaliser le solde zéro après "*deux additions, une soustraction*"[134] ? Une des pistes serait de bonifier le pouvoir fiscal des collectivités territoriales en matière de recouvrement des impositions de toutes natures. Le Conseil constitutionnel français a dénié aux communes, départements et régions une quelconque autonomie fiscale[135] mais atteste de la valeur constitutionnelle de l'autonomie financière, corollaire du principe de libre administration.[136] Le recouvrement n'est pas un pouvoir de création de l'impôt mais de collecte des sommes dont l'assiette et les taux ont été fixés par le législateur. Mais le recouvrement touche également aux libertés du citoyen. Ce qui explique la rédaction des textes constitutionnels qui font des "*modalités de recouvrement*" des impôts et taxes une matière qui ressortit à la compétence de la loi. Au-delà des règles de compétence et de procédures arrêtées par les textes

---

[134] W. GILLES, « La présentation consolidée des finances publiques : quels enjeux ? » *in* M. BOUVIER (dir.) *Réforme des finances publiques, démocratie et bonne gouvernance*, Paris, L.G.D.J., 2004, p. 68.

[135] « Qu'il ne résulte ni de l'article 72-2 de la constitution, ni d'aucune autre disposition constitutionnelle que les collectivités territoriales bénéficient d'une autonomie fiscale ». Décision n°2009-599 DC du 29 décembre 2009.

[136] Décision n° 2004-500 DC du 29 juillet 2004, *Loi organique relative à l'autonomie financière des collectivités territoriales,* Journal officiel (français) du 30 juillet 2004, p. 13562.

législatifs, il y a de la place pour un appui technique sur lequel les collectivités locales pourraient être responsabilisées pour tonifier le rendement de la fiscalité locale.

Les statistiques le prouvent, les recettes fiscales des collectivités territoriales ouest-africaines sont essentiellement constituées d'impôts directs : impôt sur le foncier bâti, impôt sur le foncier non bâti, taxe immobilière sur les loyers et diverses taxes sur les activités et équipements locales. L'impôt direct a la particularité d'être une vivisection, une amputation consciente du patrimoine du contribuable, à l'opposé de l'impôt indirect qui est réputé indolore, parce qu'il procède d'une "*anesthésie fiscale*"[137]. La conséquence est que les citoyens manifestent plus aisément leur incivisme fiscal, lorsqu'il s'agit de payer les impôts directs, surtout dans un contexte de défiance politique et de crise de légitimité de l'impôt. Une étude sur trois pays (Bénin, Burkina Faso, Mali) a révélé le "*manque de volonté des populations de payer*" l'impôt et préconisé que la population soit "*bien informée sur la prise de décision sur les priorités, les revenus, les dépenses et la gestion du budget de la commune*", en un mot, la transparence et l'efficacité de la gestion financière publique locale.[138] L'instant de paiement n'est jamais un moment de gaîté particulière ; il l'est encore moins, beaucoup moins lorsque les citoyens se demandent, à tort ou à raison, ce à quoi servent leurs impôts, leurs contributions aux besoins collectifs d'intérêt général. Dans un tel contexte, un surcroit de "*d'autorité*"[139], c'est-à-dire de contrainte est utile pour optimiser les rentrées fiscales par le pouvoir d'accompagnement que les administrations locales décentralisées pourraient se voir reconnaître en matière de procédures de recouvrement des impôts et taxes. Ainsi que l'écrit Sylvie TROSA, "*qui n'a aucun pouvoir ne s'engagera jamais sur des résultats*"[140]. Il sera souvent malaisé de demander aux collectivités territoriales des résultats sur l'équilibre réel de leurs budgets si le droit positif les plonge dans une grande irresponsabilité fiscale et budgétaire. La sincérité des budgets locaux est un principe de droit budgétaire

[137] L. TROTABAS, *Droit fiscal*, Paris, 8e édit. Dalloz, 1997, p. 69.

[138] Th. HILHORST et G. BALTISSEN (dir.) *Financer la décentralisation rurale: taxes et impôts à l'échelle locale au Bénin, Burkina Faso et Mali,* Amsterdam, Institut Royal des Tropiques, 2004, pp. 10-12.

[139] Selon la définition de l'impôt par Gaston JÈZE et Georges VEDEL : l'impôt est un prélèvement fait par « voie d'autorité » (O. NÉGRIN, « Une légende fiscale : la définition de l'impôt de Gaston Jèze », *in Revue de droit public,* 2008, n° 1, pp. 119-131).

[140] S. TROSA, *Vers un management post bureaucratique : la réforme de l'État, une réforme de la société*, Paris, L'Harmattan, 2006, p. 267.

des collectivités territoriales. Cette sincérité est une exigence de vraisemblance mais aussi de bonne foi. Si en droit processuel la bonne foi se présume, elle se présumerait alors de façon absolue lorsqu'on fera remarquer que les acteurs locaux de la décentralisation n'ont pas une prise suffisante sur les données et les agrégats qui servent de toile de fond à la confection du budget, puis aux modalités juridiques et pratiques de sa mise en œuvre.

Certes, il n'est pas sans intérêt de faire remarquer que les États eux-mêmes baignent dans des déficits budgétaires chroniques.[141] Mais l'objectif d'équilibre des lois de finances est un objectif économique, peu contraignant, et qui, en définitive, laisse l'État créer ses besoins de financement dans une perspective très keynésienne. On est, en comparaison avec les déficits des budgets des collectivités locales, dans une situation de différence de nature qui rend inopérant les mises en parallèle entre budgets locaux et lois de finances. La rigidité de l'équilibre réel autorise qu'on en attende de meilleurs effets en termes de respect de l'égalité arithmétique entre les ressources et les charges.

Une ultime objection pourrait venir de la dynamique de "*fédéralisation du droit financier*"[142] en œuvre depuis les années 1990. La monnaie commune, la politique de stabilité et de croissance, les indicateurs de convergence sont autant de manifestations de la délégation de souveraineté dont bénéficient les instances communautaires de l'Union économique et monétaire ouest-africaine. De façon symptomatique, l'article 3 de la Directive n°06/2009/CM/UEMOA portant lois de finances au sein de l'UEMOA définit les lois de finances en y incluant les traditionnelles notions de nature, d'affectation des ressources et des charges compte tenu de l'équilibre budgétaire et financier qui en résulte, mais aussi en en tenant compte de "*la situation et des objectifs macro-économiques des États membres et des obligations du Pacte de convergence, de stabilité, de croissance et de solidarité*". Cette contrainte communautaire fait l'objet d'un contrôle de la part de la Commission de l'UEMOA, laquelle fait le point des performances individuelles des États membres au travers de la publication des rapports semestriels de la surveillance multilatérale. L'autonomie du pouvoir financier des États est elle-même à l'épreuve et subit des amputations notables en vue

---

[141] G. DEFRÉNOT, E. HOUESSOU et E. NONFODJI, *Politique budgétaire et dette dans les pays de l'UEMOA*, Paris, Economica, 2007, p. 5.

[142] J.-P DUPRAT, « La formation et l'évolution du droit financier en Afrique francophone subsaharienne » *in* D. DARBON et J. du BOIS de GAUDUSSON, *La création du droit en Afrique*, Paris, Karthala, 1987 p. 471.

de réaliser les conditions d'un espace économique porteur et soutenir la monnaie commune. Il se manifeste ainsi une sorte d'"*aspiration vers le haut du pouvoir financier*"[143], un dessaisissement important des États de leurs souverainetés, de leurs autonomies de choix en matière budgétaire, financière et économique. Sans préjuger de la pertinence, de l'efficacité et de la durabilité de ces choix de politiques économique et financière, deux points paraissent évidents : *d'abord*, l'équilibre budgétaire est une valeur de saine gestion économique et financière. Elle est partagée par les institutions communautaires d'intégration régionale, les États et les collectivités territoriales. La surdétermination juridique qu'exerce le droit communautaire ne vient que renforcer les dispositions à la fois constitutionnelles et législatives des États. Le droit communautaire ne crée pas un droit nouveau, une orientation nouvelle des droits nationaux en matière d'équilibre des comptes publics, mais conforte le choix de droit positif déjà largement partagé sur l'exigence d'équilibre. *Ensuite*, en vertu du principe de subsidiarité, il revient aux États d'aménager les modalités juridiques et pratiques devant permettre d'atteindre les objectifs d'équilibre des lois de finances et d'équilibre réel des budgets des collectivités locales, tels que prescrits par les normes communautaires. La recherche de l'équilibre réel au niveau local peut ainsi bien s'accompagner d'une plus grande responsabilisation des acteurs locaux de la décentralisation financière et fiscale, dans un contexte global de montée en puissance de la normativité communautaire en matière financière, comptable et statistique, telle que l'expriment les directives de 2009 et 2011 traçant le nouveau cadre harmonisé des finances publiques dans les pays membres de l'UEMOA.

CONCLUSION

Pour Emile Durkheim, la règle juridique participe des faits sociaux, et au même titre que les autres faits sociaux, consiste en des manières d'agir, de penser et de sentir, "*extérieures à l'individu*"[144] et qui lui sont contraignants. L'objectivation du droit comme une donnée sert la cause de la sociologie, de la méthodologie du sociologue qui en fait une chose, objet d'étude scientifique.[145] D'un point de vue étiologique, par contre, le droit est aussi un construit, une œuvre de la volonté humaine,

---

[143] M. BOUVIER, « Recentralisation ou intégration verticale des systèmes financiers publics ? » *in Revue Française de Finances publiques*, n°111/2010, p. V.

[144] E. DURKHEIM, *Les règles de la méthode sociologique*, paris, Flammarion, 2009, 45.

[145] En matière de méthodologie, écrit Emile Durkheim, « la première règle et la plus fondamentale est de considérer les faits sociaux comme des choses » (E. DURKHEIM, *Les règles de la méthode sociologique, op. cit.* p.57).

l'extériorisation normative de la volonté des gouvernants, selon la théorie positiviste du droit. Il est "*un fait de l'homme*" comme le dit Georges VEDEL,[146] une création humaine qui peut être façonnée au gré des objectifs et de l'intention de ses producteurs. La norme juridique est la "*signification objective d'un acte de volonté*" comme l'écrit Hans KELSEN.

Le principe de l'équilibre réel des budgets des collectivités locales a été introduit en droit positif des États ouest-africains francophones pour servir les desseins de la décentralisation "*progressive et prudente*" et par ce fait, contenir les dérives éventuelles d'une gouvernance financière locale trop autonome. Les faits ne confortent que partiellement les intentions de départ et le mécanisme juridique et financier mis en place. Les déficits budgétaires au niveau local sont importants. L'excuse des comptes de l'État, tout aussi déficitaire, est inopérante, car l'État n'est pas soumis aux mêmes principes de droit budgétaire que les collectivités territoriales. Le régime spécial de l'équilibre aménagé pour les comptes publics locaux vise justement à ne pas arriver au niveau des déséquilibres de l'État. Au vu des résultats de l'exécution budgétaire, l'interrogation qui surgit est celle de la pertinence du dispositif juridique et financier mis en place. Faut-il maintenir l'équilibre réel du budget des collectivités territoriales ? La réponse donnée est évidemment positive. Elle s'accompagne cependant de quelques accompagnements à la fois juridiques et managériaux dont il convient d'entourer le droit mais aussi la gestion financière locale.

Pour autant, peut-on dire qu'un point final est mis au débat ? La singularité de toute problématique sociale est de ne point s'épuiser dans des déterminismes absolus. La question de l'endettement des collectivités territoriales a sûrement plusieurs dimensions. Elle est *per se* la résultante d'une conjonction de facteurs à la fois financier, juridique, économique, de psychologie sociale, etc. La réponse, du point de vue de la thérapie, ne peut se concevoir qu'en termes de faisceau d'approches, de mécanismes juridico-financiers et d'instruments fournis par d'autres disciplines scientifiques. Les développements ci-dessus ont visé le volet du droit des finances publiques. Ils ont apporté une contribution à un débat qui va rester récurrent, en dépit de l'envie, pour de longues périodes encore.

---

[146] *Revue Française de Finances publiques*, n°1/1983, « Où en est l'impôt ? ».

RÉFORME BUDGÉTAIRE ET PERFORMANCE DES SERVICES PUBLICS[1]

INTRODUCTION

D'abord limitée aux échanges commerciaux entre États dans le cadre des accords de l'Organisation Mondiale du Commerce, la globalisation s'étend à la fin du 20e siècle aux aspects production et financement de l'économie. L'effacement des frontières nationales donne une nouvelle dimension à la « *main invisible* » d'Adam SMITH. La concurrence entre les entreprises ne se déroule plus dans le strict champ clos territorial de l'État-nation ; elle se mondialise. La recherche de compétitivité pour les économies nationales devient un critère de présence sinon de survie sur la scène économique internationale, de sauvegarde de l'emploi, de préservation ou de redéploiement des tissus économiques nationaux.

La campagne présidentielle américaine de 1980 avec le candidat républicain Ronald REAGAN offrit l'occasion d'une valorisation de la courbe de Dupuit (le rendement de l'impôt diminue au fur et à mesure qu'augmente son taux). Les charges fiscales et plus généralement les prélèvements obligatoires sont présentés comme des facteurs décourageant l'investissement des entreprises et la consommation des ménages.

D'abord reçue comme une recette néo-libérale, la réduction des prélèvements obligatoires devient progressivement un thème consensuel de politique budgétaire. « *Dépenser mieux et prélever moins* », tel est dorénavant le credo des gouvernements des pays développés, au-delà des traditionnels clivages entre néo-libéraux et néokeynésiens. La baisse des ressources implique la réduction des dépenses et une plus grande discipline budgétaire. Ceci prend la forme de divers engagements de politique budgétaire : les États-Unis adoptent le Budget Enforcement Act, l'Australie fait voter le Charter of Budget Honesty Act, la Nouvelle-Zélande produit le Fiscal Responsability Act, tandis qu'en France est votée une nouvelle *« constitution financière »* : la loi organique relative aux lois de finances du 1er août 2001. À cet égard, dans l'Union européenne, l''avènement de l''union économique et monétaire a d'ailleurs entraîné des réformes dans plusieurs pays,

[1] Publié dans N. MEDE, « Réforme budgétaire et performance des services publics », *Études et Documents* n° 13/2007 du Centre Africain de Formation et de Recherche Administrative pour le Développement (CAFRAD).

notamment en Espagne, avec les lois du 13 décembre 2001 (Ley general de Estabilitad presupuestaria) et du 14 décembre 2001, complétées par la loi du 27 novembre 2003.

La marge de manœuvre des États est aussi prédéterminée par les engagements internationaux souscrits. Le pacte de stabilité de l'Union européenne prescrit des critères de convergence des agrégats macro-économiques et macro financiers dont le plafonnement à 3 % et 60 % du PIB respectivement des déficits publics et de la dette publique.

Mieux que la limitation des charges publiques, le thème de l'optimisation des dépenses de l'État devient le corollaire nécessaire de la réduction des ressources. Selon l'Organisation de Coopération et de Développement Economiques (OCDE), l'intégration du souci de performance dans la gestion publique permet de faire passer l'équilibre financier des administrations publiques des États membres de -5 % à -1, 4 % en 1998 et à 0,0 % en 2000 avant de connaître des fluctuations à nouveau négatives dans certains pays (France, Allemagne) à partir de 2001.

De ces expériences particulières, l'OCDE tire sept impératifs pour une maîtrise des dépenses publiques, au nombre desquels on peut citer la définition d'un cadre budgétaire à moyen terme, la transparence budgétaire, l'adoption de méthodes modernes et l'accent à mettre sur les résultats de l'action publique.

Dans les pays du tiers monde, la crise de la dette occasionnée par la « *faillite* » financière du Brésil en 1982 conduit les institutions de financement et d'appui au développement, principalement la Banque Mondiale et le Fonds Monétaire International, à adopter une stratégie commune pour faire face à la nouvelle donne financière des pays en développement. Le « *consensus de Washington* » se traduit par l'élaboration et la mise en œuvre de politiques dites d'« *ajustement structurel* » dans le but d'amorcer et de soutenir une croissance économique saine et durable : austérité budgétaire, suppression des interventions sociales, rétablissement de l'équilibre budgétaire par la réduction des dépenses publiques, cessions des entreprises publiques, etc. Les résultats escomptés de cette politique n'ont pas comblé les attentes ni des populations, ni des appareils politiques nationaux, ni des partenaires au développement. « *La grande désillusion* » (Joseph STIGLITZ, prix Nobel d'économie) à laquelle on assiste conduit à l'élaboration d'une nouvelle stratégie d'appui au développement.

Lorsqu'en 1997, la Banque Mondiale affirmait que « *sans un État efficace, il•n'y a pas de développement économique et social durable* », peu de gens percevaient l'impact prévisionnel d'une telle affirmation. Après plusieurs décennies d'indépendance, les États africains en étaient à s'accommoder d'appareil de gouvernance que la doctrine appelait « *Etat-mou* » (G. MYRDAL) ou la mal-administration (B. CHERIGNY) : surfonctionnarisation ; surcentralisation, surbudgétisation en dépenses de personnel, surinvestissement militaire, incompétence, clientélisme, etc. Le modèle wébérien de rationalité, de légalité et d'impersonnalité n'a pas pris corps en Afrique.

Le cri de la Banque Mondiale sonna comme un déclic. Les inputs financiers, les fameux accords de crédit ne viendront pas seuls à bout du mal africain. Il faut réformer l'État, il faut inventer un nouveau management public. Les finances publiques serviront de levier au nouveau paradigme des institutions de *Bretton Woods.* Ceci se traduit, notamment en Afrique, par l'élaboration de stratégies nationales de réduction de la pauvreté, lesquelles servent de référentiels programmatiques pour la coopération bilatérale et multilatérale au développement.

Parallèlement à ces mesures, la Banque Mondiale, expérimente une nouvelle approche de gestion budgétaire inspirée par les soucis de rationalité et de lisibilité à moyen terme. L'élaboration des cadres de dépenses à moyen terme (CDMT) et surtout des budgets de programme entrent dans cette logique. La rationalisation de la gestion budgétaire devient un corollaire utile et opportun de la gestion de la pénurie.

Les juridictions financières des États s'appliquent de leur côté à élaborer les outils méthodologiques de contrôle budgétaire qui prennent en compte l'élargissement du contenu du contrôle : le passage du traditionnel contrôle de régularité et de sincérité à la mesure de la performance des programmes budgétaires.

La régionalisation du droit financier conforte ces orientations nouvelles. Si la Communauté des États de l'Afrique Centrale (CEMAC) en est encore à la zone de libre-échange, l'Afrique occidentale (Union économique et monétaire de l'ouest-africain) est passée à l'union douanière puis au marché commun par la définition de politiques sectorielles communes et la mise en vigueur d'instruments de convergence budgétaire et financière : *ratio* masse salariale sur recettes fiscales, *ratio* investissements publics financés sur ressources internes rapportées aux recettes fiscales, *ratio* solde primaire de base sur recettes fiscales, variation des arriérés de paiement extérieur, variation des arriérés de paiement intérieur, taux d'inflation.

La région Afrique vit ainsi une période de changements importants dans les techniques budgétaires et économiques, Le Burkina Faso et le

Bénin expérimentent des approches budgétaires axées sur les résultats par l'élaboration de budget de programme. Les autres pays de l'UEMOA et de la CEMAC élaborent des cadres de dépenses à moyen terme au niveau des ministères, en guise de support financier aux Documents de stratégie de réduction de la pauvreté dans les États. Elle se trouve en phase avec les dynamiques observées au niveau mondial et qui concernent la recherche plus affirmée de la performance dans la gestion financière publique.

Même les États bénéficiant d'une rente pétrolière consistante se soucient aussi de performance. Le Gabon par exemple a adhéré en 2004 à « *d'initiative sur la transparence des industries extractives* » déjà signée et assumée par le Nigeria, le Ghana et le Congo. Le pays s'attelle à l'élaboration de sa Stratégie de réduction de la pauvreté, laquelle sera assortie, pour les ministères et les institutions publiques, de cadre de dépenses à moyen terme, instrument de programmation à moyen terme lié à la recherche de résultats. Sur le plan national, le Bénin signe dès 1999 l'accord dit PERAC (Public Expenditure Reform Adjustment Credit) et commence en 2000 l'expérimentation des budgets de programme. Le même exercice est également fait au Burkina Faso.

Parallèlement, d'autres outils de management public sont introduits. Il s'agit des cadres de dépenses à moyen terme (CDMT) et des Documents de Stratégie de Réduction de la Pauvreté (DSRP). L'ensemble du nouveau dispositif mérite d'être présenté (I) pour mieux saisir son impact sur la gouvernance publique d'une manière générale (II).

I. LE DISPOSITIF DE LA GESTION BUDGÉTAIRE AXÉE SUR LES RÉSULTATS

1°) L'impossible définition

Il n'existe pas de définition conceptuelle de la GBAR. Celle-ci est comme une girafe : facile à reconnaître mais difficile à définir. Le décret du 14 décembre 2005 ne s'attarde pas à faire l'exercice d'une définition. Il se contente de dresser les caractères inhérents à toute méthodologie de GBAR :

(i) la définition d'un cadre conceptuel clair constituant une stratégie générale de gestion ; (ii) une définition claire du rôle de chaque acteur ;

(iii) l'élaboration d'un plan d'action ;

(iv) la mise en place et le fonctionnement d'un dispositif de suivi évaluation et de contrôle,

(v) la mise en place d'un mécanisme permettant de donner suite aux conclusions des évaluations ;

(vi) une internalisation de l'ensemble du processus par ses acteurs.

Sur le plan international, la recherche d'une définition n'est pas plus fructueuse. *La government performance and result act* (USA) de 1993 se contente de présenter un cadre de gestion de la performance et les outils méthodologiques : plan stratégique, plan de performance et rapport de performance.

2°) Les outils de la GBAR

Comme énoncé plus haut, la GBAR a quelques outils communs aux pays africains qui l'ont adopté. D'abord les budgets de programme, ensuite les CDMT enfin les DSCRP. Les budgets de programme ne sont pas élaborés dans la plupart des pays africains. Les exemples sont peu nombreux et concernent des pays comme le Bénin, le Burkina Faso, le Mali.

L'insuffisance principale de la démarche budgétaire par programme est l'inadéquation du cadre juridique. Les pays de l'UEMOA par exemple en sont encore à la directive n° 05/97 relative aux lois de finances. Celle-ci reste dans la logique de l'ordonnance française de 1959 relative aux lois de finances et ne comporte aucune idée de GBAR, sauf par prétérition. Les budgets de programme manquent ainsi de fondement juridique et restent dans l'ensemble des pays ouest-africains francophones des exercices platoniques, non soumis au vote des parlementaires et donc sans valeur juridique obligatoire.

Quant aux CDMT, ils sont la traduction financière à court et à moyen terme des objectifs de croissance et de réduction de la pauvreté contenus dans les DSCRP. Les DSCRP énoncent des objectifs et les chemins pour attendre ces objectifs. Les CDMT traduisent ces objectifs et stratégies en moyens de réalisation.

Les budgets de programme font une synthèse des objectifs et des moyens de mise en œuvre assortis d'indicateurs de mesure et des mécanismes de suivi-évaluation.

D'une manière générale, l'intérêt de la technique est de rendre la dépense publique plus lisible en la liant à une politique publique déclinée en actions publiques. Ce qui permet la mesure de performance par l'appréciation des résultats et du rapport coût/ extrants. La démarche traduit l'idée du *« dépenser mieux »* qui devient le leitmotiv des réformes budgétaires aussi bien dans les pays industrialisés que dans les pays en développement. Cet enchaînement vision, objectif, stratégie, action ressource à un impact sur le style de gouvernance publique dans les pays.

II. L'INFLEXION DU STYLE DE GOUVERNANCE PUBLIQUE

La GBAR impulse une révolution managériale. Ce n'est pas un hasard si le ministère en charge du Budget en France a cumulé, depuis 2005, les fonctions de ministre délégué chargé du Budget et de la Réforme de l'État. La légitimité légale-rationnelle de Max WEBER subit un infléchissement ce qui a des conséquences sur des pans entiers du management public.

1°) L'assouplissement du principe de légalité

Ce fut une grande conquête citoyenne et républicaine du 16e siècle. Faire en sorte que la gestion publique, le gouvernement des hommes repose sur des normes objectives et préétablies, c'est le contraire de l'arbitraire de la volonté du prince érigée en loi. La monocratie comme disait Aristote est une consécration républicaine. Dans les pays africains qui ont hérité du droit français, l'ordre juridictionnel administratif se fait le garant (par ironie du sort) du respect des droits légaux des citoyens face à l'administration. Celle-ci étant par ailleurs encadrée dans son fonctionnement et son organisation par un tissu de règles du droit qui servent à la fois de fondement à l'action publique mais aussi de limites au pouvoir des gouvernants.

Le principe de légalité a même généré une « *mystique* » (J. CHEVALLIER), celle d'un État désincarné, de rationalité absolue où l'homme public est un pantin manipulé par les normes. Cette perception est évidemment une « *mystification* » (D. LOSCHAK) dans la mesure où la loi elle-même a besoin d'être interprétée pour recevoir application.

Dans tous les cas, le principe de légalité en matière budgétaire comme ailleurs impose une régularité de fond et de forme. Les motifs d'un acte ou d'une abstention, la procédure et les formes sont les temps forts d'une action publique régulière et légale. Le principe de légalité fonctionne comme un piéton à qui le chemin est imposé. Il a suivi la voie indiquée mais est arrivé très épuisé (plus de dépense calorifique) et après le spectacle ! Alors que l'initiative lui avait été laissée, il aurait pris par les raccourcis indiqués par les villageois, aurait économisé sa sueur et visionné tout le spectacle, objet de son déplacement ! Le principe de légalité présente certes l'intérêt d'une maniabilité plus aisée et d'un contrôle tout aussi aisé. Il est aussi source de ponce-pilatisme, d'excuse de l'échec et de refuge des médiocres. D'où la pertinence de l'option par le GAR et le nouveau fétichisme du résultat.

2°) Le management public rénové

Un acteur ancien a qualifié les finances « *instruments des instruments* ». La GBAR a certainement quelque chose de structurant. En effet, les instruments de la réforme budgétaire (budget de programme, CDMT, DSCRP) sont accompagnés dans leur mise en œuvre d'outils nouveaux. Il y a d'abord la définition des objectifs sectoriels. Les ministères et les administrations se dotent d'une boussole, d'un horizon, d'objectifs quantitatif et qualitatif réalistes et réalisables.

Les stratégies à court et moyen terme sont élaborées et des plans de travail sont conçus. Le suivi de l'action est fait au moyen des revues de performance : évaluation des résultats, mesure du progrès et des intrants. La GBAR préconise même l'autonomisation du gestionnaire de programme, sa libération face au corset des règles d'autorisation et de procédures de gestion financière et administrative. L'idée se ramène à ceci : un homme (le gestionnaire de programme) une mission (réaliser le ou les programmes) des moyens (ressources humaines, matérielles et financières). L'autonomie concédée implique une grande flexibilité sur les moyens (ressources humaines, matérielles et financières) de manière à permettre d'optimiser les résultats dans des conditions similaires (mais pas identiques) à celles d'un chef d'entreprise. La flexibilité sur les ressources humaines. Signifierait la récompense du chef pour ceux qu'il juge méritants et symétriquement une sanction quelconque pour les moutons noirs de la classe. La stimulation de l'effort et l'émulation des collaborateurs seraient mieux servies par ce mécanisme de bâton et de carotte distribué par le chef, gestionnaire du programme. C'est un signe annonciateur de l'avancement au mérite.

La flexibilité matérielle porte sur le choix des moyens de travail par adéquation de l'outil à la fonction dans le respect des exigences d'économie et d'efficience. La flexibilité financière suggère l'allègement des visas (contrôle financier et marché public) et une souplesse dans les affectations de crédit (fongibilité).

- **Plus d'autonomie entraîne plus de responsabilité :**

Le gestionnaire de programme subit non seulement le traditionnel contrôle de régularité-légalité mais aussi et surtout un contrôle de performance orientée sur l'efficacité, l'efficience et l'économie. Faire preuve d'économie *(economy)* c'est rendre minimum le coût des ressources utilisées. L'efficacité compare ce qui a été fait et ce qui était initialement prévu ; autrement dit elle compare les réalisations, résultats et/ou impacts réels et ceux qui étaient escomptés ou estimés. L'efficience représente le ratio entre les réalisations, résultats et/ou impacts et les ressources (notamment les moyens financiers) utilisés pour y parvenir. (*In* Jean-Luc BŒUF, L*'évaluation des politiques publiques*).

La réforme budgétaire apparaît comme un catalyseur pour la modernisation de l'État et la mutation de la culture managériale des administrations publiques.

CONCLUSION

Les finances publiques sont un secteur de concentration des appuis à la réforme en Afrique. La Banque Mondiale, l'Union européenne, la Banque Africaine de Développement, etc., ont des projets axés sur la GBAR. Cette conjonction des efforts devrait permettre d'ériger de vraies administrations de développement. Le nouveau paradigme a cependant un goût de « *déjà vu* » ailleurs avec des résultats mitigés. Le commentaire de Allan SCHICK[2] laisse un songeur : *« prenions tout ça là tellement au sérieux...* ».

[2] Professeur à la *School of public affairs*, université du Maryland (USA).

L'AFRIQUE FRANCOPHONE SAISIE PAR LA FIÈVRE DE LA PERFORMANCE FINANCIÈRE[1]

INTRODUCTION

Signe des temps ou nécessité structurelle liée aux économies des États, ce qu'il convient d'appeler désormais la performance budgeting s'est aussi installé dans la sphère du droit et de la gestion budgétaires en Afrique francophone. Le déclic a été l'adoption d'une série de directives communautaires par la Commission de l'Union Economique et Monétaire Ouest-Africaine (UEMOA) et la Commission de la Communauté Economique et Monétaire des États de l'Afrique Centrale (CEMAC). L'UEMOA regroupe huit pays[2] ayant en commun et la langue officielle[3] et la monnaie. La CEMAC compte six pays membres[4] avec la même double caractéristique.[5] Les directives en question balisent les champs juridiques (loi de finances), comptable (règlement général sur la comptabilité publique, nomenclature budgétaire et plan comptable de l'État) et statistique (Tableau des opérations financières de l'État, TOFE). Les directives sont adoptées de façon distributive par la CEMAC[6] et par

[1] Publié dans N. MEDE, « L'Afrique francophone saisie par la fièvre de la performance financière : Chronique financière africaine francophone », *in Revue Française de Finances publiques*, n° 135-2016, pp. 349-357.

[2] Bénin, Burkina Faso, Côte d'Ivoire, Guinée-Bissau, Mali, Niger, Sénégal, Togo.

[3] À l'exception de la Guinée-Bissau, ancienne colonie portugaise, mais fortement imprégnée de francophonie.

[4] Cameroun, République centrafricaine, République du Congo, Gabon, Guinée, équatoriale, Tchad.

[5] À l'exception de la Guinée équatoriale, ancienne colonie espagnole.

[6] Directive no 01/11-UEAC-190-CM-22 du 19 décembre 2011 relative aux lois de finances ; directive no 02/11-UEAC-190-CM-22 du 19 décembre 2011 relative au règlement général sur la comptabilité publique ; directive no 3/11-UEAC-195-CM-22 du 19 décembre 2011 relative au plan comptable de l'État ; directive no 04/11-UEAC-190-CM-22 du 19 décembre 2011 relative à la nomenclature budgétaire de l'État ; directive no 02/11-UEAC-190-CM-22 du 19 décembre 2011 relative au règlement général sur la comptabilité publique.

l'UEMOA[7] et les textes de transposition nationale suivent le même schéma dans l'un[8] et dans l'autre espace[9] communautaire.

La fièvre de la recherche de la performance financière est la manifestation d'une conjonction de facteurs qui relèvent l'un des mécanismes de conditionnalités des institutions financières internationales de *Brettons Wood*, et l'autre de l'effet d'entraînement des réformes des finances publiques en France.

Dans son Rapport annuel sur le développement dans le monde, édition 1997, la Banque mondiale adresse la question de « *l'efficacité de l'État* »[10] comme condition à la performance des projets et programmes de développement en cours dans les pays du Sud. La thématique de la gouvernance ainsi posée va induire, sur le plan des techniques financières, le démarrage de l'expérimentation des budgets de programme dans les pays comme le Burkina Faso, le Sénégal et le Bénin.[11]

C'est sur ces linéaments d'une recherche de rationalité et de résultats sur la gestion financière publique en Afrique francophone qu'intervient, outre-Méditerranée, la loi du 1er août 2001, relative aux lois de finances. Il est, certes, exagéré de parler de révolution copernicienne, mais la nouvelle donne bouleverse les règles et techniques de préparation,

---

[7] Directive no 01/2009/CM/UEMOA du 27 mars 2009 portant Code de transparence dans la gestion des finances publiques au sein de I'UEMOA ; Directive no 06/CM/ UEMOA du 26 juin 2009 relative aux lois de finances ; Directive no 07/CM/UEMOA du 26 juin 2009 portant règlement général sur la comptabilité publique ; Directive no 08/CMfUEMOA du 26 juin 2009 portant Nomenclature budgétaire de l'État ; Directive no 09/CM/UEMOA du 26 juin 2009 portant Plan Comptable de l'État (PCE) au sein de I' UEMOA ; Directive no IO/CM/UEMOA du 26 juin 2009 portant Tableau des Opérations Financières de l'État (TOFE) au sein de l'UEMOA.

[8] Loi no 2012-09 du 26 mars 2012, portant loi organique relative aux lois de finances (Niger) ; Loi no 2011-15 du 8 juillet 2011 portant loi organique relative aux lois de finances (Sénégal) ; loi organique no 2014-013 du 27 juin 2014 relative aux lois de finances (Togo), Loi organique no 2014-336 du 5 juin 2014 relative aux lois de finances (Côte d'Ivoire) ; Loi organique no 2013-14 du 27 septembre 2013 relative aux lois de finances (Bénin) ; Loi no 2013-028 du 11 juillet 2013 relative aux lois de finances (Mali).

[9] Loi organique relative aux Lois des Finances adoptée par. L'Assemblée nationale le 3 janvier 2014 et promulguée par le président de la République le 18 février 2014 (Tchad).

[10] Banque mondiale, Rapport sur le développement dans le monde, *L'État dans un monde en mutation*, Washington, Banque mondiale, 1997, p. 3.

[11] E. BOR, « Cadres des Dépenses à Moyen Terme et Budgets-programmes : Développement prématuré ou potentiel inexploité ? » *Notes du Pôle*, NO 4, PNUD, Dakar, 2010.

d'exécution et de contrôle des lois de finances, antérieurement régies par l'ordonnance du 2 janvier 1959 et le décret no 62-1587 du 29 décembre 1962 portant règlement général sur la comptabilité publique. Deux textes qui ont servi d'épures juridiques et comptable à la confection des textes communautaires puis nationaux dans le domaine des finances publiques. La muse ayant changé d'apparat, les imitateurs se mettent au goût du jour. Ainsi, est né le nouveau cadre des finances publiques en Afrique francophone (UEMOA et CEMAC) dans leurs dimensions budgétaires et comptables (I) mais aussi pour ce qui a trait aux mécanismes de redditions des comptes publics (II).

I. LA PERFORMANCE DANS LE NOUVEAU CADRE DE GESTION BUDGÉTAIRE ET COMPTABLE

Le socle de la performance est constitué des directives communautaires d'une part et par les lois et décrets de transposition nationale d'autre part (A). Ce socle exprime, sur un plan juridico-comptable, la Table des lois de la gestion budgétaire par la performance (B).

A. Le socle juridique et comptable de la gestion financière par la performance

La commission de l'UEMOA et la commission de la CEMAC ont adopté respectivement en 2009 et en 2011 une série de directives portant sur les lois de finances, la comptabilité publique, le plan comptable de l'État, la nomenclature budgétaire de l'État et le tableau des opérations financières de l'État[12]. Ces séries de directives sont précédées de deux chartes de la gouvernance financière publique et intitulées *« Code de transparence dans la gestion des finances publiques au sein de l'UEMOA »* et « *Code de la transparence et de la bonne gouvernance dans la gestion des finances publiques* » dans les pays membres de la CEMAC.

Par définition, les directives ne sont pas directement applicables dans les pays membres. Elles lient les États membres *« quant au résultat à atteindre »* (art. 41-3, Traité révisé, CEMAC). Elles nécessitent, pour leur opposabilité en droit interne, des actes de transposition nationale dont les États ont la latitude de choisir la forme. On pourrait déduire de cette disposition que la directive est une législation-cadre édictée par la commission et qui trace les grandes lignes de la réglementation dans un domaine spécifique. Les normes internes de transposition doivent

[12] Voir supra notes 6 et 7.

refléter l'esprit et la lettre des directives communautaires de référence. La jurisprudence communautaire de l'UEMOA confirme la prééminence du droit communautaire sur le droit interne des États. Selon la Cour de justice de l'UEMOA, *« la primauté bénéficie à toutes les normes communautaires, primaires comme dérivées, immédiatement applicables ou non, et s'exerce à l'encontre de toutes les normes nationales, administratives, législatives, juridictionnelles et même constitutionnelles parce que l'ordre juridique communautaire l'emporte dans son intégralité sur les ordres juridiques nationaux ».*[13] Cet avis de jurisprudence est valable, dans son esprit, dans les pays membres de la CEMAC. Ce qui explique que, sur un plan pratique, la commission de la CEMAC ait adopté un mécanisme opérationnel plus efficace pour assurer la conformité des normes internes de transpositions par rapport aux directives communautaires. Dans la zone CEMAC, les projets de textes de transposition sont d'abord envoyés à la commission pour examen de conformité *(*article 83, directive relative aux lois de finances). C'est lorsque la commission a délivré son nihil obstat que la procédure nationale d'adoption peut être menée à son terme.

Les directives communautaires présentent une autre caractéristique. Au lieu d'être des législations-cadres, elles se présentent en réalité comme des textes particulièrement diserts, qui règlent par le menu la matière visée. On aurait pu s'attendre, s'agissant d'une norme-cadre, à une dizaine d'articles en moyenne. En fait, les directives en vigueur s'étalent sur des dizaines d'articles, en prévoyant des renvois pour les points de détails qui relèvent des législations nationales des États. La directive relative aux lois de finances au sein de l'UEMOA comporte ainsi neuf renvois à des *« législations » ou « règlementation » dites « nationales ».*[14] Quant à la CEMAC, le texte relatif aux lois de finances comprend quatre renvois à des textes nationaux d'application[15]. L'impression générale et même la réalité qui en découle est que les textes nationaux d'application reproduisent la directive communautaire de référence en se contentant de meubler les vides correspondant à la subsidiarité législative et réglementaire des États.

Dès lors, il n'est pas étonnant que les directives et les textes de transposition soient d'un format équivalent en termes de nombre

[13] Cour de justice de I'UEMOA, Avis, nO 001/2003 du 18 mars 2003, Recueil p. 472.

[14] Voir les articles 65, 70, 75, 80, 81, 82, 84-3,84-4 et 85 de la Directive relative aux lois de finances au sein de l'UEMOA.

[15] Articles 53, 74, 75 in fine, 76-3 de la directive relative aux lois de finances au sein de la CEMAC.

d'articles. Ce qui présente l'avantage de textes nationaux harmonisés avec les droits communautaires de l'UEMOA et de la CEMAC, traduisant ainsi les idées force de la gestion financière par la performance.

B. Les idées-forces de la gestion financière par la performance

La gestion financière par la performance n'a certes pas de modèle vers lequel tous les États doivent tendre ou s'efforcer de copier. Elle supporte des variations nationales tenant compte de l'histoire, de la culture administrative et des institutions de chaque pays. En cela, il n'y a pas de catéchisme de la gestion financière par la performance.

Cependant, se mettre à la gestion financière par la performance implique pour un État de se plier à certaines exigences minimales. C'est accepter de mettre en œuvre des idées-forces qui sont le label de ce type de gestion.

Le premier critère, c'est l'approche managériale de la gestion budgétaire. Celle-ci transparaît à travers la budgétisation par programme qui est adoptée par l'ensemble des États sous étude. La notion de programme qui émerge dans la législation et la gestion budgétaire marque le passage d'une logique de moyens vers une gestion orientée sur le résultat. Le programme est un ensemble dynamique et cohérent de crédits, d'actions, de résultats et d'indicateurs de performance. Il permet de faire le lien entre un crédit budgétaire et un objectif de politique publique et d'en suivre la mise en œuvre à l'aide des outils de suivi et d'évaluation. Le projet annuel de performance et le rapport annuel de performance[16] permettent de mesurer l'écart entre les indications de la loi de finances de l'année et ce qui apparaîtra en définitive dans la loi de règlement au titre des résultats atteints aussi bien sur le plan de l'exécution des dépenses que de la réalisation des recettes.

Le responsable de programme, pour conforter l'approche managériale adoptée par les nouveaux textes, dispose du pouvoir de faire des réallocations de crédit au sein d'un programme.

Le second critère est celui de la justification des crédits au premier franc. Ce critère n'apparaît pas expressis verbis dans les directives communautaires. Il est annoncé à l'article 46 de la directive relative aux lois de finances (UEMOA). Les références explicites à la justification des crédits au premier franc sont contenues dans les guides didactiques qui

[16] Articles 46-1 et 50, Directive UEMOA relative aux lois de finances ; Articles 45-6 et 50-3, Directive CEMAC relative aux lois de finances.

servent de support à la vulgarisation desdites directives. La notion de services votés sort du langage et de la gestion budgétaire africaine francophone. Tout crédit devient une autorisation nouvelle qui doit dorénavant passer au crible de la raison managériale à travers l'appréciation de l'économie et de l'efficience des inscriptions budgétaires.

Le troisième critère est celui de la pluriannualité. Il apparaît nettement dans la définition même du programme budgétaire qui est conçu dans une *« perspective de moyen terme »*. Le projet de loi de finances de l'année est accompagné de documents de perspectives à moyen terme qui rendent le texte lisible sur un horizon de trois à cinq ans.

Le quatrième critère est celui de la comptabilisation sur la base des droits constatés et des obligations. *« Les opérations sont prises en compte au titre de l'exercice auquel elles se rattachent indépendamment de leur date de paiement ou d'encaissement ».*[17]

Enfin, **le critère de la reddition de comptes**. Le contrôle des ordonnateurs et des comptables a été pendant longtemps un contrôle de régularité et de légalité. Le contrôle du bon emploi des fonds et valeurs a introduit la notion de la qualité de la dépense publique. Le nouveau contrôle des finances publiques porte sur la performance c'est-à-dire sur l'efficacité, l'efficience et l'économie des opérations financières publiques, comme il convient de l'examiner dans le détail.

II. LA NOUVELLE REDDITION DE COMPTES PUBLICS : MÉCANISMES ET ENJEUX

Le gestionnaire public s'occupe des affaires de tout le monde et tout le monde a le droit de lui en demander des comptes. La reddition de comptes s'organise dans le nouveau contexte de la gestion budgétaire axée sur les résultats (A) et selon des finalités qui sont aussi celles de la nouvelle gestion publique (B).

A. Les mécanismes de la reddition de comptes

La gestion des finances publiques est soumise au traditionnel triple contrôle administratif, parlementaire et juridictionnel.[18]

---

[17] Article 72, Directive UEMOA relative aux lois de finances ; Article 66, Directive CEMAC relative aux lois de finances.

[18] Article 69, Directive relative aux lois de finances CEMAC ; Articles 74 et suiv., Directive relative aux lois de finances UEMOA.

S'agissant du contrôle administratif, l'expérience canadienne du vérificateur général a fait des émules dans les pays africains francophones. Le Mali (bureau du vérificateur général), le Bénin (bureau de l'auditeur général), le Burkina Faso (contrôleur général d'État) ont entendu conférer plus d'autonomie et plus de capacité d'initiative à ce qui reste dans les autres pays des Inspections générales d'État. Ces organismes de nouvelle génération relèvent toujours de la hiérarchie du pouvoir exécutif mais disposent d'une marge de manœuvre accrue pour conduire les opérations de contrôle et en publier les résultats.

Le contrôle parlementaire se fait prendre de plus en plus au sérieux grâce d'abord au débat d'orientation budgétaire et ensuite au moyen du délai de production du projet de loi de règlement. Le débat d'orientation budgétaire[19] n'est pas à proprement parler un exercice de contrôle des finances publiques mais plutôt une occasion de fixer des jalons, de contribuer à la définition de la politique et des orientations en matière financière. En soi, le débat d'orientation budgétaire est une plus-value démocratique.

La loi de règlement, quant à elle, était l'Arlésienne de la gestion budgétaire des États francophones d'Afrique. Les nouveaux textes obligent le gouvernement à déposer devant la représentation nationale, le projet de loi de règlement de l'année n-l au moment où se discute le projet de loi de finances de l'année *n+1.*[20]

Le contrôle juridictionnel a connu des débuts hésitants. L'organe de contrôle était très souvent la Chambre des comptes des Cours suprêmes. Les critiques ont remarqué le peu de lisibilité et d'efficacité de cette formule institutionnelle. Depuis plusieurs décennies, les textes nouveaux obligent les États à créer des Cours des comptes, à la fois organe d'audit, d'expertise et de jugement au service des finances publiques saines et performantes. En 2015, seuls le Bénin, le Mali et le Cameroun restent encore en marge du processus d'institutionnalisation des Cours des comptes.

À ces organes traditionnels de contrôle des finances publiques se sont ajoutées des structures tout aussi pérennes mais qui traduisent les soucis du moment en matière de gouvernance. La corruption des agents publics est un fléau qui compromet l'efficacité de la dépense publique

---

[19] Article 9, Directive relative aux lois de finances CEMAC ; Article 57, Directive relative aux lois de finances UEMOA.

[20] Article 57-2, Directive relative aux lois de finances, CEMAC ; Article 63, Directive de UEMOA.

et des investissements publics. En guise de réponse, des autorités administratives indépendantes ou assimilées ont été créées : Commission nationale Anti-Corruption (CONAC au Cameroun), l'Autorité nationale de lutte contre la corruption (Bénin), l'Agence Nationale d'Investigation Financière (Anif, Cameroun), la Cellule nationale de Traitement des Informations Financières (CENTIF, Sénégal).[21]

Ces organismes complètent le dispositif traditionnel de contrôle des finances publiques. Ils sont habilités à recevoir des plaintes et à saisir les juridictions pour les poursuites et les sanctions. Se trouve ainsi posée la question des enjeux de la nouvelle reddition de comptes en matière de finances publiques.

B. Les enjeux de la reddition de comptes

Le contrôle de légalité et de régularité a été jusqu'ici l'enjeu solitaire du contrôle des finances publiques. La nouvelle donne de la reddition de comptes est l'émergence du contrôle de performance des administrations publiques. Le responsable de programme établit son projet annuel de performance qui accompagne le projet de loi de finances de l'année. Il dresse le bilan de son action, *« les résultats obtenus comparés aux objectifs fixés, les actions développées et les moyens utilisés accompagnés d'indicateurs d'activité et de résultat ainsi que d'une estimation des coûts des activités ou des services rendus »*.[22]

Ce rapport annuel de performance est soumis à la Cour des comptes. La gestion axée sur les résultats prend alors tout son sens, car toute la chaîne des finances publiques est imprégnée de la nouvelle démarche : l'établissement, l'exécution et le contrôle des lois de finances.

Par ailleurs, « *les détenteurs de toute autorité publique* » sont astreints à une « *déclaration de leur patrimoine au début et en fin de mandat ou de fonction* ».[23] Les juridictions financières sont chargées, dans certains États, de recueillir et de conserver les données relatives à la déclaration des biens. Elles sont confortées dans ce rôle par des mécanismes internationaux d'appui à la performance et à la transparence comme la méthode d'évaluation PEFA (*Public Expenditure and Financial Accountability)*, l'Initiative pour la transparence dans les industries

[21] Décret no 2004-1150 du 18 août 2004 portant création, organisation et fonctionnement de la Cellule nationale de Traitement des Informations Financières.

[22] Article 50-3, Directive relative aux lois de finances, CEMAC ; Article 50, Directive de UEMOA.

[23] Section VIII, point 1, Code de transparence et de bonne gouvernance, CEMAC •

extractives ou Extractive Industries Transparency Initiative (EITI) et *l'Open budget initiative* va dans le même sens et œuvre pour la transparence budgétaire.

CONCLUSION

La gestion performancielle des finances publiques dans les pays africains francophones, c'est, en termes imagés, le passage de la piste rurale à l'autoroute. C'est un bond qualitatif important qui propulse les administrations concernées dans le modèle post-wébérien. On mesure l'ampleur du défi et la dose de sérieux mais aussi de mise à niveau des outils et des hommes que requiert la nouvelle gestion budgétaire publique pour atteindre « *un système financier contrôlé et ordonné* ».[24]

[24] BOUVIER M. et al., *La gestion de la dépense publique dans les pays de l'Afrique francophone subsaharienne* Paris, ministère des Affaires étrangères, ministère de l'Economie, des Finances et de l'Industrie, 204, p. 34.

L'ÉTABLISSEMENT D'UNE COMPTABILITÉ PATRIMONIALE DE L'ÉTAT AU BÉNIN : AVANCÉES ET CONTRAINTES[1]

INTRODUCTION

La comptabilité publique est au cœur des mutations des finances publiques dans les pays membres de l'UEMOA. *A contrario* de la démarche existentielle qui prévaut en ce qui concerne les réformes budgétaires[2], la comptabilité publique affiche la constance de ses règles depuis plusieurs décennies et la non moins constance dans les pratiques comptables des États, nettement en deçà des exigences normatives découlant des directives de l'UEMOA et des textes nationaux.

En effet, la Directive communautaire portant règlement général sur la comptabilité publique prescrit, au nombre des documents à tenir par les États, la tenue d'une comptabilité patrimoniale et des coûts, en ce qu'elles doivent permettre : " *la connaissance de la situation du patrimoine, le calcul du prix de revient, du coût et du rendement des services, la détermination des résultats annuels*"[3]. Cette prescription communautaire a été intégralement reprise par les transpositions réglementaires en droit interne des États ; ceci d'autant plus aisément que les droits nationaux et le droit communautaire ont la même source d'inspiration : le décret français du 29 décembre 1962 qui disposait dans les mêmes termes en son article 50 la tenue d'" *une comptabilité générale et (au besoin) une comptabilité analytique*."

Le renoncement au "*consensus de Washington*" et à la stratégie des programmes d'ajustement structurel qui lui sont immanents, a rendu possible une nouvelle dynamique de rationalisation des finances publiques dont les concepts clés sont : la performance, la transparence, la reddition

---

[1] Publié par la *Revue Française de Finances publiques*, n°98, juin 2007.

[2] Les mécanismes, dispositifs et méthodologies nouveaux se mettent en place hors du cadre juridique actuel et dans l'attente de la refonte des bases de la légalité budgétaire. Voir M BOUVIER (Dir.) *La gestion de la dépense publique dans les pays de l'Afrique francophone subsaharienne,* ministère des Affaires Etrangères, Collection « Repères », avril 2004. S. YONABA, « La difficile intégration des règles budgétaires et comptables des États membres de l'Union économique et monétaire ouest-africaine (UEMOA) », *in RFFP*, n° 79/2002 p. 225.

[3] Art. 85, Directive N°06/97/CM/UEMOA portant Règlement général sur la comptabilité publique. (http://www.uemoa.int/actes/directive6_97_cm.doc).

de comptes. Ce contexte nouveau confère, ici comme ailleurs, une légitimité et une utilité certaines à la comptabilité patrimoniale des organismes publics dont l'État. C'est dans cette logique que la Commission de l'UEMOA rappelle aux États membres le contenu de la Directive relative à la comptabilité publique. L'adoption de la Directive n° 05/98/CM/UEMOA portant Plan comptable de l'État donne l'occasion aux instances communautaires d'établir une échéance et de fixer au 31 décembre 2001, la date de mise en conformité des pratiques nationales en matière comptable. Le Bénin établit ainsi son premier bilan comptable au titre de la gestion budgétaire 2001. L'injonction communautaire est ainsi respectée. Cependant, le document produit respecte-t-il les exigences d'une comptabilisation du patrimoine ? Permet-il de dégager un résultat qui traduise fidèlement la situation financière de l'État ?

Ces questions méritent d'être posées dans la mesure où la nouvelle démarche, conduite par un nombre croissant de pays de l'OCDE[4] se révèle "*complexe et coûteuse*"[5] et les pays africains francophones au sud du Sahara, ont, au même titre que la France, "*peu d'expérience en ce domaine*"[6]. La démarche n'est donc pas dénuée de risques, de contraintes, de pesanteurs diverses. Les Pays-Bas, un pays comparable au Bénin en taille et en population, ont dû renoncer à adopter la comptabilité patrimoniale publique, pour des raisons de coût essentiellement, même si ce pays paraît bien impliqué dans les réformes financières axées sur les résultats.

En tout état de cause, la Commission de l'UEMOA a posé la règle ; les États s'y conforment en application des engagements souscrits et assumés. Le Bénin passe ainsi à la comptabilité patrimoniale avec cependant quelques questions et appréhensions au double plan de la méthodologie d'élaboration (I) et du contrôle que doit exercer le juge des comptes (II).

I. LES ASPECTS MÉTHODOLOGIQUES

L'établissement de la situation patrimoniale de l'État requiert des outils et une technique d'élaboration du bilan. L'exercice n'étant pas inédit dans le monde, on ne peut passer sous silence le cheminement

---

[4] Le Royaume-Uni, la Suède, la Finlande, l'Espagne, etc.

[5] F. MARTY, S. TROSA, A. VOISIN, *Les enjeux lies à l'adoption d'une comptabilité patrimoniale par les administrations centrales*, Revue internationale des sciences financières, n° 72, juin 2006, p.213.

[6] R. MUZELLEC, *Vers la certification des comptes de l'État en 2007*, in Mélanges L. Philip, Economica, 2005, p.475

des pays extérieurs à l'UEMOA, qui ont adopté la comptabilité patrimoniale au niveau de l'État. La conclusion qu'on peut tirer d'une comparaison des expériences est que nous sommes en présence "*d'une entreprise de longue haleine*"[7] ; la phase transitoire de mise en place des outils, des procédures et de mise à niveau des ressources humaines a duré sept ans en Grande-Bretagne[8], s'étale sur quatre années en France [9] et seulement trois ans en Nouvelle-Zélande[10]. Elle implique un document de référence (le bilan d'ouverture) et la mise au point de la méthodologie d'élaboration.

a°) Le bilan d'ouverture

Une entreprise productrice de biens et de services marchands élabore en début d'exploitation un bilan d'ouverture : un état des lieux de ses créances et de ses dettes, de ses stocks et de ses immobilisations. Le bilan d'ouverture est donc un référent, le socle sur lequel se construisent les bilans successifs des exercices ultérieurs. Lorsque l'État s'inscrit dans la logique de l'élaboration d'une comptabilité générale, il est astreint à la prise en compte des outils d'usage en la matière, en l'occurrence l'élaboration d'un bilan d'ouverture. En lieu et place d'un tel document, les services du ministère en charge des Finances du Bénin ont produit en annexe au Compte général de l'administration des finances (CGAF) un bilan de l'État au 31 décembre 2001. La Chambre des comptes de la Cour suprême, dans sa déclaration générale de conformité, salue l'innovation en ce qu'elle permet de "*suivre l'évolution des finances publiques à partir d'une description complète de tous les éléments du patrimoine de l'État*".[11] Cependant, l'inexistence d'un bilan d'ouverture entache l'exercice de quelques insuffisances au double plan du recensement du patrimoine de l'État et de son évaluation.

S'agissant du recensement du patrimoine de l'État, la logique d'une comptabilité générale d'entreprise aurait conduit à l'identification puis au dénombrement de ce qui peut être catégorisé "*patrimoine de l'État*". L'exercice paraît *a priori* aussi simple que le dénombrement des chaises, tables, voitures, immeubles de bureau et autres aéronefs. Autant de biens pour lesquels la notion civiliste de propriété (usus,

---

[7] F. MARTY, S. TROSA, A. VOISIN, article précité, p. 228.
[8] F. MARTY, S. TROSA, A. VOISIN, article précité, p. 228.
[9] R. MUZELLEC, article précité, pp. 488-489.
[10] F. MARTY, S. TROSA, A. VOISIN, article précité, p. 229.
[11] Cour Suprême, Chambre des comptes, *Rapport sur l'exécution de la loi de finances pour l'année 2001, Déclaration générale de conformité*, 2006, p. 116.

fructus, abusus) s'appliquerait aisément. Au demeurant, l'évocation de la puissance publique laisse apparaître aussi en arrière-plan le régime de biens spécifiques comme les forêts, la mer, les fleuves, le sol et le sous-sol, etc. Le régime juridique de tels biens renvoie à la notion de contrôle plutôt qu'à celle de propriété[12], dans une perspective comparée de complexification du droit de la domanialité publique.[13] À défaut d'une clarification conceptuelle et méthodologique préalable, le bilan 2001 de l'État se contente de reprendre les données contenues dans le Système Intégré de Gestion des Finances publiques (SIGFIP). Celui-ci se définit comme un applicatif informatique, un logiciel (ensemble de programmes informatiques) conçu pour la gestion des recettes[14] et des dépenses du budget de l'État, d'exécution et de suivi de la chaîne des dépenses publiques. En ce sens, seuls les décaissements donnant lieu à une contrepartie physique peuvent être récapitulés sur la plateforme du SIGFIP comme éléments du patrimoine de l'État : consommation d'un crédit contre acquisition d'un bien. Le gouvernement fait d'ailleurs remarquer que "*le SIGFIP est encore loin d'atteindre l'exhaustivité, en l'absence de comptabilisation des investissements financés par l'extérieur et l'augmentation dans d'importantes proportions du nombre de dépenses payées selon des procédures exceptionnelles*"[15]. La preuve évidente en est qu'au bilan de l'État, il est inscrit au compte 22 "*sols-sous-sols*" les chiffres de 165.558.730 francs et 554.021.596 francs[16] au titre respectivement des années 2001 et 2002. Ces chiffres, à l'évidence, correspondent, au prix du marché, à la valeur d'un terrain de basket-ball à Cotonou, le pôle économique national !

S'agissant de l'évaluation du patrimoine de l'État, la référence au SIGFIP laisse également transparaître, le recours à la valeur vénale des biens, leur valeur d'acquisition. Ce qui peut réserver des écarts entre la valeur d'acquisition et la valeur marchande dans l'hypothèse de biens subventionnés par la coopération internationale.[17] La méthode

[12] Hubert HUBRECHT, « Faut-il définir le domaine public et comment ? », *Actualité Juridique Droit Administratif*, 2005, p. 598.

[13] J-P DUPRAT « Le droit du domaine entre impératif de protection et souci de valorisation », *Actualité Juridique Droit Administratif*, 2005, p. 578.

[14] Seules les dépenses publiques sont aujourd'hui prises en compte par le SIGFIP, l'interface avec le Trésor pour le suivi des recettes reste à faire.

[15] Décret n° 2005-789 du 29 décembre 2005 portant approbation du cadre de réforme de la gestion budgétaire axée sur les résultats (CaR-GBAR), p. 8.

[16] Soit respectivement 252.392,65 euros et 844.600,47 euros.

[17] Le ministre des finances acheta 237 véhicules au prix de faveur de 2.888.900.000 francs (avec une économie de 621.200.000 francs) en saisissant l'opportunité qui lui

d'évaluation reste ainsi lacunaire dans le schéma strict du récapitulatif des biens figurant au SIGFIP. *A fortiori*, cette évaluation mérite une réflexion plus systématique lorsque le patrimoine devra prendre en compte des biens non marchands comme le trône du roi d'Abomey, la forêt sacrée de Ouidah ou encore (pourquoi pas) les cendres à valeur touristique du prince Wanilo, fils du roi BÉHANZIN et ancien avocat au barreau de Bordeaux !

Ces insuffisances ne doivent point occulter le travail de fond qui est actuellement fait par la Direction générale du budget pour recenser et évaluer le patrimoine de l'État, dans le cadre du programme dit Programme Unique de Modernisation (PUM). Le processus prend forme dans sa première étape par l'élaboration d'un logiciel dénommé SIGMa (Système Intégré de Gestion de Matériel) ; ce logiciel, au-delà de sa dénomination, permettra dès sa mise en exploitation, une bonne connaissance du parc automobile de l'État, le suivi des entretiens, le suivi des entrées et sorties de pièces de rechange, la tenue du répertoire des immeubles de l'État au Bénin et à l'étranger, le suivi de l'usage et de l'affectation des bâtiments, l'encadrement de la gestion et de l'affectation des stocks de fournitures de l'État, etc. Une avancée notable serait alors faite dans le sens de la tenue d'une réelle comptabilité patrimoniale de l'État, dans le sens de l'élaboration du bilan de l'État.

b°) L'élaboration du bilan de l'État

L'article 3 de la directive portant plan comptable de l'État, prescrit l'élaboration des bilans des États en s'inspirant du Système Comptable Ouest Africain (SYSCOA)[18]. La nuance terminologique est remarquable et rappelle la prudence des textes français dans l'assimilation pure et simple du bilan comptable des entreprises au bilan de l'État.[19] Une fois cette précaution prise, reste sur un plan pratique la section des postes de bilan à supprimer ou à conserver dans l'élaboration du bilan de l'État. Les bilans 2001 et 2002 de l'État, conformément au canevas fourni par la directive n°05/98 portant plan comptable de l'État, retiennent les grands comptes suivants subdivisés en sous-comptes : au titre de l'actif, actif immobilisé, actif circulant ; au titre du passif, la situation nette, la

---

était "offerte de renouveler partiellement (le) parc automobile par l'achat de véhicule neufs à prix subventionnés par le sommet France-Afrique" de Bamako de décembre 2005 au Mali (Voir journal *La Nation* n°3884 du 08 décembre 2005, p. 5).

[18] Le Système Comptable Ouest Africain, en abrégé SYSCOA, est devenu applicable dans les pays membres de l'UEMOA depuis le 1er janvier 1998.

[19] Voir article 30 de la LOLF française.

dette financière, autres dettes. Ainsi qu'on le voit, la spécificité du bilan de l'État tient à l'absence de comptes comme celui du capital social, des impôts et taxes, de clients, de fonds de roulement, etc.

Au-delà de ces questions de structuration du bilan, se pose également la problématique des données chiffrées à inscrire dans les comptes retenus. Comme il a été relevé plus haut, les chiffres retenus par l'administration du ministère en charge des Finances sont ceux tirés de la compilation de la plate-forme informatique du SIGFIP. À l'examen, on se convainc que la logique qui sous-tend l'élaboration du bilan de l'État est une logique de transposition des données de la comptabilité budgétaire dans l'épure fournie par la directive communautaire relative au plan comptable de l'État pour la présentation d'une comptabilité patrimoniale. De sorte que la comptabilité budgétaire ne se distingue de la comptabilité patrimoniale que par sa présentation formelle. Aucune donnée extra-budgétaire n'est enregistrée pour refléter l'exhaustivité de la situation patrimoniale et financière de l'État.

Par ailleurs, la question qui mérite d'être posée est de savoir comment le passage du bilan à la budgétisation est effectué. Ceci revient à trouver une place au bilan dans l'articulation des documents de rationalisation financière que sont les programmes, les cadres de dépense à moyen terme et *in fine* la loi de finances de l'année. Dans la logique actuelle des budgets de programme, l'affectation annuelle (loi de finances) de ressources nouvelles pour l'atteinte des objectifs de programme tiendra-t-elle compte de l'amortissement cumulé des équipements précédemment acquis ? Le bilan 2002 de l'État qui suit celui de l'année 2001 ne permet pas de répondre à cette question. Aucune dotation pour l'amortissement des biens inscrits aux comptes 21, 22, 23, 24, n'est enregistrée.

Ceci nous amène à la question fondamentale : sommes-nous en présence d'une comptabilité patrimoniale ou d'une comptabilité budgétaire *re-lifté* ? La bonne réponse permettrait de clarifier la problématique sur la nature du contrôle exercé par le juge des comptes.

II. LA NATURE DU CONTRÔLE DU JUGE DES COMPTES

Selon les dispositions de la loi organique relative aux lois de finances, la Chambre des comptes de la Cour suprême reçoit les comptes individuels des comptables publics et le Compte général de l'administration des finances dans le cadre de la procédure d'adoption de la loi de règlement par le parlement.[20] Le juge financier établit à partir des données fournies par ces deux catégories de compte, une déclaration générale de conformité qui accompagne le rapport sur le projet de loi de règlement. Cette déclaration générale de conformité est un état de "*rapprochement*"[21] comme le rappelle Paul Marie GAUDEMET.

En annexant au Compte général de l'administration des finances, le bilan de l'État, le ministère en charge des Finances est supposé, *a priori*, solliciter un simple acquit de conformité. La Chambre des comptes, elle-même, n'apporte pas davantage d'éclairage sur la nature de son contrôle dans la mesure où elle constate laconiquement l'impossibilité dans laquelle elle se trouve de "*procéder à un examen approfondi*"[22] du bilan à travers ses différents postes. Ce qui laisse entière la question de la mission spécifique de la Chambre et aussi celle des moyens d'exercice de cette compétence nouvelle.

A. La Chambre des comptes, organe de certification du bilan de l'État ?

Ni la directive communautaire n° 05/97 relative aux lois de finances, ni la directive n° 05/ 98 portant plan comptable de l'État, ni la directive n° 06/ 97 portant règlement général sur la comptabilité publique, ne contiennent le mot "*certification*" de documents comptables, même si, comme il a été indiqué, la tenue d'une comptabilité patrimoniale est prévue par les deux dernières directives précitées. Au regard de la vacuité juridique constatée, de l'absence de texte de référence suffisamment explicite, à quoi se résout alors "*l'examen*" du bilan annoncé par la Chambre des comptes. Un audit ? Une certification ? ou une revue de cohérence globale entre le bilan et les comptes soumis au juge financier ? Si on retient cette dernière hypothèse, l'exercice serait superfétatoire. Il n'apporterait pas la plus-value informative et l'éclairage de l'action parlementaire attendus d'une comptabilité patrimoniale : l'exhaustivité, la sincérité et la fiabilité de la situation financière de l'État. Les comptes des comptables publics et la synthèse fournie dans le Compte général de l'administration des finances suffiraient à établir le niveau de l'exécution budgétaire, l'adéquation entre l'autorisation

[20] Article 49, loi organique 86- 021 du 26 septembre 1986 relative aux lois de finances. Voir aussi article 88, Directive n° 06/ 97 portant règlement général sur la comptabilité publique.

[21] P. M. GAUDEMET, *Finances publiques*, Tome 1, éd. Montchrestien, Paris, 1996 p. 452.

[22] Cour Suprême, Chambre des comptes, Rapport sur l'exécution de la loi de finances pour l'année 2001, Déclaration générale de conformité, 2006, p. 117.

parlementaire donnée à l'occasion du vote de la loi de finances de l'année et les résultats des recettes et dépenses effectuées. En d'autres termes, la comptabilité budgétaire suffirait à renseigner sur l'écart possible entre prévisions et exécutions.

Si l'on focalise par contre les tendances au niveau international, ce tropisme vers la globalisation des outils et techniques de management public, et surtout, une analyse exégétique du contenu des directives n° 6/97 et n° 5/98 portant respectivement règlement général sur la comptabilité publique et plan comptable de l'État, on admet plus volontiers l'audit et la certification qui portent selon le droit positif français sur le trinôme régularité, sincérité et fiabilité des comptes de l'État[23]. Un auteur n'a pas manqué de faire remarquer que cette mission, dans un contexte d'économie développée, a paru cependant "*très – trop ? – ambitieuse*"[24]. Elle l'est davantage dans l'environnement institutionnel et technique du Bénin. Faut-il pour autant en conclure que nous sommes une fois encore en présence d'une de ces nouvelles lubies nées de la quête d'un rationalisme absolu[25], d'un nouveau gadget de la "*cybernétique financière*"[26] qui hante les sociétés contemporaines ?

La faisabilité technique de la mission est, somme toute, attestée par l'expérience de certains organismes relevant du droit international. La Cour des comptes de l'Union européenne est parvenue par touches successives à affiner sa technique de certification des comptes retraçant des opérations financières communautaires. Le système de Nations-Unies applique également une démarche qui se situe dans la droite ligne des normes de l'IFAC (International Federation of Accountants). Reste alors pour le *liliput* africain qu'est le Bénin à faire une bonne réception de l'outil, à l'adapter au contexte local et régional, à le "*nationaliser*".

B. Les moyens de l'action ou comment "*nationaliser*" l'outil

La Banque Africaine de Développement estime, dans le document d'évaluation du Projet d'Appui aux Institutions de Contrôle (PAIC)[27], que la Chambre des comptes doit juger environ 300 comptes par an, élaborer les rapports sur l'exécution des lois de finances, conduire les

---

[23] Article 58-5, loi organique relative aux lois de Finances (France)

[24] R. MUZELLEC, article précité p. 476.

[25] Voir Allen SCHICK, *Vingt cinq ans de réforme budgétaire*, Revue de l'OCDE sur la réforme budgétaire, Vol. 4 n° 1, 2004 P. 93.

[26] M. BOUVIER, « Experts et politiques face à la gouvernance des sociétés complexes », *Mélanges Loïc Philip*, Economica, Paris, 2005 p. 305.

[27] Sous financement de la Banque Africaine de Développement, Document daté d'avril 2005.

contrôles extra-juridictionnels et réaliser les audits de performance des budgets de programme des ministères. Elle s'acquitte de ses missions et tâches avec un effectif de six magistrats-conseillers en 2005. Ce chiffre est porté à dix (y compris le président) en 2006. Selon les résultats de précédents audits organisationnels de la Cour suprême, un effectif optimum de 60 magistrats-conseillers est indiqué pour la Chambre des comptes. Dans le même sens, les crédits successifs d'appui à la réduction de la pauvreté initiés et financés par la Banque Mondiale depuis 2002, sont constamment allés dans le sens de l'augmentation des personnels siégeant en formation de jugement, les *Poverty Reduction Support Credit* (PRSC1, PRSC2, PRSC3) ; mais les actions du gouvernement sont restées en deçà des attentes. Il convient de souligner (ceci expliquant peut-être cela) que la rémunération d'un magistrat-conseiller à la Cour équivaut à environ cinquante fois le salaire minimum interprofessionnel garanti, alors que les agrégats macro-financiers et macro-économiques indiquent que le Bénin peine à atteindre les indicateurs de convergence de l'UEMOA, notamment en matière d'encadrement de la masse salariale globale de l'État. Selon le rapport de l'UEMOA sur la convergence des politiques économiques et financières, le ratio de la masse salariale sur les recettes fiscales s'établit à 38 % en 2004 et 39 % en 2005 contre un objectif du programme pluriannuel de convergence 2005-2007 de 34,9 % pour le Bénin[28].

Outre la question des ressources humaines, l'examen des bilans de l'État par le juge financier pose le problème de la méthodologie de contrôle. Si la Chambre des comptes se cantonne à un examen de cohérence globale entre les différents documents financiers (comptes de gestion des comptables publics, compte général de l'administration des finances, bilan de l'État), la question de la méthodologie perdrait de son acuité. Dans l'hypothèse où la vérification sur pièce et sur place de la réalité, de l'exactitude, de la sincérité et de l'exhaustivité des mouvements de compte d'un exercice à un autre finirait par rencontrer l'adhésion de la Chambre des comptes, on évoluerait alors vers un audit ; ce qui nécessiterait la mise au point d'une méthodologie idoine.

La Chambre des comptes a, à l'épreuve, conçu sa technique d'audit des budgets de programme des ministères. Une technique légère qui renseigne sur certains indicateurs jugés essentiels. S'agissant du bilan de l'État, la directive n° 05/ 98 portant plan comptable de l'État a dressé

---

[28] Union Economique et Monétaire Ouest Africaine, *Rapport semestriel d'exécution de la surveillance, multilatéral*, juin 2006, p. 15.

le canevas et fixé les différents comptes devant y figurer. On peut préconiser que si l'évolution vers l'audit devait se confirmer, l'instance communautaire devrait également donner aux structures nationales le cheminement idéal et commun de certification des bilans de l'État, dans un souci d'économie des moyens et de comparabilité des agrégats et de la performance des pays. La "*nationalisation*" de l'outil prendrait alors le chemin détourné de sa "*communautarisation*", sa réception en droit et techniques communautaires de l'espace UEMOA.

CONCLUSION

Dans son rapport sur l'exécution de la loi de finances pour l'année 2001, la Chambre des comptes de la Cour suprême relève pour le déplorer les vices qui ont entaché l'élaboration du bilan de l'État : absence de "*définition de la méthode de valorisation du patrimoine recensé*", "*défaut de règle d'amortissement de certaines catégories d'immobilisations*", non "*production du rapport d'évaluation de certains éléments de l'actif immobilisé*"[29], etc. De cet état des lieux, il découle que la rénovation de la gestion financière doit être accompagnée en amont d'un renouvellement des outils et des techniques, d'une innovation méthodologique qui mette les fins en cohérence avec la démarche. Le colloque de Bordeaux affiche opportunément le thème : "*finances publiques et logique de performance, des outils communs au-delà des différences de développement*". Il a mis en évidence le diptyque globalisation des problèmes, globalisation des outils, il a aussi mis en exergue la nécessité d'adaptations nationales. Dans le contexte ouest-africain de "*fédéralisation du droit financier*"[30], la logique d'une fédéralisation des techniques et outils opérationnels devrait prévaloir, sous la houlette de la commission de l'UEMOA. Ceci présenterait l'avantage appréciable d'alléger la charge des États et de favoriser la comparabilité de leurs performances individuelles.

---

[29] Cour Suprême, Chambre des comptes, Rapport précité, pp. 116-117.

[30] J-P DUPRAT : La formation et l'évolution du droit financier en Afrique francophone subsaharienne *in* Dominique DARBON et Jean du BOIS de GAUDUSSON, La création du droit en Afrique, éd. Karthala, Paris, 1987 p. 471.

DROIT ADMINISTRATIF

L'AUTONOMIE RETENUE : ÉTUDE SUR LE PRINCIPE DE LIBRE ADMINISTRATION DES COLLECTIVITÉS TERRITORIALES EN AFRIQUE DE L'OUEST[1]

INTRODUCTION

"*Il y a des mots qui ont plus de valeur que de sens, qui chantent plus qu'ils ne parlent*", écrivait Paul VALÉRY.[2] La liberté est de ceux-là. Lorsqu'elle est couplée en épithète qualificative avec la notion d'administration, cela contribue à accroître sa charge axiologique en même temps qu'il aiguise l'intérêt heuristique du principe de libre administration des collectivités territoriales. D'autant que le fait majoritaire que l'on observe dans les grandes démocraties occidentales mais aussi dans les démocraties naissantes d'Afrique, semble contrarier les fondements du gouvernement modéré de MONTESQUIEU. Les mots-clés du vocabulaire conceptuel du baron de la Brède, à savoir la séparation, l'équilibre et la modération du pouvoir, s'expriment mieux aujourd'hui dans les rapports "*gouvernement/opposition*"[3] sous le contrôle de juridictions constitutionnelles émergentes. Ils s'expriment tout autant dans les rapports "*gouvernement/pouvoirs locaux,*" incarnation du principe de libre administration et nouvelle frontière où éclosent les libertés.[4]

Posé comme principe de valeur constitutionnelle dans maint pays ouest-africains francophones[5] et en France,[6] le principe de libre administration rappelle une autre notion : la décentralisation. Celle-ci

---

[1] Publié dans *La Revue Juridique et Politique des États francophones,* n°2-avril 2008, pp. 188-208

[2] Cité par M. MANKOU, « Du principe de bonne administration au droit à la bonne administration : contribution à une problématique de la bonne administration en droit communautaire », *in Cahiers de l'IREDE* n° 2-2002 p.7.

[3] S. MILACIC, « De la séparation des pouvoirs à l'idée de contre-pouvoirs : Montesquieu revigoré par le néo-libéralisme » i*n* A. PARIENTE (dir.), *La séparation des pouvoirs, Théorie contestée et pratique renouvelée,* Paris, Dalloz, 2007, p.36.

[4] *Ibidem* p. 42.

[5] Art. 145, constitution du Burkina Faso ; art. 127, constitution du Niger ; art. 98, constitution du Mali ; art. 102, constitution du Sénégal ; art. 151, constitution du Bénin.

[6] Article 34 (« La loi détermine les principes fondamentaux (…) de la libre administration des collectivités locales ») et l'article 72 qui énumère les collectivités territoriales existantes (constitution française de 1958).

est absente des textes constitutionnels francophones[7] mais reste d'un usage ancien et très courant en droit administratif. Fondée sur une vision de réaliser une "*administration du pays par le pays,*"[8] la décentralisation, *expressis verbis,* manque d'une définition légale.[9] La doctrine, de son côté, s'est abondamment exercée à combler ce vide,[10] mais par des énoncés de critères de qualification. Maurice HAURIOU présente trois critères de la décentralisation : une collectivité territoriale dotée de la personnalité juridique et de l'autonomie financière et "*l'origine élective des autorités locales.*"[11] Le principe électif, axe central de caractérisation de la décentralisation, est aussi évoqué par Joseph BARTHÉLÉMY[12] et Léon DUGUIT.[13] Carré de MALBERG s'en éloigne[14] tandis que Charles EISENMANN présente une théorie de la centralisation et de la décentralisation qui relève, selon ses propres mots, d'un type "*pur et parfait.*"[15] Les catégories d'agents ou d'organes centraux ou décentralisés ne correspondent, en effet, à aucune illustration en droit positif et rappellent plutôt le concept d'*idealtyp* de Max WEBER. Jacques MOREAU renoue avec la doctrine dominante et étoffe les critères de la décentralisation, lesquels comprennent la

---

[7] Excepté la France, avec la révision constitutionnelle de 2003 de laquelle découle la nouvelle rédaction de l'article 1er de la constitution de 1958, notamment l'évocation de *"l'organisation décentralisée"* de la République française.

[8] M. HAURIOU, *Précis de droit administratif et de droit public*, 6e éd., Paris Librairie de la Société du Recueil Sirey et du Journal du Palais, 1907, p. 64.

[9] On note avec intérêt l'exemple du Gabon dont une loi de 1966 dispose : la « décentralisation (est) le transfert des compétences et des moyens de l'État à une collectivité locale placée sous sa tutelle ». (Ch. NACH MBACK *Démocratisation et décentralisation*, Paris, Karthala- PDM 2003, p.31)

[10] J. MOREAU, *Administration régionale, départementale et municipale*, Paris, Mémentos Dalloz, 2004, p. 2 ; A. de LAUBADAIRE, J-Cl. VENEZIA, Y. GAUDEMET, *Traité de droit administratif,* Tome 1, L.G.D.J. 1999, Ch. DEBBASCH, *Droit administratif,* Paris, Economica, 2002, p. 194.

[11] M. HAURIOU, *op. cit.*, 6e éd. p. 64.

[12] H. BARTHÉLEMY, *Traité élémentaire de droit administratif*, Paris, Rousseau, 7e éd. p. 89.

[13] L. DUGUIT, *L'État, les gouvernements et les agents*, Paris, Dalloz, 2005, p. 749.

[14] « L'attribution des pouvoirs propres aux agents locaux nommés par l'autorité centrale est bien une opération de décentralisation » (R. CARRÉ de MALBERG, *Contribution à la théorie générale de l'État*, Paris, Dalloz, 2004 p. 170).

[15] Ch. EISENMANN, « Centralisation, Décentralisation, esquisse d'une théorie juridique », *Revue de Droit Public*, 1947.

personnalité juridique, l'aspect territorial, l'existence d'organes élus, les contrôles administratif et budgétaire et la vocation générale.[16]

La notion de décentralisation épuise-t-elle, pour autant, le domaine de la libre administration des collectivités territoriales ? En d'autres termes, la décentralisation est-elle synonyme de libre administration des collectivités territoriales ? François Luchaire le pense lorsqu'il écrit que les dispositions constitutionnelles sur la libre administration des collectivités territoriales constituent "*le principe même de la décentralisation*".[17] En conséquence, l'auteur utilise indifféremment les deux expressions pour désigner la même idée. Jean-François LACHAUME estime, quant à lui, "*qu'il n'y (a) pas de véritable différence de signification*"[18] entre les deux notions, au regard de leur juxtaposition inscrite dans la révision constitutionnelle française de 2003.[19] On ne peut occulter, à ce stade, une lecture littérale et analytique du mot décentralisation qui exprime "*une concession émanant de la collectivité supérieure*"[20] pour rependre les mots de Carré de MALBERG. La décentralisation procède d'une idée de "*délégation de puissance publique que (l'État) consent aux collectivités locales.*"[21]

Le principe de libre administration, quant à lui, se distingue en ce qu'il est une liberté fondée sur la constitution, "*une liberté fondamentale*"[22] selon la jurisprudence française, et à ce titre doit "*être protégée contre l'État, mais aussi contre certaines émanations des collectivités territoriales et contre les collectivités territoriales elles-mêmes.*"[23] L'écart

---

[16] J. MOREAU, *Administration, régionale, départementale, et municipal*, Paris, Dalloz, 2002, p. 2.

[17] F. LUCHAIRE, "*Les fondements constitutionnels de la décentralisation", Revue de Droit Public*, 1982, p. 1544. L'auteur, qui écrit à la suite du vote de la loi française de mars 1982, utilise indifféremment les expressions décentralisation et libre administration.

[18] Propos rapportés par J.-Cl. DOUENCE, « Libre administration et organisation décentralisée », *in Mélanges Jean-François Lachaume*, Paris, 2007, p. 441.

[19] Art. 1er nouveau, Constitution de 1958 : « La France est une République indivisible, laïque, démocratique et sociale…Son organisation est décentralisée ».

[20] R. CARRÉ de MALBERG, *op. cit.* Dalloz, 2004, p. 170.

[21] A. ROUX, « Le principe de libre administration des collectivités territoriales », *Revue Française de Droit Administratif*, 1992, p. 436.

[22] « … Il est vrai que la liberté d'administration des collectivités territoriales doit être regardée (…) comme une liberté fondamentale » (T. Confl. 19 novembre 2007, Préfet du Val-de-Marne c/ Cour d'appel de Paris, Maire de Limeil-Brévannes c/Préfet du Val-de-Marne, *Actualités Juridiques Droit Administratif*, 2007, p. 2231, Obs. Marie Meyronneinc).

[23] L. FAVOREU, L. PHILIP, *Les grandes décisions du Conseil constitutionnel*, Paris, Dalloz, 2003, p. 529. Voir aussi Décision n° 2001-454 DC du 17 janvier 2002,

conceptuel entre les deux notions paraît appréciable. Il souligne la profondeur de la réforme de l'État qui en découle. Cependant, il ne sera pas fait de différence entre les deux notions dans les dévelop-pements qui suivent, en raison de ce que les législateurs africains ne distinguent pas entre les notions de décentralisation et de libre administration des collectivités territoriales.[24]

Au demeurant, et du point de vue de son contenu, la "*libre administration*" reste "*un terme vague*"[25] que les juges constitutionnels s'exercent à cerner en appréciant les variations entre "*les seuils minima et maxima autorisés*"[26] par les textes constitutionnels. Pour Jean-Claude DOUENCE, la définition jurisprudentielle de la libre administration, c'est "*le libre exercice des compétences locales, abstraction faite du contenu matériel de ces compétences.*"[27] Dans la mesure où "*la plasticité du cadre constitutionnel*" ainsi que le dit un parlementaire,[28] annonce et rend possible ce qu'on pourrait bien appeler le spectre de la libre administration, le champ conceptuel sur lequel elle se déploie. En effet et à l'évidence, la libre administration se mesure plus qu'elle ne se définit. Les dynamiques politiques et les évolutions juridiques des États façonnent l'amplitude des spectres nationaux qui expriment la libre administration *in concreto*, c'est-à-dire, les réceptions particulières du concept dans les États.

L'histoire de l'aménagement du pouvoir en Afrique francophone a été d'abord une histoire peu heureuse pour la libre administration locale. Le besoin "*d'ordonner le droit aux exigences d'un développement authentique*"[29] imprégnait l'action des pouvoirs publics. Partant du

---

Loi relative à la Corse, Rec. p. 70 (« ...qu'en particulier aucune ne méconnaît les compétences propres des communes et des départements ou n'établit de tutelle d'une collectivité territoriale sur une autre ») et J.-Cl. DOUENCE, « Le Conseil constitutionnel et la prohibition de la tutelle d'une collectivité territoriale sur une autre », *in Mélanges Louis Favoreu*, Paris, Dalloz, 2007, p. 1209.

[24] Ch. NACH MBACK op. *cit. passim.*

[25] M. TROPER, « Libre administration et théorie générale du droit, le concept de libre administration », *in* J. MOREAU et G. DAREY, (dir.) *La libre administration des collectivités territoriales*, Paris, Economica 1984 p. 62

[26] A. ROUX, article précité, p. 438.

[27] J.-Cl. DOUENCE, « Le Conseil constitutionnel et la prohibition de la tutelle d'une collectivité territoriale sur une autre », art. précit. p.1213.

[28] Cité par Y.LUCHAIRE, « La révision constitutionnelle dans la stratégie de la réforme », *in* G. MARCOU et H. WOLLMANN, (dir.) *Réforme de la décentralisation, réforme de l'État, régions et villes en Europe*, Paris, CNRS Editions, 2004, p. 37.

[29] R. GRANGER, article précit., p. 69.

postulat que "*l'État suppose la nation,*"[30] le droit public fut mis au service de l'émasculation des particularismes, dans le but de forger l'identité nationale sur un socle sociologique particulièrement "*ambigu,*" selon le mot de Georges BALANDIER.[31]

À l'évaluation, les performances de cette stratégie sont mitigées. L'État centralisé, signe d'une culture de *grassroots authoritarism,* est ébranlé par les exhortations et les revendications pour des mutations qualitatives de la gouvernance publique.[32] Les mouvements socio-politiques de la décennie 1990[33] ont conduit à un réaménagement du pouvoir politique mais aussi à "*un nouveau mode de partage de pouvoir*

---

[30] Le processus de « translation (de) transformation (de) transmutation de l'unité nationale en puissance étatique » décrit par J. CHEVALLIER, (« L'Etat-Nation », *in Revue du Droit Public,* n°5,1980, p.1272) subit une inversion chronologique et logique ; « Nous n'avons pas hérité d'une nation, mais d'un État artificiel » qui devient le creuset où se forge l'identité nationale (F. HOUPHOUET-BOIGNY, interview au journal *Paris-Match* n°1626, 15 août 1980, p. 9). Dans un sens apparenté, F. MITTERRAND déclarait en 1981 : « La France a eu besoin d'un pouvoir fort et centralisé pour se faire. Elle a aujourd'hui besoin d'un pouvoir décentralisé pour ne pas se défaire », (cité par J. BAGUENARD, *La décentralisation,* Paris, PUF, 2002, Coll. « Que sais-je ? », p. 3).

[31] G. BALANDIER, *Afrique ambiguë*, Paris, Plon, 1957 ; le renoncement à assumer la diversité culturelle a été qualifié, par certains auteurs, de "fuite dans l'abstrait" (Y. PERSON, « L'État-nation et l'Afrique », *in Revue Française d'Histoire d'Outre-Mer,* Tome 68, 1981, p. 280) ; voir aussi Th. MICHALON, *Quel État pour l'Afrique*, Paris, L'Harmattan, 1984.

[32] La bonne gouvernance, concept redécouvert par la Banque Mondiale, indique l'importance du facteur institutionnel et organisationnel (réforme de l'État, autonomie administrative locale, procédures budgétaires, etc.) en complément aux traditionnels *inputs* économiques et financiers (Banque Mondiale, *Rapport sur le développement dans le monde, 1997 : l'État dans un monde en mutation,* Washington, 1997).

[33] Sur le renouveau démocratique en Afrique, voir M. KAMTO, « Les conférences nationales africaines ou la création révolutionnaire des constitutions », *in* D. DARBON et J. Du BOIS De GAUDUSSON (dir.) *La création du droit en Afrique,* Paris, Karthala, p. 177 ; J-J RAYNAL, « Conférence nationale, État de droit et démocratie, quelques réflexions à propos d'une occasion manquée », *in* D. DARBON et J. Du BOIS De GAUDUSSON, *La création du droit en Afrique, op. cit* p. 157 ; J-J RAYNAL, « Le renouveau démocratique béninois : modèle ou mirage ? » *in Afrique Contemporaine* n° 160, 4e trimestre 1991 p. 17. ; À AMOR, « L'émergence démocratique dans les pays du tiers monde : le cas des États africains » *in* G. CONAC, *L'Afrique en transition vers le pluralisme politique,* Economica, 1993 ; F. AKINDES, « Les transitions démocratiques à l'épreuve des faits : réflexions à partir des expériences des pays d'Afrique noire francophone », *in Bilan des conférences nationales et autres processus de transition démocratique*, Paris, Pedone, 2001, p. 262.

entre l'État et les acteurs locaux."[34] Ainsi, de nouveaux cadres juridiques de l'administration territoriale sont définis au Sénégal,[35] au Mali,[36] au Niger,[37] au Burkina Faso[38] et au Bénin.[39] L'exigence fondamentale de la décentralisation est d'aérer le pouvoir, de réaliser les conditions techniques d'une gouvernance administrative plus performante au moyen de l'aménagement de mécanismes de légitimité et de responsabilité locales. La dialectique du centre et de la périphérie s'exprime en termes de processus de pondération des rapports État-organes décentralisés. À côté d'États unitaires à "*autonomie statutaire*"[40] régionale comme en Italie et en Espagne, ou du système français d'autonomie administrative locale fondée sur la juridictionnalisation des contrôles de tutelle,[41] l'Afrique de l'Ouest francophone s'efforce d'aménager, par paliers, une nouvelle administration territoriale fondée sur le principe de libre administration des collectivités territoriales. Il s'agit, selon le jurislateur sénégalais, d'engager une "*décentralisation*

---

[34] Ch. NACH MBACK, *op. cit.,* p. 32.

[35] Loi n°96-06 du 22 mars 1996 portant Code des collectivités locales.

[36] Loi n° 93-008 modifiée par la loi n° 96-056 du 16 octobre 1996 déterminant les conditions de la libre administration des collectivités territoriales.

[37] Loi n° 2002-012 du 11 juin 2002 déterminant les principes fondamentaux de la libre administration des régions, des départements et des communes ainsi que leurs compétences et leurs ressources ; loi n° 2002-017 du 11 juin 2002 déterminant le régime financier des régions, des départements et des communes.

[38] Code Général des Collectivités Territoriales du Burkina Faso, loi n° 55-2004/AN, adoptée le 21 décembre 2004 par l'Assemblée nationale et promulguée le 14 avril 2005, modifiée par la loi n° 040-2005/AN du 29 novembre 2005.

[39] Loi n° 97-028 du 15 janvier 1999 portant organisation de l'administration territoriale au Bénin ; loi n°97-029 du 15 janvier 1999 portant organisation des communes en République du Bénin ; loi n° 98-007 du 15 janvier 1999 portant régime financier des communes en République du Bénin.

[40] F. MERLONI, « Du centralisme de l'État à la République des autonomies territoriales », *in* A. DELCAMP et J. LOUGHLIN (dir.), *La décentralisation dans les États de l'Union européenne,* Paris, La Documentation Française, 2002, p. 213 ; voir aussi A. LUCARELLI, « Le régionalisme italien après les réformes constitutionnelles » *in* G. MARCOU (dir.), *Réforme de la décentralisation, réforme de l'État, régions et villes en Europe,* Paris, CNRS Editions, 2004, p. 293 ; L. VANDELLI, « Du régionalisme au fédéralisme ? » *in* revue *Pouvoirs* n° 103, 2002, p. 81.

[41] J. BOURDON, J.-M. PORTIER, J.-C. RICCI, *Droit des collectivités territoriales*, Paris, PUF, 1998 ; B. FLAMAND-LEVY, « Nouvelle décentralisation et forme unitaire de l'État », *in Revue Française de Droit Administratif,* janvier-février 2004, p. 59 ; J.-B. AUBY, J.-F. AUBY, *Droit des collectivités locales*, Paris, P.U.F., 1990 ; J. MONTAIN-DOMENACH, *Le droit des collectivités locales*, Paris, Presses Universitaires de Grenoble, 1993.

progressive et prudente,"[42] qui suit une démarche très impressionniste. Ici comme ailleurs, la libre administration se mesure, mais ne se définit point. Il est dès lors intéressant de situer le niveau de l'aiguille sur le spectre de déploiement de la libre administration dans l'espace politique et géographique de l'Afrique de l'Ouest francophone. Il s'agit, en fait, d'apprécier l'ampleur des libertés dont jouissent les nouvelles collectivités territoriales dans les schémas d'aménagement du pouvoir au sein des pays sous étude. Au-delà des critères de la libre administration définie par la doctrine, il importe de focaliser le contenu des pouvoirs de la tutelle de l'État, d'en évaluer la consistance comme un révélateur de la consistance symétrique de la libre administration locale. De fait, les lois confèrent aux contrôles exercés par le représentant de l'État une fonction de garant de l'unité de l'ordonnancement juridique. La République est *une* et le garant de cette unité est le pouvoir central, qui s'exprime à travers les mécanismes de la tutelle (I). Par ailleurs et sur la base des dispositions constitutionnelles qui confient au pouvoir exécutif la responsabilité de déterminer et de conduire la politique de la Nation, les textes organisant l'administration décentralisée des pays ouest-africains francophones aménagent les outils juridiques et institutionnels qui permettent à l'État d'ordonner la gestion des collectivités territoriales autour de sa propre politique (II).

I. LE PRINCIPE DE LIBRE ADMINISTRATION ENSERRÉ PAR LA TUTELLE,[43] GARANT DE L'UNITÉ DE L'ORDONNANCEMENT JURIDIQUE NATIONAL

Pour Jean WALINE, *"assurer le respect du droit et protéger l'administré contre les abus des collectivités territoriales, ce sont ces deux considérations qui rendent indispensable l'existence d'une tutelle."*[44] L'État unitaire, qui prévaut au Sénégal, au Mali, au Burkina Faso, au Niger et au Bénin, commande l'unité de son ordonnancement

---

[42] Exposé des motifs, loi n° 96-06 du 22 mars 1996 portant Code des collectivités locales (Sénégal) ; voir aussi l'exposé des motifs, loi n° 96-07 du 22 mars 1996 portant transfert de compétence aux régions, aux communes et aux communautés rurales (Sénégal).

[43] Une partie de la doctrine française continue de préférer cette notion au terme contrôle utilisé par le législateur depuis 1982 (J. WALINE, « À propos de la tutelle sur les collectivités territoriales », *in Mélanges Jean-François Lachaume,* Paris, Dalloz, 2007, p. 1095).

[44] J. WALINE, « À propos de la tutelle sur les collectivités territoriales », art. précit., p. 1097.

juridique. Parce qu'elles n'ont pas la "*compétence de leurs compétences*"[45] parce que le champ de déploiement de leurs activités est infra-législatif, les collectivités décentralisées sont soumises au contrôle de légalité entendue au sens d'appréciation de la conformité à la loi *stricto-sensu*. La capacité de décision des collectivités territoriales est pondérée par les mécanismes d'encadrement qu'autorisent le contrôle de légalité administrative et le contrôle de légalité financière, dévolus au représentant de l'État.

A. Le représentant de l'État, serviteur putatif de la légalité administrative

La légalité administrative, corollaire nécessaire de l'État de droit, exprime une "*préoccupation d'ordre, d'impartialité et de sécurité juridique.*"[46] Elle s'impose à l'administration de l'État aussi bien qu'à l'administration territoriale décentralisée. De ce point de vue, assujettir les organes locaux au contrôle de légalité traduit un ordre normal des choses, l'application conséquente des principes républicains et démocratiques. Le juge de l'excès de pouvoir, autant que les juridictions judiciaires contribuent à donner sens et portée au principe. L'administration elle-même, par auto-censure et par auto-discipline, veille au respect de la légalité. Par son "*entier pouvoir d'annulation et de réformation,*"[47] *la hiérarchie administrative de l'État pourvoit, par "endo-contrôle,"*[48] aux impératifs de légalité de l'action administrative.

La libre administration des collectivités territoriales se conjugue, elle aussi, avec le respect de la légalité : la tutelle administrative, qui est d'essence décentralisatrice, est elle-même enserrée dans le principe de légalité. Les actes des autorités locales ne sont soumis au contrôle de tutelle "*que dans les cas formellement prévus par la loi*"[49] : pas de tutelle sans texte, pas de tutelle au-delà du texte. Le contrôle administratif n'est, en l'occurrence, pas un contrôle inconditionné, pouvant s'exercer *ad nutum*.

L'intérêt d'une phénoménologie de la tutelle est d'apprécier la capacité de décision et d'action des autorités décentralisées, la

---

[45] Ph. BRAUD, *Institutions Politiques Droit constitutionnel*, Paris, L.G.D.J., 2002, p. 36.

[46] R. CHAPUS, *Droit Administratif Général*, Tome 1, Paris, Montchrestien, 2001, p. 1012.

[47] CE Sect. 4 décembre 1959, GEOFFROY, Revue *du Droit Public*, 1960, p. 132.

[48] M. PAUL, *Les finances de l'État*, Paris, Economica, 1981 p. 590.

[49] Articles 149 & 228, loi n° 055-2004/an portant Code Général des Collectivités Territoriales (Burkina Faso).

consistance du principe d'autonomie administrative locale. Sur ce plan, le droit nigérien fait montre d'une grande originalité. S'inspirant des exemples anglo-saxons du Nigéria et du Ghana,[50] mais aussi des évolutions en France depuis les réformes de 1982, le Niger choisit de conférer à ses collectivités territoriales, les attributs juridiques d'une responsabilisation de niveau élevé. Les actes des collectivités territoriales "*sont exécutoires de plein droit,*"[51] dès l'accomplissement des formalités de publicité et la transmission à l'autorité de tutelle. La sanction d'une éventuelle illégalité relevée par celle-ci ne peut intervenir que par déféré devant "*les juridictions compétentes.*"[52] Hors de l'exemple nigérien, la tutelle de l'État reprend les grands traits du modèle jacobin hérité de la colonisation et affermi par une certaine tradition africaine. La tutelle de l'État comprend : la tutelle sur les actes et la tutelle sur les organes.

Du point de vue de la tutelle sur les actes, on retient deux grands modes d'exercice du contrôle de l'État sur les collectivités décentralisées. Une première catégorie comprend le droit à l'information. L'information favorise la communication au sein de l'appareil administratif et stimule la cohérence, la synergie et l'efficacité de l'action publique. Les actes soumis à cette obligation de transmission concernent principalement les sessions des organes locaux ainsi que les décisions issues de leurs délibérations.[53]

La deuxième catégorie de cas de figure d'exercice de la tutelle sur les actes comprend l'approbation préalable et l'annulation. La nature et la portée de ces mesures indiquent l'importance du contrôle de tutelle sur les collectivités territoriales. En effet, l'approbation préalable est, en un certain sens, antinomique du principe d'autonomie locale. Certes, pour les organes décentralisés autant que pour les structures de l'État, l'acte administratif unilatéral devrait pouvoir garder ses caractères essentiels. La "*chose décidée*", pour reprendre l'expression de Roger-Gérard SCHWARTZENBERG,[54] bénéficie du privilège du préalable et

---

[50] Partenariat pour le Développement Municipal, *État de la Décentralisation en Afrique*, *op. cit.*, p. 197 et 278.

[51] Article 134, loi n° 2002-012 du 11 juin 2002 déterminant les principes fondamentaux de la libre administration des régions, des départements et des communes ainsi que leurs compétences et ressources (Niger).

[52]Article 135, loi n° 2002-012 précitée (Niger).

[53] Article 20 & 147, loi n°97-029 du 15 janvier 1999 portant organisation des communs en République du Bénin ; article 334, Loi n°96-06 du 22 mars 1996 portant Code des collectivités locales (Sénégal).

[54] R-G SCHWARTZENBERG, *L'autorité de chose décidée*, Paris, LGDJ, 1969.

du privilège de l'exécution d'office. Une *"règle fondamentale du droit public,"*[55] veut que la décision exécutoire "*modifie immédiatement l'ordre juridique*."[56]

Cependant, s'agissant de l'entrée en vigueur de certains actes émanés des autorités locales décentralisées, la procédure se double d'un échelon supplémentaire : l'approbation par l'autorité de tutelle, suivie ensuite de l'accomplissement des formalités de publicité (publication et notification) ; ce qui constitue une entrave à l'exercice plein et entier du pouvoir de décision des élus locaux.

L'approbation préalable est limitée au Burkina Faso aux décisions *"à caractère financier ou ayant une incidence financière."*[57] Ailleurs, les matières couvertes par l'obligation d'approbation préalable indiquent l'ampleur du domaine du pouvoir de consentement de l'autorité de tutelle. L'approbation est requise pour les actes administratifs concernant la gestion des ressources humaines, le mode de gestion des propriétés de la collectivité territoriale, l'aménagement du territoire de la collectivité territoriale, la dénomination des rues, places et édifices publics, les conventions relatives aux marchés publics,[58] etc. Le droit sénégalais, dans la logique de suppression de la tutelle *a priori*, ne prévoit l'approbation préalable que dans les hypothèses de délégation de maîtrise d'ouvrage[59] et surtout de gestion budgétaire, comme on le verra plus loin.

L'exercice du contrôle de tutelle par annulation des actes des organes de l'administration décentralisée constitue, au même titre que l'approbation préalable, un facteur réducteur de la libre administration locale. L'annulation par le représentant de l'État sanctionne des vices de forme ou de fond[60] ou, de manière plus générale, tous les actes entachés d'"*illégalité,*"[61] pris par les organes locaux. L'annulation est prononcée d'office par l'autorité de tutelle, sous réserve de la saisine du juge

---

[55] CE 2 juillet 1982, *Huglo et autres*, Rec. p. 258.

[56] P. WEIL et D. POUYAUD, *Le droit administratif,* Paris, PUF, Coll. « Que sais-je ? », 2001, pp. 43-44.

[57] Article 57, loi n° 055-2004/an portant Code Général des Collectivités Territoriales (Burkina Faso).

[58] Article 144, loi n° 97-029 précitée (Bénin) ; articles 15, 84 et 132, loi n° 95-035 portant Code des collectivités territoriales (Mali).

[59] Article 317, loi n° 96-06 précitée (Sénégal).

[60] Article 27, 94, et 201, loi n° 96-06 précitée (Sénégal) ; articles 230 et 231, loi n° 95-034 précitée (Mali).

[61] Article 148, loi n° 97-029 précitée (Bénin).

administratif, à la diligence des organes de l'administration décentralisée. Il en fut ainsi de l'"*acte administratif portant relèvement de ses fonctions du secrétaire général d'une mairie alors que l'acte incriminé ne relève aucune faute administrative à l'encontre de l'intéressé.*"[62]

S'agissant de la tutelle sur les organes, les modes d'exercice de ladite tutelle comprennent la substitution d'action, la dissolution, la suspension et la révocation. La substitution d'action parachève l'édifice des pouvoirs dévolus au représentant de l'État. Elle sanctionne l'abstention dommageable des organes locaux, notamment en matière de police, lorsque le bon ordre, la sécurité, la salubrité et la tranquillité publiques sont en cause.[63] De façon plus singulière, le représentant de l'État peut se prévaloir d'être le meilleur défenseur des intérêts locaux lorsque les élus, de l'avis de la tutelle, s'en préoccupent insuffisamment ou pas du tout.[64] Par ailleurs, les textes prévoient la suspension ou la révocation pour les organes exécutifs,[65] lorsque des fautes graves sont relevées.[66] La suspension de l'organe exécutif n'est cependant possible, en droit nigérien, qu'en application d'une résolution de l'organe délibérant acquise à une majorité qualifiée (2/3) et seulement pour des motifs d'inconduite notoire, de faute ou de négligence grave[67] ; la décision de suspension est prise par le représentant de l'État. Les organes délibérants peuvent aussi être suspendus ou dissous lorsqu'ils sont dans l'impossibilité de fonctionner normalement.[68]

Au total, les modes d'exercice de la tutelle sur l'administration locale opèrent clarification du contenu du principe décentralisateur. L'administration locale décentralisée ne dispose pas d'un pouvoir réglementaire autonome qui découlerait de l'application directe des textes constitutionnels. Le principe constitutionnel de libre administration se conjugue avec un pesant contrôle de tutelle, dont la justification semble

[62] Voir Interview du préfet des départements du Zou et des Collines *in* Bulletin d'information *Prodecom info,* n° 004 novembre 2004/janvier 2005, Cotonou, p. 10.
[63] Articles 126 & 130, loi n° 96-06 précitée (Sénégal) ; articles 149 & 150, loi n° 97-029 précitée (Bénin) ; articles 43, 113, 166 et 233, loi n° 95-034 précitée (Mali).
[64] Articles 54 & 216, loi n° 96-06 précitée (Sénégal) ; article 78, loi n° 97-029 précitée (Bénin).
[65] Article 54, loi n° 97-029 précitée (Bénin).
[66] Article 12, loi 2002-012 du 11 juin 2002 précitée (Niger) ; article 184 et 272, loi n° 055-2004/AN portant Code Général des Collectivités Territoriales (Burkina Faso).
[67] Articles 26 et 60, loi n° 2002-012 précitée (Niger).
[68] Articles 12, loi n° 2002-012 précitée (Niger) ; articles 8,77, 125, loi n° 95-034 précitée (Mali) ; voir aussi articles 52, 173 & 235, loi n° 96-06 précitée (Sénégal) ; articles 154 & 159, loi n° 97-029 précitée (Bénin).

être le souci de faire respecter la loi, comme l'illustre également l'aménagement des mécanismes de contrôle de légalité financière, exercé par le représentant de l'État.

B. Le représentant de l'État, serviteur putatif de la légalité financière

Le budget n'est pas qu'une addition de chiffres. Il est la "*traduction financière du programme annuel*"[69] de la collectivité territoriale. La doctrine établit un lien intime entre la politique budgétaire et la politique économique.[70] Le niveau d'autonomie de décision des collectivités territoriales en matière budgétaire est un indicateur pertinent de leur capacité de gestion autonome. Paul Marie GAUDEMET en a tiré une loi, celle que *"l'autonomie des autorités décentralisées dépend de l'étendue de leurs compétences financières."*[71] Le constat en Afrique de l'Ouest francophone est que la gestion financière locale est le domaine, par excellence, où la tutelle de l'État est à la fois omniprésente et tatillonne.

D'un point de vue organique, la gestion locale par des organes à légitimité purement locale est déniée à l'administration décentralisée ; en effet, l'exécution des opérations d'encaissement, de décaissement et de conservation des fonds et valeurs est confiée à un comptable public choisi et nommé par le ministre en charge des finances qui s'occupe, à titre exclusif[72] ou concurrent,[73] des finances de la collectivité décentralisée. Si l'on excepte le Niger où le receveur de la collectivité territoriale est sélectionné et nommé par l'organe exécutif de ladite collectivité,[74] le comptable principal de l'administration locale décentralisée est, partout ailleurs, un agent assermenté de l'État. Il

[69] Article 111, loi n° 055-2004/AN portant Code Général des Collectivités Territoriales (Burkina Faso).

[70] J. SPINDLER, « L'évolution des conceptions théoriques et des instruments de la politique budgétaire », *in Revue Française de Finances publiques,* n° 46, 1994, p. 29.

[71] P. M. GAUDEMET, J. MOLINIER, *Finances publiques,* Paris, Montchrestien, 1996, Tome 1, p. 176.

[72] Article 359, loi n° 96-06 précitée (Sénégal).

[73] Article 46, loi n°98-007 du 15 janvier 1999 portant régime financier des communes du Bénin ; article 185, loi n° 95-034 précitée (Mali).

[74] Article 22, loi 2002-017 du 11 juin 2002 déterminant le régime financier des régions, des départements et des communes (Niger) ; les collectivités territoriales au Niger ne sont pas non plus astreintes à l'unité de caisse avec l'Etat, (article 7, loi n° 2002-017 précitée, Niger) contrairement au Bénin et aux autres pays.

assure les contrôles de "*régularité*"[75] ou de "*légalité*"[76] des actes de l'ordonnateur ; en cas de réquisition, il est en droit d'opposer un refus d'exécution, lorsque les règles essentielles de la comptabilité publique ou du droit budgétaire sont en cause (absence de service fait, violation de la spécialité des crédits) ou en cas d'insuffisance de ressources.[77]

Sur le plan fonctionnel, certains modes d'exercice de la tutelle financière sont un indicateur de l'encadrement strict des compétences des collectivités territoriales. L'originalité et l'intérêt heuristique de la tutelle financière tiennent aux procédures de sa mise en œuvre dans certains des pays sous étude, y compris en droit sénégalais. En effet, les lois de décentralisation au Sénégal, après avoir presque supprimé l'autorisation préalable dans la gestion administrative courante des collectivités territoriales, lui confèrent en matière financière une place prépondérante dans les mécanismes de contrôle financier sur les organes décentralisés. Les modalités les plus symptomatiques du poids de la tutelle financière sont : l'approbation préalable, la substitution d'action et plus singulièrement le pouvoir d'instruction.

La tutelle et le pouvoir d'instruction sont, si l'on peut dire, des notions antinomiques. Le pouvoir d'instruction relève de la compétence d'une autorité hiérarchique. Or, l'autorité de tutelle peut instruire les élus locaux d'inscrire une dépense obligatoire au budget. Cette instruction, assortie "*d'une mise en demeure,*"[78] peut déboucher sur une substitution d'action.

La substitution d'action est un instrument de choix en matière de contrôle de la gestion financière locale. Elle peut être utilisée par l'autorité de tutelle dans les cas de figure où l'équilibre réel du budget n'est pas réalisé,[79] ou encore lorsque les dépenses obligatoires ne sont pas inscrites au budget[80] ou enfin, lorsque pour des raisons diverses, le budget local n'est pas voté dans les délais prescrits par la

---

[75] Article 48, loi n°98-007 précitée (Bénin).

[76] Article 360, loi n° 96-06 précitée (Sénégal).

[77] Article 48, loi n° 98-007 précitée (Bénin) ; article 360, loi n° 96-06 précitée (Sénégal).

[78] Article 32, loi n° 98-007 précitée (Bénin) ; article 335, loi n° 96-06 précitée (Sénégal).

[79] Article 31, loi n° 98-007 précitée (Bénin) ; article 347, loi n° 96-06 précitée (Sénégal) ; article 176, loi n° 95-034 précitée (Mali).

[80] Article 32, loi n° 98-007 précitée (Bénin) ; article 355, loi n° 96-06 précitée (Sénégal) ; article 141, loi n° 2002-012 précitée (Niger).

loi.[81] Dans cette dernière hypothèse, l'autorité de tutelle règle et rend exécutoire le budget, les autorités locales décentralisées n'ayant plus qu'à le mettre en œuvre.

Sauf en droit nigérien,[82] l'approbation préalable est requise pour le budget primitif des collectivités territoriales ainsi que toutes les modifications que ce budget subit en cours d'exercice[83] : les collectifs budgétaires et les autorisations spéciales. Par ailleurs, pour les aménagements à la règle de la spécialité des crédits, notamment les virements de crédit d'investissement (changement de la nature de la dépense), l'autorisation de la tutelle est requise.[84] Enfin, le recours à des ressources extraordinaires (emprunt, coopération décentralisée) pour financer les dépenses est rigoureusement soumis à l'approbation de la tutelle.[85]

Cet encadrement juridique strict s'explique *a posteriori* par les manquements avérés à la discipline et à l'orthodoxie financières. Le "*complexe de la corruption,*" pour reprendre l'expression de Jean-Pierre OLIVIER de SARDAN,[86] c'est-à-dire la corruption au sens juridique et l'ensemble des délits voisins ou connexes,[87] imprègne la gestion des administrations décentralisées au point où celles-ci en paraissent un des

[81] Article 28, loi n° 98-007 précitée (Bénin) ; article 345, loi n° 96-06 précitée (Sénégal) ; article 140, loi n° 2002-012 précitée (Niger).

[82] Article 139, loi n°2002-012 précitée (Niger).

[83] Article 29, loi n° 98-007 précitée (Bénin) ; article 336, loi n° 96-06 précitée (Sénégal) ; article 175, loi n° 95-034 précité (Mali).

[84] Article 38, loi n° 98-007 précitée (Bénin).

[85] Article 336, loi n° 96-06 précitée (Sénégal) ; article 144, loi n° 97-029 précitée (Bénin).

[86] J.-P. O. de SARDAN, « L'économie morale de la corruption en Afrique », *in Politique Africaine,* n°63, octobre 1999, p. 99 ; voir aussi G. BLUNDO et J.-P. O. de SARDAN, « La corruption quotidienne en Afrique de l'Ouest », *in Politique Africaine* n° 83, octobre 2001, p. 8 ; G. BLUNDO et J.-F. MÉDARD, « La corruption en Afrique francophone », *in* Transparency International, *Combattre la corruption : enjeux et perspectives*, Paris, Karthala, 2002, p. 11.

[87] Voir F. O. NDIAYE, *La corruption et les délits voisins,* Dakar, Goose, 2000, pp. 106 et 107 ; l'auteur recense des cas d'indélicatesse financière commise au préjudice des administrations décentralisées : « un maire dont la femme avait revendu avec bénéfice des marchandises qu'il avait été chargé de répartir à ses administrés", "un maire qui a pris des fournitures de librairie à la commune sous le nom d'un tiers", "un conseiller municipal ayant reçu, en qualité d'architecte, des honoraires correspondant à des pourcentages calculés sur le montant de travaux de construction et exécutés pour le compte de la commune et mis en adjudication, alors que, en raison de sa qualité de membre de la commission des travaux, il était chargé de la surveillance desdits travaux », etc.

"*foyers principaux.*"[88] La gestion de proximité n'a pas donné plus de prégnance à la notion d'*accountability* ni influé positivement sur la qualité de la gouvernance locale. Or, le contrôle de tutelle est censé servir les besoins de renforcement de la culture, de la légalité et de l'orthodoxie financières au niveau des élus locaux. La fonction atteint-elle de meilleurs résultats sur le plan de la garantie de l'unité de la politique de la nation, servie par la censure des choix de politique particulière des administrations locales ?

II. LE PRINCIPE DE LIBRE ADMINISTRATION CONTRARIÉ PAR L'EXIGENCE DE COHÉRENCE DE LA POLITIQUE DE LA NATION

Selon les dispositions constitutionnelles en vigueur en Afrique de l'Ouest francophone, le gouvernement détermine et conduit la politique de la nation.[89] Il fixe les objectifs, détermine les stratégies et assure leur mise en œuvre. La logique du régime présidentiel ainsi exprimée imprègne le fonctionnement des organes décentralisés. Les options de politique particulière intègrent une trilogie de choix : choix du moment, choix de l'action et de ses modalités, choix du lieu. Cette trilogie paraît la quintessence de toute autorité, de tout pouvoir qu'on voudrait autonome. Certes, ainsi que l'écrit Loïc Philip, "*la décentralisation n'est pas l'indépendance,*"[90] mais la recherche d'une cohérence nécessaire ouvre, par ses modalités, le champ à une unité et à une uniformisation des stratégies et actions de politique particulière conduites par les pouvoirs publics. Le principe de libre administration locale en subit une réelle atténuation par le contrôle incident de l'opportunité des actes des organes de l'administration locale décentralisée et par la prolifération des situations de tutelle de fait.

A. Du contrôle de légalité au contrôle incident de l'opportunité des actes

L'appréciation de l'opportunité est consubstantielle au pouvoir de décision, à l'autonomie de l'action administrative. En un premier sens,

---

[88] G. BLUNDO, « La corruption comme mode de gouvernance locale : trois décennies de décentralisation au Sénégal », *in Afrique contemporaine,* n°199/2001, p. 116.

[89] Article 61, constitution du Niger ; articles 42 et 53, constitution du Sénégal ; article 36 et 61, constitution du Burkina Faso ; article 53, constitution du Mali ; article 54, constitution du Bénin.

[90] L. PHILIP, « Les garanties constitutionnelles du pouvoir financier local », *in Revue Française de Droit Administratif, Collectivités Locales,* mai-juin 1992, p. 458.

elle induit l'exercice d'un pouvoir discrétionnaire, d'"*un choix entre des décisions ou des comportements*"[91] dans le respect de la légalité. La gestion administrative locale est une chaîne de stratégies, d'actions, de moyens ou de modalités de mise en œuvre, de mesures évaluatives, etc. Elle est fondamentalement un tissu de choix, une succession de choix et le champ privilégié de l'appréciation d'opportunité. Si on admet qu'il n'existe pas "*de définition a priori et fixe de l'opportunité,*"[92] il faut cependant convenir qu'elle exprime fondamentalement une "*liberté de choix,*"[93] que semble brider l'étendue des compétences de l'autorité de tutelle.

La préservation de l'ordre, de la sécurité et de la tranquillité publics, en un mot, la police administrative est dévolue aux organes locaux. Ceux-ci exerçant, en l'occurrence, une compétence déléguée[94] ou partagée, qui autorise l'autorité de tutelle à manifester la plénitude de son ingérence par les voies de droit : l'annulation ou la substitution d'action.[95]

L'ordre public est une de ces "*notions ouvertes*"[96] du droit administratif ; il relève de la catégorie des "*notions fonctionnelles*" décrites par le doyen Georges VEDEL[97] et pour lesquelles la finalité, le but précède et détermine le contenu. La malléabilité de la notion d'ordre public accroît l'importance du pouvoir d'appréciation des organes locaux, mais aussi paradoxalement, constitue un facteur multiplicateur de l'intensité du contrôle de tutelle, par l'usage des instruments juridiques les plus forts que sont les décisions d'annulation et les

---

[91] R. CHAPUS, *op. cit.*, Tome 1, p 1058.

[92] *Ibidem* p. 1057.

[93] *Ibidem* p. 1057.

[94] Sur les attributions des organes locaux, en leur qualité de "représentants du pouvoir exécutif" national, voir articles 117, 124 & 130, loi n° 96-06 précitée (Sénégal) ; article 16, loi n° 97-029 précitée (Bénin).

[95] Article 17, loi n°97-029 précitée (Bénin).

[96] P. BERNARD, *L'ordre public en droit administratif,* Paris, L.G.D.J., 1962 p. 247. Georges Burdeau ajoute que l'ordre public est "un terme inventé tout exprès pour distraire la sagacité des juristes" (G. BURDEAU, *Traité de science politique* Tome 1, Paris, L.G.D.J., 1966, p.253).

[97] « Les notions conceptuelles sont celles qui peuvent recevoir une définition complète selon les critères logiques habituels et leur contenu est abstraitement déterminé une fois pour toutes (…) ; elles ont une réelle unité conceptuelle (…). Les notions fonctionnelles sont différemment construites. Elles procèdent directement d'une fonction qui leur confère seule une véritable unité » (G. VEDEL, « La juridiction compétente pour prévenir, faire cesser ou réparer la voie de fait administrative », *in* Jurisclasseur Périodique, *La Semaine Juridique,* 1950, I. 851).

décisions de substitution d'action. Dans un cas comme dans l'autre, l'autorité locale est privée de sa marge d'autonomie d'action.

Par ailleurs, l'autonomie financière est présentée comme un des éléments de définition de la décentralisation. Elle va de pair avec la personnalité morale. La gestion budgétaire est ainsi, *a priori*, un domaine de compétence régalienne des administrations décentralisées. Celles-ci sont compétentes pour déterminer et exécuter leurs recettes et leurs dépenses dans le respect des lois et règlements. Or, il faut bien convenir avec Danielle LOCHAK, que *la "notion de légalité est essentiellement relative,"*[98] en ce sens que le "*juge ne se contente pas de constater la légalité, il participe lui-même à sa définition,"*[99] tirant ainsi avantage de la propension du législateur à la généralité, ce qui est, selon Portalis, *"l'office de la loi."*[100] Ce qui est valable pour les magistrats tend aussi à le devenir pour l'autorité de tutelle.

En effet, la première règle de la gestion financière locale est l'équilibre réel du budget.[101] Cette exigence d'équilibre soulève deux catégories de questions. La première est relative au contenu de l'expression "*équilibre réel.*" La loi, par sa rédaction lapidaire, notamment au Bénin,[102] ne renseigne pas sur la présentation d'un budget en équilibre réel. La section de fonctionnement et la section d'investissement doivent-elles être chacune équilibrée ou l'équilibre ne concerne que le solde global du budget ? La seconde question est celle des implications et des caractères de l'équilibre réel. Le budget étant fondamentalement un acte de prévision, une certaine doctrine estime que, pour les collectivités territoriales, "*l'exigence d'équilibre correspond*

98 D. LOCHAK, *Le rôle politique du juge administratif français*, Paris, L.G.D.J., 1972, p. 46.

99 *Ibidem* p. 46.

100 « L'office de la loi est de fixer par de grandes vues, les maximes générales du droit ; d'établir des principes féconds en conséquence et non de descendre dans le détail des questions qui peuvent naître sur chaque matière » explique le président de la commission d'élaboration du projet de code Civil de 1804 (Portalis, Discours préliminaire du premier projet de Code civil, Bègles, rééd. Confluences, Coll. "Voix de la cité", 1998 p. 19).

101 « Le budget doit être en équilibre réel de recettes et des dépenses » Article 4, loi n° 98-007 du 15 janvier 1999 portant régime financier des communes en République du Bénin ; article 171, loi n° 95-034 précitée (Mali) ; article 346, loi n° 96-06 précitée (Sénégal). Le droit nigérien, une fois encore, se singularise en ne prévoyant qu'un budget "établi et voté en équilibre", article 157, loi n° 2002-012 précitée (Niger).

102 Une phrase et 11 mots, article 4, loi n ° 98-007 précitée (Bénin) ; le texte sénégalais paraît plus circonstancié (voir article 346, loi n° 96-06 précitée, Sénégal).

à des prévisions complètes et sincères"[103] ou tout simplement sincères pour reprendre la formulation des textes français.[104] Mais la sincérité n'est qu'un acte de foi de la raison et un *credo* de technique budgétaire. Elle repose sur des évaluations prévisionnelles qui "*peuvent être sincères et fausses"*[105] ou à l'opposé "*insincères et justes.*"[106] La marge d'incertitude[107] qui entoure l'appréciation d'un budget en équilibre réel peut fatalement devenir l'instrument d'un contrôle de l'opportunité des inscriptions budgétaires, sous le couvert d'un contrôle de légalité dont le contenu aura été fixé par la tutelle elle-même.

La seconde règle de la gestion budgétaire locale concerne l'inscription des dépenses obligatoires. Leur nombre[108] traduit l'idée de garantir un service *minimum* aux usagers, de pourvoir aux investissements essentiels et d'honorer les engagements (contractuels, légaux et quasi délictuels) de la collectivité territoriale. L'inscription des dépenses obligatoires ne retiendrait pas l'attention au-delà de la singularité de la procédure de mise en conformité par substitution d'action, si certaines rubriques n'étaient elles-mêmes des rubriques à tiroirs, réservant des ajouts possibles par voie réglementaire ou législative,[109] ou par simple appréciation d'opportunité faite par l'autorité de tutelle.[110] La catégorie des dépenses obligatoires présente une souplesse conceptuelle qui porte potentiellement atteinte au principe de libre administration locale,

---

[103] A. GRUBER, *La décentralisation et les instituions administratives,* Paris, Armand Colin, 1996, p. 469.

[104] « Les recettes et les dépenses ayant été évaluées de façon sincère », Article 1612-4, Code général des collectivités territoriales (France).

[105] R. MUZELLEC, *Finances Locales*, Paris, Dalloz, 2001, p. 52.

[106] *Ibidem,* p. 52.

[107] Incertitude qui explique la non-convergence des analyses du Conseil constitutionnel français saisi de la violation du principe de sincérité et les rapports de la Cour des comptes française sur l'exécution des lois de finances (voir G. De REILHAN, « Le principe de sincérité budgétaire », *in Revue Française de Finances publiques*, n° 78, janvier 2002 p. 187).

[108] 17 au Bénin (article 17, loi n°98-007 précitée), 18 au Sénégal (article 258, loi n° 96-06 précitée).

[109] Ainsi "des dépenses des services que la loi met à la charge des communes" *(*article 17, point 15, loi n°98-007 précitée au Bénin).

[110] Il en est ainsi de la catégorie des "dépenses somptuaires" (article 17, point 1, loi n° 98-007 précitée au Bénin) ou des "dépenses nécessaires à la réalisation des programmes d'investissement ou des actions de développement délibérées par le conseil et inscrits au plan de développement" (article 258, point 16, loi n° 96-06 précitée, Sénégal).

comme le prouve la jurisprudence constitutionnelle française,[111] surtout dans l'hypothèse où les crédits ouverts à ce titre doivent "*être jugés suffisants*" par l'autorité de tutelle.[112]

Enfin, la nébuleuse fonctionnelle de "*l'intérêt général*"[113] peut être soulevée par la tutelle pour fonder une décision de substitution à l'action des élus locaux. Tandis qu'*a contrario*, seul un "*intérêt local*"[114] peut justifier l'inscription au budget de dépenses facultatives ! Ces expressions sous-entendent un jugement de valeur, une appréciation subjective des données en présence. L'intérêt général peut se décliner, sans préjuger de leur convergence, en intérêt local, en intérêt national et même en intérêt communautaire dans le cadre de politique d'intégration inter-étatique. On peut dès lors conclure que le contrôle de légalité en ces domaines recèle, en lui-même, une dose de contrôle d'opportunité.

Au total, la gestion des collectivités territoriales est encadrée par un contrôle de légalité de droit commun exercé par l'autorité de tutelle et un contrôle de l'opportunité de l'action locale, servi par la nature et l'étendue du contrôle de légalité, sous réserve de la censure du juge de l'excès de pouvoir. La conséquence de ces contrôles est que le pouvoir local semble bridé dans ses choix. L'autonomie des collectivités territoriales ne se vit pas en dehors des choix de politique publique conduits par l'État. L'autorité de tutelle encadre et recentre l'administration locale décentralisée en tenant compte des impulsions majeures exprimées par le gouvernement et sa majorité politique. Ce pouvoir de double contrôle (légalité et opportunité) est renforcé par l'ensemble des situations qui créent une tutelle de fait.

---

[111] Soucieux de la défense du principe de libre administration des collectivités locales, le Conseil constitutionnel français affirme « … le législateur peut définir des catégories de dépenses qui revêtent pour une collectivité territoriale un caractère obligatoire (…), toutefois, les obligations ainsi mises à la charge d'une collectivité territoriale doivent être définies avec précision quant à leur objet et à leur portée et ne sauraient méconnaître la compétence propre des collectivités territoriales ni entraver leur libre administration" (C. const. n° 90-274 DC, 29 mai 1990, *Loi visant à la mise en œuvre du droit au logement*, Rec. 61 paragraphe 16).

[112] Article 257, loi n° 96-06 précitée (Sénégal).

[113] Article 78, loi n°97-029 précitée (Bénin).

[114] Article 260, loi n° 96-06 précitée (Sénégal) ; article 16, loi n° 2002-017 déterminant le régime financier des régions, des départements et des communes (Niger).

B. La prolifération des situations de tutelle de fait

La capacité de décision des collectivités territoriales dépend de leurs moyens financiers mais aussi des ressources humaines disponibles. Les compétences transférées au niveau local couvrent tous les niveaux de la gestion publique : conception, programmation, mise en œuvre, évaluation.[115] Ceci nécessite non seulement des ressources financières d'accompagnement mais également de l'expertise humaine, ce qui semble le talon d'Achille des collectivités territoriales. "*Le défi majeur, estime un officiel malien, reste la faiblesse des capacités humaines et financières*" des organes décentralisés.[116]

Du point de vue des ressources humaines, les administrations locales souffrent de la "*sous-administration*"[117] qui frappe l'État lui-même. Les profils de compétence réservent une place prépondérante aux agents d'exécution et aux cadres moyens. Le "*déficit de ressources humaines*"[118] se traduit surtout par le fait que la catégorie des cadres de conception est peu représentée dans les administrations décentralisées. La "*faiblesse du niveau local de gouvernement*" notée au Mali[119] peut être extrapolée aux autres pays. Ce déficit quantitatif est accentué par une absence de professionnalisation de la fonction publique locale. Les personnels locaux, issus des anciennes circonscriptions administratives ou transfuges des services de l'État, sont le plus souvent moulus dans le style de gestion du fonctionnaire d'autorité, fort éloigné de l'éthique d'une administration de proximité et de développement que postule la décentralisation. Les personnels locaux fragilisés par leurs effectifs et leur niveau d'expertise sont "*encadrés*" par une administration locale

---

[115] Expressément énoncé par les textes au Mali (article 3, loi n° 93-008 précitée, Mali).

[116] Propos du ministre de l'Administration territoriale et des collectivités locales du Mali, cités par M. BOLLY, « Décentralisation au Mali : une alternative à l'instabilité du personnel » *in* journal *Le Reflet* du 19 mai 2003, Bamako.

[117] Concept perçu ici sous l'angle exclusivement quantitatif. En l'analysant sous le double angle quantitatif et qualitatif, Bernard Cherigny choisit le concept de maladministration faite de : « surfonctionnarisation, surinstitutionnalisation, surcentralisation, surbudgetisation en dépenses de personnel, surendettement (…) surinvestissement militaire, surfacturation généralisée, surdilapidation sans contrôle, etc. ». B. CHERIGNY, « Essai de réflexion conceptuelle sur les notions de sous-administration et de maladministration », *in Penant* 1987 p. 478).

[118] Ch. NACH MBACK, *op. cit.* p. 434.

[119] Organisation des Nations Unies pour l'Alimentation et l'Agriculture, « République du Mali : décentralisation et développement rural », http://www.ciesin.org/decentralisation/French/CaseStudies/mali.html mise à jour 17 octobre 2004.

déconcentrée,[120] quelquefois structurée formellement en un *shadow local government,*[121] comme au Bénin. L'administration locale déconcentrée est censée apporter un conseil, une assistance technique[122] aux élus locaux et à leurs appareils administratifs, dans les domaines de compétence des administrations décentralisées : l'urbanisme, la santé, l'éducation, la planification économique, etc. Cette assistance, fort opportune, offre le prétexte et l'occasion d'un subtil et informel contrôle sur les mécanismes de la libre administration locale, sur l'autonomie de la gestion locale. Ceci, d'autant plus aisément que l'importance de la demande d'assistance oblige à faire des arbitrages, c'est-à-dire, une sélection et une hiérarchisation des demandes émanées des collectivités territoriales.[123] En un mot, à choisir à la place des élus locaux par le simple jeu de l'arbitrage sur les priorités de l'action publique locale. Une tutelle de fait peut s'instaurer, laquelle peut trouver dans l'argument financier un ferment décisif.

En effet, l'assiette et le taux des impositions de toutes natures sont du domaine de la loi,[124] sous réserve de l'habilitation législative des élus locaux à fixer les taux de certaines taxes à l'intérieur d'une fourchette légale. L'autonomie financière des collectivités territoriales se résout alors en une toute relative autonomie de gestion financière. La

---

[120] La présence du représentant de l'État aux séances des organes délibérants de l'administration locale est de droit (article 50, 156, 227, loi n° 96-06 précité, Sénégal) ; les collectivités locales sénégalaises "s'appuient sur les services déconcentrés de l'État" (article 9, loi n° 96-06 précitée, Sénégal) ou peuvent "disposer, le cas échéant, des services extérieurs de l'État" (article 33, loi n° 96-06 précitée, Sénégal).

[121] La Conférence administrative départementale (CAD) regroupe autour du préfet de département, les directeurs et chefs de service déconcentrés de l'État, les responsables départementaux des sociétés et offices d'État ; elle suit « la mise en œuvre au niveau du département de la politique générale de l'État, du programme d'action du gouvernement ainsi que des tranches départementales du plan national et des programmes sectoriels de développement » au Bénin (Décret n°2001-409 du 15 octobre 2001, art. 2 ; loi n°97-028 du 15 janvier 1999 précitée, article 12).

[122] "le pouvoir de tutelle sur la commune comporte des fonctions (…) d'assistance et de conseil à la commune" (Articles 142, loi n° 97-029 du 15 janvier 1999 précitée, Bénin) ; voir aussi le rôle "d'assistance" de l'État au Burkina Faso (article 44, loi n° 055-2004/AN portant Code Général des Collectivités Territoriales (Burkina Faso).

[123] Voir en ce sens, articles 5 et 7, Décret n° 96-084/P-RM déterminant les conditions et les modalités de mise à la disposition des collectivités territoriales, des services déconcentrés de l'État (Mali) ; article 4 et 5, Décret n° 2003-176/PRN/D du 18 juillet 2003 déterminant les modalités de mise à la disposition des collectivités territoriales des services techniques déconcentrés de l'État (Niger).

[124] Article 98, constitution du Bénin ; article 81, constitution du Niger ; article 67, constitution du Sénégal ; article 70, constitution du Mali.

"*territorialisation*" de l'impôt n'est pas à l'ordre du jour. La liquidation et le recouvrement de l'impôt sont exécutés par les services déconcentrés du Trésor public, tandis que les recettes tirées des redevances sont reversées aux receveurs du Trésor public en application de la règle de l'unité de caisse. Par ailleurs, les dotations (globalisées ou affectées) et les subventions étatiques accompagnant les transferts de compétences et donc de charges de l'État vers les organes décentralisés sont décidées, soit après l'arbitrage d'un organe de concertation comme le Conseil national de développement des collectivités locales au Sénégal,[125] soit sur décision souveraine de l'État inscrite dans la loi de finances de l'année au Bénin. Quant aux ressources d'investissement, elles proviennent principalement d'institutions de financement publiques[126] ou de mécanismes (emprunt, coopération décentralisée) fortement contrôlés par l'État.

Cet état des finances locales témoigne de ce que les ressources versées ou reversées par l'État, bien que ne constituant pas légalement un domaine de compétence discrétionnaire, n'en constituent pas moins l'expression insidieuse d'une tutelle de fait, des occasions manquées pour la libre administration des collectivités territoriales de s'affirmer pleinement. Les élus locaux semblent dépourvus d'un réel pouvoir de décision inconditionné sur l'essentiel des moyens financiers de leur action. Les réflexions françaises actuelles sur le "*ratio d'autonomie financière,*"[127] c'est-à-dire, le seuil en deçà duquel la part des ressources propres de la collectivité territoriale ne pourra plus être considérée comme déterminante, ne paraissent pas transposables dans les pays sous

---

[125] Articles 58,59 & 60, loi n° 96-07 du 22 mars 1996, portant transfert de compétences aux régions, aux communes et aux communautés rurales (Sénégal).

[126] Fonds d'équipement des collectivités locales (article 63, loi n° 96-07 précitée, Sénégal) ; Institution de financement des collectivités locales (article 57, loi 98-007 précitée, Bénin) ; Fonds de Dotation des Collectivités Locales (article 115, loi n° 055-2004/AN portant Code Général des Collectivités Territoriales (Burkina Faso) ; Dotation générale de Décentralisation (article 180, loi n° 95-034 précitée, Mali).

[127] Assemblée nationale française, *Rapport n° 1674 sur le projet de loi organique relatif à l'autonomie financière des collectivités territoriales*, 21 juin 2004, p.3. ; voir aussi R. HERTZOG, « La constitution financière de l'État décentralisé » *in* G. MARCOU (dir.), *Réforme de la décentralisation, réforme de l'État, régions et villes en Europe,* Paris, CNRS Editions, 2004, p. 171; Loi organique n° 2004-758 du 29 juillet 2004 prise en application de l'article 72-2 de la Constitution relative à l'autonomie financière des collectivités territoriales (Journal officiel de la République Française, 30 juillet 2004).

étude, en raison de l'inconsistance de l'assiette fiscale dans la plupart des collectivités décentralisées, notamment en milieu rural.

Enfin, si on peut affirmer qu'on est encore loin, en Afrique de l'Ouest, de la "*paranoïa normative*"[128] qui pèse sur l'action locale et que la doctrine désigne sous le terme de tutelle technique, on ne peut manquer de noter que la catégorie des actes-types (cahier des charges-types, règlement-type, canevas de plan de développement local, organigramme-type, convention-type, etc.)[129] existe et s'étoffe progressivement, même si elle n'a pas atteint les seuils que vivent les collectivités territoriales françaises, par exemple.[130] En tout état de cause, elle reste moins contraignante pour la gestion locale que les nombreux documents de stratégie produits par les gouvernements pour donner une lisibilité à leur action dans le temps. Les stratégies sectorielles de l'État n'ont pas de valeur juridique exécutoire. Elles sont des référentiels programmatiques élaborés et mis en œuvre par les différents départements ministériels.[131] Elles concernent les politiques et actions en matière de population, de santé, d'environnement, de sécurité, d'emploi, d'enseignement général et technique, d'énergie, d'aménagement du territoire, etc. Document de travail et boussole de l'action, ces stratégies sectorielles reflètent les choix nationaux et constituent les orientations de la politique économique et sociale du gouvernement. En effet, *"la commune exerce ses compétences en conformité avec les stratégies sectorielles, les réglementations et normes nationales en vigueur" (*Bénin)[132] de même que *"l'État assure*

[128] J.-P. CHEVALIER, « Les budgets communaux menacés par l'inflation des normes : vrai ou faux débats ? » *in Mélanges Benoît Jeanneau,* Paris, Dalloz 2002 p. 577

[129] Article 300, loi n° 96-06 précitée (Sénégal) ; article 8, loi n° 2002-013 du 11 juin 2002 portant transfert de compétence aux régions, départements et communes (Niger).

[130] Sont applicables en France, 19.000 normes techniques françaises, 5.800 normes européennes et 14.500 normes internationales qui concernent l'ensemble des acteurs économiques et sociales et dont « tous ne concernent pas les collectivités locales » (J.-P. CHEVALIER, article précité p. 579).

[131] Exercice devenu obligatoire avec la généralisation progressive du *program budgeting* dans certains pays comme le Bénin (voir Banque Mondiale, Banque Africaine de Développement, Union Européenne, *Mission de préparation du PERC,* Aide-mémoire, Cotonou 23 novembre - 7 décembre 1999) et plus généralement dans le cadre de la mise en œuvre du nouveau paradigme de la Banque Mondiale qu'est la Stratégie de réduction de la pauvreté (voir CNUCED : *De l'ajustement à la réduction de la pauvreté: qu'y a-t-il de nouveau?* Genève, 2002, 72 pages ; et aussi l'ancien économiste principal de la Banque Mondiale et prix Nobel d'économie, JOSEPH E. STIGLITZ, *La grande désillusion,* édit. Fayard, 2002, 324 pages).

[132] Article 108, loi n°97-029 du 15 janvier 1999 précitée (Bénin).

*la coordination des actions de développement et garantit la cohésion et la solidarité nationale"(*Sénégal).[133] La capacité de libre décision locale subit, par ce truchement, un nouveau carcan découlant de l'orientation générale des politiques particulières des gouvernements des États.

CONCLUSION

Ainsi, les pays ouest-africains francophones ont fait l'option d'une décentralisation de l'administration territoriale tiraillée entre le besoin de *"responsabiliser très largement les collectivités locales"*[134] et le souci de préserver *"l'autorité et l'unité de l'État"*.[135] À la différence notoire de la législation nigérienne, le principe de libre administration des collectivités territoriales est enchâssé dans un contrôle de tutelle qui pourrait se manifester aussi bien au quotidien de la vie administrative locale que dans la détermination des choix stratégiques des élus locaux. Cet état du droit positif rappelle, en un certain sens, les aurores du contentieux administratif qui, de la *"justice retenue"* est passé à la justice déléguée aux juridictions administratives.[136] La décentralisation est fondamentalement un processus, *"une œuvre de longue haleine,"*[137] comme l'écrit Jérôme CHAPUISAT. L'Afrique de l'Ouest francophone vit une phase qu'on pourrait qualifier d'étape d'autonomie "*retenue,*" en ce sens que l'État retient encore entre ses mains une part essentielle du pouvoir de décision locale.

A priori, on pourrait craindre que la superbe de la puissance étatique en arrive, à l'épreuve, à vider l'autonomie locale de toute substance, de toute effectivité, à ouvrir le champ à des frictions et des frustrations récurrentes dans les rapports entre l'État et les collectivités territoriales. La réalité paraît plus sereine. Le suffrage universel contribue à donner une légitimité démocratique aux structures locales, et donc un poids politique, qui est lui-même porteur *"d'une relégitimation de l'État."*[138] Un *fair play* s'établit entre les élites gouvernantes, dont les intérêts paraissent plus convergents que divergents. Ceci par l'effet induit d'une

---

[133] Article 1er, loi n° 96-07 précitée (Sénégal).

[134] Exposé des motifs, loi n°96-07 précitée (Sénégal).

[135] *Ibidem.*

[136] B. EVEN, « Des conseils de préfecture aux tribunaux administratifs », *in Revue Française de Droit Administratif,* mai-juin 2004, p. 475 ; R. CHAPUS, *Droit du contentieux administratif,* Paris, Montchrestien, 1999, pp. 57-58.

[137] J. CHAPUISAT, « La décentralisation cinq ans après », *in Actualités Juridiques Droit Administratif,* n° 3, 1987, p. 139.

[138] Partenariat pour le Développement Municipal, État de la décentralisation en Afrique, *op. cit.*, p. 14.

acception large de la loi d'airain de l'oligarchie,[139] laquelle constate une grande stabilité des personnels politiques au niveau des appareils des partis politiques et de la classe politique. Les constances de la sociologie politique universelle ajoutée au génie africain de la palabre conciliatrice finissent par créer, en Afrique de l'Ouest francophone et malgré les "*permissions*" de la loi, les conditions d'une gouvernance locale apaisée, mais pas forcément efficace.

La bonne question paraît, alors, de savoir s'il faut plus ou moins d'autonomie pour les collectivités territoriales, en d'autres termes, si alléger les contrôles de tutelle de l'État constituerait la meilleure manière d'atteindre les objectifs de gestion administrative saine et performante, d'enracinement de la démocratie et d'accélération du développement. Le principe de subsidiarité, qui semble imprégner les politiques de décentralisation, postule une recherche constante du "*niveau adéquat d'exercice des compétences.*"[140] Ce niveau optimum valorise le plus souvent les collectivités territoriales, s'agissant des tâches de développement économique et social. Cependant, il prend insuffisamment en compte l'"*environnement sociétal*"[141] qui fragilise l'efficacité globale de l'action publique. Le débat sur le plus ou moins d'autonomie locale ne peut faire abstraction de la constante et nécessaire réflexion sur les indicateurs et les moyens d'une gouvernance publique qualitativement meilleure.

---

[139] W. SCHONFELD, « La stabilité des dirigeants des partis politiques : la théorie de l'oligarchie de Roberto Michels », *in Revue française de science politique,* 1980, p. 846.

[140] Commission de Développement des Responsabilités Locales : *Rapport " Vivre ensemble"*, Paris, La Documentation Française, 1976, p. 97.

[141] J. du Bois de GAUDUSSON, Préface à Ch. NACH MBACK, *op. cit.*, p. 9.

DROIT CONSTITUTIONNEL

NOTE SOUS COUR CONSTITUTIONNELLE DU BÉNIN

DÉCISION DCC 02-058 DU 04 JUIN 2002, FAVI ADÈLE, RECUEIL, 2002, P. 2431

Saisie d'une requête du 11 février 2002 enregistrée à son Secrétariat le même jour sous le numéro 0274/025/REC, par laquelle Madame Adèle FAVI porte plainte contre la garde rapprochée du Président de la République pour "*traitement inhumain et barbare.*"

Vu la Constitution du 11 décembre 1990 ;

Vu la loi n° 91-009 du 04 mars 1991 portant loi organique sur la Cour constitutionnelle ;

Vu le Règlement intérieur de la Cour constitutionnelle ;

Ensemble les pièces du dossier ;

Ouï le Professeur Maurice GLELE-AHANHANZO en son rapport ;

Après en avoir délibéré,

Considérant que Madame Adèle FAVI expose que le mercredi 06 février 2002, aux environs de 20 heures, de retour de *German co*, son lieu habituel de vente et en voulant traverser la route, elle a été arrêtée par les militaires qui se trouvaient à bord d'un véhicule Pajéro immatriculé R 0004 RB de la garde rapprochée du Président de la République ; que ceux-ci lui ont *"porté des coups de pied sans que l'arrivée du chef de l'État ne soit pas encore annoncée"* ; qu'elle développe qu'ayant pris la fuite, elle a été poursuivie et rattrapée à la hauteur de la clôture de l'ambassade de France où elle a "*subi des bastonnades, des coups de pied de rangers, des chicotes et traînée par terre jusqu'à une distance de 50 mètres avant d'être laissée inerte sans connaissance"* ; qu'elle affirme, par ailleurs, qu'elle s'est par la suite retrouvée à l'hôpital de la garnison de Cotonou grâce aux vigiles de la sécurité de la bande des 200 mètres du parc *German co* ; que tout ce qu'elle avait sur elle est resté jusqu'à présent introuvable ; qu'en conséquence, elle porte plainte contre la garde rapprochée du Chef de l'État pour l'avoir soumise à un *"traitement inhumain et barbare"* et demande que *« justice soit faite »* ;

---

[1] Publié dans la Revue électronique *Afrilex n°4,* décembre, 2004 http://afrilex.u-bordeaux.fr. p. 353.

Considérant qu'en réponse à la mesure d'instruction de la Cour, le Colonel Alassane Kpembi MASSOUHOUDOU, Directeur du cabinet militaire du Président de la République rapporte que "*le passage du cortège étant imminent et pour éviter tout accident malheureux pouvant être fatal, non seulement pour la divagatrice elle-même, mais aussi pour le cortège, et surtout pour le Chef de l'État, les éléments de détachement ont dégagé par des* ***méthodes requises*** *cette dame qui n'a pas manqué de les traiter de fous... ; qu'il est fort heureux aujourd'hui pour tout un chacun que la garde ait eu une* ***réaction énergique*** *qui a permis de dégager la dame... ; que les personnels de sécurité ont été invités à s'acquitter réglementairement de leur mission sans répondre aux provocations dont ils font quotidiennement l'objet*" ; qu'il produit par la suite une copie du Décret n° 99-543 du 22 novembre 1999 réglementant la mise à disposition des gardes du corps et explique que : "***la réaction énergique*** *dont il est question est une action prompte par laquelle la divagatrice ayant délibérément décidé de ne pas obtempérer aux injonctions a été dégagée de la voie... ; que les* ***méthodes requises*** *dans ce genre de situation sont des actes réflexes simples, consistant à se saisir sans délai de l'obstacle, à bras le corps et à le dégager*" ; qu'il ajoute, par ailleurs, que *"l'article 10 du Décret n° 99-543 du 22 novembre 1999 met le garde du corps, dans l'exécution de sa mission, en situation de légitime défense d'autrui (...) et que la réaction énergique des éléments de sécurité par les méthodes requises en la circonstance a été salutaire pour la divagatrice elle-même, pour les éléments de sécurité eux aussi et pour le cortège présidentiel ... " ;*

Considérant qu'aux termes de l'article 18 alinéa 1 de la Constitution *: « Nul ne sera soumis à la torture, ni à des sévices ou traitements cruels, humiliants ou dégradants » ;*

Considérant qu'il ressort des éléments du dossier que Madame Adèle FAVI qui n'a pas dégagé à temps la voie au motif que "*l'arrivée du Chef de l'État n'était pas annoncée*", a été poursuivie et rattrapée à la hauteur de l'ambassade de France où elle a *"subi des bastonnades, des coups de pied de rangers, des chicotes et traînée par terre jusqu'à une distance de 50 mètres avant d'être laissée inerte, sans connaissance"* ; que c'est à la suite de ce traitement qu'elle a été admise au service de santé des Armées de Cotonou comme l'atteste le certificat médical versé au dossier et qui fait état : *"des douleurs exquises à la palpation à la cheville droite, au gros orteil droit, des douleurs à la mobilisation du membre supérieur droit et des douleurs à l'hémiface* *droite ainsi que des douleurs lombaires, une impotence fonctionnelle majeure à la marche et une plaie superficielle à la malléole externe de la cheville droite*", le tout ayant entraîné une *"incapacité temporaire de travail de dix-huit jours*" ; qu'il s'ensuit que ces lésions sont consécutives aux sévices et traitements cruels, inhumains et dégradants infligés à Dame Adèle FAVI ; que ni les dispositions du Décret n° 99-543 du 22 novembre 1999 réglementant la mise à disposition des gardes du corps, ni les explications fournies par le Directeur du Cabinet Militaire du Président de la République ne sauraient justifier de pareils traitements ; que, dès lors, il y a lieu de dire et de juger qu'en agissant comme elle l'a fait, la garde rapprochée du Président de la République a violé à l'article 18 alinéa 1 de la Constitution ;

Considérant que par sa Décision DCC 02-052 du 31 mai 2002, la Haute Juridiction a jugé que … les préjudices subis par toute personne, du fait de la violation de ses droits fondamentaux, ouvrent droit à réparation ; qu'il s'ensuit que Dame Adèle FAVI a droit à réparation pour les préjudices qu'elle a subis ;

DÉCIDE

Article 1er : Les sévices et traitements cruels, inhumains et dégradants infligés à Madame Adèle FAVI le mercredi 06 février 2002 par une équipe de la garde rapprochée du Président de la République, constituent une violation de la Constitution.

Article 2 : Madame Adèle FAVI a droit à réparation pour les préjudices qu'elle a subis.

Article 3 : La présente décision sera notifiée à Madame Adèle FAVI, au Directeur du Cabinet militaire du Président de la République, au ministre de l'Intérieur, de la Sécurité et de la Décentralisation, au ministre d'État chargé de la Défense nationale, au ministre de la Justice, de la Législation et des Droits de l'Homme, au Président de la République et publiée au Journal Officiel. **Ont siégé à Cotonou, le quatre juin deux mille deux.**

NOTE

INTRODUCTION

"Toute société dans laquelle la garantie des droits n'est pas assurée, ni la séparation des pouvoirs déterminés, n'a point de constitution." Cette proclamation des révolutionnaires français de 1789 est l'une des premières consécrations écrites du contenu du constitutionnalisme moderne ; la constitution est, en son sens matériel, non seulement un ensemble de règles relatives à l'exercice et à la dévolution du pouvoir dans l'État,[1] *"l'ensemble des règles fondamentales (...) qui déterminent la structure et le fonctionnement du gouvernement d'un État,"*[2] mais aussi une *"charte des droits et libertés"*[3] du citoyen. Cependant, la loi fondamentale ne devient efficacement norme de référence suprême de l'État, que dans la mesure où il est aménagé des mécanismes de sanction de sa violation.

La Haute magistrature américaine a, la première, démontré l'idée de la légitimité d'un contrôle juridictionnel de constitutionnalité, selon un raisonnement qui procède, selon Marcel PRELOT, *"d'une irréfutable logique."*[4] On peut l'énoncer ainsi : *"là où il y a une règle de droit, il doit y avoir un juge qui puisse sanctionner toute violation de celle-ci"*[5].

L'institutionnalisation d'une justice constitutionnelle est aujourd'hui acceptée et assumée par un nombre grandissant d'États africains francophones.[6] Le juge constitutionnel, en écho au contenu du cons-

---

[1] P. PACTET, *Institutions Politiques Droit Constitutionnel*, Paris, Armand Colin, 2003, p.65.

[2] B. PELLETIER, *La modification constitutionnelle au Canada*, Ontario, Carswell, 1996 p. xi ; le mot gouvernement recouvre ici la notion plus large de pouvoir selon l'acception anglo-saxonne de *government* ; Le droit constitutionnel classique décrit et étudie « l'ensemble des institutions grâce auxquelles le pouvoir s'établit, s'exerce ou se transmet dans l'État » (M. PRELOT et J. BOULOUIS, *Institutions Politiques et droit constitutionnel*, Paris, Dalloz, 1990, p. 33).

[3] O. DUHAMEL et Y. MENY (dir.) *Dictionnaire constitutionnel*, Paris, PUF, 1992 p.209 ; Signe de l'importance acquise par les droits fondamentaux, James MASON, délégué de l'État de Virginie à la Convention de Philadelphia (mai 1787) quitta la Convention au motif que le texte constitutionnel soumis aux délégués ne *comportait « pas de déclaration des droits » ;* ceci inspirera les dix premiers amendements à la constitution américaine ratifiés en 1787 : le *Bill of Rights*.

[4] M. PRELOT, *Institutions Politiques et droit constitutionnel*, Paris, Dalloz, 1969 p. 213.

[5] M. FROMONT, *La justice constitutionnelle dans le monde,* Paris, Dalloz, 1996, p. 1.

[6] En ce sens, J. du Bois de GAUDUSSON, « Point d'actualité sur les modalités de production du droit constitutionnel dans les États africains francophones », *in*

titutionnalisme moderne, s'investit dans la *"régulation de l'activité normative des pouvoirs publics"*[7] et, aussi, dans le rôle de *"gardien des libertés."*[8]

L'histoire des juridictions constitutionnelles en Afrique est un drame en deux actes : le premier fut celui d'une opération cosmétique dont la finalité était de conférer aux États *"un signe extérieur de modernité,"*[9] au moyen de l'aménagement de juridictions constitutionnelles au "*statut souvent précaire.*"[10] Guillaume PAMBOU-TCHIVOUNDA, se fondant sur le cas du Gabon, conclut à un bilan *"pas significatif d'un apport substantiel, ni du point de vue théorique, ni du point de vue pratique."*[11]

Le second est celui qui dérive de l'ère du renouveau démocratique, cette quête fondamentale de liberté qui impose au cœur des dispositifs du pouvoir, les acquis du *"patrimoine juridique constitutionnel transnational."*[12] Les juridictions constitutionnelles, créées et mises en place, deviennent progressivement "*un élément fondamental du régime constitutionnel et de la réalité politique.*"[13]

Perçue comme "*un régulateur impartial et crédible du jeu électoral*",[14] la Cour constitutionnelle du Bénin se veut principalement le juge qui applique les règles constitutionnelles *erga omnes,* l'instance qui préserve

---

Mélanges Patrice GELARD, Paris, Montchrestien, 1999 ; G. CONAC, « Le juge et la construction de l'État de droit en Afrique francophone » *in Mélanges Guy BRAIBANT*, Paris, Dalloz, 1996, p. 105.

[7] L. FAVOREU, « Le Conseil constitutionnel régulateur de l'activité normative des pouvoirs publics » *in Revue du Droit Public*, 1967, p. 5.

[8] Ph. ARDANT, *Institutions Politiques et droit constitutionnel,* Paris, LGDJ, 2002, p.138 ; ceci rejoint la typologie de Louis FAVOREU qui distingue le droit constitutionnel normatif et le droit constitutionnel substantiel, auxquels s'ajoute le droit constitutionnel institutionnel (L. FAVOREU, « Le droit constitutionnel, droit de la constitution et constitution du droit », *Revue Française de Droit Constitutionnel*, 1990, pp. 74 à 77).

[9] G. CONAC, « Le juge constitutionnel en Afrique, censeur ou pédagogue » *in* G. CONAC (dir.) *Les Cours suprêmes en Afrique*, Paris, Economica, 1989, Volume II, p. vi.

[10] *Ibid.* p. VIII.

[11] G. PAMBOU-TCHIVOUNDA, cité par G. CONAC, « Le juge constitutionnel en Afrique, censeur ou pédagogue » i*n* G. CONAC (dir.) *Les Cours suprêmes en Afrique, op. cit.*, p. vi.

[12] Th. RENOUX, « La justice dans la constitution » *in Cahiers du Conseil constitutionnel*, n°14, octobre 2002-fevrier 2003, p. 1.

[13] J. du BOIS de GAUDUSSON, « Point d'actualité sur les modalités de production du droit constitutionnel dans les États africains francophones », art. précit., p. 345.

[14] Th. HOLO, avant-propos à G. BADET, *Cour constitutionnelle et régularité des élections au Bénin*, Cotonou, Friedrich EBERT, 2000, p. 12.

et défend les droits de la personne humaine, tels que proclamés par les textes constitutionnels. La justice constitutionnelle au Bénin se range ainsi dans une logique matérielle, celle qui privilégie la règle de droit constitutionnel comme critère de sa compétence par opposition à la logique organique qui fait du "*juge constitutionnel, juge des pouvoirs publics constitutionnels,*"[15] selon la typologie établie par Michel FROMONT.

La décision Dame FAVI Adèle ainsi que les décisions Inoussa BELLO,[16] TEVOEDJRE Albert[17] et FANOU Laurent[18] qui l'ont précédée, sont une illustration de ce choix et de la problématique qui lui est sous-jacente et qui est celle-ci : que juge le juge constitutionnel au Bénin ? En d'autres termes, quel est *ratione materiae* son domaine de compétence ?

Organiquement constituée sur le modèle européen de juridiction spécialisée, la Cour constitutionnelle du Bénin n'intègre pas moins la logique subjective et concrète propre au modèle américain. Elle connaît du contrôle de constitutionnalité *a priori* des lois, reçoit et juge de la constitutionnalité des lois et actes réglementaires en vigueur, mais aussi et de façon plus originale, reçoit et juge les plaintes en violation des droits de la personne humaine sur saisine directe des citoyens ou sur recours préjudiciel. Les instances devant la Cour peuvent ainsi concerner le contentieux de pleine juridiction, comme dans l'espèce Dame FAVI ; ce qui amène la haute juridiction à apprécier les faits matériels, à les qualifier et à prononcer la responsabilité civile de la partie fautive. Ce faisant, la Cour s'impose comme la gardienne vigilante des droits de la personne humaine, (I) mais crée, *nolens volens,* un risque de perturbation dans la cohérence de l'ordonnancement juridique national. (II)

---

[15] M. FROMONT, *La justice constitutionnelle dans le monde, op. cit.*, p. 2.

[16] DCC 95-014 du 08 mars 1995, Inoussa BELLO, Recueil (Recueil des décisions de la Cour constitutionnelle), 1995, p.75 ; « l'incarcération de Monsieur Inoussa BELLO ne constitue pas une violation des droits de l'homme et des libertés publiques » ; pour la première fois, la Cour apprécie la constitutionnalité de circonstances de fait.

[17] DCC 96-015 du 22 février 1996, *TEVOEDJRE Albert*, Recueil 1996 p.79 ; « la détention de Monsieur Maurice KOUANDETE est contraire à la constitution ».

[18] DCC 02-052 du 31 mai 2002, *FANOU Laurent*, Recueil 2002 p. 217 ; décision de principe sur le droit à réparation pour cause de violation des droits fondamentaux ; on peut faire le parallèle avec la décision du Conseil constitutionnel français (Décision n°82-144 D.C du 22 octobre 1982, Institutions représentatives du personnel, D. 1983, jurispr. p. 189, note F. LUCHAIRE) élevant au rang de principe fondamental, le droit à indemnisation au profit *« des victimes d'actes fautifs »*.

I. LE JUGE CONSTITUTIONNEL, GARDIEN DES DROITS DE LA PERSONNE HUMAINE

La constitution du 11 décembre 1990 évoque en son Titre II "*les droits de la personne humaine,*" une expression qui rejoint celle de droit de l'homme mais qui cherche à en gommer le caractère "*sexiste*"[19]. Les droits de la personne humaine traduisent l'idée que l'individu possède des droits inhérents à sa nature d'homme. Ils sont des droits subjectifs qui, selon le doyen MADIOT, expriment dans "*l'ordre juridique, les principes naturels de justice qui fondent la dignité de la personne humaine.*"[20] En cela, les droits de la personne humaine sont plus larges que le concept de libertés publiques, lequel est la "*marque du positivisme juridique.*"[21]

Le contenu de la constitution du Bénin ne peut être dissocié du contexte de son élaboration. Le principe d'une nouvelle loi fondamentale a été, en effet, adopté en février 1990 lors des assises de la Conférence nationale des forces vives. Celle-ci fut un forum républicain qui permit de faire le procès de l'une de ces "*cléricatures militantes*"[22] des décennies 1970 et 1980[23] et, surtout, de poser les bases d'un nouveau pacte social devant durablement conjurer le spectre de toute monocratie oppressante. La constitution, adoptée par référendum, codifie les nouvelles orientations : en dehors du Préambule qui rejette "*tout régime politique fondé sur l'arbitraire, la dictature, (...) la confiscation du pouvoir et le pouvoir personnel*", le Titre II étale sur 34 articles, des "*proclamations exorcistiques*"[24] sur les droits et devoirs de la personne humaine[25]. Les mécanismes de garantie des droits et libertés proclamés

---

[19] D. BREILLAT, *Libertés publiques et droits de la personne humaine*, Paris, Gualiano éditeur, 2003, p. 28.

[20] Yves MADIOT, cité par D. BREILLAT, *op. cit.*, p. 27.

[21] D. BREILLAT, *op. cit.*, p. 24.

[22] B. De JOUVENEL, *Les débuts de l'État moderne, une histoire des idées politiques au 19e siècle*, Paris, FAYARD, 1976, p. xv.

[23] En ce sens, Th. HOLO, *Etude d'un régime militaire : le cas du Dahomey (Bénin) : 1972-1977*, Thèse droit, Paris, 1979 ; F. GODIN, *Bénin 1972-1982, La logique de l'État Africain*, Paris, L'Harmattan, 1986.

[23] J-J RAYNAL, « Le renouveau démocratique béninois : modèle ou mirage ? » *in Afrique Contemporaine* n° 160, 4e trimestre 1991, p. 17.

[24] J-J RAYNAL, « Le renouveau démocratique béninois : modèle ou mirage ? » *in Afrique Contemporaine* n° 160, 4e trimestre 1991, p. 17.

[25] Cette démarche rappelle celle de la refondation de l'Allemagne après le IIIe Reich. La constitution de mai 1949 débute par un chapitre entier intitulé *Grundrechten* (droits fondamentaux) ; en ce sens, D. BREILLAT, *Libertés publiques et droits de la personne humaine*, Paris, Gualino éditeur, 2003, p. 25 ; F. FRISON-ROCHE,

érigent en un droit reconnu aux citoyens, le droit de saisir le juge constitutionnel ; ils confèrent aussi à celui-ci le pouvoir de connaître des questions de droit ressortissant classiquement à la compétence d'une Haute juridiction, mais aussi, et de manière plus originale, de statuer sur des questions de fond.

A. Le droit au juge, un droit de la personne humaine

La question de la saisine ouverte du juge constitutionnel est une antienne du débat doctrinal.[26] Sur le plan politique, elle est perçue comme "*un progrès de la démocratie,*"[27] une manière d'impliquer le citoyen dans l'évaluation constante de la législation qui le régit.

Sur le plan de l'harmonie de l'ordre juridique, on peut faire remarquer que le contrôle *a priori* de constitutionnalité des textes législatifs présente une insuffisance, celle de n'être pas systématique. Les textes législatifs en vigueur n'ont pas tous bénéficié du *nil obstat* du juge constitutionnel. Contrairement à l'acte administratif définitif qui est gouverné par "*le principe de précarité*" selon l'expression de Roger-Gérard SCHWARTZENBERG,[28] l'acte législatif a vocation à l'immutabilité dans les systèmes juridiques qui ne connaissent ni le contrôle de constitutionnalité *a posteriori*, ni l'exception d'inconstitutionnalité soulevée devant une juridiction de l'ordre judiciaire. La coexistence de normes législatives tantôt conformes, tantôt compatibles ou tantôt franchement contraires à la constitution devient alors un truisme.

Au Bénin, comme un choc en retour d'un passé récent, la constitution du 11 décembre 1990 organise un contrôle *a priori* systématique des lois[29] et prévoit un droit d'auto-saisine de la Haute

---

« L'émergence du constitutionnalisme en Bulgarie » *in Mélanges Gérard CONAC, Paris, Economica, 2001, p. 419.*

[26] Voir F. DELPEREE et P. FOUCHER (dir.), *La saisine du juge constitutionnel : aspects de droit comparé*, Bruxelles, Bruylant, 1998 ; Association des Cours constitutionnelles ayant en Partage l'Usage du Français (ACCPUF), Bulletin n° 2, « Compétence et organisation des Cours constitutionnelles et institutions équivalentes ayant en partage l'usage du français », (www.accpuf.org/interactivite/bull2.htm).

[27] R. BADINTER, *in* journal *Le Monde*, 3 mars 1989, p. 1.

[28] L'auteur démontre que l'autorité de chose décidée que revêt l'acte administratif exécutoire ne met pas celui-ci à l'abri d'un retrait prononcé par l'autorité administrative ou d'une annulation par le juge saisi d'une exception d'illégalité. R-G SCHWARTZENBERG, *L'autorité de chose décidée*, Paris, LGDJ, 1969, pp. 346 et suiv.

[29] Article 117, constitution du 11 décembre 1990 : « La Cour constitutionnelle statue obligatoirement sur la constitutionnalité des lois organiques et des lois en général avant leur promulgation » ; cette disposition est à accorder avec l'article 121 du même texte.

juridiction constitutionnelle, dès lors que *"les droits fondamentaux de la personne humaine, et (...) les libertés publiques"*[30] sont en cause ; elle met aussi en place une saisine ouverte du juge constitutionnel, déjà perceptible dans les écrits doctrinaux depuis un quart de siècle.

"*L'État (africain) doit être soumis au droit,*"[31] écrivait en 1985 le professeur Maurice GLELE-AHANHANZO, par ailleurs président du comité technique d'élaboration de l'avant-projet du texte de la constitution de 1990. L'impératif absolu posé par l'un des concepteurs de la nouvelle république, trouve sa traduction dans la valorisation du rôle du citoyen dans les mécanismes constitutionnels. La citoyenneté ne s'épuise plus principalement dans la sélection périodique des gouvernants, le droit reconnu aux citoyens de "*choisir qui parlera en leur nom.*"[32] L'émergence du citoyen dans le fonctionnement des institutions de la République est pensée comme une précaution complémentaire, pour conjurer les risques d'arrangements convenus entre organes constitutionnels. La démocratie pluraliste n'a pas enrayé les tendances oligarchiques du pouvoir, nourries par *"une professionnalisation de la vie politique."*[33] Le droit au juge devient une manifestation de la vigilance citoyenne, l'expression d'une "*nouvelle citoyenneté.*"[34]

Le fondement juridique de ce droit de saisine élargi se trouve dans la constitution elle-même, laquelle dispose en son article 122 : "*Tout citoyen peut saisir la Cour constitutionnelle.*" La loi organique sur la Cour, ainsi que son Règlement intérieur, reprennent cette disposition respectivement en leurs articles 24 et 29.

Mauro CAPPELLETTI[35] a établi un classement des systèmes de contrôle de constitutionnalité largement fondés sur le mode de saisine. Le modèle américain de saisine ouverte aux citoyens, par la voie de l'exception d'inconstitutionnalité, serait le plus perfectionné. Dans l'espace francophone, ce qu'une certaine doctrine appelle le *"retard"*[36] français, c'est-à-dire la saisine restreinte, est la norme communément admise.

---

[30] Article 121, al. 2, constitution du 11 décembre 1990.

[31] M. GLELE-AHANHANZO, « Pour un État de droit en Afrique » *in Mélanges P-F GONIDEC,* Paris, LGDJ 1985, p. 66.

[32] Ph. ARDANT, *Institutions Politiques et droit constitutionnel, op. cit.,* p. 9.

[33] Ph. BRAUD, *Sociologie politique,* Paris, LGDJ, 2000, p. 437.

[34] A. RASSON-ROLAND, « Le recours des particuliers auprès de la Cour d'arbitrage », *in* F. DELPEREE et P. FOUCHER (dir.), *op. cit.,* p. 163.

[35] Cité par E. OLIVA, « La saisine du Conseil constitutionnel effectivité d'une saisine limitée », *in* F. DELPEREE et P. FOUCHER (dir.), *op. cit., p. 127.*

[36] M. FROMONT, « La justice constitutionnelle en France ou l'exception française », *in Mélanges Gérard CONAC, op. cit.*, p. 167.

La Belgique offre, toutefois, une ouverture vers l'universalité de la saisine en distinguant, aux côtés des requérants institutionnels, la possibilité, pour toute personne physique ou morale de droit privé, de saisir le juge constitutionnel, dans la mesure où elle peut justifier d'un intérêt.[37]

L'exemple béninois se rapproche aussi, dans son contexte et dans sa finalité, du *recurso de amparo* en Espagne. La dictature franquiste et son legs judiciaire expliquent le sentiment de "*méfiance*"[38] qui conduisit, en 1978, à l'aménagement d'un recours devant le Tribunal constitutionnel contre les décisions des tribunaux de droit commun, lorsque les droits fondamentaux et les libertés publiques sont en cause. Cette faculté offerte aux citoyens de suggérer la saisine de la juridiction constitutionnelle est reçue avec un enthousiasme populaire croissant, avec 22 % du total des instances devant le juge constitutionnel en 1984, 60,7 % en 1993 et 80,5 en 1996.[39]

Au Bénin, le recours en inconstitutionnalité est recevable de la part de "*toute association, tout citoyen,*"[40] sans l'obligation du ministère d'avocat et sans autre formalisme que l'indication de la cause, la mention du nom, de l'adresse et l'apposition de la signature ou de l'empreinte digitale pour les illettrés. La citoyenneté fut, un temps, le critère discriminant devant la Cour, notamment dans sa décision du 13 août 1992,[41] par laquelle elle déclara irrecevable la requête d'un ressortissant étranger résidant au Bénin. Cinq ans après, une interprétation plus libérale des textes permit un revirement de jurisprudence. Se fondant sur l'article 39 de la constitution,[42] la Cour a accueilli favorablement le recours introduit par un sujet du royaume du Danemark.[43]

---

[37] Article 2 de la loi du 6 janvier 1989 sur la Cour d'Arbitrage ; voir A. RASSON-ROLAND, « Le recours des particuliers auprès de la Cour d'Arbitrage », art. précit.

[38] Alvaro Rodriguez BEREIJO, « Président du Tribunal constitutionnel espagnol, Entretien avec... » *in Cahiers du Conseil constitutionnel* n° 2, deuxième semestre 1996.

[39] *Idem.*

[40] Article 29, Règlement intérieur de la Cour constitutionnelle.

[41] Décision 12 DC du 13 août 1992, *Mohamed Amadou CISSE*, Recueil, 1991-1992-1993, p. 61.

[42] « Les étrangers bénéficient sur le territoire de la République du Bénin des mêmes droits et libertés que les citoyens béninois et ce, dans les conditions déterminées par la loi », Article 39, constitution béninoise du 11 décembre 1990.

[43] Décision DCC 97-045 du 13août 1997, *Sven PEDERSEN*, Recueil 1997, p. 191 ; « Le retrait et la rétention du passeport de monsieur Sven PEDERSEN sont arbitraires et constituent une violation de la constitution ».

La simplicité et la gratuité de la procédure ainsi que les courts délais de décision (quatre mois dans l'affaire FAVI Adèle)[44] expliquent l'engouement populaire pour le contentieux constitutionnel. De son installation (1991) à l'année 1999, le secrétariat administratif de la Cour a enregistré 381 recours, dont 111 émanent de personnes publiques (soit 29,13 %) et 270 de personnes privées (soit 70,86 %), dont 237 de personnes physiques, soit 62,20 % du total des recours devant la Haute juridiction.[45] Cet attrait pour le contentieux constitutionnel sert les causes les plus diverses : appréciation de la constitutionnalité des lois et des actes réglementaires, sanction des violations des droits fondamentaux et réparation de préjudices subis ; ce qui, sur ce dernier plan, nous introduit dans le contentieux de pleine juridiction.

B. Le contentieux constitutionnel béninois, un contentieux de pleine juridiction[46]

La doctrine de Hans KELSEN,[47] qui a imprégné la première génération de juridictions constitutionnelles européennes,[48] est fondée sur le rejet de la souveraineté de la loi, expression de la volonté générale et sur l'importance du contrôle par voie d'action de la constitutionnalité

---

[44] En sens contraire, la Cour a jugé une instance judiciaire de 14 ans de durée comme un "*délai anormalement long*" (Décision DCC 97-011 du 06 mars 1997, *Hounmènou Jean Marie*, Recueil 1997, p. 50).

[45] Association des Cours Constitutionnelles ayant en Partage l'Usage du Français (ACCPUF), Actes de 2e Congrès : *L'accès au juge constitutionnel : modalités et procédures*, Paris, ACCPUF, 2000 pp. 58 et 59.

[46] Le contentieux de l'annulation étant le domaine du recours pour excès de pouvoir, le contentieux de pleine juridiction est ainsi dénommé parce qu'il permet "de faire plus qu'annuler" un acte. Le contentieux de pleine juridiction est un contentieux "hétérogène" qui comprend le contentieux de la responsabilité, le contentieux de l'interprétation et la catégorie des contentieux spéciaux : contentieux fiscal, contentieux électoral, etc. (R. CHAPUS, *Droit du contentieux administratif*, Paris, Montchrestien,1990, pp. 132 et suiv.).

[47] H. KELSEN, « La garantie juridictionnelle de la constitution » *in Revue du Droit Public*, 1928, p. 197 ; H. KELSEN, « Le contrôle de constitutionnalité des lois. Une étude comparative des constitutions autrichienne et américaine », *in Revue Française de Droit Constitutionnel,* n° 1, 1990 p. 17 ; voir aussi Ch. EISENMANN, *La justice constitutionnelle et la Haute cour constitutionnelle autrichienne,* Préface de H. KELSEN et Avant-propos de G. VEDEL, Paris, Economica, 1986.

[48] La Cour constitutionnelle autrichienne, « la plus ancienne juridiction constitutionnelle des pays européens » (C. LECLERCQ, *Droit constitutionnel et institutions politiques*, Paris, Litec, 1999 p.107) a été créée par la constitution du 1er octobre 1920. Elle disparut sous l'occupation allemande et fut rétablie par la loi constitutionnelle du 12 octobre 1945.

des décisions des organes législatifs[49] et exécutifs. Perçu comme la "*consécration de l'État de droit,*"[50] c'est-à-dire de la double soumission de l'État à la légalité et aux valeurs démocratiques (séparation des pouvoirs, hiérarchie des normes, respect des droits fondamentaux des individus),[51] le contrôle de constitutionnalité est traditionnellement un contentieux objectif, qui fait des membres des juridictions constitutionnelles "*des juges de la loi.*"[52] Le contentieux constitutionnel substitue à l'habituel contrôle de légalité administrative un contrôle de légalité législative ! C'est donc logiquement que le doyen Georges VEDEL introduit le concept *"d'excès de pouvoir législatif"*[53] par analogie avec l'"*excès de pouvoir administratif, le premier traduisant la compétence du juge constitutionnel statuant en droit et exclusivement en droit, en vue d'apprécier la validité des normes ou actes de degré inférieur au regard du contenu de normes de degré supérieur.*"[54] Le contentieux constitutionnel assimilé à un contentieux de l'excès de pouvoir en acquiert aussi le caractère, à savoir *"un procès fait à un acte."*[55] Ce caractère, qui est valable aussi bien pour le contentieux par voie d'action que celui de l'exception,[56] appartient au corpus de ce que certains auteurs appellent le *"trans-constitutionnalisme,"*[57] c'est-à-dire,

---

[49] Voir en ce sens, *l'obiter dictum* du Conseil constitutionnel français, dans sa décision du 23 août 1985 « La loi votée (...) n'exprime la volonté générale que dans le respect de la Constitution », (Ph. BLACHER, *Contrôle de constitutionnalité et volonté générale*, Paris, P.U.F., 2001).

[50] D. TURPIN, *Droit Constitutionnel*, Paris, QUADRIGE/PUF, 2003 p. 148.

[51] P. ARDANT, *op. cit.*, p. 283.

[52] L. HAMON, *Les juges de la loi, Naissance et rôle d'un contre-pouvoir : le Conseil constitutionnel,* Paris, Fayard, 1987.

[53] G. VEDEL, « Excès de pouvoir législatif et excès de pouvoir administratif », *in Cahiers du Conseil constitutionnel*, n° 1, 1er semestre 1996.

[54] *Ibid.*

[55] E. LAFFERIERE, *Traité de la juridiction administrative et des recours contentieux*, Paris, Berger-Levrault, 1896, Tome 2, p. 560.

[56] Dans le modèle européen du moins ; selon l'article III § 2 de la constitution des États-Unis d'Amérique : « The supreme Court shall have appellate Jurisdiction, both as to Law and Fact. » (Voir en ce sens, L. H. TRIBE, *American constitutionnal law*, New York, Foundation Press, vol. 1, 2000, p. 275) ; Dans les cas où la Cour suprême est juge du fait, l'instruction est conduite par « un expert judiciaire nommé par la Cour (*special master*). ... Sa fonction consiste à recueillir les preuves, entendre les témoins, enregistrer les dépositions, et, à la fin, proposer ses conclusions juridiques » (E. ZOLLER, *Grands arrêts de la Cour suprême des États-Unis*, Paris, PUF, 2000, p. 25.).

[57] X. PHILIPPE, cité par Pierre FOUCHER, « Contrôle de constitutionnalité, droits fondamentaux, démocratie : convergences, divergences, tendances » *in* F. DELPEREE et P. FOUCHER (dir.) *op. cit.* p. 44.

ce que le droit et la pratique constitutionnels ont d'universel.[58] Dans la tradition juridique française et apparentée, la décision de constitutionnalité sanctionne le contrôle des "*actes fondamentaux de l'État.*"[59]

Les textes constitutionnel et législatif en disposent également ainsi au Bénin. Aussi, la Cour reçoit-elle en appréciation de constitutionnalité *a posteriori*, les lois et actes réglementaires *"censés porter atteinte aux droits fondamentaux de la personne humaine et aux libertés publiques."*[60] soit par voie d'action, soit par *"la procédure de l'exception d'inconstitutionnalité."*[61] La Cour exerce également un contrôle *a priori* de constitutionnalité sur toutes les lois votées par l'Assemblée nationale (loi organique et loi ordinaire) sur les règlements intérieurs de l'Assemblée nationale, de la Haute Autorité de l'Audiovisuel et de la Communication et du Conseil Economique et Social.[62]

Cette consécration béninoise du trans-constitutionnalisme contraste avec la compétence reconnue, par ailleurs, à la Cour de statuer, lorsqu'elle est saisie "*d'une plainte en violation des droits de la personne humaine et des libertés publiques.*"[63] La notion de plainte introduite dans le contentieux constitutionnel, renvoie à la sémantique du droit pénal. Elle est l'"*acte par lequel la victime d'une infraction (....) porte ce fait à la connaissance de l'autorité compétente.*"[64] Les criminologues analysent la notion d'infraction comme la conjonction d'un élément matériel, ("*le fait ou l'acte extérieur*"[65]), d'un élément légal et d'un élément moral, qui est l'imputabilité de l'acte ou du fait délictuel. Si on admet une conception plus large de la notion d'infraction qui intègre le délit civil de l'article 1382 du Code civil, on

---

[58] « Le trans-constitutionnalisme se présente donc comme la recherche de normes et pratiques constitutionnelles transversales, c'est-à-dire que l'on peut retrouver dans divers États aux systèmes juridiques différents, sans qu'il n'y ait nécessairement eu emprunt » P. FOUCHER, art. précit. p. 44.

[59] L. FAVOREU, « La décision de constitutionnalité » *in Revue internationale de Droit Comparé*, 1986, p. 611.

[60] Article 117, constitution de 11 décembre 1990.

[61] Article 122, constitution de 11 décembre 1990.

[62] Article 117, constitution du 11 décembre 1990.

[63] Article 120, constitution du 11 décembre 1990 ; voir dans le même sens le libellé de l'article 114 : « La Cour constitutionnelle (…) garantit les droits fondamentaux de la personne humaine et les libertés publiques ».

[64] G. CORNU (dir.), *Vocabulaire juridique*, Paris, PUF, 2002.

[65] G. STEFANI, G. LEVASSEUR, B. BOULOC, *Droit pénal général*, Paris, Dalloz, 2003, p. 199.

retrouve aussi l'exigence pour le juge de *"constater souverainement les faits"*[66] de l'espèce, l'élément matériel du dossier.

Il s'ensuit que le juge de *"l'excès de pouvoir législatif"* au Bénin, n'est plus seulement juge du droit, il est aussi compétent pour être saisi ou se saisir, au même titre que les juges du fond, de ce qu'un premier Président de la Cour de cassation française a appelé *"la lave brûlante des faits de la vie au quotidien."*[67]

Juge du droit mais aussi juge du fond, juge de l'excès de pouvoir autant que juge du contentieux de pleine juridiction, le juge constitutionnel, au Bénin, exerce son *impérium* pour apprécier la *"constitutionnalité"* de violences pratiquées par un citoyen sur son épouse,[68] du défaut de paiement d'une pension alimentaire,[69] d'un poulailler pollueur installé en agglomération,[70] d'un dessin satirique paru dans la presse,[71] d'un stellionat pratiqué par une autorité administrative,[72] des motifs de licenciement d'un employé de banque,[73] de l'aménagement d'un poste de péage-pesage,[74] du comportement régionaliste d'un chef de circonscription urbaine,[75] de la sanction

---

[66] *Code civil*, Paris, 100e édit., Dalloz, 2001, p. 1081.

[67] P. DRAI, « Allocution d'ouverture », *in La Cour de cassation et la constitution de la République*, Actes du colloque des 9 et 10 décembre 1994, Aix-Marseille, Presses universitaires d'Aix-Marseille, 1995, p.8.

[68] Décision DCC 04-056 du 19 mai 2004, Michel AGOUNGNON, *inédit*. Le requérant se plaint de ce que le mari a "roué de coups" son épouse "avec violence tout comme si elle était une voleuse ou une criminelle".

[69] Décision DCC 01-082 du 17 août 2001, *Enfants OKPEITCHA Mathieu*, *Recueil* 2001, p. 329.

[70] Décision DCC 02-065 du 5 juin 2002, *BOYA Comlan Eugène*, Recueil, 2002, pp.271 à 274 « l'implantation d'une exploitation de volailles (...) au milieu des agglomérations viole l'article 27 de la constitution » ; voir aussi décision DCC 03-96 du 19 juin 2003, populations du village de Togbin, inédit ; Décision DCC 02-102 du 21 Août 2002, *HINVI Toussaint, Recueil,* 2002 pp. 423 à 425.

[71] Décision DCC 01-024 du 16 mai 2001, ministre du Commerce de l'Artisanat et du Tourisme, *Recueil,* 2001, p. 113 ; la publication par un journal satirique de « dessins grivois et des commentaires obscènes sont de nature à porter atteinte à l'honneur et à la réputation (...) constitue une violation de la constitution ».

[72] Décision DCC 01-039 du 13 juin 2001 AGBIDI Félix, *Recueil*, 2001 p.169 ; DCC 01-080 du 17 Août 2001, DEHOU Antoine, *Recueil*, 2001 p.321.

[73] Décision DCC 01-079 du 17 Août 2001, *ALAZA Lamatou*, Recueil, 2001, p.317.

[74] Décision DCC 01-096 du 07 novembre 2001, *HOUESSOU Désiré*, Recueil, 2001, p. 385.

[75] Décision DCC 01-075 du 13 Août 2001, *HINVI Charles*, Recueil, 2001 p.301.

disciplinaire infligée à des agents d'une entreprise nationale[76] et, plus généralement, des méthodes musclées de la police et de la gendarmerie nationales,[77]dont la décision FAVI Adèle est une illustration.

Au-delà de la problématique strictement juridique qu'elle pose, l'inscription de la jurisprudence constitutionnelle dans la rubrique que la presse rangerait dans la catégorie des *faits divers,* a une justification découlant de la mutation culturelle et éthique nécessaire à une bonne inculturation démocratique. Dans un contexte où le projet démocratique semble encore dans *"une incertitude et une instabilité durables,"*[78] la *"fonction pédagogique"*[79] du juge constitutionnel le conduit à "*éduquer l'ensemble de la population et (...) la classe politique au respect (des) principes*"[80] fondamentaux consacrés par la constitution, comme l'ont reconnu et préconisé les participants au colloque de Tunis sur les droits fondamentaux.[81] L'intention du juge constitutionnel au Bénin en devient plus légitime, sauf à considérer l'envers de cette démarche : la menace pesant sur l'unité de l'ordre juridique national, la cohérence du droit positif, la sécurité juridique.

---

[76] Décision DCC 00-056 du 10 octobre 2000 *GOURMA Mohamed*, Recueil, 2000, p. 205.

[77] Décision DCC 99-025 du 11 mars 1999, *Cour constitutionnelle (saisine d'office),* Recueil, 1999, p.89.

[78] F. AKINDES, « Les transitions démocratiques à l'épreuve des faits : réflexions à partir des expériences des pays d'Afrique noire francophone » *in Bilan des conférences nationales et autres processus de transition démocratique,* Paris, PEDONE, 2001, p. 262.

[79] P. FOUCHER, art. précit, p.53. On notera cependant la rédaction fort laconique des décisions de la Cour dans les affaires visées ici ; ses décisions tiennent en trois à cinq considérants. Louis FAVOREU a noté que la centaine et plus des considérants contenus dans les décisions des Cours constitutionnelles européennes (Allemagne, Italie, Espagne Autriche) traduisent une « volonté d'explication *»,* « une forme pédagogique des décisions » *(*L. FAVOREU, « La décision de constitutionnalité », art. précit. p.615) ; voir dans le même sens, A. TUNC, « La Cour judiciaire suprême, une enquête comparative » *in Revue internationale de Droit Comparé*, 1978, p.70.

[80] P. FOUCHER, art. précit., p. 53.

[81] A. AMOR, « Rapport introductif », *in* J. Y. MORIN (dir.), *Les droits fondamentaux*, Actes du colloque de Tunis, Bruxelles, AUPELF-UREF/BRUYLANT, 1997 p.29. Consciente de sa mission d'humanisation des mœurs, la Cour constitutionnelle du Bénin situe également son action en amont des actes attentatoires aux droits fondamentaux, par l'organisation de « tournées de (...) sur le respect des droits de l'homme et des procédures (...) afin de diminuer (...) les abus dont se plaignent les citoyens » (*in* journal *La Nation,* Cotonou, numéro du 09 février 2004, p. 3.

II. LE JUGE CONSTITUTIONNEL, UNE MENACE POUR L'ÉTAT DE DROIT ?

Les révolutionnaires français de 1789 ont érigé la séparation des pouvoirs en exigence fondamentale du constitutionnalisme, au même titre que la garantie des droits. "*Le pouvoir judiciaire,*" selon les termes de la constitution du Bénin, "*est indépendant du pouvoir législatif et du pouvoir exécutif.*"[82] Sur cette triple indépendance se greffe, "*à la fortune des contextes de l'histoire*",[83] un triple contentieux administratif, judiciaire et financier hérité du droit français. La justice constitutionnelle vient couronner l'édifice.

"*La République du Bénin est une et indivisible*" proclame l'article 2 de la constitution. L'État unitaire qui découle de la loi fondamentale, commande aussi l'unité de l'ordre juridique. Comment maintenir ou préserver cette unité dans un contexte d'ordre juridictionnel multipolaire ? La garantie des droits fondamentaux par le juge constitutionnel peut-elle faire l'économie d'une déchirure dans la cohérence de l'ordre juridique national ?

L'État de droit ne saurait être effectif sans des règles juridiques claires et certaines. La Haute juridiction administrative française a admis que " *L'État de droit implique le respect du principe de sécurité juridique.*"[84] Cette nécessaire sécurité juridique, le droit espagnol le préserve en aménageant le recours d'amparo comme une *ultima ratio*, une procédure qui intervient après épuisement des voies de recours ordinaires.[85] L'orientation du droit béninois est celle d'un recours parallèle qui prive *de facto* la décision constitutionnelle de l'autorité de chose jugée, tandis que les procédures devant la Cour constitutionnelle paraissent critiquables au regard des principes constitutionnels dont elle est censée assurer la garantie.

A. L'absence *de fait* d'autorité de chose jugée au constitutionnel

Les décisions ressortissant au contentieux constitutionnel, "*ne sont susceptibles d'aucun recours (et) s'imposent aux pouvoirs publics et à*

---

[82] Article 125, constitution du 11 décembre 1990.

[83] G. VEDEL, « La loi des 16-24 Août 1790 : Texte ? Prétexte ? Contexte ? » *Revue Française de Droit Administratif*, 1990, p.711.

[84] Conseil d'État, *Rapport public pour 1991*, Paris, EDCE, n°43, p. 15.

[85] Voir en ce sens Cahiers du Conseil constitutionnel, *Coopération internationale et juridictions constitutionnelles étrangères,* n° 11, mars-septembre 2001.

toutes les autorités civiles, militaires et juridictionnelles."[86] Sur ce fondement, la Cour constitutionnelle déduit qu'elle exerce une juridiction pleine et entière et que ses décisions sont revêtues de "*l'autorité de chose jugée.*"[87] Mais le contentieux constitutionnel au Bénin est très polymorphe. De la classique appréciation de constitutionnalité des lois organiques, des lois ordinaires et même des actes réglementaires par voie d'action ou sur recours préjudiciel, le juge constitutionnel est passé au contrôle de constitutionnalité d'affaires qui sont connues habituellement par les juges du fond, comme le licenciement d'un salarié[88] ou la coutumière brutalité des agents de sécurité, comme dans l'affaire Dame FAVI Adèle.[89]Cette série de décisions qui enrichit la typologie élaborée par Louis FAVOREU,[90]est censée être passée en force de chose jugée.

L'autorité de chose jugée, en droit commun, n'a pas un contenu légal, une définition tirée d'un texte de loi.[91] Le droit constitutionnel apporte une précision utile à travers l'article 124 de la constitution du Bénin inspirée de l'article 62 alinéa 2 de la constitution française de 1958. Guillaume DELVOLVE en fait une synthèse en trois propositions : *" ce qui a été jugé ne peut l'être de nouveau ; ce qui a été jugé ne peut être contredit ; ce qui a été jugé doit être exécuté."*[92]

---

[86] Article 124, constitution du 11 décembre 1990.

[87] Décision DCC 02-010 du 07 Février 2002, *Maître AGBANTOU Saïdou*, Recueil, 2002, p.50; voir aussi en France, Décision n° 62-18 L du 16 janvier 1962, *in L. FAVOREU et L. PHILIP*, *Les grandes décisions du Conseil constitutionnel*, Paris, Dalloz, 2003, p. 153.

[88] Décision DCC 02-067 du 12 juin 2002, *ALOWAKOO Zinsou Frédéric,* Recueil, 2002, p.279. Le requérant expose qu'il a été licencié de la SONAPRA avec perte de tous ses droits, « qu'il n'a jamais été invité au Conseil de discipline » et « qu'il n'a donc pas pu exercer ses droits à la défense consacrés par la constitution ».

[89] Voir aussi plus récemment : Décision DCC 04-024 du 04 mars 2004, *ALI SAAD* inédit ; Décision DCC 04-029 du 11 mars 2004, *SAHIDOU AMADOU*, inédit.

[90] Ce constitutionnaliste français distingue « quatre types de décision du Conseil constitutionnel : les décisions de qualification les décisions d'annulation partielle ou totale, les décisions de rejet simple et les décisions de conformité sous réserve » (L. FAVOREU, « La décision de constitutionnalité », art. précit., p. 619).

[91] Certaines dispositions particulières en font application comme l'article 4 al.2 du Code procédure pénale français suivant lequel, le criminel tient le civil en l'état.

[92] G. DELVOLVE, *Rép. Cont. Adm Dalloz*, v° chose jugée ; voir aussi *Nouveau Répert. De Droit,* Dalloz, 2e édit., Paris, vol. 1, v° chose jugée, pp. 684 et suiv. ; J. RODEVILLE-HERMANN, « L'évolution des fonctions du principe de l'autorité de chose jugée dans les rapports du juge administratif avec le juge judiciaire, le Conseil constitutionnel et la Cour de justice des communautés européennes *», in Revue du Droit Public*, 1989, p. 1735.

Sur la troisième proposition, la décision du juge constitutionnel ne peut être exécutée en l'état, parce qu'elle est incomplète. Le "*droit à réparation*" de préjudice reconnu à Dame FAVI ne précise ni le *quantum* de la réparation, ni le débiteur, ni l'ordre de juridiction[93] "*de renvoi.*" En tout état de cause, le dossier doit passer à nouveau devant les prétoires, ce qui est en contradiction avec la première proposition, sauf à retenir l'hypothèse d'un contentieux dans lequel il y a identité de partie, de cause et d'objet, selon une jurisprudence constante.[94] Le juge de renvoi, au-delà de l'appréciation de constitutionnalité exercée par la Cour constitutionnelle, aura à connaître des faits de l'espèce dans leur intégralité, y compris ceux inéligibles au contentieux constitutionnel, en appliquant l'adage *pars est in toto, totum non est in parte* (le tout inclut la partie, et non la partie le tout). Selon ses méthodes et selon ses techniques, le juge de "*renvoi*" instruira l'affaire, qualifiera les faits et appliquera la loi aux circonstances de l'espèce. Au-delà de l'appréciation de la matérialité des faits (qui repose dans l'affaire Dame FAVI sur un certificat médical qui ne fait foi qu'à preuve du contraire), le juge judiciaire doit prononcer la responsabilité des agents militaires

---

[93] Sont-ce les forces de sécurité qui paieront l'indemnité en application de la théorie de la faute détachable ou de la voie de fait, ou c'est l'État qui sera condamné à payer ? Dans l'affaire du poulailler polluant (DCC 02- 065 du 05 juin 2002 précité) est-ce le propriétaire du poulailler qui est débiteur de l'indemnité ou c'est l'État sur le fondement du défaut de fonctionnement normal d'un service public, en l'occurrence la police environnementale qui n'a pas agi promptement pour empêcher ou faire cesser les nuisances ? La juridiction à saisir pourra être administrative ou judiciaire selon la réponse à apporter à ces interrogations.

[94] CE 18 mars 1963, Min. finances c/Sellier, Rec. p. 185 ; Civ. 12 mai 1919, Dalloz.Périod. 1920. 1. 11. Dans le dossier Dame FAVI, il y a identité de la cause, le principe générateur du droit à réparation (les brutalités subies), mais pas forcément identité des parties (la requérante contre les agents de la garde présidentielle, ou la requérante contre l'État, ou le ministère public contre l'État, ou encore une association de défense des droits de l'homme contre l'État.), et non plus identité d'objet, car, devant les juges constitutionnels, elle a demandé « que justice soit faite », mais devra, devant le juge administratif ou judiciaire, faire constater, caractériser et sanctionner une faute ou justifier un risque pouvant donner droit à réparation. Jeannine RODEVILLE-HERMANN fait remarquer à ce sujet, l'irréductibilité de la décision de constitutionnalité, quant à son objet, à une décision des juridictions judiciaires ou administratives (J. RODEVILLE-HERMANN, « L'évolution des fonctions du principe de l'autorité de chose jugée dans les rapports du juge administratif avec le juge judiciaire, le Conseil constitutionnel et la Cour de justice des communautés européennes », art. précit., p. 1766).

en se fondant sur la faute pénale ou la faute civile de l'article 1383 du Code civil.[95]

Dans le premier cas, le juge du fond pourra examiner les faits justificatifs éventuellement avancés par le directeur du cabinet militaire du Président de la République, au nombre desquels l'ordre de la loi (décret n° 99-543) et le commandement de l'autorité légitime (les instructions générales du directeur du cabinet militaire). On peut présumer les interrogations des magistrats et de la défense : et si la résistance alléguée de Dame FAVI était constitutive d'un délit de rébellion contre l'autorité publique, mettant les agents de la garde présidentielle en situation de légitime défense d'eux-mêmes, de façon immédiate et immédiatement du cortège présidentiel ?[96] En admettant, en second lieu, que la nécessité ne peut être invoquée lorsque le danger créé est aussi grave que le danger évité,[97] *a contrario*, l'état de nécessité découlant de l'évitement d'un carnage occasionné par le carambolage du cortège présidentiel efface-t-il la responsabilité au titre des "*traitements inhumains et dégradants*" infligés, mais qui maintiennent en vie dame FAVI ?[98]

---

[95] Sans préjuger de la traditionnelle solution de l'unité de faute posée par la jurisprudence depuis le début du siècle dernier : « les articles (...) du Code pénal punissent de peines correctionnelles quiconque, par maladresse, imprudence, etc., a commis involontairement un homicide ou causé des blessures, sans que la légèreté de la faute commise puisse avoir d'autres effets que celui d'atténuer la peine encourue » : (Cass. Civ., 18 déc. 1912, *Sirey*, 1914, 1, p. 249, note R-L MOREL).

[96] « Attendu que les fonctionnaires de police auxquels le prévenu a été déclaré coupable d'avoir résisté, agissaient dans l'exercice de leurs fonctions ; que dès lors, la résistance du demandeur avec violences et voies de fait constituait le délit de rébellion envers l'autorité publique » (Cass. Crim. 2 juillet 1987, *Bull. crim.* N° 281) ; Corinne MASCALA note à cet effet que, de jurisprudence constante, la résistance à l'autorité publique « n'est légitime qu'en présence d'une "illégalité irréparable et insupportable" » (*in Juris-classeur pénal*, « faits justificatifs, légitime défense », p. 15, (mise à jour 15 juin 2002).

[97] La jurisprudence pose, en effet, une exigence de « proportionnalité entre le mal causé et le mal évité », (A. LEGAL, obs. sous CA Pau, 2 juillet 1968, *Revue de science criminelle et de droit pénal comparé*, 1969, p. 865).

[98] « .. qu'en effet, les juges d'appel auraient dû démontrer, (...) que le risque hypothétique de blessures auquel sa femme et son enfant se trouvaient exposés, à défaut de cette manœuvre, était de nature à entraîner des conséquences plus redoutables que le péril certain et très grave auquel, par cette manœuvre, il a exposé les époux Le Goff » (Cass crim. 25 juin 1958, *J.C.P.* 1956, II, 10941, obs. J. LARGUIER) ; voir en sens contraire, l'affaire Touvier : « s'agissant du sacrifice des vies humaines, il n'est pas possible de décider si les vies sauvegardées représentaient un intérêt supérieur » (Cass. Crim. 21 oct. 1993, *Bull. crim.* N° 307).

Devant le juge civil ou administratif,[99] la requérante n'aura pas de peine à apporter la preuve de l'existence d'un préjudice actuel et personnel.[100] Quant au lien de causalité direct et certain, il est, comme le dit la doctrine, "*un foyer de contentieux.*"[101] La jurisprudence en la matière présente une incertitude d'où "*ne sont exclus, ni le subjectif, ni l'arbitraire*."[102]

À l'évidence, les éléments de fait et de droit du dossier Dame FAVI paraissent autrement plus complexes que ne le laissent supposer les cinq considérants de la décision de la Haute juridiction constitutionnelle.

Saisis de l'affaire, les magistrats de l'ordre judiciaire ou de l'ordre administratif auront à rendre *leur* décision sous le seul contrôle de la Cour suprême, dont les "*décisions ne sont susceptibles d'aucun recours. Elles s'imposent au pouvoir exécutif, au pouvoir législatif ainsi qu'à toutes les juridictions.*"[103] La similitude de rédaction est frappante avec l'article 124 de la constitution du 11 décembre 1990 sur la Cour constitutionnelle et l'autorité de ses décisions. Les deux dispositions constitutionnelles étant en vigueur, il reste à déterminer les mécanismes de la primauté des décisions de constitutionnalité sur les arrêts de la Cour suprême. En l'absence d'une articulation formelle et certaine, la primauté constitutionnelle se ramène à un "*respect dû mais non sanctionné*"[104]. Ce que René CHAPUS a appelé des "*risques pour la cohérence de l'état du droit,*"[105] dans un contexte de contentieux objectif distribué entre plusieurs ordres de juridiction, s'aggrave, dans

[99] La liaison de la compétence et du fond du droit applicable, posée par l'arrêt *Blanco,* n'est pas absolue. Certaines règles de mise en jeu de la responsabilité sont communes aux procédures administratives et civiles (voir R. CHAPUS, *Droit administratif général,* Tome 1, Paris, Montchrestien, 2001, p. 1235.).

[100] Cass. 2e civ., 16 avr. 1996 : D. 1996, *inf. rap.* p. 135 ; sur l'ensemble voire M. PERIER, *Juris-classeur civil,* « régime de réparation, évaluation du préjudice corporel », p. 3, (mise à jour 4 novembre 2003).

[101] Michel PERIER, *Juris-classeur civil,* « régime de réparation, évaluation du préjudice corporel », p. 4, (mise à jour, 4 novembre 2003).

[102] Michel PERIER, *Juris-classeur civil,* « régime de réparation, évaluation du préjudice corporel », p. 4, (mise à jour 4 novembre 2003).

[103] Article 131, constitution du 11 décembre 1990 ; voir aussi article 2, Ordonnance 21/PR du 26 avril 1966 portant composition, organisation, fonctionnement et attribution de la cour suprême (Journal officiel de la République du Dahomey, n° 11 du 1er juin 1966, p. 392).

[104] R. CHAPUS, « Actualité bibliographique » *in Revue Française de Droit Administratif,* 1988, p. 713.

[105] *Ibidem.*

le système béninois de "*micro-constitutionnalité,*"[106] par la possibilité et la probabilité de dissonance sur des questions plus prosaïques comme la recevabilité du recours,[107] l'existence matérielle des faits,[108] la qualification des faits et leur imputation, enfin la décision de justice elle-même. Dès lors, l'exigence de non-contradiction que contient la deuxième proposition ne peut être garantie dans l'ordonnancement juridique et juridictionnel actuel.

À l'épreuve, les orientations jurisprudentielles de la Cour trahissent ses nobles ambitions ; elles constituent une menace à la sécurité juridique,[109] à la sédimentation progressive de règles et principes clairs et homogènes dans un État de droit. La Cour, consciente sans doute de l'évidence du risque, a souvent affirmé, sur le fondement de l'autonomie du pouvoir judiciaire, qu'elle "*n'est pas compétente pour statuer sur (un) arrêt*" de la Cour suprême.[110] Surtout que les règles de procédures applicables devant elle paraissent en deçà des exigences d'une justice équitable.

---

[106] Expression empruntée à E. OLIVA, qui la situe dans le cadre du recours préjudiciel « présentant un caractère relatif et contingent », par opposition à la macro-constitutionnalité « présentant un caractère absolu et définitif » (E. OLIVA, « La saisine du Conseil constitutionnel. Effectivité d'une saisine limitée », art. précit., p. 159).

[107] Les juges administratifs et constitutionnels ne connaissent pas de délai de forclusion pour le contentieux de pleine juridiction, à l'inverse des juridictions de l'ordre judiciaire.

[108] L'idée de créer un service du greffe existe à la Cour (voir Association des Cours Constitutionnelles ayant en Partage l'Usage du Français (ACCPUF), Actes de 2e Congrès : *L'accès au juge constitutionnel : modalités et procédures*, *op. cit.* p.70), mais il paraît important de penser à améliorer les mécanismes d'instruction des dossiers, soit sur le modèle américain (*special master*), soit sur le modèle des juridictions de droit commun et sans préjuger du coût d'une réforme institutionnelle pour un État qui doit constamment faire de délicats arbitrages en tenant compte de la maigreur des ressources et de l'immensité des besoins.

[109] Voir en ce sens Daniel LABETOULE « Principe de légalité et principe de sécurité » *in Mélanges Guy BRAIBANT, op. cit.*, p. 403.

[110] Décision DCC-11-94, *Maître Agnès CAMPBELL*, Recueil 1994, p. 39. La Cour enfreint ce principe d'autonomie de la magistrature lorsqu'elle admit à propos de la même affaire que si elle « était compétente pour statuer sur la constitutionnalité de l'arrêt n°93-06/CJ-P du 22 avril 1993, elle aurait jugé que (...) les droits de *la* défense n'ont pas été respectés » (Décision DCC 95-001 du 06 janvier 1995, *Commission Béninoise des Droits de l'Homme*, Recueil 1995, p.9).

B. Des règles de procédures attentatoires aux droits de la personne humaine ?

La Cour constitutionnelle du Bénin, à l'image de son homologue français, est une structure souple composée de sept membres appuyés par une demi-dizaine d'assistants juridiques. Cette architecture institutionnelle ne fait de place ni à une magistrature debout, ni à une audience publique, ni à un cabinet d'instruction. L'idée fondatrice de la Cour paraît principalement celle d'une juridiction qui connaît d'un contentieux objectif, celui de l'excès de pouvoir entendu, au sens du doyen Georges VEDEL.[111]

Certes, le contentieux électoral, notamment pour les scrutins présidentiel et législatif, échoit de droit à la Cour constitutionnelle. Ce contentieux, qui ne peut être rangé dans la catégorie de l'excès de pouvoir, bénéficie d'une organisation *ad hoc*, celle qui découle du recrutement de ressources humaines extérieures que sont les délégués de la Cour pour les élections présidentielles et les rapporteurs adjoints pour les élections législatives.[112] Hors ces circonstances électorales, les procédures devant la Haute juridiction reposent sur les sept conseillers et leurs assistants juridiques.

Parce que le juge constitutionnel se veut aussi juge du contentieux de pleine juridiction, il convient d'apprécier, au regard de ses procédures, les exigences de ce que la terminologie anglo-saxonne appelle le *due process of law,* consacré par les deux documents de référence en matière de libertés publiques et dont les prescriptions "*font partie intégrante*"[113] du bloc de constitutionnalité au Bénin : la Déclaration Universelle des Droits de l'Homme de 1948 (article 10) et la Charte Africaine des Droits de l'Homme et des Peuples en son article 7.

Les garanties que ces textes instituent peuvent être sériées en deux grandes catégories : les garanties générales (droit à un tribunal indépendant et impartial, durée raisonnable de la procédure, publicité de la procédure) et les garanties personnelles : "*le respect des droits de la défense, le caractère contradictoire de la procédure, le principe dit de l'égalité des armes.*"[114]

---

[111] G. VEDEL, « Excès du pouvoir législatif et excès de pouvoir administratif », art. précit.

[112] En ce sens, G. BADET, *Cour Constitutionnelle et régularité des élections au Bénin*, *op. cit.*, p. 68.

[113] Préambule, constitution du 11 décembre 1990.

[114] L. PHILIP, « Le procès équitable dans la jurisprudence du Conseil constitutionnel » *in Revue Française de Finances publiques,* n° 8, septembre 2003, p. 12.

Sur les garanties générales, la Cour peut être difficilement prise en défaut sur son indépendance fonctionnelle ainsi que sur les délais des procédures en cours devant elle.

La publicité des audiences et du prononcé de la décision n'est, par contre, pas pratiquée pour les instances jugées par la Cour. Les citoyens sont ainsi exposés à une justice sans débats publics,[115] qui peut être sujette à suspicion légitime.

En l'état actuel des procédures devant la Cour, le principe du contradictoire, cette *"notion immanente et universelle de la conscience juridique,"*[116] est limité aux échanges écrits ou oraux entre le conseiller-rapporteur et la personne citée. La procédure fait peu ou pas de place aux techniques consacrées du jugement contradictoire : le dépôt de réquisitions ou de conclusions, la faculté de soulever des exceptions, la demande de telle ou telle mesure d'instruction ou même un complément d'information ; ce qui aurait dû l'être en raison de la gravité de la nature de la faute présumée (les "*traitement cruels, humiliants et dégradants*") et malgré les courts délais[117] de la prise de décision.

Appliquant une procédure pas toujours inquisitoriale,[118] la Cour consent à ce que "*les mis en cause (soient) parfois invités à s'expliquer*

---

[115] « La garantie (d'un procès équitable) compte parmi les principes de toute société démocratique (…) La publicité de la procédure des organes judiciaires (…) protège les justiciables contre une justice secrète échappant au contrôle du public ; elle constitue aussi l'un des moyens qui contribuent à préserver la confiance dans les cours et tribunaux » (Cour européenne des droits de l'homme, Arrêt du 22 février 1984, Sutter, Série A, n° 74).

[116] O. SCHRAMECK, « Quelques observations sur le principe du contradictoire », *in Mélanges Guy BRAIBANT, op. cit.,* p. 629.

[117] Dans les affaires autres que le contentieux électoral, la Cour a quinze jours pour rendre sa décision (Article 120, constitution du 11 décembre 1990) ; Ce délai doit permettre à la plainte de suivre le déroulement du curriculum administratif au sein de la Cour, l'instruction des faits par le conseiller-rapporteur et enfin l'examen et la décision de la plénière sur le projet de décision (Articles 25 à 28, Règlement intérieur de la Cour constitutionnelle) ; de l'aveu de la Haute juridiction, « ces délais ne sont pas systématiquement respectés » (voir Association des Cours Constitutionnelles ayant en Partage l'Usage du Français (ACCPUF), Actes de 2e Congrès : *L'accès au juge constitutionnel : modalités et procédures, op. cit.*, p. 70).

[118] La procédure devant la Cour est "de type inquisitorial" déclarait son Président au 2e congrès de l'Association des Cours Constitutionnelles ayant en Partage l'Usage du Français (Association des Cours Constitutionnelles ayant en Partage l'Usage du Français (ACCPUF), Actes de 2e Congrès : *L'accès au juge constitutionnel : modalités et procédures, op. cit.,* p. 68) ; or, la Cour applique dans certaines décisions, l'adage *actio incombit probatio* qui est propre aux procédures accusatoires ; voir

sur les griefs portés contre eux."[119] Le contenu des décisions rendues par la Haute juridiction témoigne que, invités *parfois* à comparaître, les parties daignent tout aussi *parfois* répondre aux lettres de convocation ou d'information des conseillers-rapporteurs.[120] La Cour en tire elle-même la conclusion que sa procédure a un caractère "*partiellement contradictoire*".[121] La parabole du verre à moitié vide, à moitié plein sied-elle à l'éminente gardienne des droits de la personne humaine ?[122]

Si ces lacunes de procédures paraissent moins critiquables dans un système de contentieux objectif de l'excès de pouvoir,[123] elles deviennent, par contre, franchement plus préoccupantes dans le contentieux subjectif de pleine juridiction. La Cour a elle-même fixé par sa jurisprudence le caractère essentiel du respect des droits de la défense. Prenant le risque de créer un incident juridictionnel, elle a déclaré, mais non décidé, que *"les droits de la défense sont affirmés et protégés par la Constitution, ces droits impliquant entre autres que toute personne fasse entendre sa cause, (que) le respect de cette*

Décision DCC 01-004 de 11 janvier 2001, *AGBADJICLOUNON Cossou*, Recueil 2001, p. 23. La Cour décide « que le requérant ne rapporte pas, comme il lui a été demandé, la preuve des sévices qui lui ont été infligés à la brigade de recherche de Cotonou ; que dès lors ce moyen est inopérant ».

[119] Association des Cours Constitutionnelles ayant en Partage l'Usage du Français (ACCPUF), Actes de 2e Congrès : *L'accès au juge constitutionnel : modalités et procédures*, *op. cit.*, p.68.

[120] Le Code de procédure pénale du Bénin punit de sanction pénale (article 49), le défaut de représentation à une convocation d'un officier de police judiciaire. Les procédures devant la Cour ne prévoient rien de similaire ce qui suscite la désinvolture des mis en cause ; voir DCC 01-039 du 13 juin 2001 *AGBIDI Félix*, Recueil, 2001, p.169 ; la circonstance que « le préfet de l'Atlantique n'a pas cru devoir répondre à la mesure d'instruction de la Cour » n'a pas empêché celle-ci de rendre sa décision ; DCC 01-112 du 26 décembre 2001 *DANMOUBO Kétodji*, Recueil, 2001, p.457.

[121] Association des Cours Constitutionnelles ayant en Partage l'Usage du Français (ACCPUF), Actes de 2e Congrès : *L'accès au juge constitutionnel : modalités et procédures*, *op. cit*, p.68.

[122] René CHAPUS écrit à ce propos « quelles que soient les parties en conflit, une procédure non ou insuffisamment contradictoire ne serait pas acceptable, parce qu'elle serait une procédure en vertu de laquelle l'argumentation d'une partie pourrait ne pas être ou être pleinement connue de son adversaire et discutée par lui » (R. CHAPUS, *Droit du contentieux administratif*, Paris, Montchrestien, 2002, p. 770.)

[123] Michel FROMONT relève ainsi qu'en droit français, la procédure est « largement dépourvue de caractère contradictoire (qu'elle est) également secrète (et) enserrée dans des délais très brefs » ; il conclut à « une procédure peu juridictionnelle » (M. FROMONT, « La justice constitutionnelle en France ou l'exception française », art. précit., pp. 170-171).

obligation par toute autorité administrative et juridictionnelle s'impose (...qu'en) l'espèce, Maître (...) n'a été entendu à aucun stade du déroulement de la procédure (...et qu'en conséquence) les droits de la défense n'ont pas été respectés" par la Cour suprême dans son arrêt n° 93-06/CJ-P du 22 avril 1993.[124]

L'intérêt du contradictoire et la délicatesse de l'exercice, fondement ultime de la sanction, expliquent la perplexité d'un ancien président de Cour d'assises, qui, au soir de sa vie professionnelle, s'interroge : "*Ai-je rendu la justice que je souhaitais, c'est-à-dire une justice équitable et impartiale ? (...) J'ai toujours désiré (...) que l'audience criminelle, aboutissement des travaux de la police, de la chambre d'accusation, des jurés et de la cour, ne comporte aucune faille. Mais y suis-je parvenu ?*".[125] Ces propos témoignent, à l'envi, de ce que les règles de la procédure contradictoire ne sont pas superfétatoires, ni même une panacée contre le risque d'erreur judiciaire, y compris lorsque la procédure aménage un double degré de juridiction, *a fortiori*, lorsqu'elle n'en prévoit pas. On en déduit que, du point de vue des exigences d'une justice équitable, la justice constitutionnelle, lorsqu'elle s'exerce dans le domaine du contentieux de pleine juridiction, prête le flanc à des critiques plutôt sérieuses.

CONCLUSION

Par sa jurisprudence, la Cour succombe manifestement à une *"tentation totalitaire"*, [126]qui la conduit à s'impliquer souverainement dans un contentieux qui n'est pas traditionnellement du ressort de la justice constitutionnelle. Au-delà de l'efficacité incertaine de la méthode pour la défense des droits et libertés, on ne peut s'empêcher de relever son caractère perturbateur pour la cohérence du droit. L'expérience des États montre la force structurante du droit constitutionnel,[127] l'influence croissante de celui-ci sur les diverses branches du droit. Le droit et la justice constitutionnels ont vocation à informer (au

---

[124] Décision DCC 95-001 du 06 janvier 1995, *Commission Béninoise des Droits de l'Homme*, Recueil 1995, p.9.

[125] J. ULLMANN, *Mémoire d'un président de cour d'assises*, Paris, Fayolle, 1978, p. 135.

[126] Celle qui traduit une « propension à donner une interprétation extensive à la compétence attribuée » (P. MARTENS, « Le métier de juge constitutionnel » *in* F. DELPEREE et P. FOUCHER (dir.) *op. cit.*, p. 34 ;

[127] Voir en ce sens, L. FAVOREU, « Le droit constitutionnel, droit de la constitution et constitution du droit », art. précit., p. 71.

sens latin du terme) la vie publique et la société par la garantie des règles et principes constitutionnels, à l'occasion de contentieux qui sont, par essence, de nature constitutionnelle.

Dans le modèle kelsien de contentieux constitutionnel auquel on peut, *a priori*, rattacher le système béninois, le juge constitutionnel connaît d'un contentieux "*spécial et indépendant*"[128] dont "*l'objet direct et unique du contrôle est nécessairement la constitutionnalité de la loi.*"[129]

Les vicissitudes de l'histoire, notamment le passé récent fait d'autocratie et de privation des libertés a également conduit l'Espagne post-franquiste à instituer le recours d'*amparo* pour la garantie des droits fondamentaux. Après près d'un quart de siècle de mise en œuvre, le mécanisme affiche ses insuffisances. Selon le président du Tribunal constitutionnel espagnol, les affaires traitées "*dans beaucoup de cas, manquent du moindre intérêt constitutionnel*", ce qui conduit fatalement à une "*subversion de la juridiction constitutionnelle en matière de protection des droits fondamentaux".*[130] Ceci témoigne de la difficulté pour une haute juridiction *"d'être juge du fond d'un contentieux de masse".*[131]

La Cour constitutionnelle au Bénin peut être conviée à un *judicial self restraint* qui recentrerait sa compétence sur son domaine régalien, celui du contentieux objectif et abstrait. Cette option contribuerait à restaurer le caractère de véritables règles juridiques exécutoires aux décisions de la Cour, au lieu des sentences platoniques qu'elle rend en matière de contentieux de pleine juridiction. La fonction de défense concrète et quotidienne des droits fondamentaux n'en serait pas pour autant reléguée au rang des questions subsidiaires.

---

[128] D. ROUSSEAU, *Droit du contentieux constitutionnel,* Paris, Montchrestien, 2001, p. 18.

[129] *Ibid. ;* Même dans l'hypothèse de » recours individuel en protection d'un droit constitutionnellement garanti", il n'existe, dans la famille de droit romano-germanique à laquelle est apparentée le droit au Bénin, que trois types de recours : le recours individuel contre une loi pour violation d'un droit, le recours individuel contre un acte administratif et le recours individuel contre un jugement (M. FROMONT, *La justice constitutionnelle dans le monde, op. cit.,* pp. 54-55.

[130] Alvaro Rodriguez BEREIJO, Président du Tribunal constitutionnel espagnol, *Entretien avec... in Cahiers du Conseil constitutionnel* n° 2 précité.

[131] D. LABETOULLE, Président de la section du contentieux du Conseil d'État français, *entretien in JCP A 2004*, 1332, p. 651.

En effet, les initiatives de renforcement de capacité de l'appareil judiciaire (création d'une deuxième Cour d'appel, recrutement de magistrats, appui informatique aux services) sont justifiées par son encombrement et corrélativement la lenteur des procédures. Elles s'accompagnent aujourd'hui de l'intention d'améliorer les mécanismes du dialogue civique. Par décret n° 2004-299 du 20 mai 2004, le gouvernement a transmis à l'Assemblée nationale un projet de loi portant création d'un *palabreur* moderne : le Médiateur de la République, organe national prévu pour disposer de secrétariats au niveau des douze départements. Celui-ci, autorité administrative indépendante, veillera à lever par la concertation et la vertu tout africaine de la négociation conciliante, les dysfonctionnements perceptibles dans la vie administrative nationale, que ce soit en matière de libertés ou de questions plus prosaïques et personnelles. Intermédiaire entre le citoyen et l'appareil administratif, la nouvelle institution républicaine aura un rôle de facilitateur du dialogue civique qui pourra être suivi, le cas échéant, de procédures de sanction devant les juridictions civiles, administratives ou pénales, lorsque la voie de la palabre aura montré ses limites ou échoué.

Les droits fondamentaux, l'État de droit et la démocratie gagneraient davantage à cette nouvelle distribution institutionnelle et horizontale des rôles, qui sécurise le droit et affermit l'exercice des libertés au Bénin.

LA FONCTION DE RÉGULATION DES JURIDICTIONS CONSTITUTIONNELLES EN AFRIQUE FRANCOPHONE[1]

INTRODUCTION

Les juridictions constitutionnelles africaines francophones sont l'objet d'un regain d'intérêt certain. Ceci se mesure à l'aune non seulement des pages que les revues scientifiques leur consacrent[2] mais également des recherches de niveau doctoral qui traitent de la matière.[3]

Créées pour connaître "*spécialement et exclusivement du contentieux constitutionnel, situé hors de l'appareil juridictionnel ordinaire et indépendantes de celui-ci comme des pouvoirs publics,*"[4] selon les mots de Louis FAVOREU, les juridictions constitutionnelles relevant du

---

[1] Publié dans N. MEDE., « La fonction de régulation des juridictions constitutionnelles en Afrique francophone », *in Annuaire International de Justice Constitutionnelle,* XXIII 2007, p. 45.

[2] À S. OULD BOUBOUTT, « Les juridictions constitutionnelles en Afrique : évolution et enjeux », *Annuaire International de Justice Constitutionnelle,* XIII-1997, p. 31 ; M.DIAGNE, « La mutation de la justice constitutionnelle en Afrique : l'exemple du Conseil constitutionnel sénégalais », *Annuaire International de Justice Constitutionnelle,* XII- 1996 p. 99 ; I. DIALLO, « À la recherche d'un modèle africain de justice constitutionnelle », *Annuaire International de Justice Constitutionnelle* XX- 2004, p. 93 ; C.KEUTCHA-TCHAPNGA, « Droit constitutionnel et conflits politiques dans les États d'Afrique noire », *Revue Française de Droit Constitutionnel*, n° 63-2005, p.451 ; M. GLÈLÈ-AHANHANZO, « Le renouveau constitutionnel du Bénin : une énigme ? » *in Mélanges Michel Alliot*, Paris, Publication de la Sorbonne, 2000, p. 325.

[3] B. ISSA ABDOURAHMANE, *Les Cours constitutionnelles dans le processus de démocratisation en Afrique*, Thèse Droit, Bordeaux, 2002 ; A. NDIAYE, *La nouvelle juridiction constitutionnelle en Afrique noire francophone et la construction de l'État de droit : exemple du Gabon et du Sénégal*, Thèse Droit, Montpellier, 2003 ; A.I SALAMI, *La protection de l'État de droit par les cours constitutionnelles africaines : analyse comparative des cas béninois, ivoirien, sénégalais et togolais,* Thèse, Droit, Tours, 2005.

[4] L. FAVOREU, *Les Cours constitutionnelles*, Paris, P.U.F, coll. « Que sais-je ? », 1986, p. 3. Juridictions constitutionnelles qui sont une composante de la justice constitutionnelle entendue comme « l'ensemble des institutions et techniques grâce auxquelles est assurée sans restriction la suprématie de la constitution » (L. FAVOREU et ALII, *Droit constitutionnel*, Paris, Dalloz, 1999, p. 185), ce qui inclut à la fois les modèles concentrés, les modèles diffus (*judicial review*) et les modèles dits "dualistes" d'Albrecht Weber (A. WEBER, « Notes sur la justice constitutionnelle comparée : convergences et divergences », *Annuaire International de Justice Constitutionnelle*, XIX – 2003, p. 29).

modèle concentré ont essaimé en Afrique francophone au cours de la décennie 1990. L'émergence des pays sous étude à la démocratie pluraliste[5] a été le catalyseur de la naissance ou de la renaissance de ces censeurs institutionnels.

L'intérêt de la doctrine porte cependant, et principalement sur la place des Cours constitutionnelles dans l'architecture institutionnelle des États, l'ascendant nouveau et la crédibilité nouvelle qu'elles ont acquis comme "*éléments incontournables des États de droit à construire.*"[6]

Partant d'un état des lieux *ex ante* qui a révélé le rôle essentiellement cosmétique[7] de la justice constitutionnelle et de la circonstance que le texte constitutionnel lui-même était "*moins la charte suprême, placée sous la protection de juges constitutionnels vigilants, qu'un instrument parmi d'autres au service des dirigeants,*"[8] la doctrine manifeste son contentement à l'égard de la nouvelle génération de juridictions constitutionnelles africaines ; celles-ci "*développent une jurisprudence démontrant à la fois leur capacité d'imagination et leur indépendance*

---

[5] Sur l'Épiphanie démocratique en Afrique, (consécutive à une série de conférences nationales, Bénin 19-28 février 1990 ; Gabon, mars-avril 1990 ; Congo février-juin 1991 ; Niger, juillet-novembre 1991 ; Mali, juillet-août 1991 ; Togo, juillet-août 1991 ; Zaïre août 1991-décembre 1992 ; Tchad, janvier-avril 1993), voir M. Kamto, « Les conférences nationales africaines ou la création révolutionnaire des constitutions », *in* D. DARBON et J. Du BOIS De GAUDUSSON (dir.) *La création du droit en Afrique,* Paris, Karthala, 1997, p. 177 ; J-J RAYNAL, « Conférence nationale, État de droit et démocratie, quelques réflexions à propos d'une occasion manquée », *in* D. DARBON et J. Du BOIS De GAUDUSSON, *La création du droit en Afrique*, *op. cit* p. 157 ; J-J RAYNAL, « Le renouveau démocratique béninois : modèle ou mirage ? » *in Afrique Contemporaine* n° 160, 4e trimestre 1991 p. 17. ; A. AMOR, « L'émergence démocratique dans les pays du tiers monde : le cas des États africains » *in* G. CONAC, *L'Afrique en transition vers le pluralisme politique,* Economica, 1993 ; F. AKINDES, « Les transitions démocratiques à l'épreuve des faits : réflexions à partir des expériences des pays d'Afrique noire francophone », *in Bilan des conférences nationales et autres processus de transition démocratique*, Paris, Pedone, 2001, p. 262 ; R. NTSAKALA, *Les conférences nationales de démocratisation en Afrique francophone et leurs résultats*, Thèse, Droit, Poitiers, 2001.

[6] A.S. OULD BOUBOUTT, article précité, p. 40.

[7] Le contrôle de constitutionnalité serait perçu comme "un signe extérieur de modernité" dont la fonction était de servir "l'image de marque" des dirigeants (G. CONAC, « Le juge constitutionnel en Afrique, censeur ou pédagogue » ? *in* G. CONAC (dir.) *Les Cours suprêmes en Afrique,* Paris, Economica, 1989, Volume II, p.vi.

[8] F. MODERNE, « Les juridictions constitutionnelles africaines », *in* G. CONAC (dir.) *Les Cours suprêmes en Afrique*, *op. cit.*, p. 5.

d'esprit" marquant ainsi le passage du "formalisme à l'effectivité"[9][10] d'un constitutionnalisme orienté vers la démocratie pluraliste et l'État de droit. L'apothéose de cette effectivité conquise est atteinte lorsque le Président de la République est destitué de façon inédite sur le continent par une décision de la Haute cour constitutionnelle de Madagascar.[11] Cette approche très organique (architecture institutionnelle) et matérielle (production normative) a été largement privilégiée au détriment d'une étude centrée sur les fonctions des juridictions constitutionnelles africaines francophones. Or, d'un point de vue épistémologique, cette dernière orientation de la recherche paraît tout aussi enrichissante en ce qu'elle opère la jonction entre ce qu'on a appelé le "*transconstitutionnalisme*"[12] et les constantes socio-anthropologiques d'un continent saisi par la modernité.

La régulation ne semble pas être une notion datée en droit public. François LUCHAIRE l'emploie en 1967[13] sans fixer les contours du terme avec les notions dérivées ou voisines. Indistinctement, cet auteur emploie tantôt le verbe "*régulariser le jeu politique*"[14] ou "*régulariser la formation des décrets*,"[15] tantôt le substantif "*régularité juridique*,"[16] tantôt l'adjectif "*régulateur*"[17] ; ce qui, dans ces différentes utilisations, renvoie à la racine "*règle*", laquelle permet de définir ainsi qu'il suit le verbe régulariser : "*Rendre conforme aux lois, aux règlements ; mettre en règle*" (Le nouveau Petit Robert, 2007). L'auteur peut ensuite logiquement présenter la fonction de régulation comme "*une comparaison*

---

[9] A. BOURGI, « L'évolution du constitutionalisme en Afrique : du formalisme à l'effectivité », *Revue Française de Droit constitutionnel, n°52/2002*, p. 721.
[10] J. du BOIS de GAUDUSSON, « Défense et illustration du constitutionnalisme en Afrique après quinze ans de pratique du pouvoir », *in Mélanges Louis Favoreu,* Paris, Dalloz, 2007, p. 613.
[11] A.S. OULD BOUBOUT, article précité, pp. 39-40.
[12] « Le trans-constitutionnalisme se présente donc comme la recherche de normes et pratiques constitutionnelles transversales, c'est-à-dire que l'on peut retrouver dans divers États aux systèmes juridiques différents, sans qu'il n'y ait nécessairement eu emprunt » (P. FOUCHER « Contrôle de constitutionnalité, droits fondamentaux, démocratie : convergences, divergences, tendances » *in* F. DELPERÉE et P. FOUCHER (dir.) *La saisine du juge constitutionnel : aspects de droit comparé*, Bruxelles, Bruylant, 1998 p. 44.)
[13] F. LUCHAIRE, « Le Conseil constitutionnel régulateur de l'activité normative des pouvoirs publics », *Revue de Droit Public*, 1967, p. 5.
[14] *Ibidem,* p. 15.
[15] *Ibidem,* p. 50.
[16] *Ibidem,* pp. 48, 50, etc.
[17] *Ibidem,* p. 56.

terme à terme entre deux règles écrites"[18], *la "vérification" de la conformité des dispositions normatives précises à des règles déterminées contenues dans la constitution."*[19] Le Conseil constitutionnel français reprend le mot et se déclare être "*un organe régulateur de l'activité des pouvoirs publics*"[20] sans pour autant donner un contenu à cette compétence qu'il dit tenir de "*l'esprit de la constitution.*" Le terme se retrouve en droit grec où la constitution fait du Président de la République *"le régulateur du régime politique*" (art. 30). Ce qui inspire à Jean GICQUEL le commentaire que "*l'expression est suggestive autant qu'imprécise*."[21] Nicolas BARBAROUSSIS, après une étude monographique centrée sur le texte constitutionnel grec et son contexte, conclut que le rôle régulateur confié au Président de la République renferme "*une notion vague et générale (...) susceptible d'une approche subjective (...) une notion influencée par la pratique des institutions politiques."*[22] M. VERPEAUX, sans prétendre fournir "*une définition très précise*", suggère que "*la régulation serait à mi-chemin du conseil et de la décision générale et abstraite,"*[23] ce qui, pour Martin COLLET, ne fait qu'*"embrouiller les choses plutôt que les éclairer."*[24]

Ce panorama doctrinal renseigne sur le fait que la régulation n'a pas encore conquis une autonomie conceptuelle. Son sens et son essence ne font pas l'objet d'un exercice de systématisation. Gérard TIMSIT s'y attèle, sur le plan de la théorie du droit et distingue un pouvoir normatif

---

[18] *Ibidem,* pp. 46-47.

[19] *Ibidem* p. 46. Cette conception restrictive de la régulation constitutionnelle sera enrichie par la perspective offerte par l'extension du bloc de constitutionnalité et l'élargissement du droit de saisine en France (G. KNAUB, « Le Conseil constitutionnel et la régularisation des rapports entre les organes de l'État », *Revue de Droit Public*, 1983, p. 1149. L'auteur écrit que la régulation inclut la « garantie de l'équilibre politique entre la majorité et l'opposition p. 1160).

[20] Décision n° 62-20 Dc, 6 novembre 1962, *Loi référendaire du 6 novembre 1962 in* L. FAVOREU et L. PHILIP, *Les grandes décisions du Conseil constitutionnel*, Paris, Dalloz, 14e édit., 2007, pp. 162 et suiv.

[21] J. GICQUEL, préface à N. BARBAROUSSIS, *La fonction régulatrice du Président de la République hellénique*, Paris, L.G.D.J. 2000, p. IX.

[22] N. BARBAROUSSIS, *La fonction régulatrice du Président de la République hellénique*, Paris, L.G.D.J. 2000, p. 257.

[23] M. VERPEAUX, cité par M-M. MBORANTSUO, *La contribution des Cours constitutionnelles à l'État de droit en Afrique*, Paris, Economica, 2007, p. 239.

[24] M. COLLET, « Valeur(s) de la régulation », *in Mélanges Jacqueline Morand-Deviller*, Confluences, Paris, Montchrestien, 2007, p. 241.

classique fait d'un "*droit/réglementation*"[25] et une voie moyenne entre "*l'interprétation et la réglementation*"[26] qui est le droit/régulation,[27] consécration de l'émergence d'une "*nouvelle normativité sociale.*"[28] Le premier incarne un *"droit abstrait, général et désincarné"*[29] et le second un *"droit concret, individualisé, contextualisé"* expression d'une *"normativité sans juridicité"*[30] dans la mesure où ce droit/régulation véhicule des "*normes obligatoires mais non contraignantes, dont le respect (...) est fondé sur des mécanismes de persuasion, incitation, recommandation."*[31] L'idée de sanction impérative serait ainsi étrangère à la notion de régulation.

Cette opinion n'est pas partagée par les approches plutôt économiques de la notion de régulation. Celle-ci se justifierait par "*l'introduction de la concurrence dans les secteurs d'activité jusqu'alors maintenus sous le contrôle de l'État."*[32] Le droit de la régulation exprime "*un rapport d'organisation et de contrainte"* exercé principalement par les autorités administratives indépendantes dans des secteurs "*qui ne peuvent engendrer leurs équilibres par eux-mêmes."*[33] De cette synthèse conceptuelle opérée par Gérard MARCOU, on peut retenir quelques idées-forces : d'abord l'idée que la régulation est une fonction de puissance publique, laquelle peut être exercée par les organes exécutif, législatif ou juridictionnel. Ensuite et enfin les objectifs et les valeurs ; les premiers correspondent à une projection dans le temps de résultat-cible ; les seconds expriment des catégories à la fois axiologiques et opératoires qui donnent sens et consistance à l'action.

La référence au sens originel du terme, celui des sciences de la nature ou la cybernétique, apporte un éclairage plus intéressant encore. La notion traduit alors "*la description d'un système global et la fonction qui maintient et reproduit l'ordre de ce système."*[34] On en déduit que,

---

[25] G. TIMSIT, « Les deux corps du droit : essai sur la notion de régulation », *Revue Française d'Administration Publique,* n° 375, sp. p. 385.
[26] *Ibidem,* p. 380.
[27] *Ibidem,* p. 385.
[28] C. TIMSIT, « Normativité et régulation » *in Cahiers du Conseil constitutionnel, n°* 21/2006, p. 85.
[29] G. TIMSIT, « Les deux corps du droit », article précité, p. 377.
[30] *Ibidem,* p. 381.
[31] *Ibidem,* p. 387.
[32] G. MARCOU, « La notion juridique de régulation », *Actualité Juridique Droit Administratif,* 2006, p. 347.
[33] M.A. FRISON-ROCHE, *Le droit de la régulation*, Dalloz, 2001, p. 610.
[34] G. MARCOU, article précité, p. 347.

rapportée aux sociétés humaines contemporaines et aux mécanismes de l'État, la régulation se fonde sur l'esprit et la lettre de la constitution, laquelle trace la base du système global, les valeurs et les objectifs fondateurs du système politique. Les Cours constitutionnelles se font ensuite les dépositaires de la fonction de régulation par le maintien et la reproduction de l'ordre constitutionnel.

Au total, la régulation exprime une diversité de contenus juridiques qui tiennent compte des contextes nationaux et même de différences tenant aux diverses branches du droit. Elle confine à un véritable existentialisme juridique qui fragilise toute conceptualisation définitive. Dès lors, il est intéressant de s'interroger sur le contenu positif de la régulation des Cours constitutionnelles en Afrique francophone. Quelle est l'étendue des pouvoirs des juridictions constitutionnelles africaines dans l'exercice de leur compétence de régulateur ? La réponse à la question en induit une deuxième. Quelle conséquence juridique et institutionnelle serait-il pertinent de tirer de ce rôle régulateur si l'on s'attache à l'idée que les Cours constitutionnelles exercent un magistère salutaire de juridicisation des querelles politiques en vue de la consolidation de la paix par l'enracinement de l'État de droit ?

La régulation trouve son fondement dans la rédaction même des textes constitutionnels en Afrique noire francophone, notamment au Gabon,[35] à Djibouti,[36] au Bénin,[37] au Congo,[38] au Tchad,[39] ou encore au Togo.[40] Dans une formulation presque identique, les textes font de la juridiction constitutionnelle "*l'organe régulateur du fonctionnement des institutions et de l'activité des pouvoirs publics.*" Les hautes juridictions constitutionnelles ont été classiquement investies du pouvoir de juger la constitutionnalité de la loi, de recevoir et de trancher les "*recours pour excès de pouvoir législatif*" selon la formule du Doyen VEDEL.[41] Elles ont ensuite reçu mission ou se sont donné la vocation de garantes des droits et libertés, dessinant ainsi le contenu d'un droit

[35] Article 83, constitution du 26 mars 1991 (Gabon).
[36] Article 75, constitution du 4 septembre 1992 (Djibouti).
[37] Article 114, constitution du 11 décembre 1990 (Bénin).
[38] Article 142, constitution du 15 mars 1992 (République du Congo). La nouvelle constitution du 20 janvier 2002 ne reprend pas cette disposition.
[39] Article 166, constitution du 31 mars 1996 (Tchad).
[40] Article 99, constitution du 27 septembre 1992, (Togo).
[41] G. VEDEL, « Excès de pouvoir législatif et excès de pouvoir administratif, » *in Cahiers du Conseil constitutionnel*, n°1/1996.

constitutionnel substantiel.[42] La fonction de régulation est une prérogative additionnelle, un étage supplémentaire de l'architecture de superposition des compétences des Cours constitutionnelles africaines francophones. Selon Marie-Madeleine MBORANTSUO, la fonction de régulation des Cours constitutionnelles "*va bien au-delà de leur mission première, celle du contrôle de constitutionnalité.*"[43] Si l'on admet avec Aristovoulos MANESSIS que la fonction de régulation implique "*le pouvoir discrétionnaire de choisir entre deux ou plusieurs actions tout aussi légales,*"[44] on en déduit que le titulaire dispose d'une "*marge d'initiative.*"[45] Il s'agit moins du pouvoir d'"*apporter un éclairage et une interprétation du système constitutionnel*"[46] comme l'indique le juge burkinabé, que la revendication d'un statut d'acteurs qui "*s'immiscent dans le fonctionnement des institutions.*"[47] La régulation juridique par le contrôle semble dès lors se muer en régulation politique. (I) Une telle évolution implique que l'ingénierie constitutionnelle en tire les conséquences. En effet, dans les systèmes politiques de démocratie libérale qui sont ceux des pays sous étude, la tendance à l'hypertrophie des pouvoirs des régulateurs constitutionnels pose le problème de la responsabilité (*accountability*) de ceux-ci et des mécanismes pouvant mieux rendre compte de la légitimité démocratique établie par les textes constitutionnels. (II)

I. DE LA RÉGULATION JURIDIQUE A LA RÉGULATION POLITIQUE : PHÉNOMÉNOLOGIE DE LA RÉGULATION PAR LES COURS CONSTITUTIONNELLES.

Le champ de la régulation par les Cours constitutionnelles intègre les "*institutions*" et les "*pouvoirs publics*", deux notions qui sont au centre de l'ordonnancement constitutionnel des États. La régulation vise le fonctionnement des premières (A) et l'activité des seconds (B).

---

[42] L. FAVOREU, « Le droit constitutionnel, droit de la constitution et constitution du droit », *Revue Française de Droit Constitutionnel*, 1990, p. 76.

[43] M-M. MBORANTSUO, *op. cit.* p. 239.

[44] A. MANESSIS, cité par N. BARBAROUSSIS, *op. cit.*, p. 245.

[45] *Ibidem,* p. 245.

[46] Cour suprême du Burkina Faso, Arrêt du 14 juillet 1994, *Recueil Penant*, 1996, p. 204, note B. Kambou.

[47] M-M. MBORANTSUO, *op. cit.*, p. 241.

A. Les Cours constitutionnelles, régulatrices du fonctionnement des institutions

L'expression *"fonctionnement des institutions"* contenue dans les textes constitutionnels n'a pas un sens évident et univoque. Qu'est-ce qu'une institution et quelles sont les données qu'on peut rattacher à son fonctionnement ? Les réponses à ces interrogations découlent des choix et orientations jurisprudentiels des juridictions constitutionnelles sous étude.

1°) Une conception large des institutions

La notion d'institution est une des plus fécondes en sciences humaines. DURKHEIM définit la sociologie comme la "*science des institutions, de leur genèse et de leur fonctionnement*,"[48] tandis qu'une partie de la doctrine en droit constitutionnel fait de l'institution l'élément clé de l'organisation sociale et de la théorie constitutionnelle.[49] Marcel PRELOT opère une *summa divisio* à partir des théories en présence et distingue les "*institutions corps*" qui correspondent à une collectivité humaine unie par une idéologie ou un besoin commun et soumise à une autorité reconnue et à des règles fixes,[50] d'une part, et d'autre part les "*institutions-mécanismes*" qui sont des *"systèmes de règles de droit"*[51] comme le mariage, la tutelle, etc.

En un sens général l'institution est un *"ensemble de mécanismes et structures juridiques encadrant les conduites au sein d'une collectivité."*[52] On parle alors d'institutions de la République, d'institutions fondamentales des sociétés démocratiques, etc. Les critères de l'institution sont donc : une dynamique humaine, un objet et une existence légale. Les institutions peuvent se décliner en institutions administratives, politiques, juridictionnelles, ou encore en institutions publiques, civiles, confessionnelles, ou enfin en institutions économiques, culturelles, sportives, sociales, etc. Le champ couvert est large et la formulation très

---

[48] Cité par J. CHEVALLIER, « Droit constitutionnel et institutions politiques : les mésaventures d'un couple fusionnel » *in Mélanges Pierre Avril*, Paris, Montchrestien, 2001, p. 186.

[49] G. RENARD, « Qu'est-ce que le droit constitutionnel ? Le droit constitutionnel et la théorie de l'institution », *in Mélanges Carré de Malberg*, 1933 p. 483 ; M. HAURIOU, *Précis de droit constitutionnel*, Paris, Sirey, 2e éd ; 1929.

[50] M. PRÉLOT et J. BOULOUIS, *Institutions politiques et droit constitutionnel,* Paris, Dalloz, 11e éd., 1990, p. 44.

[51] *Ibidem* p. 44.

[52] G. CORNU, *Vocabulaire juridique*, Paris, Quadrige/PUF, 2002, p. 475.

générale des textes constitutionnels ajoute à l'ampleur du domaine de la recherche. L'article 14 de la constitution du Bénin corrobore cette idée, car le mot institution parsème, en effet, le texte constitutionnel : "*Les institutions et les communautés religieuses peuvent également concourir à l'éducation de la jeunesse*" (art. 14)[53]. Ainsi, l'idée qu'il puisse avoir des institutions autres que politiques est attestée par cette disposition. Le mot institution est également évoqué à l'article 68 de la constitution du Bénin. "*Lorsque les institutions de la République, l'indépendance de la Nation, l'intégrité du territoire national (...) le Président de la République (...) prend en conseil des ministres les mesures exceptionnelles exigées par les circonstances (...).*" Un complément de nom s'ajoute ici au substantif institution. Cet article rappelle la rédaction de l'article 11 de la constitution française de 1958, laquelle mentionne à l'identique "*les institutions de la République, l'indépendance de la Nation.*" Les travaux préparatoires du texte français permettent d'apporter un éclairage sur les contours de l'expression "*institutions de la République.*" Devant les membres du Comité consultatif constitutionnel en sa séance du 8 août 1958, le Président du Conseil déclara "*Nous avons assisté (...) en 1940 (...) à une crise des institutions qui coïncidait avec une crise nationale épouvantable (...). Le Prédisent de la République, dans notre nouvelle constitution (...) a la charge de faire fonctionner les institutions (...) (s') il constate que les institutions ne fonctionnent plus, qu'il n'y a plus moyen d'avoir un gouvernement, qu'il n'y a plus moyen de faire siéger un Parlement et qu'alors il faut bien qu'il agisse dans ce vide (...).*"[54] Les institutions visées ici sont les organes constitutionnels et le complément de nom a le mérite de clarifier le sens de l'expression 'institutions de la République). Il en va autrement, lorsque le mot "*institution*" est employé *ut singuli*.

Ainsi, Louis FAVOREU, dans la table alphabétique des matières du recueil de décisions constitutionnelles, énonce sous la rubrique "*institution*" : les associations, les autorités administratives indépendantes, les pouvoirs publics, les juridictions, les établissements publics.[55]

---

[53] D'autres dispositions sont également concernées : les membres du Gouvernement ne peuvent prendre part « …aux adjudications pour les administrations ou les institutions relevant de l'État… » (art. 52) ; les "institutions nouvelles" (art. 157), etc.

[54] F. HAMON, *L'article 16 de la constitution de 1958*, Paris, La Documentation Française, Documents d'études, n°1.07/1994, p. 5.

[55] L. FAVOREU et L. PHILIP, *Les grandes décisions du Conseil constitutionnel,* Paris, Dalloz, 14e éd. 2007, pp. 1027-1028.

Certes, une analyse de contexte global du texte constitutionnel pourrait suggérer *a priori* l'assimilation des institutions relevant de la compétence de régulation des Cours constitutionnelles aux institutions des pouvoirs de crise. Ce qui aboutirait à une publicisation systématique de la notion d'institution. La démarche quoique logique ne paraît pas la seule possible. Le droit constitutionnel institutionnel comprend l'étude des institutions politiques mais aussi celle des *"bases constitutionnelles des institutions administratives et juridictionnelles."*[56] Si on se penche du côté du droit constitutionnel substantiel, "*le droit constitutionnel des libertés*" comme l'écrit Louis FAVOREU,[57] on élargit encore davantage l'horizon d'étude.

En effet, l'étude des libertés est transversale au sens où elle concerne la vie publique, celle des institutions politiques mais aussi les sphères les plus intimes ou les plus personnelles comme la liberté de mariage, la liberté de pensée ou la liberté d'association. Or, les évolutions contemporaines font des juridictions constitutionnelles des garants d'un "*système de protection des libertés*"[58] au travers du fonctionnement et de l'activité des institutions publiques, mais aussi par la dynamique originale initiée par les Cours constitutionnelles africaines francophones : la défense des libertés dans les mécanismes relevant du droit privé. Cette évolution relativise l'analyse contextuelle de la notion d'institution et élargit le champ de compétence des juridictions constitutionnelles dans leur rôle de régulation du fonctionnement des institutions.

Que faut-il ensuite entendre par "*fonctionnement*" si ce n'est la marche desdites institutions : leur vie interne, leur relation aux tiers, etc. ? Le domaine de la régulation devient ainsi large comme le prouve la pratique des juridictions constitutionnelles elles-mêmes.

2°) Une régulation par l'exercice d'un "*pouvoir décisionnel*"[59]

Pour manifester son rôle régulateur, la Cour constitutionnelle du Bénin commence d'abord par fixer sa doctrine, le fondement idéel de ses décisions. La Cour affirme qu'elle est *"l'organe régulateur du fonctionnement des institutions et de l'activité des pouvoirs publics"*[60]

---

[56] L. FAVOREU, « Droit de la constitution et constitution du droit », *Revue de Droit public*, 1990, p. 75.

[57] *Ibidem*, p. 76.

[58] P. MAZEAUD, Préface, *in* M. VERPEAUX et M. BONNARD (dir.) *Le Conseil constitutionnel*, Paris, La Documentation Française, 2007, p. 11.

[59] M.-M. MBORANTSUO, *op. cit.*, p. 241.

[60] Décision DCC 03-078 du 12 mai 2003, *Gougbedji Cyrille*, Recueil, 2003, p. 322.

par référence à l'article 114 de la constitution. La Haute Juridiction précise ensuite, de manière très révélatrice, *"qu'en cette qualité, elle est fondée à prendre toute décision pour éviter toute paralysie du fonctionnement des institutions de la République."*[61] Et c'est pour manifester cette fonction de lubrifiant institutionnel que la Cour a pris sa décision DCC 03-077 du 07 mai 2003.[62] Les requérants tendaient à faire constater que la Présidente du bureau d'âge de l'Assemblée nationale nourrissait le dessein de faire prendre en compte, par ses collègues, les intérêts de la minorité parlementaire dans les affectations de siège au sein du bureau de l'Assemblée. L'exigence posée étant que "*la composition du bureau tienne compte de la configuration politique de l'Assemblée"*[63] et s'opère par "*un partage des postes du bureau entre la mouvance et l'opposition."*[64] Ne réussissant pas à susciter l'adhésion des députés de la majorité parlementaire, la Présidente du bureau d'âge enclenche des actions dilatoires par suspension de séance "*paralysant du coup l'institution parlementaire.*"[65] Saisie pour remettre à flots une institution aux mécanismes grippés, la Cour se fonde sur la disposition générique de l'article 35 de la constitution : "*Les citoyens chargés d'une fonction publique ou élus à une fonction publique ont le devoir de l'accomplir avec conscience, compétence, probité, dévouement et loyauté dans l'intérêt et le respect du bien commun."* La doyenne d'âge de l'Assemblée est jugée avoir un comportement contraire à cette disposition et en conséquence "*a violé la constitution."*[66] Cette décision étant restée sans effet sur l'évolution du processus de désignation des membres du bureau de l'Assemblée nationale, la Cour, saisie à nouveau, juge que *"la doyenne d'âge doit convoquer l'Assemblée nationale dès la date de la présente décision et poursuivre sans discontinuité c'est-à-dire au cours de la même séance, l'élection des autres membres du bureau."*[67] Enfin, et sur un ton comminatoire, la Cour décide que "*le bureau de l'Assemblée nationale devra être installé au plus tard le mercredi 14 mai 2003 à minuit."*[68]

---

[61] *Ibidem,* p. 323.
[62] Décision DCC 03-077 du 12 mai 2003, *Orou Sego Orou Gabé*, Recueil, 2003, p. 311.
[63] *Ibidem,* p. 313.
[64] *Ibidem,* p. 313.
[65] *Ibidem,* p. 313.
[66] *Ibidem,* p. 315.
[67] Décision DCC 03-078 précitée, *Recueil*, 2003, p. 323.
[68] *Ibidem,* p. 323.

Cette approche de la régulation par l'exercice d'un "*véritable pouvoir décisionnel*"[69] au sens politique de l'expression, s'illustre à nouveau dans l'affaire dite de la "*configuration politique*." Dans une décision datant de l'année 1999, la Cour avait jugé que le règlement intérieur de l'Assemblée nationale "*ne définit pas la notion de configuration politique pas plus qu'il n'impose une obligation de résultat*"[70] à la charge des députés pour la sélection des membres du bureau de l'Assemblée nationale. En 2000, dans une décision de conformité sous réserve[71] relative à une loi électorale, la Cour jugea que l'article 41 alinéa1 de la loi votée était conforme à la constitution sous réserve de compléter l'expression "*dix-neuf élus par l'Assemblée nationale*" avec le membre de phrase, "*en tenant compte de sa configuration politique*" pour assurer la participation de toutes les forces politiques représentées à l'Assemblée et pour garantir la transparence (principe à valeur constitutionnelle) dans la gestion des élections."[72] Il s'agit en fait de faire représenter toutes les tendances politiques au sein de l'autorité administrative indépendante constituée de manière *ad hoc* pour piloter chaque processus électoral en lieu et place des services du ministère de l'Intérieur. En 2001, la désignation des membres de cet organisme autonome fut l'objet d'une contestation portée devant la Haute juridiction constitutionnelle. Celle-ci constate que "*la composition de la Commission Electorale nationale Autonome (CENA) telle que décidée par l'Assemblée nationale conduit à une confiscation de cette institution par certains groupes parlementaires en violation de la règle d'égalité édictée par l'article 26 de la constitution et n'est donc pas de nature à assurer la transparence et la sincérité des élections comme l'exige un État de droit de démocratie pluraliste.*"[73] La Cour conclut

---

[69] Expression de la Présidente de la Cour constitutionnelle du Gabon (Voir M.-M. MBORANTSUO, *op. cit.*, p. 241).

[70] Décision DCC 99-037 du 08 juillet 1999, *Arouna Soumanou*, Recueil, 1999, p. 143.

[71] Technique qui va au-delà de la réserve d'interprétation constructive décrite par Louis Favoreu (L. FAVOREU, « La décision de constitutionnalité », *Revue internationale de Droit Comparé*, 1986 p. 611) et qui concrétise la crainte de Bruno Genevois de voir l'interprétation "aboutir à une réécriture pure et simple du texte" (B. GENEVOIS, cité par J. WALINE, « Existe-t-il un gouvernement du juge constitutionnel en France ? » *in Mélange Louis Favoreu,* Paris, Dalloz, 2007, p. 499) alors que Dominique Rousseau affirme de manière moins tranchée que la technique d'interprétation aboutit fatalement à "faire participer le Conseil (constitutionnel) à l'œuvre législative (D. ROUSSEAU, *Droit du contentieux constitutionnel*, Paris, Montchrestien, 4e éd. 1995, p. 130).

[72] Décision DCC 00-078 du 07 décembre 2000, *Bigou Bio Bani Léon*, Recueil, 2000, p. 298.

[73] Décision DCC 01-011 du 12 janvier 2001, *Bio Bigou Bani Léon*, Recueil, 2001, p. 59.

que les Décisions n° 01-003/AN/PT et n° 01-004/AN/PT de l'Assemblée nationale portant élection des membres respectivement de la Commission Electorale nationale Autonome et des Commissions Electorales Départementales (CED) "*sont, tant dans la forme qu'au fond, contraires à la constitution.*"[74] Face à la réticence des parlementaires et à nouveau saisie par un groupe de députés, la Cour affirme dans le 16e considérant, que "*pour la désignation des membres de la Commission Electorale nationale Autonome (CENA) l'Assemblée nationale n'a pas cru devoir se conformer à la décision de la Cour.*"[75] Au 17e considérant la Cour rappelle qu'elle est, par disposition constitutionnelle, "*l'organe régulateur du fonctionnement des institutions et de l'activité des pouvoirs publics*."[76] Elle décide enfin que "*les deux postes attribués indûment aux groupes Consensus National et PRD doivent être affectés aux groupes Nation et Développement d'une part et Solidarité et Progrès d'autre part.*"[77] D'autorité, la Cour remodelait ainsi la composition d'un organe administratif dont les fonctions sont déterminantes aux yeux de la classe politique.

On déduit de cette orientation jurisprudentielle, que l'auto-régulation des institutions, le libre jeu des forces politiques, l'art des combinaisons qui est de l'essence de la vie politique, ne s'exercent que dans les limites fixées par la juridiction constitutionnelle et sous son contrôle. Elle manifeste ainsi une certaine "*tentation totalitaire*,"[78] tentation qui serait en contradiction logique avec une certaine perception de son statut de "*serviteur*" de la constitution. Et, ce qui est avéré en matière de fonctionnement des institutions le devient fatalement s'agissant de l'activité des pouvoirs publics.

B. Les Cours constitutionnelles régulatrices de l'activité des pouvoirs publics

C'est, sans doute, la composante la plus importante de la fonction régulatrice des Cours constitutionnelles. Cette fonction s'applique en l'occurrence aux organes de pouvoir ; ce qui révèle mieux la fonction de la juridiction constitutionnelle dans le schéma institutionnel des États.

---

[74] *Ibidem,* p. 59.
[75] Décision DCC 01-012 du 22 janvier 2001, *Bio Bigou Bani Léon*, Recueil, 2001, p. 66.
[76] *Ibidem,* p. 66.
[77] *Ibidem,* p. 68.
[78] P. MARTENS, « Le métier de juge constitutionnel, » *in* F. DELPERÉE et P. FOUCHER (dir.). *La saisine du juge Constitutionnel : aspects de droit comparé,* Bruxelles, Bruylant, 1998, p. 34.

1°) Le champ de la régulation

La notion de pouvoir public peut avoir une définition restrictive, celle qui ne retient que "*le Parlement, le gouvernement et le Président de la République.*"[79] Si on adopte cette conception, seraient exclus de la catégorie des pouvoirs publics, les juridictions de tous ordres, les organes de contre-pouvoir institutionnel (Autorité de régulation des médias, etc.) ou de démocratie corporatiste comme les Conseils économiques et sociaux. François LUCHAIRE estime que l'expression est "*parfois comprise dans un sens plus large.*"[80] Gérard DRUESNE propose une acception toute matérielle qui fonderait un modèle théorique permettant d'identifier, à partir de la typologie "*pouvoir de suffrage, pouvoirs délibérants, pouvoirs exécutifs,*"[81] les organes qui incarnent ces pouvoirs dans chaque constitution et qui mériteraient en conséquence d'être dénommés *pouvoir public*. Cet exercice de théorie juridique n'a pas, selon son auteur "*la prétention d'être l'exact reflet de la conception officielle des pouvoirs publics.*"[82]

On lui préférera utilement celle qui veut qu'un pouvoir public soit tous organes qui "*font (...) l'objet de dispositions (constitutionnelles) réglementant leur organisation et leur activité.*"[83] La perspective se précise alors et on peut énumérer, par référence aux textes constitutionnels africains francophones, les assemblées parlementaires, les organes exécutifs (Président de la République, Premier ministre, Gouvernement) et selon les cas, les différents ordres juridictionnels. Quant aux activités, objet de la compétence de régulation, on peut les dériver des grandes fonctions de la puissance étatique, non point selon le schéma trinaire de MONTESQUIEU, mais par déduction de la rédaction des textes constitutionnels mêmes : légiférer et contrôler l'action du gouvernement (Assemblée parlementaire), exercer le pouvoir exécutif, déterminer et conduire la politique de la Nation, exercer le droit de grâce, etc. (Président de la République, Premier ministre, Gouvernement), rendre la justice (organes juridictionnels), etc. *A priori*,

---

[79] L. FAVOREU et L. PHILIP, *Les grandes décisions du Conseil constitutionnel*, Paris, Dalloz, 14e éd ; 2007, p. 155.

[80] L. FAVOREU et L. PHILIP, *Les grandes décisions du Conseil constitutionnel*, *op. cit.*, p. 155.

[81] G. DRUESNE, « Réflexions sur la notion de pouvoirs publics en droit français », *Revue de Droit Public*, 1976, p. 1149.

[82] *Ibidem,* p. 1214.

[83] V. DUSSART, *L'autonomie financière des pouvoirs publics constitutionnels*, Paris, CNRS Editions, 2000, pp. 9-10.

la fonction de régulation devrait viser les conflits entre organes constitutionnels ou des crises internes aux pouvoirs publics, dans l'exercice de leurs activités constitutionnelles. C'est notamment le cas pour le contentieux classique de respect de la répartition des compétences entre le législatif et l'exécutif. La Cour constitutionnelle du Gabon a produit une importante jurisprudence à ce sujet,[84] au point où on a pu parler de "*miracle gabonais*"[85] pour l'exercice de cette compétence de régulation normative.

De manière originale, la régulation constitutionnelle a pris en compte un écart de perception entre le déléguant et le délégataire de la souveraineté au Bénin. Face à la volonté, puis à la décision de la majorité des parlementaires de prolonger la durée de la législature en la portant de quatre à cinq ans, avec effet rétroactif sur le mandat en cours,[86] le sentiment populaire relayé par la presse est plutôt réprobateur. Les journaux pêle-mêle dénoncent la "*gourmandise des députés,*"[87] "*les députés de la honte,*"[88] "*le coup de force constitutionnel,*"[89] le "*hold up constitutionnel*"[90] des élus qui "*dribblent le peuple*"[91] ou qui "*tuent la démocratie*."[92] La fronde populaire est traduite par vingt-quatre recours en inconstitutionnalité, dont ceux du Président de la République, du président de "*l'ONG Récades et représentant du culte vodoun.*" La Cour relève d'abord quelques irrégularités de forme qui, si elle s'en tenait à cela, pourraient être rapidement purgées par une majorité parlementaire désireuse de ne pas retourner de si tôt devant les électeurs. Elle apprécie le fond du dossier et relève dans son 31e considérant que : "*(le) mandat de quatre (4) ans qui est une situation constitutionnellement établie, est le résultat du consensus national dégagé par la Conférence des forces vives de la nation de février 1990 et consacré par la constitution en son préambule qui réaffirme l'opposition fondamentale du peuple béninois à (...) la confiscation du pouvoir ; que même si la Constitution a prévu les modalités de sa propre révision, la détermination du peuple béninois*

[84] Voir en ce sens M-M MBORANTSUO, *op. cit.*, pp. 241 et suiv.
[85] A. NDIAYE, thèse précitée, p. 520.
[86] Par un résultat écrasant de 71 votes favorables sur les 83 sièges du parlement, soit plus des 4/5e requis par la constitution.
[87] Journal *Le Point au Quotidien*, n° 2025, du 26 juin 2006, p. 2.
[88] Journal *La Nouvelle Tribune*, n° 1062 du 26 juin 2006, p. 1.
[89] Journal *La Nouvelle Tribune*, n° 1063 du 27 juin 2006, p. 1.
[90] Journal *Le Point au Quotidien*, n° 2025 du 26 juin 2006, p. 2.
[91] Journal *La Nation*, n° 4020 du 26 juin 2006, p. 1.
[92] Journal *Le Matinal*, n° 2381 du 26 juin 2006, p. 4.

à créer un État de droit et de démocratie pluraliste, la sauvegarde de la sécurité juridique et de la cohésion nationale commandent que toute révision tienne compte des idéaux qui ont présidé à l'adoption de la Constitution du 11 décembre 1990." En conséquence, la Cour décide : "*Toutes les dispositions de la Loi constitutionnelle n° 2006-13 portant révision de l'article 80 de la Constitution du 11 novembre 1990 votée par l'Assemblée nationale le 23 juin 2006, sont contraires à la Constitution.*" Le juge constitutionnel venait ainsi de censurer une décision presque unanime des délégataires de la souveraineté nationale. Par son étendue, la fonction de régulation semblait brimer les règles constitutionnelles d'exercice de la souveraineté. Ce qui soulève quelques problèmes de nature juridique et institutionnelle.

2°) Les questions juridiques et institutionnelles sous-jacentes aux choix de régulation

Dans l'absolu, on ne peut faire le grief au parlement d'avoir voulu modifier la constitution, ni à la Cour constitutionnelle d'avoir interprété ladite constitution. "*Les constitutions ne sont pas des tentes dressées pour le sommeil*" écrit un auteur.[93] L'idée d'une "*ossification constitutionnelle*"[94] est contraire au contenu rédactionnel des textes constitutionnels eux-mêmes et rejetée par la doctrine au cours des siècles. Jean-Jacques ROUSSEAU enseignait qu'il est contre la nature du corps social de s'imposer des lois qu'il ne puisse révoquer.[95] L'américain Alexander HAMILTON affirmait, pour sa part, qu'un perfectionnement des travaux des constituants est utile pour "*corriger les méprises qui, inévitablement, se sont glissées dans leurs premiers essais.*"[96] Une périodicité régulière de révision constitutionnelle est même suggérée, périodicité à délai fixe mais variable selon les données de l'espérance de vie du moment. Thomas JEFFERSON considérait que dix-neuf ans seraient une bonne référence[97] tandis que le français Condorcet estimait que la révision serait opportune au bout d'un délai

---

[93] ROYER-COLLARD, cité par L. FAVOREU, *Rapport introductif*, *in* P. AVRIL et M. VERPEAUX (dir.) *Les règles et principes non écrits en droit public*, Paris, L.G.D.J., 2000, p. 16.

[94] F. BUCU-VASILESCU, « La Cour constitutionnelle et la révision de la constitution", *in Mélanges Michel Lesage*, Paris, Société de Législation Comparée, 2006, p. 347.

[95] J.J ROUSSEAU cité par A. ESMEIN, *Eléments de droit constitutionnel français et comparé*, Paris, Sirey, 8e éd ; 1927, tome I, p. 611.

[96] A. HAMILTON, *Le Fédéraliste*, Paris, Economica, 1988, p. 734.

[97] Cité par C. KLEIN, *Théorie et pratique du pouvoir constituant*, Paris, P.U.F., Coll. "Votes du droit", 1996, p. 136.

de vingt ans, car pensait-il "*c'est celui où l'on cesse de pouvoir dire qu'une constitution exprime le vœu de la nation qui s'y est soumise.*"[98]

La révision constitutionnelle est ainsi recevable d'un point de vue juridique mais aussi doctrinal. La question qui se pose ensuite est celle du *modus operandi* de la révision, des modalités de sa mise en œuvre. Les dispositions constitutionnelles en matière de contrôle de constitutionnalité des lois mentionnent les "*lois organiques et (les) lois en général avant leur promulgation.*"[99] Cette rédaction inclut-elle les lois constitutionnelles dans son champ ? Une loi de révision constitutionnelle est-elle éligible au contrôle juridictionnel de constitutionnalité ? Ici se manifeste dans toute sa splendeur "*l'obscurité structurelle de la constitution*"[100] et par voie de conséquence, la plasticité du texte constitutionnel et des interprétations qu'on en tire. Louis FAVOREU avait ainsi exposé la série de "*combinatoires institutionnelles*" développées par les auteurs et susceptibles d'être rattachées à la constitution française de 1958.[101]

L'étendue des pouvoirs des juridictions constitutionnelles est diversement appréciée en doctrine. L'histoire peut illustrer des situations de fantaisie simulée ou non chez les parlementaires, de manifestation de corporatisme nuisible à l'intérêt général et imputable à la classe politique dans son ensemble. Francis DELPÉRÉE en déduit que les constitutions sont vulnérables et qu'elles méritent une protection "*au besoin contre le législateur et lorsque ses prescriptions sont méconnues, il revient à une autre autorité constituée -la juridiction constitutionnelle- de censurer, si elle est saisie à cet effet, l'intervention fautive.*" Dès lors, on peut affirmer que la Cour constitutionnelle "*se situe, de la manière la plus immédiate, dans l'orbite du pouvoir constituant.*"[102]

Une partie de la doctrine française développe une autre théorie. Pour Pierre AVRIL et Jean GICQUEL "*la souveraineté inhérente au pouvoir constituant donne à penser que la loi constitutionnelle échappe au*

---

[98] *Ibidem*, p. 136.

[99] Article 117, *constitution du Bénin* ; article 228, *constitution du Burundi* ; articles 109 et 112, *constitution du Niger* ; article 84, *constitution du Gabon* ; articles 67 et 75, *constitution de Djibouti.*

[100] Y. AGUILA, « Cinq questions sur l'interprétation constitutionnelle », *Revue Française de Droit Constitutionnel*, 1995, p. 16.

[101] L. FAVOREU, *Rapport introductif*, *in* P. AVRIL et M. VERPEAUX, *op. cit.*, p. 15.

[102] P. DELPÉRÉE, A. RASSON, M. VERDUSSER, « Rapport belge » Table ronde sur la révision constitutionnelle, *Annuaire International de Justice Constitutionnelle*, 1994 p. 35.

contrôle du Conseil"[103] constitutionnel. Georges VEDEL est plus explicite et plus tranché lorsqu'il affirme que "*le pouvoir constituant (en l'espèce "dérivé") est souverain*" et qu'il "*est l'égal du pouvoir constituant originaire."*[104] Il échappe *ès qualités* au contrôle du Conseil constitutionnel. La décision de celui-ci en date du 26 mars 2003[105] entérine cet avis. Le droit positif roumain offre en termes de législation comparée une voie moyenne entre l'acceptation du contrôle juridictionnel des lois de révision constitutionnelle adoptées par les parlements et le refus d'un tel contrôle. L'article 146 de la constitution roumaine dispose *"La Cour se prononce d'office sur les initiatives de révision.*" Elle statue en la forme non juridictionnelle[106] sur le projet de texte et sa décision est jointe au dossier de révision soumis à l'appréciation et au vote des parlementaires. Ce faisant, la Cour procède à un traitement préventif des situations d'inconstitutionnalité, dans la mesure où en application de sa jurisprudence, elle estime que *"les lois de révision n'étant pas soumises à la promulgation, (elles) ne sont pas soumises au contrôle a priori de constitutionnalité."*[107] En Allemagne, la juridiction constitutionnelle tient de la constitution elle-même, le pouvoir de vérifier que les lois constitutionnelles ne portent pas atteinte aux droits fondamentaux protégés par les articles 1er à 20 de la Loi fondamentale. Ce qui fait dire à Louis FAVOREU que, placé dans une perspective de droit comparé, le contrôle juridictionnel des lois constitutionnelles "*n'est pas une hypothèse aberrante."*[108] En résumé, à l'examen des orientations doctrinales et des choix jurisprudentiels en présence, on convient avec Michel FROMONT que "*les rapports entre pouvoir constituant dérivé et justice constitutionnelle seront à l'avenir plus complexes qu'ils ne l'ont été par le passé."*[109]

La Cour constitutionnelle du Bénin a choisi sa voie et fait son choix. Par le contrôle exercé sur les lois organiques, les lois ordinaires, les lois constitutionnelles adoptées par le Parlement, la Cour est érigée en

---

[103] P. AVRIL et J. GICQUEL, *Le Conseil constitutionnel*, Paris, Montchrestien, Coll. "Clefs", 1998, p. 115.

[104] G. VEDEL, « Souveraineté et supraconstitutionnalité », *Pouvoirs*, 67/1993, 90.

[105] Décision n°2003-469 DC du 26 mars 2003, *Loi constitutionnelle relative à l'organisation décentralisée de la République.*

[106] F. BUCUR-VASILESCU, article précité, pp. 348 et suiv.

[107] F. BUCUR-VASILESCU, article précité, p. 356.

[108] L. FAVOREU, « L'injusticiabilité des lois constitutionnelles », *Revue Française de Droit Administratif*, 2003, p. 794.

[109] M. FROMONT, *La justice constitutionnelle dans le monde*, Paris, Dalloz, 1996, p. 133.

interprète suprême de la volonté du souverain. Les délégataires de la souveraineté nationale exercent une compétence de "*vouloir pour la Nation*," d'exprimer la volonté du souverain sous réserve de la validation consentie par la juridiction constitutionnelle. Et cette validation couvre tout le champ de la production des normes y compris la modification de la loi fondamentale par la voie parlementaire. Pour corriger ce déséquilibre institutionnel et asseoir à nouveau le principe de légitimité démocratique comme axe central de formation et de fonctionnement des institutions, ne conviendrait-il pas de retenir le référendum, expression directe de la souveraineté nationale, comme seule et unique voie de révision constitutionnelle ?

Pour autant, la décision de la Cour constitutionnelle du Bénin n'en finirait pas de susciter l'intérêt du point de vue de la science du droit. Le consensus national émerge au rang des principes de valeur constitutionnelle. Georges VEDEL soutient que tout principe constitutionnel a sa source et ses références dans le texte même de la constitution. Si ce renvoi n'a pas été systématiquement fait par la juridiction constitutionnelle française, cela procède tout simplement d'"*une erreur (qui) s'explique mais ce n'est pas moins une erreur*."[110] Une erreur qui prend des allures d'une création normative autonome à laquelle renvoie la métaphore de Stéphane Piérré-Caps : "*Tel un lit asséché d'une rivière exténuée, la constitution se fait évanescente et (...) son interprète autorisé ne peut plus s'y mirer*."[111] Le recours à l'esprit de la constitution devient alors une issue. L'expression "*consensus national*" traduit cette filiation et surtout, comme la plupart des principes de valeur constitutionnelle, elle exprime une "*indétermination sémantique*"[112] et n'est pas susceptible de définition conceptuelle en droit constitutionnel. La constitution n'en fait pas mention mais évoque dans son préambule la Conférence nationale de février 1990 et la "*réconciliation nationale*" qu'elle a rendue possible.

Le consensus appartient au vocabulaire du droit international et désigne un mécanisme d'adoption d'un texte "*sans recours au vote.*"[113] Il décrit une procédure et non un état. Par analogie, le *consensus*

[110] G. VEDEL, « Souveraineté et supraconstitutionnalité », *Pouvoirs,* n°67/1993 p. 82.
[111] S. PIÉRRÉ-CAPS, « L'esprit des constitutions », *in Mélanges Pierre Pactet,* Paris, Dalloz, 2003, p. 375.
[112] V. CHAMPEIL-DESPLATS, *Les principes fondamentaux reconnus par les lois de la République*, Paris, Economica, 2001, p. 37.
[113] J. SALMON (dir) *Dictionnaire de droit international public*, Bruxelles, Bruylant, 2001, pp. 239-240

national pourrait signifier une certaine harmonie nationale ou *a contrario* une réduction optimale des contradictions au niveau institutionnel ou de la société globale. De ce point de vue, le consensus national se mesure plus qu'il ne se définit. En l'élevant au rang de principe constitutionnel, la Cour prend le risque de censurer tout texte qui n'aurait pas l'assentiment du plus grand nombre, soit par sondage d'opinion, soit par expression de l'avis des corps constitués ou de la société civile organisée. Or, ainsi que l'écrit Richard NIXON "*dans l'art politique et le gouvernement, le pouvoir signifie la vie ou la mort, la prospérité ou l'indigence, le bonheur ou la tragédie pour des milliers, voire des millions de personnes.*"[114] La stature d'homme d'État se mesure aussi à la capacité à assumer l'adversité, à vaincre l'impopularité du moment et à asseoir son action dans la durée.

Cette montée en puissance de la justice constitutionnelle est également illustrée par les circonstances de la destitution du Président de la République en 1996 à Madagascar. Les députés auteurs de la saisine de la Haute cour constitutionnelle avaient la possibilité de mettre en cause la responsabilité du Chef de l'État ; mais faute de majorité qualifiée pour conduire cette procédure à son terme, et dans la crainte d'une dissolution de l'Assemblée s'ils choisissaient le vote d'une motion de censure contre le gouvernement, ils optèrent pour la destitution sur la base de l'article 50 de la constitution relatif à l'empêchement.[115] La Haute juridiction joua le jeu des parlementaires et décida "*qu'il y a violation de la Constitution en ce que le Président de la République n'a pas promulgué un certain nombre de lois dans les conditions de l'article 57 ; qu'en outre le rattachement à la Présidence de la République de l'Inspection générale d'État est pris en violation de l'article 62 (...) ; qu'il échet par conséquent de déclarer l'empêchement définitif du Président de la République en application de l'article 50 de la constitution.*"[116] Un directeur de journal local constata, dans la lucidité de sa position d'observateur, la manipulation des ressources juridiques par la classe politique dans la mesure où la motion

---

[114] R. NIXON, *Leaders : ceux qui ont changé le monde*, Paris, Plon, 1984, p. 387.

[115] « L'empêchement définitif du Président de la République peut être déclaré par la Cour constitutionnelle (…) pour violation de la Constitution ou pour tout autre cause dûment constatée et prouvée entraînant son incapacité permanente d'exercer ses fonctions » (article 50, constitution de Madagascar).

[116] Décision n°7, MCC/D3 du 4 septembre 1996.

d'empêchement n'était que *"l'habillage constitutionnel exprimant un ras-le-bol général."*[117]

En décidant comme ils l'ont fait à Madagascar, au Bénin et ailleurs en Afrique, les juges constitutionnels se révèlent "*saisis par la politique*."[118] Le recours au juge devient plus ambigu et les orientations de jurisprudence constitutionnelle expriment aussi des choix politiques. Le droit n'est pas seulement "*instrumentalisé par les acteurs politiques*"[119] mais les acteurs juridictionnels se font aussi acteurs politiques. Dans la logique de la dialectique du maître et de l'esclave de HEGEL, le serviteur se fait aussi maître et la justice s'érige ostensiblement en centre de décision politique. La régulation juridique fondée sur le "*contrôle terme à terme*" se mue en régulation politique où les enjeux sont manifestement politiques.[120] Pour reprendre les mots de Babacar KANTÉ, la juridiction constitutionnelle ne se cantonne plus à *"la préservation de l'État de droit,"* elle s'investit aussi d'un rôle de "*garant(e) de la démocratie."*[121] Le contrôle classique de conformité des lois à la constitution s'élargit au contrôle de conformité "*des lois aux aspirations des citoyens."*[122] Ce qui pose le problème de la légitimité du juge constitutionnel, qui ne peut, selon Georges VEDEL, "*se prévaloir d'aucune investiture démocratique, sinon très indirecte."*[123]

II. LA RÉGULATION DU RÉGULATEUR : UNE EXIGENCE DÉMOCRATIQUE

Ce qui fait la légitimité du Conseil constitutionnel, écrit Louis FAVOREU, "*c'est qu'il n'a pas le dernier mot."*[124] Le constituant a toujours la latitude de moduler la loi fondamentale en tenant compte de ses desseins nouveaux. Cette prérogative conforte les ressorts de la

---

[117] Cité par J. du BOIS de GAUDUSSON, « Les solutions constitutionnelles des conflits politiques », *Afrique Contemporaine*, numéro spécial, 4e trimestre 1996, p. 254.

[118] J. du BOIS de GAUDUSSON, « Les solutions constitutionnelles des conflits politiques », article précité, p.255.

[119] *Ibidem,* p. 255.

[120] Phénomène de portée universelle, mais paraissant accusé dans les situations africaines ci-dessus décrites.

[121] B. KANTÉ, « Les juridictions constitutionnelles et la régulation des systèmes politiques en Afrique » *in Mélanges Jean Gicquel, Constitutions et pouvoirs,* Paris, Montchrestien, 2008, p. 267.

[122] *Ibidem*, p. 267.

[123] G. VEDEL, « Souveraineté et supraconstitutionnalité », *Pouvoirs,* n° 67/1993, p. 92.

[124] L. FAVOREU, « La légitimité du juge constitutionnel », *Revue internationale de Droit Comparé,* 1994, p. 578.

légitimité démocratique et confirme la place de la nation ainsi que des parlementaires dans leur rôle de source de la normativité constitutionnelle. Cet enchaînement logique est en partie bouleversé par la tendance à l'hypertrophie des pouvoirs de certaines juridictions constitutionnelles africaines francophones. La fonction de régulation s'ouvre sur le champ politique. La régulation démocratique du régulateur constitutionnel devient une problématique actuelle. D'autant que, ici comme ailleurs, le statut du régulateur semble *"peu conciliable avec les principes de la démocratie représentative."*[125] Les données du problème (A) conduisent à la recherche d'un réaménagement structurel de la juridiction constitutionnelle (B).

A. Les données du problème

L'objectif est d'irriguer les mécanismes de régulation constitutionnelle d'une valeur fondatrice et opératoire des régimes de démocratie pluraliste : la légitimité démocratique. Les choix à faire prendront en compte l'impossibilité d'une régulation organique (1) dans un environnement socio-anthropologique qui valorise le ministère de la *"sagesse"*, le triomphe du bon sens sur la logique (2).

1°) L'impossible régulation organique

Un magistrat de la Cour suprême du Bénin confesse que "*de toutes les institutions de l'État (...), la Cour constitutionnelle est celle qui détient le plus grand pouvoir."*[126] L'orientation de la jurisprudence de la Cour la range dans une catégorie idoine, celle que Pierre AVRIL appelle le "*co-législateur,*" voire le "*co-constituant."*[127] Le spectre du "*gouvernement des juges*" évoqué par Edouard LAMBERT[128] au début du siècle dernier semble prendre forme. Par essence, il manifeste "*l'effort du juge pour affirmer l'existence d'un corps de principes, indépendant de toute règle écrite, qui constitue, en quelque sorte, la philosophie politique de la nation, et dont, se disant gardien, il*

[125] M. COLLET, Article précité, p. 241.

[126] Cité par S. BOLLE, « L'État de droit et de démocratie pluraliste au Bénin » *in* http://la-constitution-en- Afrique.over-blog.com, mise à jour décembre 2007.

[127] Cite par Jean WALINE, « Existe-il un gouvernement du juge constitutionnel en France ? » *in Mélanges Louis Favoreu,* Paris, Dalloz, 2007, p. 490.

[128] P. AVRIL, « La jurisprudence institutionnelle du Conseil constitutionnel est elle créatrice de droit ? » *Archives de Philosophie du Droit*, n°50, Paris, Dalloz, 2007, p. 33.

s'institue, en fait, le créateur, puisque c'est lui qui, en leur donnant une sanction, les fait passer dans le droit positif."[129]

Face à une telle concentration de puissance, la tentation légitime est d'organiser le contrôle du contrôleur. "*C'est la question du gardien des gardiens, le réflexe hiérarchique par excellence*" écrit Marie-Anne FRISON-ROCHE à un tout autre propos.[130] Une première approche serait d'organiser un échelon organique supérieur qui serait le censeur légal de la juridiction constitutionnelle. Il s'agirait d'organiser la responsabilité (*accountability*) du régulateur constitutionnel en instaurant une censure du censeur institutionnel. À l'image de la National Audit Office (NAO) britannique, placée sous l'autorité du Parlement et qui évalue les *QUANGOs* (Quasi Autonomous Non Gouvernemental Organisations). Ces organisations ont connu une prolifération qui est allée de pair avec le renouveau de la fonction de régulation, elle-même liée à la conjonction des facteurs tels que la promotion de la liberté d'entreprise, l'exigence de soutenir la concurrence et la promotion de l'intérêt général.[131] La France a opté pour la nomination d'élus parlementaires au sein de certaines autorités administratives indépendantes et soumet les décisions de celles-ci à un recours juridictionnel.[132] Ces choix nationaux témoignent de la difficulté, de la délicatesse d'une opération consistant à instaurer une *"Autorité supérieure de régulation"*[133] dans un domaine qui n'est pourtant ni juridictionnel ni politique.

La législation au Gabon a prévu un mécanisme de responsabilité personnelle des membres de la juridiction constitutionnelle : "*Les membres de la Cour constitutionnelle sont pénalement responsables devant la Haute-Cour de justice des actes accomplis par eux dans l'exercice de leurs fonctions et qualifiés de crimes ou délits au moment où ils ont été commis.*"[134] Cette responsabilité s'analyse comme une protection particulière organisée au profit des conseillers constitutionnels

---

[129] J. RIVERO, « Le juge administratif français : un juge qui gouverne ? » D. 1951, Chron. 21.

[130] Cité par J-P DUPRAT, « La soumission des régulateurs à régulation », *A.J.D.A.* 2006, p. 1203.

[131] B. du MARAIS, *Droit public de la régulation économique*, Paris, Dalloz, 2004.

[132] Comme il est fait d'ailleurs en Grande Bretagne, voir J-P DUPRAT, article précité, pp. 1207 et suiv. ; M. COLLET, *Le contrôle juridictionnel des actes des autorités administratives indépendantes*, Paris, L.G.D.J, 2003.

[133] Stéphane BRACONNIER cité par J-P DUPRAT, article précité, p. 1203.

[134] Article 14a, Loi organique n°9/19 du 26 septembre 1991 modifiée par la loi n°13/94 du 17 septembre1994 sur la Cour constitutionnelle.

et non comme une procédure de reddition de compte. Ne jouissant ni de l'immunité juridictionnelle ni de l'immunité pénale, les conseillers sont attraits, pour les infractions commises, devant une instance qui tient à la fois de la justice et de la politique.[135] Cette responsabilité personnelle n'épuise pas la problématique de la responsabilité de l'organe que constitue la Cour Constitutionnelle. L'idée d'une régulation organique des Cours constitutionnelles achoppe, cependant, sur une double impasse logique et juridique. Sur le plan juridique, les juridictions constitutionnelles, dans les pays sous étude, ont un statut d'instance suprême : *"La Cour constitutionnelle est la plus haute juridiction de l'État en matière constitutionnelle (...) Les décisions de la Cour constitutionnelle ne sont susceptibles d'aucun recours."*[136] Cette disposition a des implications à la fois institutionnelles et processuelles. Du point de vue institutionnel, la Cour a le dernier mot en matière d'interprétation et d'application des textes constitutionnels nationaux. Elle est juge de dernier ressort[137] et aucune instance supérieure de régulation ne peut être aménagée sans violer la lettre et l'esprit de la constitution. Du point de vue processuel, les décisions de la juridiction constitutionnelle sont revêtues de l'autorité de chose jugée, ce qui, de façon analytique signifie que :"*ce qui a été jugé ne peut l'être de nouveau ; ce qui a été jugé ne peut être contredit ; ce qui a été jugé doit être exécuté."*[138] La décision constitutionnelle met fin à l'instance,[139] sauf l'hypothèse de

---

[135] Ce qui constitue, dans les termes, et selon Pierre AVRIL, un mélange "toujours calamiteux" (Cité par J. GICQUEL et J.-E. GICQUEL, *Droit constitutionnel et institutions politiques*, Paris, Montchrestien, 21e édit., 2007, p. 564.

[136] Articles 114 et 124, *constitution du Bénin* ; Art. 92, *constitution du Gabon* ; Art. 81, *constitution de Djibouti.*

[137] Sauf hypothèse de contrariété jurisprudentielle entre ordres de juridiction.

[138] G. DELVOLVÉ, *Rép. Cont. Adm.* Dalloz, V° chose jugée.

[139] Certes, une certaine doctrine met l'accent sur la spécificité du contentieux constitutionnel en ce qu'il porte sur "un acte vivant" : la constitution ; ce qui devrait requérir de la part des juges de la loi une plus grande souplesse dans l'application du principe de la chose jugée au constitutionnel. Dominique Rousseau estime ainsi que le Conseil doit savoir ne pas se réfugier toujours derrière l'autorité de la chose jugée et accepter de reprendre son examen, voire de déclarer conforme ce qu'il avait jugé un moment contraire à la constitution (D. ROUSSEAU, *Droit du contentieux constitutionnel,* Paris, Montchrestien 7e éd. 2006, p. 168). La Cour de cassation française juge dans le même sens en affirmant que la sécurité juridique (…) ne saurait consacrer un droit acquis à une jurisprudence immuable, l'évolution de la jurisprudence relevant de l'œuvre du juge dans l'application du droit Soc. 25 fev. 2004, 414 F-D (*in* Cour de cassation, *Les revirements de jurisprudence*, Rapport du groupe de travail présidé par Nicolas Molfessis, Paris, Litec, 2005, p. 165).

l'erreur matérielle qui est tranchée par la Cour et elle seule. La Haute juridiction du Bénin a ainsi reconnu les erreurs de traitement informatique de son décompte électoral et procédé, sur saisine d'un candidat, à une nouvelle proclamation des résultats électoraux.[140]

Sur le plan logique, l'idée d'une superstructure de régulation est encore plus aporétique. Si l'intention est de trouver "*un gardien au gardien*" il faut craindre que la recherche se nourrisse d'elle-même et à l'infini. À l'image des sœurs de DANAOS, l'exercice est contraint à un éternel recommencement et l'architecture institutionnelle aurait une figure toujours inachevée et irréelle. Il faut donc en prendre son parti et convenir que l'approche organique de la régulation du régulateur constitutionnel est une impasse. Il faut opter pour une solution alternative après en avoir décrit les données contextuelles.

2°) La dialectique du bon sens et de la logique

Les ordonnancements juridiques des États africains contemporains sont des architectures de superposition. Ils sont la résultante d'une sédimentation de philosophies et de techniques juridiques au rythme des grands temps forts de l'histoire du continent. Guillaume PAMBOU TCHIVOUNDA écrit en ce sens que "*la problématique de l'État africain peut être cernée sous le triple angle de la diversité, de la dualité et de l'unité (…), dualité de passé d'abord en ce sens que l'État africain a un passé à la fois "antérieur"(précolonial) et "simple" (colonial) qui pèse lourdement sur lui,*"[141] sur son présent. Cette pluralité de logiques qui traversent l'espace juridique et politique africain explique en partie le désarroi d'une certaine doctrine incapable d'appliquer à l'État en Afrique des modèles classiques de caractérisation et même de définition. Ainsi que l'écrit un auteur l'"*Afrique est*

[140] Décision EL-P 01-043 du 13 mars 2001, Mathieu Kérékou, *Recueil 2001*, p. 183 : « Considérant que selon l'article 23 du Règlement intérieur de la Cour constitutionnelle. Si la Cour constitutionnelle constate qu'une de ses décisions est entachée d'une erreur matérielle, elle peut la rectifier d'office et procéder à tous amendements jugés nécessaires ; que dès lors, il y a lieu de procéder aux rectifications jugées nécessaires tant au niveau des départements du Mono et du Couffo qu'au niveau national… ». Voir aussi en France C.C. 23 octobre 1987, Rec. p. 55. Le conseil affirme qu'une telle rectification « ne met pas en cause l'autorité de la chose jugée ».
[141] G. PAMBOU-TCHIVOUNDA, *Essai sur l'État africain post colonial*, L.G.D.J, 1982, p. 19.

aujourd'hui à la fois moderne et traditionnelle"[142] et cette double historicité peut servir de fondement fécondant d'une *"norme fondamentale transcendante)*[143] ou d'une *"post-modernité,"*[144] pour reprendre les terminologies et concepts innovants des chercheurs du continent. La démarche n'est pas axiologique mais part d'une prise en compte des constantes sociologiques et anthropologiques. *"Les économies se remplacent, écrit Fernand BRAUDEL, les institutions politiques se brisent, les sociétés se succèdent, mais la culture continue son chemin, car elle est le plus vieux personnage de l'histoire des hommes."*[145] Cette culture traverse les âges, se remodèle au gré des influences exogènes et s'ajuste aux impératifs de vie interne. Georges BALANDIER le dit expressément lorsqu'il écrit qu'en Afrique *"les expressions politiques modernes coexist (ent) avec des manifestations et des structures anciennes elles-mêmes transformées par suite de bouleversements résultant de la colonisation. Cette triple complexité ne peut être méconnue sans risques scientifiques."*[146] Le chercheur, l'homme de science est interpellé. Maurice KAMTO peut ainsi écrire : *"la solution n'est ni dans le refuge dans la tradition ou dans la modernité, ni dans le revirement de l'une au profit de l'autre, mais assurément dans un effort d'adaptation des solutions de justice et de droit dans un environnement spécifique où se côtoient souvent les extrêmes, où la tradition résiste à l'assaut du modernisme mais où tout bouge à une allure à donner le vertige."*[147]

---

[142] C. KUYU MWISSA, « La dimension invisible de la protection des droits de la personne en Afrique contemporaine », *in* C. KUYU MWISSA, *Repenser les droits africains pour le XXIe siècle*, Yaoundé, Menaibuc, 2001, p. 122.

[143] M. KAMTO, *Pouvoir et droit en Afrique noire*, L.G.D.J ; 1987. Une analogie est faite par l'auteur entre la "norme fondamentale" de Hans KELSEN et la "norme fondamentale transcendante" dont la garantie est assurée par le chef (…) le conseil des anciens (…) et par le "corps social" p. 179.

[144] "État post-moderne" qui est l'objet de la recherche d'une "nouvelle constitution, d'une "nouvelle Constitutionnalité africaine" selon Jacques Djoli Eseng'Ekeli (J. DJOLI-ESENG'EKELI, *Le constitutionnalisme africain : entre la gestion des héritages et l'invention du futur*, Bruxelles, Connaissances et Savoirs, 2006, p. 54).

[145] F. BRAUDEL, *Civilisation matérielle, économie et capitalisme*, Paris, Armand Colin, 1979, p. 67.

[146] G. BALANDIER, « L'Africanisme face aux problèmes de l'anthropologie et de la sociologie politique », *Présence Africaine*, 2002, p. 86. Voir dans le même sens, P. YOULOU, « Le pluralisme et la reconstruction de l'État en *Afrique* », *Revue Juridique et Politique,* 2006, p. 585.

[147] M. KAMTO, cité par A. MOYRAND, « L'État de droit en Afrique noire francophone », *Revue internationale de Droit Comparé,* 1992, p. 878.

Fruit d'une histoire, d'un passé antérieur et d'un passé simple comme ledit Guillaume PAMBOU-TCHIVOUNDA, l'État en Afrique est marqué au sceau de cette spécificité historique et temporelle ; ce qui confirme Jacques BAGUENARD dans son assertion : "*chaque État possède une identité génétique particulière, un code ADN spécifique (...). Il n'existe pas un État prototype universel, mais des États dont les traits reflètent l'histoire, la géographie et tout ce qui contribue à identifier la culture propre à leurs peuples.*"[148] La sacralité du pouvoir ancestral a ainsi pu servir de fondement idéel à la sacralisation de l'autorité et conduire à des monstres politiques sur le continent.[149] L'approche par la symbiose est donc ambivalente. Elle requiert un bénéfice d'inventaire à la charge des *"juristes bâtisseurs"*[150] qui ont à charge d'élaborer "*un droit constitutionnel exprimant une herméneutique opérationnelle africaine.*"[151] Ce qui est un exercice itératif, car dès les années 1960-1970, l'écrivain Ahmadou HAMPATÉ BÂ disait : *"Je me prends parfois à rêver d'États africains où les assemblées nationales modernes chargées de régler les problèmes globaux seraient doublées de "conseil des vieux) où siégeraient les traditionalistes représentant les différentes ethnies.*"[152]

D'un point de vue ontologique, l'essence du droit traditionnel africain est caractérisée par une démarche qui valorise l'équité. Sur un plan général, François BORELLA écrit : *"La fin de tout droit, c'est la justice ou le juste, au sens d'équitable répartition des prérogatives et des obligations dans les rapports des hommes entre eux et avec les choses ; ce qui permet d'établir un ordre de vie en commun dans la paix.*"[153] Mais la loi entendue *lato sensu* est, selon René DAVID, "*la source primordiale du droit dans les pays de la famille romano-germanique.*"[154] Son application est sanctionnée par le juge dans un raisonnement syllogistique dont la majeure est la règle générale, la mineure le cas concret et la sentence juridictionnelle qui en est la

---

148 J. BAGUENARD, *L'État, une aventure incertaine*, Paris, Ellipses, 1988, p. 28.

149 Monstres politiques illustrés par les régimes à partie unique décrits par M. KAMTO (M. KAMTO, *op. cit.*, pp. 201 et suiv.).

150 Par opposition aux "juristes traducteurs" (J. DJOLI-ESENG'EKELI, *op. cit.* p. 49).

151 *Ibidem* p. 49.

152 Cité par Charles ZORGBIBE, Préface à G. PAMBOU-TCHIVOUNDA, *op. cit.* p. 12.

153 Cité par S. PIERRÉ-CAPS, « L'esprit des constitutions », *in Mélanges Pierre Pactet*, Paris, Dalloz, 2003, p. 384.

154 R. DAVID et C. JAUFFRET-SPINOSI, *Les grands systèmes de droit contemporains*, Paris, Dalloz, 11e éd., 2002, p. 79.

conclusion. Dans ce schéma, le juge est serviteur de la légalité,[155] "*la bouche qui dit les paroles de la loi*"[156] selon la formule de MONTESQUIEU.

Un contexte culturel et juridique marqué par l'oralité commande une autre conception du droit et de sa finalité. Pour rendre compte de cette dynamique alternative, Gérard CONAC écrit : "*Dans l'Afrique noire précoloniale (...), les constitutions coutumières n'y ont d'autre support que le verbe. C'est une force et une faiblesse. Les décideurs et les acteurs ne peuvent se sécuriser pour l'avenir grâce à la conservation d'un document rappelant les engagements pris. (...) Plus ouverts à la concertation, ils ont intérêt à se persuader les uns les autres de la justesse et de la sagesse de leur thèse. Plutôt que de définir une règle générale, définitive, il leur apparaît plus prudent de dégager un bon compromis.*"[157] Cette Afrique précoloniale ainsi décrite, n'appartient pas à une catégorie historique révolue. Elle imprègne le présent, elle est une composante du présent. Elle est une lame de fond qui informe le vécu et le comportement social de l'homme en situation dans l'Afrique contemporaine. De manière plus explicite, l'homme africain est, selon Michel ALLIOT, "*un responsable. Il ne recourt pas à la loi pour régler un différend. Ce serait la mettre au-dessus de l'homme, il recherche collectivement la solution la mieux appropriée, qui peut ne se référer à aucune loi a priori ; il ne s'adresse pas aux tribunaux qui tranchent plus qu'ils ne concilient : ce serait mettre sa propre prétention au-dessus de l'adversaire.*"[158] Dire le droit, ce n'est pas enfourcher la dynamique syllogistique fondée sur une règle générale établie *a priori*. Dire le droit c'est placer en absolu l'harmonie sociale et amener les parties à la conciliation. C'est en définitive "*rechercher le consensus.*"[159] La logique juridique ne saurait brimer le bon sens sociétal, la sagesse qui veut qu'au-delà de la règle de droit, l'harmonie et la paix restent des référentiels et une révérence. Cette orientation épistémologique

---

[155] Avec cette nuance de la reconnaissance *de facto* d'un pouvoir normatif du juge (voir Archives de Philosophie du Droit, *La création du droit par le juge*, Tome 50, Paris, Dalloz, 2007).

[156] Cité par Ph. ARDANT, *Institutions Politiques, Droit constitutionnel*, Paris, LGDJ, 14e édit. 2002, p. 50.

[157] G. CONAC, Avant propos à M. KAMTO, *op. cit.*, p. 10.

[158] M. ALLIOT, cité par G. CONAC, « La modernisation des droits en Afrique : du droit de l'État à l'État de droit, *in Mélanges Michel Alliot,* Paris Publications de la Sorbonne, 2000, p. 296.

[159] G. CONAC, Avant-propos à M. KAMTO, *op. cit.*, p. 10.

emporte des conséquences sur la structuration des juridictions constitutionnelles africaines francophones.

B. Le besoin d'un réaménagement structurel

René DAVID a noté la tendance à "*la réhabilitation des valeurs traditionnelles*"[160] dans les systèmes juridiques africains. L'orientation parait judicieuse, mais on sait aussi que par le passé, elle a servi à justifier "*un certain nombre d'aventures autoritaires.*"[161] L'idée resurgit, telle une rengaine, après plus d'une décennie de pratiques démocratiques sur le continent. Les chercheurs du continent relèvent la "*déconnexion entre le pays des réalités politiques et sociales et le pays des merveilles constitutionnelles*"[162] parce que, comme le proclame la Déclaration de Bamako, il y a un déficit de prise en compte des "*réalités et spécificités historiques, culturelles et sociales de chaque peuple.*"[163] Une manière de prendre en compte ces choix d'endogénisation de l'ingénierie constitutionnelle pourra être la refondation, sur un plan structurel, des juridictions constitutionnelles (2). Certaines prémices permettent de justifier l'idée du point de vue de sa faisabilité comme du point de vue de son opportunité (1).

---

[160] R. DAVID et C. JAUFFRET-SPINOSI, *Les Grands Systèmes de droit contemporains*, Paris, 11e éd. Dalloz, 2002, p. 456.

[161] J. du BOIS de GAUDUSSON, « Défense et illustration du constitutionnalisme en Afrique après quinze années de pratique du pouvoir », *in Mélanges Louis Favoreu*, Dalloz, 2007, p. 620. Notamment par la sacralisation du Pouvoir que M. KAMTO distingue de la sacralité du Pouvoir : « Parler de sacralité du Pouvoir dans les sociétés africaines précoloniales et de sacralisation du Pouvoir dans les États actuels, n'est point un jeu de mots. La sacralisation est le procédé par lequel on confère à un être ou à un objet un caractère digne de vénération (…) Dans la mesure où le sacré connote l'idée de secret et de transcendance, le processus de sacralisation du Pouvoir vise donc à faire accéder ce dernier à la transcendance c'est-à-dire plus prosaïquement à le faire échapper à la raison humaine et par conséquent à son contrôle » (M. KAMTO, *op. cit.*, p. 201).

[162] Union Africaine, Organisation internationale de la Francophonie, "Rencontres sur les pratiques constitutionnelles et politiques en Afrique : les dynamiques récentes", Cotonou 29-30 septembre et 1er octobre 2005, *Rapport général,* p. 6. (http://democratie.francophonie.org).

[163] Déclaration signée par les Ministres et chefs de délégation des États et gouvernements des pays ayant le français en partage, Bamako le 3 novembre 2000 (*in Journal de l'Agence intergouvernementale de la Francophonie*, n° 19 novembre/ décembre 2000).

1°) La juridiction constitutionnelle, un Haut conseil de sages

Maurice KAMTO affirmait, avec justesse, qu'on "*peut exalter la tradition de 'la palabre africaine' (...). Mais à l'évidence, elle ne se prête pas à des États regroupant plusieurs millions d'hommes.*"[164] En effet, pas plus que l'*agora* grecque, la palabre africaine ne peut survivre au phénomène de massification de la vie politique. Cependant, et pour reprendre une allégorie biblique, autant les mécanismes physiques de la "*palabre africaine*" sont périssables, autant l'âme de la "*palabre,*" le fondement principiel qui lui est immanent, survit au destin fugace des audiences populaires à l'ombre du baobab. L'esprit de la palabre africaine, l'âme de ces assises c'est bien l'idée de consensus légitime qu'il convient de réintroduire dans le fonctionnement des juridictions constitutionnelles. Des développements précédents, il se dégage deux grandes données qui sont source également de problématiques récurrentes pour le constitutionnalisme rénové des pays sous étude : la question de la régulation politique exercée par les Cours constitutionnelles et la question corrélative de la légitimité de la juridiction constitutionnelle. Une révision des mécanismes structurels permet de trouver une issue rationnelle à la double problématique évoquée. Cette révision prendrait en compte principalement l'aspect "*composition de la juridiction constitutionnelle,*" à l'exclusion du mode de désignation,[165] ou des garanties d'indépendance des membres.[166]

Si les textes français ne fixent aucun profil professionnel du conseiller constitutionnel,[167] il en est autrement en Afrique francophone, et notamment dans les pays sous étude. Le profil de juriste de formation et de métier est exigé pour six des neuf membres du Conseil (Gabon) et cinq des sept de la Cour (Bénin). La constitution du Burundi mentionne simplement que les membres du Conseil constitutionnel sont "*choisis à titre principal parmi des juristes d'expérience*" (Article 76). On peut objecter, au regard de ces dispositions constitutionnelles que le profil

---

[164] M. KAMTO, *op. cit.*, p. 498.

[165] Une diversité de mode de sélection qui fait dire à François LUCHAIRE « Mieux aurait valu éviter toute contestation au départ, et s'attacher surtout, sinon exclusivement à la compétence juridique » (F. LUCHAIRE « Le Conseil constitutionnel, régulateur de l'activité normative des pouvoirs publics », art. précit., p. 85).

[166] Indépendance dont l'un des aspects est le caractère renouvelable (Bénin) ou non (Niger, Djibouti) du mandat des membres des juridictions constitutionnelles.

[167] Le choix des membres du conseil constitutionnel est "entièrement discrétionnaire" écrit André Roux (A. ROUX, « L'institution », *in* M. VERPEAUX et M. BONNARD, *Le Conseil constitutionnel*, Paris, La Documentation Français, 2007, p. 38.

juridique requis est très générique et qu'une option de spécialisation serait opportune. Maurice DUVERGER fait remarquer, à ce propos, que la juridiction constitutionnelle a pour rôle principal d'interpréter la constitution, ce qui exige de ses membres "*des connaissances techniques approfondies*"[168] en matière constitutionnelle notamment. L'argument n'est pas sans consistance, car la jurisprudence constitutionnelle a vocation d'être le *"droit des droits"*[169] selon la formule de Gérard CONAC. Des hésitations ou même des confusions dans le dispositif ou la décision constitutionnelle seraient particulièrement malheureuses, comme il en arrive parfois.[170]

Pour autant, la réflexion sur les pouvoirs et la légitimité des Cours ne porte pas principalement sur la compétence technique des membres. Elle focalise plutôt la représentativité des membres des juridictions constitutionnelles au regard de l'idéal de légitimité démocratique, de démocratie consensuelle. On peut concéder, dans un premier temps, que la fonction de régulation classique exercée par les juridictions constitutionnelles et fondée sur le contrôle *"terme à terme"*, tel que décrit par François LUCHAIRE, est raisonnablement exercée avec la composition actuelle desdites juridictions. La tendance perceptible à la régulation politique induit une reconsidération de la composition des juridictions constitutionnelles dans le but de conférer à celles-ci un surcroît de légitimité. Cette recomposition projetée pourrait s'inspirer de la dynamique fondatrice des conférences nationales des années 1990 :

---

[168] L'auteur ajoute « … aucun de ces membres nommés n'a de compétence particulière en matière constitutionnelle. Il est vrai que l'intelligence de certains d'entre eux leur permettra d'en acquérir » (M. DUVERGER, *Institutions Politiques et Droit constitutionnel*, Paris, PUF, 7e éd. 1963, p. 642).

[169] G. CONAC, « La modernisation des droits en Afrique : du droit de l'État à l'État de droit », *in Mélanges Michel Alliot*, Paris, Publications de la Sorbonne, 2000, p. 298.

[170] Pour décider si une contribution scolaire versée par les élèves est un impôt, la Cour affirme de manière surprenante dans ses motifs que le principe de l'impôt se rattache "à la notion de bénéfice ou d'activité génératrice de revenus" (Décision DCC 01-021 du 16 mai 2001, *Association des parents d'élèves du CEG Gbégamey,* Recueil, 2001, p. 102). Alors que, par essence, l'impôt est, selon la formule de Paul LEROY-BEAULIEU, une "sorte d'abonnement collectif" en compensation de la "masse de services" (P. LEROY-BEAULIEU, *Traité de la science des finances,* Paris, Guillaumin et Cie Libraires, 1883, p.4.) Que l'État met à la disposition des individus et des personnes morales vivant sous sa juridiction. Le but de couvrir les charges publiques s'est même élargi depuis la 2e guerre mondiale et l'impôt a aujourd'hui une multitude de finalités : écologique, social, aménagement du territoire, etc. (B. BRACHET, « Volonté politique et rigidité fiscale »*, in Mélanges Paul Marie Gaudemet*, Paris, 1984, p. 617).

"*Voici que des hommes et des femmes qui ne se connaissaient peut-être pas, dont les souffrances s'excluaient, se retrouvent des jours et des nuits pour crier ensemble leur espérance".*[171] Cette communion des fils et filles est orientée vers un but ultime, "*réconcilier la nation avec elle-même*"[172]. L'image semble idéalisée et le tableau trop beau aux yeux de certains auteurs. Richard Banegas écrit : "*À rebours des images consensuelles d'une conférence palabre tenue sous les auspices de la 'jarre percée de Ghézo, (il est apparu) la dimension hautement conflictuelle et incertaine de ce forum.*"[173] Entre les accusations de "*coup d'État civil*", les menaces de putschs militaires et "*l'instrumentalisation des grèves et des manifestations de rue"*[174], l'ambiance n'a pas toujours été celle d'une grand-messe des retrouvailles autour des idéaux communs. La trame des conférences nationales a été partout faite de jeu de puissance et d'intrigues, d'intimidations ouvertes et de manœuvres de blocage, d'incitation à la revanche politique mais aussi de discours de réconciliation. Le destin contingent de chacune des conférences nationales tient à l'importance relative de la dynamique centripète et des forces contraires.

Cependant, au-delà des manifestations d'antagonisme parfois théâtrales, l'idée qui fonde la convocation des conférences nationales n'était certainement pas d'offrir le spectacle d'une foire d'empoigne particulièrement stérile et belligène. L'objectif ne pouvait qu'être celui de restaurer un vouloir-vivre-ensemble sur des bases politiques et institutionnelles rénovées : "*Un peuple plongé dans la nuit, s'accrochait soudain, s'arc-boutait soudain autour d'un même radeau ou d'une même chaîne, prenait appui sur sa dernière chance de survie et brisait ses liens, se libérait et sortait rayonnant, le visage en larmes et en sang, méconnaissable peut-être, mais définitivement vivant."*[175] Pour servir ce dessein de mécanisme de la dernière chance, les acteurs ont été

---

[171] « Rapport général de la Conférence nationale au Bénin », *in* F. EBOUSSI BOULAGA, *Les Conférences nationales en Afrique noire, Une affaire à suivre*, Paris, Karthala, 1993, p. 181.

[172] *Ibidem,* p. 194.

[173] R. BANÉGAS, *La démocratie à pas de caméléon. Transition et imaginaire politiques au Bénin*, Paris, Karthala,
2003, p. 485.

[174] R. BANÉGAS, « Action collective et transition politique en Afrique : La conférence nationale du Bénin », *Cultures et conflits*, n°17/1995, p. 174.

[175] « Rapport général de la Conférence nationale du Bénin », *in* F. EBOUSSI BOULAGA, *Les conférences nationales en Afrique noire, une affaire à suivre*, Paris, Karthala, 1993, p. 181.

identifiés pour offrir la meilleure représentativité aux assises et, par ce fait même, conférer une légitimité démocratique à cette institution. L'éventail est large et la liste est longue. On cite : les paysans, les travailleurs, les cadres de l'administration, les partis politiques, les associations de développement, les organisations non gouvernementales, les représentants des cultes et les personnalités.[176] Ce peuple, saisi dans sa diversité, doit pouvoir faire son entrée par grappes au sein des juridictions constitutionnelles. La première grappe est celle des religieux. Maurice KAMTO a mis en exergue la sacralité du pouvoir dans l'Afrique précoloniale.[177] Aujourd'hui encore, on peut affirmer que *"le sacré (...) et plus largement le religieux, au contraire du politique, ne connaissent pas en Afrique de crise de légitimité"*[178]. Le recours aux représentants des cultes pour conduire les travaux des conférences nationales témoignent de l'aura qui est la leur. Dans les situations de crise, le religieux est pour l'imagerie populaire, le "*paratonnerre de Dieu*"[179], qui pourra irriguer les juridictions constitutionnelles de cette onction du sacré.

La seconde grappe à mériter une place au sein des juridictions constitutionnelles est la catégorie des chefs coutumiers. Dépositaires de la tradition et conscience du peuple, les chefs coutumiers connaissent une "*reviviscence, dans un contexte nouveau et sous des formes*

---

[176] R. BANÉGAS, *La démocratie à pas de caméléon, transition et imaginaire politique au Bénin*, Paris, Karthala, 2003, p. 141.

[177] M. KAMTO, *op. cit.*, p. 201.

[178] F. CONSTANTIN et C. COULON, « Religion et démocratie. Introduction à une problématique africaine », *in* F. CONSTANTIN et C. COULON (dir.) *Religion et transition démocratique en Afrique*, Paris, Karthala 1997, p. 16. Cette religiosité connaît un regain de ferveur qu'on ne saurait dissocier de la dialectique pauvreté/foi développée par Karl MARX. Pour celui-ci, la religion est « le soupir de la créature accablée par le malheur, L'âme d'un monde sans cœur, de même qu'elle est l'esprit d'une époque sans esprit ». Elle est ainsi « l'expression d'une misère réelle, d'une part et la protestation contre la misère réelle d'autre part » (K. MARX, *Contribution à la critique de la philosophie du droit de Hegel*, Paris, Éditions sociales 1975, p. 198).

[179] F. EBOUSSI BOULAGA, *Les conférences nationales en Afrique noire, une affaire à suivre*, Paris, Karthala, 1993, p. 71.

évidemment nouvelles"[180] ; ils n'hésitent pas à venir à la "*rescousse*"[181] des pouvoirs publics lorsque les mécanismes légaux ont montré leurs limites dans le contexte actuel de renaissance du pluralisme politique. Pour Jean-Pierre WARNIER, "*l'opposition entre État et chefferie, qui fut la constante de l'organisation coloniale, se résorbe dans une puissante synergie*"[182] des forces et des actions dans l'Afrique du nouveau millénaire.

La troisième et dernière grappe à prendre en considération est la "*société civile*". La notion n'a pas toujours "*un sens très précis*"[183] et la "*diversité des réalités appréhendées*"[184] en ajoute à l'indétermination sémantique. Chaque utilisation de la notion nécessite un exercice de clarification. La notion est employée ici pour désigner les associations orientées vers l'identité et la promotion culturelle, économique et sociale de terroirs ethniques.

En résumé, les religieux, les chefs traditionnels, la société civile et les pouvoirs publics[185] *ès qualités* feraient leur entrée à la Cour constitutionnelle siégeant en formation spéciale : l'Assemblée plénière de la Cour. Cette assemblée plénière se distinguera de la section permanente de la Cour en même temps qu'elle l'inclura. La section permanente correspond à la configuration actuelle des juridictions

---

[180] Cl.-H. PERROT, *Introduction, in* Cl.-H PERROT et F.-X. FAURELLE-AYMAR, *Le retour des rois. Les autorités traditionnelles et l'État en Afrique contemporaine*, Paris, Karthala, 2003, p. 8 ; « Loin des médias, une gestion remarquable de la crise » écrit Claude-Hélene PERROT à propos de la contribution des chefs traditionnels à la solution de la crise ivoirienne de 1999-2007. (Cl.-H PERROT, « Chef traditionnels : le cas sud-est de la Côte d'Ivoire », *Afrique contemporaine* n°217/2006 p. 183).

[181] Le blocage intentionnel du travail parlementaire par les députés, la décision de la juridiction constitutionnelle qui condamne cette situation comme une violation de la constitution (…), le recours à l'article 68 du texte constitutionnel par le Président de la République pour légiférer par ordonnance (…), cette addition d'actes et de comportements a expliqué l'entrée en scène des chefs traditionnels pour restaurer un fonctionnement normal des institutions publiques ; ("Les rois et les têtes couronnées à la rescousse des députés » *in* journal *La Nation*, 22 août 2008, p. 3).

[182] J.-P. WARNIER, « Chefs de l'ouest et formation de l'État au Cameroun » *in* Cl.-H PERROT et F.-X. FAURELLE-AYMAR, (dir.), *op. cit.*, p. 318.

[183] G. PIROTTE, *La notion de société civile*, Paris, La Découverte, 2007 p. 4.

[184] M. LABIE, « La société civile : un non-concept…opérationnel » *Mondes en Développement*, n°139/2007 p. 7. Dans les anciennes démocraties populaires de l'Europe de l'Est, la notion désignait tout ce qui était en dehors du "système totalitaire" de l'État (A. SZAKOLCZAI et A. HORVATH, « Du discours sur la société civile et de l'auto- limitation du parti », *Cultures et Conflits*, n°17/1995, p. 47.

[185] Au sens le plus restrictif de la notion à savoir le Gouvernement et le Parlement.

constitutionnelles avec leurs compositions, leurs modes de sélection et les garanties d'indépendance consacrées par les textes. L'Assemblée plénière, c'est la section permanente élargie aux "*forces vives*". De sorte que l'architecture des juridictions constitutionnelles sera, de *lege ferenda*, à deux niveaux : un premier niveau technique, incarné par la section permanente et un second niveau, politique celui-là, représenté par l'Assemblée plénière[186]. La composition du second niveau reflète la composition des conférences nationales en ce que celles-ci ont de légitimité démocratique. L'Assemblée plénière devra présenter quelques caractères de fonctionnalité : d'abord la maniabilité. Un effectif de la grandeur du bureau des conférences nationales (non compris les membres de la section permanente) serait *optimum*. L'Assemblée plénière, de par ses compétences, ne se réunit que sur un ordre du jour politiquement sensible et d'intérêt majeur.

2°) La compétence de la Cour rénovée : un ministère de sagesse

La détermination du domaine de compétence de la Cour constitutionnelle (nouvelle formule*)* suppose de lever le préalable de la ligne de partage entre contentieux constitutionnel et contentieux politique. Au 19e siècle, MICHOUD délimitait, par prétérition, le champs du contentieux constitutionnel : "*Il serait peut-être désirable qu'il existât un tribunal assez haut placé dans l'opinion publique et assez éloigné des luttes de partis pour trancher avec toute l'autorité qui appartient à un juge impartial et éclairé, les conflits de droit constitutionnel qui peuvent surgir entre les différents pouvoirs.*"[187] Le contentieux administratif, plus ancien et mieux établi, a fixé les limites de son propre domaine de compétence. Le juge administratif s'estime incompétent dans les litiges

---

[186] Les premiers organes de justice constitutionnelle avaient une composition similaire : le Conseil national de la démocratie au Gabon était composé à parité de membre de l'opposition et de la majorité et était juge transitoire chargé du contrôle de constitutionnalité selon les dispositions de la Constitution transitoire (avril 1990-octobre 1990) issue de la Conférence nationale (M-M. MBORANTSUO, *La contribution des Cours constitutionnelles à l'État de droit en Afrique, op. cit.,* p. 339.) ; Le Haut Conseil de la République, composé des membres du bureau de la Conférence nationale (autorités religieuses, responsables syndicaux, représentants de la société civile, etc.) a également fait office de juge constitutionnel jusqu'à l'installation de la Cour constitutionnelle (F. EBOUSSI BOULAGA, *Les Conférences nationales en Afrique noire, Une affaire à suivre, op. cit., passim.*).

[187] MICHOUD, cité par BRÉMOND, « Les actes de gouvernement », *Revue de Droit Public* 1896, vol. 1, pp. 45-46.

relatifs *"aux rapports entre les pouvoirs publics constitutionnels."*[188] La théorie des actes de gouvernement marquait la limite supérieure du contrôle de légalité exercé par le juge. Elle délimitait aussi "*en creux*" le domaine du conflit constitutionnel.

Elise Carpentier donne du conflit constitutionnel une définition assez restrictive qui tourne autour des "*idées de contraste, ou de controverse et de compétence*"[189]. Le conflit constitutionnel se limiterait au contentieux de la détermination des attributions respectives des organes constitutionnels nécessitée par une "*obscurité structurelle de la constitution*"[190]. Il est vrai que le contentieux constitutionnel a, lui-même, été "*historiquement*" pensé pour garantir la distribution du pouvoir et des compétences "*dans les États fédéraux entre l'État fédéral et les États fédérés*"[191]. Il est, dès lors, un mécanisme de régulation du fonctionnement des institutions. Il est un rouage du droit constitutionnel institutionnel.

Or, le développement d'un droit constitutionnel dit substantiel constitue la donne nouvelle du constitutionnalisme, depuis la fin de la Seconde Guerre mondiale.[192] Le conflit constitutionnel, en conséquence de cette évolution, ne peut plus être entendu dans un rapport inter-institutionnel strict. Son domaine mérite d'être élargi et on peut l'entendre comme regroupant les conflits qui "*naissent entre sujets titulaires de fonctions constitutionnelles et portent sur l'interprétation ou l'application de la constitution*"[193]. Cette présentation cumule un double critère : le critère subjectif qui est celui des "*sujets titulaires de fonctions constitutionnelles*". Ces sujets peuvent être les organes publics mais aussi l'individualité de chaque citoyen, titulaire de droits et devoirs fondés sur la constitution. Le critère objectif ensuite parce qu'il s'agit de référer une interprétation ou une application particulière à la norme fondamentale : la constitution.

---

[188] C.E. ; 29 novembre 1968, *Tallagrand*, Rec. 607.

[189] E. CARPENTIER, *La résolution juridictionnelle des conflits entre organes constitutionnels*, Thèse droit, Aix- Marseille III, p. 4.

[190] Y. AGUILA, « Cinq questions sur l'interprétation constitutionnelle », *Revue Française de Droit constitutionnel,* n°21/1995 p.16. Les constitutions sont "courtes et obscures".

[191] M. FROMONT, « La notion de justice constitutionnelle et le droit français », *in Mélanges Louis Favoreu*, Paris, Dalloz, 2007, p. 156.

[192] L. FAVOREU, « Le droit constitutionnel, droit de la constitution et constitution du droit », *Revue Française de Droit Constitutionnel,* 1990, pp. 71-89.

[193] E. CARPENTIER, « L'organe, l'acte et le conflit constitutionnel », *Annuaire International de Justice Constitutionnelle*, XX-2004, Paris, Economica 2005, p. 84.

Dans son rôle de résolution des conflits constitutionnels, l'étendue du pouvoir de la juridiction constitutionnelle est variable. Certaines clauses générales d'attribution de compétence la créditent d'un pouvoir plus étendu. La Cour est "*l'organe régulateur du fonctionnement des institutions et de l'activité des pouvoirs publics*" aux termes des dispositions constitutionnelles du Gabon, de Djibouti et du Bénin. Cette formulation juridique va au-delà de la clause morale de bonne conduite imaginée par MONTESQUIEU et qui prônait la nécessité pour les organes d'aller de concert, de s'entendre. La constitution, par son contenu, illustre la formule du doyen Louis FAVOREU, selon laquelle "*la politique est saisie par le droit*"[194]. Ce qui rend malaisée, la détermination de la ligne de partage entre le conflit constitutionnel et le conflit politique.

Un auteur désigne par conflit politique "*les antagonismes ou les combats qui ont pour enjeu la conquête, l'exercice et le contrôle du pouvoir politique par les partis, les clans, les groupes ou les individus qui entendent imposer leur domination*"[195]. Ce type de conflit trouverait son origine dans les "*imperfections d'ordre institutionnel ou constitutionnel*"[196] et le retour à la normalité politique et constitutionnelle prendrait les chemins d'une "*recherche de la légitimité par la légalité*"[197]. Le conflit politique ainsi décrit est une série de voies de fait, de comportements qui se situent hors de la légalité constitutionnelle[198] : insurrection armée, politique de la "*chaise vide*" parlementaire, mouvement de désobéissance populaire, etc. Les événements récents en Côte d'Ivoire, au Togo et au Congo Démocratique[199] traduisent cette acception du conflit politique. L'ordre public constitutionnel est au

---

[194] Cité par J. du BOIS de GAUDUSSON, « Défense et illustration du constitutionnalisme en Afrique après quinze ans de pratique du pouvoir », *in Mélange Louis Favoreu,* Paris, Dalloz, 2007 p. 615.

[195] C. KEUTCHA TCHAPNGA, « Droit constitutionnel et conflits politiques dans les États francophones d'Afrique noire », *Revue Française de Droit constitutionnel,* n°63/2005 p. 453.

[196] *Ibidem,* p. 453

[197] *Ibidem,* p. 455

[198] Il convient de mentionner à cet égard que lorsque l'ordre public constitutionnel est menacé ou compromis, "pour tout Béninois, désobéir et s'organiser pour faire échec à l'autorité illégitime constituent le plus sacré des droits et le plus impératif des devoirs (article 66, *constitution du Bénin*).

[199] Voir « l'Afrique face aux conflits », *Afrique contemporaine,* numéro spécial, 4e trimestre 1996.

cœur du conflit, de la contestation politique. On est en présence d'une crise de régime politique.

Moins dramatique se présente une autre approche de définition du conflit politique. Cette définition ne peut se fonder sur un critère objectif dans la mesure où l'interprétation ou l'application des textes constitutionnels sont un exercice à la fois juridique et politique ; le juge de l'interprétation se faisant à l'occasion créateur du droit et donc siège d'un pouvoir normatif.[200] La définition ne peut non plus être subjective, car les sujets de prérogatives constitutionnelles sont indifféremment les organes politiques (droit constitutionnel institutionnel) mais aussi les personnes privées (personnes morales ou individus) qui sont des centres d'intérêt constitutionnel (droit constitutionnel substantiel). Cerner la notion de conflit politique nécessite le recours à un critère finaliste. Le conflit politique sera alors le litige, la contestation qui fragilise l'ordre constitutionnel, expression de la démocratie consensuelle. Ce type de contentieux, par sa dimension et son impact prévisionnel, sera tranché par l'Assemblée plénière de la juridiction constitutionnelle. Il va au-delà de la lecture des dispositions constitutionnelles. Il ne se résout pas à un contrôle de régularité juridique, ni même, quelques fois, à une appréciation de légalité des comportements politiques. Le conflit politique doit être soluble dans la paix et l'harmonie sociale. Ce qui confère à l'Assemblée plénière de la Cour constitutionnelle non pas un magistère de nature juridique, mais un ministère de sagesse. Le droit sera dit ou ne le sera pas, mais l'équité sera absolument administrée comme technique de recollement des morceaux d'un édifice menacé d'ébranlement.

En définitive, le contentieux de la juridiction constitutionnelle se répartirait ainsi : à l'Assemblée plénière le conflit politique, et à la section permanente le contentieux constitutionnel classique. La "*juridisation des querelles politiques*"[201] annoncée par la doctrine comme l'un

[200] Voir en ce sens, J. WALINE, « Existe-il un gouvernement du juge constitutionnel en France ? », article précité, spécialement, pp. 495-499.

[201] J. NGUYEN DUY TAN, « Le constitutionnalisme dans les États non occidentaux », *in* Université Panthéon-Assas, *Clés pour le siècle*, Paris, Dalloz, 2000, p. 244. Cette juridisation est un pas vers la civilisation du discours et de la vie politique, en d'autres termes "substituer la discussion à la bataille, le dialogue aux fusils, les arguments aux coups de point, le résultat des scrutins à la supériorité des muscles ou des armes, la loi de la majorité à la loi du plus fort " (M. DUVERGER, *Sociologie politique*, Paris, P.U.F. ; 1968, p. 300).

des buts du constitutionnalisme deviendra alors une réalité dans les compartiments les plus délicats de la vie publique.

Il reste que la juridiction constitutionnelle exerce également des compétences non plus juridictionnelles mais purement consultatives. Que ce soit en matière de référendum, de pouvoirs de crise du Président de la République, ou même sur saisine interprétative des pouvoirs publics,[202] la Cour donne des avis pour "*une compréhension précise des exigences constitutionnelles*"[203]. Il s'agit là d'une compétence technique qui devrait relever de la section permanente de la juridiction constitutionnelle.

CONCLUSION

"*Les démocraties nouvelles sont parfois plus inventives que les démocraties anciennes*", écrit Gérard Conac.[204] Les exemples en la matière ne sont plus rares : les Accords d'Arusha ont prévu une présidence bicéphale et tournante au Burundi.[205] L'État confessionnel au Liban a institué une règle qui réserve la Présidence de la République à un chrétien et le poste de Premier ministre à un musulman.[206] L'Irak s'est doté d'une constitution qui distribue le pouvoir entre les ethnies et les confessions religieuses : sunnites, chiites et kurdes.[207] Le constitutionnalisme occidental, fondé essentiellement sur les libertés individuelles, trouve ses limites sur les contrées où l'inculturation démocratique se fonde sur un socle sociologiquement ambigu. L'individu est au croisement de solidarités primaires qui surdéterminent l'architecture institutionnelle acceptable par lui dans le cadre de la société globale. Il en ressort une ingénierie constitutionnelle hardiment innovante parce qu'elle doit intégrer une fonction instrumentale, celle d'accoucheuse d'un espace démocratique durable. Ceci participe d'une dialectique du

---

[202] Voir M-M. MBORANTSUO, *La contribution des Cours constitutionnelles à l'État de droit en Afrique, op. cit.*, pp. 183 et suiv.

[203] R. ARSAC, « La fonction consultative du Conseil constitutionnel », *Revue Française de Droit constitutionnel*, n°68/2006, p. 820.

[204] G. CONAC, « Succès et échecs des transitions démocratiques en Afrique subsaharienne », *in Mélanges Jean Waline,* Paris, Dalloz, 2002, p. 46.

[205] *Ibidem*, p. 45.

[206] E. SALAME, *Le Liban, vers un nouveau pacte national*, Mémoire master : Sciences du politique, mention Politique et développement en Afrique et dans les pays du Sud : Institut d'études politiques, Bordeaux, 2005.

[207] « L'Irak en perspective », *Revue du monde musulman et de la Méditerranée,* n°117-118, 2007.

"*volontarisme institutionnel*" et du "*volontarisme culturel*" décrite par Henri ROUSSILLON.[208]

L'une des pièces maîtresses de l'ingénierie constitutionnelle orientée vers la démocratie et l'État de droit est la juridiction constitutionnelle dans les États africains francophones. Elles sont les "*pièces essentielles*"[209] d'un dispositif institutionnel volontairement établi dans le but et la perspective d'acclimater la forme de gouvernement démocratique dans les pays africains francophones. Dès lors, il n'est pas superfétatoire, ni incongru, ni *a priori* inefficace d'entourer l'organisation et le fonctionnement de ces Cours de la dose d'imagination utile pour faire la jonction entre la volonté et l'environnement sociétal, entre le projet démocratique et son contexte humain et culturel.

Les idées ci-dessus développées doivent être reçues comme une démarche globale, une manière d'approcher la solution face à la tendance hypertrophique de certaines juridictions constitutionnelles africaines francophones. Il ne s'agit pas de fournir un *kit* de solutions à mettre en œuvre de manière indifférenciée dans les pays objet de notre étude. Sous ces réserves, reste valable l'idée maîtresse qui veut que le glissement de la régulation juridique vers la régulation politique soit accompagné d'un réaménagement institutionnel des Cours constitutionnelles elles-mêmes ; ceci pour que le régulateur constitutionnel soit véritablement un catalyseur de solutions aux querelles politiques des jeunes démocraties, un instrument pour "*pacifier l'espace politique*"[210] et cesse ainsi d'être, par moments, une des dimensions des crises récurrentes en Afrique !

---

[208] H. ROUSSILLON (dir.), *Les nouvelles constitutions africaines, la transition démocratique*, Toulouse, Presses de l'IEP/Toulouse, 1993, pp. 20 et suiv.
[209] M.-M. MBORANTSUO, *op. cit.*, p. 260.
[210] B. KANTÉ, Article précité, p. 276.

LA HAUTE COUR DE JUSTICE AU BÉNIN UNE JURIDICTION INTROUVABLE ?[1]

INTRODUCTION

Au commencement était le verbe, le petit verbe de la Conférence nationale de 1990, le verbe de tout un peuple qui veut se prémunir contre la résurgence de tout pouvoir "*fondé sur l'arbitraire, la dictature, l'injustice, (...) la confiscation du pouvoir et le pouvoir personnel*"[2]. Et le verbe s'est mué en institutions, les institutions prévues et organisées par la constitution du 11 décembre 1990.

Deux grandes idées servent de trame de fond à l'architecture constitutionnelle nouvelle : d'abord, l'exigence toute gaullienne d'un gouvernement qui gouverne, d'un exécutif qui dispose de ressources constitutionnelles pour faire fonctionner les services publics et conduire la politique de la nation. Ensuite, comme un choc en retour d'un passé récent, la compulsive volonté d'aménager des institutions de contre-pouvoir, l'impératif politique de construire des digues qui empêchent le flot tranquille du régime présidentiel de dégénérer en déferlante présidentialiste qui submerge le champ fécond des libertés chèrement conquises. La création de la Haute cour de justice traduit les précautions d'une doctrine du *containment*, de l'endiguement du pouvoir politique pour en éviter les dérives. Et c'est sur l'une de ces institutions de contre-pouvoir dans l'État que porte le regard qui sous-tend les lignes qui suivent.

La Haute cour de justice, créée et organisée par les articles 135 à 138 de la constitution, est la traduction en droit positif béninois non point de la responsabilité politique, mais de la responsabilité des politiques. La première est fondée sur l'idée de confiance, confiance des citoyens ou confiance de la représentation nationale. Sa sanction est "*la perte ou l'éloignement du pouvoir*" écrit Georges VEDEL.[3] La seconde, qui inclut la première, est tout simplement une conséquence logique du régime

[1] Publié dans Mamadou BADJI et Saidou Nourou TALL, *Les transformations de l'État, Mélanges Babacar Gueye*, Toulouse, Presses Universitaires de Toulouse 1 Capitole, 2019.

[2] Préambule de la constitution du 11 décembre 1990.

[3] G. VEDEL, "Haute cour et déficits juridiques", *in* journal *Le Monde*, 31 octobre 1992, p. 1.

représentatif. Elle est l'essence de ce jeu de rôle entre gouvernants et gouvernés, entre mandataires et mandants liés par un suffrage clair et libre. Elle est "*la clé de voûte de l'édifice constitutionnel démocratique*", selon les mots de Pierre Avril.[4] En un sens générique, la responsabilité des politiques se dirait plus simplement la responsabilité des gouvernants,[5] une responsabilité consubstantielle au phénomène de pouvoir dans une démocratie, mais une responsabilité susceptible de plusieurs déclinaisons. En effet, la responsabilité des gouvernants peut prendre la forme d'une responsabilité politique *stricto sensu* comme précédemment dit, ou être une responsabilité juridique. La première est engagée devant les élus nationaux et la seconde devant le juge de droit commun.

La constitution du 11 décembre 1990 fait le choix d'une justiciabilité des gouvernants devant la Haute cour de justice. Le choix est constant et rentre dans une certaine continuité institutionnelle au Bénin. La constitution de la 1re République était sommaire, mais celle de la 2e République prévoyait déjà une "*Haute Cour de Justice (...) composée de députés que l'Assemblée nationale élit dans son sein après chaque renouvellement général*"[6]. La loi fondamentale de 1977, quant à elle, prévoit un mandat impératif pour les parlementaires et les élus locaux (art. 6, al.2), mais aussi la création de "*tribunaux d'exception*" pour juger des "*affaires spéciales*" (art. 104). La filiation du texte constitutionnel actuel avec les institutions de la Ve République française paraît évidente, les concepteurs de notre loi fondamentale ayant fait leurs humanités sous les lambris des amphithéâtres français. Pour certains, l'enseignement du droit public français a constitué l'essentiel de leur parcours professionnel. Le parallèle heuristique avec les textes français en devient plus légitime.

La constitution française de la Ve République a créé la Haute cour (Titre IX) et la Cour de justice de la république (Titre X). L'une et l'autre sont ce que les sociologues appellent des équivalents fonctionnels de la Haute cour de justice béninoise : des institutions conçues pour connaître de la responsabilité des gouvernants aussi bien en cas de haute trahison que lorsqu'on est en présence d'infractions de droit commun. Une certaine doctrine a tôt fait de conclure qu'on est en présence d'une

[4] P. AVRIL, "Pouvoir et responsabilité" *in Mélanges Georges Burdeau, Le Pouvoir*, Paris, 1977, LGDJ, p. 23.

[5] O. BEAUD & J.-M. BLANQUER (dir.), *La responsabilité des gouvernants*, Paris, Descartes & Cie, 1999.

[6] Article 64, constitution du 26 novembre 1960.

"*justice politique*"[7] conduite et connue par une "*juridiction politisée*"[8], parce que, selon le doyen Hauriou le sujet relève d'une "*responsabilité politique criminelle*"[9].

Ce choix de soustraire les ministres aux juridictions ordinaires a été justifié par plusieurs considérations. *D'abord*, la séparation des pouvoirs. Les révolutionnaires français de 1789 ont interdit aux tribunaux judiciaires de "*troubler de quelque manière que ce soit, les opérations des corps administratifs*" de "*connaître des actes d'administration, de quelque espèce qu'ils soient*"[10]. De façon solennelle, les juges ne peuvent " *à peine de forfaiture, troubler, de quelque manière que ce soit, les opérations des corps administratifs, ni citer devant eux les administrateurs pour raison de leurs fonctions*"[11]. Cette construction idéelle a servi de fondement à l'émergence d'une juridiction administrative.[12] Elle sert aussi de socle principiel à l'établissement d'un privilège de juridiction au profit des membres du gouvernement, privilège entendu en son sens premier et étymologique à savoir une "*loi particulière*" (*privata lex*).[13] *Ensuite* vient la question de la nature des actes ou des omissions susceptibles d'être portés à la charge des membres du gouvernement. Choisir d'être ministre c'est opter de vivre "*dangereusement*" au sens que Nietzche donnait au mot. Le pouvoir, renchérit Richard Nixon, "*n'est pas pour le chic type au coin de la rue ni pour le gentil voisin de palier*"[14]. L'exercice d'un *imperium* public échapperait à toute logique ordinaire et serait inintelligible pour le citoyen moyen y compris le juge de droit commun. L'action publique des gouvernants s'inscrirait dans des "*processus décisionnels politico-institutionnels complexes (...) dont les tenants et aboutissants sont*

---

[7] L. REVERSO, "Sources historiques et illustrations de la conception jacobine de la responsabilité politique" *in* J.J. SUEUR (dir) *Juger les politiques, Nouvelles réflexions sur la responsabilité des dirigeants publics*, Paris, L'Harmattan, 2003, p. 117.

[8] *Idem*, p. 118.

[9] M. HAURIOU, *Précis de droit constitutionnel*, Paris, Sirey, 1929, p. 415.

[10] Loi des 16-24 août 1790 *sur l'organisation judiciaire* et loi du 16 fructidor an III.

[11] *Ibidem*.

[12] Voir R. CHAPUS, *Droit administratif général*, Paris, Montchrestien, 15e édit., 2001, pp. 2 et suiv. ; M. LONG et ALII, *Les grands arrêts de la jurisprudence administrative*, Paris, Dalloz, 16e édit., 2007, pp. 2 et suiv.

[13] A. de LAUBADÈRE et Y. GAUDEMET, *Traité de droit administratif*, Paris, L.G.D.J. 16e édit. 2001, p. 4.

[14] R. NIXON, *Leaders : ceux qui ont changé le monde*, Paris, Plon, 1984, p. 382.

souvent difficiles, voire impossibles, à appréhender"[15]. *Enfin*, il est convenant de mettre les ministres à l'abri d'une sorte d'*intifada* juridictionnelle, alimentée par des associations d'humanitaires, mais aussi des juges portés par la condition enivrante de l'indépendance de leur autorité ou de leur pouvoir. Pour le Comité consultatif présidé par le Doyen Georges Vedel, il y a "*nécessité de ne pas mettre en cause le fonctionnement régulier des pouvoirs publics par un risque de harcèlement processuel à l'encontre des ministres*"[16]. En un mot, il faut protéger les ministres dans leurs fonctions.

Ce faisceau de motivations a conduit à la création d'une juridiction spécialisée qui prend le nom de Haute cour de justice ici ou ailleurs, ou encore de Cour de justice de la république. L'option pour une juridiction spéciale dédiée *ratione personae* aux hommes politiques est largement partagée par les États ouest-africains francophones.[17] Elle tranche, cependant, avec la pratique de l'État de droit dans de vieilles démocraties occidentales.

Ainsi, en Allemagne, le chancelier fédéral et l'ensemble des ministres sont soumis aux règles de droit commun de la responsabilité pénale des fonctionnaires et encourent les mêmes sanctions. En Espagne, la responsabilité pénale du Premier ministre et des autres membres du gouvernement peut être engagée, s'il y a lieu, devant la chambre pénale de la Cour suprême. En Italie, le président du Conseil des ministres et les ministres sont soumis, pour les délits et pour les crimes commis dans l'exercice de leurs fonctions, aux juridictions de droit commun, après autorisation du Sénat de la République ou de la Chambre des députés. Qu'il s'agisse ou non d'infractions commises pendant l'exercice des fonctions ministérielles, la responsabilité pénale du chef du gouvernement est engagée selon les règles du droit commun au Danemark et au Royaume-Uni.[18]

---

[15] J.E. SCHETTI, "Supprimer la Cour de justice de la République ?" *in Les Petites Affiches* n°137, 9 juillet 2018, p. 94.

[16] Rapport du Comité consultatif pour la révision de la constitution (Comité Georges VEDEL), *in Journal officiel de la République française*, 16 février 1993 p. 2543.

[17] Articles 108 et suivants, constitution de la Côte d'Ivoire ; art. 142 et suivants, constitution du Niger ; art. 95 et suivants, constitution du Mali ; art. 137 et suivants, constitution du Burkina Faso ; art. 99 et suivants, constitution du Sénégal ; art. 126 et suivants, constitution du Togo.

[18] Sur l'ensemble, voir SÉNAT (France), *Les documents de travail du Sénat, Série législation comparée, La responsabilité pénale des chefs d'État, et de gouvernement*, n° LC 92, septembre 2001 (http://www.senat.fr/lc/lc92/lc920.html 09 juillet 2014).

Le droit positif béninois en matière de responsabilité des politiques n'a donc rien d'universel. C'est une réponse locale à une problématique universelle. En cela, l'évaluation du dispositif juridique et institutionnel devient intéressante d'un point de vue synchronique, en ciblant ce que les économistes appellent les avantages comparatifs.

En effet, l'évaluation est un exercice de rétrospection projetée dans l'avenir. C'est une manière de disséquer le présent en ayant à l'esprit de vouloir mieux faire à l'avenir. En ce sens, l'évaluation est surtout constructive dans la mesure où son objectif est de dessiner *in fine* les contours d'un avenir meilleur. L'évaluation juridique et institutionnelle procède de la même logique. Il s'agit de confronter les notions et les principes de manière à extraire des constructions juridiques plus fécondes. Il s'agit aussi de partir d'une pratique, d'un vécu de la règle juridique et des institutions pour en extraire les insuffisances et tracer les lignes d'une sorte d'*aggiornamento* juridico-institutionnelle. Il s'agit enfin, comme l'écrit Michel Crozier de savoir si tout cela marche, et si tout cela a un sens.[19]

Pour le constituant béninois de 1990, le peuple est engagé à créer "*un État de droit de démocratie pluraliste*" (Préambule de la constitution). L'État de droit est perçu comme un projet, une construction itérative, une œuvre de tous les jours, sans cesse renouvelée. Cette ambition et cette méthode emportent un réexamen raisonné et périodique des textes et des institutions en vue de les conformer aux exigences à la fois constantes et évolutives d'un État de droit. Dès lors, l'exercice centré sur la Haute cour de justice du Bénin, permet de se rendre compte que le choix fait réalise le tour de force de politiser la justice de façon perverse **(I)** et de judiciariser la politique de manière tout aussi problématique **(II).**

I. LA POLITISATION PERVERSE DE LA JUSTICE

L'image qui vient à l'esprit est celle des liaisons dangereuses, des liaisons scabreuses et des liaisons incestueuses. Le mélange de la politique et de la justice est toujours hasardeux. C'est en effet un mélange de l'instinct de puissance mariné de jeu d'intérêt avec la recherche de l'harmonie par l'application de la règle de droit. En fait de mélanges hasardeux, nous y sommes aujourd'hui avec comme

---

[19] Cité par J-L BŒUF, *L'évaluation des politiques publique,* Paris, La Documentation Française, 2001 p. 24.

conséquence que le droit ne peut être dit (A) et qu'en tout état de cause il n'est pas dit (B).

A. Le droit ne peut être dit

Le 31 juillet 1914, le socialiste français Jean JAURÈS essuie des coups de feu mortels alors qu'il dîne avec des amis au Café du Croissant à Paris. Jean Jaurès est assis, le dos à la fenêtre restée ouverte. Un rideau le sépare de la rue. À 21h 40, une main écarte le rideau et un coup de feu éclate. Jean JAURÈS s'effondre. L'auteur des coups de feu est aussitôt arrêté. Après une longue garde à vue et un procès, les jurés de la Cour d'assises du palais de justice de Paris prononcent leur verdict : Raoul VILLAIN est acquitté. À la question de savoir si VILLAIN a commis un homicide volontaire, les jurés répondent "*non*" ! Sur la préméditation, les jurés répondent aussi "*non*" ! Arrêté avant la guerre et acquitté après, Raoul VILLAIN ne connut ni la mort ni les mutilations occasionnées par la "*Grande guerre*". Il ne connut pas non plus la mort par la sentence de la justice, car il fut acquitté au bout de son procès. Madame JAURÈS, la veuve, quant à elle, fut condamnée aux dépens et obligée de payer les frais de justice liés à l'instance pénale. Un mari mort à cause de la guerre puis un fils mort dans la guerre, au front, tué par l'ennemi en 1917, tel fut le lot de madame Jaurès. Et la justice est passée.

Les jurés d'assises ou jurés populaires sont des citoyens ordinaires, tirés au sort, qui font partie de la cour d'assises. Ils participent, aux côtés des magistrats professionnels, au jugement des crimes. La philosophie qui sous-tend l'institution des jurys d'assises est la recherche subliminale d'un idéal démocratique. Il s'agit de réaliser la "*justice du peuple, par le peuple et pour le peuple*"[20]. Cette justice populaire, dite par le peuple doit appliquer la règle de droit aux faits, mais elle doit par-dessus tout refléter la psycho-sociologie dominante et être en adéquation avec l'état de l'opinion.

L'affaire JAURÈS-VILLAIN est celle du duel entre le devoir juridique et positif lié à la nature prescriptive de la règle de droit d'une part, et d'autre part, le devoir éminent du citoyen qui veut contribuer à une cause nationale patriotique. Jean JAURÈS ne voulait pas de la guerre et invitait les ouvriers allemands et français à entrer en grève contre les entreprises belliqueuses de leurs dirigeants. "*On ne fait pas*

[20] F. DEBOVE et F. JANVILLE, *Précis de droit pénal et de procédures pénales*, Paris, PUF, 2001, p. 748.

la guerre pour se débarrasser de la guerre", proclamait-il. Or, ne pas vouloir la guerre, c'est renoncer à la récupération de l'Alsace-Lorraine, territoire annexé par les Allemands en 1871. L'opinion dominante était ainsi favorable à la guerre. Les jurés de la cour d'assises sont restés fidèles à l'opinion et ont acquitté celui qui a, pour ainsi dire, déblayé la voie en tirant sur Jean Jaurès.[21] C'est la sentence du citoyen ordinaire qui en juge un autre. La justice est passée, mais le droit n'a pas été dit.

La longue évocation, y compris par le menu, de l'affaire JAURÈS-VILLAIN sert à faire le parallèle entre la mécanique d'une cour d'assises et ce qui est désormais un pouvoir public : la Haute cour de justice. La technique est la même. Partant du souci de ne pas laisser les professionnels de la chose juridictionnelle seuls face aux justiciables, la constitution dispose que la Haute cour de justice est composée de six députés élus *ès qualités* par les parlementaires, de six membres de la Cour constitutionnelle et du Président de la Cour suprême (art. 135).

Les six députés sont élus en tenant compte de la dynamique politique interne au parlement et du rapport des forces politiques. La sélection, en l'occurrence, est un acte politique consistant à trouver un poste (une sinécure ?) aux amis politiques et ensuite à leur indiquer une mission qui concorde et conforte les intérêts politiques du mandataire et des mandants.

Les six membres de la Cour constitutionnelle ne sont pas spécialement élus pour siéger à la Haute cour de justice, mais vivent leur condition comme une sorte de dédoublement fonctionnel. Ils sont membres de la Cour constitutionnelle et deviennent *de jure* membres de la Haute cour de justice. La sélection pour ceux-ci a été faite en amont, lorsqu'il a fallu désigner les juristes de haut niveau, les magistrats et les personnalités de grande réputation professionnelle qui vont constituer les ressources humaines de la Cour constitutionnelle (art. 115). La formulation à la fois lyrique et angélique du texte constitutionnel ne doit pas faire illusion. On n'est pas conseiller à la Cour constitutionnelle innocemment. On ne l'est pas impunément non plus. Le "*devoir d'ingratitude*" allégué par un auteur a ses limites. Le mandat du conseiller constitutionnel est de cinq ans renouvelable et tout conseiller grisé par la fonction est naturellement porté vers une demande de renouvellement. Ce qui, vis-à-vis du parlement et de son bureau, mais surtout vis-à-vis du Président de la République, induit une obligation de collaboration, au sens étymologique du terme, c'est-à-dire

[21] D. PAGANELLI, *Il a tué Jaurès*, Paris, La Table Ronde, 2014.

"*travailler avec*". Ni travailler sans, ni travailler contre. L'histoire de la juridiction constitutionnelle, telle que relayée par la doctrine et la presse, est un parcours qui conforte, par ses épisodes les plus saillants, la collusion des pouvoirs.

Au total, la composition de la Haute cour de justice nous renvoie l'image d'un jeu d'acteurs politiques, soit qu'ils viennent d'une instance par essence politique comme le parlement soit qu'ils émanent d'un organe crypto-politique comme la Cour constitutionnelle ou la Présidence de la Cour suprême.

Cette composition de la Haute cour de justice a parfois été critiquée, notamment en France. Assimilée à un collège de "*'jurés' parlementaires*"[22], la solution qu'elle offre permettrait de "*surmonter des préoccupations contradictoires*"[23] en ce qu'elle serait "*une synthèse entre la responsabilité pénale de droit commun et la responsabilité politique des ministres*"[24]. Si le Comité Georges VEDEL a pu valider la composition duale faite d'élus parlementaires et de magistrats professionnels,[25] la Commission Jospin, quant à elle, a préconisé "*l'application du droit commun*"[26] c'est-à-dire la compétence du Tribunal de grande instance de Paris, compétence territoriale découlant du fait que tous les ministères sont logés à Paris. Le Conseil d'État français, saisi pour avis, a aussi préconisé le jugement des ministres par "*une juridiction spécialisée composée de juges professionnels issus de la Cour de*

[22] J.-E. SCHOETTI, article précité, p.95.

[23] Pierre AVRIL, cité par D. SIMONNOT, "Sang contaminé: une juridiction en doute. Des juristes suggèrent la refonte de la Cour de justice de la République" *in* journal français *Libération*, (http://www.liberation.fr 1er mars 1999).

[24] *Ibidem.*

[25] Il faut reconnaître que le Doyen Georges VEDEL est revenu sur les propositions du comité qu'il présida pour reconnaître que "le système qui a été proposé n'était pas le bon". Il poursuit en confessant "qu'on s'est fourré le doigt dans l'œil et on était plusieurs". D. SIMONNOT, Sang contaminé : une juridiction en doute. Des juristes suggèrent la refonte de la Cour de justice de la République, *in* journal français *Libération*, (http://www.liberation.fr 1er mars 1999). Ces déclarations sont consécutives à l'arrêt du 9 mars 1999 rendue par la Cour de justice de la République en France, (affaire dite du sang contaminée) : deux des trois anciens ministres mis en cause sont relaxés et le troisième ministre reconnu coupable est dispensé de peine.

[26] Commission de rénovation et de déontologie de la vie publique (présidée par Lionel JOSPIN) Pour un renouveau démocratique, (www.commission-rdvp.gouv.fr) p. 78. La conséquence de cette attribution de juridiction au TGI de paris serait la suppression préconisée de la Cour de justice de la République, avatar français de la Haute cour de justice. Mais à l'été 2018, la Cour de justice de la République est toujours là.

cassation, du Conseil d'État et de la Cour des comptes"[27]. Les hommes politiques, qu'ils soient députés ou sénateurs seraient exclus d'une telle instance de jugement. Ce qui n'est manifestement pas la direction choisie au Bénin, ni dans la plupart des pays africains francophones.

En effet, le visage de la Haute cour de justice du Bénin n'a rien d'insolite ou de singulier en Afrique francophone. La formulation est très similaire d'un pays à l'autre. Elle est composée de "*membres désignés par l'Assemblée nationale à chaque renouvellement général*"[28] ; ou de "*membres élus en leur sein en nombre égal par l'Assemblée nationale et par le Sénat*"[29] ou encore de magistrats professionnels et de "*quatre (04) députés élus par l'Assemblée nationale*"[30].

Pour le constituant nigérien, la "*Haute cour de justice est une institution auprès de l'Assemblée nationale*"[31]. Elle est présidée, non par un magistrat professionnel, mais par un député élu par ses pairs. L'option faite dans ces pays est de faire juger les politiques par d'autres politiques. Députés et sénateurs composent, en majorité ou en minorité, l'instance chargée de connaître des infractions commises par les ministres dans l'exercice de leurs fonctions. En tout état de cause, il conviendrait de garder les magistrats professionnels en laisse et ne pas les laisser s'occuper d'affaires qui relèvent de la responsabilité éminente de ceux qui conduisent la destinée de la nation. Mieux vaut une mauvaise justice entre congénères de la chose politique qu'une bonne justice conduite par des allogènes à la chose politique. En temps de tumulte dans le navire, les oiseaux de même plumage doivent se serrer les coudes pour faire face à l'adversité !

Sur cette base, le syndrome JAURÈS-VILLAIN se dessine en filigrane. En lieu et place du fondement idéel des jurys populaires, à savoir le "*peuple juge le peuple*", nous avons, cette fois-ci, et s'agissant de la Haute cour de justice, "*les politiques jugent les politiques*". Le bon sens populaire appelle cela le "*lavage de linge sale en famille*". La classe politique fait son palabre et se réunit sous l'arbre à palabre pour se rendre justice, à *huis clos,* sous le regard médusé des populations qui

---

[27] Voir J.-E. SCHOETTL, article précité, p. 98.

[28] République du Mali, constitution du 25 février 1992, article 96.

[29] République de Côte d'Ivoire, constitution de la IIIe République, article 160.

[30] République du Togo, constitution du 14 octobre 1992, révisée par la loi constitutionnelle N° 2002-029 du 31 décembre 2002, article 126.

[31] République du Niger, constitution du 25 novembre 2010 instituant la 7e République, article 143.

finissent par se convaincre que, à ce jeu, le droit ne peut être dit, et qu'en tout état de cause il n'est pas dit.

B. Le droit n'est pas dit

La Haute cour de justice et autres Cours de justice de la république sont des juridictions dont la compétence n'est pas définie à raison de la nature de l'infraction, mais de la qualité de leurs auteurs.[32] L'idée serait que la responsabilité qui peut incomber aux gouvernants ne peut être régie par les règles et les principes qui sont établis par le droit commun du contentieux de la responsabilité ; que cette responsabilité n'est ni générale ni absolue ; qu'elle a ses règles spéciales qui varient en raison des contraintes du service éminent de l'État et la nécessité de concilier les exigences de l'État de droit avec la qualité des justiciables…[33] Le discours est tout huilé, mais manque de convaincre. Ainsi qu'on l'a précédemment dit, nombre de grandes démocraties ont fait le choix d'attraire leurs gouvernants devant les juridictions de droit commun, pour le jugement des affaires nées pendant ou après l'exercice d'éminentes fonctions au service de l'État.[34]

Le mélange de la justice et de la politique est "*toujours calamiteux*" écrit Pierre Avril.[35] Cette calamité découle de ce que, en toute hypothèse, ou on assiste à un règlement de compte digne d'un scénario de western américain du 17e siècle, soit c'est plutôt un échange de bons procédés entre gens de bonne compagnie ayant partie liée.

De fait, poursuivi sur les chefs "*d'abus de biens sociaux et de recel*" devant la Cour de justice de la république, un ancien ministre français s'en sort avec une condamnation à un an de prison avec sursis. La Cour fonde son verdict sur "*l'âge et (le) passé au service de la France*". Le premier terme de la motivation des juges manque de pertinence. L'âge du justiciable (83 ans) ne devait pas inspirer plus de clémence que les 88 ans de Maurice PAPON condamné à la réclusion criminelle à perpétuité ni les 89 ans de Philippe PÉTAIN, maréchal de France dont la peine de mort a été commuée en réclusion criminelle à perpétuité. Comparaison utile pour comparaison utile, l'âge n'est pas un obstacle

---

[32] Sauf l'hypothèse de la haute trahison de l'article 73 de la constitution du 11 décembre 1990.

[33] On l'aura compris, il s'agit d'une paraphrase de l'arrêt Blanco TC, 8 février 1873.

[34] Voir SÉNAT (France), *Les documents de travail du Sénat, Série législation comparée, La responsabilité pénale des chefs d'État, et de gouvernement,* document précité.

[35] Cité par J. GICQUEL et J.-E. GICQUEL, *Droit constitutionnel et institutions politiques*, Paris, Montchrestien, 21e édit., 2007, p. 564.

dirimant au prononcé d'une peine de prison. Par contre, le second terme de la motivation de l'arrêt révèle toute la substance du débat en cours.

L'accusé est un ancien ministre, ancien ministre d'État, ancien député, sénateur en fonction, ancien résistant, ancien président de groupe parlementaire, ancien candidat à la présidence de la république, etc. Ses états de service en font un homme du sérail, un *alter ego* des juges de la Cour, un collègue, un camarade, un compagnon ! À propos du déroulement du procès, une chroniqueuse écrit : "*L'audience est le premier indicateur dont on dispose. En dix jours, moins d'une demi-douzaine de questions ont été directement posées (à l'accusé) par les juges parlementaires (...) Autant dire que cet interrogatoire était une promenade de santé pour (l'accusé). Majoritairement UMP,*[36] *(...) la couleur politique des juges n'est pas seule en cause, puisque les députés socialistes (...) n'ont pas posé une seule question. Trois juges se sont même endormis à l'audience, ce qui serait inacceptable aux assises.*"[37]

François LUCHAIRE soulignait l'inconfort que procure cette justice aux juges lorsqu'il écrit que "*les élus ont certainement quelques gênes à statuer sur le sort de ministres qui sont le plus souvent d'anciens collègues et parfois des amis ou encore qui ont des conceptions différentes (mais très estimables) des nécessités nationales*"[38]. La tentation est là, et elle est forte, qu'au jugement libre et éclairé se substituent les arrangements de circonstances, les combinaisons politiciennes et par-dessus tout, l'instinct de conservation qui insinue dans le conscient de tout juge parlementaire qu'aujourd'hui c'est le tour de Koffi, demain ce peut bien être le sien. C'est le sens de l'allégorie du livre saint des chrétiens : "*Que celui d'entre vous qui est sans péché lui jette le premier une pierre !*"[39] En essuyant les larmes de sa condamnation, tout ministre pourrait lancer à ses juges "*coquin, ce sera bientôt ton tour !*" Cette perspective à elle seule a de quoi refroidir les ardeurs de tout membre de la Haute cour de justice d'ici ou d'ailleurs. Alors, la justice se fait autre chose que la justice, le droit y perd de son principe actif et la phrase de Jean de La Fontaine nous revient comme

[36] Union pour un Mouvement Populaire, parti auquel appartient l'accusé.
[37] K. LASKE, "Pasqua: la clémence des pairs", *in* journal *Libération* 3 mai 2010. Voir aussi les réflexions sur une autre affaire connue par la Cour de justice de la République : O. BEAUD, *Le sang contaminé*, Paris, PUF, 1999.
[38] F. LUCHAIRE, "Le juge, l'élu et la constitution", *in Les Cahiers du Conseil constitutionnel*, n°14, mai 2003.
[39] Évangile de Jésus Christ selon Saint-Jean, chapitre 8, verset 7.

une sentence : "*Selon que vous serez puissant ou misérable, les jugements de Cour vous rendront blanc ou noir.*"[40]

À l'inverse, la mise en jeu de la responsabilité des politiques peut prendre les allures d'un règlement de compte terrible et froid. Un ancien ministre de l'enseignement technique et de la formation professionnelle a fait l'amère expérience de passer environ trois bonnes années en prison, soit exactement 1011 jours de garde à vue suivie de détention préventive. Il a réussi le tour de force de réunir une majorité qualifiée[41] de députés sur la décision de le poursuivre devant la Haute cour de justice sur les chefs de "*détournement de deniers publics et de véhicule administratif*"[42]. La Cour constitutionnelle saisie d'un recours en inconstitutionnalité des éléments de la procédure ne trouva aucune règle, aucun principe de valeur constitutionnelle qui ait été méconnu dans le déroulé de la procédure.[43] Une certaine presse ne put s'empêcher de relever qu'il y a dans les faits de l'espèce un arrière-goût de châtiment politique. "*Il est clair que les députés voulaient lui régler son compte pour avoir osé dire que la LEPI se fera avec ou sans eux. Pour cela, ils se sont précipités sur un rapport inachevé pour se venger*", lit-on dans le journal *L'Événement précis*.[44] Le ministre en délicatesse avec la représentation nationale est l'exemple de la personnalité politique en rupture de ban avec ses pairs. Il l'a payé de sa liberté et de la sanction afflictive qui lui a été infligée. On lui a tiré les oreilles sans oser aller plus loin, c'est-à-dire réunir les conditions juridiques et organisationnelles d'un procès devant la Haute cour de justice. Cette tragi-comédie annonce plusieurs autres. L'agitation politico-médiatique concernant trois anciens ministres présumés coupables de

[40] Extrait de la fable "Les animaux malades de la peste."

[41] 77 voix pour, 1 abstention, 1 contre et 2 nuls *(P.* ZINSOU-PLY, "Bénin : ADIHOU devant la Haute Cour pour avoir osé insulter les députés " *in journal Fraternité, 19 juillet 2006).*

[42] O. ALLOCHEME "Libération d'Alain ADIHOU : Trois ans de détention pour rien" *in* journal *L'Événement précis*, 3 août 2009. P. ZINSOU-PLY, "Bénin : ADIHOU devant la Haute Cour pour avoir osé insulter les députés" *in journal Fraternité, 19 juillet 2006.*

[43] Décision DCC 07-043 du 22 mai 2007, *Alain François Adihou.*

[44] O. ALLOCHEME "Libération d'Alain ADIHOU : Trois ans de détention pour rien" article précité.

faits graves relevant de la compétence de la Haute cour de justice, s'est enlisée dans les conciliabules politiciens.[45]

L'affaire dite du PPEA 2 a connu un dénouement similaire. Il s'agit d'un détournement présumé de deniers publics portant sur des sommes variant entre 2,6 et 8 milliards de francs selon les sources. Le ministre responsable du dossier démissionne de son poste de ministre, mais retrouve un fauteuil de député à l'Assemblée nationale. Il ne peut être désormais attrait devant la Haute cour de justice que si le parlement décide de lever son immunité. Une requête dans ce sens est soumise au vote des députés, mais la résolution est rejetée par une majorité de 45 voix contre 38.[46] "*L'immunité parlementaire, explique un élu, est la seule chose qui reste au député qui doit en être jaloux.*"[47]

La prédominance numérique des "*politiques*" a été jugée utile, "*notamment pour discerner ce qui relève de la responsabilité politique ou administrative et ce qui relève de (la) responsabilité pénale*"[48]. L'argument manque de convaincre définitivement sur la composition de la juridiction chargée de juger les membres du gouvernement. L'intérêt d'une instruction est justement de permettre que tous les acteurs soient entendus et compris, et ainsi de discerner les dimensions politiques, administratives et pénales des faits. Cela est de la responsabilité des magistrats professionnels qui l'assument sous serment et dans le respect de la déontologie de leur métier.

La composition de la Haute cour de justice confère à cet organe la nature et les caractères d'une justice d'entre-soi. Qu'elle soit amenée à condamner ou à l'inverse à acquitter, les présupposés et calculs politiques ne peuvent être complètement effacés de sa décision. Ainsi, alors que la levée de son immunité parlementaire est la première étape vers son jugement par la Haute cour de justice, l'ancien ministre et député à l'Assemblée nationale n'a eu d'autres réactions que de crier à

---

[45] Les cas des ministres Armand ZINZINDOHOUÉ, Kamarou FASSASSI et Rogatien BIAOU n'ont pas connu de suite et se sont noyés dans les sables mouvants de la politique avant même la saisine de la Haute cour de justice.

[46] Th. C. NAGNONHOU, "La demande de levée de l'immunité de Barthelemy Kassa rejetée", *in* journal *La Nation*, n° 6306, vendredi 21 août 2015, p. 3.

[47] *Ibidem*.

[48] Martine RACT-MADOUX, ancienne Présidente de la Cour de justice de la république, cité par P. PILLAUD-VIVIEN, "Cour de justice de la République : fin et suite ?" *in* http://www.regards.fr 8 février 2018.

"*une traque politique*"[49]. Sa faute ne proviendrait pas des infractions alléguées de détournement de deniers publics, de corruption, d'abus de pouvoir et de fonction, de délit d'initié, lesquelles infractions sont prévues et punies par la loi n° 2011-20 du 12 octobre 2011 portant lutte contre la corruption et autres infractions connexes en ses articles 45 à 49 et suivants, 53, 57 et 107 et suivants. En lieu et place des dispositions légales, l'élu national ne voit qu'une machination née "*après son élection comme secrétaire exécutif national des Forces Cauris pour un Bénin Emergent (FCBE), parti d'opposition et son vote défavorable le 5 juillet (2018) contre la proposition d'amendement de la constitution du 11 décembre 1990 par voie parlementaire*"[50].

On est loin d'un procès classique, d'une confrontation de faits avec des règles de droit pénal. Pour l'ancien ministre, il ne s'agit, ni plus ni moins, que d'un "*acharnement du pouvoir contre la minorité parlementaire.*"[51] Ceci conforte la thèse de ceux qui pensent que ce type de juridiction souffre d'un péché originel, "*l'absence d'impartialité objective*"[52] et que ses décisions sont entachées d'un déficit de "*légitimité suffisante.*"[53] Les "*politiques sont-ils au-dessus du droit commun ?*" Hélas, oui, conclut l'universitaire Charles ZARKA.[54]

Au regard de ce rapide panorama, que dire sinon que la Haute cour de justice se révèle un glaive à double tranchant, mais dont la lame est de tout côté fortement émoussée. Elle ne dit pas le droit et heurte ce faisant la devise de la république qui est "*fraternité, justice, travail*". Il n'y a pas de justice là où les politiques s'exonèrent de la soumission au droit.[55] Il

---

[49] Th. C. NAGNONHOU, "Les députés Bako, Djenontin et Atao livrés à la justice", *in* journal *La Nation*, n°7036, mercredi 25 juillet 2018, p. 3.
[50] *Ibidem.*
[51] *Ibidem.*
[52] Commission de rénovation et de déontologie de la vie publique (présidée par Lionel JOSPIN) Pour un renouveau démocratique, (www.commission-rdvp.gouv.fr) p. 77.
[53] *Ibidem.*
[54] Ch. ZARKA, "Les politiques sont-ils au-dessus du droit commun ?" *in* revue *Cités*, 1er avril 2017.
[55] La pratique en France n'est pas plus convaincante. En 2018, on donne à la Cour de justice de la République une performance de 5 procès en 24 ans. "Appelée à juger les ministres poursuivis dans l'affaire dite du sang contaminé (l'article 68-3 de la constitution lui donne en effet compétence pour juger les faits commis avant l'entrée en vigueur du nouveau dispositif), la Cour de justice suscite d'âpres critiques en raison de son arrêt du 9 mars 1999, par lequel elle relaxe deux des trois mis en cause (Laurent FABIUS et Georgina DUFOIX) et dispense de peine le seul dont elle retient la culpabilité (Edmond HERVÉ). La déception qui en résulte n'épargne pas Georges VEDEL. Dans un article qu'il cosigne dans Le Monde avec Olivier DUHAMEL, le

n'y a, non plus, pas de justice lorsque les infractions commises par les politiques sont placées sous le régime d'une judiciarisation problématique.

II. LA JUDICIARISATION PROBLÉMATIQUE DE LA POLITIQUE

La loi est la même pour tous, soit qu'elle punit, soit qu'elle bonifie. Le principe d'égalité des citoyens trouve là une de ces expressions les plus évidentes. De ce point de vue, la soumission des hommes politiques aux rigueurs de la loi, lorsque leur responsabilité est engagée paraît la mise en œuvre d'un principe républicain. L'aspiration républicaine se doit, cependant, d'être parfaite et ne point prêter le flanc à des critiques pour cause de ségrégation au sein de la classe politique (A) ou de manquement aux rigueurs d'une bonne administration de la justice (B).

A. La ségrégation injustifiée au sein de la classe politique

"*Mon argent ! Mon argent, mon argent ! Je suis perdu ! Je suis assassiné, on m'a dérobé mon argent ! (...) Que ferai-je pour le trouver ? Où courir ? (...) Rends-moi mon argent coquin* !" Ces jérémiades de Harpagon, le héros de Molière, répondent en échos au cri de tout un peuple qui réclame justice face aux "*affaires*" : financement illégal de partis politiques, usages privés de fonds publics, collusion entre hommes politiques et intérêts mafieux, dénonciation de scandales, soupçons de corruption. La morale publique ne sort pas grandie de cet état des lieux.

---

doyen propose de remplacer la Cour de justice par une commission des requêtes chargée de statuer sur les plaintes en classant celles qui ne révèlent pas de fautes pénales et en renvoyant les autres devant les tribunaux ordinaires. Ultérieurement, la Cour de justice de la République a prononcé, le 16 mai 2000, la relaxe d'une ancienne ministre de l'Enseignement scolaire (Ségolène Royal), qui était poursuivie en diffamation par des enseignants. Le 7 juillet 2004, elle prononce une peine de prison avec sursis assortie d'une amende et de la privation pour 5 ans de droits civiques et d'éligibilité, à l'encontre d'un ancien secrétaire d'État aux Handicapés (Michel Gillibert) convaincu d'escroquerie au préjudice de l'État. En avril 2010, saisie de trois plaintes pour corruption, complicité d'abus de biens sociaux et recel, dirigées contre un ancien ministre de l'Intérieur (Charles PASQUA), elle prononce une peine de prison avec sursis dans l'une des trois affaires, tout en le relaxant dans les deux autres. Le 17 décembre 2016, dans l'affaire dite de l'arbitrage Tapie, et contrairement à la position du parquet qui avait requis la relaxe, elle rend un jugement déclarant coupable de « négligence » une ancienne ministre de l'Économie (Christine LAGARDE), celle-ci étant cependant dispensée de peine." (J.-E. SCHOETTI, article précité, p. 97).

Transparency International est une organisation non gouvernementale internationale qui se consacre à la transparence et à l'intégrité de la vie publique et économique. Elle publie annuellement un Indice de perception de la corruption (IPC) qui classe les pays en fonction du degré de corruption perçue dans les administrations publiques et la classe politique. Les performances du Bénin sur une dizaine d'années sont peu enviables. 77e en 2004, le Bénin recule au 121e rang en 2006, puis avance au 110e en 2010 pour finir par se stabiliser à la 94e place en 2012 et en 2013 sur environ 180 pays étudiés dans le monde.[56] La démocratie semble malade d'un rapport à l'argent qui paraît vicieux dans les sphères publiques. Le mal est si systémique que le *Millennium Challenge Account* des États-Unis d'Amérique a dû disqualifier le Bénin pour le renouvellement de son programme quinquennal d'environ 307 millions de dollars US pour la première phase.[57] La raison invoquée est la médiocrité des indicateurs de performance en matière de gouvernance publique, notamment la lutte contre la corruption.[58] La démocratie béninoise semble véritablement "*prisonnière de la corruption*"[59].

Le mal est systémique a-t-on dit. Il court et parcourt la classe politique depuis les bancs de l'Assemblée nationale jusqu'aux cabinets ministériels sans oublier les élus locaux : maires et conseillers municipaux. L'une des réponses institutionnelles fournies par la constitution se trouve dans la création de la Haute cour de justice. Celle-ci est compétente pour juger en cas de "*malversations, de corruption, d'enrichissement illicite*" (art.75). Elle juge aussi les membres du gouvernement pour les cas "*d'infractions commises dans l'exercice ou à l'occasion de l'exercice de leurs fonctions*" (art. 136) en étant liée par le droit commun s'agissant de la "*définition des infractions*" et la "*détermination des sanctions*" (art. 137). Les exécutifs locaux ainsi que les parlementaires sont exclus de toute procédure devant la Haute cour

---

[56] www.transparency.org

[57] www.mcabenin.bj

[58] Selon le communiqué rendu public par le conseil d'administration du Millenium Challenge Corporation, organe chargé de prononcer l'éligibilité des pays, au cours de sa session ordinaire du mardi 10 décembre 2013 à Washington, aux États-Unis "le Conseil a débattu du fait que ces deux pays (Bénin et Sierra Leone) n'ont pas satisfait au critère de MCC en matière de lutte contre la corruption, qui est un obstacle majeur pour avoir la moyenne sur la fiche d'évaluation" (Arthur SÉLO, "Mca : le Bénin en sursis, Samuel Batcho rassure" *in* journal *La Nouvelle Tribune*, 12 décembre 2013).

[59] W. H. ADOUN et F. K. AWOUDO, *Bénin : une démocratie prisonnière de la corruption. Investigation sur des faits et scandales de 1990 à 2006*, Cotonou, Friedrich Ebert Stiftung (FES, Bénin), 2008.

de justice, sauf l'hypothèse de la complicité en matière de répression des atteintes à la "*sûreté de l'État*" (art. 136).

Un clivage se crée ainsi au sein de la classe politique entre d'une part, les élus nationaux et locaux et d'autre part ceux qui exercent le pouvoir exécutif. L'expression "*classe politique*" semble elle-même malencontreuse. Elle pourrait signifier qu'il existe une classe politique et une autre qui serait "*non politique*". La démocratie ne se définit-elle pas par le pouvoir du peuple, la participation de tous à la vie politique ? La constitution l'affirme d'ailleurs, que le principe de la république est le "*gouvernement du peuple, par le peuple et pour le peuple*" (art. 2). Mais la constitution habilite aussi le peuple, au grand désespoir de Jean-Jacques Rousseau,[60] à exercer sa souveraineté par "*ses représentants élus*" (art. 4). C'est l'acte de naissance de la classe politique. Elle se fonde sur une réalité sociologique et constitue une catégorie sociale suffisamment homogène constituée d'hommes et de femmes qui ont fait de la conquête et de l'exercice du pouvoir (au niveau étatique, mais aussi au niveau des communes) leur raison d'être sur la scène publique.

Tantôt président de la République, tantôt maire, tantôt député, tantôt ministre, tantôt conseiller communal, ces citoyens se soutiennent ou se défient dans un chassé-croisé républicain qui crée en leur sein un sentiment d'appartenance, une unité sociologique qui revendique son leadership sur les autres. Ce milieu sensiblement homogène connaît les mêmes joies et les mêmes peines des lendemains d'élections, des mandats de maires ou de portefeuilles ministériels. Il connaît les grandeurs et les servitudes, les délices et la cruauté de la vie publique.

On ne l'a pas souvent dit, la Haute cour de justice contrarie le principe d'égalité au sein de cette classe politique. Pour la Cour constitutionnelle, "*l'égalité s'analyse comme une règle selon laquelle les personnes relevant de la même catégorie doivent être soumises au même traitement sans discrimination*".[61] La question est ensuite de savoir si la classe politique forme une catégorie au sens de la jurisprudence constitutionnelle. Selon une autre décision de la Cour, il y a rupture du principe d'égalité lorsque les agents permanents de l'État relevant du ministère en charge des finances reçoivent une bonification

---

[60] "La souveraineté ne peut être représentée, par la même raison qu'elle ne peut être aliénée ; elle consiste essentiellement dans la volonté générale et la volonté ne se représente point ; elle est la même ou elle est autre ; il n'y a point de milieu" J.-J. ROUSSEAU, *Du contrat social*, II, I.

[61] Décision DCC 98-023 du 11 mars 1998, *Gnaho Claude et alii*, Rec. 1998, p. 109.

spéciale de salaire qui n'est pas étendue aux personnels des autres ministères.[62] Il convient de faire remarquer que le statut des agents permanents de l'État ne brille pas par sa grande homogénéité. Une multitude de statuts particuliers font de ce statut général un véritable kaléidoscope juridique. Si, de cet ensemble disparate la Cour a pu extraire un principe synthétique sous l'appellation générique d'agent permanent de l'État, le même exercice est concevable pour la classe politique sous ses différentes composantes : parlementaires, élus locaux, maires, membre du gouvernement.

Une telle démarche s'explique et se justifie aussi parce que la grande protection dont bénéficient les membres du gouvernement pour les manquements portés aux règles régissant les finances publiques, notamment l'exécution de la loi de finances de l'année, pose un problème d'égalité au regard de la responsabilité des acteurs publics au Bénin.

En effet, les réformes en cours font du ministre des finances comme des ministres "*dépensiers*" ou ministres sectoriels, les ordonnateurs principaux des budgets de leurs ministères.[63] À ce titre, ils sont ceux qui assument la double responsabilité de l'engagement et de l'ordonnancement des dépenses de leurs ministères.

L'engagement se définit comme "*l'acte par lequel l'État crée ou constate à son encontre une obligation de laquelle résultera une charge*"[64]. Quant à l'ordonnancement, il est l'ordre de payer adressé à un comptable assignataire.[65] Chargé de l'engagement à titre principal, le ministre détient ce qu'il convient d'appeler la décision financière au sein du ministère. C'est à lui qu'échoit la signature des contrats desquels découleront, dans le futur, des décaissements qu'il décidera aussi au profit des fournisseurs et des prestataires divers de son ministère. C'est presque une lapalissade de dire que les tâches liées aux fonctions d'engagement et d'ordonnancement sont aussi les occasions les plus propices à la perpétration des infractions pénales que sont : la corruption, le détournement de deniers publics, le trafic d'influence, le

---

62 Décision DCC 11-042 du 21 juin 2011, *Ingrid Houessou*.

63 Article 68, Directive n°06/2009/CM/UEMOA portant lois de finances au sein de l'UEMOA.

64 Article 45, al.1, Directive portant Règlement Général sur la Comptabilité Publique au sein de l'Union économique et monétaire ouest-africaine (UEMOA).

65 Art. 47, al.1, Directive portant Règlement Général sur la Comptabilité Publique au sein de l'Union économique et monétaire ouest-africaine (UEMOA).

délit d'initié, etc. C'est aussi et surtout le moment où peuvent se commettre ce que le droit financier appelle les fautes de gestion.

La Directive n°06/CM/UEMOA du 26 juin 2009 relative aux lois de finances au sein de l'UEMOA fait une exception pour les ministres et présidents d'institutions constitutionnelles.[66] La loi organique béninoise relative aux lois de finances, en application de la directive communautaire de l'UEMOA, fait une liste des fautes de gestion[67] dont les auteurs sont punissables devant la juridiction financière qu'est la Chambre des comptes de la Cour suprême. La loi réserve cependant le cas des membres du gouvernement. Ainsi, "*Les membres du Gouvernement, ordonnateurs de leur budget, encourent, en raison de l'exercice de leurs attributions, les responsabilités que prévoit la Constitution*"[68], c'est-à-dire le renvoi devant la Haute cour de justice. Les présidents des institutions constitutionnelles (Assemblée nationale, Cour constitutionnelle, Cour suprême, Haute autorité de l'audio-visuelle et de la communication, Conseil économique et social, Haute cour de justice),

---

[66] "Les membres du Gouvernement et les présidents des institutions constitutionnelles encourent, en raison de l'exercice de leurs attributions, les responsabilités que prévoit la Constitution de chaque État" (Article 76, Directive relative aux lois de finances au sein de l'UEMOA).

[67] Article 98 de la loi organique n°2013-14 du 27 septembre 2013 relative aux lois de finances. : sont constitutifs de fautes de gestion, les actes et faits suivants : (i) la violation des règles relatives à l'exécution des recettes et des dépenses de l'État et des autres organismes publics ; (ii) la violation des règles relatives à la gestion des biens appartenant à l'État et autres organismes publics ; (iii) l'approbation donnée à une décision violant les règles visées aux 1er et 2e tirets par une autorité chargée de la tutelle ou du contrôle desdits organismes ; (iv) le fait pour toute personne, dans l'exercice de ses fonctions, d'octroyer ou de tenter d'octroyer à elle-même ou à autrui un avantage injustifié, pécuniaire ou en nature ; (v) le fait d'avoir entraîné la condamnation d'une personne morale de droit public ou d'une personne de droit privé chargée de la gestion d'un service public en raison de l'inexécution totale ou partielle ou de l'exécution tardive d'une décision de justice ; (vi) le fait d'avoir dans l'exercice de ses fonctions ou attributions, en méconnaissance de ses obligations, procuré ou tenté de procurer à autrui ou à soi-même, directement ou indirectement, un avantage injustifié, pécuniaire ou en nature, entraînant un préjudice pour l'État, ou tout autre organisme public ; (vii) le fait d'avoir produit des fausses certifications à l'appui ou à l'occasion des liquidations des dépenses ; (viii) le fait d'avoir omis sciemment de souscrire les déclarations qu'ils sont tenus de fournir aux administrations fiscales conformément aux textes en vigueur, ou d'avoir souscrit sciemment des déclarations inexactes ou incomplètes ; (ix) toutes outres toutes de gestion prévues par les textes en vigueur.

[68] Article 95, loi organique n°2013-14 du 27 septembre 2013, relative aux lois de finances au Bénin.

pour leur part, peuvent être attraits devant le juge financier et se faire condamner s'il est établi qu'ils sont coupables d'une faute de gestion.[69]

Une fois encore, la rupture de l'égalité de tous devant la loi est consommée. Cette rupture profite encore aux membres du gouvernement qui sont affranchis de poursuites devant le juge de droit commun, qu'il soit pénal ou financier.

En définitive, il convient d'envisager que, dans le cadre de la dynamique de relecture de la constitution en cours, la révision par une homogénéisation du contentieux de la classe politique, soit l'extension de la compétence de la Haute cour de justice aux parlementaires et élus locaux, soit plus légitimement, en supprimant cette juridiction d'exception[70] pour faire du contentieux de la classe politique *lato sensu* un contentieux de droit commun. Ceci présenterait l'avantage supplémentaire de favoriser une bonne administration de la justice au Bénin.

B. La bonne administration de la justice : la fragilisation redoutée

Une affaire au pénal est une unité dialectique. C'est une trame de faits et d'intentions avec des acteurs et une distribution de rôles, que celle-ci soit intentionnelle ou non. Le procès pénal s'attache à démêler cet écheveau pour faire jaillir la lumière de la vérité et situer les responsabilités. Autant dire que cet exercice d'instruction et de jugement se passe au mieux sous l'autorité d'un seul et même tribunal.

Selon les dispositions pertinentes de la constitution, le Président de la République est jugé par la Haute cour de justice "*en cas de haute trahison, d'outrage à l'Assemblée, et/ou d'atteinte à l'honneur et à la probité*" (art. 73). En cas de haute trahison, il est poursuivi devant la Haute cour de justice, soit comme auteur, soit comme co-auteur, soit comme complice (art. 74). Ce qui suggère qu'il y a une pluralité d'inculpés que les juridictions vont juger. Par ailleurs, la Haute cour de justice est seule compétente pour juger les ministres et le Président de la République, mais aussi les "*complices en cas de complot contre*

---

[69] Article 95, loi organique n°2013-14 du 27 septembre 2013, relative aux lois de finances "Les présidents des institutions constitutionnelles, ordonnateurs de leur budget respectif, encourent, en raison de l'exercice de leurs attributions, une responsabilité pénale et civile sans préjudice des sanctions qui peuvent leur être infligées par la juridiction financière en raison des fautes de gestion prévues à l'article 98."

[70] Solution qui fait son chemin au Burkina Faso et en France (Voir P. PILLAUD-VIVIEN, "Cour de justice de la République : fin et suite ?" *in* http://www.regards.fr, 8 février 2018).

la sûreté de l'État" (art.136). La synthèse de ces dispositions constitutionnelles permet de savoir qu'en cas d'infraction complexe (complexité au regard du nombre d'inculpé et non des éléments constitutifs) la cause est disjointe pour les auteurs, co-auteurs et complices qui n'ont pas la qualité de ministre ou de Président de la République, sauf le cas du complot contre la sûreté de l'État. Deux instances vont devoir se dérouler, confiées chacune à des magistrats (du parquet et du siège) différents, et dans des ressorts territoriaux qui peuvent être différents. Dans le cas de l'ancien ministre de l'Enseignement technique et de la Formation professionnelle, poursuivi pour "*détournement de deniers publics et de véhicule administratif*", un procès se tiendra à Porto-Novo la capitale et, pour les éventuels complices ou co-auteurs, devant les juridictions compétentes à Cotonou, Abomey, Abomey-Calavi, Parakou ou autres Kandi.

Le principe du jugement contradictoire est un principe de valeur constitutionnelle dans le droit public procédurier du Bénin.[71] Il est fondé sur le prédicat qu'une accusation doit être mise en balance par une défense libre et structurée. Le jugement contradictoire met en œuvre un principe "*en dehors duquel, il ne peut être de bonne justice*", selon les mots du Président René ODENT.[72] Le respect des droits de la défense est au premier chef un mécanisme de droit processuel, une technique d'administration de la justice. C'est d'abord le premier des droits inscrits dans la Charte africaine des droits de l'homme et des peuples et c'est bien ce que prouve la décision LAMISSI Fidèle.[73] La Cour constitutionnelle en fait aussi un principe universel de procédure disciplinaire et contentieuse.[74] Sa démarche est confortée par la Cour

---

[71] N. MÉDÉ, *Les grandes décisions de la cour constitutionnelle du Bénin*, Saarbrücken, EUE, 2012, pp. 25 et suiv.

[72] Cité par Jean-Yves MADEC *in* J-Y MADEC et ALII (dir), *Le principe du contradictoire dans le procès administratif*, Paris, Harmattan, 2010, p. 11.

[73] Décision DCC 04-046 du 23 avril 2004, *Lamissi Fidèle*, Recueil, 2004, p. 201

[74] Dans l'affaire Lamissi Fidèle, les moyens développés par la saisine sont fort explicites. Il y a "défaut (...) d'examen contradictoire" parce que le requérant "n'a été informé de la plainte à la Cour qu'à l'occasion de la notification de la" décision, décision rédigée ainsi qu'il suit : "les traitements inhumains et dégradants infligés par le gardien de la paix de première classe Fidèle Lamissi à monsieur Bossè Daniel constituent une violation de l'article 18 alinéa 1er et ouvrent droit à réparation". L'article 18 al. 1er de la constitution dispose que "nul ne sera soumis à la torture, ni à des sévices ou traitements inhumains et dégradants". C'est l'appréciation des faits et leur qualification qui n'ont pas suivi la procédure du contradictoire et qui motivent le

de justice de la Communauté économique des États de l'Afrique de l'Ouest (CEDEAO). En effet, saisie d'un recours introduit par des parlementaires du Togo pour violation du principe du contradictoire, la Cour, sur la forme, "*rejette l'exception d'incompétence soulevée par l'État du Togo*" et sur le fond dit et juge qu'il y a violation par l'État togolais (Assemblée nationale et Cour constitutionnelle confondue) "*du droit fondamental des requérants à être entendu,*" droit prévu à l'article 10 de la Déclaration universelle des droits de l'homme et l'article 7 de la Charte africaine des droits de l'homme et des peuples[75].

Mais le principe du contradictoire devrait pouvoir impliquer aussi que tous les protagonistes d'une affaire puissent être entendus, ensemble dans une sorte de *case storming* : le jeu des questions-réponses entre l'accusation et la défense, mais aussi la confrontation des déclarations, la relation des faits par les acteurs, par tous les acteurs, autant de procédés qui permettent d'accoucher une vérité, la vérité juridique. Celle-ci n'a aucune prétention à l'absolu, elle n'est pas la Vérité, elle n'est qu'une vérité opératoire, susceptible d'erreurs et d'inexactitude. Et c'est parce qu'elle n'est qu'une vérité juridique qu'il est bienséant qu'elle ne parle que d'une seule voix. De fait, la dualité des instances et des organes (Haute cour de justice et tribunaux de droit commun) expose une seule et même affaire à des conclusions et à des sentences différentes, voire contradictoires.

Dans l'affaire de l'ancien ministre français de l'Intérieur, la Cour de justice de la république a acquitté son auguste justiciable au motif que, dans l'affaire dite du casino d'Annemasse, il n'est pas prouvé "*l'existence d'un pacte de corruption (entre les protagonistes) à la date à laquelle le ministre d'État accorde l'autorisation des jeux*"[76]. Le tribunal correctionnel de Paris ainsi que la Cour d'appel ont, quant à eux, estimé avérée, l'existence d'un "*pacte de corruption*" dans la même affaire du casino d'Annemasse et prononcé une peine de 18 mois avec sursis contre l'ancien ministre d'État et des peines à l'avenant contre les complices et co-auteurs.[77]

---

recours du Sieur Lamissi Fidèle pour violation des droits de la défense, et donc de la constitution et de la Charte africaine des droits de l'homme et des peuples.

[75] Arrêt n°ECW/CCJ/JUD/09/11 du 7 octobre 2011, Affaire Ameganvi Manavi Isabelle et autres c/ État du Togo.

[76] Journal *Libération*, 3 mai 2010.

[77] Journal *Le Monde*, 18 septembre 2009.

Le syndrome français pourrait rapidement déteindre sur les rives du lac Nokoué. Une décision de la Haute cour de justice pourrait se trouver en contradiction avec les sentences prononcées par les juges de droit commun, sur la qualification juridique des faits et sur la responsabilité des acteurs, auteurs, co-auteurs ou complices.

"*Comment les démocraties finissent*" s'interrogeait Jean-François REVEL ?[78] Sa réponse est que les démocraties meurent de ce qu'elles tolèrent en leur sein les militants anti-système, les ennemis de la démocratie, les trotskistes, les maoïstes et les fascistes. Mais la question et la réponse de l'auteur français décrivent un contexte qui est celui des années 1980, les années de bipolarisation du monde et de la guerre froide. Le millénaire actuel est celui de l'émergence de jeunes démocraties sur le continent africain, démocraties d'autant plus fragiles qu'elles sont jeunes. Le désordre juridique et jurisprudentiel fragilise et menace la sécurité juridique des citoyens, le sentiment légitime que dans une république, la loi est la même pour tous, soit qu'elle punisse, soit qu'elle récompense. L'impression enfouie d'une république à "*deux vitesses*" est un poison instillé dans les veines de la nation. Elle ne consolide ni l'État de droit ni ce sentiment d'adhésion des populations aux institutions qui définit la légitimité. Or, lorsque la légitimité des pouvoirs publics part en lambeaux, c'est la porte ouverte à toutes les aventures, y compris celles qui conduisent au renversement de l'ordre constitutionnel.

Ce qui est en cause, c'est ce qu'un auteur a appelé la disjonction entre la "*légitimité de titre*" et la "*légitimité d'exercice*".[79] Pour l'auteur, la légitimité de titre s'acquiert par l'élection. Dans un régime démocratique, la sélection des gouvernants par la voie d'une élection disputée confère à ceux-ci une légitimité originelle qui n'est plus suffisante aujourd'hui. L'exigence de qualité de la gouvernance conduit à regarder "*la manière dont le pouvoir est exercé*"[80]. La pratique du pouvoir, le respect de certains principes simples, l'adhésion populaire aux fondamentaux de la vie publique, sont autant de ciment d'une nation en construction dans la démocratie constitutionnelle pluraliste.

---

[78] J.-F. REVEL, *Comment les démocraties finissent*, Paris, Grasset, 1983.
[79] Ch. ZARKA, *Repenser la démocratie*, Paris, Armand Colin, 2010, pp. 73 et suiv.
[80] *Ibidem*.

CONCLUSION

La constitution du 11 décembre 1990 a passé un quart de siècle. Les institutions qu'elle a créées sont fonctionnelles ; la Haute cour de justice aussi. En dehors des sessions administratives de rodage qu'elle tient, celle-ci n'a pu se réunir en formation de jugement. Si l'on met de côté la question des lacunes du cadre juridique, l'évidence est que, si la Haute cour doit fonctionner, il faut qu'elle dysfonctionne. Si elle doit rendre des arrêts un jour, ces arrêts ne seront vraisemblablement un tribut rendu ni au droit ni à la justice.

Le nouveau constitutionnalisme africain a jusqu'ici fonctionné à l'imitation, en essayant de reproduire, parfois à l'identique, les institutions politiques et administratives de la France.[81] Une simple addition de pièces de rechange ne fait pas un engin. Il faut une cohérence d'ensemble, une synergie avec les environnements internes et externes du mécanisme et ensuite un principe moteur. De fait, il faut bien convenir avec un auteur que "*constitution sans culture constitutionnelle n'est que ruine du constitutionnalisme*"[82].

L'architecture institutionnelle née de la constitution du 11 décembre 1990 a produit des angles morts, des institutions dont la pertinence et la capacité à produire des résultats probants ne sont pas évidentes. On cite pêle-mêle la HAAC, le Conseil économique et social, la CENA constitutionnalisée, la Haute cour de justice.

Le Sénégal a montré la voie par une suppression pure et simple de la deuxième chambre du parlement, le Sénat. Ce choix a été dicté par des impératifs de nature économique et financière. "*J'ai décidé de soumettre en procédure d'urgence un projet de Loi constitutionnelle pour la suppression du Sénat*" déclare Macky SALL en août 2012.[83] Pour le Président de la République du Sénégal élu cinq mois plus tôt, "*la satisfaction des besoins des Sénégalais passe avant tout*" et

---

[81] J. du Bois de GAUDUSSON, "Le mimétisme postcolonial, et après ?" *in* revue *Pouvoirs* n°129/2009.

[82] J. du Bois de GAUDUSSON, "Constitution sans culture constitutionnelle n'est que ruine du constitutionnalisme. Poursuite d'un dialogue sur quinze années de « transition » en Afrique et en Europe", Mélanges en l'honneur de Slobodan MILACIC, *Démocratie et liberté : tension, dialogue, confrontation*, Bruxelles, Bruylant, 2007, p. 333.

[83] Extraits de Babacar DIONE, "Pour mieux lutter contre les inondations : Macky SALL annonce la suppression du Sénat", *in* journal sénégalais de service public *Le Soleil*, 29 August 2012.

"*l'urgence est de venir à bout des inondations.*"[84] Pour ses partisans qui vont devoir renoncer à un mandat de sénateur, le Chef de l'État reste impassible et ferme : "*la patrie passe avant le parti*"[85]. Dès lors, les huit milliards de francs annuellement consacrés à l'institution sénatoriale seront désormais injectés dans la lutte contre les inondations.[86] Il faut aller à l'essentiel, donner la priorité aux *basic needs.* C'est ce que les anglo-saxons appellent une évaluation *value for money,* une mise en balance du coût et de l'utilité relative des institutions constitutionnelles. La démocratie n'a pas de prix, mais elle a un coût et un jour ou l'autre, pour être durable, je veux dire soutenable, elle se doit de faire cet exercice de relecture du texte à l'aune des indicateurs financiers.

---

[84] Extraits de Babacar DIONE, "Pour mieux lutter contre les inondations : Macky SALL annonce la suppression du Sénat", article précité.

[85] Extraits de Babacar DIONE, "Pour mieux lutter contre les inondations : Macky SALL annonce la suppression du Sénat", article précité.

[86] Babacar DIONE, "Pour mieux lutter contre les inondations : Macky SALL annonce la suppression du Sénat", article précité.

LE PÉRIMÈTRE DE LA DÉCISION DE CONSTITUTIONNALITÉ EN DROIT POSITIF BÉNINOIS[1]

INTRODUCTION

La notion de décision de constitutionnalité comporte une sorte de circularité. La fonction juridictionnelle est, par essence, une fonction de décision, au point où ne pas juger, donc ne pas décider, peut être caractérisé de déni de justice, c'est-à-dire de faute.[2] Inversement, la décision constitue le paradigme de l'office du juge, lequel office est un apostolat pour l'harmonie sociétale, l'unité d'une multiplicité tiraillée par ce que HEGEL appelle "*un système de besoins*"[3], la concurrence des ambitions et des désirs individuels.

Partant du postulat que "*la nature humaine est un dispositif biologique assurant la liberté humaine*"[4], l'humaniste voit dans les péripéties de la vie au quotidien, la justification de son engagement à rechercher les moyens de l'épanouissement de l'espèce.[5] Et c'est tout logiquement que notre Nation, le peuple du Bénin "*plongé dans la nuit s'arc-boutait soudain autour d'un même radeau, ou d'une même chaîne, prenant appui sur sa dernière chance de survie et brisait ses liens, se libérait et sortait rayonnant, le visage en larmes et en sang méconnaissable*

---

[1]Publié dans N. MEDE, « Le périmètre de la décision de constitutionnalité en droit positif béninois » *in Revue Béninoise des Sciences juridiques et administratives*, n° 39-2017, p. 55.

[2] L'article 4 du Code civil dispose : « Le juge qui refusera de juger, sous prétexte du silence, de l'obscurité ou de l'insuffisance de la loi, pourra être poursuivi comme coupable de déni de justice ».

[3] F. HEGEL, cité par M. BLAY, *Grand dictionnaire de la philosophie*, Paris, Larousse, 2003, p. 971. Chacun est à la quête de ses intérêts personnels. Ce faisant, il contribue aussi à la richesse des nations. Cependant, l'homme doit aussi se préparer à sacrifier son intérêt propre pour l'intérêt général. C'est la dialectique de l'homme et du citoyen.

[4] J. BAECHLER, *La nature humaine*, Paris, Hermann éditeurs, 2009, p. 7. Liberté que l'auteur définit comme une "non-programmation génétique", la liberté de l'homme et non celle du citoyen telle que proclamée par les instruments internationaux de protection des Droits de l'Homme (*Idem.* p.5).

[5] Voir en ce sens A. LERCHER, *Les mots de la philosophie*, Paris, Belin, 1985, pp. 224-225.

peut-être, mais définitivement vivant"[6]. En se donnant ensuite une nouvelle constitution, il fonde une nouvelle république bâtie sur les valeurs immanentes à la démocratie constitutionnelle pluraliste. Au cœur du nouveau dispositif institutionnel, il y a le juge constitutionnel national, organe concentré de justice constitutionnelle,[7] à la fois serviteur et garant des règles et principes contenus dans la loi fondamentale.

Au-delà d'un exercice purement sémantique, le libellé du sujet de la présente recherche découle de la rédaction à la fois de la constitution du 11 décembre 1990,[8] de la loi organique sur la Cour constitutionnelle[9] et du Règlement intérieur de ladite Cour.[10] La Cour est une juridiction,[11] mais ses actes juridictionnels portent la dénomination de *décision,* alors que les actes juridictionnels de la Cour suprême sont des arrêts.[12]

Au demeurant, les décisions doivent être distinguées des avis donnés par la Cour. La constitution réserve quatre grands cas de figure dans

---

[6] A. TÉVOÈDJRÈ, *Nous avons vaincu la fatalité : rapport général de synthèse de la Conférence des forces vives de la nation*, Cotonou, Forum du Renouveau, 1990.

[7] Justice constitutionnelle entendue au sens de « l'ensemble des institutions et techniques grâce auxquelles est assurée sans restriction la suprématie de la constitution » (L. FAVOREU et ALII, *Droit constitutionnel*, Paris, Dalloz, 1999, p. 185), ce qui inclut à la fois les modèles concentrés, les modèles diffus (*judicial review*) et les modèles dits "dualistes" d'Albrecht Weber (A. WEBER, « Notes sur la justice constitutionnelle comparée : convergences et divergences », *Annuaire International de Justice Constitutionnelle*, XIX – 2003, p. 29).

[8] Le mot *décision* est employé treize fois dans la constitution à propos de la Cour constitutionnelle, mais aussi concernant d'autres institutions de la République. De façon spécifique, l'article 124, al. 2 dispose : « Les décisions de la Cour Constitutionnelle ne sont susceptibles d'aucun recours ». À noter cependant que le texte constitutionnel emploie le même mot *décision* à propos de la Cour suprême (Article 131 : « Les décisions de la Cour Suprême ne sont susceptibles d'aucun recours »).

[9] Loi organique n° 91-009 du 04 mars 1991 modifiée par la loi du 31 mai 2001 : treize articles mentionnent le mot *décision* dont principalement l'article 16 : « Les décisions et les avis de la Cour constitutionnelle sont rendues par cinq conseillers au moins… ».

[10] Règlement intérieur du 16 septembre 2005 : dix articles mentionnent le mot *décision* dont principalement l'article 22 : « Les décisions et avis de la Cour constitutionnelle sont signés par le Président et le rapporteur ».

[11] Voir Conseil constitutionnel français, CC, n° 2013-314P QPC, 4 avril 2013, M. Jérémy F. [Absence de recours en cas d'extension des effets du mandat d'arrêt européen – question préjudicielle à la Cour de justice de l'Union européenne], JORF, 7 avril 2013, p. 5799 (X. MAGNON, « La révolution continue : le Conseil constitutionnel est une juridiction... au sens de l'article 267 du Traité sur le fonctionnement de l'Union européenne », *in Revue française de droit constitutionnel,* n°96/2013, p. 917).

[12] Article 23, Loi n° 2004-07 du 23 octobre 2007 portant composition, organisation, fonctionnement et attributions de la Cour suprême du Bénin.

lesquels lesdits avis sont sollicités : *d'abord,* la régularisation des textes antérieurs à l'entrée en vigueur de la constitution de 1990 en ce que ces textes ne respectent pas la nouvelle répartition des compétences entre la loi et le règlement[13] ; *ensuite*, l'autorisation de légiférer par ordonnance est donnée par l'Assemblée nationale après avis de la Cour constitutionnelle[14] ; *enfin*, les avis donnés par le Président de la Cour constitutionnelle dans les cas prévus par la constitution en ses articles 58 (sur le recours au référendum) et 68 (sur les pouvoirs de crise). Ces actes de consultation portent littéralement le nom d'avis que la Cour reconnaît ne pas s'imposer à leurs destinataires.[15] Ils n'ont ni la nature ni les caractères de décision ayant autorité de la chose jugée. Le débat doctrinal sur les "*avis-décisions*" de la juridiction constitutionnelle sénégalaise[16] n'a pas cours en droit positif béninois.

Cette exception sénégalaise étant évacuée, il convient de recentrer le débat pour conclure que la décision de constitutionnalité est un acte juridictionnel intervenu sur contrôle de constitutionnalité exercé par la Cour constitutionnelle, dans les matières qui relèvent de la compétence de celle-ci.[17]

---

[13] Article 100 de la constitution : « Les matières autres que celles qui sont du domaine de la loi ont un caractère réglementaire. Les textes de forme législative intervenus en ces matières antérieurement à l'entrée en vigueur de la présente Constitution peuvent être modifiés par décret pris après avis de la Cour Constitutionnelle ».

[14] Article 102 de la constitution.

[15] Cour constitutionnelle Avis CC-001/94 du 14 septembre 1994, *Président de la République*, Rec. p.131 ; Cour constitutionnelle Avis CC-002/94 du 14 septembre 1994, *Président de la République*, Rec. p. 133.

[16] Débat juridique, certes, mais fondamentalement obscurci par ses implications politiques sur l'application ou non au Président de la République en exercice de la réduction de la durée du mandat de sept ans à cinq ans. (Voir Professeur Sérigne Diop « Le Conseil constitutionnel a donné un avis consultatif » *in* https://www.pressafrik.com consulté le 24 décembre 2017 ; "*Avis ou décision du Conseil constitutionnel : le Professeur Ismaila Madior Fall contredit le Professeur Serigne Diop*" *in* https://www.dakar7.com consulté le 24 décembre 2017 ; Pour Seydou Madani Sy, "*le président de la République a utilisé l'article 51 qui lui permet d'avoir un avis, et c'est lui qui fait de l'avis ce qu'il veut*" *in* http://xalimasn.com consulté le 25 décembre 2017. Somme toute, pour une partie de la doctrine sénégalaise, "*il appartient à la communauté des universitaires de veiller à l'intégrité scientifique de l'université*" *in* http://www.seneweb.com/news/Justice/ consulté le 25 décembre 2017).

[17] Cette approche en rappelle une autre, celle de Louis Favoreu qui définit la décision de constitutionnalité comme « la décision intervenue sur contrôle de constitutionnalité des actes fondamentaux de l'État opéré par un juge constitutionnel » (L. FAVOREU, « La décision de constitutionnalité », *in Revue internationale de Droit Comparé*, vol. 38, n°2, Avril-juin 1986, p. 611).

De cette présentation, il ressort que sont exclus du champ de notre recherche les aspects organiques et institutionnels de la justice constitutionnelle au Bénin, notamment les questions relatives à la composition de la Cour, l'appréciation de l'indépendance de la Cour dans le jeu d'équilibre des pouvoirs ou encore l'autorité de la chose jugée des décisions de la Cour.

En effet, le contexte de la création de la Cour constitutionnelle est celui du sursaut d'une nation, sortie éprouvée de presque deux décennies de vie publique sous un régime politique peu enclin au respect des droits de la personne humaine. La catharsis douce que fut la conférence nationale[18] inspira les rédacteurs de la constitution pour que les mécanismes de contre-pouvoir institutionnel soient renforcés. La Cour constitutionnelle trouve là sa raison d'être et l'énoncé de sa mission : "*encadrer l'exercice du pouvoir*"[19] en cette ère de nouveau constitutionnalisme en Afrique où la juridiction constitutionnelle est censée avoir "*une place centrale*" et est auréolée d'"*un rôle déterminant*"[20].

Comme un formidable choc en retour d'un passé récent qui a établi "*l'inconsistance des institutions*"[21], la Cour constitutionnelle s'affirme progressivement comme "*une des pièces maîtresses du tissu institu-*

---

[18] Sur l'Épiphanie démocratique en Afrique consécutive à une série de conférences nationales (Bénin, 19-28 février 1990 ; Gabon, mars-avril 1990 ; Congo, février-juin 1991 ; Niger, juillet-novembre 1991 ; Mali, juillet-août 1991 ; Togo, juillet-août 1991 ; Zaïre (RDC), août 1991-décembre 1992 ; Tchad, janvier-avril 1993), voir M. KAMTO, « Les conférences nationales africaines ou la création révolutionnaire des constitutions », *in* D. DARBON et J. Du BOIS De GAUDUSSON (dir.), *La création du droit en Afrique,* Paris, Karthala, 1997, p. 177 ; J-J RAYNAL, « Conférence nationale, État de droit et démocratie, quelques réflexions à propos d'une occasion manquée », *in* D. DARBON et J. Du BOIS De GAUDUSSON, *La création du droit en Afrique*, *op. cit.,* p. 157 ; J.-J. RAYNAL, « Le renouveau démocratique béninois : modèle ou mirage ? », *in Afrique Contemporaine* n° 160, 4e trimestre 1991 p. 17. ; A. AMOR, « L'émergence démocratique dans les pays du tiers monde : le cas des États africains » *in* G. CONAC, *L'Afrique en transition vers le pluralisme politique,* Economica, 1993 ; F. AKINDÈS, « Les transitions démocratiques à l'épreuve des faits : réflexions à partir des expériences des pays d'Afrique noire francophone », *in Bilan des conférences nationales et autres processus de transition démocratique*, Paris, Pedone, 2001, p. 262 ; R. NTSAKALA, *Les conférences nationales de démocratisation en Afrique francophone et leurs résultats*, Thèse, Droit, Poitiers, 2001.

[19] B. KANTÉ, Préface à I. M. FALL, *Les décisions et avis du Conseil constitutionnel du Sénégal*, Dakar, CREDILA, 2008, p. 13.

[20] *Ibidem.*

[21] L. SINDJOUN, *Les grandes décisions de la justice constitutionnelle africaine*, Bruxelles, Bruylant, 2009, p. 1.

tionnel national"[22]. Soutenant vaillamment la comparaison avec d'autres juridictions constitutionnelles restées "*en retrait*"[23] sur le continent, la Cour fait figure de "*modèle et de pionnier*"[24] pour une partie de la doctrine. Elle inspire et fait l'objet de travaux scientifiques, nombreux et diversifiés, pour célébrer "*l'inculturation de la justice constitutionnelle au Bénin*" et "*indiquer la voie à beaucoup d'États du continent*"[25].

Certes, une certaine "*posture maximaliste*"[26] a été relevée et qui est la conséquence de la montée en puissance des "*contrôles ultra normatifs de constitutionnalité*"[27] exercés par la Haute juridiction. Elle découle de la hardiesse jurisprudentielle sur le "*consensus national*"[28] ou celle sur la "*configuration politique*"[29] de l'Assemblée nationale. Certains auteurs en ont déduit une dérive, "*un abus d'influence et de superpuissance*" ou un "*pouvoir prédateur*"[30], en comparaison des juridictions constitutionnelles africaines dont la production jurisprudentielle reflète une "*conception résiduelle de leurs propres attributions*"[31]. Dans un cas comme dans l'autre, les compétences exercées par les Cours sont en définitive des variations nationales d'une même symphonie : la

---

[22] R. DOSSOU, Préface à N. MÉDÉ, *Les grandes décisions de la Cour constitutionnelle du Bénin*, Saarbrücken, EUE, 2012, p. 12.

[23] F. DJ. MELÈDJE, *Les grands arrêts de la jurisprudence constitutionnelle ivoirienne*, Abidjan, GIZ/CNDJ, 2012, 6.

[24] P. CHAIGNEAU, Préface à F. J. AIVO, *Le juge constitutionnel et l'État de droit en Afrique : l'exemple du modèle béninois*, Paris, L'Harmattan, 2006, p. 9.

[25] E. NGANGO YOUMBI, *La justice constitutionnelle au Bénin*, Paris, L'Harmattan, 2016, p. 567.

[26] P. CHAIGNEAU, Préface à F. J. AIVO, *Le juge constitutionnel et l'État de droit en Afrique, op. cit.*, p. 10.

[27] G. BADET, *Contrôle intra normatif et contrôle ultra normatif de constitutionnalité Contribution à l'identification des sous catégories du modèle kelsénien de justice constitutionnelle à partir des systèmes belge et béninois,* Thèse Droit, Université Catholique de Louvain, 2011-2012. L'auteur distingue le contrôle *intra* normatif, « exercice de confrontation de normes infra constitutionnelles à la norme constitutionnelle », et le contrôle *ultra* normatif où il n'existe pas « une confrontation d'une norme par rapport à une autre ». p. 23. Voir aussi G. BADET, *Les attributions originales de la Cour constitutionnelle du Bénin*, Cotonou, Friedrich Ebert Stiftung, 2013.

[28] Voir Décision DCC 06-074 du 08 juillet 2006, *Président de la République, Ahossi Jean Iréné et consorts*, Recueil, 2006, p. 365.

[29] Voir Décision DCC 98-061 du 5 juin 1998, *Zossoungbo Edgard*, Recueil, 1998, p. 299.

[30] J. B. de GAUDUSSON, Avant-propos à F. J. Aivo, *Le juge constitutionnel et l'État de droit en Afrique, op. cit.*, p. 14.

[31] B. KANTÉ, Préface à I. M. FALL, *Les décisions et avis du Conseil constitutionnel du Sénégal, op. cit.,* pp. 14-15.

nécessaire invite à la "*juridisation de la vie politique*"[32]. En cela, la décision de constitutionnalité, par son objet, participe de cette juridisation qui est, en elle-même, la quintessence de l'État de droit et de la démocratie constitutionnelle pluraliste.

Pour Louis FAVOREU, la décision de constitutionnalité porte sur les *"actes fondamentaux de l'État"*[33]. Guillaume DRAGO y ajoute les actions et les décisions des pouvoirs publics, pour peu qu'elles aient "*une dimension constitutionnelle*"[34]. Ce qui sous-entend qu'il y a un objet constitutionnel qu'on dirait consensuel qui légitime la compétence de la juridiction constitutionnelle. Le débat n'est pas sans intérêt au regard de l'architecture institutionnelle des juridictions nationales, architecture qui comporte un ordre juridictionnel administratif et judiciaire, un ordre juridictionnel constitutionnel et, *de lege ferenda*, un ordre juridictionnel financier. Un environnement institutionnel aussi complexe contient, ontologiquement, les germes "*d'une contradiction entre les juridictions suprêmes*"[35] relativement à leurs attributions respectives, mais aussi s'agissant des décisions que celles-ci sont amenées à prendre.[36] Or, la pratique de la Cour constitutionnelle est de s'arroger la compétence de connaître et de juger des recours dont l'objet est en deçà de ce qu'on pourrait appeler le périmètre coutumier de la décision de constitutionnalité.

À titre d'illustration, et sans préjudice du champ d'études choisi qui est essentiellement béninois, on peut citer cette décision de la Cour constitutionnelle du Gabon qui paraît bien étrange pour un juriste héritier de la tradition juridique française. En effet, sur requête en date du 31 août 2017 émanée du président de l'Union des mutuelles estudiantines du Gabon (UMEG), il est demandé l'annulation de l'arrêté n°0010/MESRSFC fixant le montant des frais d'inscription et d'écolage dans l'enseignement supérieur. Pour donner suite à ce recours, la Cour constitutionnelle a pris, le 8 septembre 2017, une

---

[32] J. B. de GAUDUSSON, Avant-propos à F. J. AIVO, *Le juge constitutionnel et l'État de droit en Afrique*, *op.cit.*, p. 14.

[33] L. FAVOREU, « La décision de constitutionnalité », article précité, p. 611.

[34] G. DRAGO, *Contentieux constitutionnel français*, Paris, PUF, 2e édition, 2006, p. 30.

[35] P.-A. LECOCQ, *Les grands arrêts contradictoires*, Paris, Ellipses, 1997, p. 160. Sur plus de 150 pages, l'auteur dresse une anthologie des décisions contradictoires des hautes juridictions françaises.

[36] Pierre-André LECOCQ ajoute que le « phénomène (est) en voie de développement » (P.-A. LECOCQ, *Les grands arrêts contradictoires, op. cit.*, p. 30).

décision de sursis à l'application de cet arrêté en attendant l'examen au fond de l'arrêté ministériel.[37] Les mots-clés de cette décision sont : acte administratif, sursis à exécution, décision faisant grief. À s'y méprendre, on se croirait en train de feuilleter les pages d'un manuel de droit administratif, plus spécialement le chapitre relatif au recours pour excès de pouvoir ![38]

Dès lors, la perspective heuristique devient féconde, lorsqu'elle problématise cette incursion de la Cour constitutionnelle dans un domaine qui ne lui est pas régalien. À première vue, le Bénin appartient au modèle européen de contrôle concentré. La juridiction constitutionnelle y exerce un contrôle abstrait et *a priori*. Elle est une ***juridiction*** spécialisée dans le contentieux de la constitutionnalité des lois.[39] Elle exerce un contrôle de constitutionnalité *concentré* ou centralisé. Le juge constitutionnel est, par essence, un "*juge de la loi*"[40].

Par contre, dans le modèle américain et plus généralement anglo-saxon, le pouvoir de sanctionner une inconstitutionnalité est reconnue à tous les juges (contrôle diffus). Ils apprécient la constitutionnalité des lois à l'occasion du jugement des affaires dont ils sont saisis (contrôle concret). Leurs décisions sont revêtues de l'autorité relative de la chose jugée. Elles s'imposent aux parties aux procès. Les Cours suprêmes sont des juridictions de "*droit commun*"[41] dans les pays qui ont adopté ce modèle comme le Ghana, le Nigéria et le Libéria.[42]

La singularité de la juridiction constitutionnelle au Bénin est qu'elle développe un schéma *sui generis* et emprunte manifestement aux deux modèles précités. Sur un plan institutionnel, la Cour constitutionnelle est une juridiction spécialisée, organiquement détachée des ordres juridictionnels administratif, judiciaire et des comptes. Cependant,

---

[37] Voir http://gabonreview.com/blog/hausse-frais-dinscription-cour-constitutionnelle-suspend-larrete/ 18 novembre 2017.

[38] D. SY, *Droit administratif*, Dakar, L'Harmattan, 2014, pp. 113 et suiv.

[39] L. FAVOREU, « Modèle européen et modèle américain de justice constitutionnelle », *Annuaire International de Justice Constitutionnelle*, 1988.

[40] L. HAMON, *Les juges de la loi, Naissance et rôle d'un contre-pouvoir : le Conseil constitutionnel,* Paris, Fayard, 1987.

[41] B. KANTÉ et H. KWASI PREMPEH, « Les autres attributions des juridictions compétentes en matière de contrôle de constitutionnalité » *in* M. BÖCKENFÖRDE et ALII, *Les juridictions constitutionnelles en Afrique de l'ouest, analyse comparée*, Stockholm, IDEA, 2016, p. 112.

[42] Y. NGENGE, « Le contrôle de la constitutionnalité des lois », *in* M. BÖCKENFÖRDE et ALII *Les juridictions constitutionnelles en Afrique de l'ouest, analyse comparée*, *op. cit.*, pp. 106 et suiv.

lorsqu'on se pose la question sur le périmètre de sa juridiction, on se rend compte qu'elle est à la fois juge des affaires administrative et judiciaire autant que juge de la loi qui exerce ce que le Doyen Georges VEDEL appelle le contrôle de "*l'excès de pouvoir législatif*"[43].

La notion de périmètre de la décision de constitutionnalité répond à la question suivante : que juge la juridiction constitutionnelle ? Est-elle un juge de la loi, un juge des actes administratifs, un juge judiciaire, un juge des faits juridiques, un juge des actes juridictionnels des tribunaux de l'ordre judiciaire ou administratif ou tout simplement le juge de tout cela à la fois ? La pratique de la Cour constitutionnelle, en une quinzaine d'années de production jurisprudentielle, conforte l'idée qu'elle se positionne comme une Cour suprême *bis* dont le domaine de compétence chevauche le champ des affaires qui sont traditionnellement connues par les juridictions administrative et judiciaire.

Il devient, alors, judicieux de savoir si l'effacement des frontières juridictionnelles sous l'effet de l'extension du domaine de compétence de la Cour constitutionnelle est de nature à consolider l'État de droit ou à le fragiliser ?

La question est d'importance et, d'un point de vue épistémologique, la méthodologie évaluative teintée d'approche comparative paraît indiquée pour extraire des faits un jugement de valeur. Pour Michel CROZIER, l'évaluation emporte les questions évaluatives suivantes : "*est-ce que c'est efficace, à quoi ça sert, est-ce que ça a un sens ?*"[44] Et pour le comparatiste,[45] la démarche inclut de situer l'absolu béninois

---

[43] G. VEDEL, « Excès de pouvoir législatif et excès de pouvoir administratif », *in Cahiers du Conseil constitutionnel*, n° 1, 1er semestre 1996.

[44] M. CROZIER, « L'échec de l'évaluation en France tient au modèle jacobin », *in* J.-L BŒUF, *L'évaluation des politiques publiques*, Paris, La Documentation Française, 2001, pp. 24 et 25. L'évaluation comporte « une double dimension : quantitative, elle mesure les effets de l'action publique en comparant ses résultats aux objectifs assignés et aux moyens mis en œuvre ; qualitative, elle porte un jugement sur la pertinence des objectifs » (R. MATTA-DUVIGNAU, M. LAVAINE, (dir.), *L'efficacité de la justice administrative : à la recherche d'une légitimité renouvelée*, Paris, Mare & Martin, 2016, p. 15).

[45] La comparaison « marque en même temps un écart et une identité, une différence sur le fond d'une nature commune (...) reconnue ou construite. Dans la comparaison se joue le jeu, éternel et indécis, du même et de l'autre, celui-là même qui sous-tend l'élaboration des concepts et la construction des taxonomies. Implicitement ou explicitement, l'esprit rapproche et distingue sans cesse les choses les unes des autres (la comparaison), opère, à tort ou à raison, une unification des entités associées sur laquelle elle greffe un écart, une différence » extraits de F. van der Mensbrugghe,

dans le relatif des expériences étrangères, notamment africaines et européennes. Cette double approche conduit, dans un premier temps, à exposer les manifestations et les fondements juridiques de l'expansion du périmètre de la décision de constitutionnalité **(I)**. Il devient ensuite possible d'énoncer les effets induits sur l'État de droit et de préconiser un redéploiement du périmètre de la décision de constitutionnalité qui servirait mieux les desseins d'un État de droit au Bénin **(II)**.

I. LA TENTATION IMPÉRIALE : L'EXPANSION DU PÉRIMÈTRE DE LA DÉCISION DE ONSTITUTIONNALITÉ

Un auteur a pu parler de "*tentation totalitaire*"[46], pour désigner la propension de certaines Hautes juridictions constitutionnelles à brider les compétences d'autres ordres juridictionnels. L'expression choisie est cependant surfaite, car la connotation qu'elle a, semble méconnaître que le Bénin reste une démocratie constitutionnelle pluraliste. Elle a, par contre, le mérite de traduire l'allégorie d'un fleuve qui sort de son lit et draine tout, ou presque, sur son passage. Elle exprime une évolution qui conduit à cette situation que la décision de constitution-nalité n'a plus pour seul objet les *"actes fondamentaux de l'État"*[47], ni les seules actions et décisions des pouvoirs publics ayant une "*dimension constitutionnelle*"[48]. La juridiction constitutionnelle s'autorise à connaître et à juger des affaires qui relèvent traditionnellement de contentieux qui ressortissent habituellement à la compétence de ce que Louis FAVOREU[49] appelle les "*juges ordinaires*", se donnant ainsi une compétence universelle (A) sur des matières qui auraient pu normalement trouver leur solution devant le juge administratif ou judiciaire (B).

A. L'affirmation d'une compétence universelle de la Cour

L'universalité décrite dans les lignes qui suivent n'exprime pas une extension géographique des compétences de la Cour constitutionnelle

---

L'utilisation de la méthode comparative en droit européen, Presses universitaires de Namur, 2003, pp. 8 et 9. Voir aussi G. JUCQUOIS, *La méthode comparative dans les sciences de l'homme*, Louvain-la-Neuve, Peeters, 1997.

[46] Celle qui traduit une « propension à donner une interprétation extensive à la compétence attribuée » (P. MARTENS, « Le métier de juge constitutionnel », *in* F. DELPÉRÉE et P. FOUCHER (dir.), *La saisine du juge constitutionnel : aspects de droit comparé*, Bruxelles, Bruylant, 1998, p. 34.

[47] L. FAVOREU, « La décision de constitutionnalité », article précité p. 611.

[48] G. DRAGO, *Contentieux constitutionnel français*, *op. cit.*, p. 30.

[49] L. FAVOREU, « La décision de constitutionnalité », article précité, p. 611.

du Bénin.[50] Celle-ci est une juridiction nationale et reste dans les limites de son domaine de compétence ratione loci. Ce qui est en cause ici, c'est l'expansion des compétences de la Haute juridiction, au-delà de son carré coutumier (les actes fondamentaux de l'État) pour englober des recours contentieux qui sont traditionnellement connus par les juridictions administratives ou judiciaires. L'expansion du périmètre de la décision de constitutionnalité se fait, ainsi, au détriment de la juridiction administrative (1) et de la juridiction judiciaire (2).

1°) L'expansion au détriment de la juridiction administrative

Le phénomène n'est pas de date récente.[51] Au lieu de se circonscrire dans le temps, il se manifeste couramment encore aujourd'hui,[52] plusieurs décennies après l'installation de la Cour et le prononcé de ses premières décisions. Le fondement juridique de l'hypertrophie des attributions de la Cour se trouve dans les principes contenus dans la constitution. Ces principes, interprétés de façon extensive, trouvent leur application dans les cas de figure les plus divers. À défaut de principe, deux règles constitutionnelles sont invoquées : la règle posée par l'article 114 de la constitution, le pouvoir de régulation, d'une part, et la disposition de l'article 117 sur l'appréciation de constitutionnalité des "*actes réglementaires censés porter atteinte aux droits fondamentaux de la personne humaine et aux libertés publiques*", d'autre part. Sur ce double fondement des principes constitutionnels et de la règle de la régulation de l'article 114, la Cour déploie une hardiesse jurisprudentielle dont il convient de relever quelques morceaux choisis.

---

[50] La compétence universelle des juridictions nationales vise la poursuite et le jugement de certains crimes graves, dont les crimes contre l'humanité, devant les juridictions d'un État, sans considération du lieu où le crime a été commis ni la nationalité de l'auteur présumé. (A. PEYRO LLOPIS, *La compétence universelle en matière de crimes contre l'humanité*, Bruxelles, Bruylant, 2003). La compétence universelle fut introduite par la loi belge du 16 juin 1993 relative à la répression des infractions graves aux Conventions internationales de Genève ; elle fut abrogée par la loi du 5 août 2003. Sur les péripéties de cette loi et "les avatars qu'elle a connus", voir A. BAILLEUX, *La compétence universelle au carrefour de la pyramide et du réseau : de l'expérience belge à l'exigence d'une justice pénale transnationale*, Bruxelles, Bruylant, 2005.

[51] Voir en ce sens C. KEUTCHA TCHAPNGA, « Le juge constitutionnel, juge administratif au Bénin et au Gabon ? », *in Revue Française de Droit Constitutionnel*, n°75, 2008, p. 551.

[52] Voir *supra* note 36.

En effet, saisie d'un recours pour "*méconnaissance des dispositions des articles 3 de la loi n° 2011-20 du 12 octobre 2011 portant lutte contre la corruption et autres infractions connexes en République du Bénin et 35 de la Constitution*"[53], la Cour relève qu'il s'agit d'une demande qui ressortit à la compétence du juge de la légalité.

Mais cet aveu n'est que la mineure dans le raisonnement dialectique de la Cour. La majeure, qui établira la compétence de la Cour sur cette catégorie est tirée de l'interprétation de la disposition constitutionnelle qui l'investit du pouvoir de régulation du fonctionnement des institutions et de l'activité des pouvoirs publics (article 114 de la constitution). Sur cette base, la Cour décide qu'il y a violation de la constitution et enjoint aux personnes concernées de "*procéder sans délai à la déclaration de leur patrimoine*"[54].

Si la moralité des acteurs de la vie publique semble pousser la juridiction constitutionnelle à aller au-delà de son périmètre naturel, la thématique des droits de l'Homme est bien le domaine de prédilection où se déploie la compétence débridée de la Cour constitutionnelle. Les droits et principes régulièrement ressassés sont : la liberté d'aller et de venir, le droit d'association ou la propriété. Ces droits et libertés seront passés en revue à travers leur prégnance dans la jurisprudence constitutionnelle.

S'agissant de la liberté d'aller et de venir, elle s'offre à l'examen de la Cour à l'occasion de faits faisant état du refus de délivrance d'un passeport par les services de police. La matière est normalement régie par le Décret n° 92-222 du 21 août 1992 portant régime des passeports ordinaires au Bénin. Les circonstances de l'affaire sont qu'une demande de renouvellement de passeport ordinaire a été formulée par l'avocat-conseil de trois citoyens absents du territoire national. Une fois les passeports établis, ils auraient été confisqués par une autorité supérieure pour des raisons obscures. Pour le requérant, il s'agit d'une violation d'une liberté individuelle reconnue et garantie par les articles 15 et 25 de la Constitution et les articles 6 et 12 de la Charte africaine des droits de l'Homme et des peuples.

Sur la base de cette argumentation de la saisine, la Cour fait son analyse en deux temps : d'abord, sur la recevabilité, elle constate que le signataire de la requête n'a pas qualité pour représenter les demandeurs de passeport concernés. Sa qualité d'avocat-conseil ne l'autoriserait pas

---

[53] Décision DCC 16-167 du 02 novembre 2016, *Serge Roberto Prince Agbodjan.*
[54] Décision DCC 16–174 du 03 novembre 2016, *Serge Roberto Prince Agbodjan.*

à signer une requête en lieu et place des titulaires des passeports objet de la demande de renouvellement. En conséquence la requête est jugée irrecevable. *Ensuite*, la Cour constate au fond que "*ladite requête faisant état de violation d'un droit fondamental, notamment la liberté d'aller et de venir, il y a lieu pour (pour elle), en vertu des dispositions de l'article 121 alinéa 2 de la Constitution, de se prononcer d'office sur la demande*"[55]. Un principe constitutionnel, en l'occurrence la liberté d'aller et de venir, a permis d'établir la compétence de la juridiction constitutionnelle pour censurer les circonstances de l'application d'un acte administratif : le Décret n° 92-222 du 21 août 1992 portant régime des passeports ordinaires au Bénin !

A priori, l'application d'un décret organisant la délivrance des passeports ordinaires, c'est-à-dire les situations de refus de délivrance ou d'autres incidents relatifs à la mise en œuvre du texte réglementaire, sont des cas d'ouverture du contentieux de l'excès de pouvoir ouvert devant les tribunaux administratifs. Ce contentieux conforte les citoyens dans l'idée que "*l'administré dépourvu d'appui politique n'est plus, comme avant, une quantité négligeable*"[56] face à l'administration de l'État qui est, selon les mots de NIETZSCHE, "*le plus froid de tous les monstres froids*"[57]. Lorsqu'on scrute la démarche de la Cour constitutionnelle, on remarque qu'au-delà de l'excès de pouvoir des autorités administratives et même en lieu et place de ce recours pour excès de pouvoir administratif, elle recherche si une idée transcendante, un principe constitutionnel n'est pas en cause, qui l'habiliteraient à connaître valablement de l'affaire, en l'occurrence la liberté d'aller et de venir.[58]

La liberté d'association est aussi un de ces principes constitutionnels qui offrent à la juridiction constitutionnelle l'occasion d'une censure des actes émanés de l'Administration et qui sont habituellement justiciables de la juridiction administrative. En effet, face "*à la recrudescence des faits de violence et de vandalisme et pour des raisons*

---

[55] Décision DCC 16 - 003 du 07 janvier 2016, *Maître Séverin Maxime Quenum.*

[56] M. LEROY, *Contentieux administratif*, Bruxelles, Bruylant, 2008, p. 175.

[57] Cité par M. LEROY, *op. cit.*, p. 177.

[58] Sur la liberté d'aller et de venir, voir aussi la Décision DCC 16-176 du 10 novembre 2016, *Kouassi Ahoudjezo Ayato* qui concerne « les usagers de la route et les citoyens se trouvant dans l'ère géographique jouxtant le domicile privé du président de la République (qui) ont été privés de la liberté d'aller et venir, du fait de la cérémonie solennelle de port de grades des officiers généraux et d'investiture du chef d'État-major général, organisé audit domicile, le jeudi 1er janvier 2015 ».

qui sont inhérentes à l'ordre public"[59], le Gouvernement prend, en conseil des ministres, le Décret n° 2016-616 du 05 octobre 2016 portant interdiction d'activités des fédérations, unions, associations ou organisations faîtières d'étudiants dans toutes les Universités nationales du Bénin.

Saisie de l'appréciation de constitutionnalité dudit décret, la Cour se déclare non seulement compétente mais elle affirme "*qu'aucune mesure exceptionnelle ne peut (...) porter atteinte aux droits fondamentaux des citoyens garantis par la Constitution et les instruments juridiques dont le Bénin est partie*"[60]. En conséquence, la Cour dit et juge que "*la décision issue du Conseil des ministres du 05 octobre 2016 en ce qui concerne l'interdiction d'activités associatives et nouvelles conditions d'exercice d'activités, de reconnaissance d'associations estudiantines, et partant, le Décret n° 2016-616 du 05 octobre 2016 portant interdiction d'activités des fédérations, unions, associations ou organisations faîtières d'étudiants dans toutes les universités nationales du Bénin sont contraires à la Constitution et donc nuls et non avenus*"[61]. Au-delà de la solution au cas soumis à son appréciation, la Cour pose le principe de l'absolutisation des droits fondamentaux qui est, en elle-même, contraire à sa propre jurisprudence.[62]

---

[59] Décision DCC 17-065 du 16 mars 2017, *Thierry Dovonou et autres*.

[60] *Ibidem*.

[61] *Ibidem*. D'où la décision suivante : "Article 1er. -. La décision du Conseil des ministres du 05 octobre 2016 et le décret n°2016-616 du 05 octobre 2016 portant interdiction d'activités des fédérations, unions, associations ou organisations faîtières d'étudiants dans toutes les Universités nationales du Bénin sont contraires à la Constitution et donc nuls et non avenus."

[62] "Aucune mesure exceptionnelle ne peut (...) porter atteinte aux droits fondamentaux des citoyens garantis par la Constitution." Cette question de l'absolutisation d'un droit ou d'un principe a surgi devant la Cour constitutionnelle à propos du droit de grève posé par l'article 31 de la constitution. Saisie d'un recours sur le fondement de cet article, la Cour affirme en 2006 "la Constitution ne prévoit aucune exception au droit de grève pour telle ou telle catégorie. Le droit de grève (...) proclamé et consacré par la Constitution du 11 décembre 1990 est un droit absolu au profit de l'ensemble des travailleurs dont les citoyens en uniforme des Forces Armées" (Décision DCC 06-034 du 04 Avril 2006, *Président de la République*, Rec. 2006, p. 157). Saisie à nouveau sur le fondement du même article en 2011, la Cour nuance ses propos : "le droit de grève (...) n'est pas absolu" et la compétence constitutionnellement dévolue au législateur de déterminer les conditions d'exercice du droit de grève peut le conduire à "aller jusqu'à l'interdiction dudit droit aux agents dont la présence est indispensable pour assurer le fonctionnement des éléments du service dont l'interruption porterait atteinte aux besoins essentiels du pays" (Décision DCC 11-065 du 30 septembre 2011,

Les deux affaires précédemment citées que sont les affaires *Maître Séverin Maxime Quenum* et *Thierry Dovonou,* relatives respectivement à la liberté d'aller et de venir et à la liberté d'association sont traditionnellement des matières sur lesquelles le juge administratif a développé une jurisprudence particulièrement riche. Dans le souci de "*concilier les exigences parfois contradictoires de l'ordre et de la liberté, en tenant compte des circonstances de l'espèce, du rapport des forces en présence et du climat politique du moment*"[63], le juge de l'excès de pouvoir "*exerce un contrôle particulièrement poussé*"[64] dans le but de préserver les acquis d'un État de droit.[65]

La question du droit de propriété nous offre le troisième cas de figure de nos développements. Elle est aussi au cœur de la jurisprudence protectrice de la Cour. La constitution pose le principe du droit de propriété. Dans sa dimension immobilière, le droit de propriété est régi par la loi n° 2013-01 du 14 août 2013 modifiée par la loi n° 2017-15 du

---

Louis Vlavonou, Rec. 2011, p. 415). D'une manière générale, la question des droits absolus est largement inopérante dans les droits positifs contemporains. Au 19e siècle, Victor HUGO avait avancé l'idée de l'inviolabilité du droit à la vie. Il affirmait devant la Constituante française de 1848 qu'" il y a trois choses qui sont à Dieu et qui n'appartiennent pas à l'homme : l'irrévocable, l'irréparable, l'indissoluble. Malheur à l'homme s'il les introduit dans ses lois." C'était un plaidoyer pour la suppression de la peine de mort et le caractère sacré de la vie, perçus comme un don de Dieu et ne pouvant être règlementée par les lois des hommes. Cependant, le droit à la vie n'est pas un droit absolu aujourd'hui. La mort, en tant qu'elle est la négation absolue et irrévocable de la vie, peut être procurée à autrui ou à soi-même si cela *est* "nécessaire pour assurer la défense d'autrui contre la violence illégale" (Cour européenne des droits de l'Homme, Arrêt McCann et al. c/Royaume-Uni, 27 septembre 1995, *in* F. SUDRE et ALII, *Les grands arrêts de la Cour européenne des Droits de l'Homme*, Paris, PUF, 6e édit. 2003, p. 122 et suiv.). Cependant, parce qu'ils sont constitutifs de "l'une des valeurs fondamentales des sociétés démocratiques", "la torture, les peines ou traitements inhumains ou dégradants" sont prohibés "en termes absolus" et ne souffrent d'aucune dérogation, "même en cas de danger public menaçant la vie de la nation" (Cour européenne des droits de l'Homme, arrêt Selmouni c/ France, 28 juillet 1999, *in* F. SUDRE et ALII, *Les grands arrêts de la Cour européenne des Droits de l'Homme*, Paris, PUF, 6e édit. 2003, pp. 154 et suiv.).

[63] M. LONG et ALII, *Les grands arrêts de la jurisprudence administrative*, Paris, Dalloz, 2011, p. 285.

[64] *Idem* p. 284.

[65] Voir les arrêts de la Cour suprême du Bénin (Arrêt n°22 du 28 juin 1962, *Sieur Amagli c/ministre de l'Intérieur*, pour la liberté de presse) et du Conseil d'État français (CE 19 février 1909, *Abbé Olivier* pour la liberté de manifestation ; CE 28 février 1919, *Dame Dol et Laurent*, pour la liberté d'aller et de venir ; CE Ass. 12 juillet 1956, *M'Paie, N'Gom et Moumie*, sur la dissolution d'associations).

10 août 2017 portant Code foncier et domanial en République du Bénin. Le domaine du foncier est d'une complexité juridique évidente avec, d'une part, la coexistence d'une tenure coutumière et d'une tenure moderne, et d'autre part, la pratique courante du stellionat qui fait du contentieux foncier le premier objet des plaintes déposées dans les hôtels de police et les brigades de gendarmerie, si l'on raisonne en termes de pourcentage.

Saisie d'une affaire de dépossession de terrain par arrêté communal, la Cour décide qu'a violé la constitution en son article 22, le maire qui, par "*arrêté communal n°4e/007/MCC/SG/SAD/SA du 16 mai 2006, a fait une donation au ministère de la santé pour la construction de l'hôpital de zone de Covè d'un domaine exploité par la collectivité (...)*"[66] sans qu'il ait eu *"un juste et préalable dédommagement*"[67]. La propriété n'est pas un droit absolu du citoyen. La puissance publique peut l'en priver mais sous la condition d'une compensation pour le dommage subi, sous le contrôle de la juridiction administrative ou de la juridiction judiciaire.[68]

2°) L'expansion au détriment de la juridiction judiciaire

Les affaires de nature civile, pénale ou sociale sont des dossiers qui ressortissent normalement à la compétence du juge judiciaire. Ainsi, le contentieux du licenciement d'un agent par une entreprise publique devrait logiquement être porté devant une chambre sociale du tribunal de première instance. Le contrôle du respect de la présomption d'innocence offre à la Cour une occasion pour assurer une veille juridictionnelle élargie sur les libertés. En effet, une requérante soutient devant la Cour, que les prescriptions de l'article 7 de la Charte africaine des droits de l'Homme et des peuples ainsi que les droits de la défense sont violés par son employeur et demande à être rétablie dans ses prérogatives.[69] Sa requête est jugée recevable. Mais au lieu de citer la Charte africaine des droits de l'Homme et des peuples, la Cour se fonde sur les dispositions de la Convention collective du travail pour décider. Elle dit et juge que "*des éléments du dossier, notamment de la réponse du directeur général adjoint de la société Bénin Télécoms SA à la mesure d'instruction de la Cour (il ressort) que, conformément à*

---

[66] Décision DCC 16-066 du 26 mai 2016, *Basile Dadjo T. Atenoukon.*

[67] *Ibidem.*

[68] Articles 394 et 395 de la loi n°2013-01 du 14 août 2013 modifiée par la loi n°2017-15 du 10 août 2017 portant Code foncier et domanial en République du Bénin.

[69] Décision DCC 16-101 du 14 juillet 2016, *Madame Adama O. M. Lawani.*

l'article 20 de la convention collective de travail applicable au personnel de la société Bénin Télécoms SA, (...) Madame (...) a été suspendue de ses fonctions à titre conservatoire pour faute lourde, en attendant la décision du Conseil de discipline sur son licenciement ou non ; (...) que dès lors, il échet pour la Cour de dire et juger qu'il n'y a pas violation de la Constitution de ce chef"[70].

La démarche de la Cour est pour le moins spécieuse. La requête elle-même mentionne la violation d'une disposition de la constitution, en l'occurrence la Charte africaine qui fait partie intégrante de celle-ci. La Cour juge ensuite le recours recevable sur ce fondement de la violation d'un principe constitutionnel. Elle exhume enfin une convention collective, c'est-à-dire un accord de volontés entre particuliers (certes visé par l'administration du travail) pour conclure qu'il n'y a pas violation de la constitution ! On aurait pu utilement faire l'économie de ce grand détour si l'option avait été faite de confier l'affaire aux chambres sociales des juridictions de l'ordre judiciaire qui connaissent habituellement de ce type de contentieux.

Comme on le voit, la juridiction constitutionnelle fait le grand écart entre son domaine régalien et le domaine traditionnellement dévolu aux juges ordinaires, notamment le juge judiciaire. Le phénomène s'enrichit et se densifie par le développement de la prodigieuse jurisprudence relative à ce que, dans certaines de leurs manifestations, le langage courant appelle les violences policières.[71]

En effet, partant des prescriptions constitutionnelles[72] et de l'article 4 de la Charte africaine des droits de l'Homme et des peuples[73], la Cour se déclare compétente pour connaître et juger d'affaires de meurtre d'un soldat, de garde à vue abusive et de brutalité commises sur des citoyens par les forces de l'ordre.

Dans l'affaire Kouassi Ahoudjezo AYATO la Cour affirme que "*le soldat (...) a perdu la vie dans les locaux du camp Guézo alors qu'il évitait l'exécution de la sanction de mise aux arrêts décidée par le Conseil de discipline ; que se trouvant dans une enceinte militaire, il était*

---

[70] *Ibidem.*

[71] M. ARABYAN, *Comme une tragédie - une chronique de la violence policière*, Paris, L'Harmattan, 2003.

[72] « La personne humaine est sacrée et inviolable » et « Tout individu a droit à la vie » : articles 8 et 15 de la constitution.

[73] « La personne humaine est inviolable. Tout être humain a droit au respect de sa vie et à l'intégrité physique et morale de sa personne ».

sous la responsabilité des Forces armées béninoises (FAB) qui ont l'obligation de protéger sa vie ; que l'exécution de cette sanction tendant à le priver de sa liberté devrait se faire de manière à ce qu'aucune atteinte ne soit portée à son intégrité physique ; qu'en ne prenant pas les mesures idoines pour le faire, eu égard aux menaces proférées par l'intéressé, les Forces armées béninoises (FAB) ont violé la Constitution en ses dispositions précitées protectrices de la vie humaine"[74] et que cette violation de la constitution "*ouvre droit à réparation*"[75] dès lors que "*toute atteinte à l'intégrité physique mérite réparation*"[76].

Par ailleurs, saisie d'un recours pour une garde à vue abusive, la Cour considère dans l'affaire Rodrigue FASSINOU "*qu'à la date du 29 mars 2013, Monsieur (...) a été radié des effectifs de la Police nationale (...) ; qu'il n'était donc plus Élève Gardien de la Paix et ne pouvait dès lors plus être sanctionné en qualité de Fonctionnaire de Police comme le soutient le Sous-Directeur ; que l'arrêt de rigueur dont il a fait l'objet doit s'analyser plutôt comme une détention dans le cadre de la procédure judiciaire engagée à son encontre par la Direction générale de la Police (...) ; qu'en conséquence, sa garde à vue dans les locaux de la Brigade Anti-Criminalité du 15 avril au 08 mai 2013, soit pendant vingt-quatre (24) jours, sans être présenté à un Magistrat, est abusive*"[77]. La violation de la constitution est ainsi constituée.

Elle est tout aussi constituée pour "*traitement cruels, inhumains et dégradants*"[78] lorsque les faits établissent que l'agent de police "*a poussé (...) violemment Monsieur (...) hors de la brigade ; que ce dernier soutient avoir été également giflé par le chef de brigade (de gendarmerie) sur l'œil gauche ; que le certificat médical délivré par le docteur (...), neurologue micro-chirurgien de la clinique Marina de Cotonou indique que Monsieur (...) a subi un traumatisme cranio-*

---

[74] Décision DCC 16-115 du 28 juillet 2016, *Kouassi AhoudjezoAyato.*

[75] *Ibidem.*

[76] *Ibidem.*

[77] Décision DCC 14-004 du 14 janvier 2014, *Rodrigue Fassinou.*

[78] Pour la Cour européenne des droits de l'Homme, les faits de "violences policières" ne sauraient être toujours qualifiés de "traitement cruels, inhumains et dégradants", mais doivent être requalifiés de "torture" dès lors qu'ils ont provoqué "des douleurs et des souffrances 'aiguës.'" Pour la Cour européenne, ces actes constituent une "atteinte à la dignité humaine" et sont contraires aux "valeurs fondamentales des sociétés démocratiques" (Voir CEDH, *Arrêt Selmouni c/France*, 28 juillet 1999, *in Revue Trimestrielle de Droit européen*, 2000, p. 123, note P Lambert. Voir aussi commentaires, *in* F. SUDRE et ALII, *Les Grands arrêts de la Cour européenne des droits de l'homme*, Paris, PUF, 6e édit., 2011, pp. 154 et suiv.).

facial ayant aggravé son état antérieur visuel et une incapacité temporaire de travail (ITT) évaluée à quinze (15) jours sous réserve de complication ultérieure ; que ces énonciations sont constitutives de sévices et traitements dégradants au sens des articles 18 alinéa 1er et 19 alinéa 1er précités de la Constitution"[79].

Au total, des actes réglementaires aux faits juridiques, c'est-à-dire les faits divers de violences policières, la Cour établit les prolégomènes d'une compétence universelle qui ne se dément pas depuis plusieurs décennies. Elle se fonde sur le pouvoir de régulation et sur ce que les Anglo-saxons appellent le *law enforcement*, l'effectivité nécessaire de la loi ordinaire et la soumission à l'esprit et à la lettre de la constitution. Mais il se trouve que ces actes et ces faits sont aussi normalement connus par les juges ordinaires, qu'ils soient administratifs ou judicaires, en vertu d'une exigence de subsidiarité bien comprise.

B. La subsidiarité et la compétence normale des juges ordinaires

La subsidiarité n'est pas un principe de droit constitutionnel.[80] Elle est évoquée ici plus comme une exigence d'organisation et de fonctionnement rationnel des ordres juridictionnels. Elle postule la saisine et la compétence de proximité pour trancher les litiges relevant d'un contentieux de masse, plutôt que le recours à une Haute juridiction. Mais les affaires qui mettent en jeu les droits de la personne humaine ont souvent un double fondement juridique, à la fois constitutionnel et légal ou même règlementaire **(1).** Ceci qui peut entraîner les sanctions concurrentes de la Cour constitutionnelle et du juge ordinaire **(2).**

I. LE DOUBLE FONDEMENT JURIDIQUE DE LA PROTECTION DES LIBERTÉS ET DES DROITS

Les dispositions constitutionnelles sont particulièrement libérales sur la question des droits de la personne humaine. Le préambule du texte constitutionnel prévient de l'hostilité viscérale de la nation envers

---

[79] Décision DCC 15-018 du 27 janvier 2015, *Faustin Metonou. A contrario*, Décision DCC 14-013 du 16 janvier 2014, *Candide Agbogbe.*

[80] Principe de droit communautaire et de droit des collectivités territoriales locales, la subsidiarité est une règle de répartition des compétences entre les États et les organes communautaires (droit communautaire) ou entre l'État et les collectivités territoriales locales (Droit administratif). Ce principe vise à privilégier le niveau inférieur (État ou collectivité territoriale locale) d'un pouvoir de décision aussi longtemps que le niveau supérieur (organe de la communauté ou État) ne peut pas agir de manière plus efficace (J.-L. CLERGERIE, *Le principe de subsidiarité*, Paris, Ellipses, 1997).

"*tout régime politique fondé sur l'arbitraire, la dictature, (...) la confiscation du pouvoir et le pouvoir personnel*". Il s'ensuit une rédaction du Titre II qui étale à l'envie, des proclamations exorcistiques sur les droits et devoirs de la personne humaine. Pour garantir l'effectivité de ces dispositions, le constituant de 1990 a pensé aux juridictions ordinaires. Mais il a surtout pensé à la nouvelle Cour constitutionnelle, conçue et organisée pour servir de charpente au nouvel édifice qui est censé incarner la terre promise des droits de la personne humaine, le lieu où s'épanouit et se vit au quotidien l'Homme béninois dans toutes ses dimensions.

Pour ce faire, la saisine de la Cour est ouverte "*à tout citoyen*"[81]. Elle "*statue plus généralement sur les violations des droits de la personne humaine*"[82]. Elle est enfin compétente pour connaître "*d'une plainte en violation des droits de la personne humaine et des libertés publiques*"[83]. Pour la sémiologie juridique, une plainte est l'"*acte par lequel la victime d'une infraction (...) porte ce fait à la connaissance de l'autorité compétente*"[84]. Le juge de la loi peut ainsi étendre sa compétence aux plaintes qui comprennent aussi bien les actes juridiques que les faits juridiques.

On comprend aisément, à la lumière de ces citations, que l'expansion du domaine de la décision de constitutionnalité a un fondement inscrit dans les dispositions mêmes de la constitution. La jurisprudence de la Cour se fonde sur les dispositions constitutionnelles dont elle est investie de la garantie de l'application.

Cependant, il convient de souligner que les principes constitutionnels relatifs aux droits de la personne humaine ne sont opératoires que par l'intercession d'une loi. Les droits proclamés par la constitution ne sont opposables que par l'entremise des lois qui les organisent. La constitution fait ainsi figure de loi-cadre sur les libertés. Les lois ordinaires subséquentes en organisent la jouissance.[85] De sorte que, si

---

[81] Article 3, de la constitution, « Tout citoyen a le droit de se pourvoir devant la Cour Constitutionnelle ».

[82] Article 121 de la constitution.

[83] Article 120 de la constitution.

[84] G. CORNU, *Vocabulaire juridique*, Paris, PUF, 2002.

[85] Article 14 de la constitution, « Les écoles privées peuvent bénéficier des subventions de L'État dans les conditions déterminées par la loi ». ; article 18 de la constitution : la détention provisoire "ne peut être prolongée que dans des cas exceptionnellement prévus par la loi" ; article 19 de la constitution, tout agent coupable de torture "sera puni conformément à la loi" ; d'une manière générale, la constitution renvoie à une loi pour

la compétence du juge constitutionnel peut être réputée établie, celle du juge ordinaire n'est pas exclue pour autant.

Ainsi, en matière de propriété foncière, la loi n° 2013-01 du 14 août 2013 modifiée par la loi n° 2017-15 du 10 août 2017 portant Code foncier et domanial dispose que "*l'État et les collectivités territoriales, moyennant juste et préalable dédommagement, ont le droit d'exproprier tout titulaire de droit foncier*" (Article 5, *in fine*). La méconnaissance de cette disposition fait l'objet d'une clause d'attribution de juridiction dans le texte même de la loi n° 2013-01 précitée. En effet, le texte dispose que "*les litiges portant sur le droit de propriété ou sur les immeubles bâtis ou non bâtis sont de la compétence du juge judiciaire* (art. 394) *et que "les litiges portant sur les actes délivrés par l'administration publique ou ses démembrements sont de la compétence du juge administratif*" (art. 395).

Par ailleurs, en ce qui concerne la Décision DCC 16-167 précitée et la loi n° 2011-20 du 12 octobre 2011 relative à la lutte contre la corruption, il apparaît que la loi elle-même a organisé le mécanisme de sanction pour les cas de non-respect de ses prescriptions. Ladite loi prévoit une amende "*dont le montant est égal à six (06) mois de rémunération perçue ou à recevoir dans la fonction occupée*"[86]. *La sanction est prononcée d'office par le Président de la juridiction financière ou "sur dénonciation*".[87]

Dans le même sens, les perquisitions, garde à vue irrégulières et autres brutalités dont les hôtels de police et les postes de gendarmerie sont coutumières, sont toutes placées sous le contrôle de l'autorité judiciaire.[88] Celle-ci peut prononcer des sanctions comme le blâme, l'avertissement ou une amende,[89] et même prononcer la suspension d'activité à titre temporaire ou définitive de l'officier de police

les visites domiciliaires et les perquisitions (article 20), pour le secret de la correspondance (article 21), pour le respect de l'ordre public (article 23), pour la liberté de presse (article 24), la liberté de réunion, la liberté d'association, la liberté de cortège et la liberté de manifestation (article 25), le droit de grève et le droit syndical (article 31), les droits de ressortissants étrangers (article 39).

[86] Article 4-3, Loi n°2011-20 du 12 octobre 2011 portant lutte contre la corruption et autres infractions connexes en République du Bénin.

[87] Article 4, in fine Loi n°2011-20 du 12 octobre 2011 précitée.

[88] Article 243, Loi n°2012-15 du 17 décembre 2012 portant Code de procédure pénale en République du Bénin.

[89] Article 24, Loi n°2012-15 du 17 décembre 2012 précitée.

judiciaire concerné.[90] Les actes de procédures frappés d'irrégularité peuvent être annulés en ce qui concerne la garde à vue[91] ou l'audition[92] d'un justiciable. Ultime garde-fou contre les violences policières, l'article 247 du Code de procédure pénale dispose : "*Si la chambre d'accusation estime que l'officier ou l'agent supérieur de police judiciaire a commis une infraction à la loi pénale, elle ordonne (...) la transmission du dossier au procureur général.*"[93]

En effet, la catégorie des "*traitements cruels, inhumains ou dégradants*" des articles 18 et 19 de la constitution recouvrent des faits d'atteinte aux droits de la personne humaine qui sont le plus souvent des actes constitutifs de violences policières. On peut citer à ce titre les coups de poing,[94] les injures et les menaces envers les citoyens,[95] les blessures subies,[96] les coups de chicotte ou encore les coups portés avec un objet contondant.[97] Dans les cas cités, les faits et les dommages subis sont constitutifs de ce que le droit pénal appelle les éléments matériels d'une infraction.

Après plusieurs décennies de travaux préliminaires, le nouveau Code pénal du Bénin n'est toujours pas examiné et adopté par le parlement. Reste valable et opposable le Code pénal français de 1810, dans sa version applicable aux anciennes colonies et qui est communément appelé le Code Bouvenet.[98] Selon les dispositions de ce Code, sont toujours punissables les faits, gestes et abstentions que le droit pénal range dans la catégorie des blessures et coups volontaires de

---

[90] Article 246, Loi n°2012-15 du 17 décembre 2012 précitée.

[91] Article 64, Loi n°2012-15 du 17 décembre 2012 précitée.

[92] Article 122, Loi n°2012-15 du 17 décembre 2012 précitée.

[93] La compétence normale du juge judiciaire est attestée par cette condamnation à six mois de prison prononcée par le tribunal d'instance de Boulogne-sur-Mer (France) contre un agent de police qui a giflé un migrant alors que celui-ci était menotté (http://www.rtl.fr consulté le 25 novembre 2017).

[94] Décision DCC 16-166 du 02 novembre 2016, *Dèlidji Cadnel Martial KINHOUANDE*, (La police "a commencé à l'assommer de coups de poing avant de l'entraîner, dévêtu et dépossédé de ses effets et autres biens matériels").

[95] Décision DCC 15-005 du 15 janvier 2015, *Wassi BABALOLA*, ("l'agent de police me proféra des injures grossières et va jusqu'à me traiter de vieux bandit").

[96] Décision DCC 15 – 066 du 24 mars 2015, *Benoît ZANNOU*, ("je suis tombé évanoui et le sang gicla de mes narines").

[97] Décision DCC 14- 018du 11 février 2014, *Bernardin M. AFIANKOU* ("triturer les testicules des personnes mises à poil au violon, et à leur frapper toutes les articulations avec une grande règle en fer").

[98] Recueil annoté des textes de droit pénal Gaston Jean BOUVENET et Paul HUTIN tiré du Décret français du 06 mai 1877.

l'article 309 dudit Code. Une certaine jurisprudence, applicable au Bénin, juge le délit constitué lorsque les éléments matériels suivants sont réunis : le fait d'avoir un geste ou une attitude de nature à impressionner une personne raisonnable,[99] le fait de menacer une personne d'un revolver en disant "*si tu bouges…*"[100], ou de s'avancer vers quelqu'un et de le menacer d'un couteau,[101] ou de lui cracher au visage,[102] ou de se livrer à une "*agression téléphonique*"[103].

Ainsi donc, le juge ordinaire (administratif ou judiciaire) trouve dans les dispositions pertinentes du code pénal et des lois ordinaires des références suffisantes pour assurer une protection des droits de la personne humaine contre les violences policières, les violations des droits de propriété et de bien d'autres droits constitutionnellement garantis. Ce double fondement à la fois constitutionnel et légal débouche fatalement sur le syndrome de sanctions concurrentes de juges appartenant à des ordres juridictionnels différents.

2°) La sanction concurrente mais efficace du juge ordinaire

Le Code pénal ne prévoit pas d'infraction de "*traitements inhumains, cruels ou dégradants*". La Cour constitutionnelle, pour retenir la faute de traitements inhumains et dégradants de l'article 18 de la constitution et de l'article 5 de la Charte africaine des droits de l'Homme et des peuples, fait une appréciation *in concreto* des faits, certifiés par des éléments de preuve convaincants.[104]

On peut déduire de cet état du droit, que si le juge ordinaire peut sanctionner les manifestations les plus triviales d'atteinte aux droits de l'Homme, *a fortiori*, peut-il se qualifier, juger et sanctionner les faits les plus graves d'atteinte à l'intégrité de la personne humaine. Le cas *Dame Adèle FAVI*[105] nous en donne une illustration.

En effet, la requérante a "*subi des bastonnades, des coups de pied de rangers, des chicotes et (a été) traînée par terre jusqu'à une distance de 50 mètres avant d'être laissée inerte, sans connaissance*"[106]. Elle a

---

[99] *Crim.* 19 février 1892, *D.P.* 92.1.550.
[100] *Crim.* 7 avril 1934, *D.H.* 1934, 477.
[101] *Crim.* 1er mai 1897, *D.P.* 97. 1. 472.
[102] *Crim.* 19 novembre 1920, *D.P.* 1921, 1. 158.
[103] *Crim.* 3 janvier 1969, *D.* 1969. 152.
[104] La Cour exige un certificat médical qui établit la gravité des traitements. Voir Décision DCC 16-092 du 07 juillet 2016, *Dêlidji Cadnet Martial Kinhouandé.*
[105] Décision DCC 02-058 du 04 juin 2002, *Favi Adèle*, Recueil, 2002, p. 243.
[106] *Ibidem.*

été ensuite transférée au service de santé des Armées de Cotonou comme l'atteste le certificat médical versé au dossier et qui fait état : "*des douleurs exquises à la palpation à la cheville droite, au gros orteil droit, des douleurs à la mobilisation du membre supérieur droit et des douleurs à l'hémiface droite ainsi que des douleurs lombaires, une impotence fonctionnelle majeure à la marche et une plaie superficielle à la malléole externe de la cheville droite*"[107], le tout ayant entraîné une "*incapacité temporaire de travail de dix-huit jours*"[108]. La Cour poursuit en affirmant que "*ces lésions sont consécutives aux sévices et traitements cruels, inhumains et dégradants infligés à Dame Adèle FAVI*"[109]. En conclusion, elle décide qu'il y a eu "*une violation de la Constitution*"[110] et que la requérante "*a droit à réparation pour les préjudices qu'elle a subis*"[111].

Dans cette affaire *Dame Adèle FAVI*, la Cour a donné sa qualification des faits en décidant qu'il y a eu traitements cruels, inhumains et dégradants. Il reste en suspens deux autres questions : la responsabilité des agents de la garde républicaine et le dédommagement de la victime. Sur ce dernier point, la demanderesse n'a pas saisi le juge correctionnel ou la Cour d'assises pour une nouvelle appréciation des circonstances de l'espèce. Elle a saisi directement le juge civil aux fins de se voir liquider et payer le dédommagement dont la Cour constitutionnelle a décidé du principe. Le Tribunal de Première instance de Première classe de Cotonou, saisi d'une demande de dommages-intérêts, a décidé par jugement n°007/04/4e Chambre Civile du 09 février 2004, de faire payer au profit de *Dame Adèle FAVI* la somme de cinq millions (5.000.000) FCFA. L'Agent judiciaire du Trésor, au nom de l'État du Bénin, a ensuite signé le protocole d'accord n°285/AJT/BGC/SA qui permet à la demanderesse de percevoir cette somme pour "*toutes causes de préjudices confondues en exécution du jugement n°007/04/4e Chambre Civile du 09 février 2004*".

Le volet civil de la responsabilité a ainsi trouvé sa solution dans le dédommagement de la victime. Le volet pénal et personnel de la responsabilité des agents de la garde républicaine n'est pas tranché pour autant. Les sévices, traitements cruels, inhumains ou dégradants sont

---

[107] *Ibidem.*
[108] *Ibidem.*
[109] *Ibidem.*
[110] *Ibidem.*
[111] *Ibidem.*

des fautes graves. Ils ne peuvent pas se rattacher à l'exécution d'un service public,[112] ni bénéficier du fait justificatif que sont l'ordre de la loi et le commandement de l'autorité légitime.[113] En effet, selon les termes mêmes de la constitution en son article 19 alinéa 2, "*tout individu, tout agent de l'État est délié du devoir d'obéissance lorsque l'ordre reçu constitue une atteinte grave et manifeste au respect des droits de l'Homme et des libertés publiques*". La question de la responsabilité personnelle des agents ayant commis des violences sur *Dame FAVI Adèle* reste sans solution juridictionnelle. Elle laisse un arrière-goût d'inachevé que reproduit le dossier *Kouassi Ahoudjezo AYATO,* le cas du soldat fusillé par ses camarades au camp militaire de la ville de Cotonou. La Cour conclut à une violation du droit à la vie, ce qui est en deçà des attentes de la famille et de la société en général. Le requérant doit mieux se pourvoir s'il entend avoir des solutions sur les points de la responsabilité personnelle des agents et sur le dédommagement éventuel des ayants droit.

La notion de procès équitable prend en compte deux aspects : le statut du juge (indépendance et impartialité) et la qualité de la procédure : le respect des droits de la défense, les délais de la procédure, etc.[114] Le procès efficace, plus exactement la justice efficace, compris au sens premier du mot, celui que lui donnent les sciences du management,[115] est celui qui produit les résultats attendus. Il répond à la question de la qualification des faits en matière pénale mais aussi et surtout à la double question de la responsabilité et du dédommagement de la victime.[116] Sur ce dernier point, la Cour exclut habituellement sa compétence et renvoie

---

[112] Sur la responsabilité personnelle des agents de l'État, voir Conseil d'État français CE 26 juillet 1918, *Époux Lemonnier, in* M. LONG et ALII, *Les grands arrêts de la jurisprudence administrative, op. cit.*, p. 196.

[113] J. PRADEL, *Droit pénal général*, Paris, Cujas, 21e édition, 2016, pp. 304 et suiv.

[114] D. KARSENTY, « Le droit au procès équitable », www.courdecassation.fr consulté le 10 octobre 2017.

[115] La référence à l'intérêt général a été suffisante pendant longtemps pour justifier l'action des services publics. De nouveaux concepts sont apparus avec la crise de l'État-providence. La qualité et l'efficacité sont des indicateurs de la modernisation des services publics. Dans cette dynamique nouvelle, « l'efficacité implique un rapport entre une fin que l'on souhaite atteindre et des moyens que l'on met en œuvre dans ce but », R. MATTA-DUVIGNAU, M. LAVAINE, (dir.), *L'efficacité de la justice administrative : à la recherche d'une légitimité renouvelée, op. cit.,* p. 15.

[116] J. ENGLEBERT, X. TATON, (dir), *Le procès civil efficace* ? Bruxelles, ULB, 2015.

aux juges ordinaires.[117] De sorte que, l'ordre séquentiel des procédures juridictionnelles mettant en cause les droits de l'Homme au Bénin semble comporter une première instance dévolue à la juridiction constitutionnelle. Une seconde ou dernière instance est confiée au juge ordinaire pour déterminer les responsabilités et accorder les dommages et intérêts. On est, dès lors, en présence de deux instances devant deux catégories différentes de juge ; alors qu'un seul juge aurait suffi pour conduire l'Affaire *Dame Adèle FAVI* à son terme. Le juge pénal, s'il était saisi, aurait retenu les coups et blessures volontaires de l'article 309 du code pénal, aurait identifié et puni les coupables et accordé des dommages-intérêts à la plaignante. Le procès aurait été jugé efficace, parce que tous les compartiments de l'instance auraient été vidés. Et ce serait aussi le triomphe de la subsidiarité dans la mesure où celle-ci vise à privilégier le niveau inférieur (juges ordinaires) du pouvoir de décision juridictionnelle aussi longtemps que le niveau supérieur (juridiction constitutionnelle) ne peut pas agir de manière plus efficace.

En lieu et place d'un procès *efficace*, la juridiction constitutionnelle offre une instance tronquée dont les requérant doivent ensuite mieux se pourvoir pour avoir toutes les réponses à leur requête. Et l'effet dévolutif d'une instance seconde peut conduire à infirmer les qualifications retenues par la juridiction constitutionnelle. Ce qui, en droit, induit le spectre d'une subversion des fondements de l'État de droit au Bénin et plaide, en creux, pour un reflux du périmètre de la décision de constitutionnalité.

II. DU NÉCESSAIRE REFLUX DU PÉRIMÈTRE DE LA DÉCISION DE CONSTITUTIONNALITÉ

L'implosion du bloc des pays socialistes en Europe, les conjectures sur "*la fin de l'histoire*"[118] ont eu un écho en Afrique avec le Bénin comme pays pionnier : l'émergence d'un nouveau constitutionnalisme en Afrique.[119] La démocratie constitutionnelle pluraliste s'installe,

---

[117] Décision DCC 16-092 du 07 juillet 2016, *Dêlidji Cadnet Martial Kinhouandé*. L'appréciation d'une demande de paiement de dommages et intérêts "n'entre pas dans le domaine de compétence de la Cour tel que défini aux articles 114 et 117 de la Constitution ; qu'en conséquence, il échet pour elle de se déclarer incompétente."

[118] F. FUKUYAMA, *La fin de l'histoire et le dernier homme,* Paris, Flammarion, 1992.

[119] A. BOURGI, « L'évolution du constitutionnalisme en Afrique : du formalisme à l'effectivité » *in Revue Française de Droit Constitutionnel*, n° 52, 2002, p. 218. J. du BOIS de GAUDUSSON, « Défense et illustration du constitutionnalisme en Afrique après quinze ans de pratique du pouvoir », *in Mélanges en l'honneur de Louis Favoreu*, Paris, Dalloz, 2007, p. 622.

l'État de droit s'implante et se consolide sous l'effet conjugué du fonctionnement des institutions républicaines, dont la juridiction constitutionnelle. La contribution prépondérante des Cours et Conseils constitutionnels à ce renouveau de la liberté a été soulignée par plusieurs études académiques.[120] C'est cet édifice qui pourrait, à terme, se fragiliser sous l'effet de l'orientation de la jurisprudence constitutionnelle par l'insécurité juridique qu'elle provoque **(A)** si, du moins, des mécanismes opportuns de rationalisation du périmètre de la décision de constitutionnalité n'entrent pas en vigueur **(B).**

A. L'insécurité juridique, une menace pour l'État de droit

La concurrence des juridictions constitutionnelle, administrative et judiciaire sur le terrain des droits de la personne humaine crée le syndrome des décisions contradictoires **(1)** qui sont, en elles-mêmes, des atteintes à la sécurité juridique au Bénin **(2).**

1°) Le syndrome des décisions juridictionnelles contradictoires

L'autorité de la chose jugée s'attache aux décisions de la Cour constitutionnelle.[121] On aurait pu penser à une autorité absolue de la chose jugée qui impliquerait que la loi ou l'acte administratif "*disparaît de l'ordonnancement juridique et ne peut plus servir de fondement à un jugement qu'il soit administratif ou judiciaire"*[122]. Or, nous sommes le plus souvent sur le registre des droits de la personne humaine, la défense de droits subjectifs méconnus par des autorités publiques, le cas de figure où s'invoque l'autorité relative de la chose jugée avec sa triple identité des parties, de la cause et de l'objet. S'il peut arriver que les parties et l'objet puissent varier dans un contentieux de violation de

---

[120] M-M. MBORANTSUO, *La contribution des Cours constitutionnelles à l'État de droit en Afrique*, Paris, Economica, 2007 ; L. SINDJOUN, *Les grandes décisions de la justice constitutionnelle africaine,* Bruxelles, Bruylant, 2009.

[121] Décision DCC 04-044 du 23 avril 2004, *Tanimomo Pascal*, Recueil, 2004, p. 193. Voir commentaires *in* N. MÉDÉ, *Les grandes décisions de la Cour constitutionnelle du Bénin, op. cit.*, p. 32.

[122] G ; DELVOLVÉ, « Dualité de juridiction et autorité de la chose jugée », *in Revue Française de Droit Administratif*, 1990, p. 795. Pour le Secrétaire général du Conseil constitutionnel français, « Le Conseil d'État et la Cour de cassation se conforment à la chose jugée par le Conseil constitutionnel dans la limite de l'objet et de la cause juridique de la décision rendue par ce dernier. Ils ne s'estiment juridiquement pas liés par ses décisions et, en tout état de cause, pas liés par sa jurisprudence. » (M. GUILLAUME, « L'autorité des décisions du Conseil constitutionnel, vers de nouveaux équilibres ? », *in Nouveaux Cahiers du Conseil constitutionnel,* n° 30, janvier 2011, p. 52.

droits subjectifs du citoyen, la cause, elle, en sera "*différente du fait que chaque juge doit appliquer, en principe, ses propres règles*"[123]. Dans une affaire où il est demandé réparation pour un préjudice subi,[124] les juges appliqueront les règles de la responsabilité propre à chaque ordre juridictionnel, comme l'indique *l'arrêt Blanco*[125]. Ainsi donc, en dépit de la formule de l'article 124 de la constitution,[126] une décision d'inconstitutionnalité rendue par la Cour constitutionnelle peut juridiquement être à nouveau examinée, au fond, par un juge ordinaire. Il s'ensuit qu'avant la juridiction constitutionnelle ou après elle, en raison de la double légalité à la fois constitutionnelle et législative de la matière des droits de la personne humaine, les juges ordinaires sont amenés à connaître d'affaires qui ont été réellement jugées par la Cour constitutionnelle ou sont éligibles à son contentieux. Et la double juridiction peut générer des situations sans issue comme nous le montre l'affaire *Séraphin Dohou*[127].

En effet, pour la Haute juridiction constitutionnelle, "*considérant qu'il résulte de l'analyse de ces décisions que les deux Hautes Juridictions, l'une juge de la constitutionnalité, l'autre de la légalité, ont rendu en la même matière deux décisions manifestement contradictoires ; qu'il y a donc contrariété de décisions ; qu'en l'état actuel de notre droit positif, il n'existe aucun mécanisme de règlement de ce genre de conflit ; que dans le cas d'espèce, déclarer contraire à la Constitution le refus du ministre (...) d'exécuter les arrêts précités de la Cour Suprême reviendrait à remettre en cause l'autorité de la chose jugée attachée à la Décision DCC 01-106 de la Cour Constitutionnelle ; que, dès lors, la requête de Monsieur Séraphin DOHOU est irrecevable*"[128]. La Cour constate la contrariété de décision et s'en tient à cela. Le requérant est privé de son droit au droit et à la justice.

---

[123] G. DELVOLVÉ, « Dualité de juridiction et autorité de la chose jugée », article précité, p. 793.

[124] « Toute atteinte à l'intégrité physique mérite réparation » (Décision DCC 16-115 du 28 juillet 2016, *Kouassi Ahoudjezo Ayato).*

[125] G. DELVOLVÉ, « Dualité de juridiction et autorité de la chose jugée », article précité, p. 793.

[126] « Les décisions de la Cour Constitutionnelle ne sont susceptibles d'aucun recours. Elles s'imposent aux pouvoirs publics et à toutes les autorités civiles, militaires et juridictionnelles » (Article 124 de la constitution).

[127] Décision DCC 03-035 du 12 mars 2003, *Dohou Séraphin*, Recueil, 2003, p. 151. Voir commentaires *in* N. MÉDÉ, *Les grandes décisions de la Cour constitutionnelle du Bénin, op. cit.*, p. 40.

[128] *Ibidem.*

Dans une autre espèce, la Cour suprême, par Arrêt n°33/CA du 20 novembre 1998, a décidé l'annulation, pour excès de pouvoir, de la décision administrative portant radiation des cadres de la fonction publique de 111 fonctionnaires de l'État sur un total de 438 personnes concernées par la mesure gouvernementale. Saisie par le groupe des personnes n'ayant pas bénéficié de la décision d'annulation du juge administratif, la Cour constitutionnelle décide qu'il y a eu "*traitement discriminatoire*" et violation du principe constitutionnel d'égalité des citoyens devant la loi.[129] Ceci suggère que la décision d'annulation prononcée par la Cour suprême devrait concerner tous les 438 fonctionnaires et non seulement les 111 personnes retenues par l'Arrêt n°33/CA. La juridiction constitutionnelle apporte un désaveu sans frais à la Cour suprême.

Les mêmes causes produisant les mêmes effets, la fragmentation du contentieux provoque, dans d'autres États ouest-africains francophones le même phénomène de contrariété de décision[130] qui est source de "*déni de justice*"[131].

Ni la constitution ni les lois de la république n'organisent un dialogue institutionnel ou fonctionnel des juges au Bénin. La constitution confère aux décisions juridictionnelles des Hautes juridictions nationales, la même force de chose jugée. Du dialogue souhaitable, on glisse fatalement vers un duel des juges qui manque de servir la cause de la justice.

La Cour suprême connaît en son sein le même phénomène de contrariété de décisions, dans la mesure où elle regroupe plusieurs chambres que sont la chambre judiciaire, la chambre administrative et la chambre des comptes. Les arrêts rendus par une chambre peuvent être contraires à ceux issus d'une autre chambre de la même Cour.[132]

---

[129] Décision DCC 03-071 du 16 avril 2003, *Coulissou A. ROGATIEN et ALII*, Rec. 2003, p. 283.

[130] Au Mali, on peut citer l'Arrêt n°CC 96-003 du 25 octobre 1996 rendu par la Cour constitutionnelle et les Arrêts n°36 et 37 du 23 juillet 1998 rendus par le juge administratif (voir A. DIABATÉ, « Contrariétés de décision entre hautes juridictions constitutionnelle, administrative et judiciaire : expériences africaines », *in Les Cahiers de l'AA-HJF*, 5e édition, 2004, pp. 86 et suiv.)

[131] J. du BOIS. de GAUDUSSON, « Contrariétés de décisions entre hautes juridictions constitutionnelle, administrative et judiciaire : expériences européennes », *in Les Cahiers de l'AA-HJF*, 5e édition, 2004, p. 63.

[132] G. ALAYÉ, « Contrariétés de décision entre hautes juridictions constitutionnelle, administrative et judiciaire : communication de la Cour suprême du Bénin », *in Les Cahiers de l'AA-HJF*, 5e édition, 2004, pp. 102 et suiv.

Pour trancher ce type de dysfonctionnement, il est prévu la réunion de l'assemblée plénière de la Cour suprême pour connaître soit des conflits de contentieux, soit pour débattre d'une affaire qui pose une question de principe.[133]

À cette concurrence juridictionnelle nationale, il convient d'ajouter le spectre naissant de la concurrence des juridictions régionales en matière de protection des droits de la personne humaine. En effet, la Cour de justice de la Communauté économique des États de l'Afrique de l'Ouest (CEDEAO) a rendu des arrêts qui relativisent la posture des juridictions constitutionnelles nationales. Dans une première illustration, le Conseil constitutionnel du Togo a pris acte de la démission des députés du parti *UFC* et procédé à leur remplacement. La justice communautaire a ensuite jugé, qu'en l'espèce, et selon les éléments du dossier, "*il y a violation par l'État du Togo du droit fondamental des requérants à être entendus*"[134]. Dans une autre affaire, la Cour de justice de la CEDEAO a jugé que la loi n°005-2015/CNT du 7 janvier 2015 portant Code électoral au Burkina Faso est "*une violation du droit de libre participation aux élections*"[135] et ordonné "*à l'État du Burkina Faso de lever tous les obstacles à une participation aux élections consécutifs*" à la modification dudit Code.[136] La juridiction constitutionnelle du Burkina Faso, chargée de recevoir et de valider les dossiers des candidats, se retrouvait dans une position de juge "*ordinaire*", chargé d'appliquer la décision d'une instance de cassation.

À cet échelon communautaire vient se greffer la Cour africaine des droits de l'Homme et des peuples qui a compétence, "*pour connaître de toutes les affaires et de tous les différends dont elle est saisie concernant l'interprétation et l'application de la Charte, du protocole et de tout autre instrument pertinent relatif aux droits de l'Homme et ratifié par les États concernés*"[137]. Si, à l'avenir, la saisine de la Cour devait être "*démocratisée*" comme l'est la saisine de la Cour européenne

---

[133] *Idem*, p. 105.

[134] « Tel que prévu aux articles 10 de la Déclaration universelle des droits de l'Homme et 7 de la Charte africaine des droits de l'Homme et des peuples » (Arrêt n°ECW/CCJ/JUD/09/11 du 07 octobre 2011, *Madame Isabelle Manavi Ameganvi et consorts/État du Togo*).

[135] Jugement n°ECW/CCJ/JUG/16/15 du 13 juillet 2015, *Congrès pour la démocratie/État du Burkina Faso*.

[136] *Ibidem*.

[137] Article 3, Protocole relatif à la Charte Africaine portant sur la Création d'une Cour Africaine des Droits de l'Homme et des Peuples.

des droits de l'Homme, il naîtrait alors un niveau supplémentaire de contrôle juridictionnel des droits et libertés dans les pays africains.

Pour ce qui concerne le Bénin, la juxtaposition des compétences et des décisions sur le même terrain des droits de l'Homme ne peut qu'instiller les germes d'une fragilisation rampante de l'État de droit et de ses implications. Elle constitue des menaces effectives pour la sécurité juridique.

2°) La sécurité juridique, une exigence de l'État de droit

La notion de sécurité juridique n'a pas une existence avérée en droit positif béninois. Sa présence n'est attestée ni dans la loi, ni dans la jurisprudence. Elle n'en est pas pour autant d'une pertinence remarquable, ne serait-ce qu'en raison de ce que Marc TUSHNET appelle "*l'inévitable globalisation du droit constitutionnel*"[138].

La globalisation se manifeste par une dynamique de "*convergence*"[139], elle-même traduite par "*le recours explicite aux précédents étrangers*"[140], c'est-à-dire aux décisions rendues par des juridictions d'autres pays. La globalisation juridictionnelle ne part pas d'un constat béat d'un certain "*trans-constitutionnalisme.*"[141] Elle est dite une *"technique des références croisées*"[142] et exprime en cela la volonté assumée de s'inspirer et de copier ce qui se fait ailleurs, par les juridictions constitutionnelles étrangères.[143] En cela, la Cour constitutionnelle du Bénin reproduit

---

[138] M. TUSHNET, « The Inevitable Globalization of Constitutional Law », cité par M.-C. PONTHOREAU, « La globalisation du droit constitutionnel en question (s) », *in Mélanges Jean du Bois de Gaudusson*, Bordeaux, Presses Universitaires de Bordeaux, 2013, p. 549.

[139] *Idem,* p. 549.

[140] *Idem,* p. 551.

[141] X. PHILIPPE, cité par Pierre FOUCHER, « Contrôle de constitutionnalité, droits fondamentaux, démocratie : convergences, divergences, tendances », *in* F. DELPÉRÉE et P. FOUCHER (dir.) *op. cit.,* p. 44. « Le trans-constitutionnalisme se présente donc comme la recherche de normes et pratiques constitutionnelles transversales, c'est-à-dire que l'on peut retrouver dans divers États aux systèmes juridiques différents, sans qu'il n'y ait nécessairement eu emprunt ».

[142] « La technique des références croisées consiste pour un juge à se référer à un instrument ou à une jurisprudence qui lui est étranger » (L. HENNEBEL, « Les références croisées entre les juridictions internationales des droits de l'homme », *in Le dialogue des juges,* Actes du colloque organisé le 28 avril 2006 à l'Université libre de Bruxelles, Bruxelles, Bruylant, 2007, p. 31).

[143] La Cour constitutionnelle d'Afrique du Sud invoque ce qui a été dit par les Cours suprêmes des États-Unis, du Canada et de l'Inde en matière de peine de mort. La question de la privation automatique des condamnés de leurs droits électoraux a été

bien le modèle globalisant, parce qu'elle fait référence, dans ses décisions, implicitement[144] ou explicitement,[145] à la jurisprudence ou à la doctrine étrangère.

Au demeurant, n'est-il pas de l'office du "*savoir scolastique*"[146], de la mission de ce qu'on appelle plus ordinairement la doctrine, d'anticiper le droit en offrant aux fabricants institutionnels de la règle de droit, des orientations de leur action de production normative ?

---

inspirée à la Belgique par un précédent de la Cour constitutionnelle de Slovénie laquelle a attendu, "pour rendre son arrêt que la Cour européenne des droits de l'Homme ait rendu son arrêt Hirst qui va confirmer l'arrêt rendu le 30 mars 2004 où elle s'inspire d'une décision rendue par la Cour suprême du Canada en 1992 et d'une décision de la Cour constitutionnelle d'Afrique du Sud du 1er avril 1999". L'Argentine s'inspire de la Cour interaméricaine des droits de l'Homme pour décider qu'il n'est pas discriminatoire de ne pas autoriser la mère à agir en contestation de paternité légitime. Sur l'ensemble voire P. MARTENS, « L'ébauche d'une culture commune des Cours suprêmes ou constitutionnelles », *in Le dialogue des juges,* Actes du colloque organisé le 28 avril 2006 à l'Université libre de Bruxelles, *op. cit*., pp.9 et 10. Dans le même sens, dans sa décision n°ECW/CCJ/JUG/16/15 *Congrès pour la démocratie/État du Burkina* dans l'affaire dite du code électoral discriminatoire contre les partisans de l'ancien Président du Faso, la Cour de justice de la CEDEAO fait référence et cite les motifs de l'Arrêt du 6 janvier 2011, *Paksas/Lituanie* rendu par la Cour européenne des droits de l'Homme et renvoie aussi à un autre arrêt de la même Cour européenne sans le citer, l'Arrêt du 22 septembre 2004, Aziz/Chypre).

[144] Sur la liberté d'aller et de venir sur une route avec aménagement d'un poste de péage voire Décision DCC 01-096 du 07 novembre 2001, *Houssou Désiré Christian*, Recueil, 2001, p. 385 et décision du Conseil constitutionnel français Décision n°79-107 DC du 12 juillet 1979, *Loi relative à certains ouvrages reliant les voies nationales ou départementales.*

[145] "Considérant que l'autonomie financière prévue à l'article 141 sus-cité ne saurait se confondre avec un budget autonome entendu comme budget ou état de prévision distinct de la loi de finances de l'État qui englobe les dépenses et les recettes des services dotés de la personnalité morale, et donc juridiquement distincts de l'État" (cf. G. CORNU, *Vocabulaire juridique*, Paris, PUF, 2009, page 124) ; que "pour être complète, l'autonomie financière suppose l'existence de ressources propres à la collectivité dont s'agit" (cf. Raymond GUILLIEN et Jean VINCENT : *Lexique des termes juridiques*, Dalloz, Paris, 2005, page 64) ; qu'il s'ensuit que seuls les démembrements de l'État que sont les collectivités locales, et les organismes publics pouvant disposer de ressources propres en quantité suffisante pour exercer sans difficulté financière majeure les compétences qui leur sont dévolues, bénéficient réellement de l'autonomie financière, (cf. Pierre LALUMIÈRE, *Les Finances publiques*, Armand Colin, Paris, 1971, page 137)." Décision DCC 10-144 du 14 décembre 2010, *Raphaël Akotègnon.*

[146] G. SACRISTE, *La république des constitutionnalistes, Professeurs de droit et légitimation de l'État en France (1870-1914),* Paris, Presses de la Fondation Nationale des Sciences Politiques, 2011, p. 15.

Autrement dit, comme l'affirme Adhémar ESMEIN, la doctrine n'est-elle pas dans son rôle lorsqu'elle se propose "*d'éclairer la jurisprudence acquise grâce à la méthode historique et de mieux préparer l'avenir grâce à la synthèse que l'on en fait*"[147] ? Un rapide état des lieux permet de comprendre que la réception de la notion de sécurité juridique en droit interne des États est très diversifiée.

La sécurité juridique est d'abord une construction juridique communautaire européenne. Elle apparaît dans une décision de la Cour européenne des droits de l'Homme qui affirme que "*le droit à un procès équitable (...) doit s'interpréter à la lumière du préambule de la Convention. Celui-ci énonce, comme élément du patrimoine commun des États contractants, la prééminence du droit, laquelle englobe le principe de sécurité des rapports juridiques*"[148]. Le droit constitutionnel français ne le consacre pas formellement. Ni la constitution, ni les actes fondamentaux, encore moins la jurisprudence du Conseil constitutionnel français ne le mentionnent *expressis verbis*. Les recours récents en inconstitutionnalité, fondés sur le moyen de la méconnaissance de la sécurité juridique n'ont pas prospéré devant la juridiction constitutionnelle française.[149]

Pour autant, la sécurité juridique ne serait pas absente du droit positif français. Elle est un principe implicite qui découlerait, par prétérition, des principes constitutionnels. Pour François LUCHAIRE, "*la sécurité juridique est un élément de la sûreté*"[150]. Elle a été "*constitutionnalisée dans sa substance*"[151]et peut donc produire "*des effets concrets tout en étant formellement invisible*"[152]. La démarche du Conseil fait écrire que

---

[147] A. ESMEIN, « La jurisprudence et la doctrine : cent ans après », *Revue Trimestrielle de Droit Civil*, 1902, p. 1 et s.

[148] Arrêt CEDH, 28 octobre 1999, Brumarescu c/Roumanie, *in* V. BERGER, *Jurisprudence de la Cour européenne des droits de l'Homme*, Paris, Sirey, 12e édit. 2011, p. 218.

[149] Décision n°2015-727 DC du 21 janvier 2016, Loi de modernisation du système de santé. Considérant 79, "que les députés requérant soutiennent que les dispositions de l'article 143 sont inintelligibles et portent atteinte au principe de 'sécurité juridique' dès lors que (…)." Considérant 80 : "toutefois, (…) qu'elles ne méconnaissent aucune exigence constitutionnelle." Voir aussi Décision n°2016-739 DC du 17 novembre 2016, Loi de modernisation de la justice du XXIe siècle, Considérant n°83.

[150] F. LUCHAIRE, « La sécurité juridique en droit constitutionnel français », *in Les Cahiers du Conseil constitutionnel*, n°11, 2001, p. 67.

[151] A. CRISTAU, « L'exigence de sécurité juridique » *in Dalloz*, 2002, n° 37, p. 2818.

[152] F. GRECH, « Le principe de sécurité juridique dans l'ordre constitutionnel français », *in Revue Française de Droit Constitutionnel,* 2015/2 n°102, p. 414.

la Haute juridiction constitutionnelle française fait "*de la sécurité juridique sans le savoir, ou plutôt en faisant mine de ne pas le savoir*"[153].

Cette approche en filigrane tranche avec la démarche du juge judiciaire français[154] et surtout avec celle du Conseil d'État français qui a consacré son rapport annuel de l'année 2006 au thème de la sécurité juridique. La Haute juridiction administrative française précise que le principe de sécurité juridique comporte quelques "*applications essentielles (...) : prévisibilité de la loi, clarté et accessibilité de la norme, stabilité des situations juridiques*"[155]. L'affaire KPMG lui donne l'occasion de l'appliquer de façon concrète au code de déontologie des commissaires aux comptes en France.[156]

Si donc le principe existe, il est un principe hautement casuistique, qui, tel un totem *vodoun,* a un visage accessible aux sens mais sa mécanique interne semble impénétrable dans sa totalité. On en déduit que la notion est "*plus fonctionnelle que conceptuelle*"[157]. À défaut d'une définition succincte et définitive, on peut rattacher à la sécurité juridique les implications suivantes : l'intelligibilité et l'accessibilité de

---

[153] R. GUÉVONTIAN, F. MELIN-SOUCRAMANIEN, L. PHILIP, Chronique de jurisprudence du Conseil constitutionnel, 1er octobre-31 décembre 1998, *in Revue Française de Droit Constitutionnel*, 1999, p. 127.

[154] Jean-Guy HUGLO, Conseiller référendaire à la Cour de cassation française, dénombre huit emplois de l'expression sécurité juridique dans les arrêts rendus par la Cour de cassation (J-G HUGLO, « La Cour de cassation et le principe de sécurité juridique » *in Les Cahiers du Conseil constitutionnel*, n°11, 2001, p. 82.

[155] Conseil d'État (français) *Études et Documents,* n°57/2006, p. 229.

[156] « Les exigences et interdictions qui résultent du code de déontologie des commissaires aux comptes n'apportent pas, dans les relations contractuelles légalement instituées avant son intervention, des perturbations qui, du fait de leur caractère excessif au regard de l'objectif poursuivi, seraient contraires au principe de sécurité juridique » (CE, Ass. 24 mars 2006, n°288460, Sté KPMG, Rec. CE 2006, p. 154. RFDA 2006, p. 463, concl. Y. AGUILA, note F. MODERNE).

[157] F. GRECH, « Le principe de sécurité juridique dans l'ordre constitutionnel français », article précité, p.411. Selon une *summa divisio* proposée par Georges VEDEL, « les notions conceptuelles sont celles qui peuvent recevoir une définition complète selon les critères logiques habituels et leur contenu est abstraitement déterminé une fois pour toutes... ; elles ont une réelle unité conceptuelle... L'utilisation de toutes ces notions dépend de leur contenu ; le contenu ne dépend pas de l'utilisation ». En revanche, « les notions fonctionnelles sont différemment construites. Elles procèdent directement d'une fonction qui leur confère seule une véritable unité », les actes de gouvernement par exemple (G. VEDEL, « La juridiction compétente pour prévenir, faire cesser ou réparer la voie de fait administrative », *J.C.P.* 1950 - I- 1851).

la loi,[158] l'exigence de publicité,[159] et l'aménagement de la rétroactivité des normes.[160] À cette liste s'ajoutent, selon le juge judiciaire français, la question des délais de recours[161] et le principe de confiance légitime.[162] Mais l'implication qui importe le plus ici, dans le cadre de la présente recherche, est le respect de la chose jugée. Le juge judiciaire français en fait "*une des manifestations les plus intangibles du principe de sécurité juridique*"[163]. On la retrouve en droit communautaire européen[164] et aussi en droit positif du Québec où on sanctifie "*la sécurité à venir qu'engendre la chose jugée*"[165].

Certes, on peut soutenir que la sécurité juridique "*ne saurait être ni générale ni absolue*"[166] et que "*l'insécurité fait partie elle aussi du droit*"[167]. L'ordre juridique ne saurait être assimilé à un long fleuve tranquille placé sous les auspices des mânes de nos ancêtres. Mais il convient de prendre en compte l'environnement historique et sociologique du droit au Bénin et en Afrique. L'"*Afrique ambiguë*"[168] de Georges BALANDIER n'a pas tout à fait perdu de sa pertinence. La république reste tiraillée entre l'idéal d'un État de droit et les légitimités traditionnelles. Elle est "*à la fois moderne et traditionnelle*"[169]. La

---

[158] Voir Conseil constitutionnel français, Décision n°2012-662 DC du 29 décembre 2012.

[159] A-L VALEMBOIS, « La constitutionnalisation de l'exigence de sécurité juridique en droit français », *in Cahiers du Conseil constitutionnel*, n°17, mars 2005, p. 3.

[160] Voir Conseil constitutionnel français, Décision n° 2012-659 DC du 13 décembre 2012, considérant 80.

[161] Cour de cassation française, Com., 18 avril 2000, Bull. civ. IV, n°76, p. 68.

[162] Cour de cassation française, Soc., 19 septembre 1991, Bull. civ. V, n° 376, p. 234. Sur la "nébuleuse" de confiance légitime, voir L. TARTOUR, « Le principe de protection de la confiance légitime en Droit Public Français » *in Revue de Droit Public*, n°2/2013, p. 307.

[163] J-G HUGLO, article précité, p.85. Voir aussi Cour de cassation française, Com., 14 juin 2000, Bull. civ. IV, n° 123, p. 111.

[164] Voir Tribunal de première instance des Communautés européennes, TPI 4e Chambre 15 juillet 1998, Affaire T-115/94, *Opel Austria c/Conseil*. Cour de justice des communautés européennes, CJCE, 26 avril 1994, *Roquette*, affaire C-228/92, Rec. I, p. 1445.

[165] Ch. LEMIEUX, « Jurisprudence et sécurité juridique : une perspective civiliste, » *in Revue de Droit de l'Université de Sherbrooke*, 1998-1999, p. 232.

[166] F. LUCHAIRE, « La sécurité juridique en droit constitutionnel français, » article précité, p. 69.

[167] J-G HUGLO, article précité, p. 82.

[168] G. BALANDIER, *Afrique ambiguë*, Paris, Pocket, 2008.

[169] C. KUYU MWISSA, « La dimension invisible de la protection des droits de la personne en Afrique contemporaine », *in* C. KUYU MWISSA, *Repenser les droits*

démocratie constitutionnelle pluraliste reste une quête de tous les jours face à des environnements changeants et pas toujours porteurs pour le rêve de millions de citoyens.[170]

Dans un tel contexte, la sécurité juridique doit être sauvegardée, un peu comme un moyen de consolider l'État de droit. Tant il est vrai que la sécurité juridique est "*l'expression la plus claire de l'État de droit*"[171] en ce qu'elle tend à "*garantir une effectivité des droits des justiciables*"[172] et donc des citoyens. Et c'est au nom de cette même sécurité juridique menacée qu'il devient utile de rétablir la Cour constitutionnelle dans son domaine régalien, comme l'indique la tendance en droit constitutionnel comparé ainsi que les orientations que dessine la globalisation du droit constitutionnel.

B. La globalisation du droit constitutionnel : une inspiration pour le Bénin

L'approche comparatiste choisie dans le cadre de la présente recherche, autorise à mentionner que la notion de globalisation du droit constitutionnel a ceci de pertinent qu'elle permet de cibler les grands défis auxquels sont confrontées les institutions juridictionnelles suprêmes et les grandes lignes des solutions qui y sont apportées. Pour le Club des juristes français,[173] l'évidence au 21e siècle est qu'il y a une

---

africains pour le XXIe siècle, Yaoundé, Menaibuc, 2001, p. 122. Georges BALANDIER le dit expressément lorsqu'il écrit qu'en Afrique, "les expressions politiques modernes coexist (ent) avec des manifestations et des structures anciennes elles-mêmes transformées par suite de bouleversements résultant de la colonisation. Cette triple complexité ne peut être méconnue sans risques scientifiques". (G. BALANDIER, « L'Africanisme face aux problèmes de l'anthropologie et de la sociologie politique, » *Revue Présence Africaine*, 2002, p. 86).

[170] Voir J. du BOIS de GAUDUSSON, « Constitution sans culture constitutionnelle n'est que ruine du constitutionnalisme », *in Mélanges Slobodan Milacic*, Bruxelles, Bruylant, 2008, p. 339. Voir aussi F.J. AÏVO, "*La crise de la normativité de la constitution en Afrique*", in Revue de Droit Public, n°1/2012, p141.

[171] F. GRECH, article précité, p. 411. Sur la migration du principe de sécurité juridique en droit financier public, voir Arrêt n° S 2017-2022, du 20 juillet 2017, Office public de l'habitat de Boulogne-sur-Mer (Pas-de-Calais), Commentaires Nicolas PÉHAU, Nicolas HAUPTMANN, « Le juge des comptes applique à son tour le principe de sécurité juridique », A.J.D.A. 2017 p. 1934.

[172] R. El HERFI, F. BURGAUD, « Les principes de confiance légitime et de sécurité juridique en droit européen », Service de Documentation, des Études et du Rapport de la Cour de Cassation, https://www.courdecassation.fr/IMG/Principes_confiance_legitime_securite_juridique_droit_europeen.pdf consulté le 12 octobre 2017.

[173] Think tank juridique français dont le siège est à Paris (4, rue de la planche, 75007 Paris, Tél : 01 53 63 40 04) http://www.leclubdesjuristes.com

inflation prodigieuse du contentieux devant les juges ordinaires mais aussi devant la juridiction constitutionnelle. *"Le volume des contentieux s'est accru dans presque tous les États occidentaux de manière très importante depuis vingt ans."*[174] En guise de solution certains États ont opté pour la rationalisation du travail des hautes juridictions **(1)**, ce qui pourrait bien inspirer le droit institutionnel et matériel au Bénin **(2)**.

1°) Les mesures de rationalisation à l'étranger

Le Bénin est éloigné de l'Allemagne, de l'Italie et de l'Espagne par la géographie mais aussi par la taille de leurs économies respectives. Mais une chose les rapproche : le régime politique actuel, ici et là-bas, succède à une monocratie oppressante qui a été une négation absolue de l'État de droit et de la protection des libertés.[175] La chronique des années de lèpre s'est achevée par la mise en place de régimes nouveaux, des régimes constitutionnels pluralistes, pour reprendre l'expression de Raymond ARON.[176] La juridiction constitutionnelle, dans ces nouvelles architectures institutionnelles, a été aménagée pour servir les besoins opérationnels de ce que les révolutionnaires français de 1789 ont appelé "*la garantie des droits*", proclamée à l'article 16 de la Déclaration des droits de l'homme et du citoyen. Les risques d'une résurgence d'un passé dictatorial sont subliminaux, tandis que la régionalisation (Cour de justice de la CEDEAO, Cour africaine des droits de l'Homme et des peuples)[177] et l'internationalisation (Cour pénale internationale) de l'accès au juge sur les questions de droit de l'Homme a relativisé le rôle et la portée de la juridiction constitutionnelle. Le temps est révolu où Josef GOEBBELS pouvait affirmer sans se faire démentir : "*charbonnier est maître chez soi (...), nous n'avons à subir de contrôle ni de l'humanité, ni de la Société des Nations.*"[178]

---

[174] D. de BÉCHILLON, (dir), *Rapport : La régulation des contentieux devant les Cours suprêmes*, Paris, Le Club des juristes, 2014, p. 9.

[175] S. BERSTEIN, P. MILZA, *Dictionnaire des fascismes et du nazisme*, Paris, André Versaille éditeur, 2010. La célébration du "nous" collectif, sous ses formes les plus variées (race, peuple, État) a été qualifiée par le Pape Pie XI d'"idole païenne" dans son encyclique "Dans ma poignante inquiétude", (en Allemand, *mitbrennender Sorge Enzyklika*), le 14 mars 1937.

[176] R. ARON, *Démocratie et totalitarisme*, Paris, Gallimard, 1965, pp. 107 et suiv.

[177] Voir aussi les Chambres extraordinaires africaines sur l'Affaire Hissen HABRÉ (A. SALL, *L'affaire Hissène Habré : aspects judiciaires nationaux et internationaux*, Paris, L'Harmattan, 2013).

[178] D. BREILLAT, *Libertés publiques et droit de la personne humaine*, Paris, Gualino éditeur, 2003, p. 281.

"*Le jour qui passe est passé, l'heure qui sonne est sonnée, demain seul reste et les après-demain*", écrit le philosophe ALAIN. Le temps de la dictature franche et brutale relève de l'histoire et les juridictions constitutionnelles ont de nouveaux défis à affronter. La préservation des droits et libertés reste un impératif. Mais il faut s'ajuster aux contraintes liées à la banalisation de la juridiction constitutionnelle et à sa relégation au rang de tribunal de première instance des droits de l'Homme. Pour sortir de cet engorgement, la Cour constitutionnelle fédérale allemande a bénéficié de la sollicitude du législateur qui a adopté plusieurs lois allant dans le sens du resserrement de l'éligibilité au contentieux constitutionnel : la loi du 21 juillet 1956 sur la Cour constitutionnelle fédérale, la cinquième loi de modification de la loi sur la Cour constitutionnelle fédérale du 02 août 1993, la loi 9 décembre 2003 et la loi du 24 novembre 2011. De façon spécifique, la loi du 2 août 1993, loi postérieure à la réunification des deux Allemagne, a précisé que le recours individuel (fleuron procédurier du système allemand de garantie des droits) devant la Cour constitutionnelle fédérale pour violation d'un droit fondamental du citoyen ne sera recevable que "*s'il pose une question de principe pour le droit constitutionnel (ou) si cela est nécessaire pour faire respecter un droit fondamental*"[179]. Le législateur allemand ajoute que, "*si une voie de recours ordinaire est ouverte contre la violation alléguée, le recours individuel pour violation d'un droit fondamental ne peut être formé devant la Cour constitutionnelle qu'après épuisement de cette voie de*

[179] Loi 02 août 1993 modifiant la loi sur la Cour constitutionnelle fédérale, §93a. Pour la Cour, "un État de droit doit garantir au moins qu'un juge contrôle le respect de ces principes" issus des droits fondamentaux. Cependant, "il est conforme au principe de l'État de droit que le contrôle des violations du droit à être entendu par un tribunal et leur élimination incombent en premier lieu aux tribunaux ordinaires". (Voir M. FROMONT, « République fédérale d'Allemagne : La jurisprudence constitutionnelle en 2003 », *in Revue de Droit Public*, n°6-2004, p. 1656.

recours"[180]. Ce qui fait de l'instance devant la Cour constitutionnelle "*une voie de recours exceptionnel*"[181].

La *Rechtswegerschöpfung* ou épuisement préalable des voies de recours en Allemagne se retrouve, *mutatis mutandis*, en Italie, notamment en matière de rationalisation du contrôle de constitutionnalité des lois par voie préjudicielle, c'est-à-dire le procès incident de constitutionnalité. La Cour constitutionnelle italienne a en effet décidé, qu'en "*principe, les lois ne doivent pas être déclarées contraires à la constitution parce qu'il est possible d'en dégager des interprétations contraires à la constitution, mais parce qu'il est impossible d'en dégager des interprétations conformes à la constitution*"[182]. Ce sophisme vise à faire comprendre qu'il est du devoir du juge ordinaire saisi d'une question préjudicielle de constitutionnalité de dégager par lui-même une interprétation conforme à la constitution, de produire ce qu'un auteur français appelle des "*décisions de conformité sous réserve*"[183] de la loi. Ce pouvoir conféré au juge ordinaire a poussé celui-ci "*à faire un usage systématique de cette technique, avec pour conséquence principale de poser moins de questions de constitutionnalité par voie incidente*"[184]. Ceci témoigne aussi d'une "*marque de confiance de la Cour constitutionnelle envers les juges ordinaires*"[185] lesquels doivent démontrer,

---

[180] *Idem*, §90 alinéa 2. La question de la circoncision des enfants pose certes, des questions de nature constitutionnelles comme l'intégrité physique de l'enfant, mais aussi le droit des parents à éduquer leurs enfants ou encore la liberté religieuse des parents et de l'enfant. Mais ce débat n'a pas été porté devant la juridiction constitutionnelle, mais tranchée par le juge pénal et conclue par une loi. Voir M. FROMONT, « République fédérale d'Allemagne : La jurisprudence constitutionnelle en 2012 », *in Revue de Droit Public*, n°4-2013, pp. 1063-1064.

[181]A. DITTMANN, « *Le* recours constitutionnel en droit allemand », *in Les Cahiers du Conseil constitutionnel* n° 10, mai 2001.

[182] Th. DI MANNO, « La sélection des recours devant la Cour constitutionnelle italienne », *in* D. de BÉCHILLON, (dir), *Rapport : La régulation des contentieux devant les Cours suprêmes, op. cit.*, p. 79.

[183] L. FAVOREU, « La décision de constitutionnalité », article précité, p. 622. Certaines décisions "auraient pu être des décisions d'annulation ; mais le Conseil constitutionnel, de plus en plus fréquemment, suivant en cela ses homologues allemand et italien, préfère rendre les dispositions attaquées conformes à la constitution par une interprétation constructive, neutralisante ou directive."

[184] Th. DI MANNO, « La sélection des recours devant la Cour constitutionnelle italienne », article précité, p. 81.

[185] Lesquels juges ordinaires "voient leur rôle ainsi considérablement revalorisé dans la diffusion des valeurs constitutionnelles » (Th. DI MANNO, « La sélection des recours devant la Cour constitutionnelle italienne », article précité, p. 82.

"*dans l'ordonnance de renvoi de la question incidente de constitutionnalité, qu'(ils ont) bien cherché à dégager une interprétation conforme de la loi et qu'il est impossible*" d'y arriver.[186] *De facto*, le juge ordinaire devient un juge constitutionnel de premier degré et le juge constitutionnel de droit commun parce que la Cour constitutionnelle a transformé ce qui n'était qu'une faculté offerte au juge ordinaire en une "*véritable obligation*"[187].

L'Espagne, elle aussi, a suivi le même mouvement en modifiant, en 2007, le régime juridique du recours d'*Amparo*, c'est-à-dire, le recours individuel ouvert à tout individu pour saisir le Tribunal constitutionnel pour des cas de violation d'un de ses droits fondamentaux "*dans un cas concret*"[188]. Dorénavant, le requérant doit satisfaire toutes les conditions posées par la loi et en outre démontrer que son recours "*est doté d'une 'especial trascendencia constitucional', c'est-à-dire (...) que son recours présente une particulière relevance constitutionnelle au-delà de son cas particulier et qu'il revêt (...) une importance objective pour l'évolution de la jurisprudence constitutionnelle, pour l'épuration des pratiques incorrectes des tribunaux ordinaires ou pour d'autres raisons tout aussi générales mais objectives.*"[189] Cette orientation de politique juridictionnelle et jurisprudentielle a fait basculer l'Espagne d'un "*système de protection subjective à un système d'importance objective*"[190] de la question de la garantie des droits. Dans un autre contexte et pour d'autres raisons, des dynamiques similaires sont en cours au Royaume-Uni avec le mécanisme de la *permission to appeal*[191] ou l'*abstention doctrine* américaine[192]. Une convergence des modèles est en gestation.

---

[186] *Idem,* p. 80.

[187] *Idem,* p. 79.

[188] L. M. DIÈZ-PICAZO, « La régulation des recours devant les juridictions suprêmes : L'Espagne », *in* D. de BÉCHILLON, (dir), *Rapport : La régulation des contentieux devant les Cours suprêmes, op. cit.*, p. 56.

[189] *Idem,* p. 58.

[190] *Idem,* p. 58.

[191] Une permission de faire appel d'une décision d'une juridiction inférieure devant une *County court*, la *High court* ou la *Crown court*. L'autorisation de faire appel est demandée à la juridiction inférieure ou à la Cour d'appel en cas de refus de la juridiction inférieure. D'une manière générale, "l'accès aux cours royales (est) perçu comme un privilège au Royaume-Uni" (A. DUFFY-MEUNIER, « La régulation du contentieux devant la Cour suprême du Royaume-Uni », *in* D. de BÉCHILLON, (dir), *Rapport : La régulation des contentieux devant les Cours suprêmes, op. cit.*p. 138).

[192] Politique jurisprudentielle qui veut que la Cour suprême fédérale ne se prononce pas sur des questions qui peuvent trouver leurs solutions dans le droit des Etas. "L'avantage consiste en ce que la Cour conserve le dernier mot, puisque c'est elle qui

Cette convergence prend d'ailleurs en compte les exemples ouest-africains francophones de juridiction constitutionnelle, pour ce qui concerne, du moins, le périmètre de la décision de constitutionnalité.[193]

2°) Pour une convergence des modèles nationaux en matière de périmètre de la décision de constitutionnalité

Cette pérégrination à la fois législative et jurisprudentielle au-delà de la Méditerranée, ce voyage dans l'espace n'a pour but que d'asséner quelques vérités qui gagneraient à devenir évidentes en elles-mêmes, à savoir qu'une Haute juridiction constitutionnelle n'a pas vocation à connaître du contentieux de masse ; que le jugement des cas concrets ressortit à la compétence des juges du fond ; que la Cour constitutionnelle n'a véritablement à "*connaître que des questions de principe, d'évolution du droit ou d'unification de la jurisprudence*"[194] *;* qu'en définitive, la Haute juridiction constitutionnelle, en vertu du paradigme de subsidiarité, est seule dépositaire de la mission éminente de régulation de l'ordre juridique. Selon la Cour européenne des droits de l'Homme, une juridiction suprême a pour tâche principale de "*rendre des arrêts précisant la loi et d'uniformiser son application*"[195]. Ce que renchérit le Conseil de l'Europe qui préconise que le recours aux Hautes juridictions nationales soit réservé aux affaires "*qui contribuent au développement du droit ou à l'uniformisation de l'interprétation de la loi*"[196].

La cause semble entendue et pourtant ! La relation dialectique entre le droit positif et "*le fait social*"[197] a été soulignée par plusieurs auteurs.

---

peut se prononcer en ultime recours" (E. ZOLLER, « La sélection des recours devant la Cour suprême des États-Unis » *in* D. de BÉCHILLON, (dir), *Rapport : La régulation des contentieux devant les Cours suprêmes, op. cit.*, p. 65).

[193] M. BÖCKENFÖRDE et ALII, *Les juridictions constitutionnelles en Afrique de l'Ouest, analyse comparée, op. cit.*, pp. 97 et suiv.

[194] D. de BÉCHILLON, (dir), *Rapport : La régulation des contentieux devant les Cours suprêmes, op. cit.*, p. 187.

[195] Cour européenne des droits de l'Homme, Décision du 21 janvier 2014, *Valchev et autres c/Bulgarie*.

[196] Conseil de l'Europe, Recommandation n° R (95) 5 du 7 février 1995 du Comité des ministres aux États membres.

[197] « Est fait social toute manière de faire, fixée ou non, susceptible d'exercer sur l'individu une contrainte extérieure » (E. DURKHEIM, *Les règles de la méthode sociologique*, Paris, Flammarion, 2009, p. 55).

De MONTESQUIEU[198] à *Portalis*[199] sans oublier le positivisme sociologique de Léon DUGUIT,[200] le lien fusionnel entre le droit et la société qui la génère a été relevé. Il n'y aurait pas de droit positif désincarné, il n'y a de droit positif que celui que nous offre le moule sociétal dans lequel il est produit.

"*Il y a deux manières de se perdre, écrit Aimé CÉSAIRE, par ségrégation murée dans le particulier ou par dilution dans l'universel.*"[201] Ce qu'il convient d'appeler aujourd'hui les standards internationaux semble définir la ligne de démarcation entre le contexte national et les

---

[198] « Les lois politiques et civiles de chaque nation, ne doivent être que les cas particuliers où s'applique cette raison humaine. Elles doivent être tellement propres au peuple pour lequel elles sont faites, que c'est un très grand hasard si celles d'une nation peut convenir à une autre. Il faut qu'elles se rapportent à la nature & au principe du gouvernement qui est établi, ou qu'on veut établir ; soit qu'elles le forment, comme font les lois politiques ; soit qu'elles le maintiennent, comme font les lois civiles. Elles doivent être relatives au physique du pays, au climat glacé, brûlant ou tempéré ; à la qualité du terrain, à sa situation, à sa grandeur ; au genre de vie des peuples, laboureurs, chasseurs, ou pasteurs : elles doivent se rapporter au degré de liberté, que la constitution peut souffrir ; à la religion des habitants, à leurs inclinations, à leurs richesses, à leur nombre, à leur commerce, à leurs mœurs, à leurs manières. Enfin, elles ont des rapports entr'elles ; elles en ont avec leur origine, avec l'objet du législateur, avec l'ordre des choses sur lesquelles elles sont établies. C'est dans toutes ces vues qu'il faut les considérer. C'est ce que j'entreprends de faire dans cet ouvrage. J'examinerai tous ces rapports : ils forment tous ensemble ce que l'on appelle l'ESPRIT DES LOIS » (MONTESQUIEU, *De l'esprit des Lois*, Tome 1./134).

[199] « Les lois ne sont pas de purs actes de puissance ; ce sont des actes de sagesse, de justice et de raison. Le législateur exerce moins une autorité qu'un sacerdoce. Il ne doit point perdre de vue que les lois sont faites pour les hommes, et non les hommes pour les lois ; qu'elles doivent être adaptées au caractère, aux habitudes, à la situation du peuple pour lequel elles sont faites » (J.-É.-M. PORTALIS, *Discours préliminaire du premier projet de Code civil*, édition numérique par Claude Ovtcharenko, http://bibliotheque.uqac.ca page 14).

[200] Pour Léon DUGUIT, la "règle de droit" est d'abord une "règle sociale", qui émerge en dehors de l'État, qui existe sans l'État et est au-dessus de l'État. Cette "règle sociale," devient "règle de droit" lorsque "la réaction collective spontanée ne suffit plus" pour rétribuer et prévenir les transgressions à la "règle sociale." Dès lors, "la masse des consciences individuelles" considère que la sanction doit être socialement organisée, qu'elle doit être assurée par l'État, ce qui se matérialise par l'emploi de la force de la part des gouvernants. La contrainte par la puissance publique transforme une "règle sociale", déjà obligatoire par elle-même, en "règle de droit". (S. PINON, « Le positivisme sociologique : l'itinéraire de Léon Duguit », *in Revue Interdisciplinaire d'Études Juridiques*, vol. 67, n°2-2011, pp. 76-77). Voir aussi O. BEAUD, « Duguit, l'État et la reconstruction du droit constitutionnel français », *in* F. MELLERAY, (dir), *Autour de Léon Duguit*, Bruxelles, Bruylant, 2011, p. 29).

[201] A. CÉSAIRE, *Lettre à Maurice Thorez*, http://lmsi.net/Lettre-a-Maurice-Thorez.

exigences d'un État moderne accepté et respecté au sein de la communauté internationale. La mondialisation a ses codes à la fois langagiers et managériaux. L'efficacité et l'efficience sont les nouveaux critères d'évaluation des politiques publiques, mais aussi des lois et de la jurisprudence. La production normative quelle qu'elle soit (constitution, loi, règlement, jurisprudence) "*peut être perçue comme un moyen au service d'une fin et, à ce titre, ne peut être indifférente à la notion d'efficacité*"[202]. D'où la bonne question de savoir si la production normative réalise les "*effets attendus*"[203] et à quel coût ? La notion de coût renvoie d'abord à une certaine analyse économique du droit, véhiculée par une partie de la doctrine.[204] Elle suggère aussi une appréciation des surcoûts organisationnels et fonctionnels que l'ordre juridique doit acquitter, ce que nous avons appelé l'insécurité juridique et la défiance envers les ordres juridictionnels. Or, au fondement de toute société politique, il y a un principe d'ordre, "*l'idée d'un ordre social désirable*"[205] qu'exprime la règle de droit en ce qu'elle est réputée être une pourvoyeuse d'ordre et de sécurité,[206] et qu'elle met "*en ordre un monde chaotique et conflictuel*"[207].

La perception de la norme juridique comme la relation exclusive à un ensemble hiérarchisé de normes a quelque chose de lacunaire.[208] L'être et le devoir-être de Hans KELSEN entretiennent, malgré

---

[202] M. FATIN-ROUGE-STEFANINI et ALII, *L'efficacité de la norme juridique : un nouveau vecteur de légitimité* ? Bruxelles, Bruylant, 2012, p. 19.

[203] *Idem* p. 14.

[204] Voir B. DEFFAINS (dir), *L'AED dans les pays de droit civil*, Paris, Cujas, 2002 ; E. MACKAAY, S ROUSSEAU, *Analyse économique du droit*, Paris, Dalloz, 2008.

[205] G. BURDEAU, *L'État*, Paris, Éditions du Seuil, 1970, p. 24.

[206] Mais le désordre juridique peut-il être un facteur d'ordre ? L'ordre et le désordre forment-ils une unité dialectique ? Voir P. CHABAL et J. P. DALOZ, *L'Afrique est partie ! Du désordre comme instrument politique*, Paris, Economica, 1999. Ceci rappelle la doctrine de "l'anarchie fonctionnelle" en Inde.

[207] I. PARIENTE-BUTTERLIN, *Le droit, la norme et le réel*, Paris, PUF, 2005, p.2. Ce qui rejoint la pensée de Georges VEDEL qui écrit, au soir de sa vie de juriste : "Si je ne sais guère ce qu'est le droit, en revanche je sais bien ce que serait une société sans droit" (G. VEDEL, « Indéfinissable, mais présent », *in* Droits, *Revue française de théorie juridique*, n°11, 1990, p. 71).

[208] « Un devoir-être ne peut pas être inféré d'un être ou un être d'un devoir-être », écrit Hans KELSEN (H. KELSEN, *Théorie générale des normes*, Paris, PUF, 1996, p. 71).

l'auteur, des relations dialectiques.[209] Et le juge qui croirait n'être que la bouche qui dit les paroles de la loi, cantonné dans une sorte de "*légidiction mécanique*"[210], se trouverait, à l'occasion, être en train de prendre des décisions qui sont le résultat, "*parfois inconscient, de croyances, d'opinions ou de valeurs qui sont incorporées à l'histoire sociale et institutionnelle*"[211]. L'idée de projet social, ce que Georges BURDEAU appelle "*idée de droit*"[212] participe de l'essence même de la fonction sociale de la règle de droit. Pour le constituant de 1990, il s'agit de "*créer un État de droit et de démocratie pluraliste*" en vue de rendre possible le "*développement véritable et harmonieux de chaque Béninois tant dans sa dimension temporelle, culturelle, que spirituelle*"[213]. L'idéal républicain est ainsi dessiné et la règle de droit doit servir ce dessein. Si le droit, "*au lieu d'être un facteur de sécurité*", (qui est le préalable développement véritable et harmonieux désiré) devait devenir "*un facteur d'inquiétude et d'incertitude*"[214], il manquerait à sa fonction sociale.

Le syndrome de la décision *Séraphin DOHOU* nous rapproche de l'état d'incertitude, d'inquiétude et d'insécurité juridiques qui peut être conjuré par des réformes législatives ou constitutionnelles comme on l'a noté pour les vieilles démocraties occidentales. Une révision de notre arsenal juridique (loi, loi organique sur la Cour constitutionnelle, dispositions de la constitution, etc.) pourrait introduire les mécanismes de filtrage comme l'épuisement des voies de recours et surtout l'exception de recours parallèle[215] par exemple.

---

[209] La cohérence du droit n'est pas un donné mais un construit. Le juge participe à la cohérence du système juridique par "son adaptation au réel" (I. PARIENTE-BUTTERLIN, *op. cit.*, p. 1).

[210] Raphaël MATTA-DUVIGNAU, Mickaël LAVAINE paraphrasant Montesquieu (R. MATTA-DUVIGNAU, M. LAVAINE, (dir.), *L'efficacité de la justice administrative : à la recherche d'une légitimité renouvelée, op. cit.*p. 13.

[211]C. BÉAL, (dir.) *Philosophie du droit : norme, validité et interprétation*, Paris, Vrin, 2015, p. 44.

[212]« Je qualifie d'idée de droit la représentation de l'ordre désirable qui, dans une société donnée, constitue une ligne de force de la mentalité collective où elle cristallise le consensus dominant », (G. BURDEAU, *L'État*, *op. cit.* p. 58).

[213] Préambule de la constitution du 11 décembre 1990.

[214] Conseil d'État (français), *Rapport public 2006, Études et Documents,* n°57, 234.

[215] "L'exception de recours parallèle, création prétorienne du Conseil d'État datant du milieu du Second Empire, est classiquement présentée comme une fin de non-recevoir spéciale au contentieux de l'excès de pouvoir. Elle consiste en ce que ce recours soit irrecevable dès lors que le requérant dispose d'un autre recours contentieux, le recours parallèle, lui permettant d'obtenir un résultat équivalent à celui procuré par le recours

L'approche par le haut présente l'avantage de l'autorité mais elle sous-estimerait la formidable capacité d'adaptation et surtout de récupération des acteurs. La question des "*postures*"[216] est une dimension essentielle du débat en cours. C'est pour cela qu'une autodiscipline interne aux ordres juridictionnels paraît mieux indiquée. On appellera cela le *judicial self restraint*, le cantonnement délibéré et assumé de chaque Haute juridiction dans son domaine de prédilection, en un mot l'auto-génération d'un *habitus,* à droit constant. Pour Pierre BOURDIEU, l'*habitus* résulte d'un "*système de dispositions réglées, (...) une mythologie politique réalisée, incorporée, devenue disposition permanente, manière durable de se tenir, de parler, de marcher, et par là, de se sentir et de penser*"[217]. De la sociologie au droit, on dira que l'*habitus* se manifesterait par une nouvelle orientation de politique jurisprudentielle des Hautes juridictions, ce qui se traduirait par une manière durable de juger sur le périmètre de la décision de constitutionnalité, par l'observance rigoureuse et librement consentie de l'adage "*à César ce qui est à César...*"

CONCLUSION

Dans les premières lignes de la présente recherche, l'une des questions posées est celle de savoir si "*tout cela a un sens,*" en d'autres termes si l'orientation actuelle de la jurisprudence de la Cour constitutionnelle se justifie et s'explique. L'évidence est qu'au sortir de presque deux décennies (1972-1990) de pratique constitutionnelle fondée sur la lutte des classes et la confusion des pouvoirs au nom de la théorie de l'unité du pouvoir d'État,[218] aucune précaution n'a été de trop, selon le constituant de 1990, pour conjurer tout risque de résurgence d'un ordre juridique, politique et institutionnel particulièrement décrié. La Cour constitutionnelle a ainsi pu être érigée en gardienne du temple ; celle qui protège les libertés et qui, par sa hardiesse d'interprétation, se pose

---

pour excès de pouvoir." A. CEPKO, *L'exception de recours parallèle en contentieux administratif français,* Thèse Droit, Toulon, 2014. Voir aussi Conseil d'État français, CE, 24 septembre 2010, requête n° 330886, *Barthélémy. A contrario*, CE, Sect, 9 décembre 2011, *Marcou,* Rec. n° 337255.

[216] J.-D. SARCELET, « Introduction », *in* J. BOUDON, *Concurrence des contrôles et rivalités des juges*, Paris, 2012, p. 16.

[217] P. BOURDIEU, *Le sens de la pratique,* Paris, Les éditions de Minuit, 1980, Livre 1, Chap. 4, p. 117. Voir aussi P. BOURDIEU, *Esquisse d'une théorie de la pratique,* Genève, Droz, 1972.

[218] F. GODIN, *Bénin 1972-1982, La logique de l'État africain*, Paris, L'Harmattan, 1986.

en rempart contre les initiatives contraires à l'esprit de la Conférence nationale fondatrice de 1990.[219]

La Conférence nationale et la constitution qu'elle a générée ont, toutes deux, presque un demi-siècle de vie aujourd'hui. Sur ce laps de temps, le Bénin a connu quatre alternances politiques au sommet. Les institutions de la République se fortifient ; elles sont dans une dynamique de consolidation qui va générer, à terme, les "*institutions fortes*" que préconisait l'Afro-Américain.[220] Le temps semble venu de s'affranchir des béquilles juridictionnelles de la Cour constitutionnelle et de retrouver un certain classicisme en matière de défense juridictionnelle des libertés. Ceci pour deux raisons : la première tient à la tendance observée dans d'autres pays de démocratie pluraliste, héritiers eux-mêmes de régimes politiques particulièrement liberticides, les plus cruels de l'histoire du 20e siècle. La tendance est à la responsabilisation du juge ordinaire sur les dossiers de la préservation des droits de la personne humaine. En second lieu, les dysfonctionnements du mécanisme actuel de garantie des droits et libertés semblent constituer une menace pour une dimension essentielle de l'État de droit : le "*droit au droit*" qui est le pendant symétrique du *"droit au juge."*[221]

Le droit positif est un droit opposable. Il est constitué de règles qui "*ont des dents*"[222]. En revanche, ce qu'un auteur appelle "*la science du droit*"[223] est formée d'opinions qui peuvent *"faire mal"*, mais ne commandent pas.[224] On l'appelle aussi la doctrine ou encore la culture juridique chez les Anglo-saxons. La doctrine est d'abord "*une présentation*

---

219 Voir en ce sens G. BADET, *Contrôle intra-normatif et contrôle ultra normatif de constitutionnalité Contribution à l'identification des sous-catégories du modèle kelsénien de justice constitutionnelle à partir des systèmes belge et béninois,* Thèse droit, Université Catholique de Louvain, 2011-2012. Voir aussi L. SIDI, *La fonction délibérante saisie par le droit : regard sur le parlementarisme dans les États d'Afrique francophone subsaharienne de 1960 à 2014 : cas béninois*, Thèse Droit, Université d'Abomey-Calavi, 2016. Spécialement la deuxième partie consacrée à "la fonction délibérante : une fonction régulée par la juridiction constitutionnelle," p. 206.

220 Institutions fortes, c'est-à-dire "institutions efficaces, responsables et inclusives à tous les niveaux" (K. IGHOBOR, « Afrique : la maturité démocratique », *in Afrique Renouveau*, août-novembre 2016, p. 6).

221 D. de BÉCHILLON, (dir), *Rapport : La régulation des contentieux devant les Cours suprêmes, op. cit.,* p. 162.

222 F. AUDREN, J.-L. HALPÉRIN, *La culture juridique : entre mythes et réalités, 19e-20e siècles*, Paris, CNRS Editions, 2013, p. 7.

223 *Ibidem.*

224 *Ibidem.*

savante du droit positif"[225]. Elle procède à la rationalisation de celui-ci en établissant les rattachements idéels, les causalités et les finalités du droit. Elle est aussi "*un examen critique*"[226] de ce droit positif, le résultat de son évaluation scientifique. Ce faisant, elle acquiert une légitimité qui lui confère un "*magistère à l'égard des tiers*"[227] *;* en se parant des attributs de la science, elle se fait théorie sur le droit positif et savoir raisonné sur la règle de droit. On pourrait conclure que "*la doctrine (serait) le tuteur de la jurisprudence*"[228].

Face aux développements doctrinaux sur le droit positif, plusieurs attitudes du législateur ou du juge sont envisageables *: d'abord* celle du *chien de Pavlov* qui, à force de se voir répéter les mêmes choses, d'entendre le même son, finit par s'assoupir et ne réagit plus à rien. Pour le physiologiste russe des années 1920, le *stimulus neutre* est, en l'occurrence, dissocié du *stimulus inconditionnel*[229]. C'est un comportement schizophrène. *Ensuite*, il y a la parabole biblique du juge inique, qui achète sa quiétude personnelle par la prise en compte immédiate des sollicitations extérieures.[230] Il donnerait raison à la doctrine rien que pour faire cesser les remises en cause de son action. *Enfin*, il y a

---

[225] Ph. JESTAZ, Ch. JAMIN, *La doctrine*, Paris, Dalloz, 2004, p. 217.

[226] *Idem*, p. 216.

[227] *Idem*, p. 256.

[228] B. BARRAUD, *La doctrine et la jurisprudence*, Paris, L'Harmattan, 2017, p. 13. Maurice Hauriou estimait que la doctrine exercerait un "magistère sur la jurisprudence" (Cité par D. ALLAND, S. RIALS (dir.), *Dictionnaire de la culture juridique*, Paris, Lamy-PUF, 2003, p. 385). Pour Gérard CORNU, « les définitions en droit, même d'origine jurisprudentielle, sont surtout doctrinales » (Cité par D. ALLAND, S. RIALS (dir.), *Dictionnaire de la culture juridique*, Paris, Lamy-PUF, 2003, p. 953).

[229] Pour le physiologiste et lauréat du Prix Nobel Ivan Pavlov, le conditionnement classique (réflexe conditionnel ou réflexe de Pavlov) s'effectue lorsqu'un *stimulus neutre* est associé à un *stimulus inconditionnel*. Le *stimulus inconditionnel* déclenche automatiquement une certaine réponse : la réponse inconditionnelle. Puis, en présentant de façon régulière et fréquente un *stimulus neutre* en présence du *stimulus inconditionnel* une association habituellement inconsciente se crée entre les deux stimuli. Ainsi, le *stimulus neutre* se transforme en *stimulus conditionnel* et reprend une réponse similaire, sinon une réponse identique, à celle du *stimulus inconditionnel* (donc, à la réponse inconditionnelle).

[230] Évangile selon Saint Luc, Chapitre 18 versets 1 à 8 : "Il y avait dans une ville un juge qui ne craignait point Dieu et qui n'avait d'égard pour personne. Il y avait aussi dans cette ville une veuve qui venait lui dire : Fais-moi justice de ma partie adverse. Pendant longtemps il refusa. Mais ensuite il dit en lui-même : Quoique je ne craigne point Dieu et que je n'aie d'égard pour personne, néanmoins, parce que cette veuve m'importune, je lui ferai justice, afin qu'elle ne vienne pas sans cesse me rompre la tête."

l'attitude volontaire et éclairé du juge ou du législateur, qui, convaincu par un argumentaire doctrinal, se l'approprie et fait évoluer en conséquence la loi ou la jurisprudence. D'un point de vue opérationnel, c'est ce qui est attendu d'une recherche sur le périmètre de la décision de constitutionnalité au Bénin, tant il est vrai que "*les juristes sont des producteurs de biens de paix sociale*"[231].

---

[231] L. FONTAINE, *Qu'est-ce qu'un "grand" juriste ?* Paris, Lextenso Éditions, 2012, p. 193.

LA RÉGULATION DES POUVOIRS PUBLICS : QUELS ENSEIGNEMENTS ?[1]

INTRODUCTION

La formulation du thème de la présente communication est centrée sur le tryptique régulation, pouvoirs publics et enseignements. Mais alors, qu'est-ce qu'une régulation, qu'est-ce qu'un pouvoir public, et que sont les enseignements ?

Les pouvoirs publics sont les institutions de la république prévues et organisées par la constitution. De ce point de vue, l'expression "*pouvoirs publics constitutionnels*" paraît plus complète et précise. En droit positif béninois, on cite, au nombre des pouvoirs publics, l'Assemblée nationale, l'exécutif, les organes juridictionnels (Cour suprême, Cour constitutionnelle, Haute cour de justice), le Conseil économique et social et la Haute autorité de l'audiovisuel et de la communication.

Quant aux enseignements, ils sont constitutifs de leçons à tirer d'une expérience, des manières de concevoir le futur pour sublimer le réel et l'épurer de ses scories. Ils procèdent d'une logique de perfectionnement par une dialectique de mise en perspective de soi.

Enfin, le mot régulation. Il ne figure pas dans la constitution béninoise de 1990, ni dans celle française de 1958, ni dans la constitution ivoirienne. Au Bénin comme en Côte d'Ivoire, à défaut de régulation, il est question d'organe régulateur (art. 114 au Bénin, art. 88 en RCI) en écho, semble-t-il, à la jurisprudence du Conseil constitutionnel français qui fait de la juridiction constitutionnelle un "*organe régulateur de l'activité des pouvoirs publics*"[2]. Du substantif à l'adjectif (substantivé) puis au verbe *réguler*, le sens profond est le même. Mais la constitution n'explicite pas ce sens profond de manière synthétique. On trouve certaines manifestations de la régulation dans les formulations en matière de contrôle de constitutionnalité des lois, de garantie des droits et libertés (art. 114) ; la Cour statue sur les conflits d'attribution entre les institutions et veille à la régularité de l'élection présidentielle

---

[1] Communication présentée au colloque international à l'occasion des 20 ans d'installation de la Cour constitutionnelle du Bénin, des 22 ans de justice constitutionnelle au Bénin "*Cour Constitutionnelle et l'édification de l'État de droit au Bénin*", Cotonou les 07-08 mai 2013, Azalaï Hôtel de la Plage. Inédit.

[2] Décision n° 62-20 Dc, 6 novembre 1962, Loi référendaire du 6 novembre 1962.

(art. 117). La doctrine s'est penchée sur les contours de la compétence de régulation et conclut que "*l'expression est suggestive autant qu'imprécise*"[3] ou encore que la notion est "*vague et générale*"[4]. On en déduit que le contenu de la fonction de régulation procède d'un existentialisme juridique et que seule la *praxis* de la Cour constitutionnelle peut utilement renseigner sur ses dénotations positives.

En pratique l'office de la juridiction constitutionnelle prend les formes d'un contrôle de la conformité d'une loi votée par le parlement en rapport avec un principe de valeur constitutionnelle. Dans sa décision *Vieyra-Soglo H. Rosine*[5] la Haute juridiction constitutionnelle se fonde sur le principe d'égalité entre homme et femme, contenu dans la constitution pour déclarer contraire à celle-ci la loi portant code de la famille. Elle déclare de façon itérative, contraire à la constitution, une loi votée par le parlement mais dont une disposition viole une règle constitutionnelle[6]. À l'occasion, elle ne se prive pas de réécrire le texte en lieu et place des membres de l'Assemblée nationale[7]. Dans le même sens, un acte règlementaire dont le contenu ou la forme contrarie un principe constitutionnel ou une règle constitutionnelle[8] viole la constitution par délibération des membres de la Cour constitutionnelle. La Cour constitutionnelle ne se refuse pas à contrôler la conformité à la constitution des décisions de justice rendues par les cours et tribunaux de la république, soit que ces décisions violent une règle constitution-nelle[9] ou sont contraires à un principe de valeur constitutionnelle[10]. La doctrine de la Cour est que "*lorsque survient un dysfonctionnement au sein de l'institution judiciaire en vertu de son pouvoir de régulation la haute juridiction constitutionnelle*

---

[3] J. GICQUEL préface à N. BARBAROUSSIS, *La fonction régulatrice du Président de la République hellénique*, Paris, L.G.D.J. 2000, p. IX.

[4] N. BARBAROUSSIS, *La fonction régulatrice du Président de la République hellénique*, Paris, L.G.D.J. 2000, p. 257.

[5] Décision DCC 02-144 du 23 décembre 2002, Président de la République, *Vieyra-Soglo H. Rosine* Recueil 2002, p. 579.

[6] Décision DCC04-051 du 18 mai 2004, *Kougbakin Thomas*, Rec. 2004, p. 222.

[7] Décision DCC 95-027 du 02 août 1995, *Président de la République*, Recueil, 1995, p. 139.

[8] Décision DCC 00-059 du 12 octobre 2000, *Assogba Codjo Léon*, Rec. 2000, p. 217.

[9] DCC 02-049 du 13 août 2002, *Léonard Agblo*. Violation de l'article 134 de la constitution.

[10] Décision DCC04-051 du 18 mai 2004, *Kougbakin Thomas*, Rec. 2004, p. 222. Fraude au droit de la défense.

doit intervenir dès lors que ce dysfonctionnement est contraire à la constitution et aux droits de l'homme "[11].

Mais la régulation selon la Cour n'est pas seulement textuelle. Elle se veut aussi organisationnelle et opératoire. La constitution elle-même applique la régulation au "*fonctionnement des institutions et (à) l'activité des pouvoirs publics*" (art. 114). La Cour en déduit qu'en application des dispositions constitutionnelle en matière de régulation "*elle est fondée à prendre toute décision pour éviter toute paralysie du fonctionnement des institutions de la République*"[12].

De ce survol des décisions de la Cour constitutionnelle en matière de régulation des pouvoirs publics, on peut déduire deux grandes orientations jurisprudentielles : d'abord la régulation normative. C'est une régulation de la production des normes, un "*contrôle terme à terme*", selon les mots de François Luchaire, de la règle de droit émanée des pouvoirs publics par rapport aux dispositions pertinentes de la constitution. C'est un exercice de vérification de conformité entre deux normes juridiques, ou entre une norme juridique et une situation de fait. Elle concerne les actes pris par le parlement en la forme législative, mais aussi les actes administratifs pris par le gouvernement et les décisions de justice rendues en premier ou dernier ressort et même les décisions avant-dire droit.

Ensuite, vient la régulation politique. Elle met en jeu la sève même de l'enjeu de l'animation politique et des relations de puissance entre acteurs de la vie politique. Quel est l'équilibre des forces politiques ou la répartition équitable des postes au sein du bureau de l'Assemblée nationale, toutes les sensibilités politiques sont-elles représentées à la Commission électorale nationale autonome, les mécanismes électoraux se déroulent-ils sans à-coups à l'assemblée nationale et dans les autres institutions de la république. La Cour s'autorise à discerner l'"*idée de droit, c'est-à-dire, l'image de l'ordre social qu'il conviendrait de réaliser en vue du bien commun du peuple*"[13] une démarche qui la conduit à s'affranchir de la lettre du texte constitutionnel.

Au total, l'exercice du pouvoir régulateur par la juridiction constitutionnelle révèle un domaine large de cette régulation et un pouvoir souverain en la matière ; ce qu'un auteur a appelé la "*tentation*

[11] Décision DCC 09-087 du 13 août 2009, *Menonkpinzon Atoyo.*
[12] Décision DCC 03-078 du 12 mai 2003 *Gougbédji Cyrille*
[13] Décision DCC 09-016 du 19 février 2009, *Assouan Comlan Dègla*

totalitaire"[14] de la juridiction constitutionnelle. Quels enseignements tirer de cet état de choses et quelles perspectives envisager de *lege ferenda*.

Deux grands axes s'ouvrent à nous s'agissant des enseignements. Le premier interpelle la notion de sécurité juridique. La concurrence des ordres juridictionnels sur les mêmes dossiers est-elle de nature à favoriser la cohérence et l'effectivité des décisions de justice dans un État qui se veut de droit ? En un mot, peut-on craindre et doit-on craindre pour la sécurité juridique au Bénin ? (I) Le second axe d'enseignement est l'interrogation sur la légitimité de l'office du juge à l'intérieur d'un périmètre qui est par excellence le domaine éminent du politique (II).

I. LA SÉCURITÉ JURIDIQUE EN QUESTION

La formulation est d'origine doctrinale mais la sanction du juge l'accompagne. Olivier Dutheillet de Lamothe la rattache à des notions constitutionnelles proches comme la "*sûreté*" ou la "*garantie des droits*"[15]. Ni la constitution ni la juridiction constitutionnelle n'ont formellement consacré la sécurité juridique comme un principe de valeur constitutionnelle.[16] Ce qui fait de la sécurité juridique un principe constitutionnel par prétérition. Le respect de ce principe sera examiné sous l'angle de la concurrence des ordres juridictionnels (A) et la guerre des sentences qui s'ensuit (B).

A. La concurrence des ordres juridictionnels

La question aurait été sans objet si on se la posait en 1960. Les constitutions des premières années d'indépendance du Bénin ont créé une Cour suprême, incarnation du pouvoir juridictionnel en matière judiciaire, administrative, constitutionnelle et financière. Le modèle choisi n'était pas celui de l'unicité du contentieux mais de l'unicité d'organe devant connaître de branches de contentieux sérié selon la tradition héritée du colonisateur français. Les juges du fond se

---

[14] Celle qui traduit une « propension à donner une interprétation extensive à la compétence attribuée » (P. Martens, "Le métier de juge constitutionnel" *in* F. DÉLPÉRÉE et P. FOUCHER (dir.) *op. cit.* p. 34.

[15] O. DUTHEILLET de LAMOTHE, "La sécurité juridique : le point de vue du juge constitutionnel" *in* Rapport public du Conseil d'État français 2006, Paris, La Documentation française, 2006, p. 369.

[16] Ce qui n'est pas le cas pour la Cour européenne des droits de l'homme et la Cour de justice des communautés européennes, qui l'une et l'autre ont consacré le principe de sécurité juridique.

répartissaient en chambre criminelle, sociale ou civile tandis que la Cour suprême reproduisait en son sein les grandes branches du contentieux que la France attribue au Conseil d'État, à la Cour de cassation, au Conseil constitutionnel et à la Cour des comptes. La Cour suprême était subdivisée en chambre spécialisée, pour connaître en premier et/ou en dernier ressort des questions judicaires, administratives, constitutionnelles, et financières.

"*Le pouvoir judiciaire est (...) exercé par le Conseil constitutionnel, le Conseil d'État, la Cour de Cassation, la Cour des Comptes et les Cours et Tribunaux*" (Art. 88, constitution du Sénégal). Cette formulation de la constitution sénégalaise illustre le phénomène de démultiplication par scissiparité des ordres juridictionnels au cours des années 1990. La constitution du 11 décembre 1990 rentre dans cette logique en ce qu'elle institue deux hautes juridictions (Cour suprême, Cour constitutionnelle) et l'annonce est faite de la création d'une Cour des comptes pour se conformer aux exigences communautaires.

Sur cette architecture institutionnelle se greffe aujourd'hui un chevauchement de compétence qui devient problématique. En toute bonne logique, la Cour suprême connaît en cassation du contentieux judiciaire : affaires pénales, affaires sociales, affaires administratives et des comptes. Une vingtaine d'années de jurisprudence constitutionnelle nous enseigne également que la juridiction constitutionnelle se veut aussi juge administratif, juge des affaires criminelles, sociales et des comptes. Si l'on excepte les cas dans lesquels la juridiction constitutionnelle se fait juge de la légalité,[17] les dossiers de concurrence d'ordres juridictionnels se présentent comme des affaires judiciaires ou administratives dans lesquelles la Cour constitutionnelle fait respecter les règles et principes constitutionnels sous-jacents.

Les choses seraient évidemment plus simples si à la hiérarchie des normes correspondait la hiérarchie du contentieux. Ce qui suppose que la Cour suprême est juge de la légalité et la Cour constitutionnelle juge de la constitutionnalité. La seconde apprécie la conformité à la constitution des lois, tandis que la première vérifie la conformité des actes et faits par rapport à la loi.

Quelques exemples de décisions permettent d'illustrer ces propos. Dans l'affaire Dame Favi, par exemple, la Cour constitutionnelle a visé les traitements inhumains et dégradants subis par la requérante. On sait

[17] Décision DCC 00-059 du 12 octobre 2000, *Assogba Codjo Léon*, Rec. 2000, p. 217.

également que les circonstances de fait de l'affaire la rendent éligible au contentieux pénal pour coups et blessures volontaires. La sanction peut être une peine privative de liberté assortie de paiement de dommages et intérêts. Si le juge administratif était saisi, puisqu'il s'agit d'agents des forces de l'ordre affectés à la sécurité du Président de la République, il serait aussi à la hauteur des attentes en matière de respect de la sûreté des personnes. La jurisprudence des fautes détachables et des fautes de service permet de sanctionner les brutalités policières et de compenser le préjudice subi avec des dommages et intérêts accordés par le juge.

L'affaire *Okpeitcha Mathieu*[18]qui met en jeu la mauvaise foi d'un citoyen à payer la pension alimentaire due à ses enfants, est avant tout un manquement à une obligation civile. Les tribunaux apportent une solution satisfaisante en ordonnant la retenue à la source sur les rémunérations des salariés qui n'exécutent pas volontairement leurs obligations de paiement. La dimension constitutionnelle de l'affaire a été soulignée par la juridiction constitutionnelle. La violation de l'article 29 al. 1 de la Charte africaine des droits de l'homme et des peuples[19] est invoquée par la Cour pour sanctionner le manquement au devoir de nourrir et d'assister ses parents.

Sur une tout autre affaire, celle dite du clip vidéo injurieux[20] la suspension de diffusion qui est l'effet utile du recours, aurait pu reposer sur un jugement des tribunaux mais aussi sur une décision de la Haute autorité de l'audiovisuel et de la communication sur le fondement de l'article 10 du Code de Déontologie de la Presse Béninoise qui dispose : "*Le journaliste se refuse à toute publication incitant à la haine tribale, raciale et religieuse. Il doit proscrire toute forme de discrimination*". Ceci rejoint les termes de l'article 36 de la constitution sur "*le respect, le dialogue et la tolérance réciproque en vue de la paix et de la cohésion nationale*".

De cette concurrence des ordres juridictionnels, ne peut naître que ce que Denys de Béchillon appelle la "*disharmonie des choses jugées*"[21].

---

[18] Décision DCC 01-082 du 17 août 2001, Enfants *Okpeitcha Mathieu*, *Recueil* 2001, p. 329.

[19] Devoir de nourrir et d'assister ses parents.

[20] Décision DCC 08-113 du 09 septembre 2008, *Augustino John Francey.*

[21] D. de BÉCHILLON, "Conflits de sentences entre les juges de la loi", Revue *Pouvoirs*, n°96-2001, p. 107.

B. La "disharmonie des choses jugées"

L'Association africaine des hautes juridictions francophone (AA-HJF) a consacré ses 6e assises (Bamako, 2004) à la question de la contrariété de décisions entre hautes juridictions constitutionnelle, administrative et judiciaire.[22] Signe que la question est loin d'être marginale dans les milieux où se dit la justice.

Au Bénin, deux affaires apportent une illustration à la question du choc frontal de décisions juridictionnelles, entre la Cour suprême et la Cour constitutionnelle. *La première* est celle dite de l'affaire Séraphin DOHOU. Par les Arrêts 68/CA du 7 octobre 1999 et 55/CA du 20 septembre 2000, la Cour suprême avait annulé les actes implicites et explicites d'exclusion des élèves de certains établissements scolaires des examens officiels d'État, pour excès de pouvoir. Saisie à son tour, au cours de l'année 2001, d'un recours en inconstitutionnalité des mêmes mesures de refus d'admettre à composer pour les examens officiels d'État, la Cour constitutionnelle a jugé que "*Les mesures administratives relatives aux écoles privées de formation d'agents de santé, prises par le ministère de l'Éducation nationale et de la Recherche Scientifique et le ministère de la Santé Publique ne violent pas la Constitution*"[23] ;

Une annulation pour illégalité d'un côté, une déclaration de conformité à la constitution de l'autre. Le ministère en charge de l'enseignement professionnel choisit d'appliquer la décision qui conforte ses propres mesures administratives. Monsieur Séraphin DOHOU, quant à lui, veut que l'illégalité décidée par le juge administratif soit opposable et opposée à tous, à commencer par les ministres en charge de la santé et de la formation professionnelle. Deux intérêts divergents, deux décisions divergentes, la Cour constitutionnelle considère en l'occurrence qu" *'il résulte de l'analyse de ces décisions que les deux Hautes Juridictions, l'une juge de la constitutionnalité, l'autre de la légalité, ont rendu en la même matière deux décisions manifestement contradictoires ; qu'il y a donc contrariété de décisions ; qu'en l'état actuel de notre droit positif, il n'existe aucun mécanisme de règlement de ce genre de conflit ; que dans le cas d'espèce, déclarer contraire à la Constitution le refus du ministre chargé de l'Enseignement Technique et de la Formation professionnelle d'exécuter les arrêts précités de la Cour*

[22] Voir *Les Cahiers de l'AA-HJF*, 5e édit.2004, p. 69.

[23] Décision DCC 01-106 du 19 décembre 2001.

Suprême reviendrait à remettre en cause l'autorité de chose jugée attachée à la Décision DCC 01-106 de la Cour Constitutionnelle ; que, dès lors, la requête de Monsieur Séraphin Dohou est irrecevable" ; un constat d'impasse qui fait penser à un déni de justice.

La seconde affaire dite Menonkpinzon ATOYO et autres met en jeu un jugement en première instance, une confirmation en appel et un arrêt de rejet du pourvoi en cassation, arrêt qui conforte en l'occurrence les décisions des juges du fond. La Cour constitutionnelle quant à elle dit que "*l'arrêt rendu le 24 novembre 2006 par la Chambre Judiciaire de la Cour Suprême a violé l'article 124 de la Constitution en ce que ledit arrêt est passé outre à la Décision 06-076 du 27 juillet 2006*"[24].

Ce qui est en cause à travers ces deux exemples de décision, c'est moins la pertinence juridique comparée des solutions apportées par chaque ordre juridictionnel en présence, que la guerre des sentences à laquelle nous expose la fonction de régulation des pouvoirs publics, telle que la pratique la Cour constitutionnelle. Et c'est ici que l'exigence de sécurité juridique prend tout son sens. On imagine le désarroi des justiciables DOHOU Séraphin et Menonkpinzon ATOYO. Quel juge écouter, quelle décision de justice appliquer ?

Pour Guillaume DÉLVOLVÉ, l'autorité de la chose jugée se ramène à trois propositions : "*ce qui a été jugé ne peut l'être de nouveau ; ce qui a été jugé ne peut être contredit ; ce qui a été jugé doit être exécuté.*"[25] Mais la bonne question est de savoir ce qui ne peut être jugé de nouveau, ce qui ne peut être contredit et ce qui doit être exécuté. Le constat est que nous sommes en présence d'une situation d'incertitude évidente. Une incertitude qui pèse d'un poids mort sur l'État de droit, l'exigence de juridicité dans la vie publique et privée des citoyens. Elle fragilise l'État de droit, source de la légitimité de la juridiction constitutionnelle.

II. QUELLE LÉGITIMITÉ POUR LA JURIDICTION CONSTITUTIONNELLE ?

Max WEBER a donné une synthèse de trois systèmes de reconnaissance sociale du phénomène de pouvoir. Il les a appelés des types de légitimité, qui sont l'expression de la conformité du pouvoir par rapport à un système de valeurs dominant. C'est la conformité à "*une*

---

[24] Décision DCC 09-087 du 13 août 2009, *Menonkpinzon Atoyo, Alphonse Léon Atoyo et Daniel Menonkpinzon Atoyo.*
[25] G. DÉLVOLVÉ, *Rép. cont. adm Dalloz*, v° chose jugée.

norme supérieure ou éthique" selon le Vocabulaire juridique de Gérard CORNU[26]. De ce point de vue, la Cour constitutionnelle a une légitimité constitutionnelle certaine (A) qui ne nécessite pas, pour l'exercice de l'office du juge, la bonification d'une légitimité populaire que revendiquent les élus de la nation (B).

A. De la légitimité constitutionnelle de la Cour

Une constitution, c'est un tissu de règles et de principes qui donnent un référent normatif à l'exercice du pouvoir. Elle crée et organise des institutions dont l'existence se fonde sur la constitution. La Cour constitutionnelle est un pouvoir public constitutionnel. Le Titre V de la constitution lui est consacré, juste avant le Titre VI sur le Pouvoir judiciaire. Elle n'est donc pas un rouage *ad hoc* mis en place par un gouvernement de fait.

Pour la Cour, "*la constitution, norme fondatrice de l'État, ne se réduit pas à la détermination des règles relatives à la dévolution et à l'exercice du pouvoir dans l'État ; (...) elle met toujours en œuvre une certaine idée de droit, c'est-à-dire, l'image de l'ordre social qu'il conviendrait de réaliser en vue du bien commun du peuple ; (...) elle est donc porteuse d'un idéal de société qui doit inspirer toute l'activité politique de l'État*"[27]. Cet idéal de société politique est une démocratie pluraliste établie par ailleurs sur la base d'un équilibre des pouvoirs et le contrôle juridictionnel de constitutionnalité. La Cour occupe une place de choix dans l'architecture institutionnelle de 1990. Garante de la légalité constitutionnelle, la Cour l'est aussi de la conformité à cette "*idée de droit*", à cet "*idéal de société*" dont les contours sont évidemment moins précis. Ainsi, saisie du contrôle de constitutionnelle de la loi organique relative au référendum, la Cour a fait ajouter au texte voté par le parlement une disposition complémentaire qui exclut des questions susceptibles d'être soumises à référendum "*la forme républicaine et la laïcité de l'État, l'atteinte à l'intégrité du territoire national, le mandat présidentiel de cinq ans, renouvelable une seule fois, la limite d'âge de 40 ans au moins et 70 ans au plus pour tout candidat à l'élection présidentielle, le type présidentiel du régime politique au Bénin*"[28]. Certains élus de la nation ont exprimé leur désaveu face à la création de règles de supraconstitutionnalité. Pour

[26] G. CORNU, *Vocabulaire juridique,* Paris, PUF, 2005, 532.
[27] Décision DCC 09-016 du 19 février 2009, *Assouan Comlan Dègla.*
[28] Décision DCC 11-067 du 20 octobre 2011.

eux, la Cour s'arroge une compétence de décision générale ; elle continue ainsi "*la Conférence nationale alors que cette conférence est close depuis*"[29].

Pour la Cour, la compétence de régulation du fonctionnement et de l'activité des institutions implique qu'elle prenne "*toute décision pour éviter toute paralysie du fonctionnement des institutions de la République*"[30]. Dès lors, elle se trouve fondée à enjoindre au bureau d'âge de l'Assemblée nationale nouvellement élue, l'accélération du processus de sélection des membres du bureau du parlement.[31]

Par ailleurs, faisant application des dispositions du règlement intérieur de l'Assemblée nationale en matière d'équilibre de la représentation des forces politiques au sein de la Commission électorale nationale autonome (CENA), la Cour a opéré par elle-même et par substitution d'action, le calcul du nombre de personnes que chaque groupe parlementaire doit envoyer pour constituer la CENA. La Cour décide à cette occasion que "*Les deux postes attribués indûment aux groupes Consensus National et PRD, doivent être affectés aux groupes Nation et Développement d'une part, et Solidarité et Progrès d'autre part.*"[32]

Ce qui fait dire à certains élus que la Cour constitutionnelle se trouve en situation d'excès de pouvoir face à des élus qui sont l'émanation du peuple et donc détenteur de la légitimité populaire.

B. Légitimité populaire, démocratie et garantie juridictionnelle de la démocratie

Le débat de fond se résume à quelques assertions précises. Selon les termes de la constitution du 11 décembre 1990, "*la souveraineté nationale appartient au peuple*" (art. 3) et "*le peuple exerce sa souveraineté par ses représentants élus et par voie de référendum*" art. 4). Les députés revendiquent légitimement la qualité de représentant du peuple parce qu'ils ont été élus au suffrage universel direct. Ils sont les délégataires de la souveraineté nationale.

Les membres de la Cour constitutionnelle n'ont pas cette qualité ; ils n'ont pas reçu l'onction du suffrage universel. On s'explique, dès lors, le sentiment d'agacement et même la fronde de certains élus face à ce

[29] Député Candide Azannaï, *in* journal béninois *Fraternité*, n°321, 12 décembre 2011.
[30] Décision DCC 03-078 du 12 mai 2003 *Gougbédji Cyrille, Akobi Issifou* Ahmed, Recueil, 2003, p. 317.
[31] Décision DCC 03-078 du 12 mai 2003.
[32] Décision DCC 01-012 du 22 janvier 2001, *Bio Bigou et alii,* Rec. 2001, p. 61.

qu'ils considèrent être une illégitime intrusion dans leur domaine réservé. La question de la configuration politique autant que les blocages des mécanismes électoraux à l'Assemblée nationale seraient des expressions normales de la vie d'une instance politique, des manifestations éloquentes de la vitalité de celle-ci. Les conflits au sein d'une Assemblée nationale se règlent par la voie des négociations, du compromis et des concessions. Cela serait de l'essence du parlementarisme qui ne devrait laisser de place à une tierce institution pour régler sur le plan juridictionnel les questions relatives au fonctionnement et à l'activité d'un pouvoir public en l'occurrence le pouvoir législatif. Cette thèse est sous-jacente à plusieurs propos des élus du peuple. "*Ils ne sont pas des gens élus*" proteste un député[33]. Un autre invite la Cour "*à venir travailler à la place des députés*"[34] tandis qu'un président de groupe parlementaire exprime vertement sa colère en déclarant "*la Cour constitutionnelle, nous allons la balayer. Son président le premier*"[35].

Cette perception des rapports avec la juridiction constitutionnelle méconnaît la rédaction de l'article 3 de la constitution qui dispose "*La souveraineté s'exerce conformément à la présente constitution qui est la Loi Suprême de l'État*". Le droit comparé nous vient en écho avec ce célèbre *obiter dictum* "*La loi votée (...) n'exprime la volonté générale que dans le respect de la constitution*"[36]. Ce respect dû à la constitution s'entend du respect des dispositions constitutionnelles, des règles et principes contenus dans la constitution. C'est le domaine du classique contrôle de constitutionnalité qu'on dirait défense de l'État de droit.

Mais la fragilité de la démocratie constitutionnelle pluraliste a été soulignée sur ces terres de mission que sont les pays pauvres et sociologiquement déstructurés : pauvreté monétaire, communautarismes ethniques et confessionnels, dégradation de la morale publique, etc.[37] La réversibilité des processus démocratiques est attestée par les

[33] Député Candide AZANNAÏ, *in* journal béninois *Fraternité*, n° 321, 12 décembre 2011.

[34] Augustin AHOUANVOÉBLA, *in* journal béninois *Le Matinal*, n°3437, 14 septembre 2010.

[35] Rosine V. SOGLO, Président du groupe parlementaire La Renaissance du Bénin, *in* journal béninois *Le Matinal*, n°3437, 14 septembre 2010.

[36] Conseil Constitutionnel français, Décision 85-197 DC du 23 août 1985 Évolution de la Nouvelle-Calédonie.

[37] F. AKINDES, "Les transitions démocratiques à l'épreuve des faits : réflexions à partir des expériences des pays d'Afrique noire francophone", *in Bilan des conférences nationales et autres processus de transition démocratique*, Paris, Pedone, 2001, p. 262.

expériences de pays voisins. Le bateau béninois tangue sur une mer en furie ; mais se bateau se maintien toujours à flots, depuis une vingtaine d'années. Le mérite de cette stabilité institutionnelle et politique, dans un environnement régional de démocratie en lambeaux, est dû, pour partie à la juridiction constitutionnelle du Bénin. Est-elle partiale, est-elle impartiale, a-t-elle dit le droit, fait-elle la politique ? Ce sont là autant de questions pour le moins superflues. La question essentielle est celle de savoir si la Cour remplit son office qui est sa raison d'être, à savoir la juridicisation des querelles politiques, l'apaisement par sa sentence juridictionnelle des montées de tension dans le champ politique. Ainsi que l'écrit un auteur "*Opposition comme majorité présidentielle, société civile et individualités libres, tous les acteurs de la vie publique ont eu leur petit bonheur de recours devant la Cour, recours fructueux, recours infructueux mais recours en toute hypothèse confirmatif du rôle axial de la juridiction constitutionnelle*"[38]. Babacar KANTÉ pense que les Cours constitutionnelles africaines ont une double mission, celle de garantir l'État de droit et de préserver la démocratie, sauver le contenu en sauvant le contenant. Il trouve dans la Cour constitutionnelle du Bénin une belle illustration de sa thèse, pour le meilleur.

CONCLUSION

Deux grands enseignements peuvent se dégager de la pratique de régulation des pouvoirs publics par la juridiction constitutionnelle. D'abord, l'exigence d'un dialogue des juges pour la prévention ou la résolution des conflits entre juridictions. Des mécanismes de prévention des conflits entre ordres juridictionnels existent, aussi bien en droit positif béninois qu'en droit comparé. On cite l'exception d'inconstitutionnalité ou la question prioritaire de constitutionnalité, l'existence d'un tribunal des conflits. Ces mécanismes concernent le règlement des conflits de compétence. La question de la bonne solution aux situations de contrariété de jurisprudence reste entière. L'idée fait son chemin qu'il faudrait faire machine arrière et procéder à "*l'unification des juridictions en même temps cependant que la spécialisation des juges*"[39],

[38] N. MÉDÉ, *Les grandes décisions de la Cour constitutionnelle du Bénin*, Dakar, L'Harmattan, 2020, *passim*.

[39] J. du BOIS de GAUDUSSON, "Contrariété de décisions entre hautes juridictions constitutionnelle, administrative et judiciaire : expériences européennes", *in Les Cahiers de l'AA-HJF*, 5e édit.2004, p. 69.

c'est-à-dire la création d'une cour suprême unique, compétente pour tous les types de contentieux. (Bamako, 2004, 6e assises AA-HJF).

Ensuite, l'office de la juridiction constitutionnelle fait d'elle le régulateur du régime démocratique péniblement mis en place au début de la décennie 1990. Ceci requiert d'elle une hardiesse jurisprudentielle que légitime la noblesse du but visé : inscrire dans les faits et dans la durée une démocratie apaisée pour un développement inclusif au profit du peuple du Bénin.

LES DEVOIRS DU CITOYEN DANS LES CONSTITUTIONS BÉNINOISES DE 1960 À 1990[1]

Écouter

Lire phonétiquement

INTRODUCTION

Le siècle des Lumières, la Déclaration d'indépendance des États-Unis d'Amérique ainsi que la Déclaration française des 20-26 août 1789, décrétée par l'Assemblée nationale française et acceptée par le Roi, ont tous contribué à magnifier la notion de Droits de l'homme. "*Le but de toute association politique est la conservation des droits naturels et imprescriptibles de l'homme*", lit-on à l'article 2 du texte français de 1789. Il en est résulté une grande pauvreté de la production doctrinale sur la question pourtant corrélative des devoirs du citoyen.[2] On a même feint de suspecter les auteurs qui se sont intéressés à la question de penchants fascisants dans un monde qui peine à refermer les stigmates de la Seconde Guerre mondiale, la guerre de tous les fascismes, de la célébration du Chef en politique et de la négation de l'autonomie du citoyen-homme.

Les lointaines constitutions du Bénin, notamment celles qui ont parsemé le parcours de la république indépendante depuis 1960, se sont faites l'écho des préoccupations des révolutionnaires occidentaux dans des contextes où il est également question d'émancipation de l'être humain face à une puissance coloniale ou face à l'autoritarisme de dirigeants locaux.

---

[1] Publié dans N. MEDE, « Les devoirs du citoyen dans les constitutions béninoises », *in* S. C. ANIGNIKIN (dir.), *LIndépendances du Bénin cinquante ans après (1960-2010), Actes du colloque national 2-5 février 2010*, Cotonou, éditions Ablôdé, 2012, p. 335. (ISBN : 978-99919-1-131-1).

[2] Le Doyen Madiot fait ici figure de précurseur avec deux publications sur le thème des devoirs de l'homme. Y. MADIOT, « La place des devoirs dans une théorie générale des droits de l'homme », *in Mélanges J. Mourgeon,* Bruxelles, Bruylant, 1998, p. 209 ; Y. MADIOT, *Considérations sur les droits et les devoirs de l'homme*, Bruxelles, Bruylant, 1998. Robert HANICOTTE y a consacré une thèse : R. HANICOTTE, *Devoirs de l'homme et constitutions : Contribution à une théorie générale du devoir*, Paris, L'Harmattan, 2007.

Mais le rapport État-citoyen est plus complexe et plus ambivalent. La célébration des droits ne saurait occulter la promotion des devoirs. Les constitutions du Bénin, de 1960 à nos jours ont diversement pris en compte la nécessité pour le citoyen d'assumer sa part de responsabilité dans la construction de nations démocratiques et prospères.

De façon analytique, la Loi fondamentale de 1977 se singularise par la place que la société occupe dans ses dispositions. L'individu apparaît comme le maillon d'une chaîne sociale qui le broie et manque de l'asservir. La Constitution du 11 décembre 1990 vient en réaction contre cet état de choses et remet au devant de la scène la notion de droit, ressassée sur une quarantaine d'articles.

Le temps est venu pour une synthèse dialectique qui fonde l'État sur les droits des citoyens et construit la nation sur l'observance rigoureuse des devoirs républicains ! Le devoir du citoyen apparaît ainsi comme un *self-restraint* dans l'exercice des droits de chacun et par chacun, un respect de la limite de la jouissance des droits qui préserve l'espace de jouissance des droits de l'autre. C'est un devoir d'abstention (I), qui s'accompagne de plus en plus d'un appel à un effort commun de maintien des solidarités intergénérationnelles et interpersonnelles, d'où jaillit le devoir de contribution (II).

I. LE DEVOIR D'ABSTENTION DU CITOYEN

« *L'exercice des droits naturels de chaque homme n'a de bornes que celles qui assurent aux autres membres de la société la jouissance de ces mêmes droits,* » proclamaient les révolutionnaires français de 1789. [3] La philosophie sous-jacente à cette affirmation est que les citoyens s'épanouissent en société grâce à la défense et à la préservation de leurs droits ; lesquels droits n'ont d'effectivité que par l'observance des devoirs auxquels sont astreints les citoyens. L'État de droit postule et implique l'État des devoirs, les deux n'étant que les deux faces du même Dieu Démocratie.

1°) Le postulat de statologie positive

L'État moderne fut d'abord une construction doctrinale, une œuvre de l'esprit qui va se projeter dans des institutions et un ordonnancement juridique. Cette institutionnalisation du pouvoir, ce choix de ne plus avoir à "*obéir aux hommes*"[4] définit le champ de la normativité étatique.

---

[3] Article 2, Déclaration des droits de l'homme et du citoyen.
[4] G. BURDEAU, *L'État*, Paris, Seuil, 1970, p. 15.

Une normativité émanée du corps social qui rend possible la liberté. "*L'obéissance à la loi que l'on s'est prescrite est liberté*", écrit Jean-Jacques ROUSSEAU.

Mais la normativité est *a priori* estampillée au sceau de la neutralité. Le droit positif traduit les options changeantes des citoyens relayés par une classe politique qui anime les institutions étatiques. "*La démocratie constitutionnelle pluraliste*" selon l'expression de Raymond ARON, trouve dans ce schéma toute sa consistance.

Immense supercherie, diront les idéologues du marxisme-léninisme. Au-delà des fioritures et des contradictions apparentes de la superstructure politique, transparaîtrait et s'imposerait la nature d'une infrastructure économique qui surdéterminerait la nature de l'État. "*L'État est, pour Lénine, un organisme de domination de classe, un organisme d'oppression d'une classe par une autre.*"[5] Le pluralisme serait un vernis inhibiteur, un opium du peuple.

Ce débat scholastique est révélateur des courants qui traversent la pensée politique, la question du gouvernement des hommes. Problématique surannée ? Pas si sûr. En tout état de cause, elle permet de réaliser le consensus sur une idée majeure : l'État, c'est le triomphe de la monocratie, le règne des normes, c'est-à-dire, l'antithèse de la volonté brute et à peine dégrossie du titulaire de l'*imperium*, personne physique. L'effort d'abstraction (au sens premier du terme) du pouvoir va prendre les chemins d'une affirmation de l'universalité des sujets, individualités éparses, soumises à une souveraineté qui leur est transcendante, mais qui aspirent à une reconnaissance comme centre autonome de volonté et même comme dépositaire en dernier ressort du pouvoir, c'est-à-dire de la souveraineté. Historiquement, cette quête de reconnaissance de la multitude populaire va prendre le chemin de Déclarations, de Chartes, de Pétitions qui accompagnent ou qui couronnent l'activisme de minorités agissantes ou les irruptions compulsives de peuples excédés. L'individu au sein de la multitude est une création divine ou une expression de la Raison, lesquelles en font un titulaire de droits quintessentiels à sa nature.

En effet, et bien que la typologie des droits en trois générations soit discutée, on retient que, d'un point de vue historique, trois grands sédiments de droits de l'homme se sont accumulés : d'abord la première génération (les droits civils et politiques). Ces droits reposaient sur des

[5] LÉNINE, *L'État et la révolution*, Pékin, Éditions en langues étrangères, 1970, p. 8.

préoccupations politiques et découlaient du constat que la toute puissance du souverain ne devait pas être sans limites. Ce sont des droits que l'individu peut opposer à l'État, et en ce sens, ce sont des libertés-résistances ou libertés-limites. Ce sont les droits de l'individu, qui établissent son autonomie personnelle et, par conséquent, la nécessaire liberté civile, politique, juridique, d'expression.

S'agissant des droits de la deuxième génération qu'on dit sociaux, économiques et culturels, ils sont apparus avec l'instauration de l'État-providence. Ils touchent à la façon dont les individus vivent et travaillent ensemble, ainsi qu'aux besoins fondamentaux liés à la vie. Ils reposent sur les idées d'égalité et d'accès garanti aux opportunités et aux biens et services essentiels dans les sphères économique et sociale. Ils complètent et consolident ce que la doctrine marxiste appelle les libertés formelles. Ce sont le droit au travail, au salaire juste, à la santé, à l'éducation, à des prestations sociales, à l'allocation en cas de maladie, de chômage, de vieillesse, etc.

Les droits de troisième génération sont les droits collectifs. Ils font débat mais traduisent un souci de prise en compte de nouveaux aspects de l'être humain, de nouvelles exigences qui se traduisent par de nouveaux droits. Les risques technologiques, les besoins de solidarité inter- et intra-générationnels font naître de nouvelles préoccupations qui apparaissent comme des champs nouveaux de droits : la bioéthique, l'environnement, le développement des pays pauvres, etc.

Qu'ils soient des droits-limites, des droits-créances et peut-être aussi des droits collectifs, la gamme des droits de l'homme est une composante essentielle du constitutionnalisme contemporain. Elle fonde et légitime l'organisation politique des États. Thomas JEFFERSON a pu écrire que *"les gouvernements sont établis parmi les hommes pour garantir ces droits, et leur juste pouvoir émane du consentement des gouvernés".*[6] Dès lors, le postulat de statologie positive s'énonce aisément et se comprend facilement. Si donc les citoyens ont des droits et des libertés (de 1re, de 2e et de 3e générations) à faire valoir, ceci emporte, par effet symétrique, une double obligation : le devoir des gouvernants de respecter les libertés publiques et le devoir des citoyens de s'abstenir de brider les libertés et les droits de leurs concitoyens.

Si mon prochain a droit à la sûreté, je ne *dois* rien faire qui l'embastille personnellement, par exemple par la séquestration arbitraire

[6] Texte de la Déclaration d'indépendance des 13 colonies américaines de 1776.

ou encore par l'entrave à sa libre circulation. Si mon concitoyen jouit du droit de réunion ou de manifestation, je ne *dois* rien faire qui perturbe les réunions ou les manifestations qu'il organise, en troublant à dessein l'ordre public. Si mes concitoyens font valoir leur liberté religieuse, je ne *dois* rien faire qui contrarie leurs cultes et leurs rites cultuels. Et si mes concitoyens sont censés jouir du droit à un environnement sain, je ne *dois* rien faire qui leur pollue le milieu de travail ou de vie.

Le devoir du citoyen perçu à ce niveau n'est pas une obligation morale. Dans la typologie d'Emmanuel KANT, il ne correspond pas au *sollen* mais au *müssen*. C'est un devoir de nécessité. Ce qui est nécessaire est ce qui ne peut pas ne pas être. Ainsi, s'il est nécessaire que de l'eau portée à ébullition s'évapore, toute eau portée à ébullition ne pourra que s'évaporer. Il est ainsi nécessaire que les citoyens observent leurs devoirs pour préserver l'ordre public républicain. Ceci est un impératif d'harmonie sociale, une obligation juridique que traduisent les textes constitutionnels du Bénin.

2°) La célébration constitutionnelle du devoir d'abstention du citoyen

Le devoir au singulier exprime cette obligation générique de soumission aux règles de la vie en société, la nécessité de l'observance des codes juridiques et éthiques qui garantissent l'harmonie sociale. D'un point de vue sémantique, la formulation la plus explicite des devoirs du citoyen nous vient de la Loi fondamentale du 26 août 1977. En effet, tous les citoyens "*doivent (...) respecter la Loi fondamentale et se vouer de tout cœur au peuple*"[7]. Plus loin, à l'article 146, on lit que les citoyens "*doivent (...) respecter la Loi fondamentale, (...) l'ordre public et les règles de vie en société*". Ce qui, *a priori*, dans un État légal paraît une clause de style, une vérité évidente en elle-même, prend ici une connotation et un contenu singulier dans le contexte de l'orientation marxiste-léniniste du régime. En effet, l'orthodoxie marxiste suppose que le socialisme est le dépassement du capitalisme avancé par une évolution linéaire qui part de la commune primitive à la société féodale puis capitaliste, ensuite socialiste et enfin communiste. C'est la théorie du chemin de fer avec ses gares successives. Le Bénin des années 1970 rompt avec ce déterminisme historique fondé sur la superstructure économique. La révolution béninoise instrumentalise la superstructure politique et juridique pour rendre possible le socialisme

[7] Article 7, Loi fondamentale du 26 août 1977.

dans un pays où le niveau économique ne le prédestinait pas à une telle issue dans un avenir proche.

Dans un tel contexte, la légalité révolutionnaire, dont la Loi fondamentale est le socle, est chargée de la mission prométhéenne de changer la vie, de changer de société et d'enfanter le socialisme. Enfreindre la loi, violer la constitution, c'est moins attenter à des droits subjectifs du citoyen que s'ériger en obstacle dans la marche forcenée du peuple vers une vie nouvelle, "*la société où il fera bon vivre pour chaque béninoise et chaque béninois*", la société socialiste. D'où l'hypertrophie de la notion de devoir, du *mussen*, non seulement comme mécanisme classique de préservation de l'harmonie de la société politique mais surtout comme technique de neutralisation des entraves à l'évolution révolutionnaire du pays.

Le chapitre 8 de la Loi fondamentale est consacré aux "*Droits et devoirs fondamentaux des citoyens*". Ce chapitre énonce une série de libertés (libertés-limites et libertés-créances) mais prévient qu'"*aucun citoyen (...) ne doit abuser des libertés démocratiques pour porter atteinte aux intérêts de l'État, du peuple et de la révolution*"[8]. Le couplage des droits et devoirs apparaît dans plusieurs textes constitutionnels.[9] Mais la formulation des exigences de sauvegarde des fondements des régimes est nuancée selon les textes de référence. Ainsi, le même souci d'auto-conservation politique et juridique se manifeste dans la constitution du 28 février 1959 laquelle pose le principe du "*respect de l'ordre public*"[10] et impose aux citoyens regroupés en association politique, le respect des "*principes de la souveraineté du peuple et de la démocratie*"[11]. En 1968, on invite plus explicitement le citoyen à observer le "*devoir (...) de se conformer en toutes choses à la constitution et aux lois de la République*"[12].

Ces précautions constitutionnelles n'ont pas suffit à vacciner les régimes concernés contre les mutations constitutionnelles tantôt brutales

---

[8] Article 140, Loi fondamentale du 26 août 1977.

[9] Constitution du 11 janvier 1964, Titre 2, Des droits et devoirs du citoyen ; constitution du 11 avril 1968, Titre 2, Des droits et devoirs du citoyen ; Charte du 26 décembre 1969, Titre 2, Des droits et devoirs du citoyen ; Charte du Conseil présidentiel du 7 mai 1970, Titre 2, Des droits et devoirs du citoyen ; Constitution du 11 décembre 1990, Des droits et devoirs de la personne humaine.

[10] Article 2, Constitution du 28 février 1959.

[11] Article 4, Constitution du 28 février 1959 et article 6, constitution du 11 janvier 1964.

[12] Article 23, constitution du 11 avril 1968.

(irruption des militaires dans la vie politique de 1960 à 1972) tantôt douces (conférence nationale de 1990). Les dispositions constitutionnelles relatives à la sauvegarde de l'ordre constitutionnel ont toutes paru des clauses de style, élégantes et cosmétiques, mais insuffisantes pour inscrire dans la durée la légalité constitutionnelle. "*L'histoire est la science du malheur des hommes*" écrit Raymond QUENEAU.[13] Si elle peut avoir une utilité pratique, c'est celle d'ajuster le présent pour conjurer les déconvenues du passé. On comprend la double précaution prise par le constituant de 1990.

D'abord, par la rédaction plus circonstanciée et plus directive des dispositions constitutionnelles. Au premier plan figure le devoir de loyauté envers les institutions : "*Tout citoyen béninois, civil ou militaire, a le devoir sacré de respecter en toutes circonstances, la constitution et l'ordre constitutionnel établi ainsi que les lois et règlements de la République.*"[14] Ensuite, pour aller au-delà du platonique et du symbole, la constitution prévoit qu'"*en cas de coup d'État, de putsch, d'agression par des mercenaires ou de coup de force quelconque, tout membre d'un organe constitutionnel a le droit et le devoir de faire appel à tous les moyens pour rétablir la légitimité constitutionnelle, y compris le recours aux accords de coopération militaire ou de défense existants. Dans ces circonstances, pour tout béninois, désobéir et s'organiser pour faire échec à l'autorité illégitime constituent le plus sacré des droits et le plus impératif des devoirs.*"[15]

De manière plus révélatrice encore, l'engagement d'en finir avec "*tout régime fondé sur l'arbitraire, la dictature, (...) la confiscation du pouvoir et le pouvoir personnel*"[16] trouve son application dans l'obligation faite aux fonctionnaires de pratiquer la règle de la "*baïonnette intelligente*", pour ne pas se voir opposer une faute personnelle là où eux-mêmes ne verraient qu'une faute de service. Ainsi, "*Tout individu, tout agent de L'État qui se rendrait coupable d'acte de tortures, de sévices ou traitements cruels, inhumains ou dégradants (...) sera puni conformément à la loi. Tout individu, tout agent de l'État est délié du devoir d'obéissance lorsque l'ordre reçu constitue une atteinte grave et manifeste au respect des droits de l'homme et des libertés publiques*"[17].

---

[13] R. QUENEAU, *Une histoire modèle*, Paris, Gallimard, 1990, *passim*.
[14] Article 34, constitution du 11 décembre 1990.
[15] Article 66, constitution du 11 décembre 1990.
[16] Préambule, constitution du 11 décembre 1990.
[17] Article 19, constitution du 11 décembre 1990.

Enfin, dans le but de donner sens à la devise nationale (fraternité, justice, travail) la constitution de 1990 impose à chaque citoyen le "*devoir de respecter et de considérer son semblable sans discrimination aucune et d'entretenir avec les autres des relations qui permettent de sauvegarder, de renforcer et de promouvoir le respect, le dialogue et la tolérance réciproque en vue de la paix et de la cohésion nationale*".

Les devoirs du citoyen apparaissent dès lors comme l'avers d'une réalité politique et juridique dont les droits sont l'endroit. Les deux forment une unité dialectique où les premiers servent de ferment aux seconds. Sous cette réalité le devoir du citoyen paraît plus acceptable et moins contraignant pour l'homme. Il le devient beaucoup moins lorsqu'il s'agit de passer de la préservation d'un ordre social à l'effort de contribution à l'émergence d'un monde nouveau.

II. LES DEVOIRS DE CONTRIBUTION

La phrase du leader américain du début des années 1960 sonne comme une antienne digne d'anthologie : "*Ask not what your country can do for you, but what you can do for your country!*" La propension naturelle des hommes serait de tendre l'obole, de faire de la communauté nationale une obligée des individus que nous sommes. La société serait débitrice envers chacun de ses membres et chaque citoyen serait créancier de la part de bonheur à laquelle il aspire. Or, le Bénin, c'est avant tout huit millions de Béninois en situation dans le pays, une abstraction fondée sur le concret des individualités situées. La condition de chacun peut dériver de ce que chacun apporte à la condition de tous.

Ne pas demander à son pays ce qui peut être fait pour soi, mais ce que chacun peut faire pour faire évoluer la nation. Les petits ruisseaux de chacun peuvent faire le grand fleuve national. C'est un peu aussi le message de la symbolique de la jarre trouée attribuée au roi Ghézo. Mais le mode potestatif employé par le leader charismatique américain se mue en devoir, lorsqu'il est relayé par les textes constitutionnels du Bénin. Il faut faire preuve de loyauté, de dévouement, d'engagement et d'investissement.

1°) La vocation ministérielle de l'agent public

La Conférence nationale des forces vives de 1990 l'a rappelé de manière forte, lorsque le rapport général affirme et enjoint aux béninois la vocation profondément ministérielle de toute activité professionnelle au sein d'une administration. Pour les hommes politiques comme pour les fonctionnaires, la vie publique doit être placée sous le signe du service, du *ministerium* latin.

C'est ce qu'indique l'article 35 de la constitution du 11 décembre 1990 : "*Les citoyens chargés d'une fonction publique ou élus à une fonction politique ont le devoir de l'accomplir avec conscience, compétence, probité dévouement et loyauté dans l'intérêt et le respect du bien commun.*" Les mots résonnent comme une incantation dans un univers où la déloyauté, l'incompétence simulée ou réelle, le manque de probité et l'inconscience trouvent des exemples à tous les coins de rue, dans tous les couloirs des grands services publics étatiques ou locaux. L'impression d'incantation disparaît cependant lorsqu'on examine la sanction que le juge constitutionnel apporte aux manquements aux prescriptions constitutionnelles. Ainsi, de la léthargie perfide du ministre qui ne défère pas aux décisions de la justice[18] ; de l'abus d'autorité de l'élu du peuple, président du bureau provisoire de l'Assemblée nationale[19] ; des calculs politiciens d'un ministre des finances qui, à dessein, assèche la trésorerie de la Commission électorale nationale autonome ou encore le manque de professionnalisme d'un magistrat sont tous des comportements, des actes ou des omissions condamnables au regard de l'article 35 de la constitution et tel que l'indique la jurisprudence constitutionnelle.[20]

Le texte constitutionnel de 1990 poursuit, sur la lancée du citoyen modèle, et dispose en son article 37 : "*Les biens publics sont sacrés et inviolables. Tout citoyen béninois doit les respecter scrupuleusement et les protéger.*" La notion de biens publics couvre celle de patrimoine public et comprend les deniers publics, les biens meubles et immeubles de l'État, des collectivités territoriales et des établissements publics de toutes sortes. Cette disposition vient renforcer le dispositif législatif qui punit les fautes de corruption, de détournement, de vandalisme, etc.

"*Tous les citoyens de la République du Bénin ont le devoir de travailler pour le bien commun, de remplir toutes leurs obligations civiques et professionnelles.*"[21] Ils sont censés penser d'abord à ce qu'ils peuvent faire et doivent faire pour leur pays et non se cantonner dans la

[18] Décision DCC 06-016 du 31 janvier 2006, *Alédji Ousman et consorts*, Rec. 2006, p. 73.

[19] Décision DCC 03-077 du 7 mai 2003, *Akobi Issifou Ahmed et autres*, Rec. 2003, p. 311.

[20] Décision DCC 05-145 du 1er décembre 2005, *Hodonou Armand et autres,* Recueil 2005, p. 721.

[21] Article 33, constitution du 11 décembre 1990.

posture grincheuse de l'éternel insatisfait qui n'a que des droits à faire valoir et jamais de contributions à l'effort commun.

Le travail est un droit du citoyen, une liberté de la seconde génération, celle qui oblige l'État à conduire une action en direction des citoyens, à être débiteur à leur égard d'une prestation. La Loi fondamentale de 1977 dispose que les citoyens ont "*droit au travail qui est un devoir et un honneur*"[22]. Le travail est non seulement une valeur sociale mais il est une obligation. Dans l'esprit de la loi et dans la logique du régime marxiste-léniniste, le capital ne devrait plus être un pourvoyeur de revenus d'existence. Les rentiers de toutes sortes (actionnaires, héritiers, investisseurs immobiliers et autres) devraient comprendre que ce que la société et l'État attendent d'eux, c'est le fruit de leur propre travail et non du travail des autres.

Dans le même sens, le syndicalisme doit subir un *aggiornamento* stratégique. Traditionnellement perçu comme un mouvement revendicatif, identifié dans l'inconscient collectif comme la structure du cahier de doléances et de la plate-forme revendicative, le syndicat doit subir une mutation dans sa raison d'être. "*Les activités syndicales sont garanties aux travailleurs et doivent être utilisées pour l'élévation de la conscience de classe prolétarienne des ouvriers.*"[23]

Autant de dispositions qui dénotent de l'idée de dessiner un *idealtyp* de citoyen : un individu qui développe un équilibre personnel qu'il projette sur le destin collectif par son engagement constructif. Les Français de 1795 (Constitution du 5 fructidor an III, 22 août 1795), proclamaient qu'être un bon citoyen présuppose d'être "*bon fils, bon père, bon frère, bon ami, bon époux*". La formule est d'un déterminisme absolu et en cela elle a des relents idéologiques. Néanmoins, elle exprime le principe d'ordre et l'exigence de loyauté qui sont nécessaires pour maintenir et faire émerger une république qui attend de ses citoyens qu'ils s'investissent pour le bien de la république !

2°) Le devoir de contribution du citoyen

Les citoyens ont le devoir de "*s'acquitter de leurs contributions fiscales*"[24], selon les termes de la constitution de 1990. Cette disposition est aussi prévue par la Loi fondamentale de 1977 en son article 141 : "*Les citoyens doivent payer les impôts*". Il est étonnant que la même

[22] Article 127, Loi fondamentale du 26 août 1977.
[23] Article 128, Loi fondamentale du 26 août 1977.
[24] Article 33, constitution du 11 décembre 1990.

exigence de contribution aux finances publiques n'ait pas été prévue dans les autres textes constitutionnels, lesquels sont par ailleurs truffés d'obligation de défense de la patrie.[25] Pour un pays qui n'est pas menacé dans son existence même (comme l'État d'Israël), la redondance de la référence au sacré sacrifice pour la patrie a quelque chose de surabondant.

L'impôt est, au demeurant, un apport financier pour contribuer à l'édification de la nation. Paul LEROY-BEAULIEU disait que l'impôt est une "*assurance collective*". Il finance la mutualisation des services et des prestations diverses octroyées aux citoyens. Le produit de l'impôt sert à payer le coût des routes, des ponts, des maternités, des écoles ; il paie les salaires des enseignants, des infirmiers et des policiers. L'impôt a donc une finalité économique et sociale et le paiement de l'impôt, pour le citoyen, est une attitude positive de développement.

Payer ses impôts dispense, en principe, de devoir aussi payer de sa personne. Mais le régime révolutionnaire marxiste-léniniste des années 1970 s'aligne sur les schémas chinois et soviéto-staliniens. La Loi fondamentale de 1977 prescrit que le peuple "*doit appliquer (...) le principe fondamental de compter d'abord sur nos propres forces*". L'expression trouve son origine dans le petit livre rouge de Mao-Tsé-Toung et a servi de slogan pour mobiliser des foules immenses sur des chantiers aussi bien modestes que titanesques : les médecins aux pieds nus, les bénévoles qui construisent des barrages hydro-électriques de leurs mains, en un mot, la révolution en marche portée par un peuple enthousiaste et travailleur. Les Béninois de l'ère 1972-1990 étaient conviés à imiter l'exemple chinois et à investir et s'investir dans la promotion de l'économie et de l'homme béninois.

Signe des temps, le droit à un environnement sain a été inséré dans le texte constitutionnel de 1990. Les citoyens ont le droit de vivre dans un environnement sain ce qui emporte pour tous le devoir de maintenir ou de promouvoir un cadre de vie écologiquement correct. "*Toute personne a droit à un environnement sain, satisfaisant et durable et a le devoir de le défendre. L'État veille à la protection de l'environnement.*"[26] La justice constitutionnelle le rappelle souvent et sanctionne,

---

[25] Article 14, constitution du 11 janvier 1964 ; art. 10, Charte du 1er septembre 1966 ; art.22, constitution du 11 avril 1968 ; art. 10, Charte du Directoire du 26 décembre 1969 ; art. 10, Charte du Conseil présidentiel du 7 mai 1970 ; art. 142, Loi fondamentale du 26 août 1977 ; art. 32, constitution du 11 décembre 1990.

[26] Article 27, Constitution du 11 décembre 1990.

avec injonction, les contrevenants au devoir de développement d'un Bénin écologiquement respectable. Ainsi, dans sa décision BOYA Comlan Eugène, la Cour constitutionnelle a jugé que "*l'implantation d'une exploitation de volaille par Monsieur Innocent DAHOUETO au milieu des agglomérations viole l'article 27 de la constitution*"[27].

La Haute juridiction constitutionnelle ne s'est pas cantonnée à cette simple déclaration d'inconstitutionnalité. Elle a organisé une séance de travail le 17 novembre 2003 entre le propriétaire du poulailler, les représentants du ministère en charge de l'environnement et le requérant M. BOYA Comlan Eugène, séance au cours de laquelle des instructions ont été données aux services techniques du ministère. Elles ont abouti à constater que le poulailler a fini par être déménagé et que l'obligation constitutionnelle de défendre la qualité de son environnement a été respectée.[28]

Le domaine des préoccupations écologiques est vaste : on peut citer l'écophysiologie (étude des relations entre un processus physiologique et les facteurs environnementaux), l'auto-écologie (étude des relations entre un type d'organisme et les facteurs de l'environnement), l'écologie des populations (étude des relations entre une population d'individus d'une même espèce et son habitat), l'ergomotricité (aide l'homme à se mettre en relation avec son milieu environnemental), la synécologie, (étude des relations entre une communauté d'individus d'espèces différentes et l'environnement), l'étude des écosystèmes et l'écologie globale (étude de l'écologie à l'échelle de l'écosphère ou biosphère).

Ce vaste champ d'études et d'obligations n'est pas seulement fait pour apporter un cadre de vie sain aux vivants. Il vise à nouer une solidarité intergénérationnelle. Que les vivants n'hypothèquent pas la vie et la survie des générations futures. En ce sens, le devoir environnemental, devoir de valeur constitutionnelle, demande un investissement personnel et collectif des citoyens pour eux-mêmes et pour les citoyens de demain.

CONCLUSION

L'étude des textes constitutionnels mérite d'être conduite sur toute la richesse des dispositions qu'ils contiennent. La tendance dominante est de focaliser les droits de la personne pour coller aux exigences du droit international. Ce droit est dominé par le système des Nations-Unies et

[27] Décision DCC 02-065 du 5 juin 2002, *Boya Eugène Comlan*, Rec. 2002, p. 271.
[28] Décision DCC 04-038 du 20 avril 2004, *Boya Eugène*, Rec. 2004, p. 165.

tout le dispositif du droit international des droits de l'homme : les instruments internationaux[29] et les organismes de veille et de garantie des droits.[30] Le tropisme des droits nous cache le continent des devoirs. La richesse, la pertinence et la portée opérationnelle de cette dimension du constitutionnalisme béninois méritaient une recherche. Elle mérite encore plus une pédagogie de masse, ce que le management moderne appelle le CCC : Communication pour un Changement de Comportement.

[29] Pacte international relatif aux droits économiques, sociaux et culturels, Pacte international relatif aux droits civils et politiques, Comité des droits de l'homme, le Protocole facultatif au Pacte international relatif aux droits civils et politiques, le Deuxième Protocole facultatif au Pacte international relatif aux droits civils et politiques, la Convention internationale sur l'élimination de toutes les formes de discrimination raciale, la Convention sur l'élimination de toutes les formes de discrimination à l'égard des femmes, la Convention contre la torture et autres peines ou traitements cruels, inhumains ou dégradants, la Convention relative aux droits de l'enfant , le protocole facultatif à la Convention relative aux droits de l'enfant, le protocole facultatif à la Convention relative aux droits de l'enfant, la Convention internationale sur la protection des droits de tous les travailleurs migrants et des membres de leur famille.

[30] Haut-commissariat des Nations unies aux droits de l'homme, Conseil des droits de l'homme des Nations unies.

TABLE DES MATIÈRES

Structures éditoriales du groupe L'Harmattan

L'Harmattan Italie
Via degli Artisti, 15
10124 Torino
harmattan.italia@gmail.com

L'Harmattan Hongrie
Kossuth l. u. 14-16.
1053 Budapest
harmattan@harmattan.hu

L'Harmattan Sénégal
10 VDN en face Mermoz
BP 45034 Dakar-Fann
senharmattan@gmail.com

L'Harmattan Cameroun
TSINGA/FECAFOOT
BP 11486 Yaoundé
inkoukam@gmail.com

L'Harmattan Burkina Faso
Achille Somé – tengnule@hotmail.fr

L'Harmattan Guinée
Almamya, rue KA 028 OKB Agency
BP 3470 Conakry
harmattanguinee@yahoo.fr

L'Harmattan RDC
185, avenue Nyangwe
Commune de Lingwala – Kinshasa
matangilamusadila@yahoo.fr

L'Harmattan Congo
67, boulevard Denis-Sassou-N'Guesso
BP 2874 Brazzaville
harmattan.congo@yahoo.fr

L'Harmattan Mali
ACI 2000 - Immeuble Mgr Jean Marie Cisse
Bureau 10
BP 145 Bamako-Mali
mali@harmattan.fr

L'Harmattan Togo
Djidjole – Lomé
Maison Amela
face EPP BATOME
ddamela@aol.com

L'Harmattan Côte d'Ivoire
Résidence Karl – Cité des Arts
Abidjan-Cocody
03 BP 1588 Abidjan
espace_harmattan.ci@hotmail.fr

Nos librairies en France

Librairie internationale
16, rue des Écoles
75005 Paris
librairie.internationale@harmattan.fr
01 40 46 79 11
www.librairieharmattan.com

Librairie des savoirs
21, rue des Écoles
75005 Paris
librairie.sh@harmattan.fr
01 46 34 13 71
www.librairieharmattansh.com

Librairie Le Lucernaire
53, rue Notre-Dame-des-Champs
75006 Paris
librairie@lucernaire.fr
01 42 22 67 13